Cambridge
Word Selector

CAMBRIDGE
UNIVERSITY PRESS

PUBLISHED BY THE PRESS SYNDICATE OF THE UNIVERSITY OF CAMBRIDGE
The Pitt Building, Trumpington Street, Cambridge, United Kingdom

CAMBRIDGE UNIVERSITY PRESS
The Edinburgh Building, Cambridge CB2 2RU, UK
40 West 20th Street, New York, NY 10011–4211, USA
10 Stamford Road, Oakleigh, VIC 3166, Australia
Ruiz de Alarcón 13, 28014 Madrid, Spain
Dock House, The Waterfront, Cape Town 8001, South Africa

http://www.cambridge.org

First published 1995
Fifth printing 2001

Printed in the United Kingdom at the University Press, Cambridge

A catalogue record for this book is available from the British Library

Library of Congress Cataloguing in Publication data applied for

ISBN 0 521 47311 X hardback
ISBN 0 521 42582 4 paperback

Cambridge Word Selector

Asesor editorial
Michael McCarthy

Editor jefe
Elizabeth Walter

Equipo de traducción
Gracia Rodríguez
Gerry Sweeney

Equipo de lexicografía
Edwin Carpenter
Stephen Curtis
John Williams

Equipo de edición
Teresa Fuentes
Dermot Byrne
Ana Llinares
Kerry Maxwell
Deborah Tricker

Diseño gráfico
Anne Colwell
Liz Knox

Ilustraciones
Simone End
Keith Howard
Chris Price
Danny Pyne
Chris Ryley
Deborah Woodward
Martin Woodward

Indice General

Uno de los mayores problemas con los que se enfrenta el estudiante de cualquier idioma es distinguir entre diversas palabras de una lengua extranjera que presentan significados parecidos pero no siempre idénticos. Este problema se acrecienta de forma especial cuando en la lengua materna no existen equivalencias exactas a dichas palabras. En estas circunstancias, los diccionarios pueden ser de cierta utilidad, pero es muy probable que esas palabras de significados similares estén dispersas por distintas páginas. Esto convierte la tarea de encontrar información precisa sobre distintos matices de significado en una labor ardua y a menudo infructuosa. Por otra parte, en un diccionario bilingüe corriente resulta habitual encontrar la misma traducción para dos o tres palabras distintas en inglés; además, en la mayoría de casos no encontraremos indicación alguna que nos aclare si esos términos ingleses son siempre intercambiables en todos los contextos.

La ventaja del **Cambridge Word Selector** hay que buscarla precisamente en el hecho de que agrupa palabras y expresiones de significado parecido bajo encabezamientos que informan al lector de un campo semántico determinado. De este modo, el **Word Selector** ayuda a distinguir entre los muchos sinónimos más o menos cercanos que existen en inglés, aparte de ofrecer las correspondencias en español de los distintos matices de significado. El **Word Selector** no sólo indica al lector el significado de un término o de una expresión, sino que también proporciona ejemplos de uso e información detallada sobre cada palabra, como su registro correspondiente, sus peculiaridades gramaticales y los contextos en que se usa habitualmente. Por consiguiente, existe la certeza de que se va a utilizar la palabra precisa en el contexto exacto.

El **Word Selector** presenta la ventaja adicional de poner toda esta información al alcance del usuario en su mismo idioma, por lo cual resulta muy sencillo de utilizar. Ha sido desarrollado teniendo muy en cuenta las necesidades específicas de aquellas personas cuya lengua materna es el español, por lo que incluye información acerca de "false-friends" y sobre aquellas palabras que parecen no existir o que son difíciles de traducir de un idioma al otro.

Muchos diccionarios tradicionales, y entre ellos los de sinónimos, incluyen una selección de palabras de corte más bien académico, literario o filosófico que no se corresponde con el tipo de vocabulario utilizado normalmente en la vida diaria. En consecuencia, no hay constancia en ellos de formas y expresiones necesarias en situaciones tan corrientes como, por ejemplo, describir los objetos que se encuentran en una casa. En el **Word Selector**, por el contrario, se utiliza una terminología actual y práctica organizada en los más variados campos semánticos, como el medio natural o los aspectos sociales.

Las categorías o grupos de palabras que conforman el **Word Selector** están organizadas a partir de un corpus de vocabulario básico, lo que ayuda al lector a pulir y ampliar el vocabulario que ya conoce. Dicha organización responde a criterios eminentemente lógicos y prácticos; los nombres de los alimentos, por ejemplo, aparecen junto a las categorías relacionadas con el hambre o con el comer en general, mientras que aquellas palabras que tienen algo que ver con la escuela se encuentran cerca de las categorías que tratan de la educación o el aprendizaje.

En definitiva, el **Word Selector** resulta una herramienta de trabajo de gran utilidad en las situaciones más diversas: para redactar o mejorar la comprensión del inglés, para mejorar las técnicas de comunicación (especialmente la sección denominada *Lenguaje y comunicación*), para traducir o simplemente para escribir una carta. Además, el lector pronto se dará cuenta de que podrá aumentar su vocabulario con tan sólo hojear el libro, especialmente si se acostumbra a echar un vistazo a toda la sección relacionada con la palabra que esté buscando. De esta manera, se aprende a asociar unas palabras y expresiones con otras, aparte de desarrollar su percepción como parte de un grupo o familia de palabras en lugar de como términos aislados. Sin duda alguna, se trata de una manera muy eficaz de aprender vocabulario. En este sentido, los cientos de ilustraciones que contiene el libro también suponen una ayuda, en cuanto a que favorecen la comprensión y un aprendizaje más efectivo de la lengua.

Dr. Michael McCarthy
Asesor editorial

Cómo utilizar el Cambridge Word Selector

1 Para sacar el máximo provecho de Cambridge Word Selector

•Al buscar una palabra o una expresión, el lector deberá habituarse a leer las otras entradas recogidas en la misma categoría. De esta manera aprovechará al máximo la información que se le ofrece y podrá adquirir un vocabulario más rico y preciso. Al mismo tiempo podrá familiarizarse con otras palabras relacionadas con el tema y aprenderá a discernir entre los más sutiles matices de uso y significado.

•Por otra parte, resulta recomendable evitar la tentación de leer solamente la traducción. Hay palabras que no tienen equivalencia exacta en otra lengua, por lo que tanto las explicaciones como la información gramatical que aparecen entre paréntesis en cada entrada son fundamentales para conseguir una perfecta comprensión del uso y significado de los términos ingleses.

2 Búsqueda de palabras y expresiones

Word Selector permite buscar palabras y expresiones de maneras muy diversas:

•**Si se conoce la palabra en español** y se quiere saber cómo se dice en inglés, habrá que buscar en el índice de palabras en español. Allí se encontrará el número de la categoría en la que figura la palabra inglesa. Al buscar dicha categoría se encontrará también toda la información necesaria sobre la palabra en cuestión.

•**Si se tiene una palabra en inglés** y se quiere saber qué significa exactamente o cómo se usa, habrá que buscar en el índice de palabras en inglés para ver el número de la categoría a la que pertenece.

•**Si se quiere encontrar una palabra en inglés más precisa que otra que ya se conoce**, habrá que buscar ésta última y leer las otras entradas que aparecen en esa categoría.

•**Si se está buscando una expresión idiomática**, habrá que pensar en un sinónimo aproximado o en una palabra que describa ese campo semántico en español o en inglés. El lector tendrá que mirar en la categoría en la cual figura esta palabra donde, en caso de que exista, encontrará algún modismo de significado similar.

•**Si se está buscando una frase para·usar en una conversación**, como p.ej. para expresar sorpresa o para elogiar a alguien, habrá que usar la sección **Lenguaje y comunicación**. En la página 365 se puede encontrar una lista con las distintas situaciones.

3 Las entradas

Esta sección detalla toda la información incluida en el apartado **Grupos de palabras**. Muchos de estos aspectos se encuentran también en la sección **Lenguaje y comunicación**.

3.1. Partes de la oración

s	sustantivo
sn	sustantivo numerable, p.ej. **door, shirt**
snn	sustantivo no numerable, p.ej. **arson, amazement**
sn/nn	sustantivo que puede ser tanto numerable como no numerable, p.ej. **marriage, memory**
s pl	sustantivo plural, p.ej **dentures, trousers**
adj	adjetivo, p.ej. **masculine, broad**
adv	adverbio, p.ej. **finely, politely**
v	verbo
vt	verbo transitivo, p.ej. **solve, murder**
vi	verbo intransitivo, p.ej. **reign, bleed**
vti	verbo que puede ser tanto transitivo como intransitivo, p.ej. **drown, forget**
v fr.	verbo con partícula, p.ej. **work out, give up**
interj	interjección, p.ej. **help!**
pron	pronombre, p.ej. **few**
prep	preposición, p.ej. **except**

3.2. Gramática

Las notas gramaticales sirven de guía al lector para formar construcciones típicas. La frecuencia de estas construcciones se indica con las palabras 'siempre' y 'a veces', y con la abreviatura 'frec.'.

(delante de s) Usado con referencia a adjetivos. Siempre se usa directamente delante del sustantivo al que describe.
p.ej. **legislative** en *legislative assembly*

(detrás de v) Usado con referencia a adjetivos. Se usa detrás del sustantivo al que describe y de un verbo, *no* delante del sustantivo.
p.ej. **above-board** en *The deal is above-board.*

(no tiene *comp.* ni *superl.*) Usado con referencia a adjetivos. No tiene forma comparativa ni superlativa.
p.ej. **main** en *The main reason was laziness.*

(siempre + **the**) Usado con referencia a sustantivos. Siempre se usa con el artículo definido.
p.ej. *the creeps*

(+ *v sing* o *pl*) Usado con referencia a sustantivos. Puede ir seguido de un verbo en singular o en plural.
p.ej. **government** en *The government is in favour of the change.* o *The government are considering the plan.*

(norm. *pl*) Usado con referencia a sustantivos. Normalmente se usa en plural, aunque no siempre.
p.ej. **arrangement** en *to make arrangements*

(se usa como *adj*) Usado con referencia a sustantivos. Se usa delante de otro sustantivo y desempeña la función de adjetivo.
p.ej. **seaside** en *seaside town*

(frec. + **to** + INFINITIVO) Usado con referencia a adjetivos y verbos. Frec. va seguido de un infinitivo con la partícula **to** incluida.
p.ej. **right** en *It's only right to tell you.*

(+ that) Usado con referencia a verbos. Va seguido de una cláusula introducida por 'that', aunque en algunas ocasiones esta partícula puede ser omitida.
p.ej. **vote** en *I vote (that) we all go together.*

(+ -ing) Usado con referencia a verbos. Indica que va seguido de otro verbo terminado en la forma -ing.
p.ej. **like** en *I don't like getting up early.*

(norml. + *adv* o *prep*) Usado con referencia a verbos. Normalmente va seguido de un adverbio o una preposición.
p.ej. **peep** en *I peeped over her shoulder.*

3.3. Verbos con partícula (phrasal verbs)

En **Word Selector** se indica cómo hay que usar los llamados 'phrasal verbs' en inglés, y se explica claramente cuándo se puede separar el verbo de la partícula preposicional o adverbial de que va acompañado y cuándo no. Cuando hablamos de separar un verbo de estas características nos referimos a la introducción de su objeto entre el verbo y la partícula. Hay algunos 'phrasal verbs' en los que la partícula no se puede separar del verbo mediante la introducción de un objeto y en los que, sin embargo, verbo y partícula pueden ir separados a menudo por un adverbio. P.ej. se puede decir *I clutched wildly at the rope.* a pesar de que en este caso nunca se podría introducir un objeto entre la partícula y el verbo.

Se utiliza 'sth' como abreviatura de 'something' y 'sb' de 'somebody'.

own up *vi fr.*
Verbo intransitivo. La partícula no se puede separar del verbo.
p.ej. *I owned up to breaking the window.*

put (sth) **down** o **put down** (sth) *vt fr.*
Verbo transitivo. El verbo y la partícula pueden ir juntos o separados.
p.ej. *I put down the book.* o *I put the book down.*

give up sth o **give** sth **up** *vti fr.*
Verbo que puede ser transitivo o intransitivo; el verbo y la partícula pueden aparecer juntos o separados.
p.ej. *It's too difficult - I give up. I've given up smoking. I gave my job up.*

clutch at sth *vt fr.*
Verbo transitivo. No se puede separar el verbo de la partícula que le acompaña.
p.ej. *I clutched at the rope.*

talk sb **round** *vt fr.*
Verbo transitivo. El verbo y la partícula van siempre separados.
p.ej. *I'll try to talk her round.*

put up with sth *vt fr.*
Algunos verbos van acompañados de dos partículas. En este caso se trata de un verbo transitivo y las partículas no pueden ser separadas del verbo.
p.ej. *Why should I put up with inefficiency from employees?*

3.4. Inflexiones

Todas las inflexiones irregulares se señalan en las entradas. Normalmente aparecen enteras; p.ej. **throw** *vt, pas.* **threw** *pp.* **thrown**

Algunas son de uso muy corriente, por lo que aparecen abreviadas:

ban *vt,* -**nn**- i.e. *banning, banned*
sad *adj,* -**dd**- i.e. *sadder, saddest*

travel *vi,* -**ll**- (*brit*), norml. -**l**- (*amer*) En inglés británico 'travel' se escribe con doble 'l' cuando el verbo termina en -ing y -ed, p.ej. *travelling, travelled.* En inglés americano, aunque se puede usar la doble 'l', por lo general se tiende a usar una sola 'l' en los casos mencionados anteriormente.

organize *vti,* TAMBIÉN -**ise** (*brit*) El verbo se puede escribir con la terminación '-ize' tanto en inglés británico como en inglés americano. En inglés británico también se puede escribir 'organise'.

Encabezamiento y número de la categoría ⸻

77 Great Grande

ver también **417 Good**

Encabezamiento de artículo Todos los vocablos que encabezan un artículo aparecen ordenados alfabéticamente en el índice de palabras en inglés, junto con el número de la categoría o subcategoría a la que pertenecen.

great adj [describe: p.ej. logro, líder, artista] grande *Frederick the Great* Federico el Grande **greatness** snn grandeza

grand adj 1 [describe: p.ej. palacio, ocasión] imponente, magnífico *on the grand scale* a gran escala *Our house is not very grand, I'm afraid.* Me temo que nuestra casa no es ninguna mansión. 2 [frec. peyorativo cuando acompaña a personas] soberbio

Traducción básica Esta es la traducción más general de la palabra que encabeza el artículo. No obstante no hay que olvidar los ejemplos, ya que la traducción general no siempre es la adecuada en todos los contextos.

Subcategoría Dentro de las categorías aparecen a menudo subdivisiones por razones de significado.

18.4 Tiempo frío

ver también **19 Cold**

Remisión de una categoría a otras con significados similares u opuestos.

snow vi nevar *It snowed all night.* Estuvo nevando toda la noche. **snow** snn nieve **snowflake** sn copo de nieve **snowstorm** sn tormenta de nieve

Parte de la oración Véase lista de las partes de la oración en la sección 3.1 (pág. viii).

El texto explicativo da información pormenorizada sobre matices de uso y de significado.

everlasting adj [literario o usado con sentido humorístico o de queja] eterno, interminable *everlasting peace* paz eterna *I can't stand his everlasting complaints.* No puedo aguantar sus interminables quejas.

Ejemplo Una gran profusión de ejemplos, con sus traducciones respectivas en español, ayudan al lector a usar la palabra de manera natural.

Las frases hechas que aparecen dentro de los ejemplos se imprimen en negrita.

circumstances s pl circunstancias *I explained the circumstances which led to our decision.* Expliqué las circunstancias que nos llevaron a nuestra decisión. *Under/in the circumstances her conduct seems understandable.* Dadas las circunstancias su conducta es comprensible.

Los modismos y expresiones relacionados con la categoría se resaltan en recuadros.

f r a s e s

there's a good chance es muy probable *There's a very good chance that she'll succeed.* Es muy probable que lo consiga.

El registro se describe de forma clara y precisa.

it's a safe bet [informal] es seguro *It's a safe bet that someone will have told him already.* Me juego lo que quieras a que ya se lo han dicho.

Verbos con partícula Se incluye información clara y detallada sobre la sintaxis de los denominados "phrasal verbs". Véase secc. 3.3 (pág. ix).

do sth **up** o **do up** sth vt fr. [para que esté en mejor estado. Obj: esp. casa] renovar, arreglar

impractical *adj* [describe: p.ej. plan, propuesta, programa] poco práctico *ver también **282 Useless**
unfeasible *adj* [formal] no factible
unattainable *adj* [describe: p.ej. finalidad, objetivo] inalcanzable
unthinkable *adj* (frec. + **that**; norml. después de *v*) impensable, inconcebible *It's unthinkable that they would refuse.* Es inconcebible que se nieguen a hacerlo.

Colocación Se incluye una lista de aquellos sustantivos que acostumbran a ser descritos por un adjetivo.

Las estructuras gramaticales están claramente indicadas. Véase la lista completa de códigos gramaticales en la sección 3.2 (pág. viii).

cancel *vt*, (*brit*) -ll-, (*amer*) -l- [obj: p.ej. viaje, cita, tren] cancelar, anular *They've cancelled their order for five new aircraft.* Han anulado su pedido de cinco aviones nuevos.
terminate *vit* [formal. Sugiere finalidad y formalidad. Obj: p.ej. acuerdo, relación] terminar(se), cancelar *The train terminates here.* El tren tiene su última parada aquí. *terminate a contract* cancelar un contrato *terminate a pregnancy* interrumpir un embarazo

Colocación Los sujetos y objetos típicos de un verbo son especificados en aquellos casos en que lo distinguen de otros verbos pertenecientes a la misma categoría.

possibility *sn/nn* (frec. + **for, of, that**) posibilidad *it is within the bounds/realms of possibility that* cabe dentro de lo posible que

U S O

Possibility no precede a un infinitivo. En estos casos se usa **chance** o **opportunity**: p.ej. *We didn't have a chance to thank him.* (No tuvimos ocasión de darle las gracias.) *That gave us an opportunity to rest.* (Eso nos dio la oportunidad de descansar.)

Las preposiciones que indican una colocación aparecen entre paréntesis.

Las notas de uso orientan acerca de aspectos gramaticales o matices de significado. Estas notas pueden hacer referencia a un encabezamiento de artículo en particular o pueden servir para contrastar varias entradas dentro de una misma categoría.

DIY TAMBIÉN **do-it-yourself** *snn* (*esp. brit*) [abarca todas las actividades que implican reparaciones o mejoras hechas en una casa por una persona que no es un profesional, etc.] bricolaje

Forma alternativa de una palabra cabeza de artículo con el mismo significado y uso.

county *sn* 1 (*brit*) [unidad mayor de gobierno local dentro del país] condado 2 (*amer*) unidad mayor de gobierno local dentro de cada estado

Indicadores regionales Se señalan claramente las diferencias entre el inglés norteamericano y el inglés británico.

mow *vt*, *pas.* **mowed** *pp.* **mowed** o **mown** cortar, segar

Las inflexiones irregulares aparecen enteras. Para más información, véase secc. 3.4 (pág. ix).

Grupos de palabras

1 Wild animals Animales salvajes

whiskers bigotes
mane melena
trunk trompa
tusk colmillo
paw zarpa
paw pata
claw garra
tail cola

lion león *fem:* **lioness** *cría:* **cub**
elephant elefante *cría:* **calf**
monkey mono

horn cuerno
antlers cornamenta
hump joroba
hoof, *pl* hoofs o *hooves* pezuña
pouch bolsa

buffalo, *pl* **buffalos** o **buffaloes** búfalo
stag venado *fem:* **hind** *cría:* **calf**
camel camello
kangaroo, *pl* **kangaroos** canguro *cría:* **joey**

tiger *sn* tigre *fem:* **tigress**
leopard *sn* leopardo *fem:* **leopardess**
cheetah *sn* guepardo
panther *sn* pantera
giraffe *sn* jirafa
hippopotamus *sn, pl* **hippopotamuses** o **hippopotami,** *abrev.*
hippo, *pl* **hippos** hipopótamo
rhinoceros *sn, abrev.*

rhino, *pl* **rhinos** rinoceronte
baboon *sn* mandril
chimpanzee *sn, abrev.* **chimp** chimpancé
gorilla *sn* gorila
ape *sn* simio
bear *sn* oso *fem:* **she-bear** *cría:* **cub**
panda *sn* panda
polar bear *sn* oso polar

koala o **koala bear** *sn* koala
bison (*brit*),**buffalo** (*amer*) *sn, pl* **buffalos** o **buffaloes** bisonte, búfalo
fox *sn* zorro *fem:* **vixen**
wolf *sn, pl* **wolves** lobo
deer *sn, pl* **deer** ciervo *masc:* **buck** *fem:* **doe**
antelope *sn* antílope
zebra *sn* cebra

HABITOS ALIMENTICIOS

carnivore *sn &* **carnivorous** *adj* carnívoro
herbivore *sn &* **herbivorous** *adj* herbívoro
omnivore *sn &* **omnivorous** *adj* omnívoro

PALABRAS PARA ANIMALES

creature *sn* [se usa con frecuencia para expresar una respuesta emocional al aspecto o circunstancias de un animal, o cuando se desconoce el nombre del animal] animal *What a peculiar creature!* ¡Qué animal más curioso!
beast *sn* [esp. un animal grande y fuerte] bestia
monster *sn* monstruo
wildlife *snn* [término genérico para todo lo que vive, que incluye plantas en inglés británico pero no en inglés americano] fauna (y flora) *a wildlife tour of Kenya* un recorrido por la fauna (y flora) de Kenia
game *snn* [animales que se cazan, especialmente por deporte] caza *game birds* aves de caza
mammal *sn* mamífero

USO

Plurales de animales salvajes.
Los nombres de la mayoría de animales salvajes forman el plural igual que los demás sustantivos. Los plurales irregulares se especifican en el texto. No obstante, cuando se está hablando del deporte de la caza o de un safari, a menudo se utiliza la forma singular para referirse a varios animales.
p.ej. *We saw a dozen giraffe.* (Vimos una docena de jirafas.)

1.1 Reptiles

snake *sn* serpiente
lizard *sn* lagarto, lagartija
alligator *sn* caimán
crocodile *sn* cocodrilo

NOMBRES DE ANIMALES USADOS PARA DESCRIBIR A LAS PERSONAS

Los nombres de animales que se usan para describir a las personas son a menudo ofensivos. Muchos son insultos más bien generales:

pig sn 1 TAMBIÉN **swine**, pl **swine** [persona desagradable. Este es un término que se utiliza corrientemente y no es muy ofensivo en situaciones informales. Es más suave que 'cerdo' en castellano] cerdo 2 glotón He's a real pig! Es un glotón de tomo y lomo.

ass sn [más bien anticuado. Persona estúpida. Es un insulto suave] burro

cow sn [ofensivo. Una mujer desagradable. Literalmente: vaca] bruja, cretina The silly cow nearly ran me over. La muy cretina casi me atropella.

rat sn [anticuado o humorístico. Generalmente aplicado a hombres. Literalmente: rata] canalla

Algunos tienen significados bastante específicos:

mouse sn, pl **mice** [una persona demasiado tímida y callada. Literalmente: ratón] **mousy** o **mousey** adj tímido

fox sn [una persona astuta] zorro **foxy** adj astuto, ladino

shrew sn [una mujer regañona y de mal carácter. Literalmente: musaraña] bruja **shrewish** adj bruja

sheep sn, pl **sheep** [una persona que sigue a los demás sin dudar] borrego

lamb sn [una persona mansa y callada. Se usa frec. al hablar de alguien que uno esperaba que fuera agresivo o se comportara mal] cordero He came like a lamb. Vino como un corderillo.

tiger sn [una persona feroz. Se suele usar con un tono apreciativo] tigre, fiera

mole sn [un espía que trabaja desde dentro de una organización] topo

2 Fierce Fiero

ver también **225 Cruel**

fierce adj [describe: p.ej. animales, personas, expresiones faciales] fiero, feroz a fierce tiger un tigre fiero a fierce attack un ataque furioso Your uncle looks fierce! ¡Tu tío parece muy severo! **fiercely** adj fieramente **fierceness** snn ferocidad

ferocious adj [más fuerte que **fierce**. Implica mayor violencia] feroz, atroz a ferocious storm una tormenta atroz a ferocious attack on socialism un ataque violento al socialismo **ferociously** adv ferozmente **ferocity** snn ferocidad

savage adj [implica mayor violencia y una crueldad más intencionada que **fierce** y **ferocious**] salvaje a savage wolf un lobo salvaje a savage attack un ataque salvaje

savagely adv salvajemente savagely beaten golpeado salvajemente **savagery** snn salvajismo

savage vt atacar salvajemente The child was savaged by a mad dog. El niño fue salvajemente atacado por un perro rabioso.

violent adj [implica emoción descontrolada más que crueldad intencionada] violento, acalorado The prisoner may become violent if approached. El preso puede volverse violento si alguien se le acerca. a violent argument [apasionado pero sin que implique necesariamente violencia física] una discusión acalorada **violently** adv violentamente, acaloradamente **violence** snn violencia

aggressive adj agresivo an aggressive response una respuesta agresiva an aggressive child un niño agresivo **aggressively** adv agresivamente **aggressiveness** snn agresividad

aggression snn agresión acts of aggression actos de agresión

f r a s e s

His/her bark is worse than his/her bite. Perro ladrador, poco mordedor. She's always making threats, but her bark is worse than her bite. Siempre está amenazando, pero perro ladrador poco mordedor.

He/she won't bite/eat you. [informal. Frec. dirigido a niños que son tímidos con las personas desconocidas] No te va a comer.

3 Gentle Suave

ver también **224 Kind**

gentle adj suave, dulce, amable a gentle old man un anciano bondadoso a gentle smile una sonrisa dulce gentle criticism una crítica moderada **gentleness** snn suavidad, dulzura, amabilidad

gently adv suavemente He gently picked up the kitten. Levantó al gatito con suavidad. She spoke gently. Habló con suavidad.

tender adj [describe: personas y su comportamiento, no animales] tierno, cariñoso a tender glance una mirada afectuosa **tenderness** snn ternura, cariño

tenderly adv tiernamente, cariñosamente He kissed her tenderly. La besó con ternura.

mild adj [calmado y pacífico, sin violencia, en especial cuando cabría esperar una respuesta violenta] apacible, suave a mild expression una expresión serena a mild-mannered person una persona amable y cortés **mildness** snn apacibilidad, suavidad

mildly adv apaciblemente, suavemente 'Please calm down,' he said mildly. 'Por favor, cálmate,' dijo con suavidad.

harmless adj [esp. referido a personas o animales que de alguna forma parecen agresivos o temibles] inofensivo a harmless spider una araña inofensiva **harmlessly** adv de manera inofensiva

tame adj [describe: animales, no personas] domesticado, domado, manso **tame** vt domesticar, domar

4 Small animals Animales pequeños

squirrel *sn* ardilla
hedgehog *sn* erizo
rat *sn* rata
mouse *sn, pl* **mice**
ratón
frog *sn* rana
toad *sn* sapo
worm *sn* gusano
slug *sn* babosa
snail *sn* caracol
spider *sn* araña
(spider's) web *sn*
telaraña
scorpion *sn* escorpión

ferret hurón
weasel comadreja
badger tejón
bat murciélago
otter nutria
mole topo
beaver castor

VERBOS DERIVADOS DE ANIMALES

Estos términos son todos algo informales, y se utilizan más en el lenguaje hablado que en el escrito.

beaver away *vi fr. (esp. brit)* (frec. + **at**) [implica gran laboriosidad y empeño] pencar *They're beavering away at their homework.* Están pencando de firme con sus deberes.

ferret *vi* (norml. + *adv* o *prep*) [implica un método de búsqueda más bien descuidado] hurgar *She ferreted around in the fridge for some cheese.* Hurgó por toda la nevera en busca de queso.

ferret out sth o **ferret** sth **out** *vt fr.* localizar *I'll see if I can ferret out those papers.* Veré si puedo localizar por fin esos papeles.

fox *vt* desconcertar, dejar perplejo *That puzzle really had me foxed.* No llegué a aclararme con aquel rompecabezas.

hare *vi (brit)* (+ *adv* o *prep*) correr de un lado para otro *She's always haring around the country on business.* Siempre está corriendo de un lado a otro del país por negocios.

rabbit *vi,* -tt- o -t- *(brit)* (norml. + **on, away**) [peyorativo] parlotear *He went rabbiting on about the prize he'd won.* No paró de hablar del premio que le habían dado.

squirrel *vt,* -ll- *(esp. brit)* -l- *(amer)* (norml. + **away**) esconder, atesorar *She's got a fortune squirrelled away in the bank.* Tiene una fortuna amasada en el banco.

wolf *vt* (norml. + **down**) [implica mucha hambre] zamparse, devorar *They wolfed down their food.* Se zamparon la comida.

---

5 Insects Insectos

TERMINOS PARA INSECTOS

insect *sn* [término genérico] insecto
bug *sn (esp. amer)* [informal. Cualquier insecto pequeño] bichito, bicho
creepy-crawly *sn (esp. brit)* [informal, frec. humorístico. Expresa asco] bicho, bichejo

fly *sn* mosca
flea *sn* pulga
daddy longlegs *sn, pl*
daddy longlegs segador
beetle *sn* escarabajo
ladybird *(brit),* **ladybug**
(amer) sn mariquita
bee *sn* abeja
beehive *sn* colmena
wasp *sn* avispa

ant *sn* hormiga
anthill *sn* hormiguero
grasshopper *sn*
saltamontes
cricket *sn* grillo
butterfly *sn* mariposa
moth *sn* mariposa
(nocturna), polilla
cockroach *sn* cucaracha

Crías de insectos

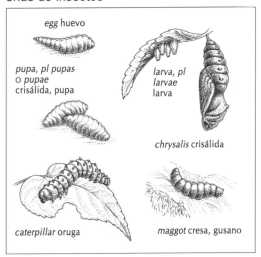

egg huevo
pupa, pl pupas
o *pupae*
crisálida, pupa
larva, pl
larvae
larva
chrysalis crisálida
caterpillar oruga
maggot cresa, gusano

6 Farm animals Animales de granja

ver también **159 Meat**

cattle *s pl* ganado

cow *sn* vaca

calf *sn, pl* **calves** ternero

bull *sn* toro

ox *sn, pl* **oxen** buey

pig *sn* cerdo *fem:* **sow**
masc: **boar** *cría:* **piglet**

goat *sn* cabra *fem:* **nanny**
(goat) *masc:* **billy (goat)**
cría: **kid**

horse *sn, pl* **horses**
caballo *fem:* **mare** *masc:*
stallion *cría:* **foal**

pony *sn* pony

donkey *sn* burro, -a

ass *sn* asno

mule *sn* mulo, -a

sheep *sn, pl* **sheep** oveja
fem: **ewe** *masc:* **ram** *cría:*
lamb

6.1 Aves de granja

chicken *sn* pollo

hen *sn* gallina

cock (*esp. brit*) **rooster**
(*esp. amer*) *sn* gallo

chick *sn* pollito

duck *sn* pato *masc:* **drake**
cría: **duckling**

goose *sn, pl* **geese** oca,

ganso *masc:* **gander** *cría:*
gosling

turkey *sn* pavo

> **U S O**
>
> **Chicken** es un término genérico tanto para el
> femenino como para el masculino. A menudo se
> utiliza el término **chicken** para referirse sólo a las
> hembras, y **cock** o **rooster** para los machos. La carne
> de pollo se llama **chicken**. Un gallo joven es un
> **cockerel**. El término genérico para aves de corral es
> **poultry**, y se habla, por ejemplo, de **poultry farmers**,
> aunque sólo críen gallinas.

7 Pets Animales domésticos

7.1 Perros

dog *sn* [técnicamente
masculino, pero se
utiliza también para
femenino cuando el sexo
no es importante] perro

bitch *sn* perra

puppy *sn* cachorro

canine *adj* canino

7.2 Gatos

cat *sn* gato

tomcat o **tom** *sn* gato
macho *a ginger tom* un
gato de color melado

kitten *sn* gatito

puss *sn* (no se usa norml.
en *pl*) [se usa esp. para
llamar al gato] minino
Come here, puss! ¡Miz,
miz!

pussy o **pussy cat** *sn*
[informal. Usado esp.
por o para los niños]
gatito

tabby *sn* gato atigrado

feline *adj* felino

7.3 Otros animales domésticos

guinea pig *sn* conejillo
de Indias

hamster *sn* hámster

gerbil *sn* jerbo

tortoise *sn* tortuga

budgerigar *sn, abrev.*
budgie periquito

parrot *sn* loro, papagayo

goldfish *sn* pez de
colores

Tipos de perro

Alsatian (*brit*) o *German
shepherd* pastor alemán

poodle caniche

bulldog bulldog

spaniel perro de
aguas

greyhound galgo

terrier terrier

dachshund o [informal]
sausage dog perro tejonero,
perro salchicha

8 Animal noises Ruidos de animales

ver también **9.4 Birds**

8.1 Animales domésticos

bark *vi* ladrar
growl *vi* gruñir
howl *vi* aullar
mew o **miaow** *vi* maullar
purr *vi* ronronear
neigh *vi* relinchar

whinny *vi* relinchar
bray *vi* rebuznar
moo *vi* mugir
low *vi* [literario] mugir
bleat *vi* balar

8.2 Animales salvajes

roar *vi* rugir, bramar
trumpet *vi* barritar, bramar

hiss *vi* sisear
croak *vi* croar, graznar
squeak *vi* chillar

RUIDOS DE ANIMALES APLICADOS A SERES HUMANOS

Los términos que designan ruidos de animales se aplican frecuentemente a personas para describir una determinada manera de hablar. He aquí algunos de ellos:

bark *vit* (frec. + **out**) [voz brusca, enfadada] ladrar *The sergeant barked out his orders.* El sargento gritó las órdenes. **bark** *sn* ladrido, grito

growl *vit* [voz baja y amenazadora] gruñir

purr *vit* [voz baja que expresa placer] susurrar *'Thank you, darling,' she purred.* —Gracias, cariño, susurró.

bray *vit* [peyorativo. Voz áspera y chillona. Frec. describe risa] soltar una risotada

bleat *vit* [peyorativo. Voz débil y quejosa] gimotear,

lloriquear *Stop bleating about how he bullies you and stand up to him!* ¡Deja de lloriquear por cómo intenta atemorizarte y plántale cara!

roar *vit* [grito fuerte y feroz] bramar, rugir *'Get out of here!,' he roared.* —¡Sal de aquí!, bramó.

trumpet *vit* [más bien humorístico. Voz extremadamente fuerte y rugiente, estentórea] vociferar, rugir

hiss *vit* [voz maliciosa o susurro alto] cuchichear

croak *vit* [voz áspera por dolencia de garganta o miedo] decir con voz ronca

squeak *vit* [voz débil y atemorizada] decir con voz aguda

---

9 Birds Aves

tail cola
beak pico
feather pluma
wing ala
breast pechuga
claw garra
blackbird mirlo

thrush tordo
robin petirrojo
pigeon paloma
dove paloma
blue tit herrerillo
swallow golondrina
woodpecker pájaro carpintero

fowl *sn, pl* **fowl** o **fowls 1** ave de corral **2** [literario] ave *the fowls of the air* las aves del cielo *waterfowl* aves acuáticas *wildfowl* aves de caza

vulture *sn* buitre

bird of prey *sn* ave de presa

bill *sn* [más técnico que **beak**] pico

nest *sn* nido **nest** *vi* (frec. + *prep*) anidar *Sparrows nested under the roof.* Los gorriones anidaron bajo el tejado.

aviary *sn* pajarera

peacock pavo real   *emu* emú   *ostrich* avestruz

finch *sn* pinzón
starling *sn* estornino
sparrow *sn* gorrión
wren *sn* troglodita
crow *sn* cuervo

lark *sn* alondra
cuckoo *sn, pl* **cuckoos** cuco
partridge *sn* perdiz
nightingale *sn* ruiseñor

9.1 Lo que hacen los pájaros

fly *vi, pas.* **flew** *pp.* **flown** volar

swoop *vi* (norml. + *adv* o *prep*) calarse, abalanzarse

soar *vi* (norml. + *adv* o *prep*) remontarse, subir muy alto

hover *vi* (norml. + *adv* o *prep*) cernerse, revolotear

perch *vi* (norml. + *adv* o *prep*) posarse **perch** *sn* percha

peck *vit* (frec. + **at**) picotear *A blue tit pecked at the peanuts.* Un herrerillo picoteaba los cacahuetes.

lay *vti, pas. & pp.* **laid** poner *The duck has laid four eggs.* La pata ha puesto cuatro huevos.

hatch *v* **1** *vit* (frec. + **out**) empollar, incubar, salir del cascarón *All the eggs have hatched out.* Todos los polluelos han salido del cascarón. **2** *vt* empollar

9.2 Aves acuáticas

pelican *sn* pelícano
stork *sn* cigüeña
swan *sn* cisne
webbed feet *s pl* patas palmeadas
kingfisher *sn* martín pescador

flamingo *sn, pl* **flamingos** flamenco
heron *sn* garza (real)
seagull *sn* gaviota
puffin *sn* frailecillo
penguin *sn* pingüino

9.3 Aves de presa

hawk halcón
eagle águila
owl lechuza
talon garra

9.4 Ruidos de pájaros

sing *vit, pas.* **sang** *pp.* **sung** trinar, cantar *The birds were singing.* Los pájaros cantaban.

birdsong *snn* trino

cheep *vi* piar, gorjear

chirp o **chirrup** *vi* piar

tweet *vi* [las crías] piar

quack *vi* [el pato] graznar

cluck *vi* cloquear

gobble *vi* [el pavo] gluglutear

crow *vi* [el gallo] cacarear, cantar

coo *vi* [la paloma] arrullar

10 Fish and Sea animals Peces y Animales marinos

USO

Los nombres de peces y animales marinos normalmente no cambian en plural, especialmente cuando se habla de caza y pesca. Esta característica es más común en los peces, mientras que los crustáceos, moluscos y mamíferos marinos normalmente forman el plural en 's'. El plural de **fish** es **fish** o **fishes**.

10.1 Tipos de peces

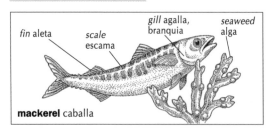

fin aleta   *scale* escama   *gill* agalla, branquia   *seaweed* alga

mackerel caballa

cod *sn* bacalao
eel *sn* anguila
herring *sn* arenque
plaice *sn* platija
salmon *sn* salmón

sardine *sn* sardina
shark *sn* tiburón
sole *sn* lenguado
trout *sn* trucha
hake *sn* merluza

10.2 Crustáceos y moluscos

crustacean *sn* crustáceo
mollusc *sn* molusco
shellfish *sn/nn, pl*
  shellfish crustáceo,
  marisco *We caught some
  shellfish. Pescamos
  algunos mariscos.*
crab *sn/nn* cangrejo
mussel *sn* mejillón

octopus *sn/nn, pl*
  octopuses o **octopi**
  pulpo
oyster *sn* ostra
prawn *sn* gamba,
  langostino
shrimp *sn* camarón
squid *sn/nn* calamar

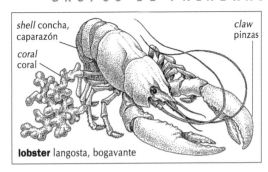

shell concha,
caparazón

coral
coral

claw
pinzas

lobster langosta, bogavante

10.3 Mamíferos marinos

whale *sn* ballena
dolphin *sn* delfín
seal *sn* foca

sea lion *sn* león marino
walrus *sn, pl* **walruses** o
  walrus morsa

11 Plants Plantas

ver también **384 Gardening**

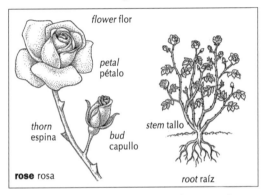

flower flor

petal
pétalo

thorn
espina

bud
capullo

stem tallo

rose rosa

root raíz

stalk *sn* [similar a **stem**, pero no se utiliza para plantas
  leñosas] tallo
bulb *sn* bulbo

seed *sn* semilla
pollen *snn* polen
shrub *sn* arbusto
bush *sn* arbusto
weed *sn* mala hierba
daisy *sn* margarita
daffodil *sn* narciso
tulip *sn* tulipán
carnation *sn* clavel
dandelion *sn* diente de
  león
pansy *sn* pensamiento
fern *sn* helecho
thistle *sn* cardo
holly *sn/nn* acebo

berry *sn* baya
ivy *snn* hiedra
cactus *sn, pl* **cacti** o
  cactuses cactus
lily *sn* azucena
heather *snn/n* brezo
violet *sn* violeta
bluebell *sn* campánula
  azul, campanilla
buttercup *sn* ranúnculo
rhododendron *sn*
  rododendro
nettle *sn* ortiga
reed *sn* caña
rush *sn* junco
vine *sn* vid, parra

12 Trees Arboles

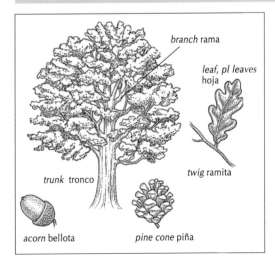

branch rama

leaf, pl leaves
hoja

twig ramita

trunk tronco

acorn bellota

pine cone piña

12.1 Tipos de árbol

oak *sn* roble
(silver) birch (*brit*),
  (white) birch (*amer*) *sn*
  abedul
beech *sn* haya
elm *sn* olmo
chestnut *sn* **1** [árbol]
  castaño **2** [fruto] castaña
ash *sn* fresno

(weeping) willow *sn*
  sauce (llorón)
fir *sn* abeto
pine *sn* pino
cedar *sn* cedro
maple *sn* arce
palm *sn* palmera
redwood *sn* secoya

> **TIPOS DE MADERA**
>
> Cuando el nombre de un árbol se utiliza como no
> numerable, describe la madera de dicho árbol: p.ej.
> *a table made of oak* (una mesa de roble) *a pine
> wardrobe* (un armario de pino).

13 Geography and Geology Geografía y Geología

geographer sn geógrafo
geographical adj geográfico

geologist sn geólogo
geological adj geológico

pond sn [frec. artificial] estanque
pool sn [norml. una formacion natural. Puede ser grande o pequeña] charca
puddle sn charco

13.1 Elevaciones naturales

hill sn colina, cerro *at the top of a hill* en lo alto de una colina **hilly** adj montañoso, accidentado
hillside sn ladera
hilltop sn cumbre (de una colina)
volcano sn, pl **volcanoes** volcán
mountain sn montaña *a mountain range* una cadena de montañas, una cordillera
mountainous adj

montañoso
mountainside sn ladera, falda de montaña
slope sn cuesta, pendiente *a gentle/steep slope* una cuesta suave/empinada
peak sn pico
summit sn cumbre
valley sn valle
gorge sn garganta
canyon sn cañón

> **U S O**
>
> Podemos hablar de **the top** de una colina o montaña, pero la palabra **peak** se utiliza sólo con referencia a cumbres puntiagudas, dentadas, y la palabra **summit** se usa normalmente cuando se habla de subir o escalar una montaña.

> **U S O**
>
> **Sea, Lake,** y **Ocean** se usan frec. acompañando al nombre, y se escriben con mayúscula, p.ej. *the Atlantic Ocean* (el océano Atlántico) *Lake Geneva* (el lago Ginebra).

13.5 El borde de una extensión de agua

shore sn [de un mar o lago] orilla *We can go on shore at Stockholm*. Podemos desembarcar en Estocolmo.
ashore adv (siempre + v) a tierra *We went ashore that evening*. Aquella tarde desembarcamos.
seashore sn orilla del mar *shells on the seashore* conchas a la orilla del mar
beach sn [de un mar o lago] playa *a sandy beach* una playa de arena

13.2 Otros accidentes geográficos

desert sn (frec. + **the**) desierto *We were lost in the desert*. Estábamos perdidos en el desierto.
oasis sn, pl **oases** oasis
jungle sn (frec. + **the**) selva, jungla
forest sn selva
rainforest sn (frec. + **the**) selva tropical *the Brazilian rainforest* la selva brasileña
wood sn o **woods** s pl bosque *a stroll through the wood(s)* un paseo por el bosque
vegetation sn vegetación

plain sn o **plains** s pl llanura, llano
moor sn o **moors** s pl (*esp. brit*) páramo, brezal
swamp sn [esp. área cenagosa en lugares cálidos y húmedos] pantano, ciénaga
swampy adj pantanoso, cenagoso
bog sn pantano, turbera
boggy adj pantanoso
marsh sn [norml. con plantas que crecen allí] pantano, ciénaga, marisma **marshy** adj pantanoso

South America

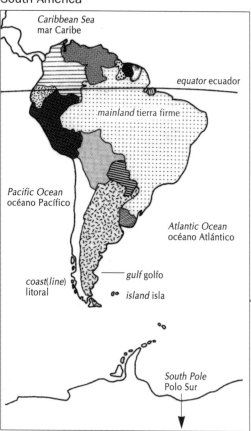

Caribbean Sea
mar Caribe

equator ecuador

mainland tierra firme

Pacific Ocean
océano Pacífico

Atlantic Ocean
océano Atlántico

coast(line)
litoral

gulf golfo

island isla

South Pole
Polo Sur

13.3 Rocas

rock sn roca **rocky** adj rocoso
stone sn piedra **stony** adj pedregoso

boulder sn canto rodado
pebble sn guijarro
fossil sn fósil
mineral sn mineral

13.4 Extensiones de agua

sea sn mar
ocean sn océano

lake sn lago
reservoir sn embalse, pantano

South America is a *continent*. Sudamérica es un continente.
Brazil is a *country*. Brasil es un país.
Buenos Aires is the *capital* of Argentina. Buenos Aires es la capital de Argentina.

seaside *snn* (siempre + **the**) [toda la zona junto al mar, considerada como lugar de veraneo, etc.] playa, costa *a day at the seaside* un día en la playa (usado como *adj*) *a seaside town* un pueblo costero

coast *sn* costa *storms off the Atlantic coast* tormentas en la costa Atlántica **coastal** *adj* costero

coastline *sn* litoral

cliff *sn* acantilado

bank *sn* [de un·río] orilla

13.6 Otros aspectos del mar

tide *sn* marea *The tide is in/out.* La marea ha subido/bajado. *The tide is coming in/going out.* La marea está subiendo/bajando. *high/low tide* marea alta/marea baja **tidal** *adj* de la marea

wave *sn* ola   **iceberg** *sn* iceberg

seaweed *snn* alga

sand *snn* arena **sandy** *adj* arenoso

sandbank *sn* banco de arena

sand dune *sn* duna

13.7 Corrientes de agua

river *sn* río *the River Thames* el río Támesis

riverbed *sn* cauce de un río

brook *sn* arroyo

stream *sn* arroyo, riachuelo

canal *sn* canal

channel *sn* 1 [paso que comunica dos mares] canal, estrecho 2 [parte navegable de un río, etc.] cauce, canal

current *sn* corriente *a strong current* una fuerte corriente

mouth *sn* desembocadura *the mouth of the Nile* la desembocadura del Nilo

waterfall *sn* cascada, catarata

spring *sn* fuente, manantial

glacier *sn* glaciar

14 Areas Areas

area *sn* zona, área *Water covered a large area of the country.* El agua cubría una gran parte del país. *a residential/industrial area* una zona residencial/industrial

place *sn* lugar *This is the place where we met.* Este es el lugar donde nos conocimos. *Most cities are noisy places.* La mayoría de las ciudades son lugares ruidosos.

region *sn* zona *a mountainous region* una zona montañosa *high winds in the region of Northern Scotland* fuertes vientos en el área del norte de Escocia **regional** *adj* regional

territory *sn* territorio *British territories* territorios británicos *Robins defend their territory fiercely.* Los petirrojos defienden ferozmente su territorio. **territorial** *adj* territorial

14.1 Areas políticas y administrativas

country *sn* país

nation *sn* nación *the English-speaking nations* las naciones de habla inglesa **national** *adj* nacional

nationality *sn* nacionalidad *people of all nationalities* personas de todas las nacionalidades

state *sn* 1 [país] estado *representatives of several European states* representantes de varios estados europeos 2 [área de un país] estado *the United States of America* los Estados Unidos de América 3 [gobierno] estado *state-owned industries* industrias estatales

republic *sn* república *the Irish republic* la República de Irlanda

kingdom *sn* reino *the United Kingdom* el Reino Unido

empire *sn* imperio

imperial *adj* imperial

county *sn* 1 (*brit*) [unidad mayor de gobierno local dentro del país] condado 2 (*amer*) unidad mayor de gobierno local dentro de cada estado

province *sn* provincia

provincial *adj* [frec. despectivo, implicando falta de sofisticación] provinciano, pueblerino

district *sn* distrito *postal districts* distritos postales

race *sn* raza

tribe *sn* tribu *nomadic tribes* tribus nómadas **tribal** *adj* tribal

---

LANDSCAPE (*PAISAJE*), **COUNTRYSIDE** (*CAMPO, CAMPIÑA*), Y **COUNTRY** (*CAMPO*)

Landscape se refiere al campo como espectáculo o cuadro, para ser contemplado y admirado desde lejos. **Country** y **countryside** se refieren ambos a áreas que pueden ser visitadas así como contempladas. **Countryside** normalmente implica un campo verde y con frecuencia cultivado que la gente de ciudad suele visitar, pero no se aplicaría para designar áreas más salvajes, áridas o montañosas. **Country** puede aplicarse de manera más general a cualquier área fuera de las ciudades, incluidas las zonas más salvajes. No obstante, se debería evitar este acepción de la palabra **country** cuando puede llevar a equívoco, al tener también el significado de 'nación'.

14.2 Alrededores

surroundings *s pl* alrededores, emplazamiento *The church is set in beautiful surroundings.* La iglesia está situada en un paraje precioso.

setting *sn* [similar a **surroundings**] marco, entorno

location *sn* [enfatiza el lugar donde está algo, más que el área que lo rodea] situación, posición

neighbourhood (*brit*), **neighborhood** (*amer*) *sn* barrio *a violent neighbourhood* un barrio violento

environment *sn* 1 [condiciones en las cuales vive o existe una persona o cosa] ambiente, medio *brought up in a rural environment* criado en un medio rural 2 (siempre + **the**) medio ambiente *concern for the environment* preocupación por el medio ambiente

environmental *adj* del medio ambiente *environmental issues* cuestiones medio ambientales

environmentally *adv* ecológicamente *environmentally-friendly products* productos que no dañan el medio ambiente

14.3 Lugares donde vive la gente

city *sn* ciudad (usado como *adj*) *a city dweller* un habitante de la ciudad

town *sn* ciudad, pueblo grande

village *sn* pueblo pequeño

outskirts *s pl* afueras, alrededores

suburb *sn* zona residencial en las afueras de una ciudad *a suburb of London* una zona residencial de las afueras de Londres *to live in the suburbs* vivir en las afueras

15 Jewels Joyas

jewel *sn* 1 piedra preciosa 2 joya *She put on her jewels.* Se puso sus joyas. **jewellery** (*brit*), **jewelry** (*amer*) *snn* joyería **jeweller** (*brit*), **jeweler** (*amer*) *sn* joyero

gem *sn* gema

amethyst *sn/nn* amatista

diamond *sn/nn* diamante

emerald *sn/nn* esmeralda

opal *sn/nn* ópalo

pearl *sn/nn* perla **pearly** *adj* nacarado

ruby *sn/nn* rubí

sapphire *sn/nn* zafiro

COLORES

Los nombres de las piedras preciosas se utilizan a menudo para describir colores. A veces se utilizan junto con el nombre del color que representan: p.ej. *emerald green sea* (mar verde esmeralda), *ruby red lips* (labios rojos como el rubí). Pueden utilizarse también como adjetivos en sí mismos: p.ej. *ruby wine* (vino de color rubí), *amethyst silk* (seda amatista).

16 Metals Metales

USO

Todos los metales aquí listados pueden usarse delante de un sustantivo para describir algo hecho con ese metal: p.ej. *a gold bracelet* (una pulsera de oro), *a lead pipe* (una tubería de plomo).

metal *snn/n* metal **metal** *adj* metálico

ore *snn* mineral, mena *iron ore* mineral de hierro

mine *sn* mina

mine *v* 1 *vi* (frec. + **for**) explotar un yacimiento *to mine for gold* explotar un yacimiento de oro 2 *vt* (minerales) extraer

miner *sn* minero

gold *snn* oro

golden *adj* [norml. literario] 1 de oro 2 [color] dorado

silver *snn* plata **silvery** *adj* plateado

lead *snn* plomo

leaden *adj* 1 de plomo 2 [color] plomizo

copper *snn* cobre

steel *snn* acero **steel** *adj* de acero

steely *adj* [sólo usado de manera figurativa] acerado, duro

iron *snn* hierro

brass *snn* latón

bronze *snn* bronce

aluminium *snn* aluminio

mercury *snn* mercurio

platinum *snn* platino

rust *snn* orín, herrumbre **rusty** *adj* oxidado

COLORES

Los nombres de metales se usan a menudo delante de los nombres para describir su color: p.ej. *gold material* (tela dorada), *copper hair* (cabello cobrizo). Algunos metales poseen formas adjetivas alternativas, que se listan arriba con el nombre de los metales: p.ej. *leaden skies* (cielo plomizo), *silvery hair* (cabello plateado).

17 Gases Gas

oxygen *snn* oxígeno

hydrogen *snn* hidrógeno

nitrogen *snn* nitrógeno

carbon dioxide *snn* dióxido de carbono

helium *snn* helio

ozone *snn* ozono *the ozone layer* la capa de ozono

air *snn* (norml. + **the**) aire

sky *snn* (norml. + **the**) cielo

USO

The skies frecuentemente se utiliza como sinónimo de **the sky**: p.ej. *The skies were grey.* (El cielo estaba gris.) **Skies** suena ligeramente más literario que **sky**, pero es de uso frecuente.

18 Weather Tiempo

weather *snn* (frec. + **the**) tiempo, clima *What's the weather like today?* ¿Qué tiempo hace hoy? *poor weather conditions* malas condiciones meteorológicas

climate *sn* [más técnico que **weather**] clima *the Mediterranean climate* el clima mediterráneo

meteorology *snn* meteorología **meteorologist** *sn* meteorólogo **meteorological** *adj* meteorológico

18.1 Buen tiempo
ver también **20 Hot**

fine *adj* [describe: tiempo] bueno

clear *adj* [describe: cielo] despejado

sun *sn* (frec. + **the**) sol *sitting in the sun* sentado al sol
sunshine *snn* sol, luz de sol
sunny *adj* soleado *a sunny afternoon* una tarde soleada

tropical *adj* tropical

18.2 Lluvia y tiempo húmedo
ver también **21 Wet**

rain *vi* llover *It's raining.* Llueve. *It rained heavily all night.* Estuvo lloviendo mucho toda la noche.
rain *snn* lluvia *heavy/light rain* lluvia fuerte/fina
raindrop *sn* gota de agua
rainfall *snn* cantidad de lluvia que cae durante un tiempo determinado
rainy *adj* lluvioso *the rainy season* la época de lluvias

wet *adj* húmedo *a wet day* un día lluvioso *ver también **21 Wet**

drizzle *snn* llovizna **drizzle** *vi* lloviznar

shower *sn* chubasco

pour *vi* (frec. + **down**) llover a mares, diluviar *It's pouring!* Está lloviendo a mares. *It poured down all night.* Llovió a cántaros toda la noche.

downpour *sn* [lluvia súbita y abundante] aguacero, chaparrón *We were caught in the downpour.* Nos cogió el chaparrón.

bucket down *vi fr.* (*brit*) [término informal, enfático] llover a cántaros *The rain/It was bucketing down.* Llovía a cántaros.

piss (it) down *vi fr.* (*brit*) [más bien vulgar pero muy común en el habla informal. Llover muy fuerte] caer chuzos *It's pissing (it) down out there!* ¡Están cayendo chuzos de punta ahí fuera!

monsoon *sn* monzón

flood *sn* (frec. *pl*) riada, inundación
flood *vit* inundar, desbordarse *The river has flooded.* El río se ha desbordado.

cloud *sn* nube **cloudy** *adj* nublado

overcast *adj* (después de *v*) cubierto, nublado *It's very overcast today.* El día está muy nublado.

rainbow *sn* arco iris

fog *snn* niebla
foggy *adj* de niebla *It's very foggy.* Hay mucha niebla.

mist *snn* neblina, niebla *Mist came down over the hills.* La neblina cubrió las montañas. **misty** *adj* de niebla

18.3 Viento

U S O

El verbo que se usa con todos los tipos de viento es **blow**: p.ej. *A breeze/gale was blowing.* (Soplaba una brisa/un vendaval.) Los verbos **blow down, blow off** y **blow away** se utilizan para describir el efecto del viento: p.ej. *The roof was blown off in the hurricane.* (El huracán arrancó de cuajo el tejado.)

wind *sn/nn* viento *a gust of wind* una ráfaga de viento *flags blowing in the wind* banderas ondeando al viento **windy** *adj* de viento

breeze *sn* brisa *a gentle breeze* una suave brisa

gale *sn* vendaval *It's blowing a gale.* Sopla un vendaval.

whirlwind *sn* torbellino

hurricane *sn* huracán

cyclone *sn* ciclón

typhoon *sn* tifón

tornado *sn, pl* **tornados** o **tornadoes** tornado

draught (*brit*), **draft** (*amer*) *sn* corriente de aire
draughty (*brit*), **drafty** (*amer*) *adj* que tiene corrientes de aire *It's very draughty in here.* Hay mucha corriente aquí.

gust *sn* ráfaga *a sudden gust of wind* una ráfaga (de aire) repentina

18.4 Tiempo frío
ver también **19 Cold**

snow *vi* nevar *It snowed all night.* Estuvo nevando toda la noche. **snow** *snn* nieve **snowflake** *sn* copo de nieve
snowstorm *sn* tormenta de nieve
snowy *adj* de nieve, cubierto de nieve *It was a snowy day.* Nevaba.

hail *snn* granizo **hail** *vi* granizar

sleet *snn* aguanieve **sleet** *vi* caer aguanieve

blizzard *sn* ventisca

frost *snn/n* helada, escarcha *the first frost of the year* la primera helada del año

frosty *adj* helado, cubierto de escarcha

ice *snn* hielo **icy** *adj* helado, glacial

melt *vit* derretir(se)

thaw *vit* (frec. + **out**) deshelar(se), derretir(se) **thaw** *sn* deshielo

18.5 Tormentas y desastres naturales

storm *sn* tormenta (usado como *adj*) *storm clouds* nubes de tormenta **stormy** *adj* tempestuoso

thunderstorm *sn* tormenta
thunder *snn* trueno *a clap of thunder* trueno **thunder** *vi* tronar

lightning *snn* relámpago, rayo *a flash of lightning* un relámpago

earthquake *sn* terremoto

19 Cold Frío

ver también **18.4 Weather**

cold *adj* frío *I'm cold.* Tengo frío. *cold weather* tiempo frío

cool *adj* fresco *a cool breeze* una brisa fresca

cool *vt* (frec. + **down**) refrescarse *Let's have a drink to cool ourselves down.* Vamos a beber algo para refrescarnos.

tepid *adj* [frec. peyorativo. Norml. describe líquidos, *no* tiempo] tibio

chilly *adj* [no se usa norml. en un contexto formal] fresco, frío *It's chilly in here.* Hace fresco aquí. [cuando se utiliza con personas, norml. va después del verbo **feel**] *I feel rather chilly.* Tengo un poco de frío.

chill *sn* (no tiene *pl*) frío *There was a chill in the air.* Hacía fresco.

chill *vt* enfriar *chill the wine* enfriar el vino *chilled to the bone* helado hasta los huesos

nippy *adj* [informal] fresco, frío *It's a bit nippy outside.* Hace fresquito ahí fuera.

freeze *vit, pas.* **froze** *pp.* **frozen** helar(se), congelar(se) *The lake froze last winter.* El lago se heló el invierno pasado. *The pipes have frozen.* Se han helado las tuberías.

freezing *adj* [más bien informal. Describe: personas o tiempo] *It's freezing in here.* Hace un frío que pela aquí. *I'm freezing.* Me estoy helando.

frozen *adj* [describe: personas] helado, congelado *I'm frozen stiff.* Estoy congelado.

icy *adj* helado, glacial *an icy wind* un viento glacial

shiver *vi* tiritar, temblar

---

f r a s e

There's a nip in the air. [mas bien informal] Hace fresco.

---

20 Hot Caliente

u s o

Los términos **mild**, **muggy**, **stuffy**, y **close** (*esp. brit*) se aplican sólo al tiempo o la atmósfera. **Warm**, **hot**, y **boiling** pueden utilizarse con respecto al tiempo u otras cosas. **Red-hot** no puede aplicarse al tiempo.

hot *adj*, **-tt-** caliente, caluroso *hot milk* leche caliente *a hot afternoon* una tarde calurosa

heat *snn* calor

heat *vti* (frec. + **up**) calentar(se) *Heat (up) some milk for the baby's bottle.* Calienta un poco de leche para el biberón.

warm *adj* cálido, caliente [pero no en exceso] *The body was still warm.* El cuerpo aún estaba caliente.

warm *vt* (frec. + **up**) calentar *The water was warmed by the sun.* El sol calentó el agua. **warmth** *snn* calor

lukewarm *adj* tibio, templado

mild *adj* templado *a mild day* un día templado

boiling *adj* [más bien informal] con mucho calor *It's boiling in here!* ¡Se asa uno aquí dentro!

humid *adj* [describe: p.ej. tiempo, clima. Se usa a menudo para hablar de un aspecto del tiempo más permanente que **close** or **muggy**] húmedo **humidity** *snn* humedad

close *adj* [describe: p.ej. tiempo, *no* clima. Pone énfasis en la falta de aire] bochornoso, sofocante

muggy *adj* [describe: p.ej. tiempo, *no* clima. Pone énfasis en la humedad] húmedo, sofocante, bochornoso

stuffy *adj* [describe: p.ej. una habitación, *no* clima] cargado, mal ventilado

20.1 Subir la temperatura

heater *sn* estufa, calentador

heating *snn* calefacción

central heating *snn* calefacción central

fire *sn* **1** hogar, chimenea *to light a fire* encender la chimenea **2** [artificial] *a gas fire* (*brit*)/*a gas heater* (*esp. amer*) una estufa de gas

radiator *sn* radiador

---

21 Wet Húmedo

wet *adj*, **-tt-** **1** [cubierto de agua o que ha absorbido agua u otro líquido] mojado, húmedo *wet clothes* ropa mojada *The pavement was still wet.* La acera aún estaba mojada. **2** [describe: día, tiempo] lluvioso *a wet afternoon* una tarde lluviosa

damp *adj* [menos húmedo que **wet**] húmedo **damp** o **dampness** *snn* humedad

moist *adj* [que contiene una pequeña cantidad de líquido. Norml. implica un estado de humedad que es agradable o normal] húmedo *the dog's moist nose* la nariz húmeda del perro *moist cakes* pasteles jugosos

moisture *snn* humedad *Moisture collects inside the*

glass. La humedad se acumula dentro del cristal.

soggy *adj* [desagradable por demasiado húmedo] empapado *soggy rice* un arroz pastoso *The ground was soggy.* El suelo estaba empapado.

soaking o **soaking wet** o **soaked** *adj* [informal] empapado *You're absolutely soaking!* ¡Estás calada hasta los huesos!

dripping *adj* [informal] que chorrea, que gotea

liquid *sn/nn* líquido

liquid *adj* [más bien formal o técnico] líquido *liquid gas* gas líquido *liquid detergent* detergente líquido

watery *adj* [norml. peyorativo] demasiado líquido *watery custard* natillas demasiado líquidas

runny *adj* **1** [menos formal que **liquid**] demasiado líquido *runny egg yolk* una yema de huevo blanda **2** que gotea *runny eyes* ojos llorosos *a runny nose* una nariz que moquea

dilute *vt* diluir

dilute *adj* diluido *dilute orange juice* zumo de naranja diluido

pour *vt* verter, servir *Shall I pour the tea?* ¿Sirvo el té?

21.1 Humedecer

wet *vt*, *-tt-*, *pas. & pp.* **wet** o **wetted** mojar, humedecer *Wet the edges of the pastry.* Humedecer los bordes de la pasta.

dampen *vt* humedecer

moisten *vt* humedecer *She moistened the flap of the envelope.* Humedeció la solapa del sobre.

soak *v* **1** *vt* remojar, empapar *The rain had soaked the garden.* La lluvia había empapado el jardín. *Soak the oats in milk for an hour.* Remojar la avena en leche durante una hora. **2** *vi* [suj. ropa, comida] estar en remojo

saturate *vt* saturar, empapar

immerse *vt* (frec. **+ in**) sumergir

dip *vt*, *-pp-* mojar, bañar

plunge *vti* [implica una acción vigorosa] sumergir(se), hundir(se)

splash *vti* salpicar *Waves splashed our legs.* Las olas nos salpicaban las piernas.

Immerse the garment completely in the dye. Sumergir bien la prenda en el tinte.

Dip the cherries in melted chocolate. Mojar las cerezas en chocolate fundido.

She plunged into the icy water. Se tiró de cabeza al agua helada.

22 Dry Seco

dry *adj* seco *The washing isn't dry yet.* La colada aún no está seca. *dry weather* tiempo seco *dry skin* piel seca **dryness** *snn* sequedad

dry *vti* secar(se) *Our towels dried in the breeze.* Las toallas se nos secaron al aire.

bone dry completamente seco

arid *adj* [describe: esp. tierra] árido *an arid desert region* una región árida y desértica

c o m p a r a c i ó n

as dry as a bone completamente seco

parch *vt* [norml. pasivo] secar, resecar *land parched by the sun* tierra reseca por el sol

dehydrate *vti* deshidratar *dehydrated vegetables* verduras deshidratadas **dehydration** *snn* deshidratación

23 Dark Oscuro

dark *adj* oscuro *It's dark in here.* Está oscuro. *a dark winter's morning* una oscura mañana de invierno *It gets dark at about six.* Se hace de noche sobre las seis. **darkness** *snn* oscuridad

dark *snn* (no tiene *pl*; frec. **+ the**) *I'm afraid of the dark.* Tengo miedo a la oscuridad. *She never goes out after dark.* Nunca sale cuando se ha hecho de noche.

darken *vti* oscurecer(se) *The sky darkened.* [implica una tormenta y no la noche] El cielo se oscureció.

black *adj* negro **blackness** *snn* oscuridad, negrura

pitch-black o **pitch-dark** *adj* [enfático] oscuro como la boca de un lobo, negro como el carbón

gloomy *adj* [depresiva u opresivamente oscuro] tenebroso, lóbrego *a gloomy kitchen* una cocina lóbrega

gloom *snn* [más bien literario] penumbra *A light appeared through the gloom.* Apareció una luz en la penumbra.

dim *adj*, *-mm-* tenue *a dim light* una luz tenue **dimly** *adj* tenuemente

dull *adj* apagado, sombrío *a dull gleam* un destello pálido *the dull sky* el cielo sombrío **dully** *adv* sin brillo **dullness** *snn* lo sombrío

fade *vit* (frec. **+ away**) desvanecer(se), desteñir(se) *Daylight faded.* La luz del día se desvaneció. *The colours have faded.* Los colores se han desteñido.

shadow s 1 snn oscuridad *The room was in shadow*. La habitación estaba en penumbra. **2** sn [forma] sombra
shadowy adj oscuro, sombrío *A shadowy figure lurked in the corner*. Una vaga silueta acechaba en el rincón.

shade snn (frec. + **the**) [zona oscura, esp. resguardada del sol fuerte] sombra *Let's sit in the shade*. Sentémonos a la sombra. **shady** adj sombreado, que da sombra

The statue cast a shadow on the wall. La estatua dibujaba una sombra en la pared.

They sat in the shade of the tree. Estaban sentados a la sombra del árbol.

24 Light Luz

light snn/n luz *by the light of the moon* a la luz de la luna *We saw a bright light in the distance*. Vimos una luz brillante a lo lejos.
light adj claro, con luz *Let's wait till it gets light.* Esperemos hasta que se haga de día. *It's too light in here.* Aquí hay demasiada luz.
bright adj [con mucha luz] brillante, claro *bright eyes* ojos brillantes *bright colours* colores vivos *bright light* luz brillante **brightly** adv con brillo
beam sn [luz natural o artificial] rayo, haz *A beam of light swept the sky.* Un haz de luz barrió el cielo. *Put the headlights on full beam.* Pon las luces largas. *a sunbeam/moonbeam* un rayo de sol/luna
ray sn [norml. de sol] rayo
laser sn láser *a laser beam* un rayo láser

24.1 Iluminar cosas

light vti, pas. & pp. **lit** (frec. + **up**) iluminar(se) *The hall was lit by an oil lamp.* El vestíbulo estaba iluminado por una lámpara de aceite.
lighten vti [hacer más claro el color] aclarar *Her hair was lightened by the sun.* El sol le había aclarado el cabello.
illuminate vt iluminar *Flares illuminated the sky.* Unas bengalas iluminaron el cielo. **illumination** snn iluminación
brighten vti (frec. + **up**) [puede indicar más luz o colores más brillantes] alegrar(se), iluminar(se) *Let's brighten up the place with some new wallpaper.* Alegremos la casa con un nuevo papel pintado.

24.2 Brillar con luz fija

shine vi, pas. & pp. **shone** brillar *The sun was shining.* El sol brillaba. *Their eyes were shining with excitement.* Los ojos les brillaban de ilusión. **shiny** adj brillante
glow vi [con luz cálida y suave] brillar (con luz difusa) *The coals still glowed.* El carbón estaba todavía candente. (+ **with**) *Their cheeks glowed with health.* Sus mejillas rebosaban de salud.

glow sn (no tiene pl) brillo, resplandor
gleam vi [con luz suave y brillante. Suj: esp. metal, luz] relucir, destellar *The coins gleamed in her hand.* Las monedas brillaban en su mano. *a gleaming mahogany table* [por haberle dado lustre] una reluciente mesa de caoba *His eyes gleamed with malice.* Sus ojos brillaron con malicia. **gleam** sn destello
glisten vi (frec.+ **with**) [reflejar la luz a causa de la humedad] brillar, relucir *glistening with sweat* perlado de sudor *Her eyes glistened with tears.* Las lágrimas le brillaban en los ojos.
glare vi [con una luz cegadora y fuerte] deslumbrar
glare sn/nn (no tiene pl) luz deslumbradora *the glare of the headlights* la luz deslumbrante de los faros
luminous adj [con luz propia, suave, que brilla esp. en la oscuridad] luminoso *a luminous watch* un reloj fosforescente

24.3 Brillar con luz intermitente

glitter vi [con una luz fuerte y brillante que viene de distintos puntos] relucir, brillar *The lake glittered in the sunshine.* El lago resplandecía bajo el sol. [cuando se aplica a los ojos implica un sentimiento hostil o malicioso] *Her eyes glittered with resentment.* Sus ojos brillaban de resentimiento.
flash vi [con una luz brillante y repentina] destellar *She flashed her headlights at him.* Le dio las luces (largas). **flash** sn destello
glimmer vi [con una luz inestable y suave] brillar con luz trémula *His torch glimmered at the end of the tunnel.* La luz de su linterna brillaba trémula al final del túnel. **glimmer** sn luz trémula
shimmer vi [con una luz reflejada, inestable y suave. Norml. se utiliza en contextos apreciativos] relucir *Her silk dress shimmered as she walked.* Su vestido de seda relucía al caminar.
twinkle vi [brillar intermitentemente. Frec. implica alegría] centellear *Stars twinkled in the sky.* Las estrellas centelleaban en el cielo. *His eyes twinkled with mirth.* Sus ojos brillaban de júbilo.

sparkle *vi* centellear, destellar *Her eyes sparkled with delight.* Le brillaban los ojos de regocijo. *sparkling wine* vino espumoso

24.4 Cosas que proporcionan luz

light *sn* luz *to switch/turn the light on* encender la luz *to switch/turn the light off* apagar la luz

candle vela

bulb bombilla

table lamp lámpara de mesa

bicycle lamp faro de bicicleta

headlight faro

torch (*brit*), *flashlight* (*amer*) linterna

25 Calendar and Seasons   Calendario y Estaciones

25.1 Días y semanas

U S O

En inglés los días de la semana se escriben con mayúscula. Normalmente se usan con la preposición **on**: p.ej. *We play tennis on Thursdays.* (Jugamos al tenis los jueves.) No se usa la preposición **on** si vienen precedidos de palabras como **next, last** o **every**: p.ej. *John phoned last Monday.* (John telefoneó el lunes pasado.)

Monday (*abrev.* **Mon.**) lunes

Tuesday (*abrev.* **Tues.**) martes

Wednesday (*abrev.* **Wed.**) miércoles

Thursday (*abrev.* **Thurs.**) jueves

Friday (*abrev.* **Fri.**) viernes

Saturday (*abrev.* **Sat.**) sábado

Sunday (*abrev.* **Sun.**) domingo

day *sn* día *I go there every day.* Voy allí cada día. *How many days are you staying for?* ¿Cuántos días se va a quedar?

daily *adj* diario *a daily paper* un (periódico) diario **daily** *adv* a diario

tomorrow *adv & sn* mañana **the day after tomorrow** pasado mañana

yesterday *adv & sn* ayer **the day before yesterday** anteayer

date *sn* fecha *What's the date today?/What's today's date?* ¿A qué día estamos?

date *vt* poner fecha a, fechar *your letter dated March 16th* su carta con fecha del 16 de marzo

week *sn* semana *once a week* una vez por semana **weekly** *adv* semanalmente **weekly** *adj* semanal

weekday *sn* día laborable *They open on weekdays.* Abren entre semana.

weekend *sn* fin de semana *See you at the weekend* (*brit*)/*on the weekend* (*amer*). Hasta el fin de semana.

fortnight *sn* (*brit*) dos semanas

25.2 Meses y estaciones

ver también *L21 Making arrangements*

spring primavera

summer verano

autumn (*esp. brit*), **fall** (*amer*) otoño

winter invierno

January (*abrev.* **Jan.**)
enero

February (*abrev.* **Feb.**)
febrero

March (*abrev.* **Mar.**)
marzo

April (*abrev.* **Apr.**) abril

May mayo

June (*abrev.* **Jun.**) junio

July (*abrev.* **Jul.**) julio

August (*abrev.* **Aug.**)
agosto

September (*abrev.* **Sept.**)
septiembre

October (*abrev.* **Oct.**)
octubre

November (*abrev.* **Nov.**)
noviembre

December (*abrev.* **Dec.**)
diciembre

U S O

En inglés los meses del año se escriben siempre con mayúscula y las estaciones pueden escribirse con o sin ella. La preposición que se utiliza con los meses y las estaciones es **in**: p.ej. *They got married in April.* (Se casaron en abril.) *We go there in (the) summer.* (Vamos allí los veranos.) Los nombres de los meses, estaciones y festividades (ver 25.3) también se pueden emplear delante de sustantivos: p.ej. *spring flowers* (flores primaverales) *April showers* (lluvias de abril) *Christmas holidays* (vacaciones de Navidad).

25.3 Días festivos

U S O

La preposición **at** se utiliza para hacer referencia a períodos vacacionales, pero al hablar de un sólo día se usa la preposición **on**: p.ej. *at Easter* (en Pascua) *on Christmas Day* (el día de Navidad). Normalmente se utiliza la preposición **during** al hablar del **Passover** y del **Ramadan**.

Easter Pascua

Whitsun Pentecostés

Halloween [el 31 de octubre. Día en el que se creía que aparecían los espíritus. La gente a veces se disfraza de fantasma] víspera de Todos los Santos

Guy Fawkes Night o **Bonfire Night** [5 de noviembre. Aniversario del intento de volar el Parlamento británico, fecha celebrada con fuegos artificiales y fogatas] Noche de Guy Fawkes

Thanksgiving [festividad que se celebra en EEUU para dar gracias a Dios por las cosechas. El cuarto jueves de noviembre] Día de Acción de Gracias

Independence Day [4 de julio en EEUU] Día de la Independencia

Christmas Navidad

Christmas Eve Nochebuena

Boxing Day [en Inglaterra & Gales] el 26 de diciembre, día en que se daba el aguinaldo a los empleados

New Year Año Nuevo *to celebrate the New Year* celebrar el Año Nuevo

New Year's Day (Día de) Año Nuevo

New Year's Eve Nochevieja

May Day Primero de Mayo

Midsummer's Eve víspera de San Juan

Passover [fiesta judía que celebra la huida de los judíos de Egipto] Pascua (judía)

Ramadan [el noveno mes del año musulmán] Ramadán

bank holiday (*brit*) [día festivo oficial, norml. los lunes cuando cierran la mayoría de negocios] día festivo

25.4 Años

year *sn* año *I see him twice a year.* Lo veo dos veces al año. **yearly** *adv* anualmente, cada año **yearly** *adj* anual

annual *adj* anual *the annual staff outing* la excursión anual del personal **annually** *adv* anualmente

decade *sn* década

century *sn* siglo *the twentieth century* el siglo veinte

---

26 Time Hora

U S O

1 Se utiliza la preposición **at** para hacer referencia a horas precisas: p.ej. *at twelve o'clock* (a las doce). Para períodos de tiempo se utilizan las preposiciones **in** o **during**: *I'll do it in the morning.* (Lo haré por la mañana.) *during the day* (durante el día). **2** La palabra **morning** se refiere aproximadamente al período que va desde el amanecer hasta las doce del mediodía, **afternoon** se utiliza desde las doce hasta que anochece, **evening** desde que oscurece hasta las diez o las once de la noche, y **night** se utiliza desde este momento hasta la mañana siguiente. Sólo se dice **Goodnight** (Buenas noches) cuando nos despedimos de alguien por la noche o cuando nos vamos a dormir. La forma **Good evening** es la más corriente para saludar a alguien cuando ya ha anochecido.

midnight medianoche

midday/noon mediodía

twelve o'clock las doce

six o'clock in the evening las seis de la tarde

six o'clock in the morning las seis de la mañana

six o'clock las seis

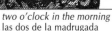	
two o'clock in the morning las dos de la madrugada	two o'clock in the afternoon las dos de la tarde

two o'clock las dos

26.1 Cómo decir la hora

It's (a) quarter past five./It's five fifteen. Son las cinco y cuarto./Son las cinco y quince minutos.	*It's half past nine./It's nine thirty.* Son las nueve y media.

clock reloj	**alarm clock** despertador

It's (a) quarter to four./It's three forty-five. Son las cuatro menos cuarto./Son las tres y cuarenta y cinco (minutos).	*It's eleven thirty-seven./It's twenty three minutes to twelve.* Son las once y treinta y siete minutos./Son las doce menos veintitrés.

(pocket) watch reloj (de bolsillo)	**watch** o **wristwatch** reloj de pulsera

a.m. (ante meridiem) (antes del mediodía) por la mañana *at three a.m.* a las tres de la madrugada

p.m. (post meridiem) (después del mediodía) por la tarde

hour *sn* hora *It took us four hours to get there.* Tardamos cuatro horas en llegar. *half an hour* media hora *a quarter of an hour* un cuarto de hora

minute *sn* minuto *The journey lasted twenty minutes.* El viaje duró veinte minutos.

moment *sn* momento *He'll be here in a moment.* Estará aquí dentro de un momento. *They took me upstairs the moment I arrived.* En cuanto llegué me condujeron arriba. *She's quite busy at the moment.* En este momento está bastante ocupada.

26.2 Períodos de tiempo más largos

period *sn* período *She's had several periods of unemployment.* Ha estado desempleada en varias ocasiones. *a period of international tension* un período de tensión internacional

era *sn* era, época *the modern era* la era moderna *the end of an era* el final de una época

age *sn* era, siglo *the Ice Age* la Era Glacial [informal] *He's been gone an age.* Hace una eternidad que se fue.

ages *s pl* [informal] siglos *That was ages ago.* De esto hace siglos.

phase *sn* fase, etapa *an important phase in the company's development* una fase importante en el desarrollo de la empresa

past *sn* (no tiene *pl*; norml. + **the**) pasado *Do you think people were happier in the past?* ¿Usted cree que la gente era más feliz antiguamente? *We've always flown in the past.* Antes siempre hemos ido en avión.

present *sn* (no tiene *pl*; norml. + **the**) presente *At present, we are concentrating on developing our export markets.* Actualmente nos estamos centrando en el desarrollo de nuestros mercados de exportación.

future *sn* (no tiene *pl*; norml. + **the**) futuro *Who knows what the future may hold?* ¿Quién sabe lo que nos deparará el futuro? *Try to be more polite in future.* A partir de ahora intenta ser más educado.

26.3 Adjetivos referentes al tiempo

past *adj* pasado *She's been abroad for the past few weeks.* Está en el extranjero desde hace algunas semanas. *a past headmaster of the school* un antiguo director del colegio

present *adj* actual *What is your present occupation?* ¿Cúal es su ocupación actual?

future *adj* futuro *Future events may force us to change our plans.* Los acontecimientos futuros pueden obligarnos a cambiar nuestros planes.

previous *adj* anterior, previo *He has no previous experience.* No tiene experiencia previa.

previously *adv* anteriormente, previamente *Previously, we had always been able to leave early on Fridays.* Anteriormente siempre habíamos podido salir pronto los viernes.

recent *adj* reciente *Recent events have shown the need for caution.* Los sucesos recientes han puesto de manifiesto la necesidad de actuar con cautela. *in recent years* en los últimos años

recently *adv* recientemente, últimamente *Have you read any good books recently?* ¿Has leído algún buen libro últimamente?

lately *adv* últimamente *I've been staying in a lot lately.* Últimamente me he quedado mucho en casa.

nowadays *adv* hoy en día *Young people have no manners nowadays.* Hoy en día la juventud no tiene modales.

27 **Astronomy** Astronomía

astronomer *sn* astrónomo
astronaut *sn* astronauta
planet *sn* planeta

universe *sn* (siempre +
the) universo
star *sn* estrella

moon *sn* (siempre + **the**)
luna
sun *sn* (siempre + **the**) sol

comet *sn* cometa
meteor *sn* meteoro
telescope *sn* telescopio

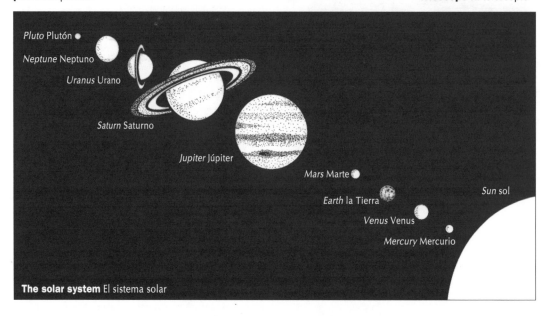

Pluto Plutón

Neptune Neptuno

Uranus Urano

Saturn Saturno

Jupiter Júpiter

Mars Marte

Earth la Tierra

Venus Venus

Mercury Mercurio

Sun sol

The solar system El sistema solar

28 **Astrology** Astrología

astrologer *sn* astrólogo
horoscope *sn* horóscopo
stars *s pl* [informal]
horóscopo *Did you read
your stars in the paper
this morning?* ¿Has leído
tu horóscopo en el
periódico esta mañana?
star sign *sn* signo del
zodíaco *What's your star
sign?* ¿Cuál es tu signo
del zodíaco?

SIGNS OF THE ZODIAC *SIGNOS DEL ZODIACO*

Aquarius Acuario
(21 Jan. – 21 Feb.)
Pisces Piscis
(21 Feb. – 21 Mar.)
Aries Aries
(21 Mar. – 21 Apr.)
Taurus Tauro
(21 Apr. – 21 May)

Gemini Géminis
(21 May – 21 Jun.)
Cancer Cáncer
(21 Jun. – 21 Jul.)
Leo Leo
(21 Jul. – 21 Aug.)
Virgo Virgo
(21 Aug. – 21 Sept.)

Libra Libra
(21 Sept. – 21 Oct.)
Scorpio Escorpión
(21 Oct. – 21 Nov.)
Sagittarius Sagitario
(21 Nov. – 21 Dec.)
Capricorn Capricornio
(21 Dec. – 21 Jan.)

29 **Be** Ser

exist *vi* **1** existir *Giants only exist in fairy stories.* Los
gigantes sólo existen en los cuentos de hadas. *The
existing laws do not cover this case.* Las leyes vigentes
no contemplan este caso. **2** (norml. + **on**) sobrevivir,
subsistir *They find it hard to exist on such small wages.*
Les resulta difícil subsistir con sueldos tan bajos.
existence *snn/n* (no tiene *pl*) existencia, vida *The firm
has been **in existence** since 1898.* La empresa existe
desde 1898. *The firm **came into existence** in 1898.* La
empresa se fundó en 1898. *It was a lonely existence on
the island.* La vida en la isla era solitaria.
live *vi* **1** vivir *She lived to be 95.* Vivió hasta los 95
años. (+ **on**) *He seems to live on bread and jam.* Parece
que vive de pan y mermelada. **2** [residir] vivir *They*

lived in America for 20 years. Vivieron 20 años en
América. *Rabbits live in burrows.* Los conejos viven en
madrigueras.
live *adj* (delante de *s*) vivo *Have you ever seen a real
live leopard?* ¿Has visto alguna vez a un leopardo de
verdad?
life *s, pl* **lives 1** *sn* vida *I seem to spend my whole life
doing housework.* Tengo la impresión de pasarme la
vida haciendo el trabajo de la casa. **2** *snn* [seres
vivientes] vida *Is there life on Mars?* ¿Hay vida en
Marte? **3** *snn* [vitalidad] vida *He's so full of life!* ¡Está
tan lleno de vida!
alive *adj* (después de *v*) vivo *Three people were found*

alive under the rubble. Tres personas fueron halladas con vida bajo los escombros.

identity *snn/n* identidad *Police were unable to establish the identity of the victim.* La policía no pudo establecer la identidad de la víctima. *proof of identity* prueba de identidad

29.1 Existir durante mucho tiempo
ver también **33.1 Continue**

permanent *adj* permanente *a permanent job* un trabajo fijo *I expect my move to Sydney will be permanent.* Confío en que mi traslado a Sydney sea permanente. **permanently** *adv* permanentemente **permanence** o (más raro) **permanency** *snn* permanencia

everlasting *adj* [literario o usado con sentido humorístico o de queja] eterno, interminable *everlasting peace* paz eterna *I can't stand his everlasting complaints.* No puedo aguantar sus interminables quejas.

immortal *adj* [más bien formal] inmortal **immortality** *snn* inmortalidad

29.2 Existir durante poco tiempo

temporary *adj* temporal, provisional *temporary road*

works obras provisionales en carretera *temporary accommodation* alojamiento provisional **temporarily** *adv* temporalmente

brief *adj* [describe: p.ej. intervalo, pausa, explicación] breve *the news in brief* resumen de noticias [dícese de ropa en el sentido de cubrir un área pequeña] *a brief bikini* un exiguo bikini **briefly** *adv* brevemente

transient o **transitory** *adj* [más formal que **temporary**. Implica un cambio involuntario] pasajero, fugaz *Her happiness proved transient.* Su felicidad resultó ser pasajera.

ephemeral *adj* efímero *His influence was only ephemeral.* Su influencia fue sólo efímera.

mortal *adj* mortal **mortality** *snn* mortalidad

mortal *sn* [literario o usado humorísticamente] mortal *She may run five miles a day, but mere mortals like us are proud to run one.* Puede que ella corra cinco millas al día, pero los simples mortales como nosotros estamos orgullosos de correr una.

> *f r a s e*
>
> **a flash in the pan** un éxito del momento *Her hit single turned out to be a flash in the pan.* El éxito de su disco sencillo resultó ser flor de un día.

---

30 Presence and Absence Presencia y Ausencia

present *adj* (después de *v*) [ligeramente formal, cuando se utiliza en lugar de **here** o **there**] presente *Were you present at the meeting?* ¿Estuvo en la reunión?

presence *snn* [ligeramente formal] presencia *How dare you use such language in my presence?* ¿Cómo se atreve usted a utilizar ese lenguaje en mi presencia? *An autopsy revealed the presence of poison in his blood.* Una autopsia reveló la presencia de veneno en la sangre.

on the spot en el lugar de los hechos *We go over to our reporter on the spot, Jane Williams.* Conectamos ahora con nuestra corresponsal, Jane Williams.

absent *adj* ausente *a toast to absent friends* un brindis por los amigos ausentes (+ **from**) *He has been absent*

from school for two weeks. Lleva dos semanas sin venir al colegio.

absence *snn* ausencia *In the absence of firm evidence against him he was released.* En ausencia de pruebas sólidas en su contra fue puesto en libertad. *I discovered they had finished the work in my absence.* Descubrí que habían acabado el trabajo en mi ausencia. **absentee** *sn* ausente **absenteeism** *snn* absentismo

truant *sn* niño que hace novillos **truancy** *snn* novillos

elsewhere *adv* [más formal que **somewhere else**] a/en otra parte *I shall take my business elsewhere.* Buscaré estos servicios en otra parte.

---

31 Happen Suceder

happen *vi* pasar, ocurrir *I was there when the accident happened.* Yo estaba presente cuando ocurrió el accidente. **happening** *sn* suceso, acontecimiento

occur *vi*, **-rr-** [ligeramente más formal que **happen**. No suele utilizarse para acontecimientos planeados] ocurrir, suceder *This is not the first time such mistakes have occurred.* No es la primera vez que ocurren tales errores. **occurrence** *sn/nn* suceso, acontecimiento

take place *vi fr.* [suj: esp. acontecimientos planeados, p.ej. fiestas, conciertos] tener lugar *The meeting is scheduled to take place next week.* La reunión se ha fijado para la semana próxima. *These changes have all taken place since the last election.* Todos estos cambios han tenido lugar desde las pasadas elecciones.

come about *vi fr.* [norml. se utiliza al hablar de cómo

sucedió algo] suceder, ocurrir *The reforms came about because people wanted them.* Las reformas se produjeron porque la gente las deseaba.

materialize TAMBIÉN **-ise** (*brit*) *vi* [frec. usado en sentido negativo] hacerse realidad, concretarse *The financial aid they had promised never materialized.* La ayuda financiera que habían prometido nunca se hizo realidad.

31.1 Cosas que pasan

event *sn* acontecimiento *The event is due to take place next Monday.* El acontecimiento está fijado para el próximo lunes. *In the event, no definite decisions were reached.* Al final, no se decidió nada en concreto. *In the event of fire, leave the building by the nearest exit.* En caso de incendio, abandone el edificio por la salida más próxima.

occasion sn **1** [momento en el que ocurre algo] ocasión *I was not present on that occasion.* En esa ocasión yo no estaba presente. **on the occasion of** her 18th birthday con ocasión de su decimoctavo cumpleaños **2** [acontecimiento importante o festivo] ocasión *Let's have champagne, as it's a special occasion.* Tomemos champán, ya que se trata de una ocasión especial.

affair sn [menos formal que **event** u **occasion**, y puede también hacer referencia a una serie de acontecimientos relacionados entre sí] asunto, acontecimiento *The wedding reception was a very grand affair.* El banquete nupcial fue un acontecimiento de muchas campanillas. *They were in business for a while, but the whole affair was a disaster.* Se dedicaron a los negocios durante un tiempo, pero todo ese asunto resultó un desastre.

incident sn/nn [suceso poco común o desagradable] incidente *an amusing incident* un incidente divertido *Police are appealing for witnesses to the incident.* La policía está buscando testigos oculares del incidente. [más bien formal cuando se utiliza como incontable] *Our visit was not without incident.* Nuestra visita no careció de incidentes.

instance sn [ejemplo único de algo que ocurre] caso *There have been several instances of looting.* Se han dado varios casos de saqueo. **In this instance** the police were at fault. En este caso concreto fue culpa de la policía.

31.2 Cómo son las cosas

condition sn/nn [usado para describir su estado de conservación, limpieza, salud, etc.] estado *in good/bad condition* en buen/mal estado *What are conditions like in the refugee camp?* ¿Cuáles son las condiciones en el campo de refugiados? *Her condition is not serious.* Su estado no es grave.

state sn (frec. + **of**) estado *The business world is in a state of panic at the news.* El mundo de los negocios se halla en estado de pánico por la noticia. [frec. se usa de manera algo informal para sugerir un mal estado] *Her bedroom was in a real state.* Tenía la habitación toda revuelta.

U S O

Pese a que **state** es un término genérico, normalmente se aplica a seres humanos sólo cuando se especifica el estado a que se hace referencia, p.ej. *his emotional state* (su estado emocional), *her state of health* (su estado de salud)

state of affairs situación actual *A peaceful settlement seems unlikely in the present state of affairs.* Dada la situación actual un acuerdo pacífico no parece probable.

situation sn situación *a dangerous situation* una situación peligrosa *the unemployment situation* la situación con respeto al desempleo

circumstances s pl circunstancias *I explained the circumstances which led to our decision.* Expliqué las circunstancias que nos llevaron a nuestra decisión. **Under/in the circumstances** her conduct seems understandable. Dadas las circunstancias su conducta es comprensible.

32 Begin Comenzar

ver también **201 New**; opuesto **34 End**

begin vit, pas. **began** pp. **begun** (frec. + -ing; + **to** + INFINITIVO) [un término genérico, ligeramente más formal que **start**] empezar, comenzar *We'll begin the meeting with a prayer.* Comenzaremos la reunión con una oración. *I can't begin to understand/explain why he did it.* No acabo de entender/explicarme por qué lo hizo. *Life begins at forty.* La vida empieza a los cuarenta. *I began to be suspicious.* Empecé a sospechar.

beginning sn/nn principio, comienzo *Start reading from the beginning of the page.* Comience a leer desde el principio de la página. *At the beginning of the project we made mistakes.* Cometimos errores al principio del proyecto. *I read it from beginning to end.* Lo leí de principio a fin.

start vit **1** (frec. + -ing; + **to** + INFINITIVO) [término genérico, ligeramente menos formal que **begin**] empezar, comenzar *I start work at eight.* Empiezo a trabajar a las ocho. *He started to cry.* Se puso a llorar. *I'll start with the soup.* Empezaré con la sopa. *He started it!* [una pelea, discusión, etc.] ¡Ha empezado él! **2** [obj/suj: maquinaria] poner en marcha *I can't start the car.* El coche no arranca.

start sn principio, comienzo *Let's try to get an early start tomorrow.* Intentemos empezar temprano mañana. *The runners have got off to a flying start.* Los corredores salieron lanzados. *The whole visit was a disaster from start to finish.* La visita fue un desastre desde el comienzo hasta el final.

commence vit [formal] comenzar *Let the festivities commence!* ¡Que empiecen las celebraciones!

commencement snn/n (frec. + **of**) comienzo, principio

set off v fr. **1** vi (frec. + **for**) [p.ej. en un viaje] ponerse en camino, salir *We set off for London the next day.* Salimos para Londres al día siguiente. **2** vt **set** sth **off** o **set off** sth [provocar. Obj: p.ej. proceso, cadena de acontecimientos] desencadenar *Government action set off a wave of protest.* La actuación del gobierno desencadenó una ola de protestas. [obj: persona] *She started giggling and that set John off.* Ella empezó a reírse y John se contagió.

kick off vi fr. (frec. + **with**) [informal] hacer el saque inicial, comenzar *We kick off at four o'clock with a speech from the mayor.* Empezamos a las cuatro con un discurso del alcalde. **kick-off** sn saque inicial, comienzo

introduce vt (frec. + **into, to**) introducir The potato was introduced into Europe in the 16th century. La patata fue introducida en Europa en el siglo XVI. They have introduced a new computer system at work. Han introducido un nuevo sistema informático en el trabajo.

introduction snn introducción (+ **of**) the introduction of new working practices la introducción de nuevos sistemas de trabajo (+ **to**) a quick introduction to bookkeeping una rápida introducción a la contabilidad

originate vit (frec. + **in**) [enfatiza dónde y cómo empieza algo] tener origen, dar lugar a The custom originated in Scotland/in the 14th century. La costumbre es originaria de Escocia/del siglo XIV.

originator sn inventor, autor

origin sn/nn [el plural **origins** a menudo se utiliza como sinónimo de **origin** salvo cuando se habla de un punto de origen físico] origen The idea has its origin/origins in Christian theology. La idea tiene sus orígenes en la teología cristiana. She is very proud of her Scottish origins. Está muy orgullosa de su origen escocés.

original adj 1 (delante de s) [que existe en el comienzo. Describe: esp. cultura, idea] original, primero the original inhabitants los primeros habitantes Let's go back to our original idea. Volvamos a nuestra idea original. 2 [no una copia] original 3 [imaginativo. Describe: esp. idea] original an original style of writing una forma de escribir original **originality** snn originalidad

original sn [cuadro, documento, etc.] original

originally adv [norml. se utiliza cuando se habla de algo que ha cambiado posteriormente] en un principio, al principio I spent more than I had originally intended (to). Me llevó más tiempo de lo que pensaba en un principio.

initial adj (delante de s) 1 [describe: p.ej. cálculo, expectativa, resultado] inicial Initial failure did not deter them. El fracaso inicial no les hizo desistir. 2 [situado al principio] inicial the initial letter of the code la letra inicial del código

initially adv [un poco más formal que **originally**] inicialmente

at first al principio At first I thought he was joking. Al principio creí que estaba bromeando.

from the word go [algo informal] desde el primer instante They had problems from the word go. Tuvieron problemas nada más empezar.

from scratch [acentúa la falta de un trabajo previo que pueda ser utilizado] de cero, desde el principio You'll have to rewrite the report from scratch. Tendrá que volver a escribir el informe desde el principio. start from scratch empezar de cero

(in) the early stages en las primeras etapas Careful planning is necessary in the early stages of the project. Es necesaria una planificación cuidadosa en las primeras etapas del proyecto.

32.1 Personas que comienzan una actividad

beginner sn principiante I'm a complete beginner at Spanish. Soy un principiante total en español. **beginner's luck** la suerte del principiante

learner sn [en inglés británico cuando se utiliza a solas norml. significa una persona que aprende a conducir] principiante, aprendiz a quick learner una persona que aprende con rapidez stuck behind a learner atascado detrás de un coche autoescuela

novice sn [falto de experiencia en una técnica determinada] principiante, novato I'm a novice at beekeeping. Soy novato en la cría de abejas. (usado como adj) a novice racehorse un caballo de carreras primerizo

Learner se usa como adjetivo en la frase **learner driver** (aprendiz de conductor), pero no se suele aplicar a personas que están aprendiendo otras técnicas. En su lugar, se utiliza **a learner of ...** o una frase más larga, tal como **people who are learning to ...**

33 **Continue** Continuar

continue vit (frec. + **with**) [ligeramente formal cuando se usa en lenguaje hablado] continuar Should we continue (with) our work? ¿Continuamos con nuestro trabajo? (+ **to** + INFINITIVO) I continued to visit her regularly. Continué visitándola con regularidad. (+ -ing) Please continue eating. Por favor, continúen comiendo.

continuation snn/n (frec. + **of**) continuación a continuation of our earlier conversation una continuación de nuestra conversación anterior

go on vi fr. (frec. + **with**) [menos formal que **continue**] seguir The party's still going on upstairs. La fiesta todavía sigue en el piso de arriba. Go on with the story. Sigue con la historia.

carry on (frec. + **with**) vit fr. [suj/obj: p.ej. trabajo,

conversación, línea de acción. Menos formal que **continue**] continuar, proseguir Who will carry on (with) my work? ¿Quién continuará con mi trabajo? (+ -ing) Carry on taking the tablets. Siga tomando las pastillas.

persist vi 1 [ligeramente formal. Suj: esp. situación (norml. indeseable)] persistir Racist attitudes persist in many societies. Las actitudes racistas persisten en muchas sociedades. 2 (frec. + **in, with**) [suj: persona. Continuar a pesar de la oposición de otros, etc.] empeñarse He persists in trying to do everything on his own. Se empeña en querer hacerlo todo él solo.

proceed vi 1 [pasar a un nuevo estadio, aunque no necesariamente mejor. Más bien formal] proceder, pasar a Shall we proceed to the next item on the *agenda?* ¿Pasamos al siguiente punto del orden del día? *Work is proceeding rather slowly.* El trabajo avanza bastante despacio. [puede implicar movimiento físico] *Proceed at once to the main exit.* Diríjanse inmediatamente hacia la salida principal. **2** (+ **to** + INFINITIVO) [dar comienzo a una acción después de hacer otra cosa. Se usa a menudo cuando el que habla quiere expresar sorpresa o indignación por la acción] proceder a, pasar a *He then proceeded to undress.* Entonces empezó a desnudarse. *Having got through three plates of stew, she proceeded to eat a large piece of chocolate cake.* Después de acabar con tres platos de estofado, pasó a comerse un buen trozo de pastel de chocolate.

progress *vi* [suj: p.ej. persona, trabajo. Implica mejora] progresar, seguir *My research is progressing well.* Mi investigación va bien.

progress *snn* progreso *The patient is making steady progress.* El paciente sigue mejorando. *We made slow progress through the fog.* Avanzamos despacio a través de la niebla.

stay *vi* quedarse, permanecer *I can't stay for the meeting.* No puedo quedarme a la reunión. *I hope the weather stays fine.* Espero que se mantenga el buen tiempo. *Women's liberation is here to stay.* La liberación de la mujer es ya un hecho irreversible.

remain *vi* **1** [continuar sin cambio. Más formal que **stay**] permanecer, quedarse *Please remain seated.* Por favor permanezcan sentados. *I remain unconvinced.* Sigo sin estar convencido. *It remains to be seen whether they will succeed.* Falta por ver si tendrán éxito. **2** [ligeramente formal] seguir en pie, quedar *Doubts about his fitness remain.* Todavía quedan algunas dudas sobre su salud. *Can you eat the remaining food?* ¿Podéis terminar la comida que queda?

remainder *sn* (no tiene *pl*; siempre + **the**; frec. + **of**) resto (se utiliza con el verbo en el singular o plural, dependiendo de si el sujeto es singular o plural) *The remainder of the children were taken by bus.* Al resto de los niños se les llevó en autobús. *The remainder of the food was thrown away.* Las sobras de la comida se tiraron a la basura.

33.1 Describir cosas que continúan
ver también **29.1 Be**

continual *adj* **1** [que se repite una y otra vez. Se dice especialmente de cosas que molestan] continuo *I'm fed up with his continual whining.* Estoy harta de sus continuas quejas. *continual stoppages due to bad weather* continuas interrupciones a causa del mal tiempo **2** [que continúa sin interrupción. Describe: esp. estados emocionales desagradables] constante, continuo *They lived in continual dread of discovery.* Vivían en un temor constante a ser descubiertos. **continually** *adv* continuamente

continuous *adj* [que continúa de manera ininterrumpida. Describe: p.ej. ruido, corriente] ininterrumpido, continuo *a continuous line of cars* una fila continua de coches *Wait until you hear a continuous tone.* Espere hasta que oiga una señal continua. **continuously** *adv* continuamente

constant *adj* **1** [que se repite de forma regular o continua. Describe: p.ej. advertencias, discusiones, atención] constante *I receive constant inquiries about the book.* Se me hacen preguntas constantes sobre el libro. *She needs constant medical care.* Necesita atención médica constante. **2** [que no varía. Describe: p.ej. velocidad, temperatura] constante *Spending has remained constant over the last 5 years.* Los gastos se han mantenido constantes durante los últimos cinco años. **constantly** *adv* constantemente

non-stop *adj* [algo informal, excepto cuando se refiere a vuelos, trenes, etc.] sin parar (usado como *adv*) *I've been working non-stop since eight o'clock.* He estado trabajando sin parar desde las ocho.

persistent *adj* [frec. implica obstinación en presencia de oposición] persistente *persistent troublemakers* alborotadores habituales *a persistent cough* una tos persistente **persistently** *adv* persistentemente

persistence *snn* [frec. menos peyorativo que **persist** y **persistent**] persistencia, empeño *The persistence of the police eventually paid off.* La persistencia de la policía al final dio resultado.

34 End Fin
ver también **245 Hinder**; opuesto **32 Begin**

end *vti* [ver USO] terminar, acabar *The meeting ended at four.* La reunión acabó a las cuatro. *The party ended in a fight.* La fiesta acabó en una pelea. *I had to end our relationship.* Tuve que poner fin a nuestra relación.

end *sn* final, fin *I didn't stay to the end.* No me quedé hasta el final. **come to an end** terminarse **put an end to** poner fin a

finish *vti* [ver USO] terminar, acabar *I haven't finished my work yet.* Todavía no he acabado mi trabajo. *Work has finished on the new stretch of road.* Ya han concluido las obras en el nuevo tramo de carretera.

finish *sn* [esp. de una carrera] final *It was a close finish.* Fue un final reñido.

complete *vt* [más formal que **finish**. Obj: p.ej. tarea, viaje] terminar, concluir *Building work has been completed.* El trabajo de construcción ha concluido. *She completed the crossword in ten minutes.* Hizo el crucigrama en diez minutos.

completion *snn* [más bien formal] conclusión, terminación

stop *v*, -pp- **1** *vit* [cesar la acción] parar(se), dejar de *I've stopped using make-up.* He dejado de usar maquillaje. *The bus stops outside my house.* El autobús para delante de mi casa. *Has it stopped raining?* ¿Ha parado de llover? *Stop the engine!* ¡Pare el motor! **2** *vt* (frec. + **from**) impedir *They can't stop the wedding.* No pueden impedir que se celebre la boda. *She stopped me sending the letter.* Me impidió que enviara la carta.

stop *sn* parada *a four-hour journey allowing for stops* un viaje de cuatro horas contando las paradas **come to a stop** pararse **put a stop to** poner fin a, acabar con

halt *v* [más formal que **stop**] **1** *vit* parar, detener(se) *The vehicle halted outside a shop.* El vehículo se detuvo delante de una tienda. **2** *vt* detener, interrumpir *Strikes have halted production.* Las huelgas han detenido la producción.

halt *sn* [principalmente utilizado en expresiones fijas] detención, interrupción **come to a halt** pararse, interrumpirse **bring to a halt** parar, interrumpir

cease *vit* [formal] cesar, suspender *We have ceased manufacture of that model.* Hemos dejado de fabricar ese modelo. (+ **to** + INFINITIVO) *Without your support the club would cease to exist.* Sin vuestro apoyo el club dejaría de existir.

give up (sth) O **give** (sth) **up** *v fr.* **1** *vt fr.* dejar, abandonar *I gave up smoking.* Dejé de fumar. **2** *vi fr.* rendirse *I give up. What's the answer?* Me rindo. ¿Cuál es la respuesta?

quit *vti*, **-tt-**, *pas. & pp.* **quit** (*esp. amer*) dejar, abandonar *She quit her job.* Dejó su trabajo. *He quit smoking.* Dejó de fumar.

conclude *vit* [formal] concluir *The service concludes with the blessing.* El oficio concluye con la bendición. *some concluding remarks* algunos comentarios finales

conclusion *snn* [formal] conclusión *a fitting conclusion to the day* una conclusión acorde con el día *In*

conclusion, I would just like to say... Para concluir, me gustaría decir...

34.1 Cancelar

cancel *vt*, (*brit*) **-ll-**, (*amer*) **-l-** [obj: p.ej. viaje, cita, tren] cancelar, anular *They've cancelled their order for five new aircraft.* Han anulado su pedido de cinco aviones nuevos.

cancellation *snn/n* cancelación, anulación *The flight is fully booked, but you may get a cancellation.* El vuelo está completo, pero le puedo poner en lista de espera.

call sth **off** O **call off** sth *vt fr.* [menos formal que **cancel**] suspender, cancelar *The match was called off because of bad weather.* El partido se suspendió debido al mal tiempo.

terminate *vit* [formal. Sugiere finalidad y formalidad. Obj: p.ej. acuerdo, relación] terminar(se), cancelar *The train terminates here.* El tren tiene su última parada aquí. *terminate a contract* cancelar un contrato *terminate a pregnancy* interrumpir un embarazo

termination *s* **1** *snn* terminación, término **2** *sn* interrupción del embarazo

abolish *vt* [obj: institución, costumbre] abolir **abolition** *snn* abolición

34.2 Ultimo

last *adj* último *The last train leaves at 22.40.* El último tren sale a las 22.40. *I gave her my last penny.* Le di mi último penique.

last *adv* por último, en último lugar *We were (the) last to arrive.* Fuimos los últimos en llegar. *And **last but not least**, a big thank you to my parents.* Y por último, aunque no por ello menos importante, muchísimas gracias a mis padres.

lastly *adv* [introduce el último de una serie de puntos, cuestiones, etc.] por último, finalmente *Lastly, I should like to thank the organizers.* Por último, me gustaría dar las gracias a los organizadores.

final *adj* [ligeramente más formal y enfático que **last**] final, último *This is your final opportunity!* ¡Esta es tu última oportunidad! *our final offer* nuestra oferta final

finally *adv* **1** [por último] finalmente **2** [por fin] finalmente *So you've finally succeeded.* Así que por fin lo has conseguido.

35 Real Real

ver también **215 True**

real *adj* real *real orange juice* zumo de naranja natural *real life situations* situaciones de la vida real

reality *snn/n* realidad *It's about time you faced reality.* Ya es hora de que te enfrentes a la realidad. *Manned space flight is already a reality.* El vuelo espacial para el hombre es ya una realidad.

genuine *adj* **1** [describe: objetos y materiales esp. valiosos] auténtico *genuine crocodile-skin shoes* zapatos de piel de cocodrilo auténtica *Is the painting genuine?* ¿El cuadro es auténtico? **2** [describe: p.ej. interés, oferta] de verdad, sincero *It was a genuine mistake.* Cometió el error sin querer. **genuinely** *adv* verdaderamente, sinceramente

authentic *adj* [hecho o escrito por la persona de la que se dice haberlo hecho. Describe: p.ej. objetos, documentos, *no* materiales] auténtico *an authentic sample of Mozart's handwriting* una muestra auténtica de la caligrafía de Mozart **authenticity** *snn* autenticidad

actual *adj* (delante de *s*) **1** [nunca corresponde al término español 'actual'. No imaginario] verdadero, en sí *The actual election doesn't take place until next week.* La elección en sí no tendrá lugar hasta la semana que viene. ***In actual fact*** *there are two copies.* En realidad hay dos ejemplares. **2** [utilizado para enfatizar que el objeto, lugar, etc. es uno en particular] mismo *This is the actual knife the murderer used.* Este es el mismo cuchillo que usó el asesino. *Those were his actual words.* Esas fueron sus palabras textuales.

actually *adv* en realidad *The soup looks awful, but actually it tastes good.* La sopa tiene un aspecto horrible, pero en realidad sabe bien. [se usa frec. cuando hay desacuerdo] *Actually, I think we should charge more than that.* En realidad, creo que deberíamos pedir más.

proper *adj* (delante de *s*) [se usa frec. de modo algo informal, para acentuar que se está haciendo referencia al sentido pleno de la palabra en cuestión, y no a una versión inferior] adecuado, como Diós manda *Have you had a proper meal?* ¿Has comido como Diós manda? *I want a proper job, not part-time work.* Quiero un trabajo como Diós manda, y no uno de media jornada.

concrete *adj* **1** [que existe de verdad. Describe: objeto] concreto *I want something more concrete than a promise to pay.* Quiero algo más concreto que una promesa de pago. **2** [específico, categórico. Describe: p.ej. propuesta, pruebas] concreto

tangible *adj* [más bien formal. Que puede percibirse claramente] tangible, palpable *tangible assets* bienes materiales *The reforms have had no tangible results yet.* Las reformas no han dado todavía resultados tangibles.

36 Unreal Irreal

ver también **56 Copy**; **216 Untrue**

imaginary *adj* imaginario *an imaginary friend* un amigo imaginario

imagine *vt* [creer incorrectamente] imaginar *Nobody's trying to hurt you - you're just imagining things!* Nadie quiere hacerte daño - ¡son imaginaciones tuyas!

non-existent *adj* inexistente *Public transport is practically non-existent here.* El transporte público prácticamente no existe aquí.

fake *adj* [describe: p.ej. obras de arte, telas, joyería] falso *a fake tan* un bronceado artificial **fake** *sn* falsificación

fake *vti* [obj: p.ej. objeto, sentimiento] falsificar, fingir *We bought faked documents.* Compramos documentos falsos.

pretend *vit* fingir, simular, hacer como si *She pretended not to notice me.* Hizo como si no me viera. (+ *that*) *I pretended that I didn't know.* Hice como si no lo supiera.

pretend *adj* (antes de *s*) [más informal que **imaginary**. Frec. usado por o al dirigirse a los niños] de mentira *a pretend gun* una pistola de juguete

pretence (*brit & amer*), **pretense** (*amer*) *snn/n* intento de aparentar, pretexto *They're completely ignorant about art really, it's all pretence.* No tienen ningún tipo de conocimiento sobre el arte, sólo intentan aparentar. *You've brought me here **under false pretences**.* Me habéis traído aquí engañado.

37 Seem Parecer

seem *vi* (no se utiliza en presente continuo) parecer (+ *adj*) *It seems very hot in here.* Parece que hace mucho calor aquí. (+ **to** + INFINITIVO) *He seemed to sway.* Parecía tambalearse. (+ **like**) *It seems like yesterday.* Parece que fue ayer. *It seems as if they have gone.* Parece que se han ido. *It seems to me that we're wasting our time.* Me da la impresión de que estamos perdiendo el tiempo.

appear *vi* (no se utiliza en presente continuo) [frec. bastante formal] parecer (+ *adj*) *You appear surprised.* Pareces sorprendido. (+ **to** + INFINITIVO) *The room appeared to be empty.* La habitación parecía (estar) vacía. *It appears that she gave him the wrong information.* Según parece, la información que le dió era incorrecta.

appearance *sn/nn* (frec. *pl*) apariencia *Appearances can be deceptive.* Las apariencias engañan. *keep up appearances* guardar las apariencias *by/to all

appearances...* al parecer, según todos los indicios...

look *vi* parecer *You're looking well.* Tienes buen aspecto. (+ **like**) *She looks like Greta Garbo.* Se parece a Greta Garbo. *It looks as though it's going to rain.* Parece que va a llover. *It looks as though we'll have to cancel the show.* Parece que vamos a tener que suspender el espectáculo.

look *sn* aspecto *The farm had a neglected look.* La granja se veía descuidada. *I don't **like the look of** that dog.* No me gusta el aspecto de ese perro. *He's not very happy with us **by the look(s) of it**.* Según parece no está muy contento con nosotros.

impression *sn* (norml. no tiene *pl*) impresión *I got the impression he was lying.* Me dio la impresión de que mentía. *The house gives an impression of grandeur.* La casa da una impresión de grandeza.

superficial *adj* [describe: p.ej. parecido] superficial **superficially** *adv* superficialmente

38 Shapes Formas

shape *sn* forma *a card in the shape of a heart* una postal en forma de corazón

form *sn* [un poco más abstracto y literario que **shape**] forma *The form of a building was just visible.* Apenas se veía la silueta de un edificio.

38.1 Formas bidimensionales

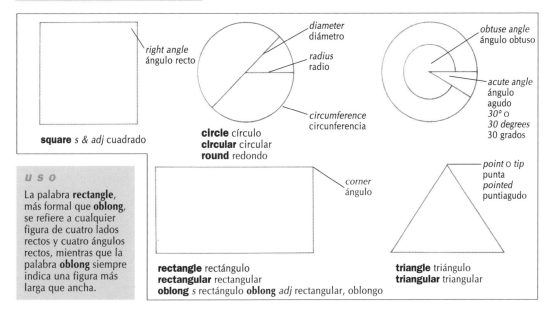

square *s & adj* cuadrado

right angle ángulo recto

diameter diámetro

radius radio

circumference circunferencia

circle círculo
circular circular
round redondo

obtuse angle ángulo obtuso

acute angle ángulo agudo *30°* o *30 degrees* 30 grados

U S O

La palabra **rectangle**, más formal que **oblong**, se refiere a cualquier figura de cuatro lados rectos y cuatro ángulos rectos, mientras que la palabra **oblong** siempre indica una figura más larga que ancha.

corner ángulo

rectangle rectángulo
rectangular rectangular
oblong *s* rectángulo **oblong** *adj* rectangular, oblongo

point o *tip* punta *pointed* puntiagudo

triangle triángulo
triangular triangular

38.2 Formas tridimensionales

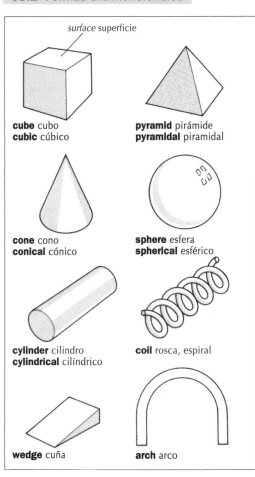

surface superficie

cube cubo
cubic cúbico

pyramid pirámide
pyramidal piramidal

cone cono
conical cónico

sphere esfera
spherical esférico

cylinder cilindro
cylindrical cilíndrico

coil rosca, espiral

wedge cuña

arch arco

38.3 Formas que se utilizan en decoración

design *sn* [forma o dibujo, no necesariamente repetido] dibujo

pattern *sn* [dibujo norml. repetido, que se usa en decoración] estampado, dibujo *a floral pattern* un estampado de flores **patterned** *adj* estampado

stripe *sn* raya **striped** *adj* de rayas

dot *sn* punto

spot *sn* lunar **spotted** *adj* de lunares

check *sn* cuadro **checked** *adj* de cuadros

38.4 Líneas

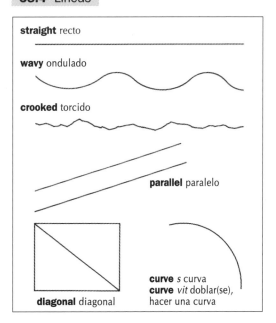

straight recto

wavy ondulado

crooked torcido

parallel paralelo

curve *s* curva
curve *vit* doblar(se), hacer una curva

diagonal diagonal

steep empinado

slope s inclinación, cuesta
slope vi inclinarse

row fila, hilera

38.5 Formas irregulares

lump sn [masa pequeña, que a veces se encuentra en otra substancia] pedazo, grumo a *lump of rock* un pedazo de roca *The sauce was full of lumps.* La salsa estaba llena de grumos.
lumpy adj [norml. peyorativo] lleno de grumos *lumpy custard* natillas grumosas

bump sn [sobresale de una superficie uniforme] bulto, protuberancia *You've got a bump on your forehead.* Te ha salido un chichón en la cabeza. *bumps in the road* baches en la carretera **bumpy** adj desigual, con baches
shapeless adj [describe: p.ej. masa, ropa] informe, sin forma
baggy adj [describe: esp. ropa] muy holgado

39 Shape Dar forma a

shape vt [norml. con las manos o una herramienta. Siempre acción voluntaria] dar forma a, tallar
-shaped adj con forma de *an egg-shaped stone* una piedra con forma de huevo

form vti [un poco más formal que **shape**] formar(se) *Form the mince into balls.* Preparar la carne picada en forma de bolas. *The children formed a straight line.* Los niños formaron una línea recta. *Icicles formed below the windowsill.* Se formaron carámbanos bajo el alféizar de la ventana.

USO

Shape, **form**, y **mould** pueden usarse en sentido figurado para describir la influencia de acontecimientos y experiencias. P.ej. *His character was shaped by his wartime experiences.* (Sus experiencias durante la guerra forjaron su carácter.)

mould (*brit*), **mold** (*amer*) vt [norml. con las manos o un recipiente de forma especial. Obj: p.ej. plástico, arcilla] moldear **mould** sn molde
bend vti, pas. & pp. **bent** doblar(se), torcer(se) **bend** sn curva
fold vti [obj: p.ej. ropa, periódicos] doblar, plegar *The bed folds away.* Es una cama plegable. *to fold one's arms* cruzarse de brazos **fold** sn pliegue, doblez
flatten vti [obj: p.ej. superficie, extremo] allanar(se), alisar [frec. implica una acción violenta o enérgica] *trees flattened by the gales* árboles derribados por los vendavales
straighten vti estirar(se), enderezar(se) *I couldn't straighten my leg.* No podía estirar la pierna. *She tried to straighten her hair.* Intentó alisarse el cabello.

40 Dimensions Dimensiones

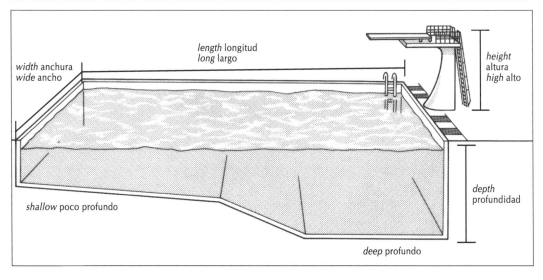

width anchura
wide ancho

length longitud
long largo

height altura
high alto

shallow poco profundo

depth profundidad

deep profundo

USO

Wide se usa más que **broad**. **Broad** a menudo da una impresión de mayor espacio y comodidad que **wide**, de forma que *broad avenues* (amplias avenidas) suena más atractivo que *wide streets* (calles anchas). Cuando se habla de las medidas de un objeto, normalmente se utiliza **wide**. **Broad** se usa a menudo para describir partes del cuerpo y puede implicar fuerza: p.ej. *broad shoulders/hips* (hombros anchos/caderas anchas). Tanto **broad** como **wide** pueden usarse en sentido figurado con términos tales como **range** (gama) y **selection** (surtido).

a broad avenue una amplia avenida

a narrow footpath un camino estrecho

USO

La palabra **thick** (espeso) se usa normalmente para describir cosas a las que se considera o bien sólidas, tales como las paredes o el cristal, o de una sustancia única, como los líquidos. La palabra **dense** (denso) se aplica normalmente a cosas compuestas de muchas unidades o partículas concentradas en un espacio limitado. La palabra **density** (densidad) se usa a menudo en contextos científicos, mientras que **thickness** (espesor) es un término genérico.

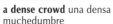

a dense crowd una densa muchedumbre

thick soup sopa espesa

41 Size Tamaño

quantity *sn/nn* [se dice norml. de cosas físicas, no abstractas] cantidad *He consumed an enormous quantity/enormous quantities of beer.* Consumió una enorme cantidad/enormes cantidades de cerveza. *to buy/manufacture in quantity* comprar/fabricar en grandes cantidades

amount *sn/nn* 1 [se·usa norml. con nombres abstractos y físicos] cantidad *I view their claims with a certain amount of scepticism.* Veo sus declaraciones con una cierta dosis de escepticismo. *No amount of persuasion will make her change her mind.* Por más que intenten persuadirla nada le hará cambiar de opinión. 2 [de dinero] importe, suma *Half the amount is still owing.* Se debe aún la mitad del importe.

area *sn/nn* [término genérico y matemático] área *the area of a triangle/circle* el área de un triángulo/círculo *The oil spread over a large area.* El petróleo se extendió por una extensa área. *ver también **14 Areas**

extent *sn/nn* (no tiene *pl*) 1 [longitud que algo alcanza] extensión *She stretched her arm out to its full extent.* Extendió el brazo al máximo. 2 [grado] alcance *We don't yet know the extent of the damage.* Todavía se desconoce el alcance de los daños. ***To what extent** were they responsible for the error?* ¿Hasta qué punto fueron ellos responsables del error? ***to a certain extent*** hasta cierto punto

space *snn/n* [área física] espacio *There's just enough space for the cupboard against that wall.* Hay el espacio justo para poner el armario contra esa pared. *The refrigerator won't fit into the space we left for it.* La nevera no cabrá en el espacio que le reservamos. *wide open spaces* amplios espacios abiertos

room *snn* sitio, espacio *Is there room for me in the car?* ¿Hay sitio para mí en el coche?

volume *snn* 1 [matemático] volumen *the volume of a sphere/cube* el volumen de una esfera/cubo *8% alcohol by volume* un 8% de alcohol por volumen 2 [más bien formal. Cantidad] volumen *the volume of work/trade/traffic* el volumen de trabajo/comercio/tráfico

capacity *snn/n* [cantidad que algo puede contener. Más bien técnico] capacidad *a tank with a capacity of 2,000 litres* un tanque con una capacidad de 2.000 litros *seating capacity* número de plazas *The hall was **filled/full to capacity**.* La sala estaba completamente llena. (usado como *adj*) *a capacity crowd* un lleno completo

dimensions *s pl* [más bien formal] dimensiones *a task of huge dimensions* una tarea de enormes dimensiones

proportions *s pl* [sugiere una idea de forma así como de tamaño. A veces se usa de manera más humorística que **dimensions**] proporciones *his ample proportions* sus grandes proporciones *It's a way of reducing the task to more manageable proportions.* Es una forma de reducir la tarea a unas proporciones más manejables.

scale *s* 1 *snn/n* (no tiene *pl*) escala *The sheer scale of the building is breathtaking.* Las dimensiones del edificio en sí son imponentes. *Television coverage **on this scale** is unprecedented.* Una cobertura televisiva a esta escala no tiene precedentes. *a **large-scale** undertaking* una empresa a gran escala *a **full-scale** reorganization* una reorganización a gran escala 2 *sn* escala *a scale of 1 centimetre = 1 kilometre* a una escala de 1 centímetro = 1 kilómetro *The map is not **to scale**.* El mapa no está a escala.

42 Big Grande

ver también **48 Fat**; opuesto **44 Small**

large *adj* [ligeramente más formal que **big**. No se utiliza con el significado de **high** o **tall**. Describe: p.ej. cantidad, área] grande *a large number of people* un gran número de personas

long *adj* [describe: tamaño, distancia, tiempo] largo *It's a long way from here.* Está muy lejos de aquí.

long *adv* (durante) mucho tiempo *Have you lived here long?* ¿Lleva mucho tiempo viviendo aquí?

tall *adj* [ver USO debajo] alto

> **USO**
>
> **Tall** (opuesto **short**) puede aplicarse tanto a personas como a objetos en los que hay una gran distancia desde arriba hasta abajo. **High** (opuesto **low**) no se usa para personas, sino que describe la posición de los objetos en relación al suelo o el hecho de que en los objetos haya una gran distancia de arriba abajo. Por lo tanto, *a high window* podría ser una ventana larga o una ventana situada a mucha distancia del suelo.

spacious *adj* [apreciativo. Describe p.ej. una casa] espacioso *a spacious room* una habitación espaciosa

extensive *adj* [describe: p.ej. daños, cambios] importante, numeroso *an extensive knowledge of French literature* un amplio conocimiento de la literatura francesa **extensively** *adv* ampliamente

considerable *adj* [algo formal. Implica la importancia o la impresión que causan las cosas descritas. Describe p.ej. cantidad, mejora, talento. *No se refiere al tamaño de los objetos individuales*] considerable, enorme *They have spent a considerable sum on his education.* Se han gastado una cantidad de dinero considerable en su educación. *a situation of considerable danger* una situación sumamente peligrosa

considerably *adv* mucho, considerablemente *Circumstances have altered considerably since we last spoke.* Las circunstancias han cambiado considerablemente desde la última vez que hablamos.

substantial *adj* [algo formal. Implica solidez e importancia] sustancial, considerable *The industry needs substantial investment.* La industria necesita una inversión sustancial. *substantial evidence* pruebas sustanciales *a substantial meal* una comida sustanciosa

substantially *adv* sustancialmente *substantially different* sustancialmente diferente

bulky *adj* [implica pesadez y dificultad de transporte. Describe p.ej. paquete, aparato] voluminoso, pesado

42.1 Muy grande

> **USO**
>
> Los términos **enormous**, **huge**, **immense**, **gigantic**, y **colossal** significan todos 'muy grande'. **Enormous** y **huge** son más corrientes que los demás; **gigantic** se usa en situaciones ligeramente más informales, mientras que **immense** y **colossal** son términos más literarios. **Gigantic, immense,** y **colossal** son algo más enfáticos que **huge** y **enormous**. Todos estos términos pueden referirse tanto a objetos físicos como a cosas abstractas, tales como problemas y cantidades, y todos ellos se pueden reforzar añadiendo **absolutely**; p.ej. *Their house is absolutely enormous!* (Su casa es descomunal.)

vast *adj* vasto *vast plains* las vastas llanuras

massive *adj* [implica fuerza y solidez] impresionante *a massive rock* una roca enorme [más bien informal cuando se usa para exagerar] *a massive spider* una araña gigantesca *a massive heart attack* un ataque al corazón de extrema gravedad

giant *adj* (delante de *s*) [describe objetos físicos, *no* cantidades ni superficies] gigante, enorme *a giant octopus* un pulpo gigante *a giant packet of soap powder* un paquete gigante de detergente **giant** *sn* gigante

43 Large quantity Gran cantidad

ver también **42 Big**; **50 Whole**; **51 Enough**; **332 Full**; opuesto **45 Small quantity**

plentiful *adj* [no se usa en contextos informales. Describe: esp. un suministro] abundante

abundant *adj* [similar a **plentiful**] abundante

abundance *snn/n* (no tiene *pl*) abundancia *She has ideas in abundance, but no practical experience.* Tiene ideas en abundancia pero carece de experiencia práctica. *an abundance of food and drink* una abundancia de comida y bebida

majority *s* **1** *sn* (no tiene *pl*; + *v sing* o *pl*) mayoría *the majority of voters* la mayoría de los votantes *Those who object to the changes are clearly in a/the majority*

here. Los que se oponen a los cambios están aquí en clara mayoría. (usado como *adj*) *the majority opinion* la opinión de la mayoría **2** *sn* [diferencia en número] mayoría *She won by a majority of 50 votes.* Ganó por una mayoría de 50 votos.

maximum *sn* máximo *This lift takes a maximum of ten people.* Este ascensor puede llevar un máximo de diez personas.

maximum *adj* (delante de *s*) [describe: p.ej. temperatura, nivel, número] máximo

43.1 Cosas amontonadas

a stack/pile of plates una pila de platos

a pile/stack of plates un montón de platos

a heap/pile of dirty dishes un montón de platos sucios

a heap of broken crockery un montón de platos rotos

stack *sn* [ordenado, de lados verticales o casi verticales, norml. hecho de cosas del mismo tipo, tamaño, y forma] montón, pila *a stack of magazines* una pila de revistas **stack** *vt* apilar, amontonar

U S O

Stack, **pile**, **heap**, y **load** se utilizan en las siguientes estructuras para señalar grandes cantidades:

1) *stacks/piles/heaps/loads of sth*

2) *a stack/pile/heap/load of sth*

Todas estas expresiones son informales y se pueden utilizar tanto con sustantivos contables como incontables: p.ej. *We've got loads of time.* (Tenemos muchísimo tiempo.) *There's stacks of work to do.* (Hay un montón de trabajo por hacer.) *I gave him a load of books.* (Le dí un montón de libros.)

pile *sn* [a menudo menos ordenado y uniforme que **stack**. Puede tener lados inclinados o una forma irregular] montón, pila

pile *vt* (a menudo **+ up**) apilar, amontonar

heap *sn* [norml. tiene lados inclinados o forma desordenada o irregular. A menudo contiene objetos de distintos tipos] montón *a compost heap* un montón de abono

43.2 Palabras informales para grandes cantidades

lot o **lots** (norml. **+ of**) mucho *You made a lot of noise last night.* Anoche hiciste mucho ruido. *We've got lots to do.* Tenemos montones de cosas que hacer.

bags *s pl* (*brit*) (siempre **+ of**) la mar de, un montón de *There's bags of room in the car.* Hay la mar de sitio en el coche. *She's got bags of charm.* Tiene encanto a raudales.

masses *s pl* (norml. **+ of**) un montón, montones *masses of people* un montón de gente *Don't bring any food - we've got masses.* No traigas comida - tenemos montones.

mass *sn* (norml. **+ of**) [bastante formal] gran cantidad *We received a mass of letters.* Recibimos muchísimas cartas.

tons *s pl* (norml. **+ of**) toneladas *tons of food* toneladas de comida

galore *adj* (después de *s*) [no es tan informal como **stacks**, **heaps**, etc., pero no se usa norml. en contextos formales. Norml. se usa de manera apreciativa] en abundancia, a porrillo *There are opportunities galore in the USA.* En los EEUU hay oportunidades a porrillo.

f r a s e

to get more than one bargained for salir peor parado de lo que uno esperaba *When I challenged her to an argument I got rather more than I had bargained for.* Cuando la desafié y nos enfrentamos en una discusión, salí peor parado de lo que me esperaba.

44 Small Pequeño

ver también **49 Thin**; opuesto **42 Big**

little *adj* [a menudo sugiere que lo descrito es pequeño de una forma entrañable o bonita. El comparativo (**littler**) y el superlativo (**littlest**) son algo raros, e implican afectación o sentimentalismo] pequeño *What a dear little kitten!* ¡Qué gatito tan encantador! *I used a little bit of your face cream.* He utilizado un poquito de tu crema facial. *in a little while* dentro de un ratito

tiny *adj* [extremadamente pequeño. Al igual que **little** puede hacer que lo descrito suene entrañable, pero se puede usar también de manera peyorativa] diminuto, minúsculo *tiny babies* bebés chiquititos *The portions they served were tiny.* Las porciones que sirvieron eran minúsculas.

minute *adj* [incluso más pequeño que **tiny**. A menudo se usa para enfatizar] diminuto, pequeñísimo *This kitchen is absolutely minute!* ¡Esta cocina es diminuta!

miniature *adj* miniatura *a miniature railway* un tren miniatura *a miniature poodle* un caniche miniatura (usado como *s*) *The model shows the whole town in miniature.* La maqueta muestra toda la ciudad en miniatura. **miniature** *sn* miniatura

dwarf *adj* [describe: esp. plantas, animales] enano *a dwarf conifer* una conífera enana

dwarf *sn, pl* **dwarfs** o **dwarves** enano

dwarf *vt* empequeñecer *The church is dwarfed by surrounding skyscrapers.* La iglesia se ve empequeñecida por los rascacielos que la rodean.

compact *adj* compacto

petite *adj* [apreciativo. Describe: mujeres pequeñas y sus ropas] menuda, chiquita

slight *adj* **1** [de poca importancia. Describe: p.ej. dolor, cambio] ligero, leve *There has been a slight improvement in our sales.* Ha habido una leve mejora en nuestras ventas. *a slight mistake* un pequeño error **2** [describe: personas] delgado, menudo *his slight frame* su cuerpo menudo

slightly *adv* ligeramente, algo *I was slightly angry.* Estaba algo enfadado. *slightly more common* algo más común

44.1 De poca altura

short *adj* **1** (persona) bajo *short trousers* pantalones cortos **2** (distancia) corto **3** (período de tiempo) breve *In short, the play was a total flop.* En resumen, la obra fue un fracaso total.

low *adj* [describe p.ej. techo, temperatura, precio, *no* personas] bajo *low cloud* nubes bajas *families on low incomes* familias con bajos ingresos

45 Small quantities Pequeñas cantidades

ver también **44 Small**; opuesto **43 Large quantity**

minority *sn* (no tiene *pl*; + *v sing* o *pl*) minoría *A small minority of the crowd caused trouble.* Una pequeña minoría del público causó problemas. *Parents with young children were in the/a minority at the meeting.* En la reunión los padres con niños pequeños eran minoría.

minimum *sn* mínimo *I need a minimum of five volunteers.* Necesito un mínimo de cinco voluntarios.

minimum *adj* (delante de *s*) [describe p.ej. temperatura, cifra] mínima *a minimum charge of £2.00* un recargo mínimo de dos libras

45.1 Adjetivos que describen pequeñas cantidades

scant *adj* (delante de *s*) [ligeramente formal y a menudo implica desaprobación. Describe: esp. cosas abstractas, p.ej. atención, respeto] escaso *She paid scant attention to her parents' warnings.* Prestó escasa atención a las advertencias de sus padres.

scanty *adj* [no lo suficientemente grande. A menudo implica desaprobación. Describe p.ej. una comida, provisiones, ropa] escaso, insuficiente

scantily *adv* insuficientemente *scantily-clad models* maniquíes de ropa ligera

skimpy *adj* [más peyorativo que **scanty**. Frec. implica falta de calidad. Describe: p.ej. telas, ropa] escaso

skimp on sth *vt fr.* escatimar *If you skimp on fabric, the dress won't hang properly.* Si escatimas tela el vestido no tendrá una buena caída.

mere *adj* (delante de *s*; no *comp.*) [formal. Enfatiza la pequeñez o insignificancia de algo] mero *The mere mention of his name is forbidden.* La sola mención de su nombre está prohibida.

merely *adv* [algo formal] meramente, simplemente *I was merely trying to be helpful.* Solamente intentaba ayudar.

meagre (*brit*), **meager** (*amer*) *adj* [formal y peyorativo. No suficiente. Puede implicar tacañería. Describe p.ej. comida, cantidad de dinero] escaso, exiguo

measly *adj* [informal y peyorativo. Expresa desprecio] miserable *Two measly sausages - is that all we get?* ¿Dos miserables salchichas, es eso todo lo que nos dan? *All I asked for was a measly £10!* ¡Todo lo que pedí fueron diez miserables libras!

sparse *adj* **1** [población] poco denso **2** [vegetación] disperso, escaso

sparsely *adv* de poca densidad, escasamente *The room was sparsely furnished.* La habitación tenía muy pocos muebles. *sparsely populated* con poca densidad de población

> *f r a s e*
>
> **be thin on the ground** (*brit*) [informal] escasear *Good restaurants are a bit thin on the ground round here.* Aquí escasean los buenos restaurantes.

45.2 Trozos pequeños

ver también **52 Part**

little *pron, adj* poco *I'll have a little of that soup.* Tomaré un poco de esa sopa. *There is little point in continuing this discussion.* No tiene mucho sentido continuar con esta discusión. *Give us a little more time.* Dénos un poco más de tiempo.

fraction *sn* (norml. + **of**) fracción, parte *The bullet missed me by a fraction of a centimetre.* La bala no me alcanzó por una fracción de centímetro. *a fraction of a second* una fracción de segundo *a fraction of the cost* una pequeña parte del coste

fragment *sn* [cuando se usa para sustancias físicas, se trata de sustancias que se pueden romper en trozos, p.ej. el vidrio, la cerámica china o un hueso] trozo, fragmento *Fragments of folk songs are found in the symphony.* En la sinfonía hay fragmentos de canciones populares.

fragmentary *adj* [a menudo algo peyorativo. Describe: p.ej. explicación, conocimientos] fragmentario

scrap *sn* [cuando se usa para sustancias físicas se trata esp. de sustancias que se pueden rasgar o romper en pedazos como p.ej. el papel, la ropa o la comida] pizca, pedacito *There's not a scrap of evidence to support his claim.* No existe la más mínima prueba que apoye su afirmación.

grain *sn* [de arroz, de arena, etc.] grano *There isn't a grain of truth in the allegation.* No hay ni un indicio de verdad en la alegación.

trace *sn* [cuando se usa para sustancias físicas, se trata esp. de sustancias líquidas o sustancias que manchan, como p.ej. la sangre o el chocolate] rastro *There was a trace of anger in her voice.* Se detectaba cierto tono de enfado en su voz. *She vanished without trace.* Desapareció sin dejar rastro. *There's no trace of the car.* No hay ni rastro del coche.

handful *sn* [norml. se dice de personas. A menudo indica un número decepcionantemente pequeño] puñado *Only a handful of people turned up.* Sólo se presentaron un puñado de personas.

46 Increase Aumentar

increase *vit* (frec. + **in**, **by**) [suj/obj: p.ej. tamaño, cantidad, precio, *no* persona] aumentar *Output has increased by 3% in the last month.* La producción ha aumentado en un 3% en el último mes.

increase *sn* (frec. + **in**, **of**) aumento, subida *a wage/price increase* un aumento de sueldo/precio *a sharp increase in public spending* un incremento brusco del gasto público *an increase of 50%* un aumento del 50% *Absenteeism is **on the increase**.* El absentismo va en aumento.

grow *vi*, *pas*. **grew** *pp*. **grown** [suj: p.ej. persona, planta, negocio] crecer *Britain's fastest-growing supermarket chain* la cadena de supermercados británica con la mayor tasa de crecimiento *Fears are growing for the child's safety.* Aumenta el temor por la seguridad del niño.

growth *snn* (frec. + **in**) crecimiento *a period of economic growth* un período de crecimiento económico

spread *v*, *pas*. & *pp*. **spread 1** *vit* [un poco menos formal que **expand**. Frec. una acción involuntaria. Se dice frec. de cosas abstractas. Suj: p.ej. agua, fuego, problema] extender(se) *Unrest has spread throughout the country.* El malestar se ha extendido por todo el país. **2** *vt* [obj: p.ej. mantequilla] untar con *She spread some butter on her bread.* Untó el pan con mantequilla.

spread *snn* expansión, propagación *the spread of disease* la propagación de la enfermedad

comparación

to spread like wildfire propagarse como un reguero de pólvora

expand *vit* [norml. sugiere aumento del área física. Frec. una acción voluntaria] extender(se), expandir(se) *Our business is expanding.* Nuestro negocio está en expansión. *Wet weather makes the wood expand.* El tiempo húmedo hace que la madera se dilate.

expansion *snn/n* expansión *industrial expansion* desarrollo industrial

swell *vit*, *pas*. **swelled** *pp*. **swollen** [frec. tiene connotaciones negativas de aumentar más de lo normal o deseable. Suj: p.ej. tobillo, río, población] hinchar(se), crecer, aumentar

stretch *v* **1** *vit* estirar(se) *My jumper stretched in the wash.* Mi jersey se dio de sí al lavarlo. *Stretch the tyre over the wheel frame.* Estirar el neumático hasta que se acople a la llanta. **2** *vit* [extender hasta su máxima longitud] estirar(se), alargar(se) *He stretched out his arm.* Alargó el brazo. *She yawned and stretched.* Bostezó y se desperezó. *The rope won't stretch as far as the tree.* La cuerda no llegará hasta el árbol. **3** *vi* [extenderse en el espacio] extenderse *The road stretched ahead.* La carretera se extendía delante de nosotros.

stretch *sn* **1** estirón *Give your muscles a stretch.* Estira los músculos. **2** [área] trecho, tramo *a short stretch of railway* un tramo corto de vía

extend *v* **1** *vit* [añadiendo una parte adicional. Obj: p.ej. edificio, influencia] ampliar, prorrogar *I've*

extended the deadline by a week. He prorrogado la fecha límite en una semana. **2** *vit* [hasta su máxima longitud] extender(se) *The cord is two metres long when fully extended.* La cuerda tiene dos metros de largo cuando está completamente extendida. **3** *vi* [en el espacio] extenderse

extension *s* **1** *snn/n* extensión, ampliación *an extension of their powers* una ampliación de sus poderes **2** *sn* [parte de edificio] anexo

uso

En las acepciones 1 y 2, **extend** implica añadir algo a una cosa que ya existe, mientras que **stretch** implica aumentar el tamaño de la cosa en sí.

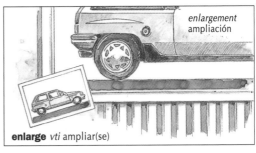

enlargement
ampliación

enlarge *vti* ampliar(se)

magnifying glass lupa

magnify *vt* aumentar **magnification** *snn/n* aumento, ampliación

46.1 Términos matemáticos para aumentar

add *vt* (frec. + **to**) sumar, añadir *Can you add that to my bill, please?* ¿Puede añadir eso a mi cuenta, por favor? *This just adds to my worries.* Esto no hace más que aumentar mis preocupaciones.

addition *snn* suma, adición *another addition to the family* uno más en la familia *They want longer holidays **in addition to** higher pay.* Quieren unas vacaciones más largas además de un aumento de sueldo.

additional *adj* (norml. delante de *s*) adicional, suplementario *There is no additional charge.* No hay recargo.

multiply *vti*, *pas*. & *pp*. **multiplied** multiplicar(se) *Our problems have multiplied.* Nuestros problemas se han multiplicado. **multiplication** *snn* multiplicación

double *vti* doblar(se), duplicarse *Prices have doubled in the last year.* Los precios se han duplicado en el último año.

double *adj* (delante de *s*) doble *The coat has a double* lining. El abrigo tiene doble forro. *She's earning double what I get.* Gana el doble que yo.

triple *adj* (delante de *s*) [que consta de tres cosas o partes] triple **triple** *vti* triplicar(se)

treble *adj* (delante de *s*) [se usa con referencia a números. Repetido tres veces] triple **treble** *vti* triplicar(se)

46.2 Aumentar en una dimensión específica

deepen *vti* **1** [obj/suj: p.ej. agua, agujero] hacer(se) más profundo **2** [volverse más intenso. Obj/suj: penumbra, crisis] aumentar, intensificarse

lengthen *vti* alargar(se), prolongar(se) *I lengthened the dress.* Alargué el vestido.

widen *vti* **1** [obj/suj: p.ej. carretera, túnel] ensanchar(se) **2** [obj/suj: p.ej. conocimientos] ampliar(se)

broaden *vti* [se usa frec. para cosas más abstractas que **widen**. Obj/suj: p.ej. perspectivas, experiencia] ampliar(se)

heighten *vti* [obj/suj: p.ej. efecto, contraste, emoción] realzar(se), intensificar(se)

46.3 Palabras en sentido figurado para aumentar

mushroom *vi* [se usa frec. de manera ligeramente peyorativa] brotar como hongos *Factories have mushroomed in the area.* Las fábricas han brotado como hongos en esta zona.

snowball *vi* aumentar rápidamente de tamaño *We started out with only two employees but the business just snowballed.* Empezamos con sólo dos empleados, pero el negocio se ha expandido muy rápidamente.

balloon *vi* (frec. + **out**) [hincharse cuando se llena de aire o como si se llenara de aire] hincharse *Her ankles ballooned when she was pregnant.* Se le hincharon mucho los tobillos cuando estaba embarazada.

47 Decrease Disminuir

ver también **412 Fall**

decrease *vit* [término genérico usado para tamaño y cantidad] disminuir *Investment decreased by 20% last year.* La inversión disminuyó en un 20% el año pasado.

decrease *sn/nn* (frec. + **in**) disminución *Inflation is on the decrease*. La inflación está a la baja.

reduce *vt* [en tamaño o cantidad] reducir, rebajar *Reduce the temperature after 20 minutes.* Reducir la temperatura después de 20 minutos. *This has reduced my chances of promotion.* Esto ha reducido mis posibilidades de ascenso.

reduction *snn* (frec. + **in**) disminución, rebaja (+ **on**) *a 10% reduction on the original price* una rebaja del 10% sobre el precio original *a reduction in the number of unemployed* una disminución del número de desempleados

lessen *vti* [no se usa para tamaño. Obj: impacto, riesgo, probabilidad] disminuir, reducir(se)

diminish *vti* [no se usa para tamaño. Un poco más formal que **lessen**] disminuir(se) *This has not*

diminished our determination. Esto no ha menguado nuestra determinación. *Their profits diminished over the years.* Sus beneficios disminuyeron con los años.

dwindle *vi* (frec. + **away**) [enfatiza el carácter paulatino de la disminución. Implica que sólo queda una pequeña cantidad o nada] ir desapareciendo, ir disminuyendo *dwindling resources/profits* recursos/ beneficios menguantes

shrink *vit, pas.* **shrank** *pp.* **shrunk** [suj/obj: p.ej. tela, ropa, valor] encoger(se), reducir(se) *Our membership has shrunk to a quarter of its original size.* Nuestro número de socios ha quedado reducido a una cuarta parte de lo que era en un principio. **shrinkage** *snn* encogimiento, reducción

contract *vit* [más bien técnico. Suj: metal, músculo] contraer(se) **contraction** *snn/n* contracción

compress *vt* comprimir *compressed air* aire comprimido *I managed to compress the information into a few paragraphs.* Conseguí condensar la información en unos cuantos párrafos. **compression** *snn* compresión

shorten *vt* [obj: esp. longitud, tiempo] acortar *I shortened the dress.* Acorté el vestido. *Let's shorten this meeting.* Abreviemos esta reunión.

cut short sb/sth o **cut** sb/sth **short** [poner fin a una cosa antes de que finalice, esp. de un modo desagradable. Obj: p.ej. vacaciones, discusión] interrumpir bruscamente

cut *vt* [eliminar partes de. Obj: p.ej. libro, película, presupuesto] cortar, reducir *The government has cut defence spending.* El gobierno ha recortado el gasto de defensa. **cut** *sn* corte, recorte, reducción

cut down *vti fr.* (frec. + **on**, **to**) rebajar, reducir, economizar *Try to cut down on sugar/smoking.* Intente reducir el consumo de azúcar/tabaco.

abbreviate *vt* [obj: palabra, frase] abreviar **abbreviation** *sn* abreviatura, abreviación

halve *vt* reducir a la mitad *If you come in my car, we'll halve the petrol costs.* Si vienes en mi coche, compartiremos los gastos de gasolina.

quarter *vt* dividir en cuatro partes

48 Fat Gordo

ver también **42 Big**

fat *adj*, -tt- gordo **fatness** *snn* gordura
fat *snn* grasa *I've got a layer of fat on my thighs.* Tengo una acumulación de grasa en los muslos.
fatten *vt* (frec. + **up**) [obj: esp. animal] engordar, cebar
fattening *adj* [describe: alimentos] que engorda
overweight *adj* [palabra más bien neutra que se usa también en contextos médicos] demasiado gordo *He's ten kilos overweight.* Tiene diez kilos de más.

frases

to put on weight engordar
to gain weight [usado en contextos algo formales. Implica que antes la persona no pesaba lo suficiente] ganar peso *The baby is beginning to gain weight now.* El bebé está empezando a ganar peso ahora.

obese *adj* [más formal y peyorativo que **fat** y **overweight**. También se usa en contextos médicos] obeso **obesity** *snn* obesidad
corpulent *adj* [bastante formal. Frec. se dice de la gente mayor] obeso, grueso **corpulence** *snn* obesidad

pot-bellied *adj* [ligeramente humorístico] barrigón, panzudo

48.1 Palabras menos peyorativas para tener exceso de peso

chubby *adj* [se usa norml. de manera afectiva. Describe: esp. bebé, mejillas] rollizo, mofletudo
plump *adj* [bastante afectivo y frec. apreciativo] llenito, gordito [siempre apreciativo cuando describe p.ej. aves de corral] gordito *a nice plump chicken* un pollo bien cebado
tubby *adj* [peyorativo, pero de un modo más bien humorístico y afectivo] rechoncho, regordete
stout *adj* [se dice de la gente mayor. Implica torso grande] robusto, fuerte
buxom *adj* [apreciativo, pero frec. se usa humorísticamente. Norml. implica gordura sana y pechos grandes. Describe: mujeres] lozano, frescachón

49 Thin Delgado

ver también **44 Small**

thin *adj* 1 [de persona] delgado, flaco 2 [estrecho. No se usa para describir espacios o superficies] delgado, fino
narrow *adj* [frec. ligeramente peyorativo, implica tamaño inadecuado. Describe: p.ej. carretera, pasillo, puente] estrecho

comparación

to be as thin as a rake estar en los huesos

skinny *adj* [algo peyorativo o afectivo] flaco
lanky *adj* [más bien peyorativo. Implica desgarbo. Describe: esp. niños o jóvenes] larguirucho

uso

Gaunt y **haggard** generalmente se refieren al rostro o la mirada de una persona y no al cuerpo o las extremidades. **Skinny**, **emaciated**, y **anorexic** aluden más corrientemente al cuerpo o a las extremidades que al rostro.

underweight *adj* por debajo del peso sano/normal *He's at least ten kilos underweight.* Al menos pesa diez kilos menos de lo normal.

to be skin and bone [peyorativo, pero se usa frec. con compasión] estar en los huesos *Poor little thing, she's just skin and bone.* Pobrecita, es toda huesos.
emaciated *adj* [algo formal. Sumamente delgado, norml. a causa de enfermedad o hambre] demacrado, esquelético, famélico
gaunt *adj* [sugiere los efectos de enfermedad o sufrimiento graves] demacrado
haggard *adj* [similar a **gaunt** pero no necesariamente tan delgado. También implica falta de sueño] ojeroso, trasnochado
anorexic *adj* [término médico, pero frec. usado de manera hiperbólica con el sentido de 'sumamente delgado y poco atractivo'] anoréxico **anorexia** *snn* anorexia

49.1 Perder peso

to lose weight perder peso, adelgazar
diet *sn* 1 [para perder peso] régimen *to go on a diet* ponerse a régimen 2 (frec. + **of**) [lo que uno come] dieta **diet** *vi* estar a régimen **dieter** *sn* persona que está a régimen
slim *vi*, -mm- (frec. + **down**) adelgazar **slimmer** *sn* persona que está a régimen

49.2 Delgado de manera atractiva

slim *adj*, **-mm-** delgado, esbelto *Exercise helps keep you slim*. El ejercicio ayuda a mantener la línea.

lean *adj* [sugiere fuerza y buen estado físico] delgado

slender *adj* [sugiere gracia y fragilidad. Describe: p.ej. persona, extremidades, rama] delgado, esbelto

fine *adj* [muy delgado y ligero. Describe: p.ej. línea, hilo de coser, cabello] fino

50 Whole Todo

whole *adj* **1** (delante de *s*) todo, entero *I've spent the whole afternoon looking for you*. Me he pasado toda la tarde buscándote. **2** (después de *v*) [no roto, no dividido] entero *The bird simply swallowed the fish whole*. El pájaro se tragó sin más el pez entero.

whole *s* **1** (siempre + **the**; + **of**) todo *the whole of Europe* toda Europa **2** *sn* [algo completo] todo, conjunto *Rather than divide up the property, they decided to sell it as a whole*. En vez de dividir la propiedad, decidieron venderla en su totalidad.

wholly *adv* (norml. delante de *adj* o *v*) [un poco más formal que **completely** o **entirely**] completamente, totalmente *They were not wholly responsible for their actions*. No eran completamente responsables de sus acciones.

U S O

Frecuentemente se puede usar **whole** *adj* y **the whole of** indistintamente. Se puede decir *the whole afternoon* o *the whole of the afternoon* (toda la tarde), *my whole life* o *the whole of my life* (toda mi vida). Con los nombres propios y con los meses y años se debe decir **the whole of**: p.ej. *the whole of New York* o *the whole of 1990*.

---

entire *adj* (delante de *s*) [más formal que **whole**] entero, todo **entirely** *adv* totalmente, completamente

entirety *snn* totalidad *We must try to deal with the problem in its entirety*. Debemos intentar hacer frente al problema en su totalidad.

complete *adj* **1** [se usa para una serie de cosas más que para un objeto que no esta roto. Describe: p.ej. colección, serie, lista] completo *the complete works of*

Shakespeare las obras completas de Shakespeare *The system came complete with a printer and a mouse*. El equipo venía con impresora y ratón incluidos. **2** (delante de *s*) [usado a veces como intensificador] completo, total *He made me look a complete idiot*. Me hizo quedar como un auténtico idiota.

completely *adv* completamente, totalmente *You look completely different*. Estás completamente diferente. *We were going in completely the wrong direction*. Íbamos en la dirección totalmente opuesta.

total *adj* (norml. delante de *s*) [describe: p.ej. número, cantidad, fracaso, pérdida] total, global *He wants to gain total control of the company*. Quiere hacerse con el control total de la empresa. *our total profits for the year* nuestros beneficios globales del año **totally** *adv* totalmente, completamente

total *sn* total *We received a grand total of £3,000*. Recibimos un importe total de 3.000 libras.

intact *adj* (norml. después de *v*) intacto *The glass jar was still intact when we opened the parcel*. El tarro de cristal aún estaba intacto cuando abrimos el paquete.

in one piece [informal] entero, de una pieza *Just make sure you get that chair home in one piece; it's an antique*. Asegúrate de que la silla llegue a casa de una pieza; es una antigüedad. *I've got a few bruises, but I'm still in one piece*. Tengo algunos cardenales, pero todavía estoy entero.

comprehensive *adj* [completo y de gran alcance. Describe: p.ej. informe, descripción, conocimientos] completo, exhaustivo, amplio *comprehensive insurance* seguro a todo riesgo **comprehensively** *adv* exhaustivamente

51 Enough Bastante

ver también **43 Large quantity**

enough *adj* (frec. + **to**, + INFINITIVO + **for**) bastante, suficiente *They didn't give me enough time*. No me dieron suficiente tiempo. *Is there enough space left on the page?* ¿Queda espacio suficiente en la página? (suena más literario y formal usado después de *s*) *There's room enough for you to sit down*. Hay espacio suficiente para que se siente usted.

enough *adv* (después de *adj*) **1** (frec. + **to**, + INFINITIVO + **for**) bastante, suficientemente *The dress isn't quite big enough for me*. El vestido no es lo suficientemente grande para mí. **2** [usado sin que se dé a entender ninguna comparación] bastante *It's a common enough complaint*. Es una queja bastante corriente. *She's cheerful enough, it's just that nobody ever seems to visit her*. No es que no sea alegre, pero parece que nunca tiene visitas.

U S O

Enough se usa con adverbios, esp. al principio de la frase, cuando la persona que habla quiere hacer un comentario general sobre la naturaleza de la información ofrecida. p.ej. *Oddly enough, he forgot to mention that*. (Aunque parezca extraño, olvidó mencionar eso.) *He was, naturally enough, very upset by the news*. (Como es natural, estaba muy alterado por la noticia.)

Enough se usa también en diversas frases:

Enough is enough, she's had fair warning. (Ya basta, bien que se la ha avisado.)

Enough said, I completely understand your position. (No se hable más, entiendo totalmente su posición.)

I've had enough of his everlasting moaning. (Estoy harta de sus quejas interminables.)

---

enough *pron* bastante, suficiente *Have you got enough?* ¿Tienes bastante?

sufficient *adj* (frec. + **to**, + INFINITIVO + **for**) [más formal que **enough**] suficiente *We have sufficient evidence to be able to make an arrest.* Tenemos pruebas suficientes para poder efectuar un arresto. **sufficiently** *adv* suficientemente

adequate *adj* 1 (frec. + **to**, + INFINITIVO + **for**) [más formal que **enough**. Implica sólo lo suficiente sin que sobre nada] suficiente *Our supplies are adequate for our needs.* Las provisiones que tenemos son suficientes para nuestras necesidades. **adequately** *adv* suficientemente

plenty *pron* (frec. + **of**) [más que suficiente] de sobra *We had plenty to eat.* Teníamos comida de sobra.

ample *adj* [más que suficiente] (frec. + **for**) de sobra *There's ample space in the cupboard.* Hay espacio de sobra en el armario. **amply** *adv* de sobra, abundantemente

---

52 Part Parte

ver también **45 Small quantity**; opuesto **50 Whole**

part *s* 1 *sn* [sección separada] parte *She lives in a separate part of the house.* Vive en otra parte de la casa. 2 *snn* [cantidad] parte *Part of the money belongs to me.* Parte del dinero me pertenece. *We had to hang around for **the better/best part of** an hour.* Tuvimos que esperar durante casi una hora. *The crash was caused **in part** by human error.* El accidente fue causado en parte por un error humano. 3 *sn* [de una máquina o aparato] pieza *spare parts* piezas de recambio/repuesto

partly *adv* en parte *He resigned partly because of ill health.* Dimitió en parte por que estaba mal de salud.

partial *adj* [describe: p.ej. éxito, fracaso, recuperación] parcial

partially *adv* [un poco más formal que **partly** y usado en contextos médicos] parcialmente *partially deaf/paralysed* parcialmente sordo/paralizado

Partly, partially, in part y **to some extent/to a certain extent** (hasta cierto punto) se pueden usar casi indistintamente en muchas frases: p.ej. *I was partly/partially/in part/to some extent to blame for the accident.* (El accidente fue en parte/hasta cierto punto culpa mía.)

Partly es el adverbio de uso más amplio y el único que puede usarse cómodamente en construcciones dobles: p.ej. *He did it partly for the money and partly because he's interested in theatre.* (Lo hizo en parte por el dinero y en parte porque le interesa el teatro.)

Partially debe usarse con mucho cuidado con verbos tales como 'juzgar' o 'decidir', porque también significa 'con parcialidad', y en esta acepción siempre va después del verbo.

In part se usa principalmente en contextos más formales.

To some extent/to a certain extent es un poco más impreciso que los otros términos y sugiere que uno no quiere o no puede cuantificar el grado de veracidad de un enunciado.

piece *sn* 1 pedazo, trozo *a piece of cheese/coal/glass* un trozo de queso/carbón/vidrio *to break/smash (something) to pieces* hacer (algo) añicos 2 [un objeto individual de una clase de cosas, cuando no existe un sustantivo numerable] unidad *a piece of clothing* una prenda de ropa *a piece of information* una información *a piece of music* una pieza de música *a piece of news* una noticia *a piece of advice* un consejo

bit *sn* 1 [más informal que **piece**] trozo, pedazo *Who wants the last bit of pie?* ¿Quién quiere el último trozo de tarta? *We'll have to reorganize the filing system **bit by bit**.* Tendremos que reorganizar el sistema de archivos poco a poco. *When you've finished your sewing, put all your **bits and pieces** back in the box.* Cuando acabes de coser, guarda todas tus cositas en la caja. 2 [informal. Pequeña cantidad] poco *I've got a bit of shopping to do in town.* Tengo que hacer algunas compras en el centro. 3 (*brit*) [usado como adverbio] **a bit** un poco *It's a bit cold in here.* Hace un poco de frío aquí.

Part, **piece**, y **bit** son muy similares. **Piece** y **bit** se utilizan en las locuciones 'a piece/bit of sth'. **Part** normalmente no se emplea en este tipo de locuciones. **Part** se usa frecuentemente en la locución 'part of', pero **piece** y **bit** no. Al hablar de cosas que se han roto o hecho pedazos, se emplea **pieces** o **bits**, ya que **parts** normalmente describe cosas en su estado normal o deseable.

Would you like a piece of cake? ¿Quiere un trozo de pastel?

The vase smashed to pieces/bits. El jarrón se hizo añicos.

The machine arrived in several parts. La máquina llegó en varias piezas.

section *sn* [una de varias partes que encajan unas con otras para formar un todo] sección *The fuselage is constructed in three separate sections.* El fuselaje está construido en tres secciones separadas. *Complete section one of the form.* Rellene la sección número uno del formulario.

portion *sn* [una cantidad de algo, no tan bien definido como una **section**. Muy frec. se usa para alimentos] parte, ración *He ate a large portion of pudding.* Se comió una buena ración de postre. *She kept back a portion of her earnings every month.* Guardaba una parte de sus ingresos cada mes.

proportion *s* 1 *sn* [norml. expresa el tamaño de la parte en relación al todo] parte, porcentaje *a vast/small proportion of the population* un amplio/pequeño porcentaje de la población 2 *snn* proporción *The price increase is very small **in proportion to** the extra costs we have had to pay.* La subida de precios es muy pequeña en proporción a los costes adicionales que hemos tenido que pagar. *The punishment was **out of all proportion to** the crime.* El castigo no guardaba proporción alguna con el delito. **proportional** *adj* proporcional **proportionally** *adv* proporcionalmente, en proporción

percentage *sn* porcentaje

52.1 Partes pequeñas

slice *sn* tajada, loncha, rodaja *a slice of ham* una loncha de jamón *a slice of bread* una rebanada de pan *The workers feel they're entitled to a slice of the profits as well.* Los trabajadores consideran que también tienen derecho a una parte de los beneficios.

slice *vt* (frec. + **off**, **up**) [obj: p.ej. pan, pastel, verduras] cortar en rodajas *a sliced loaf* un pan de molde cortado

strip *sn* [norml. se refiere a algo fino, cortado longitudinalmente] tira, faja, banda *a narrow strip of land* una estrecha franja de tierra

element *sn* 1 [parte de un todo] elemento *Patriotism is a very important element in his character.* El patriotismo es un elemento muy importante de su carácter. 2 [pequeña cantidad] parte *There is **an element of** risk involved in any investment.* Hay un cierto riesgo en toda inversión.

atom *sn* átomo *an atom of hydrogen/a hydrogen atom* un átomo de hidrógeno *to split the atom* dividir el átomo

particle *sn* partícula *subatomic particles* partículas subatómicas *a particle of dust/a dust particle* una mota de polvo

53 Edge Borde

edge *sn* [término genérico] borde *Hold the photograph by the edges.* Coja la fotografía por los bordes. *the water's edge* la orilla del agua *We could be **on the edge of** a historic agreement.* Podríamos estar al borde de un acuerdo histórico.

edge *vt* [obj: p.ej. vestido, césped] bordear, ribetear *a pond edged with reeds* un estanque bordeado de juncos

limit *sn* (se usa frec. en *pl*) límite *the city limits* los límites de la ciudad *a twelve-mile fishing limit* un límite de pesca de doce millas *The town is **off limits** to service personnel.* Los militares tienen vedado entrar en la ciudad. *I am prepared, **within limits**, to let students decide the content of courses.* Estoy dispuesta a dejar que los estudiantes decidan el contenido de los cursos, dentro de ciertos límites.

limit *vt* (frec. + **to**) limitar, restringir *The problem isn't limited to the inner cities.* El problema no se limita tan sólo a los barrios céntricos de las ciudades.

limited *adj* [describe: p.ej. número, cantidad, alcance] limitado, reducido *a very limited selection of goods on offer* una selección muy reducida de productos en venta *a student of very limited ability* un estudiante de aptitud muy limitada

frame *sn* 1 estructura de soporte, marco *a bicycle frame* el cuadro de la bicicleta *a rucksack on a frame* una mochila con bastidor 2 [para gafas; siempre *pl*] montura

frame *vt* [obj: esp. cuadro, fotografía] enmarcar *a pretty face framed by light brown hair* un bonito rostro enmarcado por una cabellera de un castaño claro

outline *sn/nn* contorno, perfil *The outline(s) of the building was/were just visible in the mist.* El perfil del edificio apenas se veía a través de la niebla.

outline *vt* [obj: p.ej. forma, figura] perfilar *a tree outlined against the horizon* un árbol perfilado en el horizonte

rim *sn* [se usa normalmente para objetos circulares] borde, canto **rim** *vt* bordear

rimmed *adj* [describe: vaso, taza] con un borde de *horn-/steel-rimmed glasses* unas gafas con montura de asta/acero

a **picture frame** el marco de un cuadro

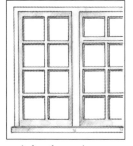

a **window frame** el marco de una ventana

the **rim of a glass** el borde de un vaso

the **rim of a wheel** la llanta de una rueda

surround *vt* rodear, cercar *the surrounding countryside* el campo circundante *Troops surrounded the radio station.* Las tropas cercaron la emisora de radio. *There is a lot of controversy surrounding the proposed legislation.* Hay mucha polémica en torno a la legislación propuesta.

enclose *vt* **1** [da más la impresión de estar encerrado que **surround**. Obj: área de tierra p.ej. campo, jardín] cercar *a courtyard enclosed by a high wall* un patio cercado por un alto muro **2** [en carta. Obj: p.ej. billete, cheque] remitir adjunto ***Please find enclosed*** *the agenda for next week's meeting.* Adjunto les remitimos el orden del día de la reunión de la semana próxima.

enclosure *sn* **1** recinto *a special enclosure for important guests* un recinto especial para invitados importantes **2** [formal. En carta] documento adjunto

53.1 Líneas divisorias entre áreas

border *sn* **1** (frec. + **between**, **with**) [entre países] frontera *We crossed the border into Mexico.* Cruzamos la frontera hacia México. *border town/guard* ciudad/policía fronteriza **2** [norml. decorativo] ribete

border *vt* **1** [estar al lado de. Obj: país, carretera] limitar con, bordear *Poland borders Germany in the west.* Polonia limita con Alemania por el oeste. *The path borders a stream.* El camino bordea un riachuelo. **2** (frec. + **with**) [obj: p.ej. pañuelo, césped, vestido] ribetear, bordear *a path bordered with flowers* un camino bordeado de flores

border on sth *vt fr.* lindar con *Our garden borders on the golf course.* Nuestro jardín linda con el campo de golf. *excitement bordering on hysteria* entusiasmo que rayaba en histeria

frontier *sn* **1** (frec. + **with**, **between**) [sólo entre países. Suena más imponente que **border**] frontera [se usa frec. en sentido figurado, esp. en *pl*] *the frontiers of human knowledge* las fronteras del conocimiento humano **2** [esp. en historia americana. Entre regiones colonizadas y regiones salvajes] frontera

the border between England and Scotland la frontera entre Inglaterra y Escocia

boundary *sn* (frec. + **between**) [entre áreas más pequeñas que países] límite, frontera *town/county boundary* límite de la ciudad/del condado *The stream marks the boundary between her land and mine.* El riachuelo marca el límite entre sus tierras y las mías. [se usa frec. en sentido figurado, esp. en *pl*] *I think she overstepped the boundaries of good taste.* Creo que rebasó los límites del buen gusto.

54 Alike Semejante

ver también **56 Copy**

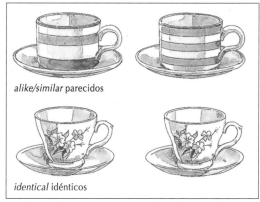

alike/similar parecidos

identical idénticos

alike *adj* (después de *v*) [describe personas y cosas, especialmente personas que tienen casi el mismo aspecto] parecido *They're so alike they could almost be twins.* Se parecen tanto que casi podrían ser gemelos.

alike *adv* (después de *v* o *s*) [ligeramente formal] del mismo modo, igualmente *Boys and girls alike will enjoy this tale of adventure.* Este relato de aventuras lo disfrutarán tanto los chicos como las chicas. *We think alike.* Pensamos del mismo modo.

like *prep* como *He looks like my father.* Se parece a mi padre. *I'd love a house like yours.* Me encantaría tener una casa como la vuestra.

likeness *n* **1** *sn/nn* (no tiene *pl*) [semejanza en el aspecto. Se dice norml. de personas] parecido,

> ### U S O
> Aunque **like** y **as** son ambas preposiciones, sólo **like** se usa como tal con el sentido de similitud. Compárese: *She is speaking as your teacher.* (Habla como/en calidad de profesora vuestra.) con *She speaks like your teacher.* (Habla como/igual que vuestra profesora.) En el primer caso, la persona de quien se habla es profesora; en el segundo, no lo es.

semejanza *a family likeness* un aire de familia **2** *sn*
retrato *It's a good likeness.* Es un buen retrato.

similar *adj* (frec. + **to**) [cuando se dice de personas,
frec. describe sus características más que su
apariencia] parecido *Our taste in music is similar.*
Tenemos gustos musicales parecidos. *Our problems
are similar to yours.* Nuestros problemas son similares
a los suyos. (+ **in**) *The objects are similar in size but
not in shape.* Los objetos son de tamaño parecido, pero
de forma distinta. **similarity** *snn/n* parecido

similarly *adv* del mismo modo *similarly dressed*
vestidos de modo similar [se usa al principio de una
frase o párrafo] *I have certain rights as a citizen.
Similarly, as a citizen, I have certain duties.* Como
ciudadano tengo ciertos derechos, y asimismo, ciertos
deberes.

same *adj* (delante de *s*; siempre va acompañado de **the,
those, this**, etc.) el mismo *He wore the same shirt all
week.* Llevó puesta la misma camisa toda la semana.

same *adv* (siempre va acompañado de **the**) igual, de la
misma forma *The children should be treated the same.*
A los niños se les debería tratar igual. (+ **as**) *Your
jacket is the same as mine.* Tu chaqueta es igual que la
mía.

same *pron* (siempre va acompañado de **the**) el mismo
Our backgrounds are almost the same. Procedemos
casi del mismo ambiente.

identical *adj* (frec. + **to**) [exactamente iguales] idéntico
identical twins gemelos idénticos *The two paintings are
almost identical.* Los dos cuadros son casi idénticos.

uniform *adj* [algo formal. Describe: p.ej. color,
temperatura, distribución] uniforme **uniformly** *adv*
uniformemente

uniformity *snn* [frec. sugiere insulsez y falta de
imaginación] uniformidad *the dreary uniformity of
urban apartment buildings* la triste uniformidad de las
fincas urbanas

consistent *adj* [que no cambia. Frec. se dice de las
personas o de sus actitudes y comportamiento]
consecuente, congruente *a consistent standard of work*
un nivel de trabajo constante **consistently** *adv*
consecuentemente, con constancia **consistency** *snn*
consecuencia, constancia, congruencia

f r a s e

to be the spitting image of sb/sth [informal] ser el
vivo retrato de alguien o algo *She's the spitting image
of her mother.* Es el vivo retrato de su madre.

54.1 Igual

equal *adj* (frec. + **to**) [describe: p.ej. parte,
oportunidades, derechos] igual *Mix equal amounts of
flour and sugar.* Mezclar cantidades iguales de harina y
azúcar. *We are all equal partners in this alliance.*
Todos somos socios iguales en esta alianza. **equally**
adv igualmente

equal *sn* igual *He treats his staff as (his) equals.* Trata a
sus empleados de igual a igual.

equal *vt*, **-ll-** (*brit*), norml. **-l-** (*amer*) **1** [obj: número,
cantidad] ser igual a *z equals x + y* z es igual a x + y **2**

[obj: p.ej. logro, velocidad, generosidad] igualar *She
equalled the world record for the 200 metres.* Igualó el
récord mundial de los 200 metros. **equality** *snn* (frec. +
with) igualdad

equivalent *adj* (frec. + **to**) equivalente *The money is
equivalent to a year's salary.* El dinero equivale al
salario de un año.

equivalent *sn* (frec. + **of, to**) equivalente *200 dollars or
the/its equivalent in pounds sterling* 200 dólares o el/su
equivalente en libras esterlinas *She's **the nearest
equivalent** to a personnel manager that we have in our
company.* Ella es lo más parecido a un jefe de personal
que tenemos en nuestra empresa.

even *adj* [describe: p.ej. distribución, velocidad,
temperatura] equitativo, uniforme *The scores are even.*
Las puntuaciones están igualadas. **to get even with sb**
ajustar cuentas con alguien *I will get even with you.* Ya
me las pagarás.

evenly *adv* uniformemente, equitativamente

even (sth) **out** o **even out** (sth) *vit fr.* [suj/obj: p.ej.
diferencia, desequilibrio] nivelar, equilibrar

even sth **up** o **even up** sth *vt fr.* [obj: p.ej. números,
equipos] igualar, nivelar *If John goes over to your side,
that will even things up a bit.* Si John se pone de
vuestro lado eso igualará un poco las cosas.

level *adj* [describe: esp. tanteo] igual

level *vi*, **-ll-** (*brit*), **-l-** (*amer*) (frec. + **with**) nivelar,
igualar *They levelled the score at 3-3.* Igualaron el
marcador a 3.

54.2 Parecerse

resemble *vt* (frec. + **in**) [ligeramente formal. Se dice
generalmente de personas, pero también de cosas]
parecerse a *She resembles her father more than her
mother.* Se parece a su padre más que a su madre.

resemblance *sn/nn* (frec. + **to, between**) semejanza,
parecido **to bear a close/bear no resemblance to
something** tener un gran parecido/no tener ningún
parecido con algo

remind sb **of** sb/sth *vt fr.* recordar algo a alguien *He
reminds me of a chap I used to know at school.* Me
recuerda a un tipo que iba a mi colegio. *ver también
116.1 Remember

have a lot in common (**with sb/sth**) tener mucho en
común (con alguien/algo) *I didn't find her easy to talk
to because we don't have a lot in common.* No me fue
fácil hablar con ella porque no tenemos mucho en
común. *Their aims obviously have a lot in common
with ours.* Es evidente que sus metas tienen mucho en
común con las nuestras.

correspond *vi* (frec. + **to, with**) [suj: p.ej. fechas, cifras,
cuentas] corresponder(se) *The results we obtained
exactly correspond with theirs.* Los resultados que
obtuvimos se corresponden exactamente con los suyos.
correspondence *snn/n* correspondencia

compare *v* **1** *vi* (norml. + **with**) [ser tan bueno como]
poderse comparar *The food in the canteen can't
compare with what you could get in a restaurant.* La
comida del comedor no puede compararse con la que
se podría comer en un restaurante. *Her exam results
compared favourably/unfavourably with mine.* Los

resultados de su examen eran mejores/peores que los míos. **2** *vt* (frec. + **with, to**) [observar si hay similitudes o diferencias] comparar *Their parents are very strict, compared with/to mine.* Sus padres son muy estrictos, comparados con los míos.

comparable *adj* (frec. + **to, with**) comparable *The two systems aren't really comparable.* Los dos sistemas en realidad no se pueden comparar.

comparison *sn/nn* (frec. + **to, with, between**) comparación *Their house is small by/in comparison (with ours).* Su casa es pequeña en comparación (con la nuestra).

standardize, TAMBIÉN **-ise** (*brit*) *vt* [obj: p.ej. trámites, ortografía] regularizar

55 Different Diferente

different *adj* **1** (frec. + **from, to**) distinto, diferente *It's the same washing powder, it's just in a different packet.* Es el mismo detergente pero con un paquete diferente. **2** (delante de *s*) diferente, distinto *I've heard the same thing from three different people.* He oído lo mismo de tres personas diferentes.

difference *snn/n* (frec. + **between, in, of**) diferencia *What's the difference between a crocodile and an alligator?* ¿Cuál es la diferencia entre un cocodrilo y un caimán? *The new carpet has made a big difference to the room.* La nueva alfombra cambia mucho la habitación.

differ *vi* (frec. + **from**) [ligeramente formal] diferenciarse *How exactly does the new model differ from the old one?* ¿En qué se diferencia exactamente el nuevo modelo del antiguo?

U S O

Los puristas opinan que la única preposición correcta después de **different** es **from**. **Different to**, sin embargo, es aceptado por la mayoría de los hablantes británicos (pero no por los americanos) y **different than** por la mayoría de los hablantes americanos (pero no por los británicos). El verbo **differ**, sin embargo, tiene que ir seguido de **from**.

dissimilar *adj* (frec. + **to, from**) [más formal que **different**] desemejante [frec. usado en una doble negación] *Their attitudes are not dissimilar.* Sus actitudes no son del todo distintas. **dissimilarity** *snn/n* desemejanza

inconsistent *adj* [más bien peyorativo. Dícese frec. de personas o de sus actitudes y comportamiento] inconsecuente, inconstante *His judgments are so inconsistent.* Sus juicios son tan inconsecuentes. **inconsistency** *sn/nn* inconsecuencia, inconstancia

opposite *adj* [describe: p.ej. dirección, efecto, punto de vista] opuesto, contrario *Hot is the opposite of cold.* Caliente es lo contrario de frío. **the opposite sex** el sexo opuesto

opposite *sn* (si es *sing*, siempre + **the**) lo contrario *If I say something she always says the opposite.* Si digo algo ella siempre dice lo contrario.

alternative *adj* (delante de *s*) **1** [describe: p.ej. ruta, sugerencia, explicación] alternativo **2** [se usa para describir cosas que representan una ruptura con lo tradicional o convencional. Describe: p.ej. comedia, modo de vida, medicina] alternativo *alternative sources of energy* fuentes de energía alternativas

alternative *sn* (frec. + **to**) alternativa *a cheaper alternative to conventional detergents* una alternativa más barata a los detergentes convencionales *I have no alternative but to ask for your resignation.* No me queda más remedio que pedirle su dimisión.

alternatively *adv* [se usa para introducir una oración que expone una posibilidad diferente] otra solución sería …, si no *Alternatively you could have the party at our house.* Otra solución sería que hicieras la fiesta en nuestra casa.

f r a s e s

to be a far cry from [frec. implica que la cosa descrita es inferior a aquella con la que se compara] no tener ni punto de comparación con *Our town has canals, but it's a far cry from Venice!* En nuestra ciudad hay canales, pero no tiene ni punto de comparación con Venecia.

to be like/as different as chalk and cheese (*brit*) parecerse como un huevo a una castaña, ser tan diferentes como la noche y el día

55.1 Ver o marcar diferencias

differentiate *vit* **1** *vi* (frec. + **between, from**) [suj: persona] distinguir, diferenciar *I can't differentiate between these two shades of blue.* No veo la diferencia entre estos dos tonos de azul. *We try not to differentiate between our children.* Tratamos de no hacer distinciones entre nuestros hijos. **2** *vt* (frec. + **from**) diferenciar, distinguir *What differentiates this product from its competitors?* ¿En qué se diferencia este producto de sus competidores?

distinguish *v* **1** *vit* (frec. + **between, from**) distinguir(se) *Even our parents have difficulty distinguishing between us.* Hasta nuestros padres tienen dificultades para distinguirnos. **2** vt (frec. + **from**) [hacer diferente] distinguir *a distinguishing feature* un rasgo distintivo

distinction sn (frec. + **between**) diferencia, distinción *to make/draw a distinction* hacer una distinción *I honestly can't see the distinction.* Sinceramente no veo la diferencia.

contrast vit (frec. + **with**) contrastar *contrasting colours* colores que contrastan

contrast snn/n (frec. + **between, to, with**) contraste *In contrast to the steady rise in managerial earnings, wages for manual workers have declined.* Los sueldos de los trabajadores manuales han descendido, en contraste con el crecimiento sostenido de los salarios de los directivos.

56 Copy Copia

ver también **36 Unreal; 54 Alike**

copy vt **1** [obj: p.ej. escrito, diagrama] copiar (+ **out**) *I copied out the poem.* Copié el poema. **2** [obj: persona, comportamiento] copiar *She copies everything I do.* Copia todo lo que hago.

copy sn **1** copia *to make a copy of something* hacer una copia de algo **2** ejemplar *Has anyone seen my copy of 'Lorna Doone'?* ¿Ha visto alguien mi ejemplar de 'Lorna Doone'?

replica sn [más formal que **copy**. Norml. no sugiere desaprobación] réplica

reproduce v **1** vt [ligeramente técnico. Obj: p.ej. color, sonido, textura] reproducir [puede significar 'hacer de nuevo'] *Will she be able to reproduce that performance in an exam?* ¿Será capaz de volver a hacerlo así en un examen? **2** vit [suj: ser vivo] reproducirse

reproduction s **1** sn/nn reproducción *The painting's a reproduction.* El cuadro es una reproducción. *sound reproduction* reproducción de sonido **2** snn [proceso biológico] reproducción

forge vt [con propósitos delictivos. Obj: p.ej. billete, firma] falsificar **forger** sn falsificador **forgery** sn/nn falsificación

plagiarize, TAMBIÉN -**ise** (*brit*) vti plagiar **plagiarism** snn/n plagio **plagiarist** sn plagiario

imitation sn/nn [frec. implica calidad inferior] imitación (usado como *adj*) *imitation leather/fur/jewellery* imitación a cuero/imitación a piel/bisutería

reflect vi reflejar *reflected sunlight* luz del sol reflejada *I saw my face reflected in the puddle.* Me vi la cara reflejada en el charco.

reflection sn/nn reflejo *her reflection in the mirror* su reflejo en el espejo

reflective adj reflector *reflective clothing* prendas reflectoras

56.1 Términos para imitar a personas y su comportamiento

imitate vt imitar *They all try to imitate their favourite film stars.* Todos intentan imitar a sus estrellas favoritas.

imitation sn [norml. para crear efectos cómicos] imitación *She does imitations.* Ella hace imitaciones.

ape vt [peyorativo. Copiar de una manera estúpida o sin reflexión] imitar, remedar *They try to ape the manners of people in high society.* Intentan imitar los modales de la gente de clase alta.

impersonate vt [fingir ser otra persona, a veces para crear efectos cómicos] hacerse pasar por, imitar *He was arrested for impersonating a police officer.* Fue detenido por hacerse pasar por policía.

impersonation sn/nn imitación *to do impersonations* hacer imitaciones **impersonator** sn imitador

mimic vt, -**ck** [para crear efectos cómicos, frec. para burlarse de alguien] remedar, imitar **mimicry** snn [formal] imitación, remedo **mimic** sn imitador

take sb/sth **off** o **take off** sb/sth (*brit*) vt fr. [informal. Siempre para crear efectos cómicos] parodiar **take-off** sn parodia

to follow suit [hacer lo que alguien ha hecho, esp. muy a continuación] seguir el ejemplo, imitar *We changed our filing system and all the other departments immediately followed suit.* Cambiamos nuestro sistema de archivo y acto seguido todos los demás departamentos hicieron lo mismo.

57 Substitute Sustituir

substitute v **1** vt (norml. + **for**) sustituir *We substituted a fake diamond for the real one.* Sustituimos un diamante falso por el verdadero **2** vi (norml. + **for**) sustituir a *Will you substitute for me at the meeting?* ¿Querrá sustituirme en la reunión?

substitute sn (frec. + **for**) sustituto *sugar substitute* un sucedáneo del azúcar **substitution** snn/n sustitución

replace vt **1** (frec. + **with**) [cambiar por otro] reemplazar *It's cheaper to replace the machine than to get it repaired.* Es más barato reemplazar la máquina que repararla. **2** [tomar el lugar de] sustituir,

reemplazar *She replaces Sarah Jones who is injured.* Esta sustituyendo a Sarah Jones que se ha lesionado.

replacement s 1 sn (frec. + **for**) [persona] suplente, sustituto *My replacement has lots of experience.* Mi suplente tiene mucha experiencia. **2** snn/n [cosa] repuesto, recambio (usado como *adj*) *replacement part/unit* pieza de repuesto

represent vt 1 [obj: p.ej. persona, empresa, cliente] representar *delegates representing the workers in the industry* delegados que representan a los trabajadores de la industria **2** [significar. Más bien técnico] representar *Let x represent the velocity of the particle.* Supongamos que x representa la velocidad de la partícula. *The graph represents average rainfall.* El gráfico representa la media de las precipitaciones. **representation** sn/nn representación

representative sn representante *representatives of/from many organizations* representantes de numerosas organizaciones

representative adj (frec. + **of**) 1 [describe: p.ej. muestra]

representativo **2** [describe: p.ej. gobierno] representativo

deputize, TAMBIÉN **-ise** (*brit*) v **1** vi (frec. + **for**) sustituir a *I'm deputizing for her while she's at the conference.* La estoy sustituyendo mientras asiste al congreso. **2** vt (*amer*) señalar como sustituto a

deputy sn [sólo una persona, esp. alguien que está en el puesto inmediatamente inferior a la persona a cargo] sustituto, suplente (usado como *adj*) *deputy chairman* vicepresidente *deputy sheriff* subcomisario *deputy headmistress* subdirectora

stand in for sb vt fr. [suena menos oficial que **deputize**] sustituir a *I'm standing in for Sheila while she's on holiday.* Estoy sustituyendo a Sheila mientras está de vacaciones.

stand-in sn [se usa esp. en conexión con el cine y el teatro] doble *We'll use a stand-in during the action sequences.* Usaremos un doble en las escenas de acción.

58 Change Cambio

ver también **418 Improve; 441 Worsen**

change v **1** vit (frec. + **from**, **into/to**) [suj/obj: p.ej. plan, nombre] cambiar(se) *She's changed since she went to university.* Ha cambiado desde que entró en la Universidad. *If you don't like the colour you can always change it.* Si no le gusta el color siempre puede cambiarlo. **2** vt (frec. + **for**) cambiar *I changed my old car for a new one.* Cambié mi coche viejo por uno nuevo. *Susan and I have changed places.* Susan y yo nos hemos cambiado el sitio.

change sn/nn (frec. + **in**, **of**) cambio *a change in the weather* un cambio de tiempo *to make a change* hacer un cambio *I'd like to eat out tonight for a change.* Me gustaría cenar fuera esta noche, para variar.

changeable adj [describe: p.ej. tiempo, persona, humor] variable, tornadizo, mudable

alter vti cambiar(se) *Would you like to have the dress altered, Madam?* ¿Le gustaría que retoquemos el vestido, señora? *The date has been altered on the cheque.* Se ha cambiado la fecha en el cheque. **alteration** sn/nn alteración

---

U S O

Alter se usa en contextos similares a **change 1**, pero **alter** es ligeramente más formal. **Alter** se usa cuando las cosas cambian un poco pero no completamente, mientras que **change** puede usarse para algo que cambia totalmente. **Alter** frecuentemente implica una acción más deliberada que **change**. Cuando se habla de cambiar el tamaño de la ropa se usa **alter**.

---

transform vt transformar *It has been transformed from a quiet country town into an industrial centre.* De pueblo tranquilo ha pasado a ser un centro industrial. **transformation** sn/nn transformación

transition snn/n (frec. + **from, to**) [algo formal] transición *a gradual transition from small business to multinational company* una transición paulatina de pequeño negocio a compañía multinacional

affect vt afectar *an area which has been badly affected by drought* una zona que se ha visto considerablemente afectada por la sequía

vary vit [suj/obj: p.ej. velocidad, frecuencia, temperatura] variar (+ **in**) *The poems varied greatly in quality.* La calidad de los poemas variaba muchísimo. *I like to vary what I eat.* Me gusta tomar comida variada. **variation** sn/nn variación

variable adj [describe: p.ej. tiempo, humor] variable

develop vit (frec. + **from**, **into**) desarrollar(se) *The plant develops from a tiny seed.* La planta crece a partir de una semilla diminuta. *developing nations* naciones en vías de desarrollo

development snn (frec. + **from, into**) desarrollo *child development* el desarrollo del niño

---

58.1 Cambiar para ajustarse a las nuevas circunstancias

adapt vti (frec. + **to, for**) adaptar(se), ajustar(se) *He's adapted well to his new working conditions.* Se ha adaptado bien a las nuevas condiciones de trabajo. *a play adapted for radio* una obra de teatro adaptada para la radio **adaptation** sn/nn adaptación

adjust vti [implica que se realizan pequeños cambios norml. para que algo funcione mejor] ajustar(se) *Please do not adjust your set.* Por favor no ajuste su aparato. *I adjusted the straps.* Ajusté las correas. **adjustment** sn/nn ajuste

modify vt modificar *a modified version of the program* una versión modificada del programa *The control panel has been modified to make it easier for the pilot to read the instruments.* El panel de control se ha modificado para facilitarle al piloto la lectura de los instrumentos.

revise vt [algo formal. Obj: p.ej. opinión, ley, texto escrito] revisar *to revise figures upwards/downwards* reajustar las cifras hacia arriba/abajo

revision *sn/nn* revisión, modificación, corrección *Your revisions were all incorporated in the published text.* Todas las modificaciones que usted hizo fueron incorporadas al texto publicado.

reform *v* 1 *vt* [cambiar y mejorar. No se usa para referirse a obras de albañilería. Se usa principalmente en un contexto político. Obj: esp. ley] reformar 2 *vit* [mejorar comportamiento, personalidad, etc. Suj/obj: persona] reformar(se) *She's a reformed character.* Es una persona totalmente distinta.

reform *sn/nn* [se usa principalmente en un contexto político] reforma *legal reforms* reformas legales

59 Beautiful Bello

ver también **417 Good**

beautiful *adj* [no se usa norml. para describir a los hombres] bello, hermoso, precioso

beautifully *adj* maravillosamente *She plays the piano beautifully.* Toca el piano de maravilla.

beauty *s* 1 *snn* belleza, hermosura *They were stunned by her beauty.* Se quedaron pasmados por su belleza. 2 *sn* [algo formal cuando hace referencia a una mujer hermosa] belleza *Your mother was a famous beauty in her day.* Tu madre fue una belleza famosa en su tiempo. [algo informal cuando hace referencia a cosas] *That new car of hers is a beauty!* ¡Ese coche nuevo que tiene es una preciosidad!

pretty *adj* [menos fuerte que **beautiful**. Sugiere un atractivo más superficial. Describe: p.ej. chica, cuadro, vestido] bonito, mono, precioso [si se dice de un hombre sugiere una apariencia más bien afeminada] *a pretty boy* un chico muy mono

prettily *adj* con gracia *The little girl smiled prettily.* La niña respondió con una bonita sonrisa. **prettiness** *snn* encanto.

comparación

as pretty as a picture muy bonito

handsome *adj* [describe: esp. hombres, también animales, muebles. Cuando se dice de una mujer implica altura, fuerza y rasgos acusados] guapo, bello, elegante

good-looking *adj* [describe: hombres y mujeres, rara vez cosas] guapo

attractive *adj* [describe: hombres, mujeres o cosas] atractivo **attractively** *adv* atractivamente **attractiveness** *snn* atractivo

lovely *adj* [se usa de forma muy amplia, con varios grados de apreciación. Cuando se dice de una mujer, implica gran belleza] hermoso, precioso *They've got a lovely house in the country.* Tienen una casa preciosa en el campo. *He gazed at her lovely face.* Contempló su hermoso rostro. *a lovely day* un día espléndido

loveliness *snn* belleza

exquisite *adj* [extremadamente bello. Implica pequeñez y delicadeza] exquisito *exquisite jewellery* joyería fina **exquisitely** *adv* exquisitamente

gorgeous *adj* [más fuerte que **lovely**, pero igual de general. Describe: p.ej. tiempo, comida, color] magnífico, precioso *What a gorgeous dress!* ¡Qué vestido tan precioso!

picturesque *adj* [describe: p.ej. ciudad, paisaje, vista] pintoresco

elegant *adj* [describe: p.ej. persona, ropa, mobiliario] elegante **elegantly** *adv* elegantemente **elegance** *snn* elegancia

graceful *adj* [describe: p.ej. bailarina, movimientos, curvas] garboso **gracefully** *adv* con garbo **grace** *snn* garbo, donaire

frases

a work of art *sn* [se usa para referirse a cuadros, etc., o bien de manera bastante informal] una obra de arte *That bedspread you made for me is a work of art.* Aquella colcha que me hiciste es una obra de arte.

look/feel like a million dollars sentirse de maravilla *I came out of the hairdresser's feeling like a million dollars.* Salí de la peluquería sintiéndome de maravilla.

59.1 Hacer más bello

decorate *v* 1 *vt* (frec. + **with**) [término genérico, norml. no referido a personas] adornar, decorar *The buildings were decorated with flags.* Los edificios estaban adornados con banderas. 2 *vti* [con pintura, papel pintado, etc.] empapelar, pintar **decorator** *sn* pintor, decorador

We decorated the living room. Empapelamos/pintamos el salón.

We decorated the living room for John's party. Adornamos el salón para la fiesta de John.

decoration *sn/nn* adorno *Christmas decorations* adornos navideños *The knobs are just there for decoration.* Los tiradores están sólo de adorno. **decorative** *adj* decorativo

adorn *vt* (frec. + **with**) [más formal que **decorate**. Dícese de personas y de cosas] adornar *She adorned herself with ribbons and bows.* Se adornó con cintas y lazos. **adornment** *sn/nn* adorno

embellish *vt* (frec. + **with**) [más formal que **decorate**. No se dice de personas. Implica la adición de elementos de decoración recargados y a menudo innecesarios] embellecer **embellishment** *sn/nn* embellecimiento

ornament *sn* [algo que se exhibe más por su belleza que por su utilidad] ornamento *china/brass ornaments* ornamentos de cerámica/de latón **ornamental** *adj* ornamental

60 Ugly Feo

ugly *adj* feo **ugliness** *snn* fealdad

plain *adj* 1 [describe: esp. personas, norml. mujeres. Implica una apariencia aburrida, corriente, y por lo tanto es menos enfático que **ugly**] sin atractivo

hideous *adj* [extremadamente feo. Frec. se usa denotando exageración. Describe: p.ej. monstruo, mueca] horrible, horrendo *What made her choose those hideous curtains?* ¿Qué le hizo escoger esas cortinas tan horribles? **hideously** *adv* horriblemente

grotesque *adj* grotesco *dancers wearing grotesque animal masks* bailarines con grotescas máscaras de animales **grotesquely** *adv* grotescamente

eyesore *sn* [describe: cosas, esp. edificios, no personas] monstruosidad, cosa antiestética *That new office block is an absolute eyesore.* Ese nuevo bloque de oficinas hace daño a la vista.

to look/be a sight [informal, dícese principalmente de personas] parecer un espantajo/un adefesio *I must look a sight with my jacket all torn.* Debo de tener una pinta horrible con la chaqueta hecha trizas.

61 Rough Aspero

rough *adj* 1 [describe: p.ej. superficie, piel] áspero, rugoso 2 [describe: mar] agitado, picado

coarse *adj* 1 [de textura áspera. Describe: p.ej. papel de lija, fibra, tela] áspero, basto 2 [no fino. Describe: p.ej. granos] grueso

coarsely *adv* toscamente *coarsely-ground pepper* pimienta molida gruesa

uneven *adj* [describe: p.ej. superficie, suelo, borde] desigual **unevenly** *adj* desigualmente

irregular *adj* [describe: p.ej. forma, ritmo, intervalo] irregular *an irregular pulse* un pulso irregular **irregularity** *snn/n* irregularidad

choppy *adj* [describe: la superficie del agua] picado

ripple *sn* [ola pequeña. Se usa también para describir p.ej. seda] onda, rizo

ripple *vit* [suj/obj: p.ej. agua, campo de trigo] ondular(se)

bumpy *adj* [describe: p.ej. carretera, paseo en coche] lleno de baches

corrugated *adj* ondulado *corrugated iron* hierro ondulado

jagged *adj* [describe: p.ej. borde, pico, rocas] dentado, mellado

serrated *adj* [describe: p.ej. borde, filo] serrado, mellado, dentado

a bumpy road una carretera con baches

The sea was choppy. El mar estaba picado.

the jagged mountains las montañas escarpadas

62 Smooth Liso

smooth *adj* 1 [describe: p.ej. superficie, textura, piel] liso, suave *The stones had been worn smooth by the tread of thousands of feet.* Las piedras se habían alisado por las pisadas de miles de pies. *Mix to a smooth paste.* Mezclar hasta conseguir una pasta homogénea. 2 [describe: p.ej. travesía, viaje] tranquilo *The landing was very smooth.* El aterrizaje fue como la seda.

smooth *vt* (frec. + **away**, **down**, **out**) [obj: p.ej. tela] alisar

smoothly *adv* suavemente, sin dificultad *go/progress smoothly* ir sobre ruedas *The negotiations flowed smoothly.* Las negociaciones transcurrieron con toda normalidad.

sleek *adj* [liso y brillante. Describe: cabello, piel de animal] lustroso, sano

calm *adj* [describe: mar] en calma

62.1 Términos para describir superficies horizontales

flat *adj*, -tt- plano *People used to believe the Earth was flat.* Antes se pensaba que la Tierra era plana. *a flat tyre* una rueda pinchada *flat shoes* zapatos planos *flat heels* tacones bajos

flat *adv* (delante de frase adverbial) *I was lying flat on the floor.* Estaba tendido en el suelo. *to fall flat* caer(se) de bruces

comparación

as flat as a pancake liso como una tabla

level *adj* 1 [algo más técnico que **flat**. Describe: p.ej. superficie, suelo, cucharada] llano, raso 2 (frec. + **with**; norml. después de *v*) a nivel *My head was level with the window.* La cabeza me llegaba a la altura de la ventana. **level** *sn* nivel *The sitting room is on two levels.* La sala de estar está construida a dos niveles. *below sea-level* por debajo del nivel del mar *at eye-level* a la altura del ojo

level *vt*, -ll- (*brit*), -l- (*amer*) [obj: p.ej. suelo, tierra] nivelar, allanar

level off/out *vi fr.* [suj: p.ej. un avión, precios] estabilizarse *Inflation has levelled off at 8%.* La inflación se ha estabilizado en un 8%.

even *adj* 1 [describe: p.ej. suelo, superficie, estrato] uniforme, nivelado *I trimmed the edges to make them nice and even.* Recorté los bordes para que estuvieran bien parejos. [frec. sugiere una hilera o conjunto de cosas que son todas de la misma altura] *a nice even set of teeth* una dentadura perfecta 2 [describe: p.ej. temperatura, ritmo, velocidad] estable, uniforme, constante **evenly** *adv* uniformemente

even (sth) **out** o **even out** (sth) *vit fr.* [suj/obj: p.ej. suelo] nivelar(se)

plane *sn* plano

63 Tidy Ordenado

ver también **65 Order**

tidy *adj* ordenado, aseado *Keep the lounge tidy because we've got guests coming.* No desordenes el salón porque tenemos invitados. **tidily** *adv* ordenadamente

tidy *vti* (frec. + **up**) [obj: p.ej. habitación, revoltijo] ordenar, arreglar *I've got to stay in and tidy (up) my bedroom.* Tengo que quedarme en casa para ordenar mi habitación.

neat *adj* limpio, ordenado, pulcro *The books were arranged in neat rows.* Los libros estaban colocados en hileras perfectas. **neatness** *snn* esmero, orden **neatly** *adv* cuidadosamente, con esmero

smart *adj* [pulcro y elegante. Describe: esp. persona, ropa] elegante *You look very smart in that new suit.* Estás muy elegante con ese traje nuevo. **smartly** *adv* con elegancia

smarten sth **up** o **smarten up** sth *vt fr.* mejorar el aspecto de *Some new curtains would smarten this room up considerably.* Unas cortinas nuevas mejorarían mucho esta habitación.

clear (sth) **up** o **clear up** (sth) *vti fr.* [obj: p.ej. revoltijo, habitación] ordenar, recoger

u s o

Neat y **tidy** se usan juntos con frecuencia. Uno puede pedirle a otra persona que mantenga una habitación, armario, los libros, etc. *neat and tidy* (limpio y ordenado) o describir a una persona como *neat and tidy* (pulcro y aseado) en su forma de vestir, hábitos etc. Los dos adjetivos tienen un sentido muy parecido, pero **tidy** tiende a referirse al efecto general y sugiere la ausencia de cualquier confusión o desorden. No tiene el sentido de precisión y cuidado que lleva implícito **neat**, que también puede usarse para describir pequeños detalles. *Handwriting* (letra), por poner un ejemplo, puede describirse como **neat**, pero no como **tidy.**

order *snn* orden *I just want to get/put my papers in order before I leave.* Tan solo quiero poner mis papeles en orden antes de marcharme.

orderly *adj* [sugiere disciplina y pulcritud a la vez. Describe: p.ej. retirada, cola] ordenado

64 Untidy Desordenado

disorder *snn* [algo formal] desorden *The room was in complete disorder.* La habitación estaba en un completo desorden. **disorder** *vt* desordenar **disorderly** *adj* desordenado

chaos *snn* caos *Fog has caused chaos on the roads.* La niebla ha provocado el caos en las carreteras. *The office was in complete chaos after the break-in.* El despacho era un caos total tras el robo. **chaotic** *adj* caótico

mess *sn/nn* (no tiene *pl*) 1 [más bien informal. Implica un estado de confusión menos grave que **disorder** o **chaos**] desorden, lío *I'm afraid the room is (in) a mess.*

Me temo que la habitación está muy revuelta. **2** [eufemístico. Sustancia desagradable, esp. excremento] *The dog made a mess on the carpet.* El perro hizo una porquería en la moqueta.

mess sth **up** o **mess up** sth *vt fr.* [obj: p.ej. cabello, habitación] desordenar, desarreglar

messy *adj* **1** [que causa desorden] desordenado, sucio *Little babies are so messy.* Los niños pequeños ensucian mucho. **2** [en desorden. Describe: p.ej. habitación, cabello] revuelto, desordenado

jumble *sn* (no tiene *pl*) [sugiere un montón de cosas diferentes amontonadas de cualquier manera] revoltijo *a jumble of old pots and pans* un revoltijo de sartenes y cazuelas viejas

jumble *vt* (frec. + **up**) revolver, mezclar *I found the papers all jumbled up together on her desk.* Encontré los papeles todos revueltos en su escritorio.

muddle *sn/nn* (norml. *sing*) [se refiere más frec. a confusión mental o administrativa que a un desorden físico] confusión, embrollo *My finances are in a muddle.* Mis finanzas están hechas un lío. *to get into a muddle* armarse un lío

muddle *vt* (frec. + **up**) **1** [desordenar. Obj: p.ej. papeles] revolver, mezclar **2** [confundir] armarse un lío *I'm sorry, I got the figures muddled (up).* Lo siento, me armé un lío con los números.

unkempt *adj* [sugiere negligencia, descuido. Describe: p.ej. cabello, aspecto, persona] descuidado, despeinado

random *adj* [describe: p.ej. selección, número, muestra] hecho al azar, escogido al azar [usado como *s*] *The names were chosen at random from our list.* Los nombres fueron escogidos de nuestra lista al azar.

f r a s e s

Estas son frases informales que hacen referencia a un aspecto físico muy desarreglado:

look as if one has been dragged through a hedge backwards (*brit*) [dícese de personas] estar hecho una calamidad

look like a bomb has hit it [dícese de una habitación, oficina etc.] estar patas arriba

65 Order Orden

ver también **63 Tidy**

order *snn/n* [secuencia] orden *in alphabetical/chronological order* por orden alfabético/cronológico *You've got the files in the wrong order.* No has puesto los archivadores en orden. *It took me hours to get the cards back in the right order.* Me llevó horas volver a poner las tarjetas en orden. *in order of seniority/importance* por orden de antigüedad/importancia **order** *vt* ordenar

sort *vti* [ordenar de acuerdo con el tipo, tamaño, etc. Obj: p.ej. cartas, ropa, fruta] clasificar *The eggs are sorted by size.* Los huevos están clasificados por tamaños. (+ **out**) *I'm sorting out my old clothes.* Estoy reorganizando mi ropa vieja [implica tirar lo que no se necesita]. (+ **into**) *I was just sorting the cards into piles.* Sólo estaba clasificando los naipes en diferentes pilas.

classify *vt* [implica un sistema más formal que **sort** o **order**] clasificar *Should I classify this book as fantasy or science fiction?* ¿Debo clasificar este libro como fantasía o como ciencia ficción? **classification** *snn/n* clasificación

arrange *vt* (frec. + **in**) [obj: p.ej. libros, flores, adornos] arreglar, disponer *The exhibits aren't arranged in any particular order.* Los objetos expuestos no se han dispuesto siguiendo un orden particular. *chairs arranged around a table* sillas dispuestas alrededor de la mesa

arrangement *sn/nn* arreglo, disposición *an arrangement of daffodils and irises* un arreglo floral de narcisos y lirios

66 Position Posición

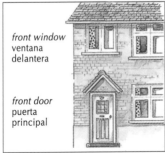

front window ventana delantera

front door puerta principal

the front of the house la fachada de la casa

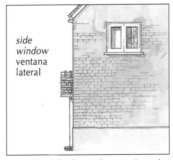

side window ventana lateral

the side of the house la parte lateral de la casa

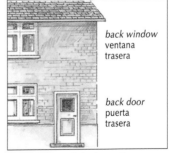

back window ventana trasera

back door puerta trasera

the back/rear of the house la parte trasera de la casa

Rear es ligeramente más formal que **back**. **Centre** es ligeramente más formal que **middle**. **Centre** se usa norml. para áreas bidimensionales, mientras que **middle** puede decirse de líneas también.

She is at the front of the queue. Está al principio de la cola.

She is in the middle of the queue. Está a la mitad de la cola.

He is at the back/rear of the queue. Está al final de la cola.

The buttons are at the front. Los botones van delante.

The buttons are at the back. Los botones van detrás.

She is sitting in front of him. Ella está sentada delante de él.
He is standing behind her. El está de pie detrás de ella.

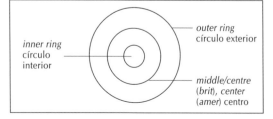

inner ring círculo interior

outer ring círculo exterior

middle/centre (brit), *center* (amer) centro

He stood in the middle. El se puso en medio.
They danced round the outside. Ellos bailaban a su alrededor.

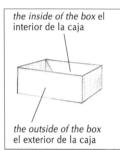

the inside of the box el interior de la caja

the outside of the box el exterior de la caja

flowers on the outside flores en la parte de fuera

plain on the inside liso en la parte de dentro

outside fuera

inside dentro

Exterior (exterior) y **external** (externo) son ambos sinónimos, bastante más formales, de **outside**, mientras que **interior** (interior) e **internal** (interno) son sinónimos de **inside**. **Exterior** e **interior** se usan más comúnmente en relación con edificios: p.ej. *exterior/interior walls* (paredes exteriores/interiores). Ambos pueden usarse como sustantivos, aquí también principalmente en relación con edificios. Como sustantivo, **exterior** puede hacer también referencia al aspecto físico y/o a los modales de una persona: p.ej. *Beneath her rather reserved exterior she had a very sympathetic heart.* (Detrás de aquella fachada más bien reservada se escondía un corazón muy comprensivo.) **The interior**, por otra parte, es la parte central y frecuentemente salvaje de un país o continente: p.ej. *a journey into the interior* (un viaje al interior del país). **External** e **internal** se usan de manera más amplia. Pueden hacer referencia a partes de un edificio o partes del cuerpo, y a lo que pertenece a u ocurre dentro de un país o una organización. Se puede, por lo tanto, hablar de *external/internal affairs* (asuntos externos/internos) de un país o de un *external/internal examiner* (examinador externo/interno).

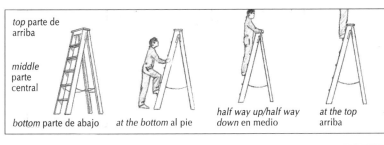

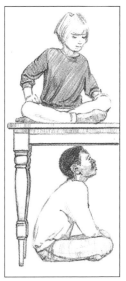

top parte de arriba

middle parte central

bottom parte de abajo   *at the bottom* al pie   *half way up/half way down* en medio   *at the top* arriba

upright de pie
vertical vertical

horizontal horizontal

They are sitting opposite one another. Están sentados uno frente al otro.

upside down cabeza abajo

the right way up boca arriba

She is sitting on top of the table. Está sentada encima de la mesa.
He is sitting underneath the table. Está sentado debajo de la mesa.

67 Necessary Necesario

ver también **74 Important**

necessary *adj* (frec. + **for**) necesario *Is it necessary for us all to be there?* ¿Es necesario que estemos todos allí? [usado irónicamente] *Is it really necessary to make quite so much noise?* ¿Es realmente necesario hacer tanto ruido? *We could, if necessary, postpone the meeting.* Si es necesario, podríamos aplazar la reunión.

necessarily *adv* necesariamente *'Will I have to go?' 'Not necessarily.'* '¿Tendré que ir?' 'No necesariamente.'

necessity *snn/n* (frec. + **for, of**) necesidad *She stressed the necessity of keeping the plan a secret.* Insistió en la necesidad de mantener el plan en secreto. *the bare necessities of life* las necesidades básicas de la vida

need *vt* [término genérico; no se usa norml. en formas progresivas] necesitar *to need something badly* necesitar algo urgentemente *I need a new pair of shoes.* Necesito un par de zapatos nuevos. *The boiler needs repairing/needs to be repaired.* Hay que reparar la caldera.

need *s* **1** *snn* [menos formal que **necessity**; frec. + **for, of**] necesidad *families in need* familias necesitadas [formal] *Are you in need of any assistance?* ¿Necesita ayuda? *There's no need to get so upset.* No hay por qué molestarse tanto. **2** *sn* [norml. *pl*] necesidades *We can supply all your home-decorating needs.* Le podemos proporcionar todo cuanto necesite para decorar su casa.

require *vt* [más formal que **need**] necesitar, requerir *Your services are no longer required.* Sus servicios ya no son necesarios. *We urgently require assistance.* Necesitamos ayuda urgentemente.

requirement *sn* (frec. + **for**) [algo formal, se usa norml. en plural] requisito, condición *entry requirements* condiciones de ingreso

addict *sn* adicto *a drug addict* drogadicto

addicted *adj* (norml. después de *v*, frec. + **to**) adicto [humorístico] *I'm addicted to fast cars.* Soy un fanático de los coches rápidos.

addiction *snn/n* (frec. + **to**) adicción *drug addiction* drogadicción **addictive** *adj* que crea dependencia

essential *adj* (frec. + **for, to**) esencial, fundamental *essential services* servicios esenciales *Good marketing is essential for success.* El buen márketing es esencial para el éxito.

essential sn [se usa frec. en plural] elemento imprescindible *the **bare essentials** lo imprescindible*
vital adj (frec. + **for, to**) de suma importancia, esencial (+ **that**) *It's absolutely vital that this is posted today.* Es de suma importancia que esto se mande por correo hoy. *a question of vital importance* una cuestión de suma importancia **vitally** adv sumamente

crucial adj (frec. + **for, to**) decisivo, crucial *a crucial factor in our decision* un factor crucial en nuestra decisión **crucially** adv decisivamente

68 Unnecessary Innecesario

ver también **76 Unimportant**

unnecessary adj innecesario *Don't carry any unnecessary weight.* No lleve peso innecesario.
unnecessarily adv innecesariamente, sin necesidad

> **U S O**
>
> **Unnecessary** no se usa mucho en inglés informal, especialmente después de un verbo. Es más corriente decir *It's not necessary.* (No es necesario.) o *There's no need.* (No hay necesidad.).

needless adj (delante de *s*) [más formal que **unnecessary**] innecesario *a needless waste of resources* un gasto inútil de recursos [no formal] ***Needless to say**, nobody bothered to inform me.* Ni que decir tiene que nadie se molestó en informarme. **needlessly** adv innecesariamente, inútilmente

pointless adj [describe: p.ej. observación, gesto] inútil, sin sentido **pointlessly** adv inútilmente, sin sentido

68.1 Más de lo necesario

extra adj de más, extra *I've put an extra blanket on the bed.* He puesto otra manta en la cama. *We're going to need two extra chairs.* Vamos a necesitar dos sillas más. *an extra £10 a week* 10 libras extra por semana *a goal scored during **extra time*** (brit) un gol marcado durante la prórroga
extra adv especialmente *I've been working extra hard all this week.* Esta semana he trabajado mucho más que de costumbre. *He's been extra nice to me today.* Hoy ha sido de lo más simpático conmigo.
extra sn extra, suplemento *You have to pay for all the extras, like organized excursions.* Tienes que pagar todos los extras, como por ejemplo las excursiones organizadas.

spare adj 1 de reserva, de recambio *Did you pack any spare underwear?* ¿Pusiste en la maleta alguna muda? *spare parts* piezas de repuesto 2 [que no se usa en ese momento] de sobra *Have you got a spare pen you could lend me?* ¿Tienes un bolígrafo de sobra para dejarme? *the spare bedroom* la habitación de los invitados *There are two tickets **going spare*** (brit) *if you want them.* Sobran dos entradas, si las quieres.
spare sn pieza de repuesto *If the fanbelt breaks there's a spare in the boot.* Si se rompe la correa del ventilador, hay una de repuesto en el maletero.
spare vt 1 [obj: esfuerzos, gastos] escatimar *There's no time to spare.* No hay tiempo que perder. *Can you spare any money?* ¿Me dejas algo de dinero? *Can you spare me five minutes?* ¿Tienes cinco minutos? *Spare me the details.* Ahórrate los detalles. 2 [obj: persona] prescindir de

surplus adj excedente, de más *surplus to requirements* que excede de las necesidades
surplus sn/nn excedente *a huge surplus of agricultural products* un enorme excedente de productos agrícolas

excess adj excedente, de más *excess weight* exceso de peso *excess baggage* exceso de equipaje
excess snn/n [algo formal] exceso *an excess of enthusiasm* un exceso de entusiasmo *a figure **in excess of** $4,000,000* una cifra superior a los 4.000.000 de dólares
excessive adj [algo formal y más bien peyorativo; implica irracionalidad] excesivo *She drank an excessive amount of wine.* Bebió una cantidad excesiva de vino. **excessively** adv excesivamente
superfluous adj [algo formal] superfluo
redundant adj [formal] superfluo *New technology has made our old machinery redundant.* Con la nueva tecnología nuestra vieja maquinaria ya no hace falta.

69 Waste Despilfarrar

ver también **71 Rubbish**

waste vt (frec. + **on**) [obj: p.ej. dinero, energía, recursos] desperdiciar, malgastar, desaprovechar *You're wasting your time here.* Estás perdiendo el tiempo aquí. *I shouldn't waste any sympathy on him.* Yo de tí no me mostraría comprensiva con él, no merece la pena. *Her talents are wasted here.* Aquí está desperdiciando su talento.
waste sn/nn (no tiene *pl*) desperdicio, pérdida *That project's a waste of time and money.* Ese proyecto es una pérdida de tiempo y dinero. *All that hard work has **gone to waste**.* Todo ese trabajo se ha echado a perder.
wasteful adj [describe: p.ej. persona, costumbres] despilfarrador, derrochador

squander vt (frec. + **on**) [obj: esp. dinero, posesiones; desaprueba con más fuerza que **waste**] derrochar, despilfarrar, dilapidar
fritter sth **away** o **fritter away** sth vt fr. (frec. + **on**) [implica poco a poco; peyorativo] derrochar, despilfarrar, dilapidar *He frittered away his inheritance on horses.* Dilapidó su herencia en los caballos.
extravagant adj [describe: p.ej. persona, comportamiento] pródigo, derrochador *Taking taxis everywhere is rather extravagant.* Ir en taxi a todas partes es más bien un despilfarro. **extravagantly** adv profusamente, con gran despilfarro **extravagance** snn/n derroche, despilfarro

70 Throw away Desechar

throw sth **away** o **throw away** sth *v fr.* **1** tirar *Why don't you throw that old suitcase away?* ¿Por qué no tiras esa maleta vieja? **2** [obj: p.ej. oportunidad] desperdiciar

throw sth/sb **out** o **throw out** sth/sb *vt fr.* [suena más enérgico que **throw away**] **1** tirar **2** (frec. + **of**) [obj: persona] echar *Her mother threw her out of the house when she became pregnant.* Su madre la echó de casa cuando se quedó embarazada.

get rid of sth/sb [ligeramente informal. Término muy general] deshacerse de, quitarse de encima *I wish I could get rid of this cough.* Ojalá pudiera quitarme esta tos de encima. *I got rid of him by saying I was expecting guests.* Me libré de él diciéndole que esperaba invitados.

dispose of sth *v fr.* [más formal que **get rid of**. Obj: desechos] deshacerse de, eliminar *Dispose of all waste carefully.* Elimine todos los desechos con cuidado. **disposal** *snn* eliminación

discard *vt* [frec. implica descuido] desechar *a pile of discarded clothing* un montón de ropa desechada

reject *vt* [obj: p.ej. idea, propuesta, persona] rechazar *The unions have rejected the proposed settlement.* Los sindicatos han rechazado el acuerdo propuesto. *She felt rejected by her parents.* Se sintió rechazada por sus padres. **reject** *sn* producto defectuoso **rejection** *snn/n* rechazo

71 Rubbish Basura

rubbish (*esp. brit*), **garbage** o **trash** (*esp. amer*) *snn* [se puede referir a casi cualquier tipo de artículos desechados] basura *household rubbish* basura doméstica *garden rubbish* desechos del jardín *a pile/heap of rubbish* un montón de basura

> **USO**
>
> **Rubbish** (*brit*), **junk** (*brit & amer*), **garbage** (*esp. amer*), y **trash** (*esp. amer*) se usan corrientemente para describir cosas que se consideran sin ningún valor: p.ej. *He talks a load of rubbish.* (No dice más que estupideces.) *The movie was absolute garbage.* (La película fue malísima.)

waste *snn* [más técnico que **rubbish** y se usa frec. al hablar de la industria o del medio ambiente] desperdicios, desechos, residuos, vertidos *industrial/domestic waste* residuos industriales/domésticos *chemical/nuclear waste* residuos químicos/nucleares (usado delante de *s*) *waste pipe* tubo de desagüe

waste *adj* [describe: p.ej. productos, materiales] de desecho *ver también 69 Waste

refuse *snn* [formal] basura *refuse collection* recogida de basuras

litter *snn* [basura ligera, esp. papel, tirada p.ej. en la calle] papeles, basura

litter *vt* (frec. + **with**) [se usa norml. en pasiva] esparcir (papeles) *The ground was littered with old newspapers.* El suelo estaba lleno de periódicos viejos.

junk *snn* [informal y peyorativo, principalmente objetos grandes] trastos *The garage is full of old junk.* El garaje está lleno de trastos viejos. (usado como *adj*) *junk shop* tienda de trastos viejos *junk food* comida preparada, sin gran valor nutritivo, como hamburguesas y patatas fritas

debris *snn* [esp. de un accidente, etc.] escombros *the debris from the explosion* los escombros de la explosión *the debris of the plane* los restos del avión

rubble *snn* [esp. de un edificio] escombros, cascotes *to reduce sth to rubble* dejar algo reducido a escombros

dustbin (*brit*)/*garbage can* o *trashcan* (*amer*) cubo de la basura

dustman (*brit*)/*garbage collector* (*amer*) basurero

dustcart (*brit*)/*garbage truck* (*amer*) camión de la basura

72 Want Querer

ver también **107 Intend; 251 Resentment; 278 Eager; 426 Like; 427 Love**

want *vt* (no se usa en formas progresivas) querer *What do you want for Christmas/for dinner?* ¿Qué quieres para Reyes/para cenar? (+ **to** + INFINITIVO) *He wanted to see you again.* Quería verte otra vez.

want *s* [formal] **1** *snn/n* (frec. + **of**) deseo, necesidad [más bien formal] *All your wants will be provided for.* Todos sus deseos serán atendidos. *Let's call it carelessness,* **for want of** *a better word.* Llamémoslo descuido, por falta de una palabra mejor. **2** *snn* miseria, pobreza *families who suffer want* familias necesitadas

desire *vt* (no se usa en formas progresivas) **1** [formal] desear *They may submit a proposal, if they so desire.* Pueden presentar una propuesta, si así lo desean. [no formal] *The warning didn't have **the desired** effect.* La advertencia no surtió el efecto deseado. **2** [sexual] desear

desire *sn/nn* (frec. + **to** + INFINITIVO) [más formal que **wish**] deseo *She is motivated mainly by a passionate desire for popularity.* Principalmente, está motivada por un deseo vehemente de popularidad. ***one's heart's desire*** lo que uno más desee

desirable *adj* **1** [algo formal. Obj: p.ej. residencia, situación] atractivo, exclusivo *The house was in a desirable location.* La casa estaba situada en una zona muy buena. **2** [obj: persona] atractivo **desirably** *adv* convenientemente

feel like sth *vt fr.* [informal] tener ganas de, apetecer *I feel like a hot cup of tea.* Me apetece una taza de té caliente. *Don't come if you don't feel like it.* No vengas si no te apetece.

wish *v* **1** *vti* (norml. + **to** + INFINITIVO) [más formal y enfático que **want**] desear, querer *I wish to see the manager.* Quisiera ver al encargado. **2** *vit* (frec. + **for**, (**that**)) desear *I wished for a new bike.* Pedí una bicicleta nueva. *I wish you wouldn't keep interrupting me.* A ver si dejas de interrumpirme. *I wish I could come with you!* ¡Ojalá pudiera ir contigo! **3** *vt* [obj: p.ej. buena salud, feliz cumpleaños] desear *to wish sb luck* desearle suerte a alguien

wish *sn* **1** (frec. + **to** + INFINITIVO) deseo *I have no wish to seem ungrateful.* No quiero que usted piense que soy un desagradecido. *to have/get one's wish* cumplirse el deseo de alguien *to make a wish* formular un deseo **2** (norml. *pl*; frec. + **for**) deseos *Best wishes for the future.* Te deseo lo mejor para el futuro. *Give her my best wishes.* Dále recuerdos de mi parte.

hope *vit* esperar (+ **for**) *We'll just have to **hope for the best**.* Ahora hay que esperar que todo vaya bien. (+ **that**) *I hope (that) they'll be happy.* Espero que sean felices.

hope *snn/n* (frec. + **for**, **of**) esperanza *a **glimmer/ray of hope*** un atisbo de esperanza *There's no hope of a pardon.* No hay esperanzas de que sea indultado.

hopeful *adj* (frec. + **that**) optimista *to be hopeful* tener esperanzas *We're still hopeful she may change her mind.* Todavía tenemos la esperanza de que cambie de opinión.

miss *vt* (frec. + **-ing**) [obj: persona o cosa querida] echar de menos *I really missed you while you were away.* Te eché mucho de menos cuando estabas fuera.

72.1 Querer mucho

crave *vit* (frec. + **for**) [algo formal] ansiar, anhelar *She thought he could give her the security she craved (for).* Pensaba que él podría ofrecerle la seguridad que anhelaba.

long for sth/sb *vt fr.* anhelar, suspirar por algo *She longed for a child.* Anhelaba tener un hijo. *I've been longing for you to ask me.* Estaba deseando que me lo pidieras.

yearn for sth/sb *vt fr.* [literario. Más fuerte que **long for**] **1** [obj: persona] suspirar por **2** [obj: cosa] anhelar, ansiar *He yearned for home.* Anhelaba estar en casa.

---

f r a s e

set one's heart on sth poner toda su ilusión en algo *He'd set his heart on (getting) that job.* Había puesto toda su ilusión en (conseguir) ese trabajo.

72.2 Sentimientos de deseo

urge *sn* (frec. + **to** + INFINITIVO) impulso *to feel the/an urge to do sth* sentirse impulsado a hacer algo, tener muchas ganas de hacer algo *sexual urge* impulso sexual

impulse *sn/nn* (frec. + **to** + INFINITIVO) impulso *to act **on impulse*** actuar por impulso **impulsive** *adj* impulsivo **impulsively** *adv* sin pensar

appetite *sn/nn* (frec. + **for**) apetito, deseo *to have a good/healthy appetite* tener buen apetito/un apetito sano *He's got no real appetite for work.* No tiene verdaderas ganas de trabajar.

craving *sn* (frec. + **for**) [más fuerte que **appetite**, y a veces peyorativo] ansia, antojo *a craving for love/tobacco* un deseo vehemente de ser amado/de fumar

greed *snn* [peyorativo] **1** [hablando de dinero] codicia, avaricia **2** [hablando de comida] gula

greedy *adj* [peyorativo] **1** [hablando de dinero] codicioso, avaro *greedy for power/profit* ávido de poder/beneficios **2** [hablando de comida] glotón *You're a greedy pig, Michael.* Eres un comilón, Michael. **greedily** *adv* con avidez, vorazmente

greediness *snn* [menos corriente que **greed**] **1** [hablando de dinero] codicia, avaricia **2** [hablando de comida] gula

temptation *snn/n* (frec. + **to** + INFINITIVO) tentación *The temptation to cheat was just too strong.* La tentación de hacer trampa era demasiado fuerte.

tempt *vt* (frec. pasiva; frec. + **to** + INFINITIVO) tentar *They were sorely tempted to resign on the spot.* Tuvieron grandes tentaciones de dimitir en el acto.
*ver también **432 Attract**

72.3 Expresar deseos

ver también **351 Ask**

demand *vt* (frec. + **to** + INFINITIVO) exigir *I demand an explanation.* Exijo una explicación. *He demanded to know why he had not been informed.* Insistió en saber por qué no había sido informado.

demand *s* (frec. + **for**) **1** *sn* exigencia, solicitud, reivindicación *a demand for payment* una reclamación de pago *to **make demands on** sb/sth* ser muy exigente con alguien/algo **2** *snn* demanda *supply and demand* oferta y demanda *goods which are **in demand*** productos muy solicitados *Free medical care is available **on demand**.* Se le prestará atención médica gratuita si la solicita.

order *vti* [obj: p.ej. mercancías, libro, comida] pedir, encargar *Have you ordered yet, sir?* ¿Ya ha pedido, señor?

order *sn/nn* (frec. + **for**) pedido, encargo *(to be)* ***on order*** (estar) pedido (usado como *adj*) *order form* hoja de pedido *order book* libro de pedidos

73 Choose Elegir

ver también **107 Intend**; *L31 Preferences*

choose *vti, pas.* **chose**, *pp.* **chosen** (frec. + **between**, + **to** + INFINITIVO) elegir, escoger *My chosen subject is French history.* El tema que he escogido es la historia de Francia. *He chose to ignore my advice.* Optó por hacer caso omiso de mi consejo.

choice *s* **1** *sn/nn* (frec. + **between**) elección *to make a choice* elegir *She had no choice but to obey.* No tuvo más remedio que obedecer. *I wouldn't go there by choice.* Yo no iría allí por mi gusto. **2** *sn* (frec. + **for**, **as**) preferencia *She's my choice as team captain.* Quiero que sea ella la capitana del equipo. **3** *sn/nn* (frec. + **of**) surtido *They don't offer you much (of a) choice.* No te ofrecen mucho donde elegir.

select *vt* (frec. + **for**, + **to** + INFINITIVO) [más formal que **choose**. Enfatiza la calidad superior de la cosa o persona seleccionada] elegir, seleccionar *She's been selected to play for Scotland.* La han elegido para jugar en la selección escocesa. **selector** *sn* seleccionador/a

selection *s* **1** *snn* selección, elección [usado como *adj*] *selection board* tribunal de selección **2** *sn* (frec. + **of**, **from**) surtido *a selection of desserts* un surtido de postres

pick *vti* [un poco menos formal que **choose**] escoger *You certainly picked the right person for the job.* Desde luego escogiste a la persona indicada para el trabajo. *You haven't got time to pick and choose.* [al escoger algo] No tienes tiempo de andar con remilgos.

pick *s* **1** [sólo en ciertas expresiones] *to have first pick of something* ser primero en escoger algo *to have/take one's pick of something* elegir algo a su gusto **2** (siempre + **the**) lo mejor, la flor y nata *the pick of the bunch* la flor y nata del grupo

elect *vt* **1** [obj: p.ej. gobierno, presidente, comité]

elegir **2** (+ **to** + INFINITIVO) [formal] optar por, decidir

opt for sth/sb *vt fr.* optar por

option *sn/nn* opción *to have no option* no tener otra opción, no tener más remedio *What are my options?* ¿Qué posibilidades tengo? **optional** *adj* optativo

settle for sth/sb *vt fr.* [norml. implica compromiso] conformarse *We had to settle for second place.* Tuvimos que conformarnos con el segundo puesto.

decide on sth/sb *vt fr.* decidirse por algo *We've decided on France for our holiday this year.* Nos hemos decidido por Francia para las vacaciones de este año.

73.1 Preferir

prefer *vt* (frec. + **to**, + **to** + INFINITIVO) preferir *They obviously prefer brandy to whisky.* Obviamente prefieren el brandy al whisky. *I prefer to go alone.* Prefiero ir sola.

preferable *adj* (norml. después de *v*; frec. + **to**) preferible **preferably** *adv* preferiblemente

preference *sn/nn* (frec. + **for**) preferencia *to have/show a preference for sb/sth* tener/mostrar preferencia por alguien/algo *in preference to* preferentemente a

U S O

Como alternativa a **prefer**, se puede usar el adverbio **rather** con el tiempo condicional de cualquier verbo. P.ej. *I'd rather go by bus than walk.* (Prefiero ir en autobús antes que andando.) *She says she'd rather stay at home.* (Dice que prefiere quedarse en casa.) *I'd rather you told her yourself.* (Preferiría que se lo dijeras tú mismo.)

74 Important Importante

ver también **67 Necessary**; opuesto **76 Unimportant**

important *adj* (frec.+ **to**) [describe: p.ej. asunto, noticia, persona. No se usa para referirse al tamaño de algo] importante *I've got something very important to tell you.* Tengo algo muy importante que decirle. *a very important person* una persona muy importante

importance *snn* importancia *a matter of the utmost importance* un asunto de suma importancia

significant *adj* [con consecuencias importantes y trascendentes. Norml. no se dice de personas. Describe: p.ej. acontecimiento, hecho] significativo, trascendente *a significant improvement* una mejora sensible **significantly** *adv* de modo significativo, sensiblemente

significance *snn* importancia, trascendencia *to attach significance to something* conceder importancia a algo

serious *adj* [que causa preocupación y precisa atención. Describe: p.ej. accidente, herida, problema] grave, serio *We're in serious trouble.* Tenemos serios problemas.

seriously *adv* gravemente, seriamente *seriously injured* gravemente herido *to take sth seriously* tomarse algo en serio **seriousness** *snn* seriedad, gravedad *ver también **238.1 Sensible**; **447.2 Sad**

grave *adj* [término más fuerte que **serious** y un poco más formal. Describe: p.ej. amenaza, asunto. No se usa para referirse a accidentes o heridas] serio, grave *I have grave doubts about his suitability.* Tengo serias dudas sobre su aptitud. *a serious error* un error grave **gravely** *adv* seriamente, gravemente **gravity** *snn* gravedad, seriedad

f r a s e s

it's no joke/no laughing matter no tiene nada de gracia *It's no joke having to get up at four o'clock in the morning.* No tiene nada de divertido el tener que levantarse a las cuatro de la madrugada.

the be-all and end-all [frec. indica desaprobación de la importancia que se concede a la cosa de la que se habla] lo primordial *Clothes aren't the be-all and end-all of life, you know.* La ropa no lo es todo en la vida, ¿sabes?

a matter of life and death un asunto de vida o muerte *Come quickly, it's a matter of life and death.* Venga en seguida, es un asunto de vida o muerte.

74.1 Considerar importante

1 Ninguno de estos verbos se usa en su forma progresiva. **2** Notense la construcción que se usa en inglés con los verbos **care** y **mind**.

matter vi (frec. + **to**) [se usa principalmente en frases negativas] importar Does it matter if I'm late? ¿Pasa algo si llego tarde? Money doesn't matter to me. El dinero no me importa.

mind vit molestarse, tener inconveniente Do you mind if I sit here? ¿Le importa si me siento aquí? 'I'm so sorry - I've broken a glass.' 'Never mind, it was only a cheap one.' 'Lo siento mucho - he roto un vaso.' 'No te preocupes; no era más que un vaso barato.' I don't mind the rain. La lluvia no me molesta.

care vit (frec. + **about**) [término más fuerte que **mind**] preocuparse (por) I do care about you. Sí que me preocupo por tí. We could be stuck here all night **for all they care**. Si por ellos fuera podríamos quedarnos aquí plantados toda la noche. He says he'll leave me, but I **couldn't care less**! Dice que me dejará, pero me importa un comino.

74.2 Grados de importancia

grade sn **1** [describe la importancia de las personas y la calidad de los materiales] grado, calidad high-grade ore un mineral de alta calidad a low-grade civil servant un funcionario de escala baja **2** (esp. amer) [en la escuela o la universidad] nota to get good grades sacar buenas notas

grade vt [obj: p.ej. huevos, lana] clasificar graded according to size clasificados según el tamaño

rank sn [se usa esp. para el ejército] rango the rank of captain el rango de capitán

rank vit (frec. + **as**, **with**) clasificarse, figurar to rank above/below sb tener un rango superior/inferior a alguien This must rank as one of the worst disasters of modern times. Este debe figurar como uno de los peores desastres de la era moderna. She is ranked fifth in the world at chess. Ocupa el quinto puesto del mundo en ajedrez.

level sn nivel a high-level delegation una delegación de alto nivel She entered the service at executive level. Entró a trabajar a nivel de ejecutiva.

75 Main Principal

main adj (antes de s; no tiene compar ni superl) [describe: p.ej. intención, causa, influencia] principal main door/entrance puerta/entrada principal You're all safe, that's **the main thing**. Lo más importante es que estáis todos a salvo.

mainly adv principalmente I work mainly in Paris. Trabajo principalmente en París.

chief adj (delante de s; no tiene compar ni superl) [se usa en contextos similares a **main**, excepto en frases hechas, tales como main road (carretera general)] principal [frec. acompaña al término que designa el puesto de trabajo de una persona] the company's chief executive el director general de la empresa **chiefly** adv principalmente

principal adj (delante de s; no tiene compar ni superl) [más bien formal. Denota importancia, no tamaño. Describe: p.ej. objetivo, problema, río] principal **principally** adv principalmente

major adj (norml. delante de s) [denota importancia y tamaño. Menos absoluto que **main**, **chief**, y **principal**. No se usa con un sentido comparativo explícito como la palabra española 'mayor'. Describe: p.ej. factor, operación, problema] importante, de envergadura major road works importantes obras de carretera a major earthquake un fuerte terremoto

key adj (delante de s; no tiene compar ni superl) [describe: p.ej. tema, industria, testigo] clave

basic adj (norml. delante de s) **1** [importante porque todo lo demás depende de ello] básico Food and water are basic human needs. El comer y el beber son necesidades humanas básicas. (+ **to**) Love of nature is basic to our community. El amor a la naturaleza es fundamental para nuestra comunidad. **2** básico, más sencillo The basic model is quite cheap. El modelo básico es bastante barato.

basics s pl fundamentos This book covers the basics of golf. Este libro contiene los fundamentos del golf.

basically adv fundamentalmente, esencialmente Basically I'm in good health. En general gozo de buena salud. [a veces se usa en frases que denotan enfado] Basically, I'm fed up with the lot of you! ¡Sencillamente estoy harta de todos vosotros!

fundamental adj (frec. + **to**) [un poco más formal que **basic**. Describe: esp. ideas] fundamental a fundamental principle of democratic government un principio fundamental del gobierno democrático **fundamentals** s pl fundamentos

fundamentally adv fundamentalmente, esencialmente Your argument is fundamentally flawed. Tu razonamiento parte de una base errónea.

76 Unimportant Sin importancia

ver también **68 Unnecessary**; opuesto **74 Important**

unimportant adj sin importancia **unimportance** snn falta de importancia

minor adj [describe: p.ej. defecto, operación] de poca importancia a minor detail un detalle de poca importancia a minor role un papel secundario

insignificant adj [que no tiene mucho peso o relevancia. Puede usarse de manera peyorativa] insignificante an insignificant little man un hombrecillo insignificante **insignificantly** adv de manera insignificante

insignificance *snn* insignificancia *to pale/dwindle into insignificance* perder toda importancia, quedar en nada

---

frases

it's not the end of the world no es el fin del mundo
a storm in a teacup [un problema menos serio de lo que parece, y que pronto se solucionará] una tempestad en un vaso de agua

---

trivial *adj* trivial *a trivial matter* un asunto de poca importancia **triviality** *snn/n* [formal] trivialidad

petty *adj* (delante de *s*) **1** [frec. peyorativo. Describe: p.ej. norma, persona] nimio, mezquino *It was so petty of her to make him pay for the book.* Fue mezquino por su parte el hacerle pagar el libro. **2** [describe: p.ej. detalle. Frec. peyorativo] nimio, insignificante *petty cash* dinero para gastos menores **pettiness** *snn* nimiedad, mezquindad

trifling *adj* [más bien formal. Se usa para insistir en la poca importancia de una cosa. Describe: p.ej. cantidad de dinero, asunto] sin importancia, insignificante

trifle *snn* [algo formal] nadería, bagatela *Why bother about such trifles?* ¿Por qué preocuparse por tales nimiedades?

77 Great Grande

ver también **417 Good**

great *adj* [describe: p.ej. logro, líder, artista] grande *Frederick the Great* Federico el Grande **greatness** *snn* grandeza

grand *adj* **1** [describe: p.ej. palacio, ocasión] imponente, magnífico *on the grand scale* a gran escala *Our house is not very grand, I'm afraid.* Me temo que nuestra casa no es ninguna mansión. **2** [frec. peyorativo cuando acompaña a personas] soberbio

grandeur *snn* magnificencia *delusions of grandeur* delirios de grandeza

splendid *adj* [describe: p.ej. puesta de sol, vestido, colores] espléndido **splendour** (*brit*), **splendor** (*amer*) *snn/n* esplendor

magnificent *adj* [describe: p.ej. palacio, vestido] magnífico **magnificence** *snn* magnificencia

glorious *adj* **1** [describe: p.ej. victoria, reino] glorioso **2** [describe: p.ej. tiempo, vista, flores] magnífico, espléndido *The garden looks glorious in summer.* En verano el jardín ofrece un aspecto magnífico.

glory *snn/n* gloria, esplendor *I saw Venice in all its glory.* Vi Venecia en todo su esplendor.

78 Possible Posible

ver también **80 Probable; 237 Able**

possible *adj* posible *the worst possible time* el peor momento posible *I avoid borrowing money as far as possible.* Siempre que sea posible, evito pedir dinero prestado. *as soon as possible* cuanto antes, lo antes posible *We'll do it ourselves, if possible.* Si podemos, lo haremos nosotros mismos.

possibly *adv* **1** posiblemente *I'll come if I possibly can.* Haré lo posible por venir. **2** posiblemente, quizás *'Can you come?' 'Possibly, I'm not sure.'* '¿Puedes venir?' 'Tal vez, no estoy segura.'

feasible *adj* (norml. después de *v*) [ver USO, más abajo. Más bien formal. Describe: p.ej. programa, propuesta] factible *technically/economically feasible* técnicamente/económicamente factible

feasibility *snn* factibilidad *feasibility study* estudio de viabilidad

viable *adj* [ver USO, más abajo. Principalmente aparece en contextos técnicos y económicos] viable *financially viable* económicamente viable *a viable proposition* una propuesta viable **viability** *snn* viabilidad

practical *adj* **1** [ver USO, más abajo. Describe: p.ej. propuesta, política, solución] práctico *for all practical purposes* a efectos prácticos **2** casi *It's a practical certainty.* Es prácticamente seguro. **practically** *adv* prácticamente **practicality** *snn* factibilidad *ver también* **281 Useful**

potential *adj* [describe: p.ej. ganador, beneficio] posible, en potencia *potential customers* posibles clientes **potentially** *adv* potencialmente

---

USO

Decir que algo, p.ej. un plan, es **feasible**, significa que puede llevarse a cabo, pero no implica necesariamente que se disponga de los medios para realizarlo o que valga la pena llevarlo a cabo. Cuando un plan es **viable**, ello normalmente implica que se dispone de los medios económicos, técnicos, etc. para ponerlo en práctica. Si se dice que un plan es **practical**, se da a entender que se puede llevar a la práctica y que seguramente será de utilidad.

---

potential *snn* (frec. + **for**, + **to** + INFINITIVO) potencial *She's got the potential to become a world champion.* Tiene el potencial para convertirse en una campeona mundial. *leadership potential* capacidad de liderazgo

78.1 Posibilidad

possibility *sn/nn* (frec. + **for**, **of**, **that**) posibilidad *it is within the bounds/realms of possibility that* cabe dentro de lo posible que

---

USO

Possibility no precede a un infinitivo. En estos casos se usa **chance** o **opportunity**: p.ej. *We didn't have a chance to thank him.* (No tuvimos ocasión de darle las gracias.) *That gave us an opportunity to rest.* (Eso nos dio la oportunidad de descansar.)

---

chance s 1 sn/nn (frec. + **of**, **that**) posibilidad, probabilidad *There's always a chance that a better job will turn up.* Siempre existe la posibilidad de que salga un trabajo mejor. [informal] **(The) chances are** *that she won't be coming.* Lo más probable es que no venga. [informal] *She's still* **in with a chance.** Todavía tiene algunas posibilidades. **2** sn (frec. + **of**, + **to** + INFINITIVO) oportunidad *Now's your chance, ask her.* Esta es tu oportunidad, pregúntaselo. *ver también **387 Luck**

opportunity sn/nn (frec. + **of**, + **to** + INFINITIVO) [ligeramente más formal que **chance**] oportunidad, ocasión *I should like to* **take** *this* **opportunity** *of thanking you.* Aprovecho esta ocasión para darles las gracias.

means sn, pl **means** (frec. + **of**) medio, manera *She had ‧ no means of knowing.* No tenía modo de saberlo. **by means of** por medio de, mediante

enable vt (+ **to** + INFINITIVO) permitir *The inheritance enabled me to buy a house.* La herencia me permitió comprar una casa.

f r a s e s

within sb's grasp al alcance de alguien *Success seemed at last to be within his grasp.* El éxito parecía estar, por fin, al alcance de su mano.

the sky's the limit no existen límites *Once your reputation is established, then the sky's the limit.* Una vez consolidada tu reputación, no existen límites.

79 Impossible Imposible

impossible adj (frec. + **to** + INFINITIVO) imposible *It's impossible to say when she'll be free.* Es imposible saber cuándo estará libre. [usado como s] *to attempt the impossible* intentar lo imposible **impossibility** snn/n imposibilidad

impossibly adv (sólo se usa delante de adj) de lo más *impossibly difficult* dificilísimo

impractical adj [describe: p.ej. plan, propuesta, programa] poco práctico *ver también **282 Useless**

unfeasible adj [formal] no factible

unattainable adj [describe: p.ej. finalidad, objetivo] inalcanzable

unthinkable adj (frec. + **that**; norml. después de v) impensable, inconcebible *It's unthinkable that they would refuse.* Es inconcebible que se nieguen a hacerlo.

unable adj (norml. + **to** + INFINITIVO. Después de v) [algo formal] incapaz *I was unable to walk after the accident.* No podía andar después del accidente.

incapable adj (frec. + **of**. Después de v) [se puede usar con más énfasis que **unable**] incapaz *He's incapable of*

understanding the simplest instruction. Es incapaz de entender la orden más sencilla.

f r a s e s

no way (frec. + **that**) [informal] de ningún modo *There's no way I'm going to put up with this.* De ningún modo voy a tolerar esto. *'Are you willing to pay?' 'No way!'* '¿Estás dispuesto a pagar?' '¡Ni hablar!'

not a chance [informal] ¡ni soñarlo! *'Will I be able to get a ticket?' 'Not a chance!'* '¿Quedarán entradas?' '¡Ni lo sueñes!'

it's out of the question es imposible, de ningún modo

by no means [menos enfático y más formal que las frases precedentes] de ningún modo *It's by no means certain that they will come.* No es nada seguro que vayan a venir.

pigs might fly! (*brit*) [humorístico] cuando las ranas críen pelos *'He may pay you back tomorrow.' 'Yes, and pigs might fly!'* 'Tal vez mañana te devuelva el dinero.' 'Sí, ¡cuando las ranas críen pelos!'

80 Probable Probable

probable adj (frec. + **that**) probable **probably** adv probablemente

probability snn/n (frec. + **of**) probabilidad **In all probability** *the game will already be over.* Con toda seguridad, el partido ya habrá finalizado.

likely adj 1 (frec. + **to** + INFINITIVO, + **that**) probable *Is it likely to rain today?* ¿Es probable que llueva hoy? *That's the most likely explanation.* Esa es la explicación más verosímil. **2** (delante de s) [que es probable que sea apropiado. Describe: p.ej. lugar, candidato] apropiado, idóneo **likelihood** snn (frec. + **of**) probabilidad

presume vt (frec. + **that**) suponer *I presume she won't be coming if she's sick.* Supongo que si está enferma no vendrá. **presumption** snn suposición

presumably adv cabe suponer que, probablemente *Presumably they offered him more money.* Supongo que le ofrecieron más dinero.

f r a s e s

there's a good chance es muy probable *There's a very good chance that she'll succeed.* Es muy probable que lo consiga.

it's a safe bet [informal] es seguro *It's a safe bet that someone will have told him already.* Me juego lo que quieras a que ya se lo han dicho.

81 Improbable   Improbable

improbable *adj* (frec. + **that**) improbable *Their story sounds wildly improbable.* Su explicación me parece sumamente inverosímil. **improbably** *adv* improbablemente **improbability** *snn/n* improbabilidad

unlikely *adj* (frec. + **to** + INFINITIVO, + **that**) poco probable *It's highly unlikely that they will win.* Es muy difícil que ganen. *in the unlikely event of a sudden loss of cabin pressure* en el supuesto poco probable de una pérdida repentina de presión en la cabina **unlikelihood** *snn* improbabilidad

f r a s e s

it's a long shot [informal. Intento llevado a cabo a sabiendas de que es poco probable salir con éxito] es difícil que tenga éxito *It's a bit of a long shot, but we may as well try.* No creo que lo consigamos, pero podemos intentarlo.

that'll be the day! [informal. Respuesta cínica a una afirmación que se nos antoja demasiado optimista] habría que verlo *'They're bound to send us some money soon.' 'That'll be the day!'* 'Seguro que pronto nos enviarán dinero.' 'Sí que me extraña.'

PROBABILIDAD

El término **chance** se usa en varias frases para expresar probabilidad o improbabilidad. Se puede usar en frases tales como: *She has a good chance of success in the tests.* (Tiene bastantes posibilidades de aprobar las pruebas.) *They have little chance of getting there today.* (Es poco probable que lleguen hoy.) *Our chances are slim/high.* (Tenemos pocas/muchas probabilidades.)

La frase **(there's a) fat chance** (ni en sueños) se usa en un tono enfático de fastidio cínico: *There's a fat chance of us getting the money!* (¡No vamos a poder conseguir el dinero ni en sueños!)

La frase **a chance in a million** (una probabilidad entre un millón) se usa para describir una acción arriesgada, o un hecho improbable que ya ha tenido lugar: *Meeting her there was a chance in a million.* (Tenía una probabilidad entre un millón de encontrarla allí.)

---

82 Certain   Seguro

certain *adj* **1** (frec. + **about, of, that**; después de *v*) seguro *Are you quite certain that you locked the door?* ¿Estás completamente seguro de que cerraste la puerta con llave? *I know for certain that she left.* Sé a ciencia cierta que se fue. **2** (frec. + **to** + INFINITIVO, + **that**) [describe: p.ej. cura, muerte, derrota] seguro *She's certain to be there.* Es seguro que estará allí. *That record is a certain hit.* Ese disco será un éxito seguro.

certainly *adv* seguro, sin duda *There'll almost certainly be a delay.* Es casi seguro que habrá retraso.

certainty *s* **1** *snn* certeza, seguridad *I can say that with certainty.* Puedo decirlo con toda certeza. **2** *sn/nn* inevitabilidad *faced with the certainty of defeat* ante la inevitabilidad de la derrota

sure *adj* **1** (frec. + **about, of, that**; después de *v*) [ligeramente más informal que **certain**] seguro *I'm not quite sure when he's arriving.* No estoy del todo segura de cuándo llega. *Do we know for sure what his plans are?* ¿Sabemos a ciencia cierta cuáles son sus planes? **2** (frec. + **to** + INFINITIVO) seguro *It's sure to be a success.* Seguro que será un éxito. [informal] *They won't waste any time, that's for sure.* No perderán el tiempo, eso seguro.

surely *adv* [implica que algo debería ser así, no que definitivamente sea así] ¿verdad? *They should surely be finished by now.* ¿No tendrían que haber acabado ya? *Surely we should have turned right?* ¿No deberíamos haber girado a la derecha?

definite *adj* **1** (frec. + **about**; después de *v*) concreto *Can you be a bit more definite about the date?* ¿Puedes concretar un poco más la fecha? **2** (norml. delante de *s*) [describe: p.ej. mejoría, respuesta, ventaja] claro,

concreto *Can you give me a definite time for the interview?* ¿Puede darme una hora concreta para la entrevista?

definitely *adv* **1** [se usa para dar énfasis] seguro *I definitely did not say that.* Seguro que yo no dije eso. *'Will you be coming?' 'Definitely not.'* '¿Vendrás?' 'Desde luego que no.' **2** de modo definitivo *decide/agree definitely* decidir/acordar de modo definitivo *We're definitely not going to be there on time.* Está claro que no vamos a llegar a tiempo.

u s o

Tanto en inglés británico como en inglés americano **certainly** y **definitely** se usan para acentuar el hecho de que el hablante sabe que algo es cierto: *That certainly/definitely wasn't what she meant.* (Seguro que no quería decir eso). No obstante, especialmente en inglés británico, cuando se dice: *That surely wasn't what she meant.* (No habrá querido decir eso, ¿no?) querrá decir que uno confía en que no fuera eso lo que ella quería decir y que uno espera que la persona con la que se habla confirme que efectivamente ella no quería decir eso. No obstante, en inglés americano, **surely** puede usarse en el mismo sentido que **certainly** y **definitely**, especialmente cuando se usa como respuesta a una pregunta.

to be bound to estar seguro de *She's bound to be there.* Seguro que está allí. *You're bound to be asked a question on Louis XIV.* Seguro que te preguntan algo sobre Luís XIV.

82.1 Asegurar

ensure *vt* (frec. + **that**) [algo formal. Obj: p.ej. éxito, seguridad] asegurar *Please ensure that your seat belts are securely fastened.* Por favor, asegúrense de que sus cinturones de seguridad están abrochados correctamente.

to make certain/sure (frec. + **of**, + **that**) asegurarse *I think I switched the iron off but I'll just make sure/certain.* Creo que he desconectado la plancha pero me aseguraré por si acaso. *Make sure (that) she doesn't come in.* Asegúrate de que no entre.

guarantee *vt* (frec. + **to** + INFINITIVO, + **that**) garantizar *I can't guarantee to be there on time.* No puedo garantizar que llegue a tiempo.

guarantee *sn/nn* (frec. + **of**, + **that**) garantía *There's no guarantee that you'll get the job.* No hay garantías de que consigas el trabajo. *ver también **358 Promise**

f r a s e s

Estas son dos maneras humorísticas de decir que nos sorprendería mucho equivocarnos acerca de algo en concreto:

I'll eat my hat if [más bien anticuado] que me maten si *If it snows tonight, I'll eat my hat.* Que me maten si nieva esta noche.

... or I'm a Dutchman [más bien anticuado] o yo no me llamo ... *That boy's in love or I'm a Dutchman.* Ese chico está enamorado o yo no me llamo...

83 Uncertain Inseguro

uncertain *adj* 1 (frec. + **about**, **of**) [alude a la sensación de una persona] no seguro *I'm uncertain whether I should go or not.* No sé si debería ir o no. 2 [describe: p.ej. futuro] incierto *The cause of the accident remains uncertain.* Todavía no se conoce la causa del accidente. *I told her so in no uncertain terms.* Se lo dije bien claro.

uncertainty *snn/n* (frec. + **about**) incertidumbre, duda *There's a lot of uncertainty about their intentions.* Hay mucha incertidumbre en cuanto a sus intenciones. *the uncertainties of life on the dole* la incertidumbre de la vida en el paro

unsure *adj* 1 (frec. + **about**, **of**) [alude a cómo se siente una persona] inseguro *He's very unsure of himself.* Es muy inseguro. *She was unsure of his intentions.* No estaba segura de cuáles eran sus intenciones. *I'm unsure which one to choose.* No sé cuál elegir. 2 [menos formal que **uncertain**] incierto *The result is still unsure.* El resultado no es todavía definitivo.

condition *sn* (frec. + **for**, **of**) condición *under the conditions of the contract* bajo las condiciones del contrato *on condition that* a condición de que

conditional *adj* (frec. + **on**) [describe: p.ej. aprobación, oferta, acuerdo] condicional, con condiciones *The job offer is conditional on a medical report.* La obtención del puesto de trabajo depende del informe médico.

83.1 Duda

doubt *snn/n* (frec. + **about**) duda *There's no doubt about it.* No cabe duda de ello. *I have my doubts about his suitability.* Tengo mis dudas sobre su idoneidad. *If in doubt, consult the user's manual.* En caso de duda, consulte el manual de instrucciones. *without (a) doubt* sin lugar a dudas

doubt *vt* (frec. + **that**, **if**, **whether**) dudar *Nobody could doubt her integrity.* Nadie puede poner en duda su integridad. *I doubt whether he cares.* Dudo que le importe.

qualms *s pl* escrúpulos, dudas *to have qualms* about sth sentir escrúpulos por algo

reservation *snn/n* reserva *to have reservations about sth* tener dudas acerca de algo *to support/condemn sth without reservation* apoyar/condenar algo sin reservas

f r a s e s

be in (*brit*) o **of** (*amer*) **two minds** (frec. + **about**, **whether**) no saber qué hacer *I'm still in two minds about selling the house/whether to sell the house or not.* Todavía no sé si vender la casa o no.

have mixed feelings (frec. + **about**) tener sentimientos contradictorios

83.2 Dudoso

doubtful *adj* 1 (frec. + **about**, **of**, **whether**; norml. después de *v*) [alude a lo que siente una persona] dudoso *They're doubtful whether they can afford the fare.* Dudan si podrán pagar el billete. 2 (frec. + **whether**) [describe: p.ej. tiempo, futuro] incierto, variable **doubtfully** *adv* dudosamente

dubious *adj* (frec. + **about**, **of**, **whether**; norml. después de *v*) dudoso *He was dubious about the idea.* Tenía sus dudas con respecto a la idea.

questionable *adj* 1 (frec. + **whether**) [describe: p.ej. afirmación, razonamiento] discutible 2 [describe: p.ej. mérito, valor, autenticidad] dudoso

debatable *adj* (frec. + **whether**) [describe: p.ej. idea, comentario, afirmación] discutible

84 Particular Particular

ver también **299 Correct**

particular *adj* 1 (delante de *s*) particular, concreto, especial *Is there a particular shade you want?* ¿Quiere algún tono en concreto? *on this particular occasion* en esta ocasión en particular (usado como *s*) *Are you looking for anyone in particular?* ¿Busca a alguien en particular? 2 (delante de *s*) [describe: p.ej. amigo, motivo] especial *I took particular care not to mention the matter.* Tuve especial cuidado en no mencionar el asunto.

particularly *adv* especialmente *You look particularly handsome tonight.* Esta noche, estás especialmente guapo. *'Would you like to watch television?' 'Not particularly.'* '¿Quieres ver la televisión?' 'No especialmente.'

specific *adj* **1** [un poco más fuerte que **particular**] específico, concreto *I came here with the specific purpose of obtaining this information.* Vine con el propósito expreso de obtener esta información. **2** (frec. + **about**) [describe: p.ej. instrucciones, datos] preciso, específico *Can you be a bit more specific about what you need?* ¿Puede ser un poco más preciso acerca de

lo que necesita? **specifically** *adv* específicamente, expresamente

specify *vt* (frec. + **that**) [obj: tamaño, color, tipo] especificar *The contract specifies that the goods should be sent by air.* El contrato estipula que las mercancías se envíen por avión.

specification *sn* (norml. en *pl*) indicaciones específicas *The machine has been made to your specifications.* La máquina se ha construido según sus especificaciones.

certain *adj* cierto *at a certain time and in a certain place* a una hora y en un lugar concretos *a certain Mr. Jones* un tal Sr. Jones

85 General General

general *adj* general *a topic of general interest* un tema de interés general *in general terms* en términos generales *He doesn't go to parties as a general rule.* Por regla general no va a fiestas.

generally *adv* **1** generalmente, en general *generally speaking* en términos generales **2** [por la mayoría de la gente, en muchos sitios] en general *generally agreed* aceptado generalmente *generally available* que se encuentra con facilidad

generalize, TAMBIÉN **-ise** (*brit*) *vi* (frec. + **about**, **from**) generalizar **generalization** *snn* generalización

abstract *adj* [describe: p.ej. idea, cuadro, sustantivo] abstracto [usado como sustantivo] *to discuss something in the abstract* hablar acerca de algo en abstracto **abstraction** *sn/nn* abstracción

unspecific *adj* impreciso *He was so unspecific I had no idea what he might be referring to.* Fue tan poco preciso que no me podía imaginar a qué se refería.

85.1 En general

in general en general *We just talked about things in general.* Sólo hablamos de cosas en general. *In general, work has been proceeding satisfactorily.* En general, el trabajo se ha desarrollado de manera satisfactoria.

on the whole en general *On the whole I think there has been an improvement.* Creo que en general la situación ha mejorado.

all in all en general *It's been a good year, all in all.* En general, ha sido un buen año.

overall *adv* en conjunto *This has been a successful period for us overall.* En conjunto, ha sido un período bueno para nosotros.

overall *adj* [describe: p.ej. impresión, mejora] global, de conjunto

86 Human body – external Cuerpo humano – parte exterior

ver también **101 Human body – internal**

face cara
head *sn* cabeza
hair *snn* pelo
neck *sn* cuello
shoulder *sn* hombro
armpit *sn* axila
arm *sn* brazo
elbow *sn* codo
wrist *sn* muñeca
hand *sn* mano
chest *sn* pecho
breast *sn* pecho
nipple *sn* pezón
hip *sn* cadera
stomach *sn* estómago
tummy *sn*, [informal] estómago, barriga
navel *sn* ombligo
belly button o **tummy button** *sn* ombligo

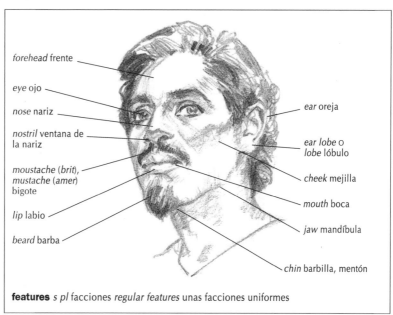

forehead frente
eye ojo
nose nariz
nostril ventana de la nariz
moustache (*brit*), *mustache* (*amer*) bigote
lip labio
beard barba
ear oreja
ear lobe o *lobe* lóbulo
cheek mejilla
mouth boca
jaw mandíbula
chin barbilla, mentón

features *s pl* facciones *regular features* unas facciones uniformes

back *sn* espalda

buttocks *s pl* nalgas

genitals *s pl* genitales

penis *sn* pene

testicles *s pl* testículos

balls *s pl* [vulgar] cojones

vulva *sn* vulva

pubic hair *snn* vello púbico

leg *sn* pierna

thigh *sn* muslo

knee *sn* rodilla

calf *sn, pl* **calves** pantorrilla

shin *sn* espinilla

ankle *sn* tobillo

foot *sn, pl* **feet** pie

toe *sn* dedo (del pie)

toenail o **nail** *sn* uña

heel *sn* talón

sole *sn* suela

figure *sn* [forma del cuerpo esp. hablando de atractivo] figura, tipo *I've kept my figure. He* conservado la línea.

build *sn* [cuerpo en relación a tamaño y fuerza] tipo, constitución *a muscular build* una constitución musculosa

-built *adj* (después de *adv*) tipo *a heavily-built/slightly built man* un hombre corpulento/de constitución delgada

limb *sn* miembro

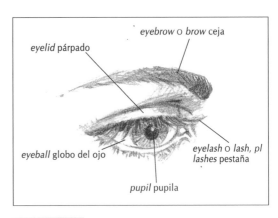

eyebrow o *brow* ceja

eyelid párpado

eyeball globo del ojo

eyelash o *lash, pl* *lashes* pestaña

pupil pupila

86.2 Piel

skin *snn/n* piel

complexion *sn* cutis, tez

pore *sn* poro

perspiration *snn* [más formal que **sweat**] transpiración **perspire** *vi* [formal] transpirar

spot (*esp. brit*) *sn* grano **spotty** *adj* lleno de granos

pimple (*esp. amer*) *sn* grano **pimply** *adj* lleno de granos

blackhead *sn* espinilla

sweat *snn* sudor *beads of sweat* gotas de sudor **sweat** *vi* sudar

hairy *adj* peludo

86.3 Estilos y color del cabello

ver también **185 Personal hygiene**

blond *adj* **1** [describe: pelo] rubio **2** TAMBIÉN **blonde** (femenino) [describe: persona] rubia **blonde** *sn* rubia

brunette (*brit & amer*), **brunet** (*amer*) [dícese de mujeres de piel blanca y cabello oscuro. Suena más atractivo que **brown-haired** o **dark-haired**] moreno **brunette** *sn* morena

brown *adj* castaño

ginger *adj* [dícese de un color rojo oscuro o pálido. Norml. no se utiliza para describir un color de pelo sofisticado o atractivo] pelirrojo

red *adj* [se usa más para el cabello rojo oscuro. Suena más atractivo que **ginger**] pelirrojo

auburn *adj* [castaño rojizo. Connota mayor encanto que **ginger** o **red**] pelirrojo, castaño

grey (*esp. brit*), **gray** (*amer*) *adj* gris

black *adj* negro

fair *adj* [describe: personas, pelo, *no* color. Ver USO abajo] rubio *He's very fair.* Es muy rubio.

light *adj* [describe: colores, *no* personas. Ver USO abajo] claro *light brown hair* cabello castaño claro

dark *adj* **1** [describe: personas, cabello] moreno **2** [describe: color] oscuro *dark brown hair* pelo castaño oscuro

bald *adj* calvo

wavy *adj* ondulado

curly *adj* rizado

straight *adj* liso

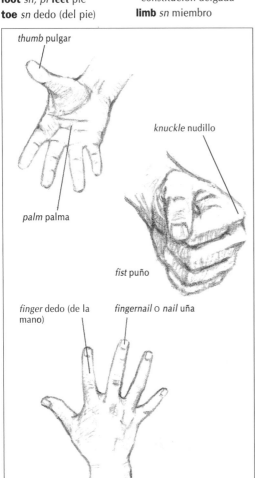

thumb pulgar

knuckle nudillo

palm palma

fist puño

finger dedo (de la mano)

fingernail o *nail* uña

86.1 Dentro de la boca

tongue *sn* lengua

tooth *sn, pl* **teeth** diente

gums *s pl* encías (usado como *adj*) *gum disease* enfermedad de las encías

saliva *snn* saliva

spit *snn* [menos técnico que **saliva**] saliva

87 Hear Oír

hear *vti, pas. & pp.* **heard** oír *Can you hear the music?* ¿Oyes la música?

hearing *snn* oído *Her hearing's not been the same since the explosion.* No oye bien desde la explosión. *hard of hearing* duro de oído

listen *vi* (norml. + **to**) escuchar *Listen carefully to the instructions.* Escuche atentamente las instrucciones.

listener *sn* oyente *regular listeners to the programme* los oyentes habituales del programa

eavesdrop *vi*, -pp- (frec. + **on**) escuchar a escondidas *I caught him eavesdropping on our conversation.* Le sorprendí escuchando nuestra conversación.

eavesdropper *sn* persona que escucha a escondidas

overhear *vt, pas. & pp.* **overheard** oír accidentalmente o por casualidad *I couldn't help overhearing what you were saying.* No pude evitar oír lo que estaban diciendo.

catch *vt, pas. & pp.* **caught** [lograr oír y entender] oír *I'm afraid I didn't catch your name.* Me temo que no oí su nombre.

f r a s e s

keep one's ears open [tratar de no perderse información importante] estar alerta, estar al tanto

within earshot al alcance del oído *I didn't realize Emma was within earshot when I said all that.* No me di cuenta de que Emma estaba al alcance del oído cuando dije todo aquello.

88 Noisy Ruidoso

loud *adj* fuerte, alto *She was greeted with loud applause.* La recibieron con un fuerte aplauso.

loudness *snn* fuerza, intensidad

loudly *adv* [esta forma adverbial es más frecuente que **loud**] fuertemente *He was screaming loudly.* Gritaba muy fuerte.

loud *adv* alto *Don't talk so loud.* No hables tan alto. *He read the letter **out loud**.* Leyó la carta en voz alta.

aloud *adv* en voz alta *I was just thinking aloud.* Sólo estaba pensando en voz alta.

deafening *adj* ensordecedor *a deafening roar of traffic* el ruido ensordecedor del tráfico

ear-splitting *adj* que taladra los oídos *The engines produce an ear-splitting whine.* Los motores producen un zumbido que taladra los oídos.

strident *adj* [peyorativo. Tono exigente, a menudo agudo y desagradable] estridente *a strident voice* una voz estridente **stridently** *adv* con estridencia **stridency** *snn* estridencia

f r a s e s

at full blast a todo volumen *The TV was on full blast.* La televisión estaba a todo volumen.

at the top of one's voice a voz en grito *thirty children yelling at the top of their voices* treinta niños chillando a pleno pulmón

I can't hear myself think. Con tanto ruido no puedo ni pensar.

shrill *adj* [agudo y frec. doloroso de oír] agudo, estridente *a shrill voice* una voz chillona *a shrill whistle* un silbido agudo **shrilly** *adv* con voz aguda, con un sonido estridente **shrillness** *snn* estridencia

audible *adj* audible, perceptible *a barely audible groan* un gemido a penas perceptible **audibly** *adv* de manera audible **audibility** *snn* audibilidad

88.1 Cosas que uno oye

noise *sn/nn* [de neutro a desagradable. Norml. desagradable cuando es incontable] ruido *The engine's making a funny noise.* El motor hace un ruido raro. *background noise* ruido de fondo

sound *sn/nn* [norml. implica un sonido más tranquilo y ligeramente más agradable que **noise**] sonido, ruido *the sound of children playing* el ruido de niños jugando [a menudo más técnico cuando es incontable] *the speed of sound* la velocidad del sonido

tone *sn* [cualidad del sonido, esp. de un instrumento musical, una voz, etc.] tono, timbre *Her voice has a clear tone.* Tiene un timbre de voz claro. *Don't speak to me in that **tone of voice**!* ¡No me hables en ese tono!

racket *sn* [peyorativo. Ruido desagradable y fuerte. Se usa al hablar del ruido que hacen otras personas, o del ruido de máquinas, el tráfico, etc.] jaleo, alboroto *Our neighbours were making a terrible racket last night.* Anoche nuestros vecinos estuvieron armando un jaleo terrible.

din *sn* [peyorativo. Ruido desagradable y fuerte. Se usa al hablar del ruido de máquinas, el tráfico, etc., o del ruido que hacen otras personas] estruendo, jaleo

row *sn* [peyorativo. Ruido desagradable y fuerte. Se usa sobre todo al hablar del ruido que hacen otras personas, pero también al hablar del ruido de máquinas, el tráfico, etc.] estrépito, jaleo *You mean people actually pay to listen to that row?* ¿Quieres decir que la gente paga por oír ese estruendo?

commotion *sn* [agitación ruidosa causada p.ej. por una discusión o un accidente] tumulto, alboroto *The incident caused quite a commotion.* El incidente causó un gran tumulto.

88.2 Hacer los sonidos más fuertes

loudspeaker *sn* altavoz

microphone *sn* micrófono

mike *sn* [informal] micro

amplify *vt* amplificar

88.3 Ruidos y cosas que hacen ruido

bell *sn* campana, timbre *ring a bell* tocar una campana

horn *sn* bocina *sound a horn* tocar una bocina

hooter *sn* sirena *a factory hooter* la sirena de una fábrica

siren *sn* sirena *an air-raid siren* la sirena de un ataque aéreo

rattle *sn* **1** sonajero, matraca **2** [sonido] traqueteo *a rattle in the back of the car* un traqueteo en la parte trasera del coche **rattle** *vti* traquetear

bang *sn* estallido **bang** *interj* ¡pum! *The balloon went bang.* El globo estalló.

crash *sn* estruendo, estrépito *The ladder fell over with a crash.* La escalera cayó con estrépito.

whistle *sn* silbido, pitido *blow a whistle* pitar **whistle** *vit* silbar

ring *sn* sonido metálico *the ring of the alarm* el timbre de la alarma

ring *vit, pas.* **rang** *pp.* **rung** sonar, hacer sonar *She rang the doorbell.* Tocó el timbre.

89 Quiet Tranquilo

quiet *adj* silencioso, tranquilo *I told her to be quiet.* Le dije que se callara. **quietly** *adv* sin hacer ruido **quietness** *snn* [poco ruido] silencio, tranquilidad

silence *snn/n* silencio *We sat in silence.* Seguimos sentados en silencio. *There was a long silence after the announcement.* Se hizo un largo silencio después del anuncio. **silence** *vt* hacer callar, silenciar

silent *adj* silencioso *a silent protest* una protesta silenciosa **silently** *adv* silenciosamente

peace *snn/n* paz *We get a bit of peace and quiet once the baby's in bed.* Después de acostar al niño tenemos un poco de paz y tranquilidad.

soft *adj* [describe: p.ej. voz] suave, dulce *a soft northern accent* un suave acento del norte **softness** *snn* suavidad, dulzura

softly *adv* dulcemente, en voz baja *He sang softly to the baby.* Le cantó en voz baja al niño.

faint *adj* [difícil de oír] débil, casi imperceptible *a faint sigh* un suspiro casi imperceptible **faintly** *adv* débilmente **faintness** *snn* debilidad

inaudible *adj* [imposible de oír] inaudible, imperceptible *an inaudible mumble* un murmullo inaudible *His speech was almost inaudible.* Apenas se podía oír el discurso. **inaudibly** *adv* de manera inaudible

dumb *adj* [frec. se considera ofensivo cuando se dice de personas que son mudas] mudo *dumb insolence* una insolencia muda *She was struck dumb by the news.* Se quedó sin habla al oír la noticia. **dumbly** *adv* mudamente

mute *adj* [más formal que **dumb**] mudo *her mute acceptance of fate* su muda aceptación del destino **mutely** *adv* mudamente

89.1 Acallar sonidos

stifle *vt* [impedir que se produzca un sonido. Obj: p.ej. risa, gemido] ahogar, sofocar

muffle *vt* [impedir que se oiga un sonido] amortiguar, apagar *We heard the sound of muffled voices.* Oímos el sonido de voces apagadas.

hush *vt* hacer callar **hush** *interj* ¡chitón!, ¡calla! **hush** *sn* (no tiene *pl*) silencio

> **U S O**
>
> **(It was so quiet) you could hear a pin drop.** [a menudo se utiliza para describir una situación de tensión o expectación] (Había tanto silencio que) se podía oír el vuelo de una mosca.

90 Smell Oler

smell *sn/nn* olor *a smell of fish* un olor a pescado
smell *v* **1** *vi* oler *Your feet smell!* ¡Te huelen los pies! *These roses smell lovely.* Estas rosas huelen divinamente. **2** *vt* oler *Can you smell burning?* ¿Hueles a quemado?

smelly *adj* [informal] que huele mal, maloliente *He's got smelly feet!* Le huelen los pies.

odour (*brit*), **odor** (*amer*) *sn* [más formal que **smell**, a menudo desagradable] olor *a faintly chemical odour* un olor vagamente químico *body odour* o *B.O.* olor corporal

perfume *sn/nn* **1** [olor] perfume **2** [líquido] perfume *Are you wearing perfume?* ¿Llevas perfume?

perfumed *adj* perfumado *perfumed notepaper* papel de carta perfumado

scent *sn/nn* **1** [olor agradable, más delicado que el perfume] perfume, fragancia **2** [líquido] perfume **scented** *adj* perfumado

aroma *sn* [agradable, frec. se aplica a comida y bebida] aroma *a delicious aroma of fresh bread* un delicioso aroma a pan recién hecho

fragrance *sn* [agradable, sugiere flores] fragancia *the sweet fragrance of violets* la dulce fragancia de las violetas [se usa para describir el olor de p.ej. productos de limpieza domésticos, cosméticos] *Our deodorant comes in three fragrances.* Nuestro desodorante se presenta en tres fragancias. **fragrant** *adj* oloroso, fragante

stink *sn* peste, mal olor

stink *vi, pas.* **stank**, *pp.* **stunk** (frec. + **of**) apestar *His breath stank of cigarettes.* Le apestaba el aliento a tabaco.

stench *sn* [lo suficientemente desagradable como para marear] hedor *the stench from the abattoir* el hedor del matadero

pong *sn* [informal, cómico. Olor desagradable] tufo **pongy** *adj* apestoso

91 See and Look Ver y Mirar

see *vti, pas.* **saw** *pp.* **seen** [acción no necesariamente deliberada] ver *Did you see the Eiffel Tower?* Has visto la torre Eiffel? *Have you seen my pen anywhere?* Has visto mi bolígrafo?

look *vi* (norml. + **at**) [acción deliberada] mirar *Look at those children.* Mira a esos niños.

watch *vti* [acción deliberada. Obj: norml. algo que está ocurriendo o que se está moviendo] observar, mirar *I watched her walk away.* Observé cómo se alejaba. *to watch TV* ver la tele

behold *vt, pas. & pp.* **beheld** [uso literario o anticuado] contemplar *It was a sad sight to behold.* Era un panorama triste de contemplar.

regard *vt* [formal. Implica una mirada fija, y siempre se califica para describir las características de la mirada] mirar *He regarded me with dislike.* Me miró con antipatía.

visualize, TAMBIÉN **-ise** (*brit*) *vt* [usando la imaginación. Se utiliza en situaciones más abstractas que **picture**] imaginar(se), visualizar *I just can't visualize this room in blue.* No puedo imaginarme esta habitación pintada de azul.

picture *vt* [usando la imaginación. Se aplica en contextos menos formales que **visualize**. A menudo se utiliza con humor] imaginar(se) *I can't picture him in a dinner jacket.* No me lo imagino con smoking.

91.1 Mirar rápidamente

peep *vi* (norml. + *adv* o *prep*) [rápidamente y en secreto] mirar furtivamente, echar una ojeada *I peeped over her shoulder at the letter.* Eché un vistazo a la carta por encima de su hombro.

peep *sn* (no tiene *pl*) ojeada, mirada furtiva *I took a quick peep in the drawer.* Le eché una ojeada rápida al cajón.

glimpse *vt* [muy rápido, a menudo insatisfactorio] vislumbrar, entrever *We glimpsed the house through the trees.* Vislumbramos la casa a través de los árboles.

glimpse *sn* visión momentánea *I managed to* **catch a glimpse** *of him.* Conseguí entreverle por un instante. *We only got a* **fleeting glimpse** *of the Queen.* Sólo conseguimos entrever a la reina por un breve instante.

glance *vi* (norml. + *adv* o *prep*) [a menudo sin cuidado] echar una ojeada *I glanced over my shoulder.* Eché un vistazo hacia atrás. *He quickly glanced through the documents.* Miró los documentos por encima.

glance *sn* ojeada, vistazo *I could see* **at a glance** *that something was wrong.* Me di cuenta en seguida de que algo iba mal. *They exchanged knowing glances.* Se intercambiaron una mirada de complicidad.

scan *vt*, **-nn-** [mirar rápidamente una superficie extensa, norml. buscando algo] echar una ojeada, examinar *We scanned the list for his name.* Buscamos su nombre en la lista.

f r a s e

run one's eye over [leer rápidamente pero con cierto cuidado] echar una ojeada a *Will you run your eye over the guest list?* ¿Puede repasar la lista de invitados?

91.2 Mirar sostenidamente

peer *vi* (+ *adv* o *prep*) [implica esfuerzo o dificultad] mirar con ojos de miope *They were peering intently at the screen.* Miraban fijamente la pantalla.

stare *vi* (frec. + **at**) [frec. implica sorpresa, estupidez o mala educación] mirar fijamente *They stared at me in amazement.* Se me quedaron mirando atónitos. **stare** *sn* mirada fija

gaze *vi* (+ *adv* o *prep*) [implica fascinación o despiste] contemplar, mirar fijamente *We stood gazing out over the lake.* Nos quedamos absortos contemplando el lago. **gaze** *sn* mirada

gawp *vi* (*brit*) (norml. + **at**) [peyorativo. Implica sorpresa o un interés estúpido] mirar boquiabierto *Everyone stood around gawping at the baby.* Todos estaban alrededor del bebé mirándolo abobados.

ogle *vt* [peyorativo. Mirar con un interés sexual obvio] comer(se) a alguien con los ojos *You get ogled by all the men.* Todos los hombres se te comen con la mirada.

eye *vt* [mirar algo de cerca, norml. con deseo o con una emoción hostil] mirar *jealously eyeing her jewellery* mirando con envidia sus joyas *They eyed us suspiciously.* Nos miraron desconfiadamente.

survey *vt* [observar una superficie extensa] contemplar *We sat down and surveyed the countryside.* Nos sentamos y contemplamos la campiña.

91.3 Mirar cuidadosamente

examine *vt* examinar *She examined the bill closely.* Examinó atentamente la cuenta.

examination *sn/nn* examen *on closer examination* tras un examen más minucioso

inspect *vt* inspeccionar *The police inspected their documents.* La policía inspeccionó sus documentos. **inspection** *sn/nn* inspección **inspector** *sn* inspector

observe *vt* [un poco formal. Mirar concienzudamente, frec. durante un espacio de tiempo y de una manera científica] observar *We are observing the mating patterns of seagulls.* Estamos observando las pautas de apareamiento de las gaviotas.

observation *snn* observación *powers of observation* facultad de observación *The doctors are keeping him **under observation.*** Los médicos lo mantienen en observación.

scrutinize, TAMBIÉN **-ise** (*Brit*) *vt* [examinar atentamente esp. en busca de errores] escudriñar, examinar

scrutiny *snn* escrutinio *Her private life is under scrutiny in the press.* La prensa está investigando su vida privada.

sightseeing *snn* turismo *to go sightseeing* visitar puntos de interés turístico (usado como *adj*) *a sightseeing tour* una visita turística

91.4 Descubrir al mirar

notice *vti* notar, darse cuenta (de) *Did you notice how sad he looked?* ¿No te diste cuenta de lo triste que se le veía? *I couldn't help noticing her nervousness.* No pude evitar percatarme de su nerviosismo.

spot *vt,* **-tt-** [implica atención y agudeza en la mirada] localizar, descubrir *I've spotted another spelling mistake.* He descubierto otro error de ortografía.

perceive *vt* [más bien formal. Obj: esp. cosas difíciles de ver] percibir *movements which can only be perceived under the microscope* movimientos que sólo se pueden percibir con el microscopio

discern *vt* [más bien formal. Ver con dificultad] discernir *Only an expert could discern the differences in shade.* Sólo un experto podría discernir las diferencias de tono.

make out sb/sth o **make** sb/sth **out** [obj: algo pequeño o difícil de ver] vislumbrar, entrever *You could just make out the nest among the branches.* Entre las ramas apenas se vislumbraba el nido.

91.5 Movimientos de los ojos

blink *vi* parpadear, pestañear
wink *vi* guiñar

91.6 Usando la vista

sight *s* 1 *snn* [sentido] vista *The house was **out of sight.*** La casa no estaba a la vista. **2** *sn* [algo para ver] vista, escena *It was **a sight for sore eyes.*** Daba gusto verlo. **3** *sn* (no tiene *pl*) [informal. Algo que no tiene buen aspecto] adefesio, espantajo *You look a real sight in those clothes!* ¡Pareces un auténtico adefesio con esa ropa!

eyesight *snn* [capacidad de ver] vista *My eyesight is failing.* Me falla la vista.

vision *s* 1 *snn* [más formal o técnico que **sight**] visión *He is suffering from impaired vision.* Sufre de visión defectuosa. **2** *sn* [dibujo en la mente] imagen *I had visions of them arriving on an elephant!* ¡Me los imaginaba llegando montados en un elefante!

visible *adj* visible *The bruises were still clearly visible.* Los cardenales eran todavía claramente visibles.

visibly *adv* visiblemente *They were visibly shaken by the news.* La noticia les había conmocionado visiblemente.

visibility *snn* visibilidad *Fog had reduced visibility to a few feet.* La niebla había reducido la visibilidad a unos pocos metros.

invisible *adj* invisible *an almost invisible seam* una costura casi invisible

91.7 Cosas para mirar

picture *sn* [norml. cuadro, dibujo o foto, pero puede tratarse de una imagen mental] cuadro, imagen

image *sn* [cualquier representación de un objeto o una persona. Puede ser mental] imagen *We are used to violent images on our TV screens.* Estamos acostumbrados a ver imágenes violentas en las pantallas de nuestros televisores. *This machine produces an image of the brain's structure.* Este aparato reproduce una imagen de la estructura del cerebro.

view *sn/nn* vista *There's a wonderful view from this window.* Hay una vista fantástica desde esta ventana. *He undressed **in full view of** everyone.* Se desvistió delante de todo el mundo.

scene *sn* escena *The painting shows a rural scene.* El cuadro representa una escena rural.

scenery *snn* [entorno natural, p.ej. montañas, árboles] paisaje *alpine scenery* un paisaje alpino

scenic *adj* pintoresco, de bellos paisajes *a scenic route* una ruta turística

91.8 Gafas, etc.

a pair of glasses unas gafas   **She wears glasses.** Lleva gafas.

glasses *s pl* gafas

spectacles *s pl* [más anticuado o formal que **glasses**] gafas, anteojos

specs *s pl* [informal. Forma abreviada de **spectacles**] gafas

bifocals *s pl* bifocales

sunglasses *s pl* gafas de sol

contact lenses *s pl* lentes de contacto, lentillas

binoculars *s pl* prismáticos, gemelos *a pair of binoculars* unos prismáticos

goggles *s pl* [para proteger los ojos] anteojos

92 **Show** Mostrar

show *vt, pas.* **showed** *pp.* **shown** enseñar, mostrar *I showed him my press card and went in.* Le enseñé mi carnet de prensa y entré.

display *vt* **1** [para que la gente pueda verlo] exhibir, exponer *The sponsor's name is prominently displayed on all the posters.* El nombre del patrocinador aparece bien destacado en todos los carteles. **2** [bastante formal] mostrar *She displays no interest in the subject.* No muestra ningún tipo de interés en el tema.

on show expuesto *They had all their goods on show.* Tenían todos sus productos expuestos.

exhibit *vti* **1** [de manera formal, p.ej. en una exposición] exponer *The portrait will be exhibited in the entrance hall.* El retrato se expondrá en el vestíbulo. **2** [bastante formal] mostrar *He is exhibiting some signs of the disease.* Muestra algunos síntomas de la enfermedad.

demonstrate *vt* **1** [para que la gente entienda. Obj: p.ej. máquina] mostrar, demostrar *Let me demonstrate the software for you.* Permítame que le haga una demostración del software. **2** [ser evidencia de] evidenciar, poner de manifiesto *This book demonstrates the need for more research in the area.* Este libro evidencia la necesidad de seguir investigando en este campo.

present *vt* [implica algo nuevo, a menudo para impresionar] presentar *Car manufacturers will be presenting their latest models at the show.* Los fabricantes de coches presentarán sus últimos modelos en la feria. *We will present the findings of our research in June.* Presentaremos los resultados de nuestra investigación en junio. **presentation** *snn* presentación

prove *vt* probar, demostrar *We can't prove that he was there.* No podemos probar que estuviera allí.

proof *snn/n* prueba *Is there any proof of their involvement?* ¿Hay alguna prueba de que estuvieran implicados?

92.1 Queriendo llamar la atención

show off sb/sth o **show** sb/sth **off** *v fr.* lucir, presumir de *a perfect opportunity to show off the new car* una ocasión de oro para lucir el coche nuevo

parade *vti* [peyorativo. Implica movimiento y jactancia] **1** *vt* [obj: el propio cuerpo o algo que se lleva] hacer alarde de, hacer ostentación de *She came back to parade the new baby round the office.* Volvió para presumir su bebé por toda la oficina. **2** *vi* pavonearse *He parades round the village in a long fur coat.* Se pasea por el pueblo luciendo un largo abrigo de piel.

flaunt *vt* [peyorativo. Obj: esp. cosas susceptibles de causar resentimiento o desaprobación en los demás] hacer ostentación de, hacer alarde de *I don't like the way she flaunts her wealth.* No me gusta la forma en que hace ostentación de su riqueza.

92.2 Indicar direcciones, el camino, etc.

point *vi* (norml. + **to**) **1** [esp. con el dedo] señalar *She pointed to the open window.* Señaló la ventana

abierta. **2** [llamar la atención hacia] apuntar *The report points to problems in the prison service.* El informe apunta la existencia de problemas en el régimen penitenciario.

point sb/sth **out** o **point out** sb/sth *vt fr.* **1** [obj: detalle que podría pasar desapercibido] enseñar, señalar *Our guide pointed out buildings of interest.* Nuestro guía nos enseñó los edificios de interés. **2** (frec. + **that**) [obj: hecho] señalar, hacer observar *May I point out that the proposed course of action is illegal?* ¿Me permiten advertirles que el curso de acción propuesto es ilegal?

indicate *vt* [mediante gestos o palabras] indicar, señalar *He indicated a door on our right.* Señaló una puerta a nuestra derecha. *She indicated that I should sit down.* Me indicó que me sentara.

guide *vt* (norml. + *adv* o *prep*) guiar *We were guided round Oxford by a student.* Un estudiante nos hizo de guía en Oxford.

guide *sn* [persona o libro] guía

92.3 Lugares y acontecimientos en los que se exhiben cosas

museum *sn* museo

U S O

Un museo de historia se llama normalmente **history museum**, no 'historical museum', y un museo de ciencia se llama **science museum**.

exhibition (*brit & amer*), **exhibit** (*amer*) *sn* (frec. + **of**) exposición *an exhibition of medieval manuscripts* una exposición de manuscritos medievales *The Queen's jewels are on exhibition in London.* Las joyas de la reina están expuestas en Londres.

gallery o **art gallery** *sn* museo (de arte), galería (de arte)

show *sn* [p.ej. de flores, animales, arte. Un acontecimiento menos formal que **exhibition**. No tiene el sentido español de 'show'] exposición, feria *the annual rose show* la exposición anual de rosas

display *sn* [puede ser de un artículo o de un conjunto reducido de artículos. Cualquier cosa que se dispone de tal manera que parezca atractiva, p.ej. en un escaparate] exhibición *There was a beautiful display of cut flowers in the church.* La iglesia estaba bellamente adornada de flores. *The children put on a display of country dancing.* Los niños hicieron una exhibición de danza popular. *a disgraceful display of bad temper* una manifestación vergonzosa de mal genio

demonstration *sn* demostración *a quick demonstration of nappy-changing* una rápida demostración de cómo se cambia un pañal

92.4 Cosas expuestas

exhibit *sn* **1** [presentado en una exposición] objeto expuesto, obra expuesta **2** [en un juicio] documento

example *sn* **1** ejemplo *an example of his wit* un ejemplo de su ingenio *I have seen some examples of her work.* He visto algunas muestras de su trabajo. **2** [algo que se ha de imitar] ejemplo *Such behaviour **sets a bad example to** younger children.* Un comportamiento semejante da mal ejemplo a los niños más pequeños. *I **followed her example** and gave up smoking.* Seguí su ejemplo y dejé el tabaco.

sample *sn* [pequeña parte de algo] muestra *a blood sample* una muestra de sangre *We chose the carpet from a book of samples.* Escogimos la moqueta de un muestrario. (usado como *adj*) *a page of sample text* una página del texto de muestra

93 Obvious Obvio

obvious *adj* (frec. + **to**) obvio *It was obvious to all of us that they were lying.* Era obvio para todos nosotros que estaban mintiendo. *I didn't tell her, for obvious reasons.* No se lo dije por razones obvias.

obviously *adv* obviamente *They were obviously lost.* Era obvio que se habían perdido. *Obviously, we'll need help.* Obviamente, necesitaremos ayuda.

evident *adj* evidente *Her annoyance was only too evident.* El enojo se traslucía en su cara.

evidently *adv* evidentemente *He has evidently been delayed.* Evidentemente ha sufrido un retraso.

clear *adj* **1** (frec. + **to**) [perfectamente comprensible] claro *It's not clear to me what these figures mean.* Para mí no está claro lo que significan estas cifras. [expresión de enojo] *Do I make myself clear? ¿Me explico?* **2** [describe: p.ej. símbolos, letra, voz] claro

clearly *adv* **1** claramente *I thought you were my friend. That is clearly not the case.* Te creía mi amigo. Está claro que no es así. **2** con claridad *He spoke clearly.* Habló con claridad.

plain *adj* (frec. + **to**) evidente, claro *His disappointment was plain to see.* Su decepción era obvia.

plainly *adv* evidentemente, claramente *She is plainly unable to do the job.* Es evidente que es incapaz de hacer el trabajo.

conspicuous *adj* [que destaca mucho, frec. implica que uno se siente incómodo o que el comportamiento de alguien llama la atención porque no es normal] llamativo, obvio *I feel conspicuous in jeans.* En tejanos me da la sensación de que voy llamando la atención. *The minister was conspicuous by his absence.* El ministro brilló por su ausencia.

conspicuously *adv* visiblemente, de manera llamativa *She remained conspicuously silent.* Su continuo silencio llamaba la atención.

apparent *adj* **1** [fácil de ver o entender] evidente, manifiesto *Several problems soon became apparent to the researchers.* Pronto se les hicieron patentes varios problemas a los investigadores. **2** [que parece verdad pero puede que no lo sea] aparente *your apparent lack of concern for safety* tu aparente falta de preocupación por la seguridad

apparently *adv* [norml. se usa a principio de frase] al parecer, por lo visto. *Apparently, they're going to build a bridge here.* Según parece van a construir un puente aquí. *Apparently, he tried to phone earlier.* Por lo visto intentó telefonear antes.

noticeable *adj* [que se percibe fácilmente o que es significativo] obvio, sensible *She still has a noticeable limp.* Todavía se le nota que cojea. *a noticeable drop in the temperature* un sensible descenso en la temperatura

noticeably *adj* sensiblemente, claramente *The situation has improved noticeably since May.* La situación ha mejorado sensiblemente desde mayo.

> *frase*
>
> **He/she etc. sticks out like a sore thumb** [informal. Que resalta mucho, esp. por ser inapropiado] resaltar como una mosca en la leche *She sticks out like a sore thumb in that hat!* ¡Da el cantazo con ese sombrero!

94 Search Buscar

search *v* [implica un intento serio de encontrar algo] **1** *vt* registrar *The house was searched for explosives.* Registraron la casa en busca de explosivos. **2** *vi* (norml. + **for**) buscar *Police are still searching for the missing diplomat.* La policía todavía busca al diplomático desaparecido. *We searched **high and low.*** Removimos cielo y tierra.

search *sn* búsqueda *The search for an effective vaccine goes on.* Continúa la búsqueda de una vacuna eficaz.

look for *sb/sth vt fr.* [el término más usado para indicar que se está buscando algo] buscar *I'm looking for a Mr Martin.* Estoy buscando a un tal Sr. Martin.

have a look for sth buscar algo *Have you had a look for it in the bathroom?* ¿Has mirado en el cuarto de baño?

hunt *v* **1** *vi* (norml. + **for**) [implica dificultad, frec. búsqueda infructuosa] buscar *I'm still hunting for those keys.* Todavía estoy buscando esas llaves. **2** *vt* [obj: p.ej. criminal] buscar *Police are hunting the killer.* La policía está buscando al asesino.

hunt *sn* (norml. + **for**) búsqueda *the hunt for a suitable successor* la búsqueda de un sucesor apropiado

hunting *snn* (se usa en palabras compuestas) *house-hunting* búsqueda de vivienda *job-hunting* búsqueda de empleo

seek *vt, pas. & pp.* **sought** [bastante formal. Obj: norml. no se dice de un objeto físico] buscar *They are both seeking promotion.* Ambos están intentando conseguir un ascenso. *I went abroad to **seek my fortune.*** Me fui al extranjero a buscar fortuna.

comb vt [buscar con minuciosidad. Esp. se usa en contextos policiales] rastrear *Police combed the area for evidence.* La policía rastreó la zona en busca de pruebas. *I combed the second-hand bookshops for her novels.* Me recorrí todas las librerías de libros usados en busca de sus novelas.

94.1 Espiar

spy vi, pas. & pp. **spied** (norml. + **on**) [norml. peyorativo. Implica secreto] espiar *We spied on our neighbours through a hole in the fence.* Espiamos a nuestros vecinos a través de un agujero en la valla.

snoop vi (frec. + **around**) [informal y peyorativo] fisgonear *The police have been snooping around the building.* La policía ha estado fisgoneando por el edificio.

snooper sn [informal y peyorativo. Persona que merodea por un lugar o que investiga algo de manera secreta] fisgón

pry vi, pas. & pp. **pried** (frec. + **into**) [peyorativo. Implica curiosidad insistente e inoportuna] entrometerse *They're always prying into people's private affairs.* Siempre se entrometen en los asuntos privados de la gente. *prying eyes* ojos curiosos

95 Find Encontrar

ver también **113 Find out**

find vt, pas. & pp. **found** encontrar *I found a gold pen on the floor.* Encontré un bolígrafo de oro en el suelo. *We've found a place to live.* Hemos encontrado casa.

find sn hallazgo *a lucky find* un hallazgo afortunado

discover vt [obj: algo desconocido] descubrir *I discovered an old sewing machine in the loft.* Descubrí una máquina de coser antigua en el desván. *I've discovered the source of the problem.* He descubierto la raíz del problema.

discovery sn/nn descubrimiento *We made some surprising discoveries about her past.* Descubrimos cosas sorprendentes sobre su pasado. *the discovery of penicillin* el descubrimiento de la penicilina

track down sb/sth o **track** sb/sth **down** vt fr. [bastante informal. Encontrar después de una investigación] localizar *I've managed to track down their address.* He conseguido averiguar su dirección.

uncover vt [obj: p.ej. complot, motivos] descubrir *Police uncovered plans to smuggle the painting out of the country.* La policía descubrió un plan para sacar ilegalmente el cuadro del país.

come across sb/sth vt fr. [norml. por accidente o coincidencia] encontrar(se) con, topar(se) con *I'd never come across her books before.* Nunca antes había oído hablar de sus libros. *We suddenly came across a beautiful little fishing village.* De repente nos encontramos en un pueblecito de pescadores precioso.

95.1 Inventar

invent vt inventar *They invented a secret code.* Inventaron un código secreto. [puede implicar engaño] *I invented an excuse not to go.* Me inventé una excusa para no ir. **inventor** sn inventor

invention sn/nn invento, invención *a brilliant invention* un invento brillante *the invention of the computer* la invención del ordenador [peyorativo. Mentira] *His story was pure invention.* Su historia era pura invención.

make up sth o **make** sth **up** vt fr. [obj: p.ej. historia, excusa. Frec. implica engaño] inventar *The reports of an invasion were completely made up.* Los informes acerca de una invasión eran pura invención.

hit upon sth vt fr. [por casualidad. Implica buena suerte. Obj: esp. plan, solución] dar con, tropezar con *We hit upon the idea of using old sheets.* Se nos ocurrió la idea de usar sábanas viejas.

96 Lose Perder

lose vt, pas. & pp. **lost** perder

loss sn/nn pérdida *Report any losses to the police.* Informen de cualquier pérdida a la policía. *We're insured against damage and loss.* Tenemos un seguro contra daños y pérdidas.

mislay vt, pas. & pp. **mislaid** [más formal que **lose**. Implica pérdida temporal, pero frec. se usa de manera eufemística y ligeramente humorística, cuando quien habla no tiene ni idea de dónde se encuentra la cosa en cuestión] extraviar *I seem to have mislaid my diary.* Parece ser que se me ha extraviado la agenda.

misplace vt [connotaciones muy similares a **mislay**] extraviar *I'm afraid your file has been misplaced.* Me temo que su historial se ha extraviado.

97 Body positions Posiciones del cuerpo

U S O

Muchos de estos verbos pueden usarse con adverbios tales como **up** y **down**. Cuando se usan *sin* el adverbio implican que la persona ya se encuentra en esa posición: p.ej. *We sat on long benches.* (Estábamos sentados en unos bancos largos.) Cuando se usan *con* el adverbio, normalmente aluden al cambio de posición: p.ej. *She sat down on the bench.* (Se sentó en el banco.)

97.1 Estar de pie o ponerse de pie

stand *vi, pas. & pp.* **stood** (frec. + **up**) **1** estar de pie *They were standing in the doorway.* Estaban en la puerta. **2** levantarse, ponerse de pie *She stood up and walked out.* Se levantó y se fue.

arise *vi, pas.* **arose** *pp.* **arisen** [literario] levantarse [frec. de la cama] *When he arose the sun was shining.* Cuando se levantó de la cama lucía el sol.

get up *vi fr.* **1** [ligeramente menos formal que **stand up**] levantarse, ponerse de pie *He got up and shook hands with me.* Se levantó y me dio la mano. **2** [de la cama] levantarse

get to one's feet [implica una acción bastante laboriosa] levantarse, ponerse de pie *She slowly got to her feet.* Se levantó lentamente.

spring to one's feet [acción rápida, provocada por peligro, ira, entusiasmo, etc.] levantarse de un salto

rear *vi* (a veces + **up**) [suj: esp. caballo] encabritarse

97.2 Posiciones de descanso

sit *vi, pas. & pp.* **sat** (frec. + **down**) sentarse *We had to sit at the back of the hall.* Tuvimos que sentarnos al fondo de la sala. *We found a bench to sit down on.* Encontramos un banco donde sentarnos. *Sit up straight!* ¡Ponte recta! (usado como palabra compuesta) *Let's have a sit-down.* Sentémonos un rato.

lie *vi, pas.* **lay** *pp.* **lain** (frec. + **down**) echarse, acostarse *We've been lying in the sun all day.* Hemos estado todo el día tumbados al sol. *Lie down and have a rest.* Acuéstate y descansa un rato.

97.3 Posiciones cerca del suelo

kneel *vi, pas. & pp.* **knelt** (frec. + **down**) arrodillarse *We knelt to pray.* Nos pusimos de rodillas para rezar. *I knelt down to tie my laces.* Me agaché para atarme los cordones de los zapatos.

squat *vi,* -**tt**- (frec. + **down**) ponerse en cuclillas, agacharse

crouch *vi* (frec. + **down**) agacharse, agazaparse

on all fours a gatas, a cuatro patas *We got down on all fours to look for her contact lens.* Nos pusimos a cuatro patas para buscar su lentilla.

Squat y **crouch** tienen un significado muy similar, y frecuentemente se pueden intercambiar. Sin embargo, para una inclinación hacia atrás, mantenida durante más tiempo, y posiblemente con las rodillas separadas, es más apropiado **squat**. Para una inclinación hacia delante, tal vez con las manos delante del cuerpo para mantener el equilibrio, es más apropiado **crouch**. Squat da la idea de ser una posición más cómoda que **crouch**. Para la posición en que el trasero toca al suelo, casi siempre se usa **squat**. Para indicar la posición de ataque o la posición de 'listos', casi siempre se usa **crouch**.

97.4 Posiciones inclinadas

bend *vi, pas. & pp.* **bent** (frec. + **down**, **over**) inclinarse, doblarse *I bent down to pick up the envelope.* Me agaché para recoger el sobre.

lean *vi, pas. & pp.* **leaned** o **leant** (norml. + *adv* o *prep*) inclinarse, apoyarse *She leaned over to talk to me.* Se inclinó hacia mí para hablarme. *I leaned against the wall.* Me apoyé contra la pared. *He leaned back in the armchair.* Se reclinó en el sillón.

stoop *vi* [para pasar por debajo de un obstáculo] agacharse, encorvarse *We stooped to avoid the branches.* Nos agachamos para esquivar las ramas. [a causa de la vejez] andar con la espalda encorvada

stoop *sn* espaldas encorvadas *She walks with a slight stoop.* Anda ligeramente encorvada.

slouch *vi* [peyorativo. Implica pereza y posición poco atractiva al andar o estar sentado] andar con aire gacho, repanchingarse *He slouched over his books.* Estaba recostado sobre la mesa con los libros abiertos.

slouch *sn* postura desgarbada

bow *vi* inclinarse, hacer una reverencia *He bowed to the ground.* Se inclinó hacia el suelo.

bow *sn* inclinación, reverencia *take a bow* salir a saludar al público

curtsy o **curtsey** *vi, pas. & pp.* **curtsied** [de una mujer] hacer una reverencia

curtsy o **curtsey** *sn* reverencia *perform a curtsey* hacer una reverencia

98 Touch Tocar

ver también **338 Pull and Push**

touch *vti* **1** [esp. con la mano] tocar *Don't touch that!* No toques eso. **2** [cualquier tipo de contacto] rozar *Her skirt touched the floor.* La falda le rozaba el suelo.

touch *s* **1** *snn* [sentido] tacto *It's painful to the touch.* Es doloroso al tacto. **2** *sn* (norml. no tiene *pl.*) pulsación *You can see the figures at the touch of a computer key.* Puedes ver las cifras con sólo pulsar una tecla del ordenador.

feel *v, pas. & pp.* **felt 1** *vt* sentir *He felt some drops of rain on his face.* Sintió unas gotas de lluvia en la cara. **2** *vi* dar la sensación de *Her hands feel cold.* Tiene las manos frías. *This fabric feels very stiff.* Este tejido es muy tieso.

feel *snn/n* (no tiene *pl*) sensación *The clothes had a damp feel.* La ropa estaba húmeda. (al tacto).

handle *vt* [tocar con las manos] manejar *The books were torn from constant handling.* Los libros estaban rotos de tanto manosearlos. [etiqueta en paquete frágil] *Handle with care!* Manéjese con cuidado.

finger *vt* [tocar con los dedos. Frec. implica estropear o ensuciar lo que se ha tocado] manosear *Don't finger the food if you're not going to eat it!* ¡No toques la comida si no te la vas a comer!

98.1 Tocar con afecto

caress *vt* [suavemente, con dulzura] acariciar *He gently caressed her hair.* Le acarició suavemente el cabello. [literario] *A soft breeze caressed our cheeks.* Una suave brisa nos acariciaba las mejillas. **caress** *sn* caricia

fondle vt [puede implicar tocar de manera frívola y poco sensual. Puede tener connotaciones sexuales] acariciar, toquetear *My dog loves having his ears fondled.* A mi perro le encanta que le acaricien las orejas.

stroke vt [implica movimiento uniforme de la mano] pasar la mano por, acariciar *He stroked the child's hair.* Le acarició el cabello al niño.

pat vt, -tt- [toques cortos y suaves. Obj: p.ej. un perro, la cabeza o espalda de alguien] dar palmaditas

98.2 Tocar con fuerza

press v 1 vt [apretar con los dedos. Obj: p.ej. interruptor, botón] apretar, pulsar *The bear's tummy squeaks if you press it.* El osito hace ruido cuando le aprietas la barriguita. 2 vt (frec. + frase adverbial) [estrujar, aplanar, etc.] apretar, aplastar *She pressed*

her face against the glass. Pegó la cara al cristal. *press flowers* prensar flores 3 vi (siempre + frase adverbial; frec. + **against**, **down**) hacer presión *Press down hard on the lever.* Presiona la palanca con fuerza. **press** sn (no tiene pl) presión

rub vti, -bb- (frec. + frase adverbial; frec. + **against**) frotar, restregar *He rubbed his hand against his cheek.* Se frotó la mejilla con la mano. *The back of my shoe rubs.* Me roza el zapato por detrás. *The wheel's rubbing against the mudguard.* La rueda está rozando el guardabarros.

friction snn fricción, rozamiento *The friction creates static electricity.* La fricción crea electricidad estática.

pressure snn presión *Pressure built up inside until the pipe burst.* Se acumuló la presión en el interior de la tubería hasta que ésta reventó. *Apply gentle pressure to the wound.* Presione suavemente sobre la herida.

99 Soft Blando

soft adj blando, suave *The bed's too soft.* La cama es demasiado blanda. *soft towels* toallas suaves **softness** snn suavidad, blandura

soften vti ablandar, suavizar *Leave the butter on the table until it has softened.* Deja la mantequilla en la mesa hasta que se ablande.

softener sn [frec. en palabras compuestas] suavizante *water softener* descalcificador *fabric softener* suavizante de ropa

tender adj 1 [fácil de cortar o masticar. Describe: alimentos, esp. carne] tierno 2 [describe: p.ej. piel] delicado, sensible *Protect children's tender skin from the sun.* Proteja la piel delicada de los niños del sol. **tenderness** snn ternura

spongy adj [frec. implica humedad] esponjoso *Heavy rain made the lawn spongy.* Las fuertes lluvias dejaron el césped todo esponjoso. *horrible spongy aubergines* unas horribles berenjenas blandengues

limp adj [implica flojedad, pérdida de su forma habitual] flojo, lacio *a few limp lettuce leaves* unas cuantas hojas de lechuga marchitas **limpness** snn flojedad

99.1 Que se dobla fácilmente

flexible adj [describe: materiales, norml. *no* describe a personas] flexible *a flexible rubber tube* un tubo flexible **flexibility** snn flexibilidad

pliable adj [un poco más técnico que **flexible**. Describe: materiales, *no* personas] flexible *We need a pliable wood to make the barrels.* Necesitamos una madera flexible para hacer los barriles. **pliability** snn flexibilidad

pliant adj [igual que **pliable**] flexible **pliancy** snn flexibilidad

supple adj [describe: persona, articulaciones, piel] flexible *Swimming helps me keep supple.* La natación me ayuda a mantenerme flexible. **suppleness** snn flexibilidad

lithe adj [implica movimiento fuerte y garboso. Describe: persona] grácil, ágil *a lithe-limbed youth* un joven grácil **lithely** adv grácilmente, con agilidad **litheness** snn agilidad, gracia

100 Hard Duro

ver también **256.2 Tension; 401 Strength**

hard adj duro *The butter's too hard to spread.* No se puede untar la mantequilla porque está demasiado dura. *The beds were hard.* Las camas eran duras. **hardness** snn dureza

harden vti endurecer(se) *Carbon is added to harden the steel.* Se añade carbono para endurecer el acero. *The glue takes a few hours to harden.* La cola tarda algunas horas en endurecerse.

solid adj 1 [ni líquido ni gaseoso] sólido *The lake has frozen solid.* El lago se ha helado totalmente. 2 [firme y fuerte] sólido *The house is built on solid foundations.* La casa tiene unos cimientos muy sólidos.

solid sn sólido *Is the baby eating solids yet?* ¿Ya come papillas el bebé?

solidify vit solidificar(se) *The glue had solidified in its tube.* La cola se había solidificado dentro del tubo.

rock-hard o **rock-solid** adj [más bien informal. Durísimo] como una piedra, duro a más no poder *This bread is rock-solid!* ¡Este pan está como una piedra!

firm adj 1 [bastante duro pero no del todo. Norml. se usa de forma apreciativa] firme, duro *The tomatoes should be ripe but still firm.* Los tomates deben estar maduros pero no blandos. 2 firme, sólido *The box made a firm platform.* La caja servía de sólida plataforma. 3 fuerte *He has a firm grasp.* Te aprieta la mano con fuerza. **firmness** snn firmeza

firmly adv firmemente, con fuerza *My feet were firmly on the ground.* Tenía los pies firmemente asentados en el suelo. *She shook my hand firmly.* Me dio un fuerte apretón de manos.

tough adj [difícil de cortar, rasgar, masticar, etc. Describe: p.ej. carne, material] duro, resistente *a tough* *steak* un bistec duro *tough walking boots* unas botas de caminar resistentes **toughness** *snn* dureza, resistencia

100.1 Inflexible

stiff *adj* [que se dobla con dificultad] rígido, duro, tieso *The sheets were stiff with starch.* Las sábanas estaban tiesas de tanto almidón que tenían. *She was stiff with cold.* Estaba tiesa de frío. *My legs were stiff after the run.* Después de correr tenía las piernas agarrotadas. **stiffly** *adv* rígidamente **stiffness** *snn* rigidez, dureza
stiffen *vti* (*vi* frec. + **up**) endurecer(se) *I stiffened the collar with starch.* Almidoné el cuello de la camisa. *My muscles stiffened up after the swim.* Después de nadar se me agarrotaron los músculos.

rigid *adj* [imposible de doblar. Frec. describe estado no deseado] rígido *I went rigid with fear.* Me quedé paralizado de miedo. *a tray made of rigid plastic* una bandeja de plástico rígido **rigidly** *adv* rígidamente **rigidity** *snn* rigidez

100.2 Duro pero rompible

crisp *adj* [norml. apreciativo, implica frescura. Describe: esp. alimentos, como patatas fritas, galletas, etc.] crujiente *a crisp lettuce* una lechuga crujiente *crisp banknotes* billetes recién hechos **crispness** *snn* frescura
brittle *adj* [término negativo. Frec. implica que lo descrito es demasiado frágil] frágil, quebradizo *brittle bones* huesos frágiles **brittleness** *snn* fragilidad

101 Human body – internal Cuerpo humano – parte interior

ver también **86 Human body – external**

101.1 El esqueleto

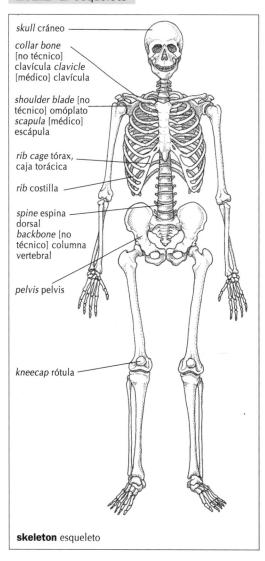

skull cráneo
collar bone [no técnico] clavícula *clavicle* [médico] clavícula
shoulder blade [no técnico] omóplato *scapula* [médico] escápula
rib cage tórax, caja torácica
rib costilla
spine espina dorsal *backbone* [no técnico] columna vertebral
pelvis pelvis
kneecap rótula

skeleton esqueleto

101.2 Organos internos

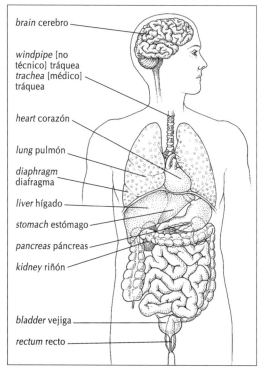

brain cerebro
windpipe [no técnico] tráquea *trachea* [médico] tráquea
heart corazón
lung pulmón
diaphragm diafragma
liver hígado
stomach estómago
pancreas páncreas
kidney riñón
bladder vejiga
rectum recto

tonsil *sn* amígdala *I had my tonsils out.* Me operaron de las amígdalas.
appendix *sn, pl* **appendixes** o **appendices** apéndice
intestine *sn* o **intestines** *s pl* intestino **intestinal** *adj* [técnico] intestinal
bowel *sn* o **bowels** *s pl* intestino *I've got very regular bowels.* Mis intestinos funcionan como un reloj. (usado como *adj*) *bowel cancer* cancer intestinal *bowel movements* evacuaciones

nucleus *sn, pl* **nuclei** núcleo *When the nucleus divides, two new cells are formed.* Cuando se divide el núcleo, aparecen dos nuevas células.
cell *sn* célula (usado como *adj*) *cell division* división celular

bone *sn/nn* hueso *a splinter of bone* una astilla de hueso *a fish bone* una espina de pescado

bony *adj* **1** [informal. Muy delgado] huesudo *She held out a bony hand.* Extendió una mano huesuda. **2** [describe: esp. pescado] lleno de espinas

joint *sn* articulación *an artificial hip joint* una articulación de cadera ortopédica

muscle *sn/nn* músculo *the leg muscles* los músculos de la pierna *exercises to build muscle* ejercicios para fortalecer los músculos (usado como *adj*) *muscle tissue* tejido muscular **muscular** *adj* muscular

organ *sn* órgano *internal organs* órganos internos *reproductive organs* órganos reproductores

blood *snn* sangre *Blood flowed from the wound.* Brotaba sangre de la herida. (usado como *adj*) *blood donors* donantes de sangre

vein *sn* vena *The veins stood out on his forehead.* Tenía muy marcadas las venas de la frente.

artery *sn* arteria

nerve *sn* nervio *The pain is caused by pressure on the nerve.* La presión sobre el nervio es la causa del dolor. (usado como *adj*) *nerve endings* extremidades nerviosas

101.3 El sistema reproductor

ver también **199 Sex**

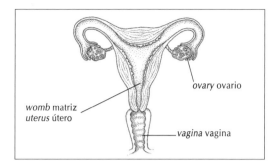

ovary ovario

womb matriz
uterus útero

vagina vagina

egg *sn* óvulo

sperm *sn/nn* esperma

101.4 Mente y cuerpo

mental *adj* mental *mental health* salud mental **mentally** *adv* mentalmente

physical *adj* físico *physical exercise* ejercicio físico **physically** *adv* físicamente *a physically active person* una persona que hace mucho ejercicio físico

102 Bodily wastes Desechos del cuerpo humano

ver también **184 Bathroom**

faeces (*brit*), **feces** (*amer*) *s pl* [formal y técnico] heces

defecate *vi* [formal y técnico] defecar

shit *snn/n* (no tiene *pl*) [grosero] mierda

shit *vi*, -tt-, *pas. & pp.* **shat** [grosero] cagar

crap *snn/n* (no tiene *pl*) [grosero] mierda *have a crap* cagar **crap** *vi*, -pp- cagar

turd *sn* [argot grosero] zurullo

poo *snn/n* [informal, término infantil] caca

urine *snn* orina **urinate** *vi* [ligeramente formal] orinar

wee o **wee-wee** (*esp. brit*) *snn* [informal, término infantil] pipí

wee *vi* [informal, término infantil] hacer pipí

pee *snn* [informal. Término suave pero mejor evitarlo en situaciones formales. Se usa por y para dirigirse a los niños en inglés americano] pis **pee** *vi* [informal] hacer pis

wet oneself/one's pants/the bed, etc. orinarse encima/en la cama, etc.

spend a penny (*brit*) [muy común, eufemismo de ir a orinar] ir al lavabo

go to the toilet/loo, etc. [frase bastante neutro; depende de la elección de palabra para toilet] ir al servicio *ver también **184.1 Bathroom**

103 Breathe Respirar

breathe *v* **1** *vi* respirar *You could hardly breathe for the smoke.* Apenas se podía respirar a causa del humo. *We were breathing heavily after the climb.* Después de la subida nos quedamos sin aliento. **2** *vt* respirar *The air's not fit to breathe round here.* Aquí, el aire no se puede respirar. *breathing in traffic fumes* aspirando el humo del tráfico

breathing *snn* respiración *Try to regulate your breathing.* Intente regular su respiración. *heavy breathing* jadeo

breathe in *vi fr.* aspirar

breathe out *vi fr.* espirar

breath *sn/nn* aliento, respiración *I was exhausted, each breath was an effort.* Estaba agotado, tenía que hacer gran esfuerzo para respirar. *Take a deep breath.* Respire hondo. *How long can you **hold your breath**?* ¿Durante cuánto tiempo puedes contener la

respiración? *out of breath* sin aliento *I felt his breath on my cheek.* Sentí su aliento en mi mejilla.

inhale *vit* [más formal que **breathe in**. Frec. se usa en contextos médicos] aspirar, inhalar *She drew on the cigarette and inhaled deeply.* Dio una calada al cigarrillo y aspiró hondo. **inhalation** *sn/nn* [formal] aspiración, inhalación

exhale *vit* [más formal que **breathe out**. Frec. se usa en contextos médicos] espirar, exhalar **exhalation** *sn/nn* [formal] exhalación

sniff *v* **1** *vti* oler, inhalar, esnifar *A dog sniffed around the dustbin.* Había un perro husmeando la basura. **2** *vi* [porque la nariz gotea] sorber (por la nariz) **sniff** *sn* sorbo, olfateo

sigh *vi* [expresa tristeza, decepción, etc.] suspirar **sigh** *sn* suspiro

103.1 Respirar enérgicamente o con dificultad

blow *vti, pas.* **blew** *pp.* **blown** (frec. + frase adverbial) soplar *Blow into the tube, please.* Por favor, sople en el tubo. *I blew out the candles.* Apagué las velas de un soplido. *She blew the fly off her arm.* Se apartó la mosca del brazo de un soplido.

pant *vi* [esp. a causa de un esfuerzo o del calor] jadear *a huge panting alsatian* un enorme pastor alemán jadeante

puff *vi* **1** [a causa de un esfuerzo. Respiración entrecortada] jadear, resollar *We were all puffing after the climb.* Después de la escalada estábamos todos jadeantes. **2** (frec.+ **on**, **at**) [informal. Fumar] chupar *puffing on a pipe* dando chupadas a una pipa
puff *sn* **1** [al respirar] resoplido **2** [de humo] bocanada *a*

puff of her cigarette una calada a su cigarrillo

gasp *v* **1** *vi* [aspiración corta y sonora, a causa de susto, emoción, etc.] dar un grito sofocado *They gasped in horror as it fell.* Se les escapó un grito sofocado al verlo caer. **2** *vi* [respirar desesperadamente, intentando tomar aire] hacer esfuerzos para respirar *He came to the lake's surface, gasping for breath.* Salió a la superficie del lago haciendo esfuerzos para respirar. **3** *vt* [hablar con dificultad por falta de aire al respirar, a causa de un susto, etc.] decir con voz entrecortada *'John's got a gun!' she gasped.* '¡John tiene una pistola!' dijo ella con voz entrecortada.

gasp *sn* grito sofocado *He let out a gasp of amazement.* Dejó escapar un grito sofocado de asombro.

wheeze *vi* [silbar al respirar, frec. a causa de un trastorno respiratorio] resollar **wheeze** *sn* resuello, respiración sibilante

104 Think Pensar

think *v, pas. & pp.* **thought** **1** *vi* (frec. + *adv*) [término genérico para cualquier actividad mental consciente] pensar *I thought about it all day.* Estuve pensando en ello todo el día. *Your trouble is, you just don't think!* ¡Tu problema es que simplemente no piensas! *Think carefully.* Piénsalo bien. **2** *vt* [expresa ideas, creencias] creer *I think I'm pregnant.* Me parece que estoy embarazada. *Do you think she'll mind?* ¿Crees que a ella le importará?

thinker *sn* (frec. detrás de *adj*) pensador *a fast thinker* alguien que piensa rápido

thought *s* **1** *snn* pensamiento *I found her* **deep in thought**. La encontré ensimismada. *Your work needs more thought.* Has de poner más atención en el trabajo. **2** *sn* idea *I've had some thoughts about the project.* Se me han ocurrido algunas ideas sobre el proyecto.

consider *vt* **1** [para poder tomar una decisión] pensar en *I'm considering leaving this job.* Estoy pensando en dejar este trabajo. **2** [tomar en cuenta] considerar, tener en cuenta *Have you considered the consequences of giving up work?* ¿Has considerado las consecuencias de dejar el trabajo? *Considering her age, she's in good shape.* Teniendo en cuenta su edad, se conserva en buena forma. *I'd like to be considered for the job.* Me gustaría que me considerasen para el puesto.

consideration *snn* [meditación cuidadosa esp. a la hora de tomar una decisión] consideración *We will need to* **take** *rising oil prices* **into consideration**. Tendremos que tomar en consideración el aumento de los precios del petróleo. *The idea deserves consideration.* La idea merece ser tomada en consideración.

take into account tener en cuenta *We forgot to take postage costs into account.* Nos olvidamos de tener en cuenta los gastos de correo.

104.1 Pensar con detenimiento

concentrate *vi* (frec. + **on**) **1** [pensar mucho sobre un solo tema] concentrarse *It's hard to concentrate in a noisy room.* Resulta difícil concentrarse en una habitación ruidosa. **2** [poner todos los esfuerzos en una

actividad] concentrarse *I'm concentrating on my exams at the moment.* Ahora me estoy concentrando en los exámenes.

concentration *snn* concentración *The phone disturbed my concentration.* El teléfono interrumpió mi concentración.

contemplate *vit* [pensar cuidadosamente, norml. sobre cosas futuras] pensar, contemplar *The idea is too terrible to contemplate.* La idea es tan horrible que no quiero ni pensar en ella siquiera.

contemplation *snn* [pensamiento calmado y serio] *I spent an hour in quiet contemplation.* Estuve una hora en silenciosa contemplación.

ponder *vti* (frec. + **on**, **over**) [pensamiento profundo y lento. A menudo implica dificultad para llegar a una conclusión] reflexionar (sobre), meditar (sobre) *I sat pondering the likely outcome of the decision.* Me quedé meditando sobre los probables resultados de la decisión.

reflect *vi* (frec. + **on**) [implica seriedad y cautela. Utilizado para situaciones o acontecimientos presentes o pasados. Normalmente no se usa para situaciones futuras] reflexionar [frec. implica el verse obligado a percatarse de los errores o de las cosas mal hechas] *When I had had time to reflect, I regretted my words.* Una vez hube tenido tiempo de reflexionar me arrepentí de mis palabras.

reflection *s* **1** *snn* reflexión **On reflection**, *I'd rather come on Friday.* Pensándolo bien, preferiría venir el viernes. **2** *sn* [afirmación] reflexión

reason *vit* [pensar lógicamente] razonar, estimar (+ **that**) *He reasoned that we would be ready to agree.* Estimó que estaríamos dispuestos a pactar.
reason *snn* [pensamiento lógico] razón

104.2 Absorto en los propios pensamientos

thoughtful *adj* pensativo, meditabundo *a thoughtful expression* una expresión meditabunda **thoughtfully** *adv* pensativamente

pensive *adj* [implica preocupación o tristeza] pensativo **pensively** *adv* pensativamente

brood *vi* (frec. + **over**, **on**, **about**) [pensar mucho tiempo en algo con una actitud preocupada o resentida] meditar tristemente *She's still brooding over his criticism.* Todavía está dando vueltas a sus críticas.

meditate *vi* **1** *snn* [en trance] meditar **2** (frec. + **on**) [pensar largo y tendido] meditar *He's got six years in*

prison to meditate on his crimes. Tiene por delante seis años de prisión para meditar sobre sus delitos.

meditation *s* **1** *snn* [en trance] meditación **2** *sn* [pensamiento] meditación

daydream *vi* (frec. + **of**, **about**) soñar despierto **daydream** *sn* ensueño, ilusión

105 Believe Creer

ver también **104 Think**; **106 Opinion**; **110 Know**; **109 Guess**

believe *vt* creer *I don't believe he's fifty!* ¡No me puedo creer que tenga cincuenta años! *I believe you.* Te creo.

believe in sth/sb *vt fr.* [obj: p.ej. fantasmas, Dios] creer en algo

belief *s* **1** *snn* (frec. + **in**) creencia *His rudeness is beyond belief.* Su grosería es increíble. **2** *sn* [algo que se cree] creencia, opinión *political beliefs* creencias políticas

be convinced [estar seguro, no necesariamente de una forma lógica] estar convencido *She's convinced I want to hurt her.* Está convencida de que le quiero hacer daño.

105.1 Creer basándose en pruebas o información

infer *vt,* -rr- [implica una deducción lógica] inferir, deducir *Can I infer from that that you are not coming?* ¿Puedo deducir de eso que no vas a venir?

gather *vt* [más usado oralmente que por escrito. Saber por algo que se ha visto u oído] deducir *I gather the house has been sold.* Tengo entendido que han vendido la casa.

conclude *vt* [implica emitir un juicio después de pensar] concluir *I concluded that he was not a suitable candidate.* Llegué a la conclusión de que no era un candidato adecuado.

conclusion *sn* conclusión **come to a conclusion** llegar a una conclusión

105.2 Una creencia menos firme o definitiva

suppose *vt* **1** [creer probable] suponer *I suppose it's very expensive.* Me imagino que es muy caro. [frec. usado para expresar reticencia] *I suppose we ought to help.* Supongo que deberíamos ayudar. **2** [formal. Creer, a menudo incorrectamente] suponer *I had supposed he wanted to borrow money.* Yo había creído que quería pedir dinero prestado.

supposition *sn/nn* suposición *Your theory is pure supposition.* Tu teoría es pura suposición.

assume *vt* [implica que la creencia es probable y razonable] suponer *I assumed the car would be ready*

by now. Supuse que a estas horas el coche ya estaría listo. *I assume you won't be coming?* Imagino que no vas a venir.

assumption *sn* supuesto, suposición *I bought it on the assumption that prices would go on rising.* Lo compré pensando que los precios iban a seguir subiendo.

presume *vt* [implica la probabilidad de la creencia pero acepta que ésta pueda ser errónea] suponer *I presume she will agree.* Supongo que aceptará.

presumption *sn* [bastante formal] presunción, supuesto *Let us accept the presumption of his innocence.* Aceptemos el supuesto de su inocencia.

I take it [informal. Normalmente implica petición de confirmación de la creencia] imagino, supongo *You'll be bringing the children, I take it.* Supongo que traerás a los niños, ¿no?

reckon *vt* [informal. Implica una opinión basada en una probabilidad] creer, pensar *She was tired of waiting, I reckon.* Creo que estaba cansada de esperar.

guess *vt* (*esp. amer*) [informal] imaginar, suponer *I guess you're right.* Supongo que tienes razón.

105.3 Demasiado dispuesto a creer

swallow *vt* [informal. Obj: información falsa] tragarse *The story was absurd, but he swallowed it whole.* La historia era absurda pero se la tragó entera.

gullible *adj* [peyorativo. Implica falta de sentido común] crédulo, simplón **gullibility** *snn* credulidad

superstition *sn/nn* [creencia en fuerzas sobrenaturales o en magia] superstición

superstitious *adj* [describe: persona] supersticioso

105.4 Digno de ser creído

credible *adj* [que merece ser creído o tomado en serio. Describe: p.ej. historia, alternativa] creíble, verosímil *His defence policies are barely credible.* Su política de defensa es difícilmente creíble. **credibly** *adv* de manera creíble **credibility** *snn* credibilidad

plausible *adj* [que parece creíble. Describe: p.ej. una excusa] verosímil, admisible **plausibly** *adv* de manera verosímil **plausibility** *snn* verosimilitud

106 Opinion Opinión

ver también **105 Believe**; **107 Intend**

opinion *sn/nn* (frec. + **of**) opinión *You're making a mistake, in my opinion.* En mi opinión cometes un error. *I have a high opinion of her ability.* Tengo en muy buen concepto su capacidad. *public opinion* la

opinión pública *They were of the opinion that the business would fail.* Opinaban que el negocio fracasaría.

attitude *sn* (frec. + **to**, **towards**) [implica un sentimiento o una respuesta ante una situación más que un juicio sobre la misma] actitud, postura *His attitude to the problem seems to be to ignore it.* Parece haber adoptado la postura de hacer caso omiso del problema. *My attitude is that they should pay for our advice.* Considero que nos deberían pagar por nuestro asesoramiento.

view *sn* (frec. + **on**, **about**) [norml. abarca campos más amplios que **opinion**] idea, opinión, criterio, parecer *She has odd views on bringing up children.* Tiene ideas extrañas sobre cómo educar a los hijos. *She **took the view that** training was a priority.* Adoptó el criterio de que la formación era una prioridad. *In my view, cars should be banned from cities.* A mi parecer deberían prohibir los coches en las ciudades.

estimation *snn* [bastante formal. Implica, más que una opinión, un juicio detenido] juicio, opinión *In my estimation, it is a second-rate book.* A mi juicio se trata de un libro de segunda categoría.

point of view 1 [opinión que surge ante una situación determinada y que está relacionada con las necesidades, creencias, deseos, etc. de la persona o grupo en cuestión] punto de vista, perspectiva *The news is disastrous from the enemy's point of view.* Desde el punto de vista del enemigo esta noticia resulta desastrosa. **2** [considerando un aspecto particular de una situación o cosa] en lo que respecta a, desde el punto de vista de *From the point of view of size, the room is ideal.* En cuanto al tamaño, la habitación resulta ideal.

viewpoint *sn* [ligeramente más formal que **point of view**. No se puede usar con el segundo sentido de **point of view**] perspectiva, punto de vista *Try to see it from my viewpoint.* Intente verlo desde mi perspectiva.

principle *s* **1** *sn/nn* [implica ideales morales] principio *It's a matter of principle.* Es una cuestión de principios. **2** *sn* [fundamento de acciones, creencias, etc.] principios *based on principles of Freudian psychology* basado en principios de la psicología freudiana

philosophy *s* **1** *sn* [sistema de creencias] filosofía *his philosophy of non-violence* su filosofía de la no-

violencia *the philosophy of Plato* la filosofía de Platón **2** *snn* [estudios] filosofía **philosopher** *sn* filósofo **philosophical** *adj* filosófico

outlook *s* (norml. no hay *pl*; frec. + **on**) [manera general de pensar, p.ej. sobre la vida] actitud, postura *a negative outlook on life* una actitud negativa ante la vida

consider *vt* [ligeramente formal] considerar (+ **that**) *I consider that the operation is too risky.* Considero que la operación es demasiado arriesgada. (+ obj + *s*) *I consider my work a failure.* Mi trabajo me parece un fracaso. (+ obj + *adj*) *They considered her remarks offensive.* Consideraron sus comentarios ofensivos.

think of sth/sb *v fr.* (frec. usado en preguntas) *What did you think of the show?* ¿Qué te pareció el espectáculo? (+ **as**) *I thought of you as a friend.* Te tenía como un amigo.

regard *vt* (frec. + **as**) [bastante formal] considerar *How do you regard his early work?* ¿Qué consideración te merecen sus primeros trabajos? *I regard him as a fool.* Lo considero un imbécil.

assess *vt* [implica una opinión a la que se llega tras un examen cuidadoso y a menudo formal] evaluar, valorar *We must assess the product's commercial potential.* Debemos evaluar el potencial comercial del producto.

assessment *sn/nn* evaluación, valoración *an encouraging assessment of our achievements* una valoración alentadora de nuestros logros

judge *vti* juzgar (+ **that**) *I judged that the time was right.* Juzgué que era el momento oportuno. (+ *adj*) *Doctors judged her fit to compete.* Los médicos la encontraron en condiciones para competir. *Judging by his tone of voice, he was rather angry.* A juzgar por su tono de voz estaba bastante enfadado. [puede implicar una opinión sobre los valores morales] *Don't judge me too harshly.* No me juzgue con demasiada dureza.

judgment O **judgement** *s* **1** *sn* (frec. + **on**) [opinión] juicio *Have you formed a judgment on the matter?* ¿Ya se ha formado una opinión en torno al asunto? **2** *snn* [capacidad para juzgar] juicio *I'm relying on your judgment.* Confío en su buen juicio.

---

107 Intend Tener la intención de

ver también **72 Want**; **73 Choose**

intend *vi* (frec. + **to** + INFINITIVO) [expresa deseo de llevar a cabo una acción] tener la intención de, tener el propósito de *Do you intend to have the baby at home?* ¿Piensas dar a luz en casa? *I intended it to be a surprise.* Yo quería que fuera una sorpresa.

u s o

Intend nunca tiene el sentido de la palabra española 'intentar'.

plan *vt*, **-nn-** (frec. + **to** + INFINITIVO) [ligeramente menos formal y menos definitivo que **intend**] pensar en, tener la intención de *We're planning to emigrate to Canada.* Tenemos planes de emigrar a Canadá.

mean *v pas. & pp.* **meant 1** *vit* (+ **to** + INFINITIVO) [hacer deliberadamente. Se usa frec. en frases negativas o al hablar de cosas que alguien no llegó a hacer o que no llegaron a ocurrir. Menos formal que **intend**] tener la intención de, querer *He didn't mean to hurt you.* No era su intención herirte. *I meant to phone you, but I forgot.* Quería telefonearte pero se me olvidó. *I meant them to eat it all.* Quería que ellos se lo comiesen todo. **2** *vt* [causar deliberadamente] *I didn't mean them any harm.* No les deseaba ningún daño. **3** *vi* (+ **to** + INFINITIVO) [formal. Planear para el futuro] tener la intención de, pensar *I mean to work harder.* Tengo la intención de trabajar más.

have sth/sb in mind [estar considerando algo que aún no es definitivo] pensar en algo/alguien *Who do you* *have in mind for the job?* ¿En quién has pensado para el trabajo?

decide *vit* (frec. + **to** + INFINITIVO) decidir *I've decided to retire.* He decidido jubilarme. *He can't decide which option is best.* No sabe por qué opción decidirse.

decision *sn* (frec. + **on**, **about**) decisión *I have some difficult decisions to make.* Tengo que tomar algunas decisiones difíciles. *I'll respect your decision.* Respetaré tu decisión.

107.1 Lo que se pretende
ver también **290 System**

intention *sn/nn* [más bien formal, esp. en frases positivas] intención, propósito *She has no intention of marrying him.* No tiene la menor intención de casarse con él. *It was my intention to remain silent.* Tenía la intención de permanecer callado. *good intentions* buenas intenciones

plan *sn* [frec. más definitivo que **intention**] plan, proyecto *We have plans to buy a house next year.* Tenemos planos de comprar una casa el año próximo.

scheme *sn* 1 [plan detallado] programa *a new scheme for improving the traffic problem* un nuevo programa para atenuar el problema del tráfico **2** [plan inteligente pero poco honesto] treta, ardid, estratagema
scheme *vi* (frec. + **against**) [peyorativo. Implica intenciones perversas] tramar/urdir una conspiración

project *sn* [implica un esfuerzo y planificación a largo plazo] proyecto *I'm working on a project to provide new housing in the area.* Estoy trabajando en un proyecto para dotar al área de nuevas viviendas.

107.2 Cosas que uno espera lograr
ver también **396 Success**

aim *sn* objetivo *the government's long-term aims* los objetivos a largo plazo del gobierno
goal *sn* [frec. implica un objetivo final] meta *Our ultimate goal is full independence.* Nuestra meta final es la independencia total.
objective *sn* [más bien formal. Se usa frec. en contextos empresariales. Implica objetivos medibles] objetivo *We need to set our objectives for the year.* Hemos de marcar nuestros objetivos para este año.
target *sn* [implica objetivos medibles] objetivo, blanco *Our original target was to double sales.* Nuestro

objetivo original era duplicar las ventas.

ambition *sn/nn* [deseo personal de tener éxito] ambición *One of my ambitions is to visit China.* Una de mis ambiciones es visitar la China. *naked ambition* pura ambición **ambitious** *adj* ambicioso **ambitiously** *adv* con ambición

purpose *sn/nn* (frec. + **of**) [pone el énfasis en la razón que hay detrás de la acción] propósito, intención *The troops' main purpose is to keep the peace.* El propósito principal de las tropas es mantener la paz.

intent *snn* [frec. se aplica en contextos legales] intención *He went there with no intent to steal.* Fue allí sin intención alguna de robar.

107.3 Deseo de lograr algo

intent *adj* (detrás de *v*; + **on**) [extremadamente resuelto. Describe: persona] decidido, resuelto [frec. usado con desaprobación] *She seems intent on self-destruction.* Parece empeñada en autodestruirse.

intentional *adj* [describe: p.ej. una acción, esp. una mala acción] intencionado, deliberado *Was the humour intentional?* ¿La gracia fue intencionada? **intentionally** *adv* intencionadamente

deliberate *adj* [describe: p.ej. una acción, esp. una mala acción] deliberado, premeditado *a deliberate attempt to undermine my authority* un intento deliberado de menoscabar mi autoridad **deliberately** *adv* intencionadamente

determined *adj* (frec. + **to** + INFINITIVO) [una intención muy fuerte. Describe: persona, acción] decidido, resuelto *I'm determined to win the race.* Estoy decidido a ganar la carrera. *a determined attempt to win* un decidido intento de ganar **determination** *snn* determinación

obstinate *adj* [peyorativo. Implica irracionalidad] obstinado, testarudo, terco **obstinately** *adv* obstinadamente **obstinacy** *snn* obstinación

stubborn *adj* [frec. implica irracionalidad] obstinado, testarudo, terco *his stubborn refusal to eat* su obstinado rechazo a la comida **stubbornly** *adv* tercamente **stubbornness** *snn* terquedad

c o m p a r a c i ó n
as stubborn as a mule terco como una mula

108 Idea Idea

theory *s* 1 *sn* [explicación posible] teoría *My theory is that they're planning an invasion.* Mi teoría es que están planeando una invasión. **2** *snn* [en oposición a la práctica] teoría *In theory*, the engine should start now. En teoría, el motor debería arrancar ahora. **theoretical** *adj* teórico **theoretically** *adv* teóricamente

concept *sn* [idea abstracta] concepto *It is difficult to grasp the concept of death.* Es difícil entender el concepto de la muerte. **conceptual** *adj* conceptual **conceptually** *adv* conceptualmente

notion *sn* noción, concepto *the notion of God as all-powerful* la noción de Dios como todopoderoso *She*

has no notion of fairness. No tiene noción alguna de la justicia. [frec. usado de manera despectiva, implica capricho] *old-fashioned notions about discipline* ideas anticuadas sobre la disciplina

inspiration *s* 1 *snn/n* [fuente de ideas] inspiración *A trip to China provided the inspiration for my latest book.* Un viaje a la China me sirvió de inspiración para mi último libro. **2** *sn* idea luminosa *I've had an inspiration!* ¡He tenido una idea luminosa!

brainwave *sn* (*esp. brit*) [más bien informal] idea repentina *I've had a brainwave about where to look.* He tenido una idea brillante sobre dónde buscar.

108.1 Tener ideas

occur to sb *v fr.*, **-rr-** [implica una comprensión repentina] ocurrírsele a alguien *It suddenly occurred to me that you might know the answer.* De repente se me ocurrió que tú tal vez sabrías la respuesta. [frec. se utiliza en frases negativas para subrayar lo insospechado de la idea. A menudo implica que tal idea no es razonable] *It never occurred to me that he might be angry.* Jamás se me ocurrió que pudiera estar enfadado.

cross one's mind [frec. usado en frases negativas] pasársele a alguien por la cabeza *It never crossed my mind to ask.* Nunca se me pasó por la cabeza preguntar.

imagine *vt* [dibujar mentalmente] imaginar, figurarse *Can you imagine how cross I was?* ¿Te figuras lo enfadado que estaba? *I tried to imagine their house in the country.* Intenté imaginarme su casa de campo.

imagination *sn/nn* imaginación *Her writing lacks imagination.* A sus escritos les falta imaginación. *I'll leave the rest of the story to your imagination.* Dejo el resto de la historia a vuestra imaginación. *ver también* **35 Unreal**

inspire *vt* [aportar una idea a algo] inspirar *The film was inspired by his own experiences in the war.* La película estaba inspirada en sus propias vivencias durante la guerra.

109 Guess Adivinar

ver también **105 Believe**

guess *vti* **1** [juzgar careciendo de información] suponer *I'd guess (that) he was about 50.* Yo diría que tiene unos 50 años. (+ **at**) *We can only guess at their next move.* Sólo podemos hacer conjeturas sobre lo que harán a continuación. **2** [dar con la respuesta] adivinar *He's guessed our secret.* Adivinó nuestro secreto. *Try and guess the price.* A ver si adivinas el precio. *Guess what I've been doing!* ¡Adivina lo que he estado haciendo!

guess *sn* (frec. + **at**) *Have a guess at her age.* A ver si adivinas cuántos años tiene. *At a rough guess, I'd say the painting's Dutch.* A simple vista yo diría que es un cuadro holandés.

guesswork *snn* conjetura *The report is nothing but guesswork.* El informe es mera conjetura.

wonder *vti* [implica deseo de saber] preguntarse *I wonder what they'll do next.* Me pregunto lo que harán a continuación. (+ **about**) *We were wondering about her future.* Nos preguntábamos qué le depararía el futuro. *They wondered whether they should go.* Se preguntaban si debían ir.

suspect *vti* [creer que algo es probable. Obj: esp. algo negativo] sospechar *I suspected he'd been drinking.* Sospeché que había estado bebiendo. (+**of**) *I suspected her of lying.* Sospechaba que mentía. **suspect** *sn* sospechoso

suspicion *sn/nn* **1** [creencia en la culpabilidad de alguien] sospecha *I always had my suspicions about that family.* Siempre tuve mis sospechas sobre esa familia. *She was **under suspicion of** murder.* Estaba bajo sospecha de asesinato. *arrested **on suspicion of** fraud* arrestado bajo sospecha de fraude **2** [desconfianza] recelo *He regarded me with suspicion.* Me miraba con recelo.

suspicious *adj* **1** [que provoca sospecha. Obj: p.ej. comportamiento, objeto, persona] sospechoso *a suspicious character* un tipo sospechoso **2** (frec. + **of**, **about**) [que sospecha culpabilidad] suspicaz, receloso *She was suspicious about my behaviour.* Ella recelaba de mi comportamiento. **suspiciously** *adv* de manera sospechosa, con recelo, con desconfianza

expect *vt* **1** [creer probable] suponer, imaginar *I expect you're hungry.* Supongo que estarás hambriento. *I expected her to come later.* Me imaginaba que llegaría más tarde. (+ **that**) *I expect that it will rain.* Supongo

que lloverá. **2** [considerar razonable o necesario] esperar (+ **to** + INFINITIVE) *I expect my staff to be polite.* Espero de mis empleados que sean corteses.

expectation *sn/nn* **1** [aquello que uno cree probable] previsión *The business has exceeded all our expectations.* El negocio ha superado todas nuestras expectativas. **2** [aquello que uno desea] esperanza, expectativa *They have unrealistic expectations of their children.* Tienen puestas esperanzas poco realistas en sus hijos.

estimate *vt* [calcular aproximadamente, basándose en alguna información. Obj: p.ej. valor, cantidad] estimar, calcular, apreciar (+ **that**) *I estimate that the job will take two weeks.* Calculo que tardaremos unas dos semanas en hacer el trabajo.

estimate *sn* cálculo, apreciación, presupuesto *a conservative estimate* un cálculo prudente

speculate *vi* (frec. + **about**, **on**) [a veces puede resultar más bien peyorativo implicando una conjetura o suposición] especular *Low profits have led people to speculate about the company's future.* Los bajos beneficios han llevado a la gente a especular sobre el futuro de la empresa.

speculation *sn/nn* especulación *There has been speculation in the press about their marriage.* En la prensa se ha especulado sobre su matrimonio.

109.1 Hacer conjeturas sobre el futuro

predict *vt* [basado en hechos o impresiones] pronosticar, prever *Nobody could have predicted the scale of the disaster.* Nadie podía haber previsto la magnitud del desastre. (+ **that**) *I predict that shares will rise.* Vaticino que la bolsa subirá.

prediction *sn* predicción, previsión *gloomy economic predictions* previsiones económicas pesimistas

forecast *vt, pas. & pp.* **forecast** [implica a expertos que manejan datos] pronosticar, prever *The polls forecast a victory for the president.* Las encuestas vaticinan una victoria para el presidente.

forecast *sn* pronóstico, previsión *economic forecasts* previsiones económicas **weather forecast** pronóstico del tiempo

anticipate *vt* [considerar probable. Frec. implica que se lleva a cabo una acción adecuada] prever *We're not anticipating any problems.* No prevemos ningún problema. *I had anticipated their objections and prepared my arguments.* Había previsto sus objecciones y había preparado mis argumentos.

anticipation *snn* **1** previsión *They're buying extra coal in anticipation of a strike.* Estan comprando carbón de más en previsión de una huelga. **2** expectación *There was a sense of anticipation in the room.* En la habitación se respiraba cierta expectación.

110 Know Saber, Conocer

know *vt, pas.* **knew** *pp.* **known 1** [tener conocimiento de algo] saber *You always know what to do.* Tú siempre sabes lo que hay que hacer. *Do you know where she is?* ¿Sabes dónde está? **2** [estar familiarizado con. Obj: persona, lugar] conocer

knowledge *snn* conocimiento *To the best of my knowledge* *they never met.* Por lo que yo sé ellos nunca se conocieron. *My knowledge of German is slight.* Mis conocimientos de alemán son muy pobres. [puede ser formal] *I have no knowledge of his whereabouts.* Desconozco su paradero.

knowledgeable *adj* (frec. + **about**, **on**) entendido, erudito **knowledgeably** *adv* con conocimiento

aware *adj* (norml. después de *v*; frec. + **of**) [que sabe y tiene en cuenta] enterado, consciente *I was not aware of her background.* Desconocía sus orígenes. *I am aware that he resents me.* Soy consciente de que me guarda rencor. *They are **well aware of** the danger.* Son muy conscientes del peligro.

awareness *snn* (frec. + **of**) concienciación *There is little public awareness of the problem.* La gente no está muy concienciada del problema.

conscious *adj* (norml. después de *v*; frec. + **of**) [implica conocimiento de los hechos y preocupación por los mismos] consciente *He's highly conscious of his previous mistakes.* Es muy consciente de sus errores anteriores.

consciousness *snn* **1** conciencia **2** (en medicina) conocimiento *to lose consciousness* perder el conocimiento

consciously *adv* [deliberadamente] conscientemente, a sabiendas *I don't consciously set out to be controversial.* No busco ser polémica deliberadamente.

intuition *snn/n* [conocimiento instintivo] intuición *My intuition tells me something is wrong.* Mi intuición me dice que algo va mal. **intuitive** *adj* intuitivo **intuitively** *adv* intuitivamente

110.1 Llegar a conocer

realize *vt* darse cuenta de (+ **that**) *I didn't realize that they were there.* No me dí cuenta de que estaban allí. [saber y comprender] *I realize how angry you must feel.* Me hago cargo de lo enfadada que debes estar. *Do you realize the damage you have caused?* ¿Te das cuenta del daño que has hecho?

realization *snn/n* (no tiene *pl*) comprensión (+ **of**) *His jaw fell as the realization of his mistake dawned on him.* Se quedó boquiabierto cuando cayó en la cuenta de su error.

recognize *vt* **1** [obj: persona, objeto] reconocer *Don't you recognize me?* ¿No me reconoces? **2** [admitir. Ligeramente formal] reconocer *We recognize the need for further training.* Reconocemos la necesidad de una

mayor formación. (+ **that**) *They recognize that morale is low among staff.* Reconocen que la moral del personal está baja.

recognition *snn* **1** reconocimiento *My brother has changed **beyond all recognition**.* Mi hermano está irreconocible. **2** reconocimiento *Recognition of earlier failures has helped them improve.* El reconocimiento de sus errores anteriores les ha ayudado a mejorar.

identify *vt* **1** [descubrir. Frec. implica más esfuerzo y quizás más investigación que **recognize**] identificar *We have finally identified the cause of the problem.* Finalmente hemos identificado la causa del problema. **2** [probar o mostrar la identidad de algo] identificar *I identified his body.* Identifiqué su cadáver. (+ **as**) *We identified the birds as plovers.* Identificamos los pájaros como chorlitos. **identification** *snn* identificación

110.2 Saber por experiencia

ver también **288 Habitual**

experience *s* **1** *snn* [por haber hecho algo anteriormente] experiencia *Have you any experience of working with young people?* ¿Tiene usted alguna experiencia de trabajo con jóvenes? **2** *sn* [acontecimiento] experiencia *The crash was a traumatic experience.* El accidente fue una experiencia traumática.

experience *vt* experimentar, vivir *a generation which has never experienced war* una generación que nunca ha vivido la guerra

f r a s e s

know the ropes [informal. Implica conocer la rutina y tener la habilidad de actuar eficientemente] conocer el paño *You can work next to me until you know the ropes.* Puedes trabajar a mi lado hasta que conozcas el paño.

know what's what [informal. Implica la capacidad de juzgar lo que es correcto, importante, etc.] saber de qué va el asunto

find one's feet [acostumbrarse a una nueva situación y saber manejarse en ella] aprender a desenvolverse *The company's still finding its feet in the Japanese market.* La empresa todavía está aprendiendo a desenvolverse en el mercado japonés.

know sth inside out/like the back of one's hand [informal. Conocer extremadamente bien] conocer algo como la palma de la mano *Taxi drivers have to know the city inside out.* Los taxistas se han de conocer la ciudad como la palma de la mano.

experienced *adj* experimentado *one of our most experienced officers* uno de nuestros oficiales más experimentados

accustomed adj (siempre + **to**) [ligeramente formal] habituado *They have become accustomed to a life of luxury.* Se han habituado a una vida de lujo.

accustom sb **to** sth vt fr. acostumbrar(se) a, habituar(se) a *I gradually accustomed myself to the noise.* Poco a poco me fui habituando al ruido.

acquaint sb **with** sth vt fr. [formal] poner a alguien al corriente de algo *I'm not acquainted with her work.*

No estoy familiarizado con su trabajo. *I need to acquaint them with our procedures.* Tengo que ponerles al corriente de nuestros procedimientos.

familiar adj **1** (después de v; siempre + **with**) [que sabe sobre algo] estar familiarizado *Which computers are you familiar with?* ¿Con qué ordenadores está usted familiarizado? **2** [corriente] común *a familiar complaint* una queja muy común

111 Fame Fama

famous adj famoso *He was a gifted poet, but more famous as a historian.* Tenía talento como poeta, pero era más conocido como historiador. *a famous battle* una famosa batalla

well-known adj, compar. **better-known** superl. **best-known** [implica el interés de un número más reducido de personas que **famous** y probablemente se tratará de unos logros menos sensacionales o atractivos] conocido *a well-known journalist* un conocido periodista *one of Britain's best-known insurance*

companies una de las compañías de seguros británicas más conocidas

notorious adj [famoso por algo negativo. Un poco más fuerte que **infamous**] famoso, notorio *a notorious war criminal* un criminal de guerra notorio *That stretch of road is a notorious death trap.* Ese tramo de carretera es muy conocido por lo peligroso que es. **notoriously** adv notoriamente **notoriety** snn mala fama, notoriedad

infamous adj [famoso por algo negativo. Puede implicar cierto respeto por lo descrito] famoso *the infamous north face of the Eiger* la terrible cara norte del Eiger

reputation sn (frec. + **for**, **as**) reputación, fama *The school has a good reputation.* El colegio tiene buena reputación. *She has a considerable reputation as a poet.* Goza de muy buena reputación como poeta. *He certainly **lived up to his reputation** as a trouble-maker.* Desde luego estuvo a la altura de su fama de alborotador.

celebrity sn celebridad *local sports celebrities* celebridades del mundillo deportivo local

star sn [persona muy admirada y famosa] estrella ***pop star*** estrella de la música pop *stars of stage and screen* estrellas del teatro y de la pantalla **stardom** snn estrellato

112 Unknown Desconocido

obscure adj [poco conocido] oscuro *obscure references to Chaucer* oscuras referencias a Chaucer **obscurity** snn oscuridad

oblivion snn [implica ser pasado por alto u olvidado] olvido *After one successful novel she sank into oblivion.* Después de una novela de éxito se sumió en el olvido.

112.1 No conocer

unaware adj (después de v; + **of**, + **that**) no consciente, ignorante *They were unaware of their rights.* Desconocían sus derechos.

ignorant adj (después de v; + **of**) [más bien formal] no consciente, ignorante *They were completely ignorant of the research done in Europe.* Desconocían totalmente la investigación que se había llevado a cabo en Europa. **ignorance** snn ignorancia *ver también **240 Stupid**

oblivious adj (norml. después de v; + **to**, **of**) [frec. se aplica cuando una cosa negativa ocurre o podía haber ocurrido por no habernos percatado de algo] inconsciente *She carried on talking, totally oblivious to the offence she had caused him.* Siguió hablando sin percatarse en absoluto de que le había ofendido.

112.2 Cosas o personas desconocidas

stranger sn desconocido *She looked at me as though I was a complete stranger.* Me miró como si yo fuese un total desconocido.

mystery sn/nn misterio *It's a complete mystery where the money came from.* De dónde salió el dinero es un misterio total. (usado como adj) *mystery story* una historia de misterio

mysterious adj misterioso *He disappeared in mysterious circumstances.* Desapareció en circunstancias misteriosas. **mysteriously** adv misteriosamente *frases*

(to be) in the dark (about sth) no estar informado (de algo) *They kept us in the dark about the firm's financial crisis.* Nos ocultaron todo sobre la crisis financiera de la empresa.

I haven't (got) a clue [enfático] no tengo ni la más remota idea *It's broken and I haven't got a clue how to fix it.* Está roto y no tengo ni la más mínima idea de cómo repararlo.

the sixty-four thousand dollar question [más bien humorístico. La pregunta clave a la que nadie puede contestar] la pregunta clave *Will the public buy the product? That's the sixty-four thousand dollar question!* ¿Comprará el público el producto? ¡He aquí la pregunta clave!

113 Find out Descubrir

ver también **95 Find**

find (sth) **out** o **find out** (sth) *vt fr.* [los tiempos de presente y de futuro implican averiguar información mediante preguntas, pero en pasado también se usa respecto a cosas que se han averiguado accidentalmente] averiguar, enterarse de *Could you find out the train times for me?* ¿Me podrías averiguar el horario de trenes? *I found out she's been married before.* Me he enterado de que ella ha estado casada anteriormente.

finding *sn* (norml. se usa en *pl*) [resultado de una investigación (norml. oficial)] resultados, conclusiones *The committee's findings were critical of airport security.* Las conclusiones de la comisión criticaban la seguridad del aeropuerto.

discover *vt* descubrir *I discovered that my grandfather was buried near there.* Descubrí que mi abuelo estaba enterrado cerca de allí. *I've discovered their secret.* He descubierto su secreto.

discovery *sn* descubrimiento *We made an interesting discovery about our house.* Hicimos un interesante descubrimiento acerca de nuestra casa.

detect *vt* [descubrir mediante percepción] detectar, percibir *It's easy to detect the influence of Joyce in his work.* Es fácil detectar la influencia de Joyce en su obra. *I detected a note of sarcasm in his reply.* Percibí una nota de sarcasmo en su respuesta. **detection** *snn* detección

113.1 Intentar descubrir algo sobre alguien

investigate *vt* [examinar las pruebas para descubrir la causa de algo, las consecuencias probables, etc. Obj: p.ej. delito, remedio, posibilidad] investigar *Police are investigating the theft of priceless jewellery.* La policía está investigando el robo de unas alhajas de valor incalculable. *I went to investigate the noise in the garden.* Salí a ver qué era ese ruido que venía del jardín.

investigation *sn/nn* (frec. + **into**) investigación *a murder investigation* la investigación de un homicidio *The matter is **under investigation**.* El asunto se está investigando.

investigator *sn* [norml. se especifica el tipo de investigador] investigador *a private investigator* investigador privado *accident investigators* investigadores de accidentes

analyse, TAMBIÉN **analyze** (*amer*) *vt* [implica el uso de métodos científicos y de mucho detalle, estudiando, a menudo, cada una de las partes del objeto analizado] analizar *Her hair was analysed for mineral deficiencies.* Le analizaron el cabello por si le faltaban minerales. *If we analyse the situation...* Si analizamos la situación...

analysis *sn/nn*, *pl* **analyses** análisis *an analysis of the economic situation* un análisis de la situación económica

research *snn* o **researches** *s pl* (frec. + **into**, **on**) [implica un estudio académico o científico] investigación, estudio *She published her research into child psychology.* Publicó su estudio sobre psicología infantil. *They carry out research using live animals.* Llevan a cabo investigaciones utilizando animales vivos.

research *vt* investigar *She's researching the period for a novel.* Está estudiando la época para una novela.

113.2 Descubrir por lógica

work sth **out** o **work out** sth *vt fr.* [implica encontrar respuesta a problemas prácticos o matemáticos] resolver, calcular *I worked out the cost of running a car for a year.* Calculé el coste que supone mantener un coche durante un año. *I finally worked out how to turn it off.* Finalmente averigué como desconectarlo.

solve *vt* [implica resolver una dificultad deliberada. Obj: p.ej. un rompecabezas, un crucigrama] resolver **solution** *sn/nn* solución (+ **to**) *the solution to last week's crossword* la solución al crucigrama de la semana pasada

113.3 Deseo de descubrir

curious *adj* [ver USO más abajo] curioso **curiously** *adv* curiosamente

curiosity *snn* curiosidad *We went along out of curiosity.* Fuimos por curiosidad.

nosy *adj* [peyorativo. Implica interés en los asuntos privados de otros] entrometido **nosiness** *snn* entrometimiento

inquisitive *adj* [a veces peyorativo, pero puede implicar una mente despierta y alerta] curioso, preguntón **inquisitively** *adv* con curiosidad **inquisitiveness** *snn* curiosidad

USO

Curious se utiliza normalmente en las siguientes estructuras: (+ **about**) *I'm curious about his past.* Siento curiosidad por su pasado.
(+ **to** + INFINITIVO) *Everyone was curious to know who had written the letter.* Todo el mundo quería saber quién había escrito la carta.
Dado que **curious** también significa 'raro' o 'extraño',

norml. no se encuentra fuera de estas estructuras a menos que no exista ambigüedad.

Nosy y **inquisitive** no se utilizan en estas estructuras. Se usan simplemente para descibir a personas: *He is very nosy.* Es muy entrometido. *My answer obviously did not satisfy this inquisitive six-year-old.* Mis respuestas evidentemente no satisfacieron a este curioso de seis años.

114 Understand Comprender

understand *vti, pas. & pp.* **understood** entender
understanding *snn* [lo que uno entiende o cree que es cierto] comprensión, entendimiento *My understanding of the contract was that you were responsible for labour costs.* Lo que yo entendí al leer el contrato era que usted era responsable de los costes de mano de obra.

comprehend *vti* [formal. Frec. se utiliza para dar énfasis] comprender *Why she left I shall never comprehend.* El porqué se fue nunca lo comprenderé.
comprehension *snn* comprensión *They have no comprehension of environmental issues.* Los temas medio ambientales escapan a su comprensión. *Why he needs another car is **beyond my comprehension**.* [implica desaprobación] Para qué necesita otro coche es algo que no logro comprender.

grasp *vt* [lograr entender, esp. algo complicado] captar *Once you've grasped the basic idea, the system's quite simple.* Una vez que se capta la idea básica, el sistema resulta bastante simple.
grasp *sn* (no tiene *pl*) dominio *You need a good grasp of economic theory.* Se necesita tener un buen dominio de la teoría económica.

realize *vt* [implica una comprensión repentina o enfatiza el hecho de que se es consciente de algo] darse cuenta, hacerse cargo de *I realized I had forgotten my watch.* Me di cuenta de que me había olvidado del reloj. *I realize you're very busy, but it is important.* Soy consciente de que está muy ocupada, pero esto es importante. **realization** *snn* comprensión
dawn on *sb vt fr.* [implica la comprensión repentina de un hecho (frec. obvio)] caer en la cuenta *It dawned on*

me that there was a simple answer. Caí en la cuenta de que había una respuesta muy sencilla.
see through *sth/sb vt fr.* [implica comprender a pesar del esfuerzo de otros por esconder los hechos. Obj: p.ej. mentiras, fingimientos] calar, ver claramente la verdadera naturaleza de *She claimed to be a doctor, but we saw through her at once.* Ella decía que era médico, pero en seguida la calamos.

114.1 Comprender y aprender

take sth **in** o **take in** sth *vt fr.* [implica la comprensión de algo poniendo atención] entender, darse cuenta de *I was so shocked, I couldn't take in what was happening.* Me quedé tan sorprendido, que no lograba entender lo que estaba ocurriendo.
catch on *vi fr.* (frec. + **to**) [informal. Implica utilizar el ingenio de una forma rápida para entender, esp. cómo hacer algo] coger el truco *Just watch what I do - you'll soon catch on.* Mira lo que hago yo - en seguida cogerás el truco.
cotton on *vi fr.* (frec. + **to**) [informal. Implica utilizar el ingenio de una forma rápida para entender] enterarse, darse cuenta *All the staff were stealing, but the management never cottoned on.* Todos los empleados robaban, pero la dirección jamás se enteró.

frase

get the hang of sth [informal. Aprender a hacer algo de manera competente] cogerle el truco a algo *I haven't quite got the hang of this keyboard yet.* Aún no le he cogido el truco a este teclado.

115 Misunderstand Comprender mal

misunderstand *vti, pas. & pp.* **misunderstood** [implica entender incorrectamente más que no entender] entender mal, malinterpretar
misunderstanding *sn* [implica que se entiende mal algo. También es un eufemismo para discusión] malentendido, error *There must be a misunderstanding - I definitely booked a double room.* Debe haber un malentendido, yo reservé una habitación doble sin lugar a dudas. *I know we've had a few misunderstandings in the past.* Sé que en el pasado tuvimos nuestras diferencias.

incomprehension *snn* [formal. A veces peyorativo] falta de comprensión *We were amazed at their incomprehension of children's needs.* Nos quedamos asombrados por su falta de comprensión de las necesidades de los niños.

115.1 Impedir la comprensión

confuse *vt* **1** [hacer difícil de entender] confundir, desconcertar *Stop talking so fast - you're confusing me.* Deja de hablar tan rápido, me estás aturdiendo. *I'm* *still confused about who's in charge here.* Todavía estoy confuso sobre quién está al cargo aquí. **2** (frec. + **with**) [confundir algo/alguien por algo/alguien] confundir *I always confuse him with his brother.* Siempre le confundo con su hermano. *He gets Venice and Vienna confused.* Confunde Venecia y Viena.

puzzle *vt* [hacer que alguien piense mucho y se sienta desorientado porque no comprende algo] dejar perplejo, desconcertar *What puzzles me is the lack of motive for the murder.* Lo que me desconcierta es la falta de móvil del asesinato. *She looked puzzled.* Parecía perpleja.

puzzle *sn* **1** [cosa no entendida] enigma, misterio *His background is a bit of a puzzle.* Su pasado es un poco enigmático. **2** [juego] puzzle, rompecabezas

bewilder *vt* [causar ansiedad, esp. al presentar algo de una forma confusa o presentando demasiada información al mismo tiempo] dejar perplejo *The computer manual left me totally bewildered.* El manual del ordenador me dejó completamente desconcertada. *a bewildering array of goods* una desconcertante exposición de productos

bewilderment *snn* perplejidad *He stared at us in bewilderment.* Nos miró perplejo.

baffle *vt* [ser imposible de entender incluso después de pensarlo mucho] desconcertar, dejar perplejo *Scientists are baffled by the new virus.* Los científicos están completamente desorientados por el nuevo virus.

bafflement *snn* desconcierto, perplejidad

it beats me [informal. Implica tanto sorpresa como incomprensión] no tengo ni idea *It beats me why they ever came back.* No tengo la menor idea de por qué regresaron.

it's/sth is beyond me [algo demasiado difícil o complicado para que yo lo entienda] es algo que me sobrepasa *The legal technicalities are beyond me.* Los tecnicismos legales me sobrepasan.

miss the point [no entender lo importante] no comprender (lo principal) *Her reply shows that she misses the whole point of my article.* Su respuesta demuestra que no ha comprendido el verdadero sentido de mi artículo.

get (hold of) the wrong end of the stick [informal. Comprender mal, causando a menudo una reacción inadecuada] tomar el rábano por las hojas

---

116 Remember Recordar

Remember puede significar 'traer a la mente' o 'no olvidar'. Cuando tiene el sentido de 'traer a la mente' va seguido de la construcción (+ -ing). Cuando significa 'no olvidar' va seguido de (+ **to** + INFINITIVO) o de un objeto directo. P.ej.:

Did you remember her birthday? ¿Te acordaste de su cumpleaños?

I remembered to lock the door. Me acordé de cerrar la puerta con llave.

I remember having seen her before. Recuerdo haberla visto antes.

Recall y **recollect** sólo se usan con el primer sentido.

recall *vti* [más bien formal. Puede implicar un esfuerzo para recordar] recordar *Do you recall what the man was wearing?* ¿Recuerda cómo vestía el hombre?

recollect *vti* [bastante formal. A veces implica recordar de una forma vaga] recordar *I seem to recollect that his father was a doctor.* Creo recordar que su padre era médico.

recollection *sn* recuerdo *I have only the dimmest recollections of my father.* Sólo tengo recuerdos muy vagos de mi padre.

memory *n* **1** *snn/n* (no tiene *pl*) [aptitud] memoria *She has a remarkable memory for names.* Tiene una memoria extraordinaria para los nombres. **2** *sn* [la cosa recordada] recuerdo *We have many happy memories of those days.* Tenemos muchos recuerdos felices de aquellos días. **memorize**, TAMBIÉN **-ise** (*brit*) *vt* memorizar, aprender de memoria

memorable *adj* [norml. apreciativo. Lo suficientemente notable como para ser recordado] memorable *a truly memorable performance* una actuación realmente memorable **memorably** *adv* memorablemente

116.1 Hacer recordar

remind *vt* (frec. + **of**) [puede tratarse de una acción voluntaria o involuntaria] recordar *Remind me of your address.* Recuérdeme su dirección. [a veces se utiliza para expresar enfado] *May I remind you that you are a guest here?* ¿Me permite recordarle que usted aquí es un invitado?

reminder *sn* (frec. + **of**) recordatorio *This is just a reminder that your train leaves at six.* Esto es sólo para recordarle que su tren sale a las seis.

jog sb's memory [hacer recordar deliberadamente] refrescarle la memoria a alguien *Police staged a reconstruction of the crime to jog people's memories.* La policía efectuó una reconstrucción del crimen para refrescarle la memoria a la gente.

bring it all (flooding) back [hacer que alguien recuerde vivamente] traer todo de nuevo a la memoria *I had almost forgotten those years, but seeing you brings it all back!* Casi había olvidado aquellos años pero al verte me vuelve todo de golpe

memento *sn*, *pl* **mementos** (frec. + **of**) [objeto guardado para recordar un acontecimiento, un período, etc.] recuerdo

souvenir *sn* (frec. + **of**) [objeto, norml. comprado, para recordar esp. un lugar o unas vacaciones] souvenir, recuerdo (usado como *adj*) *a souvenir shop* una tienda de souvenirs

keepsake *sn* [objeto que norml. se da para recordar a quien lo ha entregado] recuerdo

116.2 Memorias personales

reminisce vi (frec. + **about**) [implica hablar acerca de lo que uno recuerda norml. con felicidad o afecto] recordar viejas historias *reminiscing about our schooldays* recordando viejas historias de nuestros años de colegio
reminiscence sn reminiscencia, recuerdo *We endured*

an hour of her reminiscences about the composer. Aguantamos durante una hora sus reminiscencias acerca del compositor.
nostalgia snn nostalgia
nostalgic adj (frec. + **about**, **for**) nostálgico *This music makes me feel nostalgic.* Esta música hace que me sienta nostálgico.

117 Forget Olvidar

forget vti, pas. **forgot** pp. **forgotten** olvidar(se)
forgetful adj [implica olvidar de forma regular] olvidadizo **forgetfully** adv de manera olvidadiza
forgetfulness snn falta de memoria

absent-minded adj [implica falta de concentración] despistado, distraído **absent-mindedly** adv distraídamente **absent-mindedness** snn despiste, distracción

frases

slip one's mind [frec. se utiliza cuando uno se disculpa] írsele a uno de la cabeza, olvidársele a uno *I'm sorry I wasn't at the meeting - it completely slipped my mind.* Siento no haber asistido a la reunión, se me fue completamente de la cabeza.
have a memory like a sieve [exageración más bien cómica] tener una memoria de mosquito
out of sight, out of mind [proverbio. Uno se olvida de

la gente, de los problemas cuando se encuentra lejos de los mismos] ojos que no ven, corazón que no siente
(to be) on the tip of one's tongue en la punta de la lengua *His name is on the tip of my tongue.* Tengo su nombre en la punta de la lengua.
let sleeping dogs lie [proverbio. No remover antiguas discusiones y agravios] más vale no menearlo

118 Surprise Sorpresa

surprise vt [término genérico. Puede implicar una emoción más o menos intensa] sorprender *I'm not surprised you didn't stay!* ¡No me sorprende que no te quedaras! *A surprising number of people turned up.* Se presentaron un número sorprendente de personas.
surprisingly adv sorprendentemente
surprise s 1 sn [aquello que sorprende, norml. de manera agradable] sorpresa *Jennifer! What a nice surprise to see you!* ¡Jennifer! ¡Qué agradable sorpresa verte! 2 snn [emoción] sorpresa *Much to her surprise, she got the job.* Con gran sorpresa suya consiguió el puesto de trabajo. *The offer took me by surprise.* La oferta me cogió por sorpresa.
amaze vt [más fuerte que **surprise**] asombrar, dejar atónito *You'd be amazed how often it happens.* Te asombraría la frecuencia con la que ocurre. *It is amazing he wasn't killed in the accident.* Es asombroso que no se matara en el accidente.
amazement snn asombro, estupefacción *We watched in amazement as he stroked the lions.* Mirábamos estupefactos cómo acariciaba a los leones.
amazing adj [norml. apreciativo. Más bien informal, se usa para enfatizar] asombroso *Their garden is amazing.* Su jardín es asombroso. **amazingly** adv asombrosamente
astonish vt [más fuerte que **surprise**. Implica que algo poco probable ha causado la sensación] asombrar, dejar atónito *The confession astonished us all.* La confesión nos dejó a todos pasmados. *his astonishing rudeness* su increíble grosería **astonishingly** adv asombrosamente **astonishment** snn asombro, estupefacción
astound vt [más fuerte que **surprise**. Ligeramente más

fuerte que **amaze** y **astonish**. Implica que la sensación ha sido provocada por algo improbable] dejar atónito, dejar estupefacto *We made an astounding discovery.* Hicimos un descubrimiento asombroso. **astoundingly** adv asombrosamente

118.1 Sorpresa desagradable

shock vt [implica sorpresa y congoja porque algo es terrible, malo o inmoral] conmocionar, impresionar, escandalizar *His death shocked the art world.* Su muerte conmocionó el mundo del arte. *She showed a shocking lack of tact.* Mostró una falta de tacto espantosa. **shockingly** adv espantosamente, horriblemente
shock s 1 sn conmoción, sobresalto *Her resignation came as a shock to most of us.* Su dimisión nos cogió de sorpresa a la mayoría de nosotros. 2 snn [sentimiento. Puede ser un término médico] disgusto, conmoción, shock *He's still in a state of shock.* El todavía está conmocionado.
startle vt [implica una reacción breve y repentina ante el miedo] asustar, sobrecoger *We were startled by a gunshot.* Un tiro de pistola nos sobrecogió.
startling adj [sorprendente y algo pertubador] sorprendente, asombroso *Did you notice her startling resemblance to her mother?* ¿Notó el asombroso parecido que guarda con su madre? **startlingly** adv sorprendentemente
stun vt, **-nn-** [sorprender o sobresaltar fuertemente. Frec. el sujeto no puede reaccionar] aturdir, anonadar *The bank's collapse stunned the financial world.* El

colapso del banco sumió en el estupor al mundo de las finanzas. *We sat in stunned silence.* Nos quedamos allí sentados en un silencioso estupor.

stunning *adj* 1 [muy sorprendente] que aturde, que deja anonadado *a stunning lack of courtesy* una inconcebible falta de cortesía 2 [muy bonito] sensacional, maravilloso *You look stunning in that outfit.* Estás imponente con ese traje.

speechless *adj* [incapaz de hablar debido a una sorpresa agradable o desagradable, o a causa de un enfado] sin habla, mudo

118.2 Sorprendente y anormal

ver también **444 Unusual**

extraordinary *adj* [palabra enfática] 1 [extraño] extraordinario *What an extraordinary man!* ¡Qué hombre tan extraordinario! 2 [superior a lo normal] extraordinario *She has an extraordinary talent.* Tiene un talento extraordinario. **extraordinarily** *adv* extraordinariamente

unexpected *adj* [mucho menos enfático que **extraordinary**] inesperado *The cheque was completely unexpected.* El cheque fue algo totalmente inesperado.

unexpectedly *adv* inesperadamente *Some friends arrived unexpectedly.* Llegaron unos amigos inesperadamente.

incredible *adj* 1 increíble *They drove at an incredible speed.* Conducían a una velocidad increíble. 2

[informal. Maravilloso] increíble *That was an incredible meal.* Fue una comida increíble.

incredibly *adv* [extremadamente. Norml. da énfasis a un *adj*] increíblemente *incredibly boring* increíblemente aburrido

miracle *sn* milagro *It's a miracle you weren't hurt.* Es un milagro que salieras ileso.

miraculous *adj* milagroso *It was a miraculous escape.* Fue un milagro que lograran escaparse. **miraculously** *adv* milagrosamente

frases

it's a wonder (that)... es un milagro que... *It's a wonder nobody was hurt.* Fue un milagro que nadie saliese herido.

it/sth never ceases to amaze me [expresa sorpresa y frec. disgusto porque las cosas no cambian] nunca dejará de asombrarme *Her stubbornness never ceases to amaze me!* ¡Su tozudez no deja nunca de asombrarme!

Now I've seen/heard everything! [expresa sorpresa y frec. cólera] ¡Es lo último que me faltaba por ver/oír!

come out of the blue [inesperadamente] venir como llovido del cielo *Their offer came out of the blue.* Su oferta vino como llovida del cielo.

take sb aback desconcertar *I was taken aback by his frankness.* Su franqueza me desconcertó.

119 Boring Aburrido

bore *vt* [implica pérdida de interés] aburrir *Aren't you bored with your job?* ¿No estás aburrido de tu trabajo? *I get **bored stiff** sitting at home.* Me muero de aburrimiento estando en casa sin hacer nada.

bore *sn* [persona aburrida] aburrido, pesado **boredom** *snn* aburrimiento

uso

Hay que distinguir entre **boring** y **bored**. Ambos se suelen traducir por "aburrido", pero **boring** se refiere a la causa, p.ej. *a boring film* (una película aburrida) mientras **bored** se refiere al estado de una persona, p.ej. *I was bored and I decided to go to see a film.* (Estaba aburrido y decidí ir a ver una película.)

uninteresting *adj* [ligeramente más formal y menos enfático que **boring**] poco interesante

dull *adj* [que no inspira interés] soso, aburrido *a dull book* un libro aburrido **dullness** *snn* sosería

tedious *adj* [más fuerte y más despectivo que **boring** y **dull**. Describe p.ej. acciones y acontecimientos repetitivos y duraderos] tedioso, cargante *Her complaints are utterly tedious.* Sus quejas son una auténtica pesadez. **tediously** *adv* tediosamente **tediousness** *snn* tedio

monotonous *adj* monótono **monotony** *snn* monotonía

dry *adj* [implica la falta de humor, de anécdotas, etc. que podrían hacer que algo fuera más interesante. Describe p.ej. hechos, un discurso, un libro] aburrido

comparación

as dry as dust de lo más aburrido

bland *adj* [carente de características fuertes. Describe p.ej. espectáculo, comida] soso, insípido **blandness** *snn* insipidez

long-winded *adj* [que utiliza más palabras de las necesarias] prolijo, interminable **long-windedness** *snn* prolijidad

dreary *adj* [aburrido de manera deprimente. Describe p.ej. la vida, el tiempo, un edificio] monótono, gris

frases

fed up (with) [informal. Implica aburrimiento, impaciencia, enfado o infelicidad] harto de *I'm fed up with waiting.* Estoy harto de esperar. *I'm fed up with your complaining!* ¡Estoy harto de tus quejas!

tired of [menos enfático que **fed up**] cansado de *I got tired of waiting and went home.* Me cansé de esperar y me fui a casa.

sick of [informal. Más fuerte que **tired of**. Implica irritación y asco] harto de *I'm sick of your excuses!* ¡Estoy más que harto de oír tus excusas!

sick and tired of/sick to death of [informal. Frases muy enfáticas] hasta la coronilla de *I'm sick and tired of this job.* Estoy hasta las narices de este trabajo.

120 **Interesting** Interesante

interest *s* 1 *snn* (frec. + **in**) interés *She's never shown much interest in religion.* Nunca ha mostrado demasiado interés por la religión. *These books are of great interest to historians.* Estos libros son de gran interés para los historiadores. 2 *sn* [afición o especialidad] afición, pasatiempo *My interests include rock-climbing and water sports.* Entre mis aficiones se incluyen la escalada y los deportes acuáticos.

interest *vt* interesar *His political views interest me.* Sus ideas políticas me interesan.

interested *adj* (frec. + **in**) interesado *I'm not interested in your problems.* No me interesan tus problemas.

fascinating *adj* fascinante *Studying languages is fascinating.* Estudiar idiomas es fascinante.

fascinate *vt* fascinar *I'm fascinated by insects.* Los insectos me fascinan.

fascination *snn* fascinación *India has long held a strange fascination for the British.* Durante tiempo la India ha ejercido una extraña fascinación sobre los británicos.

gripping *adj* [implica entusiasmo o que mantiene la atención] apasionante, muy emocionante *His memoirs are gripping stuff!* ¡Sus memorias son apasionantes!

121 **Doctor** Médico

ASISTENCIA MÉDICA EN GRAN BRETAÑA

El **National Health Service** (o **NHS**) es el sistema estatal británico que se encarga de las necesidades médicas de la población. La mayoría de las personas tienen asignado un médico local de cabecera (un **general practitioner**, o **GP**) que es la primera persona que visitan en caso de enfermedad, sea ésta del tipo que sea. El **GP** puede enviarles a un hospital o especialista si necesitan un tratamiento más especializado. Los médicos y hospitales del **National Health** no cobran por los tratamientos (el dinero proviene de los impuestos), pero se hace un pago tipo por cada fármaco prescrito. Ahora muchas personas pagan mutuas sanitarias privadas, lo que les permite recibir tratamiento con más rapidez y a menudo con mayor comodidad. Los dentistas normalmente pertenecen al **NHS**, pero cobran a los pacientes parte de sus honorarios. Muchos dentistas también aceptan pacientes para tratamientos privados y más caros.

surgery *sn* (*brit*), **office** (*amer*) consultorio, clínica

health centre *sn* [lugar donde trabajan varios médicos y hay instalaciones para enfermeras, auxiliares sanitarias, etc.] centro médico, ambulatorio

health visitor *sn* (*brit*) [norml. enfermera diplomada que visita en sus hogares p.ej. madres que acaban de dar a luz y bebés] enfermera

homeopath *sn* homeópata

homeopathic *adj* [describe esp. médico, remedio] homeopático

vet *sn* [forma abreviada de la expresión mucho menos usada **veterinary surgeon**] veterinario

appointment *sn* cita, hora *to make an appointment* pedir hora, concertar una cita

122 **Hospital** Hospital

patient *sn* paciente

outpatient *sn* paciente externo

clinic *sn* [pequeño establecimiento o parte del hospital. Se utiliza norml. para un tratamiento especializado] unidad, centro, clínica *the family planning clinic* el centro de planificación familiar

nursing home *sn* [hogar residencia para ancianos o enfermos terminales] residencia para la tercera edad/para enfermos terminales

ward *sn* sala *Which ward is he in?* ¿En qué sala está? *maternity ward* sala de maternidad

nurse *sn* enfermera/-o

nursing *snn* profesión de enfermera, asistencia (usado como *adj*) *nursing staff* enfermeras

sister *sn* (*brit*) enfermera jefe

U S O

Nurse, sister, y doctor se utilizan como formas de tratamiento: p.ej. *Is it serious, doctor?* ¿Es grave, doctor?

midwife *sn* comadrona

consultant *sn* (*brit*) especialista

U S O

Los **consultants** tienen un grado superior a los médicos corrientes, y reciben el título de **Mr** y no de **Dr**. p.ej. *Mr Sheppard*.

specialist *sn* especialista

paramedic *sn* [personal como los conductores de ambulancia que tienen unos conocimientos básicos mínimos] personal paramédico

ambulance *sn* ambulancia (usado como *adj*) *ambulance workers* personal de ambulancia

122.1 Cirugía

surgeon *sn* cirujano *a brain surgeon* neurocirujano

surgery *snn* cirugía *She underwent open-heart surgery.* Se sometió a una operación a corazón abierto.

operation *sn* operación *a transplant operation* una operación de transplante

operate *vi* (frec. + **on**) operar *They operated on his leg to save it.* Le operaron la pierna para salvarla.

operating theatre *sn* quirófano

anaesthetist (*brit*), **anesthetist** (*amer*) *sn* anestesista

anaesthetic (*brit*), **anesthetic** (*amer*) *sn* anestésico *The*

lump was removed under anaesthetic. Le extirparon el bulto con anestesia.

general anaesthetic *sn* anestesia general *I had a general anaesthetic.* Me pusieron anestesia general.

local anaesthetic *sn* anestesia local

anaesthetize, TAMBIÉN **-ise** (*brit*), **anesthetize** (*amer*) *vt* anestesiar

123 Dentist Dentista

dentist *sn* dentista, odontólogo *I went to the dentist's yesterday.* Ayer fui al dentista.

dental *adj* (antes de *s*) dental *dental hygiene* higiene dental

dental nurse *sn* (*brit*) enfermera dental

dental hygienist *sn* (*esp. amer*) especialista en higiene dental

drill *sn* fresa **drill** *vt* fresar

filling *sn* empaste *to have a filling* hacerse un empaste

to have a tooth out sacarse una muela

wisdom teeth *s pl* muelas del juicio

bridge *sn* puente

crown *sn* funda **crown** *vt* poner una funda

false teeth *s pl* dentadura postiza *a set of false teeth* una dentadura postiza

dentures *s pl* [más técnico que **false teeth**] prótesis dental (*sing* cuando usado como *adj*) *a denture cleaner* un limpiador para la prótesis dental

brace *sn* (*brit*) **braces** *s pl* (*amer*) banda

124 Illnesses Enfermedad

124.1 Términos genéricos

disease *sn/nn* enfermedad *tropical diseases* enfermedades tropicales *the fight against disease* la lucha contra la enfermedad

infection *sn/nn* [causada por gérmenes, etc.] infección *a viral infection* una infección vírica *Stress weakens your resistance to infection.* El estrés reduce la resistencia a las infecciones.

fever *sn/nn* [implica una temperatura demasiado alta, o una enfermedad que tiene ese síntoma] fiebre *She's still got a bit of a fever.* Todavía tiene un poco de fiebre. *It relieves pain and brings down fever.* Alivia el dolor y baja la fiebre. (en compuestos) *yellow fever* fiebre amarilla *glandular fever* fiebre glandular

feverish *adj* febril *I felt shivery and feverish.* Sentía escalofríos y fiebre.

epidemic *sn* [que afecta a muchas personas en una zona] epidemia *a typhoid epidemic* una epidemia de fiebre tifoidea

plague *sn/nn* [norml. en contextos históricos. Grave y norml. mortal] peste *bubonic plague* peste bubónica *an outbreak of plague* un brote de peste

allergy *sn* (frec. + **to**) alergia *children with allergies to cow's milk* niños que tienen alergia a la leche de vaca

allergic *adj* (frec. + **to**) alérgico *She's allergic to cats.* Tiene alergia a los gatos.

124.2 Causas de las enfermedades

bacteria *s pl* [no necesariamente dañina] bacterias *the spread of dangerous bacteria* la propagación de bacterias peligrosas

bacterial *adj* bacteriano *a bacterial infection* una infección bacteriana

germ *sn* [menos técnico que **bacteria**. Siempre dañino] microbio, germen *flu germs* gérmenes de la gripe

virus *sn* virus *No vaccine exists against the virus.* No

existe ninguna vacuna contra el virus. **viral** *adj* vírico

bug *sn* [informal. Cualquier enfermedad o microbio que no es muy grave] microbio *I've got a tummy bug.* Tengo la tripa mal.

infect *vt* [obj: p.ej. una persona, el suministro de agua, una herida, la sangre] contagiar, infectar

infectious *adj* [que se transmite por el aire. Describe a una persona] infeccioso [describe una enfermedad, el estado de una enfermedad] infeccioso

contagious *adj* [que se transmite por el tacto] contagioso *Don't worry, it looks nasty but it's not contagious.* No te preocupes, tiene un aspecto horrible pero no es contagioso.

124.3 Minusvalías

handicap *sn/nn* [afecta a los miembros, los sentidos o la mente] minusvalía, retraso mental *They suffer from different degrees of handicap.* Sufren distintos grados de minusvalía.

handicapped *adj* minusválido, disminuido *handicapped athletes* atletas minusválidos *mentally handicapped* disminuido mental (usado como *s pl*) *activities for the handicapped* actividades para los disminuidos

invalid *sn* inválido *The accident left her a total invalid.* El accidente la dejó totalmente inválida.

disabled *adj* [físicamente] minusválido *a car adapted for disabled drivers* un coche adaptado para conductores minusválidos (usado como *s pl*) *facilities for the disabled* instalaciones para los minusválidos

paralyse (*brit*), **paralyze** (*amer*) *vt* [obj: esp. una persona, los miembros] paralizar *The accident left her with both legs paralysed.* El accidente le dejó las dos piernas paralizadas. **paralysis** *snn* parálisis

lame *adj* [describe: esp. persona, pierna, caballo] cojo, lisiado *She's slightly lame in her left leg.* Cojea ligeramente de la pierna izquierda. **lameness** *snn* cojera

124.4 Problemas de la vista, el oído y el habla

ver también **87 Hear; 91 See and Look; 341 Speak**

blind adj ciego to go blind quedarse ciego (usado como s pl) a braille edition for the blind una edición en Braille para ciegos **blind** vt dejar ciego **blindness** snn ceguera

partially sighted [bastante técnico] (usado como s pl) the partially sighted las personas parcialmente ciegas

shortsighted adj miope, corto de vista **shortsightedness** snn miopía

longsighted adj hipermétrope **longsightedness** snn hipermetropía

optician sn óptico/-a I need some contact lens solution from the optician's. Necesito ir a la óptica para comprar una solución para lentes de contacto.

deaf adj sordo [no siempre implica pérdida completa del sentido del oído] This cold's making me terribly deaf. Este resfriado me está dejando muy sordo. (usado como s pl) the deaf los sordos **deafness** snn sordera

hard of hearing (después de v) [no completamente sordo. Uso bastante eufemístico] duro de oído (usado como s pl) subtitles for the hard of hearing subtítulos para los duros de oído

dumb adj mudo (usado como s pl) the deaf and dumb los sordomudos

comparaciones

as blind as a bat más ciego que un topo
as deaf as a post más sordo que una tapia

124.5 Heridas e hinchazones

sore sn [lugar donde la piel está infectada] llaga, úlcera

rash sn sarpullido, erupción to come out in a rash salirle a alguien un sarpullido

blister sn ampolla I could hardly walk for the blisters on my feet. Apenas podía caminar por las ampollas de los pies.

blister v 1 vi hacérsele a alguien ampollas 2 vt producir ampollas

corn sn [excrecencia de piel endurecida] callo You trod on my corn. Me has pisado el callo.

bunion sn [hinchazón en la articulación del dedo gordo] juanete

wart sn verruga

abscess sn [hinchazón con pus, dentro del cuerpo o en la piel] absceso to drain an abscess drenar un abceso

ulcer sn úlcera, llaga a mouth ulcer una llaga en la boca a stomach ulcer una úlcera de estómago

boil sn [hinchazón con pus en la piel] forúnculo

124.6 Enfermedades de invierno

cold sn resfriado, catarro to catch (a) cold coger un resfriado

flu snn [término normal para **influenza**] gripe I've got a touch of flu. Tengo un principio de gripe. She's got (the) flu. Tiene la gripe.

cough sn 1 [enfermedad] tos a smoker's cough tos de fumador 2 [sólo sonido] tos **cough** vi toser

sneeze sn estornudo a loud sneeze un estornudo fuerte **sneeze** vi estornudar

124.7 Estómago y tubo digestivo

stomachache sn/nn dolor de estómago Yoghurt gives me stomachache. El yogur me da dolor de estómago.

diarrhoea, TAMBIÉN **diarrhea** (amer) snn diarrea, descomposición

the runs [informal, término humorístico para **diarrhoea**] diarrea I hope those blackberries don't give you the runs. Espero que estas moras no te suelten el vientre.

constipation snn estreñimiento **constipated** adj estreñido

vomit vit [frec. en contextos médicos o formales] tener vómitos, vomitar to vomit blood vomitar sangre **vomit** snn vómito

be sick (brit) vt [término genérico para **vomit**] devolver I was sick in the sink. Devolví en el fregadero.

sick adj [con náuseas] mareado I felt sick. Estaba mareado.

throw up (sth) o **throw** (sth) **up** vit fr. [informal, término poco delicado] vomitar The food was so greasy I threw up. La comida era tan grasienta que vomité.

nausea snn [bastante formal o en contextos médicos] náuseas Nausea can be one of the side effects. Las náuseas pueden ser uno de los efectos secundarios.

nauseous adj [bastante formal] mareado, con náuseas Are you feeling nauseous? ¿Tiene náuseas?

indigestion snn indigestión Lentils always give me indigestion. Las lentejas siempre me producen indigestión.

food poisoning snn intoxicación (alimenticia) an outbreak of food poisoning caused by inadequately cooked meat un brote de intoxicación causado por carne insuficientemente cocida

appendicitis snn apendicitis She was rushed to hospital with acute appendicitis. Se la llevaron a toda prisa al hospital con apendicitis aguda.

124.8 Enfermedades de la cabeza y del pecho

headache sn dolor de cabeza I've got a splitting headache. Tengo un dolor de cabeza terrible.

migraine snn/n jaqueca, migraña

earache snn/n dolor de oídos

toothache snn/n dolor de muelas

sore throat snn/n dolor de garganta

asthma snn asma childhood asthma asma infantil **asthmatic** adj asmático **asthmatic** sn asmático

bronchitis snn bronquitis

124.9 Dolor óseo y muscular

backache sn/nn dolor de espalda

cramp snn calambre muscle cramp un calambre muscular

rheumatism snn reumatismo **rheumatic** adj reumático

arthritis *snn* artritis *She's crippled with arthritis.* Está paralizada por la artritis. **arthritic** *adj* artrítico

124.10 Enfermedades infantiles

measles *snn* sarampión

German measles *snn* [nombre médico: **rubella**] rubéola

tonsillitis *snn* amigdalitis

mumps *snn* paperas

chicken pox *snn* varicela

whooping cough *snn* tos ferina

124.11 Problemas en la sangre y en el corazón

anaemia (*brit*), **anemia** (*amer*) *snn* anemia **anaemic** (*brit*), **anemic** (*amer*) *adj* anémico

haemophilia (*brit*), **hemophilia** (*amer*) *snn* hemofilia **haemophiliac** (*brit*), **hemophiliac** (*amer*) *sn* hemofílico

blood pressure *snn* presión arterial, tensión *I'd better take your blood pressure.* Será mejor que le tome la tensión. *high/low blood pressure* tensión alta/baja

heart attack *sn* ataque al corazón *He has had two heart attacks.* Ha sufrido dos ataques al corazón.

stroke *sn* ataque de apoplejía (usado como *adj*) *stroke patients* pacientes apopléjicos

124.12 Cáncer y otras enfermedades graves

cancer *snn/n* cáncer *skin cancer* cáncer de piel *cancer of the liver* cáncer de hígado **cancerous** *adj* canceroso

leukaemia (*brit*), **leukemia** (*amer*) *snn* leucemia

tumour (*brit*), **tumor** (*amer*) *sn* tumor *an operable tumour* un tumor operable

benign *adj* [describe tumores] benigno *a benign polyp* un pólipo benigno

malignant *adj* [describe tumores] maligno *a malignant growth* un tumor maligno

Aids *snn* [forma normal de **Acquired Immune Deficiency Syndrome**] Sida *a test for Aids* la prueba del Sida

HIV *snn* [forma normal de **human immunodeficiency virus**, el virus que causa el Sida] virus de inmunodeficiencia humana *HIV positive* seropositivo

VD *snn* [bastante informal, pero mucho más común que el término más técnico de **venereal disease**] enfermedad venérea

epilepsy *snn* epilepsia

epileptic *adj* epiléptico *an epileptic fit* un ataque epiléptico **epileptic** *sn* epiléptico

fit *sn* ataque, acceso *to have a fit* sufrir un ataque, tener un acceso

diabetes *snn* diabetes **diabetic** *adj* diabético **diabetic** *sn* diabético

124.13 Lesiones

injury *sn/nn* herida, lesión *She suffered severe head injuries.* Sufrió graves lesiones en la cabeza.

injure *vt* [esp. en un accidente] lesionar(se), herir *I injured my knee in the fall.* Me lesioné la rodilla al caer. (frec. en *pp.*) *an injured knee* una rodilla lesionada (usado como *s pl*) *The injured were taken to a local hospital.* Los heridos fueron trasladados a un hospital local.

wound *sn* **1** [corte, etc. en contextos médicos] herida *to clean and dress a wound* limpiar y vendar una herida **2** [herida de combate] herida *an old war wound* una vieja herida de guerra

wound *vt* [norml. en combate] herir *He was badly wounded in the war.* Lo hirieron gravemente en la guerra. (usado como *s pl*) *the dead and wounded* los muertos y los heridos

fracture *sn* fractura *a simple fracture* una simple fractura **fracture** *vt* fracturar

break *vt* [obj: p.ej. una pierna, un hueso] romper *a broken arm* un brazo roto

bruise *sn* magulladura, moratón **bruise** *vt* magullar

sprain *sn* esguince **sprain** *vt* torcer *a sprained ankle* un tobillo torcido

---

U S O

Al hablar de enfermedades y heridas suelen producirse combinaciones recurrentes de palabras. Dado que términos como **asthma** e **indigestion** son incontables, los casos individuales se describen a menudo como **attacks** (ataques) o **bouts** (accesos), p.ej. *an attack of asthma* o *an asthma attack*, pero con **indigestion** sólo se dice *an attack of indigestion*. Se puede decir *a bout* o *an attack of coughing* (un acceso de tos).

Obsérvense los siguientes verbos:

catch *vt, pas. & pp.* **caught** [obj: una enfermedad infecciosa] coger *I've caught the flu.* He cogido la gripe.

contract *vt* [usado en contextos médicos o formales] contraer *He contracted Aids.* Contrajo el Sida.

have got *vt* [permanentemente o durante un período de tiempo] tener *She's got tonsillitis/arthritis.* Tiene amigdalitis/artritis.

suffer from sth *v fr.* [obj: norml. una enfermedad bastante grave, de una forma permanente o durante un período de tiempo] sufrir, padecer *She suffers from migraine.* Sufre de migrañas. *He's suffering from cancer.* Padece de cáncer.

die of sth *vt fr.* morir de *He died of food poisoning.* Murió de una intoxicación alimenticia.

Obsérvese también el uso de **with** en frases tales como:

He's in hospital with a heart attack. (Está en el hospital por un ataque al corazón.)

She's in bed with a cold. (Está en cama con un constipado.)

I'm off work with bronchitis. (Estoy de baja por una bronquitis.)

A las personas que padecen una enfermedad durante mucho tiempo se les llama frec. **sufferers**: *arthritis sufferers* (enfermos de artritis), aunque a veces existe un término específico, p.ej. *an asthmatic* (un asmático), *a haemophiliac* (un hemofílico). Algunas enfermedades se consideran más bien accidentes y a los afectados se les llama algunas veces **victims** ('víctimas' de ataques al corazón). Este término no es siempre apropiado: p.ej. a algunos *Aids sufferers* les podría resultar ofensivo que les llamasen *Aids victims*.

125 Symptoms Síntomas

125.1 Dolor

pain *snn/n* [término genérico] dolor *She's in a lot of pain.* Tiene muchos dolores. *He's complaining of severe chest pains.* Se queja de fuertes dolores en el pecho. *a sharp pain* [intenso y repentino] un dolor agudo *a dull pain* [continuo, irritante, pero no intenso] un dolor sordo

painful *adj* [describe p.ej. una enfermedad, una herida, una parte del cuerpo] doloroso *Do you find it painful to swallow?* ¿Le duele al tragar?

hurt *v, pas. & pp.* **hurt 1** *vi* doler *My ankle hurts like mad.* El tobillo me duele una barbaridad. **2** *vt* [norml. implica una lesión más que un dolor] hacerse daño *She was badly hurt in the fall.* Se hizo mucho daño al caer. *It hurts my back to walk.* Andar me produce dolor en la espalda.

ache *sn* [implica dolor continuo más que intenso] dolor *Tell me all about your aches and pains.* Cuéntame todo sobre tus achaques.

ache *vi* doler *My eyes are aching.* Me duelen los ojos.

discomfort *snn* [menos severo que **pain**] molestia *You may feel a little discomfort as the probe is inserted.* Puede que sienta alguna molestia cuando le pongan la sonda.

sore *adj* [implica irritación, esp. de la piel o cansancio de los músculos] inflamado, dolorido *My shoulders were sore with the straps of the rucksack.* Tenía los hombros doloridos de llevar la mochila. **soreness** *snn* dolor

throb *vi*, **-bb-** [implica un dolor con un fuerte latido] dar punzadas *My head is throbbing.* Me palpita la cabeza.

itch *sn* [uno quiere rascarse] picazón, comezón *I've got this itch behind my ear.* Me pica detrás de la oreja. **itch** *vi* picar **itchy** *adj* que pica

sting *sn* [implica una sensación cortante y caliente] escozor *the sting of the iodine* el escozor que produce el yodo

sting *v, pas. & pp.* **stung 1** *vi* [suj: p.ej. una pomada, el humo] escocer, picar **2** *vt* [obj: p.ej. los ojos] picar *The smoke stung my eyes.* Me picaban los ojos por culpa del humo.

tender *adj* [el contacto causa dolor] sensible *The lips are still swollen and tender.* Los labios están todavía hinchados y sensibles. **tenderness** *snn* sensibilidad

frase

my feet are/my back is, etc., killing me [informal] los pies/la espalda etc. me está(n) matando

125.2 Síntomas visuales

pale *adj* pálido *You look terribly pale.* Estás palidísimo. **paleness** *snn* palidez

pallor *snn* [más formal que **paleness**, y sugiere más bien mala salud] palidez *an unhealthy pallor* una palidez enfermiza

wan *adj* [implica palidez e infelicidad] macilento, lívido *She still looks weak and wan.* Todavía se la ve débil y macilenta.

swell *v, pas.* **swelled** *pp.* **swollen** O **swelled 1** *vi* (frec. + **up**) hincharse *His eye had swollen up.* Se le había hinchado un ojo. **2** *vt* [menos común que **make swell**] hinchar *Her face was swollen by the drugs.* Tenía la cara hinchada a causa de los fármacos.

swelling *sn/nn* hinchazón **swollen** *adj* hinchado

bleed *vi, pas. & pp.* **bled** [suj: p.ej. persona, herida] sangrar *His nose was bleeding profusely.* Le salía mucha sangre de la nariz.

bleeding *snn* hemorragia *Try and stop the bleeding.* Intenta detener la hemorragia.

125.3 Pérdida de conocimiento

faint *vi* desmayarse *She was fainting from exhaustion.* Estaba que se caía de agotamiento.

faint *adj* mareado *I feel faint.* Estoy mareado.

faint *sn* desmayo *He went into a dead faint.* Cayó desplomado. **faintness** *snn* desmayo

pass out *vi fr.* [más informal que **faint**] caer redondo

unconscious *adj* (norml. después de *v*) inconsciente *The blow knocked him unconscious.* El golpe le dejó inconsciente. *her unconscious body* su cuerpo inconsciente **unconsciousness** *snn* inconsciencia

coma *sn* coma *He is in a coma.* Está en coma.

dizzy *adj* (norml. después de *v*) [implica pérdida del equilibrio, esp. con una sensación de rotación] mareado *Heights make me feel dizzy.* La altura me produce vértigo. **dizziness** *snn* mareo, vértigo

125.4 Síntomas audibles

hoarse *adj* [implica hablar con dolor de garganta. Describe: esp. persona, voz] ronco *a hoarse smoker's cough* una tos ronca de fumador **hoarsely** *adv* con voz ronca **hoarseness** *snn* ronquera

frase

have a frog in one's throat [informal] tener carraspera

hiccup, -pp- TAMBIÉN **hiccough** *vi* hipar
hiccup TAMBIÉN **hiccough** *sn* hipo *She's got the hiccups.* Tiene hipo.

burp *vi* eructar
burp *sn* eructo *He gave a loud burp.* Lanzó un sonoro eructo.

belch *vi* [más ruidoso que un **burp**] eructar **belch** *sn* eructo

fart *vi* [informal. Término poco delicado] tirarse un pedo **fart** *sn* pedo

pass wind *vi* [término más educado para **fart**] ventosear

126 Cures Curas

cure *vt* (frec. + **of**) [hacer mejorar. Obj: esp. un paciente, una enfermedad] curar *He's been cured of his fits.* Le han curado sus ataques.

cure *sn* [substancia o tratamiento] cura, remedio *There's no cure for baldness.* No existe ningún remedio contra la calvicie.

remedy *sn* [substancia que cura] remedio *homeopathic remedies* remedios homeopáticos.

treat *vt* (frec. + **for**) [obj: p.ej. un paciente, una enfermedad] tratar *He's being treated for anaemia.* Le están tratando por una anemia.

treatment *sn/nn* tratamiento *a new cancer treatment* un nuevo tratamiento contra el cáncer

therapy *snn/n* [más formal o técnico que **treatment**] terapia *They're trying laser therapy.* Están probando con la terapia láser. **therapist** *sn* terapeuta

medical *adj* (norml. delante de *s*) médico *medical ethics* ética médica *the medical profession* la profesión médica

medicinal *adj* medicinal *the plant's medicinal uses* los usos medicinales de la planta

126.1 Mejorar

better *adj* [no técnico] mejor *get better* mejorar *feel better* sentirse mejor *She's getting better gradually.* Está mejorando gradualmente.

recover *vi* (frec. + **from**) recuperarse, restablecerse *He's still recovering from his bronchitis.* Todavía se está recuperando de la bronquitis.

recovery *sn/nn* restablecimiento *She's **made a full recovery**.* Se ha restablecido completamente. *factors that assist recovery* factores que ayudan a la recuperación

heal *vit* [suj: p.ej. un hueso roto, una herida] curarse, sanar *Her ankle took a long time to heal.* Tardó mucho en curársele el tobillo.

convalesce *vi* [implica descanso y la parte final de la recuperación] convalecer *She was sent to Switzerland to convalesce.* Fue enviada a Suiza para realizar su convalecencia.

convalescence *snn* convalecencia *He returned after a month's convalescence.* Volvió después de un mes de convalecencia.

recuperate *vi* [implica descanso para recuperar fuerzas después de haber padecido una enfermedad, sufrido un accidente, etc.] reponerse, restablecerse

recuperation *snn* restablecimiento, recuperación *You need a little **rest and recuperation**.* Necesita un poco de reposo y recuperación.

(be) on the mend [bastante informal] ir mejorando

126.2 Diagnóstico

diagnose *vt* [obj: p.ej. una enfermedad, la causa de una enfermedad] diagnosticar *They've diagnosed diabetes.* Le han diagnosticado diabetes.

diagnosis *sn/nn*, *pl* **diagnoses** diagnóstico *They've made a positive diagnosis.* Le han hecho un diagnóstico positivo.

thermometer *sn* termómetro

take sb's temperature [norml. en la boca en Gran Bretaña y en EEUU] tomarle la temperatura a alguien

take sb's pulse tomarle el pulso a alguien

126.3 Inyecciones

injection *sn/nn* inyección *a typhoid injection* una inyección contra el tifus *The drug is administered by injection.* El fármaco se administra mediante inyección.

inject *vt* [obj: una persona, un animal] ponerle una inyección a [obj: un fármaco, una substancia] inyectar

jab *sn* (*esp. brit*) [informal. Norml. para prevenir enfermedades] inyección *a tetanus jab* una inyección contra el tétano

shot *sn* (*esp. amer*) [informal] inyección *I'm having some shots for my hayfever.* Me están poniendo inyecciones contra la fiebre del heno.

vaccinate *vt* (frec. + **against**) vacunar *We vaccinate all the children against measles now.* Ahora vacunamos a todos los niños contra el sarampión.

vaccination *sn/nn* vacunación *We recommend vaccination against cholera and yellow fever.* Recomendamos la vacunación contra el cólera y la fiebre amarilla. **vaccine** *sn* vacuna

inoculate *vt* (frec. + **against**, **with**) inocular *The patient is inoculated with a weak form of the virus.* Inoculamos al paciente con una forma débil del virus. **inoculation** *sn/nn* inoculación

immunize, TAMBIÉN **-ise** (*brit*) *vt* (frec. + **against**) [proteger contra una enfermedad, norml. mediante una vacuna] inmunizar **immunization** *snn* inmunización

syringe *sn* jeringuilla

syringe *vt* [norml. para limpiar. Obj: esp. el oído] limpiar (inyectando líquido con una jeringa)

needle *sn* aguja

blood transfusion *sn* transfusión de sangre *to give sb a blood transfusion* hacerle a alguien una transfusión de sangre

126.4 Recetas

prescription *sn* receta *a prescription for sleeping pills* una receta de somníferos *to dispense a prescription* (*brit*), *to fill a prescription* (*amer*) preparar una receta

dose *sn* 1 TAMBIÉN **dosage** [cantidad a tomar por el paciente] dosis *Do not exceed the stated dose.* No exceder la dosis prescrita. 2 [cantidad que se toma cada vez] dosis

chemist *sn* (*brit*) 1 TAMBIÉN **druggist** (*amer*) [persona] farmacéutico 2 TAMBIÉN **drugstore** (*amer*) farmacia [en un **drugstore** se venden además productos de cosmética, papelería, cigarrillos y otros]

pharmacist *sn* [más formal y técnico que **chemist** o **druggist**, pero término normal para la persona que trabaja en la farmacia de un hospital] farmacéutico *Ask your pharmacist for advice.* Pídale consejo a su farmacéutico.

pharmacy s **1** sn [término formal para la tienda, término usual para departamento de hospital] farmacia **2** snn [especialidad] farmacia

126.5 Medicamentos

ver también **172 Drugs**

medicine sn/nn [norml. fármaco líquido aunque puede referirse a cualquier tipo de medicamento, pastillas, etc.] medicina, medicamento *a bottle of medicine* un frasco de medicina *a medicine chest* un botiquín

drug sn [término genérico que no indica como se ingiere] fármaco, medicamento *an anti-arthritis drug* un remedio para la artritis

medication snn [más formal que **drug** o **medicine**. Cualquier fármaco tomado por un paciente] medicación *She's **under medication**.* Está bajo medicación.

pill sn **1** [término genérico] píldora *He takes pills for everything.* Toma píldoras para todo. **2** (siempre + the) [anticonceptivo] la píldora *to be **on the pill*** tomar la píldora

tablet sn [norml. plana] pastilla, tableta *indigestion tablets* pastillas para la indigestión

---

U S O

Tablet se utiliza con más frecuencia que **pill** por dos razones. Una, por que las pastillas más comunes, como la aspirina, son normalmente planas, y otra, por la confusión que pudiera causar el hecho de que **the pill** es un método anticonceptivo.

---

capsule sn [ingredientes dentro de un revestimiento soluble] cápsula

antibiotic sn [fármaco contra la infección bacteriana] antibiótico

penicillin snn penicilina

painkiller sn calmante *We can't cure you but we can give you painkillers.* No podemos curarle pero podemos administrarle calmantes.

aspirin s **1** sn, pl **aspirins** or **aspirin** [pastilla] aspirina *I took a couple of aspirin.* Me tomé un par de aspirinas. **2** snn [sustancia] aspirina

paracetamol s **1** sn, pl **paracetamols** or **paracetamol** pastilla de paracetamol [tableta] *I took a couple of paracetamol.* Me tomé un par de pastillas de paracetamol. **2** snn [substancia] paracetamol

tranquillizer sn tranquilizante

antiseptic sn/nn [previene la infección de heridas] antiséptico

antiseptic adj antiséptico *antiseptic wipes* gasas antisépticas

ointment sn/nn pomada *Apply the ointment sparingly.* Aplicar la pomada con moderación.

126.6 Tras un accidente

first aid [tratamiento básico] primeros auxilios *to give sb first aid* prestarle a alguien los primeros auxilios

(usado como adj) *a first aid kit* un botiquín de primeros auxilios

bandage sn venda *Can't you put a bandage on properly?* ¿No sabes cómo se pone una venda?

bandage vt [obj: p.ej. una persona, una herida, una pierna] vendar *His knee was tightly bandaged.* Llevaba la rodilla fuertemente vendada.

plaster (brit) s **1** sn [pequeña tira individual para cortes] tirita **2** snn [cinta adhesiva para fijar vendajes] esparadrapo *a roll of plaster* un rollo de esparadrapo **3** [sobre un miembro roto] escayola (usado como adj) *plaster cast* un vendaje de escayola

cotton wool (brit), **cotton** o **absorbent cotton** (amer) algodón (hidrófilo) (usado como adj) *cotton wool balls* bolas de algodón

dressing sn [con gasa, vendas, etc.] vendaje *I put a clean dressing on.* Puse un vendaje nuevo.

sling sn cabestrillo

artificial respiration respiración artificial *to give sb artificial respiration* hacerle a alguien la respiración artificial

the kiss of life [literalmente 'el beso de la vida'] boca a boca *to give sb the kiss of life* hacer a alguien el boca a boca

crutches s pl muletas

wheelchair sn silla de ruedas

stretcher sn camilla

She's got her arm in a sling. Lleva el brazo en cabestrillo.

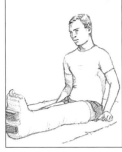

His leg is in plaster. Tiene la pierna escayolada.

She has to walk on crutches. Tiene que andar con muletas.

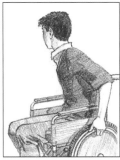

He's in a wheelchair. Va en una silla de ruedas.

127 Healthy Sano

healthy *adj* [con buena salud en un momento dado o en general. Describe: persona, cuerpo] sano, saludable [describe: p.ej. alimentos, ejercicio] sano, saludable *You look very healthy.* Tiene usted un aspecto muy sano. *a healthy diet* una dieta sana

health *snn* salud *She seemed in the best of health.* Parecía gozar de una salud óptima.

well *adj, compar.* **better** (norml. después de *v*) [con buena salud en un momento dado] bien *I don't feel well enough to go out.* No me encuentro lo suficientemente bien para salir. *Are you feeling any better now?* ¿Se encuentra mejor ahora?

fit *adj,* -tt- (norml. después de *v*) [con buena salud y capaz de realizar ejercicio físico vigoroso] en forma *She'll be fit enough to run in Zurich.* Estará lo suficientemente en forma para correr en Zurich. **fitness** *snn* (buen) estado físico

keep fit *snn* (*brit*) [haciendo ejercicio] mantenimiento físico *We do keep fit on Wednesday afternoons.* Hacemos ejercicios de mantenimiento los miércoles por la tarde. (usado como *adj*) *keep fit classes* clases de gimnasia de mantenimiento

wholesome *adj* [nutritivo y bueno para la salud de una persona. Describe: esp. alimentos] sano *good wholesome cooking* buena cocina sana y natural

128 Unhealthy Enfermo

ver también **124 Illnesses**

unhealthy *adj* 1 [implica mala salud general más que una enfermedad específica. Describe: persona] poco sano *You look pretty unhealthy to me.* Tienes un aspecto muy poco sano. 2 [que puede dar lugar a una enfermedad. Describe: p.ej. condiciones, estilo de vida, dieta] poco sano *All that fat is terribly unhealthy, you know.* Toda esa grasa es muy poco saludable, ya lo sabe.

sick *adj* [que padece enfermedad] enfermo *He's a very sick man.* Está muy enfermo. *I was off sick all last week.* Estuve enfermo y no fui a trabajar durante toda la semana pasada.

ill *adj* (norml. después de *v*) [término genérico, frec. se usa para evitar la ambigüedad de **sick**] enfermo *She felt ill and went home.* Se fue a casa porque no se encontraba bien.

poorly *adj* (*brit*) [más bien informal. Norml. implica enfermedad sin importancia con síntomas desagradables] mal, malucho *The injections made her feel rather poorly.* Las inyecciones la pusieron bastante mala.

off-colour *adj* (*brit*) (norml. después de *v*) [encontrarse bastante mal, pero norml. sin enfermedad identificable] indispuesto *I feel a bit off-colour, I hope it's not flu.* No me encuentro muy bien, espero que no sea la gripe.

run-down *adj* (norml. después de *v*) [más bien informal. Implica cansancio y no enfermedad concreta] debilitado

f r a s e

to be under the weather [más bien informal. No encontrarse bien. Puede implicar una pequeña depresión] estar pachucho *A holiday will do you good if you're feeling under the weather.* Unas vacaciones te sentarán bien si estás algo pachucho.

129 Mad Loco

ver también **240 Stupid**; **241 Foolish**

U S O

Los términos relacionados con problemas mentales frec. se usan con poca exactitud. Al hablar y escribir se tiende a exagerar y se usan palabras como **mad** para describir a personas o comportamientos que se consideran poco convencionales o simplemente molestos. Estas palabras, entonces, se usan de manera humorística o insultante y no implican un estado médico. Pueden resultar ofensivas cuando hacen referencia a verdaderos problemas mentales.

129.1 Términos genéricos

mental illness *snn/n* [término neutro, no peyorativo] enfermedad mental

mad *adj,* -dd- [implica comportamiento extraño, frec. insensato. Se usa más como exageración que en sentido estricto] loco **to go mad** volverse loco **to drive sb mad** [informal] volver loco a alguien

madness *snn* locura *It would be madness to refuse.* Rechazarlo sería una locura.

madman *sn, pl* **madmen** [norml. peyorativo, pocas veces en contextos médicos] loco *Only a madman would have dared to attack.* Tan sólo un loco se hubiera atrevido a atacar.

madwoman *sn, pl* **madwomen** [frec. en comparaciones, pocas veces en contextos médicos] loca *She was screaming like a madwoman.* Chillaba como una loca.

insane *adj* [más bien formal. Implica pérdida total de la razón] demente, insensato *an insane desire for revenge* un deseo irracional de venganza **insanity** *snn* demencia

insanely *adv* como un loco *insanely jealous* terriblemente celoso

lunatic *sn* [anticuado como término médico. Norml. implica comportamiento absurdo o peligroso] loco *You're driving like a lunatic.* Estás conduciendo como un loco. *the* **raving lunatic** *that designed this software* el loco de atar que diseñó este programa **lunacy** snn locura

129.2 Términos médicos

paranoia snn paranoia

paranoid adj paranoico paranoid delusions manías paranoicas She's paranoid about the neighbours. [uso peyorativo] Está paranoica con sus vecinos.

mania s 1 snn [implica arranques incontrolados de euforia frec. con cambios de humor] manía 2 sn [informal. Entusiasmo excesivo] manía, obsesión a mania for cleaning everything la manía de limpiarlo todo

manic adj [que padece manía] maniaco manic tendencies tendencias maniacas manic depression manía depresiva a manic laugh [uso no técnico] risa histérica **manically** adv como un maniaco

maniac sn [no técnico, peyorativo] maniaco the maniac who's making these obscene phone calls el maniaco que hace estas llamadas telefónicas obscenas (usado como adj) a maniac driver un conductor loco

schizophrenia snn esquizofrenia **schizophrenic** adj esquizofrénico **schizophrenic** sn esquizofrénico

hysteria snn 1 [implica emoción violenta y frec. enfermedad imaginaria] histeria, histerismo temporary paralysis brought on by hysteria parálisis temporal causada por la histeria 2 [euforia o temor incontrolados] histeria, histerismo The mere suggestion produced hysteria. La mera sugerencia provocó histeria.

hysterical adj 1 histérico a hysterical pregnancy un embarazo psicológico 2 histérico hysterical laughter risa histérica **hysterically** adv histéricamente

phobia sn [miedo irracional] fobia

neurosis sn/nn, pl **neuroses** [término genérico que implica trastorno mental, frec. ansiedad excesiva] neurosis

neurotic adj neurótico neurotic behaviour comportamiento neurótico They're all so neurotic about exam results. [uso peyorativo que implica preocupación excesiva] Están todos tan obsesionados con los resultados de los exámenes.

delirious adj [implica euforia y pérdida de la razón, esp. en estado febril] delirante **deliriously** adv con delirio

senile adj [implica pérdida de memoria o concentración en la vejez] senil I'm afraid she's getting a bit senile. Me temo que ya le empieza a fallar la cabeza. **senility** snn senilidad

129.3 Tratar las enfermedades mentales

psychology snn [estudio de la mente] psicología the use of psychology in selling el uso de la psicología aplicada a la venta

psychological adj psicológico to apply psychological pressure ejercer presión psicológica **psychologically** adv psicológicamente **psychologist** sn psicólogo

psychiatry snn psiquiatría

psychiatric adj psiquiátrico a psychiatric nurse una enfermera psiquiátrica **psychiatrist** sn psiquiatra

psychoanalysis o **analysis** snn psicoanálisis **psychoanalyst** o **analyst** sn psicoanalista

psychotherapist sn psicoterapeuta

mental hospital sn [término neutro] (hospital) psiquiátrico

asylum sn [anticuado. Connotaciones más negativas que **mental hospital**] manicomio, asilo

129.4 Términos informales e insultantes

crazy adj [implica comportamiento que abarca de la locura a la peligrosidad] loco You were crazy to lend him the money. Fuiste un loco al prestarle el dinero. **crazily** adv locamente, de manera peligrosa

nutty adj [muy informal. Implica comportamiento extraño y estúpido] chalado, chiflado, loco

nuts adj (después de v) [describe: persona, no acción] chiflado, chalado You're either nuts or very brave. Una de dos: o estás chiflado o eres muy valiente.

nutcase sn [el que habla considera que las ideas o el comportamiento de una persona son ridículos] chalado, chiflado the sort of nutcase that you'd expect to believe in UFOs el típico chalado que uno espera que crea en OVNIS

barmy adj (brit) [enfatiza estupidez] lelo You must be barmy to work so hard. Debes estar lelo para trabajar tanto.

comparación

as mad as a hatter [humorístico] como una regadera, más loco que una cabra

frases

Todas estas frases son informales e implican desprecio por parte de quien habla.

(to be) off one's rocker (estar) majareta, (estar) chalado

(to be) off one's head (brit)/**out of one's head** (amer) (estar) chiflado, (estar) chalado He must be off his head to have spent all that money! ¡Debe estar mal de la cabeza para haberse gastado tanto dinero!

have a screw loose [ser incapaz de actuar con sensatez] faltarle un tornillo a alguien

lose one's marbles [perder la capacidad de actuar con sensatez] perder la chaveta

130 Sane Cuerdo

sanity snn cordura, sano juicio The decision caused some people to question his sanity. La decisión hizo que varias personas pusieran en duda su sano juicio.

rational adj racional capable of rational thought capaz de razonar **rationally** adv racionalmente

reason snn [más bien formal. Facultad de pensar con normalidad] razón *I don't know how she kept her reason throughout the ordeal.* No sé cómo pudo conservar la razón durante una prueba tan dura.

reasonable adj [implica lógica y justicia] razonable *Any reasonable person would understand.* Cualquier persona razonable lo comprendería. **reasonably** adv razonablemente

131 Hit Golpear

hit vt, pas. & pp. **hit 1** [con agresividad] golpear *He hit me on the head with a bottle.* Me golpeó en la cabeza con una botella. **2** [p.ej. al caer o moverse] *I caught the plate before it hit the floor.* Cogí el plato antes de que llegara al suelo. *The car hit the fence.* El coche chocó contra la valla. *She hit her head on the ceiling.* Se dio con la cabeza en el techo.

131.1 Golpear con agresividad

punch vt [con puño cerrado] dar un puñetazo a *I punched him on the nose.* Le di un puñetazo en la nariz. **punch** sn puñetazo

slap vt, -pp- [con mano abierta] dar(le) un bofetón a *to slap sb's face* darle un bofetón a alguien en la cara **slap** sn bofetón

thump vt [informal y frec. se usa para amenazar. Golpear con fuerza, norml. con puño] dar una paliza a, golpear *Shut up or I'll thump you.* Cállate o te doy. **thump** sn porrazo

strike vt, pas. & pp. **struck** [más bien formal. Con mano o instrumento] golpear *The stone struck him on the head.* La piedra le dio en la cabeza.

smack vt (esp. brit) [con mano abierta. Obj: norml. niño o parte del cuerpo] dar un azote a, pegar *Stop that or I'll smack you.* Para de una vez o te doy un azote. **smack** sn azote

cuff vt [con suavidad en la cabeza, con mano abierta] dar un pescozón a, dar un cachete a *She cuffed him and told him not to be silly.* Le dio un pescozón y le dijo que no hiciera el idiota.

blow sn [golpe que se da de una vez] golpe *The blow knocked him unconscious.* El golpe lo dejó inconsciente.

kick vt [con pie] dar un puntapié a, dar una patada a *She kicked me on the shin.* Me dio una patada en la espinilla.

131.2 Golpear con agresividad y repetidamente

beat vt, pas. **beat** pp. **beaten** [golpear con fuerza y regularmente, frec. con un instrumento] pegar *The children were beaten if they misbehaved.* Pegaban a los niños si se portaban mal.
beat sb **up** o **beat up** sb vt fr. pegar, dar una paliza a **beating** sn paliza *He deserves a beating.* Se merece una paliza.

thrash vt [más bien formal e implica incluso más violencia que **beat**] dar una paliza a, dar una tunda a *He was thrashed to within an inch of his life.* Le dieron una paliza que casi lo matan.
thrashing sn tunda *I gave him a good thrashing.* Le di una buena tunda.

whip vt, -pp- dar con el látigo a

frases

give sb a thick ear [informal. Norml. se usa en amenazas. Golpear en la oreja o la cabeza] darle un tortazo a alguien *One more word out of you and I'll give you a thick ear.* Una palabra más y te doy un tortazo.

give sb a good hiding [informal. Frec. se usa como amenaza para niños. Golpear con la mano, zapatilla, etc.] dar una zurra a alguien, calentar a alguien *Finish your dinner or I'll give you a good hiding.*

131.3 Chocar

collide vi (frec. + **with**) [implica impacto bastante fuerte] chocar, colisionar *I braked too late and collided with the bus.* Frené demasiado tarde y choqué contra el autobús.

collision sn colisión *a mid-air collision* una colisión en el aire

knock v **1** vt (frec. + adv) golpear, chocar contra [frec. implica tocar o golpear algo bruscamente, haciendo que se caiga o cambie de posición] *I must have knocked the chair with my knee.* Debo haber golpeado la silla con la rodilla. *The cat's knocked the vase over.* El gato ha volcado el jarrón. **2** vi (frec. + **on**, **at**) [para entrar, atraer la atención, etc.] llamar *I knocked on the door.* Llamé a la puerta. **knock** sn golpe

bump vti (frec. + adv o prep) [golpear con torpeza o bruscamente, norml. por accidente] darse contra, chocar contra *He bumped his head on the doorway.* Se dio con la cabeza contra el quicio de la puerta.
bump sn golpe *The book landed on the floor with a bump.* Se oyó un ruido seco al caerse el libro al suelo.

bang vti (frec. + adv o prep) [golpear con fuerza, frec. con ruido] golpear, dar golpes (en) *I banged my knee against the table leg.* Me di un golpe en la rodilla con la pata de la mesa. *The car door banged shut.* La puerta del coche se cerró de golpe. *We banged at the door.* Golpeamos la puerta. **bang** sn golpe, portazo

impact snn **1** [golpe] impacto *The container was not damaged by the impact.* El impacto no afectó al contenedor. *The plane exploded on impact.* El avión explotó por el impacto. **2** [potencia de una bomba, etc.] impacto *He took the full impact of the explosion.* Recibió todo el impacto de la explosión.

131.4 Golpear con suavidad

tap vti, -pp- [dar ligeros golpecitos secos de manera rítmica] golpear ligeramente *She tapped her pencil on the desk.* Daba golpecitos con el lápiz en la mesa. *My feet were tapping to the music.* Yo seguía la música con los pies.

tap sn golpecito *I heard a tap on the window.* He oído un golpecito en la ventana.

pat *vt*, -tt- [tocar varias veces con la mano abierta, frec. con ternura] dar palmaditas a/en *He patted me on the knee and told me not to worry.* Me dio unas palmaditas en la rodilla y me dijo que no me preocupara. *She looked in the mirror and patted her hair.* Se miró en el espejo y se atusó el cabello.

stroke *vt* [mover la mano abierta sobre algo, varias veces, frec. con ternura] acariciar, pasar la mano por *He stroked his beard thoughtfully.* Se acarició la barba con aire pensativo.

132 Damage Dañar

ver también **133 Cut**

damage *vt* [término genérico. Obj: cosas, partes del cuerpo, *no* se dice de personas] causar desperfectos en, estropear, dañar *The house was damaged in the bombing.* El bombardeo causó desperfectos en la casa. *The wrong oil can damage the engine.* Un aceite inapropiado puede estropear el motor.

damage *snn* daños *Did the storm do much damage to your house?* ¿Causó la tormenta muchos desperfectos en su casa?

spoil *vt, pas. & pp.* **spoiled** o (*brit*) **spoilt** [la calidad o apariencia se ve afectada] estropear *Don't spoil the soup with too much salt.* No estropees la sopa con demasiada sal. *The building spoils the view.* El edificio afea el paisaje.

harm *vt* hacer daño a, estropear *The driver's in hospital, but none of the passengers were harmed.* El conductor está en el hospital, pero ningún pasajero sufrió daños. *The dry atmosphere can harm the wood.* Un ambiente seco puede estropear la madera.

harm *snn* daño, mal *None of us **came to** any **harm**.* Ninguno de nosotros sufrió ningún daño. [frec. se usa con sarcasmo] *A bit of hard work won't **do you any harm**!* ¡Un poco de trabajo duro no te hará ningún daño!

harmful *adj* perjudicial, nocivo *The drug can be harmful to pregnant women.* El fármaco puede ser perjudicial para las mujeres embarazadas.

mutilate *vt* mutilar *horribly mutilated civilian casualties* víctimas civiles mutiladas de manera horrible **mutilation** *snn* mutilación

scar *vt*, -rr- **1** [obj: piel] dejar una cicatriz en *He was bruised and scarred in the accident.* El accidente le produjo magulladuras y cicatrices. **2** [malograr la belleza de algo] deteriorar, estropear *Mining had scarred the landscape.* La minería había afeado el paisaje.

scar *sn* cicatriz [en la piel] cicatriz [punto feo] mancha

132.1 Destruir

destroy *vt* destruir *Both houses were destroyed in the fire.* El fuego destruyó ambas casas. *We are slowly destroying our countryside.* Poco a poco, estamos destruyendo el campo.

destruction *snn* destrucción *The storm brought widespread destruction.* La tormenta causó daños generalizados. *the destruction of nuclear warheads* la destrucción de las cabezas nucleares

ruin *vt* [implica pérdida total de calidad, aunque tal vez la estructura no se vea afectada] estropear, arruinar *You'll ruin that jumper if you wash it in the machine.* Si lavas ese jersey en la lavadora lo estropearás. *He ruined my life.* Arruinó mi vida.

ruins *s pl* ruinas *The whole street was **in ruins**.* Toda la calle estaba en ruinas.

wreck *vt* [destruir con violencia] destrozar *Storms have wrecked the crops.* Las tormentas han destrozado las cosechas.

wreck *sn* [norml. vehículo destrozado] restos *Her motorbike was a total wreck.* Su moto quedó hecha pedazos.

wreckage *snn* [lo que queda de un coche, tren, etc. destrozado, incluyendo las piezas dispersas] restos *Wreckage from the plane was scattered over a large area.* Los restos del avión quedaron dispersados por una extensa área. *People are still trapped in the wreckage.* Todavía hay personas atrapadas entre los restos.

132.2 Romper

break *v, pas.* **broke** *pp.* **broken** [obj/suj: p.ej hueso, porcelana, *no* papel, tejido] **1** *vti* [en varios trozos] romper *Who broke this window?* ¿Quién ha roto esta ventana? (*frec. +* **off**) *You've broken the lid off.* Has roto la tapa. *The leg broke in two places.* La pierna se rompió por dos sitios. **2** *vti* [dejar de funcionar. Obj: p.ej. máquina] estropear(se) *You're going to break that calculator.* Estropearás la calculadora.

smash *vt* [romper con violencia en varios trozos] hacer pedazos, destrozar *Looters smashed the shop window.* Los saqueadores hicieron pedazos el escaparate.

tear *v, pas.* **tore** *pp.* **torn** [obj/suj: p.ej papel, tejido] **1** *vt* rasgar, romper *How did you tear your trousers?* ¿Cómo se rompió el pantalón? *She tore open the envelope.* Rasgó el sobre. (*+ adv o prep*) *I tore off the wrapper.* Arranqué el envoltorio de un tirón. [frec. + **up** cuando se refiere a papel] *He tore up the contract.* Rompió el contrato. **2** *vi* rasgarse, romperse *One of the sails began to tear.* Una de las velas comenzó a rasgarse.

tear *sn* rasgadura, desgarrón, roto *I sewed up the tear.* Cosí el roto.

rip *v, -pp-* [implica acción más rápida y violenta que **tear**. Obj/suj: p.ej papel, tejido] **1** *vt* rasgar, desgarrar *He ripped his shirt into strips for bandages.* Hizo tiras con la camisa para usarlas como vendaje. (*+ adv o prep*) *I ripped off the cover.* Arranqué la tapa de un tirón. **2** *vi* rasgarse, desgarrarse *The sheet ripped from top to bottom.* La sábana se rasgó de arriba abajo. **rip** *sn* rasgadura, desgarrón

split *v, -tt-, pas. & pp.* **split 1** *vt* partir *I used an axe to split the log.* Partí el tronco con un hacha. (*+ adv o prep*) *I split open the chicken.* Abrí el pollo por la mitad. **2** *vi* partirse *His trousers had split at the seams.* Se le habían descosido las costuras del pantalón. **split** *sn* raja, grieta

crack v [implica una pequeña rotura en un objeto más bien sólido y duro] **1** vi rajarse, agrietarse *Won't the glass crack in the hot water?* ¿No se rajará el vaso en agua caliente? **2** vt rajar, agrietar *I cracked a plate while I was washing up.* Se me rajó un plato cuando estaba fregando.

crack sn grieta *I'm filling in the cracks in the ceiling.* Estoy arreglando las grietas del techo.

snap v, **-pp- 1** vi [obj: algo frágil que se rompe bajo presión] romperse, quebrarse *She fell and the bone just snapped.* Fue así de sencillo, se cayó y se le rompió el hueso. (+ **off**) *The knob just snapped off in my hand.* El pomo se me quedó en la mano. **2** vt partir *She snapped the ruler in two.* Partió la regla en dos.

burst v, pas. & pp. **burst 1** vi reventarse *The bag burst and all the oranges rolled out.* Se reventó la bolsa y se cayeron todas las naranjas. *I hope no pipes burst.* Espero que no reviente ninguna tubería. **2** vt reventar *Did you burst your brother's balloon?* ¿Le has reventado el globo a tu hermano?

explode vit explotar, (hacer) estallar *The gas main could explode.* Podría explotar la tubería principal del gas. *The army exploded the mine on the beach.* El ejército hizo estallar la mina en la playa.

explosion sn explosión *The bomb was set off in a controlled explosion.* Se hizo estallar la bomba mediante explosión controlada.

leak vi gotear, hacer agua, salirse, tener un escape *The bottle's leaking.* La botella está agujereada. *The water's leaking out of the bottle.* Se sale el agua de la botella.

leak sn escape, fuga *The pipe has **sprung a leak**.* Se ha producido un escape en la tubería.

132.3 Dañar superficialmente

flake vi [pedazos pequeños y delgados se separan de la superficie. Suj: esp. pintura] desconcharse (frec. + **off**) *The plaster is flaking off.* El enlucido se está desconchando.

flake sn escama, copo *flakes of paint* fragmentos de pintura

peel v **1** vi [tiras delgadas se separan de la superficie] pelarse *My skin always peels after sunbathing.* Después de tomar el sol siempre me pelo. (+ **off**) *The veneer started to peel off.* El enchapado comenzó a desconcharse. **2** vt (norml. + **off**) quitar, arrancar *I peeled off the label.* Arranqué la etiqueta.

chip v, **-pp-** [fragmento pequeño sólido se separa cuando es golpeado] **1** vt desportillar *chipped cups* tazas desportilladas (a veces + adv o prep) *We had to chip away the ice.* Tuvimos que partir el hielo a pedazos. **2** vi desportillarse **chip** sn desportilladura

graze vt [romper la superficie de la piel por rozamiento] rasguñar *She's grazed her leg.* Se ha hecho un rasguño en la pierna. **graze** sn rasguño, arañazo

scrape vt [dañar una superficie] raspar, arañar [obj: piel] rasguñar *I scraped the car door on a branch.* Rasqué la puerta del coche con una rama.

scrape sn arañazo, rasguño *a few scrapes and bruises* algunos rasguños y moratones

dent vt abollar *I drove into a wall and dented the bumper.* Choqué contra una pared y abollé el parachoques. **dent** sn abolladura

132.4 Dañar al ejercer presión

crush vt [presión directa que altera la forma habitual o produce polvo o pequeños fragmentos] aplastar, triturar *The machine crushes the cars into small blocks of metal.* La máquina aplasta los coches y los convierte en pequeños bloques de metal. *crushed ice* hielo picado

grind vt, pas. & pp. **ground** [presión directa entre dos superficies] moler *Grind the coffee very fine.* Muele el café muy fino.

squash vt [la presión directa allana o altera la forma habitual] aplastar *The flowers got a bit squashed in the bag.* Las flores se quedaron un poco aplastadas dentro de la bolsa.

132.5 Dañar gradualmente

disintegrate vi desintegrarse *The satellite will disintegrate on reentering the atmosphere.* El satélite se desintegrará al entrar en la atmósfera. **disintegration** snn desintegración

erode vti erosionar(se) *The river has eroded the bank.* El río ha erosionado la orilla. (frec. + **away**) *Sections of the coastline had been eroded away.* Algunas secciones de la costa se habían erosionado.

erosion snn erosión *a tree-planting programme to halt soil erosion* un programa de repoblación forestal para acabar con la erosión del suelo

decay vti [procesos químicos en la materia muerta] descomponer(se), pudrir(se) *the methane released by decaying organic matter* el metano liberado por la materia orgánica en descomposición *the substances that decay tooth enamel* las substancias que deterioran el esmalte dental

decay snn descomposición *The cold inhibits decay.* El frío retrasa la descomposición.

rot vit, **-tt-** [menos técnico que **decay**, a veces peyorativo] pudrir(se), descomponer(se) *the smell of rotting vegetables* el hedor de verduras podridas *One bad apple will rot all the rest.* Una manzana podrida pudrirá las sanas.

f r a s e

wear and tear [daño producido por uso constante] desgaste *Our carpets get a lot of wear and tear.* Nuestras moquetas tienen que soportar mucho

132.6 Causar daños deliberadamente

vandal snn vándalo, gamberro

vandalize, TAMBIÉN **-ise** (brit) vt destrozar *All the phone boxes had been vandalized.* Todas las cabinas telefónicas habían sido destrozadas en actos de vandalismo. **vandalism** snn vandalismo

sabotage snn sabotaje

sabotage vt sabotear *They had plans to sabotage the oil refineries.* Tenían planes para sabotear las refinerías de petróleo. **saboteur** sn saboteador

133 Cut Cortar

cut *vt, -tt-, pas. & pp.* **cut** cortar *I cut the string.* Corté la cuerda. (+ **down**) *to cut down a tree* talar un árbol (+ **up**) *I cut up an old sheet for dusters.* Corté una sábana vieja para hacer trapos.

cut *sn* corte *She made a neat cut along the top of the page.* Hizo un corte limpio en la parte superior de la página. *cuts and bruises* cortes y moratones

snip *vt, -pp-* (norml. + *adv* o *prep*) [implica corte pequeño y limpio hecho con las tijeras, etc.] recortar *I snipped the corner off the packet.* Recorté la punta del paquete. **snip** *sn* tijeretazo

slit *vt, -tt-, pas. & pp.* **slit** [implica corte delgado y largo para abrir algo] rajar *She slit the package open with a penknife.* Abrió el paquete con una navaja. *to slit sb's throat* degollar a alguien **slit** *sn* raja, hendidura

pierce [una punta penetra algo] perforar, atravesar *The missile can pierce tank armour.* El misil puede perforar el blindaje de un tanque.

prick *vt* [pequeña punta penetra en la piel] pinchar *I pricked my finger on the needle.* Me pinché el dedo con la aguja.

prick *sn* pinchazo *You'll feel a slight prick as the needle goes in.* Notará un ligero pinchazo cuando la aguja penetre.

133.1 Cortes en el cuerpo

stab *vt, -bb-* [herir con un cuchillo] apuñalar *They stabbed him in the stomach.* Le dieron una puñalada en el estómago. (usado como *adj*) *stab wounds* heridas de arma blanca

behead *vt* [más bien formal. Cortar la cabeza, norml. como castigo] decapitar

amputate *vt* [norml. en contextos médicos. Obj: p.ej. brazo, pierna] amputar *They amputated the leg below the knee.* Le amputaron la pierna por debajo de la rodilla. **amputation** *snn* amputación

133.2 Cortar con brutalidad y violencia

hack *vti* [con energía, golpes sucesivos] cortar, acuchillar *They hacked their victims to pieces.* Descuartizaron a sus víctimas. (+ **off**) *I hacked off the branch.* Corté la rama a golpes de hacha. *We hacked vainly at the roots.* Por más hachazos que dimos no conseguimos cortar las raíces.

gash *sn* [corte abierto y largo] raja, hendidura *The latex is collected from a gash in the tree.* El látex se recoge de una hendidura en el árbol.

gash *vt* rajar, hender *She gashed her knee on some broken glass.* Se rajó la rodilla con unos cristales rotos.

slash *vt* [corte largo y estrecho] acuchillar, rajar *Vandals had slashed the seats.* Unos gamberros habían rajado los asientos. **slash** *sn* cuchillada

133.3 Cortar alimentos y materiales duros

ver también **168 Cooking methods**

slice *vt* cortar, cortar en rodajas (o tajadas, rebanadas, etc.) *to slice a cake* cortar un pastel (frec. + *adv*) *I sliced some meat off the bone.* Corté algunas tajadas de carne del hueso.

slice *sn* rodaja, tajada *Another slice of ham?* ¿Otra loncha de jamón? *two slices of bread* dos rebanadas de pan

shred *vt, -dd-* [obj: esp. verduras, papel] cortar en tiras finas, desfibrar *roughly shredded cabbage* col cortada en trozos grandes *Many of the documents had been shredded.* Muchos de los documentos habían sido desfibrados. **shredder** *sn* desfibradora

mince *vt* (*esp. brit*) [obj: esp. carne, cebollas] picar *sausages made from minced pork* salchichas de carne de cerdo picada

grind *vt* (*amer*) [igual que **mince**, pero sólo se refiere a carne] picar *ground beef* carne de vaca picada

carve *v* **1** *vti* [obj: carne] trinchar **2** *vt* [obj: p.ej. madera, piedra] esculpir, tallar *He carved delicate flowers from the wood.* Talló unas delicadas flores en la madera.

133.4 Objetos cortantes

knife *sn* cuchillo

scissors *s pl* tijeras *a pair of scissors* unas tijeras

blade *sn* cuchilla, hoja

saw *sn* sierra

saw *vt, pas.* **sawed** *pp.* (*brit*) **sawn**, (*amer*) **sawed** serrar (+ **off**) *I sawed off a bit at the bottom.* Serré un poco la parte de abajo.

133.5 Afilado

sharp *adj* [describe: p.ej. cuchillo, cuchilla] afilado

sharpen *vt* afilar **sharpness** *snn* lo afilado

prickly *adj* [describe: algo con muchas puntas afiladas] espinoso, lleno de pinchos *a mass of prickly branches* un montón de ramas espinosas

blunt *adj* desafilado *This razor blade's blunt.* Esta hoja de afeitar no corta. **bluntness** *snn* lo desafilado

133.6 Textura después de cortar

fine *adj* **1** [muy pequeño] fino, menudo *This sugar is very fine.* Este azúcar es muy fino. **2** [muy delgado] fino *fine slices of smoked ham* finas lonchas de jamón ahumado

fine *adv* en trozos pequeños *Chop the onions fairly fine.* Cortar las cebollas en trocitos pequeños.

finely *adv* finamente *finely chopped onions* cebollas finamente cortadas

coarse *adj* [cortado toscamente en trozos pequeños] grueso *a coarse grind of coffee* un café molido grueso

coarsely *adv* toscamente *coarsely chopped vegetables* verduras cortadas en trozos grandes

134 Hole Agujerear

ver también **333 Empty**

hole *sn* agujero **hole** *vt* agujerear

gap *sn* [espacio vacío, esp. uno que supuestamente debería estar lleno] hueco *They got in through a gap in the hedge.* Entraron por un agujero que había en el seto.

opening *sn* [que permite la entrada a una persona o cosa] abertura *an opening in the roof for smoke to escape* una abertura en el tejado para que salga el humo

outlet *sn* [agujero, esp. una tubería a través de la cual se libera líquido o gas] salida, desagüe *a sewage outlet* una boca de alcantarilla

crack *sn* [agujero pequeño y delgado que permite la entrada de luz o aire] rendija, grieta *The ring fell through a crack in the floorboards.* El anillo se cayó por una rendija que había en las tablas del suelo.

crevice *sn* [pequeña grieta o abertura, norml. en roca o ladrillo] grieta *Crabs scurried off into crevices.* Los cangrejos corrieron a esconderse en las grietas.

135 Burn Quemar

burn *v, pas. & pp.* **burned** (*brit & amer*) o **burnt** (*brit*) **1** *vt* quemar *Demonstrators burned the American flag.* Los manifestantes quemaron la bandera americana. *I've burnt my hand on the stove.* Me he quemado la mano en la cocina. *coal-burning power stations* centrales eléctricas alimentadas con carbón (+ **down**) [implica destrucción total] *to burn down a building* incendiar un edificio **2** *vi* quemarse, arder *A candle burned in the window.* Había una vela encendida en la ventana. (+ **down**) *Her house has burnt down.* Su casa se ha incendiado.

burn *sn* [herida] quemadura *He suffered severe burns.* Sufrió quemaduras de gravedad.

fire *s* **1** *sn* [p.ej. en el hogar] fuego *a log fire* un fuego de troncos **2** *sn* [en un edificio, etc.] incendio *to put out a fire* extinguir un incendio **3** *snn* fuego *My car's on fire.* Mi coche está en llamas. *The frying pan* **caught** *fire.* La sartén se incendió.

blaze *vi* [con fuertes llamaradas] arder *A log fire was blazing in the hearth.* Había un fuego de troncos ardiendo en el hogar. *a blazing building* un edificio en llamas

blaze *sn* [en el hogar] llamarada [en un edificio] incendio *the documents lost in the blaze* los documentos perdidos en el incendio

ablaze *adj* (después de *v*) [término enfático] ardiendo, en llamas *The curtains were ablaze in seconds.* Las cortinas prendieron fuego en cosa de segundos. *The explosion* **set** *the street* **ablaze**. La explosión envolvió la calle en llamas.

flame *sn* llama *I blew out the flame.* Apagué la llama. *The warehouse was a mass of flames.* El almacén estaba envuelto en llamas.

ash *snn* ceniza *cigarette ash* ceniza de cigarrillo

ashes *s pl* cenizas *I cleared out the ashes from the grate.* Limpié las cenizas de la chimenea.

smoke *snn* humo

bonfire *sn* [para quemar basura, hojas, etc., o para divertirse] hoguera

135.1 Encender las cosas

light *v, pas. & pp.* **lit** o **lighted** **1** *vt* [obj: p.ej. cerilla, fuego, vela] encender **2** *vi* encenderse *His pipe wouldn't light.* Su pipa no se encendía.

light *sn* [informal. Para cigarrillo] fuego *Have you got a light?* ¿Tiene fuego?

match *sn* cerilla *a box of matches* una caja de cerillas

lighter *sn* encendedor, mechero

arson *snn* [delito deliberado] incendio provocado

arsonist *sn* incendiario, pirómano

> *f r a s e s*
>
> **set fire to** [pone énfasis en la intención de destruir] prender fuego a, pegar fuego a *He's accused of setting fire to his own warehouse.* Se le acusa de prender fuego a su propio almacén.
>
> **set alight** [puede no ser deliberado] incendiar *Some idiot with a cigarette set the whole forest alight.* Algún idiota incendió el bosque con un cigarrillo.

135.2 Extinguir un incendio

put out sth o **put** sth **out** *vt fr.* extinguir, apagar *I put the fire out with a bucket of water.* Apagué el fuego con un cubo de agua.

firefighter *sn, masc:* **fireman** *fem:* **firewoman** bombero [**firefighter** se usa norml. como término genérico, aunque **firemen** también puede aludir a mujeres] *Firemen using breathing apparatus rescued the couple.* Bomberos con aparatos respiratorios rescataron a la pareja.

fire brigade (*brit*), **fire department** (*amer*) cuerpo de bomberos

fire engine *sn* coche de bomberos

fire extinguisher *sn* extintor

136 Babies Niños

baby *sn* bebé, niño *She's* **having a baby** *in July.* Espera un niño para julio. (usado como *adj*) *baby clothes* ropa de bebé

twins *sn* gemelos, mellizos *a pair of twins* unos gemelos *I can't find the twins.* No encuentro a los gemelos.

triplets *sn* trillizos

136.1 Tener un bebé

conceive *v* **1** *vt* concebir *from the moment the child is conceived* desde el momento en que el niño es concebido **2** *vi* concebir

conception *snn* concepción *the probable date of conception* la fecha probable de la concepción

pregnant *adj* embarazada *I'm pregnant again.* Estoy embarazada otra vez.

pregnancy *snn/n* embarazo *medical checks during pregnancy* revisiones médicas durante el embarazo *a difficult pregnancy* un embarazo difícil

foetus (*brit*), **fetus** (*amer*) *sn* feto

womb *sn* útero, matriz

embryo *sn, pl* **embryos** embrión

umbilical cord *sn* cordón umbilical

placenta *sn* placenta

labour (*brit*), **labor** (*amer*) *snn/n* parto *to go into labour* ponerse de parto

birth *snn/n* nacimiento *to give birth to* a *child* dar a luz un niño *I was present at the birth.* Estuve presente en el parto. (usado como *adj*) *her birth weight* su peso al nacer

be born nacer *We want the next child to be born at home.* Queremos que el próximo hijo nazca en casa.

136.2 Niños y tecnología médica

abortion *sn/nn* aborto *to have an abortion* tener un aborto

artificial insemination *snn* inseminación artificial

surrogate mother *sn* mujer que sustituye a la verdadera madre en sus funciones

test-tube baby *sn* bebé probeta

136.3 Niños sin familia legítima

adopt *vt* [permanentemente, como si fuera hijo propio] adoptar **adoption** *snn* adopción

foster *vt* [cuidar a corto o largo plazo, sin convertirse en padres oficiales] acoger en una familia *Could you foster a handicapped child?* ¿Podría acoger en su familia a un niño minusválido? (usado como *adj*) *foster parents* padres adoptivos temporales

custody *snn* custodia *She was awarded custody of the children.* Le concedieron la custodia de los hijos.

orphan *sn* huérfano

136.4 Ajuar del niño

cot (*brit*), **crib** (*amer*) *sn* cuna

moses basket *sn* moisés, capazo

carrycot (*brit*), **portacrib** (*amer*) *sn* capazo

rattle *sn* sonajero

bottle *sn* biberón

dummy (*brit*), **pacifier** (*amer*) *sn* chupete

doll *sn* muñeca

safety pin *sn* imperdible

nappy (*brit*), **diaper** (*amer*) *sn* pañal *disposable nappies* pañales desechables

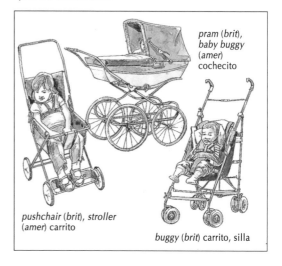

pram (*brit*), *baby buggy* (*amer*) cochecito

pushchair (*brit*), *stroller* (*amer*) carrito

buggy (*brit*) carrito, silla

137 Name Nombrar

137.1 Poner nombres

name *sn* nombre *My name is Gabriel.* Me llamo Gabriel. *Sign your name here please.* Firme aquí, por favor.

name *vt* [más formal que **call**. Enfatiza la elección del nombre] nombrar *We named her Helen after her grandmother.* Le pusimos Helen por su abuela. (esp. en *pp.*) *a man named Mullin* un hombre llamado Mullin

call *vt* [término habitual para poner y usar nombres] llamar *My name's Cornelius but everyone calls me Con.* Me llamo Cornelius pero todos me llaman Con. (en *pp.*) *Somebody called Gibbs rang.* Telefoneó un tal Gibbs. *a village called Fritwell* un pueblo llamado Fritwell

christen *vt* [poner nombre en una ceremonia cristiana] bautizar con el nombre de *I was christened Robert Edward.* Me bautizaron con el nombre de Robert Edward.

title *sn* título *I know the film you mean but I've forgotten the title.* Sé a que película se refiere pero he olvidado el título. *His proper title is Professor Sir Raymond Hall.* Su título correcto es profesor Sir Raymond Hall.

entitle *vt* [obj: p.ej. libro, obra de arte] titular (esp. en *pp.*) *a print entitled 'Still Marshes'* un grabado titulado 'Pantanos silenciosos'

label *vt, -ll-* [más bien peyorativo. Implica una descripción dudosa más que un nombre] etiquetar de, tachar a alguien de *She was soon labelled a troublemaker.* Enseguida la tacharon de alborotadora.

137.2 Tipos de nombre

first name *sn* [norml. primero, pero puede ser cualquiera de los nombres que preceden al apellido de una persona] nombre de pila *We're all on first name terms round here.* Aquí nos tuteamos todos.

christian name *sn* [término habitual para un nombre de pila, pero es mejor evitar usarlo con personas no cristianas] nombre de pila

forename *sn* [norml. en contextos formales o administrativos] nombre *Please give your name, forenames and address.* Por favor, ponga su apellido, nombre y domicilio.

middle name *sn* [entre el nombre de pila y el apellido] segundo nombre *We called him William, that's his father's middle name.* Le pusimos de nombre William, el segundo nombre de su padre.

surname *sn* [usado por todos los miembros de una familia] apellido

double-barrelled name (*brit*), **hyphenated name** (*amer*) *sn* [combinación de dos apellidos] apellido compuesto *They all have double-barrelled names like Worthington-Smythe.* Todos ellos tienen apellidos compuestos como Worthington-Smythe.

137.3 Nombres falsos

nickname *sn* [se usa cariñosamente o para burlarse] apodo, mote

nickname *vt* apodar *a particularly ugly biology teacher nicknamed 'Dracula'* un profesor de biología realmente feo apodado 'Drácula'

alias *sn* [usado esp. por criminales] alias *She had used a different alias at each hotel.* Utilizó un alias diferente en cada hotel. *Sheila Woodrow, alias Virginia Fielding* Sheila Woodrow, alias Virginia Fielding

pen name *sn* [usado por los autores cuando escriben] pseudónimo

pseudonym *sn* [usado ocasionalmente cuando se escribe para ocultar la identidad de uno mismo] pseudónimo

anonymous *adj* [sin ningún nombre] anónimo *I've received several anonymous letters.* He recibido varias cartas anónimas. **anonymously** *adv* anónimamente

138 Families and Relations Familias y Parientes

138.1 Padres

parent *sn* padre, madre *Don't tell my parents!* ¡No se lo digas a mis padres!

folks *s pl* [informal] (*esp. amer*) familia, padres

mother *sn* [formal cuando se usa como tratamiento] madre *Thank you, mother.* Gracias, madre. *Go and ask your mother.* Ve y pregúntaselo a tu madre.

mum (*brit*), **mom** (*amer*) *sn* [informal] madre, mamá *Her mum picks her up after school.* Su madre la va a buscar al colegio.

mam *sn* [esp. en País de Gales y Norte de Inglaterra] mamá

mummy (*brit*), **mommy** (*amer*) *sn* [informal. Usado esp. por o al dirigirse a niños pequeños] mamá, mami *I want my mummy!* ¡Quiero a mi mamá!

mama *sn* [anticuado y formal en inglés británico; usado por niños pequeños en América del Norte] mamá

father *sn* [formal cuando se usa como tratamiento] padre

dad *sn* [informal] padre, papá *She's always borrowing her dad's car.* Siempre le está cogiendo el coche a su padre.

daddy *sn* [informal. Usado esp. por o al dirigirse a niños pequeños] papá, papi *My daddy's a fireman.* Mi papá es bombero.

papa *sn* [anticuado y formal en inglés británico. Alternativa a **dad** en inglés americano] papá

pop *sn* (*esp. amer*) [informal] papá *Is pop still in the bathroom?* ¿Papá está aún en el baño?

138.2 Niños

son *sn* hijo   **daughter** *sn* hija

sister *sn* hermana *my big sister* mi hermana mayor

brother *sn* hermano *my little brother* mi hermano pequeño, mi hermanito

sibling *sn* [técnico. Se usa p.ej. en contextos sociológicos o psicológicos] hermano, hermana *The gene is not found in either of the other siblings.* Ninguno de los otros dos hermanos tiene este gen. (usado como *adj*) *sibling rivalry* rivalidad entre hermanos

138.3 Abuelos y nietos

grandparent *sn* (norml. *pl*) abuelo, abuela *He sees both sets of grandparents at the weekend.* Ve a todos sus abuelos los fines de semana.

grandmother *sn* [norml. no se usa como tratamiento] abuela *When are you going to make me a grandmother?* ¿Cuándo me harás abuela?

granny (*esp. brit*) o **grandma** *sn* [informal] abuelita, abuela

grandfather *sn* [norml. no se usa como tratamiento] abuelo

grandad (*esp. brit*) o **grandpa** *sn* [informal] abuelito, abuelo

grandchild *sn*, *pl* **grandchildren** nieto, nieta

granddaughter *sn* nieta   **grandson** *sn* nieto

great- *prefijo* bis- *my great-grandmother* mi bisabuela *a great-uncle* un tío abuelo *my great-great-grandfather* mi tatarabuelo

138.4 Matrimonio

husband *sn* marido	**daughter-in-law** *sn* nuera
wife *sn* mujer, esposa	**son-in-law** *sn* yerno
mother-in-law *sn* suegra	**brother-in-law** *sn* cuñado
father-in-law *sn* suegro	**sister-in-law** *sn* cuñada

in-laws *s pl* parientes políticos *I can't stand my in-laws.* No puedo soportar a la familia de mi mujer/marido.

widow *sn* viuda

widow *vt* (esp. en pasiva) dejar viuda *my widowed mother* mi madre viuda

widower *sn* viudo

138.5 Relaciones de parentesco por segundo matrimonio

stepfather *sn* padrastro

stepmother *sn* madrastra

stepbrother *sn* hermanastro

stepsister *sn* hermanastra

half-brother *sn* medio-hermano

half-sister *sn* medio-hermana

138.6 Hermanos y hermanas de los padres

aunt *sn* tía

auntie o **aunty** *sn* [informal] tía [frec. seguido de nombre] *Auntie Monica* la tía Mónica

uncle *sn* tío [frec. seguido de nombre] tío *Uncle Harry* el tío Harry

nephew *sn* sobrino

niece *sn* sobrina

cousin *sn* [anticuado cuando precede al nombre] primo *a second cousin* un primo segundo *distant cousins* primos lejanos

138.7 Lazos de familia

related *adj* (norml. después de *v*; frec. + **to**) emparentado *We're not related.* No somos parientes.

relative *sn* [norml. implica vínculo más bien estrecho] pariente, familiar *a close relative* un pariente cercano

relation *sn* [frec. implica vínculo menos estrecho que **relative**] pariente, familiar *distant relations* parientes lejanos

descendant *sn* [más bien formal. Implica varias generaciones después] descendiente *The firm is still run by a descendant of the founder.* La empresa sigue estando dirigida por un descendiente del fundador.

be descended from ser descendiente de, descender de *The family is descended from nineteenth-century Italian emigrants.* La familia desciende de emigrantes italianos del siglo diecinueve.

ancestor *sn* antepasado *Portraits of forgotten ancestors hung on the walls.* De las paredes colgaban retratos de antepasados olvidados. **ancestral** *adj* ancestral

offspring *s* [formal o humorístico. Puede referirse a un hijo o a varios. Nunca se usa con artículo indefinido] descendencia, prole *She was trying to keep her offspring under control.* Intentaba mantener a su prole bajo control.

generation *sn* generación *a tradition handed down through generations* una tradición transmitida de generación en generación (usado como *adj*) *second-generation Americans* americanos de la segunda generación

139 People Personas

person *sn* 1 *pl* **people** persona *She's a very nice person.* Es una persona muy agradable. *I think we should give the job to a younger person.* Creo que deberíamos dar el puesto a una persona más joven. 2 *pl* **persons** [se usa esp. en contextos administrativos u oficiales] persona *Any person seeking advice should ring this number.* Toda persona que desee realizar una consulta debe telefonear a este número.

human o **human being** *sn* ser humano *the pollution caused by humans* la contaminación causada por el ser humano

human *adj* humano *the human race* la raza humana

individual *sn* [en contraste con la sociedad, grupo colectivo, etc.] individuo *What can individuals do on their own?* ¿Qué puede hacer un individuo por sí solo? *He's an awkward individual.* [frec. se usa de manera peyorativa] Es un tipo difícil.

individual *adj* individual *I was speaking as an individual party member rather than as a minister.* Hablaba como simple miembro del partido más que como primer ministro.

139.1 Personas en general

mankind *snn* [todas las personas que hay en el mundo] humanidad, género humano *inventions that have benefited mankind* inventos que han beneficiado a la humanidad

man *snn* [frec. se usa para referirse a todas las personas, pero a veces se rechaza por considerarse sexista] hombre *Man has been to the moon.* El hombre ha llegado a la luna.

humankind *snn* [todas las personas que hay en el mundo. Preferido por los que creen que **mankind** suena sexista] género humano *the survival of humankind on this planet* la supervivencia del género humano en este planeta

humanity *snn* [todas las personas que hay en el mundo. Frec. se usa para enfatizar un punto de vista moral o emocional] humanidad *crimes against humanity* delitos contra la humanidad

public *s* 1 *snn* (norml. **the public**) [gente corriente a diferencia del gobierno, la prensa, los industriales, etc.] público *Programme makers are simply aiming to satisfy the public.* Los redactores de los programas tan sólo pretenden satisfacer al público. *the general public* el gran público 2 *sn* [sección específica del público] público *We want to introduce opera to a wider public.* Queremos hacer llegar la ópera a un público más amplio.

public *adj* 1 público *public anger at the decision* indignación general por la decisión 2 [para uso de todos] público *public toilets* aseos públicos 3 [conocido por todos] público *Is it public knowledge?* ¿Es del dominio público?

folk *s pl* [personas, esp. cuando son de un tipo concreto] gente *folk like him* gente como él *city folk* gente de la ciudad *See you later, folks!* ¡Hasta luego, amigos!

139.2 Gente muy joven

baby *sn* niño, bebé

child *sn, pl* **children** niño, niña *children's books* libros para niños

infant *sn* [técnico. Se usa esp. en contextos médicos. Desde que se nace hasta aprox. los cinco años] niño *the immunity the infant acquires from the mother's milk* la inmunidad que el recién nacido adquiere con la leche materna (usado como *adj*) *infant care* cuidado de los niños

toddler *sn* [aprox. desde un año hasta los tres años de edad] niño, pequeño

kid *sn* [informal. Desde que se nace hasta la adolescencia] chaval *When do the kids go back to school?* ¿Cuándo vuelven al colegio los chavales?

youngster *sn* [más bien informal, usado esp. por gente mayor. Desde aprox. los cinco años hasta la adolescencia] joven *There are plenty of activities for the youngsters.* Hay muchas actividades para los jóvenes.

boy *sn* [desde que se nace hasta la mayoría de edad] niño, muchacho *Are you ready, boys?* ¿Estáis listos, chicos? *boys' clothes* ropa de niño

girl *sn* [desde que se nace hasta la mayoría de edad] niña, muchacha *Are the girls coming?* ¿Las chicas vienen? *a girls' school* un colegio de chicas [ofensivo para muchas personas cuando se refiere a mujeres adultas] *the girls in the office* las chicas de la oficina

lad *sn* 1 [informal y usado esp. por gente mayor. Desde que se es bebé hasta la mayoría de edad] muchacho, chaval *the lad who delivers the paper* el chaval que reparte los periódicos 2 [hombre amigo] *I went to the pub with the lads.* Fui al bar con los muchachos.

lass *sn* [informal. Desde que se es bebé hasta la mayoría de edad. Esp. se usa en Escocia y el norte de Inglaterra] muchacha

139.3 Jóvenes casi adultos

teenager *sn* adolescente *The programmes's popular with teenagers.* El programa es popular entre los adolescentes.

teenage *adj* adolescente *my teenage daughters* mis hijas adolescentes *teenage fashions* moda para adolescentes

teens *s pl* adolescencia *He's in his teens.* Es un adolescente.

juvenile *sn* [técnico, norml. en contextos legales o sociológicos para menores de 18 años] joven, menor *our policy on sentencing juveniles* nuestra política de sentencias a menores (usado como *adj*) *juvenile crime* delincuencia juvenil

adolescent *sn* [formal o ligeramente peyorativo. Implica período entre la pubertad y la edad adulta]

adolescente *adolescents' emotional problems* los problemas sentimentales de la adolescencia *when I was a spotty adolescent* cuando era un adolescente lleno de granos

adolescent *adj* [frec. peyorativo] adolescente *my adolescent enthusiasm* mi entusiasmo de adolescente

youth *sn* [formal o peyorativo. Se prefieren términos como **boy**, **girl** o **young people** si no existen connotaciones negativas. Norml. masculino más que femenino] joven *an inexperienced youth* un joven inexperto *a gang of youths on motorcycles* una pandilla de jóvenes en moto

139.4 Adultos

adult *sn* adulto (usado como *adj*) *in adult life* en la vida adulta

grown-up *sn* [adulto desde el punto de vista de un niño] persona mayor *Grown-ups should set an example.* Las personas mayores deberían dar ejemplo.

man *sn, pl* **men** hombre *men's clothing* ropa de hombre

gentleman *sn, pl* **gentlemen** 1 [término cortés] caballero *These gentlemen are from Canada.* Estos caballeros son del Canadá. 2 [hombre que se comporta con honradez] caballero *If he were a gentleman, he'd resign.* Si fuera un caballero, dimitiría.

gentlemanly *adj* [como un caballero educado] caballeroso, cortés

woman *sn, pl* **women** mujer *women's shoes* calzado de mujer *women's issues* temas relacionados con la mujer (usado como *adj*) *a woman instructor* una instructora

lady *sn* 1 [término cortés] señora, dama *There's a lady waiting to see you.* Hay una señora esperando para verle. (usado como *adj*) *a lady doctor* una doctora 2 [mujer con buenos modales y buen comportamiento] señora, dama

> **USO**
>
> A algunas mujeres no les gusta el término **lady** como equivalente femenino de **man**, por pensar que indica condescendencia y que por tanto se debería usar la palabra **woman**.

139.5 Palabras informales para los hombres

chap *sn* (*esp. brit*) [un poco anticuado] tipo *You mean the chap your sister married?* ¿Te refieres al tipo con el que se casó tu hermana?

bloke *sn* (*esp. brit*) [a veces tiene connotaciones de clase obrera] tío, tipo *The bloke at the garage can't fix it till next week.* El tío del taller no puede repararlo hasta la semana que viene.

fellow *sn* [un poco anticuado] tipo *The fellow from the bank called.* Llamó aquel tipo del banco.

guy *sn* [el término más informal de todos estos] tío *this guy she's going out with* ese tío con el que sale [el plural también puede referirse a mujeres en inglés americano] *What are you guys doing?* ¿Qué hacéis, chicas?

140 Male Macho

male *adj* masculino *male hormones* hormonas masculinas *male fashions* modas para hombre *male brutality* violencia masculina

male *sn* [implica hombre como miembro de su sexo, más que como individuo] hombre, varón *surrounded by four adoring males* rodeada de cuatro admiradores

masculine *adj* [implica la conducta o el estilo que se asocia con los hombres. Norml. en contextos positivos] masculino, varonil *masculine charm* encanto masculino *The product needs a more masculine image.* El producto requiere una imagen más masculina. **masculinity** *snn* masculinidad

macho *adj* [norml. peyorativo. Implica convicción agresiva de que los hombres son superiores] macho *I think the motorbike is just there to make him feel*

macho. Creo que tiene la moto simplemente para sentirse macho.

unisex *adj* [para ambos sexos o para evitar ser sexista] unisex(o) *unisex fashions* modas unisex

141 Female Hembra

female *adj* femenino *female hormones* hormonas femeninas *a typically female reaction* una reacción típica de mujer *female staff* personal femenino

female *sn* [implica mujer como miembro de su sexo, más que como individuo] mujer, hembra *a profession dominated by females* una profesión dominada por mujeres

feminine *adj* [implica la conducta o el estilo que se asocia con las mujeres] femenino *feminine intuition* intuición femenina *the rather feminine decor* una decoración más bien femenina **femininity** *snn* feminidad

girlish *adj* [puede ser bastante peyorativo, implicando cualidades como vitalidad excesiva, inmadurez, etc.] de niña, infantil *a girlish grin* una sonrisa aniñada **girlishly** *adv* como una niña

ladylike *adj* [ahora frec. humorístico. Implica los modales refinados que se asocian a las damas] fino,

elegante *far too ladylike to drink beer* demasiado fina para beber cerveza

142 Personality Personalidad

personality *sn/nn* personalidad *an outgoing personality* una personalidad extrovertida [persona] *They're both dynamic personalities.* Ambos son personas dinámicas. (usado como *adj*) *a personality disorder* un trastorno de personalidad

character *s* **1** *snn* [actitudes y comportamiento desde un punto de vista moral o sentimental] carácter *Coming to the rescue is entirely in character for her.* Es típico de ella querer ayudarnos. *It would be entirely out of character if she gave up.* Sería totalmente impropio de ella darse por vencida. [persona] *He used to be a very timid character.* Antes era una persona muy tímida. (usado como *adj*) *a character witness* un testigo del buen carácter del acusado **2** *snn* [implica

integridad, valor, etc.] carácter *I think persevering like that takes character.* Creo que para perseverar de esa forma se requiere carácter.

nature *sn/nn* [manera natural de reaccionar ante situaciones y personas] naturaleza *She has an understanding nature.* Es de naturaleza comprensiva. *It's not in her nature to give up easily.* No es propio de ella el abandonar con facilidad.

-natured formando *adjs* de carácter *a sweet-natured child* un niño muy dulce *He's a good-natured sort.* Es muy buena persona. *ill-natured remarks* observaciones maliciosas

temperament *sn/nn* [manera general de reaccionar emocionalmente ante situaciones y personas] temperamento *Some people can't take his fiery temperament.* Algunas personas no pueden soportar su temperamento apasionado. **temperamental** *adj* inestable, excitable

temper *s* 1 *sn/nn* [mal humor] genio, mal genio *Watch out for her temper.* Cuidado con su mal genio. *He's in a temper.* Está de mal humor. *a show of temper* una demostración de (mal) genio 2 *sn* [reacciones usuales] disposición natural, carácter *Don't let his quiet temper fool you.* No se deje engañar por su carácter tranquilo. *She's got a violent temper.* Tiene un carácter violento.

-tempered *formando adjs* de humor *bad-tempered* malhumorado *good-tempered* de buen carácter *a bad-tempered man* un hombre malhumorado *an ill-tempered retort* una réplica destemplada

142.1 Trasfondo de los sentimientos

mood *sn* 1 [cómo se siente una persona o cómo la hacen sentir los demás] humor *She was not in the mood to talk.* No estaba de humor para hablar. *The defeat created a sombre mood at party headquarters.* La derrota sembró el pesimismo en la sede del partido. *I'm in a good mood today.* Hoy estoy de buen humor. 2 [implica una actitud emocional desagradable] mal humor *He's in a mood again.* Está de mal humor otra vez. *I can't stand his moods.* No soporto sus rachas de mal humor.

moody *adj* 1 [que tiene frecuentes cambios de humor] de humor inestable *You've been very moody lately.* Ultimamente has estado de muy mal humor. 2 [que está de mal humor] malhumorado **moodily** *adv* malhumoradamente

manner *sn* [con referencia al comportamiento de una persona] manera de ser, manera de comportarse *She refused in her usual brusque manner.* Se negó con la brusquedad que la caracteriza. *the manner he has of ignoring you* la forma que tiene de ignorarte

atmosphere *s* 1 *sn* [implica una situación que suscita sentimientos específicos] clima, ambiente *the right atmosphere for negotiations* el clima adecuado para las negociaciones *The decorations gave the streets a happy atmosphere.* Los adornos dieron un aire alegre a las calles. 2 *snn* [implica ambiente interesante en general] ambiente *a pizza place with no real atmosphere* una pizzería sin ningún ambiente

143 Polite Educado

polite *adj* [implica comportamiento social correcto] educado, atento, correcto *Try and be a bit more polite to our customers.* Intente ser más atento con nuestros clientes. *a polite smile* una sonrisa amable

politely *adv* cortésmente, correctamente **politeness** *snn* cortesía, educación, corrección

manners *s pl* modales *Try and learn some manners!* ¡Intenta aprender buenos modales! *Her children have terrible manners.* Sus hijos tienen muy malos modales. *table manners* modales en la mesa *Holding the door open for others is good manners.* Es de buena educación sostener la puerta abierta a los demás.

143.1 Sumamente educado

courteous *adj* [implica una educación ligeramente anticuada y solícita] cortés, fino *He is invariably courteous even towards his opponents.* Siempre es cortés, incluso con sus rivales. *a courteous bow* una reverencia de cortesía **courteously** *adv* con cortesía **courteousness** *snn* cortesía, finura

chivalrous *adj* [implica un código de honor, esp. de hombres a mujeres] caballeroso **chivalrously** *adv* caballerosamente **chivalry** *snn* caballerosidad

gracious *adj* [más bien literario. Enfatiza la consideración, esp. hacia los subordinados] amable, afable *her gracious acceptance of our invitation* su amable aceptación de nuestra invitación **graciously** *adv* amablemente, afablemente

obsequious *adj* [peyorativo. Implica deseo excesivo y norml. insincero por agradar] servil *obsequious flattery* adulación servil **obsequiously** *adv* servilmente **obsequiousness** *snn* servilismo

143.2 Esmerarse en ser educado

civil *adj* [a menos que vaya calificado, implica cortesía elemental] cortés *I think I'm entitled to a civil reply.* Creo que merezco una respuesta cortés. *Her tone was barely civil.* Su tono fue apenas cortés. **civilly** *adv* cortésmente **civility** *snn* cortesía, urbanidad

respectful *adj* [que muestra respeto] respetuoso *a respectful silence* un silencio respetuoso **respectfully** respetuosamente

diplomatic *adj* diplomático *We found a diplomatic way of turning the invitation down.* Encontramos una manera diplomática de rechazar la invitación. **diplomatically** *adv* diplomáticamente

diplomacy *snn* diplomacia *It took some diplomacy to get the whole family to agree.* Se requirió cierta diplomacia para conseguir que toda la familia estuviera de acuerdo.

tact *snn* tacto, discreción *a situation which requires a lot of tact* una situación que requiere mucho tacto

tactful *adj* discreto *It wasn't exactly tactful to mention his ex-wife.* No fue precisamente delicado el mencionar a su ex-mujer. *a tactful explanation* una explicación discreta

tactfully *adv* discretamente *How can we refuse tactfully?* ¿Cómo podemos decir que no con discreción?

f r a s e

in good taste [implica aceptación social de un comportamiento] de buen gusto *It would have been in better taste to stay away from the funeral.* Habría sido de mejor gusto no asistir al entierro.

144 Rude Grosero

ver también **145 Cheeky**

144.1 De naturaleza grosera

rude *adj* (a veces + **to**) [puede implicar falta agresiva de educación. Describe: p.ej. personas, acciones, declaraciones] grosero, mal educado *Don't be rude to your teacher.* No seas grosero con tu profesor. *It's rude to point.* Es de mala educación señalar con el dedo. **rudely** *adv* groseramente **rudeness** *snn* grosería

impolite *adj* [más formal que **rude**] descortés *His behaviour was extremely impolite.* Su comportamiento fue extremadamente descortés. *an impolite letter* una carta descortés **impolitely** *adv* con descortesía **impoliteness** *snn* mala educación, descortesía

vulgar *adj* [implica mal gusto y mala conducta] de mal gusto, vulgar *his vulgar and racist talk* su conversación racista y de mal gusto *the vulgar familiarity with which they treat you* la vulgar familiaridad con que te tratan **vulgarity** *snn* vulgaridad

offensive *adj* [que molesta o enoja a alguien] ofensivo *offensive personal remarks* observaciones ofensivas de carácter personal **offensively** *adv* de manera ofensiva **offensiveness** *snn* lo ofensivo

144.2 Tratar a alguien con grosería

insult *vt* [siempre deliberado] insultar, ofender *insulting remarks* observaciones insultantes *He'll feel insulted if you offer him money.* Se sentirá ofendido si le ofreces dinero.

insult *sn* insulto, ofensa *If you refuse he'll take it as an insult.* Si te niegas lo tomará como una ofensa. *to hurl insults at sb* llenar a alguien de insultos

offend *vt* [puede no ser deliberado] ofender *The article deeply offended many women.* El artículo ofendió sobremanera a muchas mujeres. *I hope you won't be offended if we go now.* Espero que no se ofenda si nos vamos ahora.

offence (*brit*), **offense** (*amer*) *snn* ofensa *No offence intended.* Sin ánimo de ofender. *to take offence at sth* ofenderse por algo

rebuff *vt* [implica una actitud poco servicial y hostil ante una petición, ofrecimiento, etc.] rechazar *I had hoped for a compromise, but I was firmly rebuffed.* Esperaba llegar a un acuerdo, pero me rechazaron de plano.

rebuff *sn* desaire, negativa *All our ideas met with a stern rebuff.* Todas nuestras ideas tropezaron con una firme negativa.

144.3 Faltar al respeto

offhand *adj* [que no concede la atención adecuada a alguien o algo] brusco *She dismissed the problem in the most offhand way.* Dejó de lado el problema sin prestarle ninguna atención. **offhandedly** *adv* prestando muy poca atención

discourteous *adj* [formal. Implica hacer caso omiso de las normas sociales y los sentimientos de las personas] descortés, poco atento *It would be discourteous to keep them waiting.* Sería descortés hacerlos esperar. **discourteously** *adv* con descortesía **discourtesy** *snn* descortesía

flippant *adj* [implica bromear cuando uno debería mostrarse serio] poco serio, ligero *I had expected an apology, not some flippant excuse.* Esperaba una disculpa, no una excusa tan poco seria. **flippantly** *adv* con poca seriedad, a la ligera

improper *adj* [más bien formal. Implica hacer caso omiso de las normas morales y sociales] incorrecto, indecoroso *It would be quite improper to ask such a personal question.* Sería bastante indecoroso preguntar algo tan personal. **improperly** *adv* incorrectamente, indecorosamente

tactless *adj* [que hace caso omiso de algo que puede molestar a alguien] indiscreto, falta de tacto *I know it's tactless but I need to know her age.* Sé que es una indiscreción pero necesito saber su edad. **tactlessly** *adv* indiscretamente

f r a s e s

a slap in the face [algo que se considera hiriente e insultante] bofetada, desaire *After all we had done for her, her behaviour was a real slap in the face.* Después de todo lo que hicimos por ella, su comportamiento fue como una auténtica bofetada.

put one's foot in it [informal. Ofender sin darse cuenta] meter la pata *As soon as I mentioned divorce, I realized I had put my foot in it.* En cuanto mencioné el divorcio, me di cuenta de que había metido la pata.

in bad/poor taste [implica desaprobación social de un comportamiento] de mal gusto *His remarks were in very poor taste.* Sus comentarios fueron de muy mal gusto.

145 Cheeky Descarado

cheeky (*esp. brit*) *adj* [más bien informal. Poco respetuoso pero no hiriente] caradura, descarado *Don't be cheeky to your mother.* No seas impertinente con tu madre. [frec. implica uso del humor] *a cheeky allusion to the minister's private life* una alusión un poco osada a la vida privada del ministro **cheekily** *adj* con descaro, atrevidamente

cheek *snn* descaro, frescura *Less of your cheek!* ¡No tengas tanta cara! *He had the cheek to borrow my lawnmower without asking.* Tuvo la caradura de tomar prestado mi cortacésped sin pedir permiso.

insolent *adj* insolente *an insolent refusal to obey the rules* una negativa insolente a obedecer las normas *He made an insolent remark about my wife.* Hizo una observación insolente acerca de mi mujer. **insolently** *adv* con insolencia **insolence** *snn* insolencia

impudent *adj* [implica desprecio] insolente, desvergonzado *impudent questions about my sex life* preguntas insolentes sobre mi vida sexual **impudently** *adv* insolentemente **impudence** *snn* insolencia, impudencia

impertinent *adj* [más bien formal. Implica poco respeto a la autoridad] impertinente *She regarded any questioning of her decisions as impertinent.* Consideraba impertinente que se cuestionaran sus

decisiones. **impertinently** *adv* con impertinencia

impertinence *snn* impertinencia *embarrassed by the child's impertinence* incomodado por la impertinencia del niño

nerve *snn* [informal. Implica grosería atrevida] desfachatez, atrevimiento *She had the sheer nerve to suggest I was too old for the job.* Tuvo la desfachatez de decir que yo era demasiado vieja para el puesto. *What a nerve!* ¡Qué frescura!

146 Formal Formal

formal *adj* 1 [que se ajusta a las estrictas normas oficiales o sociales] formal *the formal announcement of her resignation* el anuncio formal de su dimisión 2 [muy correcto y educado. Puede implicar frialdad] formal *He sent me a very formal letter.* Me envió una carta muy formal. 3 [no apto para el habla corriente. Describe: palabras] formal **formally** *adv* formalmente

formality *s* 1 *snn* formalidad *a moving occasion despite the formality* una ocasión conmovedora a pesar de la formalidad 2 *sn* [procedimiento oficial] *We can dispense with the formalities.* Podemos prescindir de las formalidades.

ceremonial *adj* [describe: p.ej. acontecimiento, traje] solemne, de gala *the ceremonial opening of the courts* la solemne apertura de los tribunales *his ceremonial sword* su espada ceremonial

ceremony *s* 1 *sn* [acto formal] ceremonia *a civil ceremony* una ceremonia civil 2 *snn* [formalidad] ceremonia *They accompanied me with ceremony to the door.* Me acompañaron ceremoniosamente hasta la puerta.

dignity *snn* [implica que alguien/algo es serio y honrado] dignidad, decoro *their dignity in defeat* su dignidad en la derrota

dignified *adj* solemne *a dignified bow* una reverencia solemne *his dignified admission of failure* su digna admisión del fracaso

stately *adj* [formal e impresionante] majestuoso, imponente *a stately procession* una procesión majestuosa **stateliness** *snn* majestuosidad

pomp *snn* [a veces peyorativo. Implica procedimientos majestuosos y formales] pompa, ostentación *all the pomp and colour of the medieval church* toda la pompa y el colorido de la iglesia medieval

posh *adj* [frec. peyorativo. Implica deseo de enfatizar la posición social] lujoso *a posh wedding at the cathedral* una boda de alto copete en la catedral *a posh school* un colegio de niños bien *a posh accent* un acento afectado

147 Informal Informal

informal *adj* 1 informal *an informal approach to negotiations* una manera informal de enfocar las negociaciones *an informal arrangement* un acuerdo informal 2 [no apto para lenguaje formal, hablado o escrito. Describe: palabras] informal, coloquial

informally *adv* informalmente *We have spoken informally about the problem.* Hemos comentado el problema de manera informal. **informality** *snn* informalidad

casual *adj* 1 [implica comportamiento relajado y natural] informal, natural *a casual chat about the children* una charla informal sobre los niños 2 [a veces peyorativo. Que se hace sin pensar] descuidado, despreocupado *a casual attitude* una actitud despreocupada **casually** *adv* de manera despreocupada **casualness** *snn* descuido, despreocupación

impromptu *adj* [que occurre de repente, sin preparación. Describe: p.ej. acontecimientos, acciones] improvisado *an impromptu press conference* una rueda de prensa improvisada

impromptu *adv* improvisadamente *I was reluctant to speak impromptu on the decision.* Yo era reticente a hablar improvisadamente de la decisión.

frase

off the cuff [informal. Norml. implica hablar, decidir, etc. de repente y sin preparación] sin pensarlo, de improviso *Off the cuff, I'd say it was the spark plugs.* Así a simple vista, diría que son las bujías. (usado como *adj*) *off-the-cuff remarks* observaciones espontáneas

148 Proud Orgulloso

148.1 Buen concepto de uno mismo

proud *adj* 1 (frec. + **of**) [satisfecho de un logro, etc.] orgulloso *Your tributes make me feel very proud.* Sus

elogios me llenan de orgullo. *I'm proud of this garden.* Me siento orgulloso de este jardín. [dicho con sarcasmo cuando alguien ha hecho algo malo] *I hope you're proud of yourself!* ¡Espero que te sientas orgulloso de ti mismo! **2** [frec. peyorativo. Implica tener un concepto demasiado bueno de uno mismo] orgulloso, arrogante *too proud to ask for help* demasiado orgulloso para pedir ayuda **proudly** *adv* con orgullo

pride *snn* **1** [p.ej. acerca de un logro] orgullo *a sense of pride in their victory* cierto orgullo en su victoria *We take pride in our work here.* Nos enorgullecemos del trabajo que hacemos aquí. **2** [peyorativo] orgullo, arrogancia *He refused our help out of pride.* Rechazó nuestra ayuda por orgullo.

vain *adj* [peyorativo. Implica un buen concepto de uno mismo que es absurdo o irreal] vanidoso, presumido *I may be vain, but I'd hate to be bald.* Tal vez sea vanidoso, pero odiaría ser calvo. **vainly** *adv* con vanidad **vanity** *snn* vanidad

conceited *adj* [peyorativo. Que tiene buen concepto de sí mismo con una actitud desagradable] engreído, presumido *Promotion only made him more conceited.* El ascenso tan sólo lo volvió más engreído.

conceit *snn* [ligeramente formal] engreimiento, presunción

148.2 Mal concepto de los demás

contempt *snn* [implica mal concepto y desagrado. Enfático] desprecio, desdén *their open contempt for people's feelings* su abierto desprecio por los sentimientos de las personas *I will treat your remarks with the contempt they deserve.* Trataré sus comentarios con el desprecio que se merecen.

contemptuous *adj* [frec. peyorativo] de desprecio, despectivo *a contemptuous smile* una sonrisa despectiva **contemptuously** *adv* con desprecio

sneer *vi* (norml. + **at**) [peyorativo. Implica una actitud orgullosa y hostil] burlarse, mofarse *A cynic would sneer at his simple convictions.* Un cínico se burlaría de sus sencillas convicciones.

sneer *snn* burla, sonrisa burlona *despite the sneers of our opponents* a pesar de las burlas de nuestros rivales

despise *vt* [palabra enfática] despreciar, desdeñar *They despise society's values.* Desprecian los valores de la sociedad.

arrogant *adj* arrogante *an arrogant refusal to make changes* una arrogante negativa a efectuar cambios **arrogantly** *adv* con arrogancia

arrogance *snn* arrogancia *the arrogance that comes with power* la arrogancia que acompaña al poder

pompous *adj* [peyorativo. Se refiere a alguien que se cree importante o moralmente superior] pomposo, ostentoso *pompous declarations of loyalty* pomposas declaraciones de lealtad *a pompous politician* un político vanidoso **pompously** *adv* pomposamente **pomposity** *snn* pomposidad, ostentación

haughty [peyorativo y más bien formal. Implica alguien que trata a los demás como a inferiores] altivo, altanero *those haughty aristocratic types who expect instant obedience* esos aristócratas altaneros que esperan que se les obedezca al instante **haughtily** *adv* arrogantemente **haughtiness** *snn* altanería, altivez

snob *sn* [implica negar el respeto a los demás, esp. a las clases inferiores] esnob *snobs who won't use public transport* esnobs que se niegan a usar el transporte público *a wine snob* un pretencioso del vino **snobbery** *snn* esnobismo

snobbish *adj* esnob, altanero **snobbishly** *adv* altaneramente

snooty *adj* [informal y peyorativo. Implica convicción esp. en la superioridad social o cultural de uno mismo] engreído, estirado *A snooty waiter gave us a table next to the toilets.* Un camarero muy estirado nos dio una mesa al lado de los aseos. **snootily** *adv* engreídamente **snootiness** *snn* engreimiento

stuck up *adj* [más informal que **snooty**] tieso

frases

think sb/sth beneath one [no querer verse involucrado con alguien/en algo por razones de esnobismo] tener a alguien a menos, creerse indigno de algo *I suppose you think it beneath you to type your own letters?* ¿Supongo que considerarás indigno de ti el tener que pasarte a máquina tus propias cartas?

get above oneself [comportarse como si uno fuera más importante de lo que realmente es] creerse alguien

to have/get ideas above one's station [más bien anticuado. Ser demasiado ambicioso o estar demasiado seguro de uno mismo] subírsele los humos a la cabeza a alguien *She was a good organizer but she got ideas above her station.* Sabía organizar bien pero se le subieron los humos a la cabeza.

give oneself airs [creerse importante y querer causar buena impresión] darse aires

149 Boast Jactarse

boast *vit* (frec. + **about**, [más bien formal] **of, that**) [implica pretensiones orgullosas o exageradas] jactarse (de), alardear (de) *She kept boasting about her big house.* No paró de presumir de su gran casa. *He sometimes boasts of friends in high places.* A veces hace alarde de tener amigos con altos cargos. **boastful** *adj* jactancioso **boastfully** *adv* jactanciosamente **boastfulness** *snn* jactancia

cocky *adj* [informal. Implica demasiada seguridad en uno mismo] creído, chulo *a cocky young actor who*

thinks he's a star un joven actor engreído que se cree una estrella **cockily** *adv* con chulería **cockiness** *snn* chulería

show off *vi fr.* [informal. Querer impresionar] presumir, fanfarronear *She's always showing off in front of her friends.* Siempre está presumiendo delante de sus amigos. **show-off** *sn* [informal] presumido, fanfarrón

bigheaded *adj* [informal y peyorativo. Demasiado seguro de las habilidades, opiniones, etc. de uno mismo] engreído, creído **bighead** *sn* engreído, creído

(to be) too big for one's boots [informal. Importunar a las personas con un comportamiento arrogante, inadecuado para la posición real de uno mismo] darse humos *He's getting far too big for his boots, bossing everyone around.* Se da demasiados humos, dando órdenes a todo el mundo.

to think one is it [muy informal. Creerse importante, inteligente, etc.] creerse el no va más *They really think they're it with their money and their fast cars.*

Realmente se creen el no va más con su dinero y sus coches rápidos.

(to be) full of oneself [peyorativo. Obsesionado con las habilidades, logros, etc. de uno mismo] (estar) pagado de sí mismo

(to think one is) God's gift to sth [humorístico. Creerse muy importante y valioso para algo] (creerse) una estrella de algo *He thinks he's God's gift to women.* Se cree irresistible para las mujeres.

150 Modest Modesto

modest *adj* [no ostentoso] modesto *It doesn't help to be too modest when applying for jobs.* No es aconsejable ser demasiado modesto al solicitar un empleo.

modestly *adv* modestamente **modesty** *snn* modestia

humble *adj* humilde *a humble apology* una humilde disculpa **humbly** *adv* con humildad **humility** *snn* humildad

meek *adj* [a veces peyorativo. Implica falta de presunción] dócil, manso *a meek soul who presented no threat to the system* una persona dócil que no representaba ninguna amenaza para el sistema **meekly** *adv* dócilmente, mansamente **meekness** *snn* docilidad, mansedumbre

swallow one's pride [aceptar algo humillante] tragarse el orgullo *We had to swallow our pride and call the strike off.* Tuvimos que tragarnos el orgullo y desconvocar la huelga.

eat humble pie reconocer humildemente un error *I'm prepared to eat humble pie if I turn out to be wrong.* Si

me equivoco, estoy dispuesto a reconocer humildemente mi error.

take sb down a peg or two [demostrar a alguien que no es tan importante como cree] bajarle los humos a alguien *Losing that contract should take her down a peg or two.* El haber perdido ese contrato hará que se le bajen los humos.

151 Emotion Emoción

151.1 Términos genéricos

emotion *s* 1 *snn* emoción *I could hardly speak for emotion.* La emoción apenas me permitía hablar. **2** *sn* [de un tipo específico] emoción, sentimiento *an appeal to the emotions of the public* un llamamiento a los sentimientos del público

emotional *adj* 1 [que involucra emociones] emocional, sentimental *our emotional attachment to our country* nuestra vinculación sentimental a nuestro país **2** [que manifiesta emociones] emotivo *an emotional farewell* una despedida emotiva **emotionally** *adv* con emoción

emotive *adj* (delante de *s*) [causa una reacción emocional más que racional] emotivo *emotive subjects like child abuse* temas emotivos como el de los niños maltratados

feel *v* [experimentar una emoción] **1** *vt* sentir, experimentar *We all felt a sense of triumph.* Todos experimentamos una sensación de triunfo. **2** *vi* (norml. seguido de *adj* u oración) sentirse *We all feel a bit disappointed.* Nos sentimos todos un poco decepcionados. *I felt as though I'd been betrayed.* Me sentí como si me hubieran traicionado.

feeling *s* **1** *snn* emoción, sentimiento *She spoke with unusual feeling.* Habló con una convicción poco habitual. **2** *sn* sensación *a feeling of elation* una sensación de júbilo

151.2 Sentimiento sutil

sensitive *adj* (a veces + **to**) **1** [que se molesta con facilidad] sensible, susceptible *He's rather too sensitive for politics.* Es demasiado sensible para dedicarse a la política. *very sensitive to criticism* muy susceptible a la crítica **2** [que puede molestar a la gente] delicado *a sensitive subject* un asunto delicado **3** [que muestra consideración hacia los demás] sensible *a sensitive response to public concern* una respuesta sensible a la preocupación pública **4** [que valora el arte, la música, etc.] sensible **sensitively** *adv* con sensibilidad **sensitivity** *snn* sensibilidad, susceptibilidad

insensitive *adj* (a veces + **to**) [falto de sentimientos] insensible, impasible *It would be insensitive to make her leave so soon.* Sería muy poco sensible hacerla marchar tan pronto. **insensitively** *adv* insensiblemente, impasiblemente **insensitivity** *snn* insensibilidad, impasibilidad

instinctive *adj* [implica reacción automática] instintivo *Her instinctive reaction was to offer to help.* Su reacción inmediata fue ofrecer ayuda. **instinctively** *adv* instintivamente, por instinto **instinctiveness** *snn* instinto

instinct *sn/nn* instinto *My instinct told me it was dangerous.* Mi instinto me dijo que era peligroso.

151.3 Mostrar o esconder emoción

highly-strung *adj* [implica reacciones emocionales extremas. Describe: norml. persona] muy excitable, nervioso *He's highly-strung and likely to cause a scene.* Es muy excitable y propenso a hacer escenas.

demonstrative *adj* [que muestra emociónes abiertamente, a veces de forma dramática] expansivo, expresivo *I suppose they were glad to see me, but they weren't very demonstrative.* Supongo que se alegraron de verme, pero no lo demostraron mucho. **demonstratively** *adv* expresivamente **demonstrativeness** *snn* expresividad

undemonstrative *adj* [que no muestra ninguna emoción] inexpresivo, reservado *She thanked us all in her usual undemonstrative way.* Nos dio las gracias con su acostumbrado estilo reservada. **undemonstratively** *adv* inexpresivamente **undemonstrativeness** *snn* falta de emoción

thick-skinned *adj* [más bien peyorativo. Que no se molesta por los insultos, súplicas, etc.] insensible, duro *The press can say what they like about me, I'm pretty thick-skinned.* La prensa puede decir lo que quiera sobre mí, no soy muy susceptible.

thin-skinned *adj* [más bien peyorativo. Que se molesta con facilidad por los insultos, súplicas, etc.] susceptible *You may think me thin-skinned, but these lies about me hurt.* Igual te parezco susceptible, pero me duelen esas mentiras sobre mí.

self-control *snn* [implica dominar emociones] autodominio, control sobre uno mismo *With a little more self-control we could avoid these arguments.* Si supiéramos dominarnos un poco más, evitaríamos estas discusiones.

self-controlled *adj* sereno, ecuánime *a self-controlled performance in front of the cameras* una actuación muy serena ante las cámaras

152 Fruit Frutas

152.1 Frutas corrientes

apple *sn* manzana *an eating apple* una manzana de mesa *cooking apples* manzanas ácidas

pear *sn* pera

banana *sn* plátano *a bunch of bananas* un racimo de plátanos

grape *sn* uva *a bunch of grapes* un racimo de uvas

peach *sn* melocotón

nectarine *sn* nectarina

apricot *sn* albaricoque

plum *sn* ciruela

melon *sn* melón

watermelon *sn* sandía

rhubarb *snn* ruibarbo *a stick of rhubarb* un tallo de ruibarbo

152.2 Cítricos

orange *sn* naranja

lime *sn* lima

lemon *sn* limón

grapefruit *sn* pomelo

tangerine *sn* mandarina

satsuma *sn* satsuma

152.3 Frutas blandas

cherry *sn* cereza

strawberry *sn* fresa, fresón

raspberry *sn* frambuesa

blackberry *sn* mora

blackcurrant *sn* grosella negra

gooseberry *sn* grosella espinosa

blueberry *sn* arándano

152.4 Frutas exóticas

pineapple *sn* piña

mango *sn, pl* **mangos** mango

avocado *sn/nn, pl* **avocados** aguacate

kiwi fruit *sn* kiwi

passion fruit *sn* granadilla

lychee *sn* lychee

152.5 Frutos secos y norml. desecados

raisin *sn* [uva oscura y seca, más grande que una pasa de Esmirna o de Corinto] (uva) pasa

currant *sn* [uva muy pequeña, negra y seca] pasa de Corinto

sultana *sn* [uva blanca, pequeña y seca] pasa de Esmirna

prune *sn* ciruela pasa

date *sn* dátil

fig *sn* higo

152.6 Partes de una fruta

skin *snn/n* [término genérico que se puede usar para cualquier fruta] piel

peel *snn* [pieles gruesas de frutas, p.ej. de plátanos, naranjas, *no* de ciruelas, peras, etc.] piel, mondadura

rind *snn* [piel de cítrico y de melón] cáscara

zest *snn* [parte fina y coloreada de la piel de un cítrico] cáscara

pith *snn* [en cítricos, entre la corteza y la pulpa] parte blanca de la corteza

pip *sn* (*brit*) [pequeño, en manzanas, cítricos, uvas, etc.] pepita

seed *sn* [muy pequeño, en grosellas espinosas, fresas, etc.] pepita

stone (*esp. brit*), **pit** (*amer*) *sn* [grande, en melocotones, albaricoques, dátiles, etc.] hueso

core *sn* corazón

153 Ripeness Madurez

ripe *adj* [describe: p.ej. fruta, queso] maduro, en su punto **ripen** *vit* madurar

unripe *adj* [describe: p.ej. fruta] verde

rotten *adj* [describe: p.ej. fruta, huevos] podrido *to go rotten* pudrirse

stale *adj* [por haberse secado. Describe: p.ej. pan, queso] seco, rancio *to go stale* secarse, pasarse

go off *vi fr.* [suj: p.ej. leche, pescado] estropearse

154 Nuts Frutos secos con cáscara

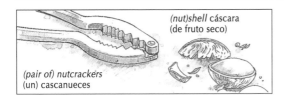

(nut)shell cáscara (de fruto seco)

(pair of) nutcrackers (un) cascanueces

almond *sn* almendra

walnut *sn* nuez

chestnut *sn* castaña *roasted chestnuts* castañas asadas

hazelnut *sn* avellana

brazil nut *sn* nuez del Brasil

cashew *sn* anacardo

peanut *sn* cacahuete

coconut *sn* coco

pistachio *sn* pistacho

155 Vegetables Hortalizas

155.1 Verduras

cabbage *sn/nn* col

pea *sn* guisante

bean *sn* judía, haba

runner bean (*brit*), **string bean** (*amer*) *sn* judía, alubia

French bean (*brit*), **green bean** (*amer*) *sn* judía verde

broad bean *sn* haba

haricot bean *sn* judía blanca

brussels sprout *sn* col de Bruselas

broccoli *snn* brécol

spinach *snn* espinacas

asparagus *snn* espárrago (usado como *adj*) *asparagus spears* puntas de espárragos

155.2 Tubérculos

potato *sn, pl* **potatoes** patata

carrot *sn* zanahoria

parsnip *sn* chirivía

turnip *sn/nn* nabo

swede (*esp. brit*), **rutabaga** (*amer*) *sn/nn* naba, nabo gallego

155.3 Otras hortalizas corrientes

mushroom *sn* champiñón

cauliflower *sn/nn* coliflor (usado como *adj*) *cauliflower florets* ramitos de coliflor

pepper *sn* pimiento *red/green peppers* pimientos rojos/verdes

aubergine (*esp. brit*), **eggplant** (*amer*) *sn/nn* berenjena

onion *sn* cebolla

leek *sn* puerro

garlic *snn* ajo *a clove/bulb of garlic* un diente/una cabeza de ajo

chilli *sn* chile

courgette (*brit*), **zucchini** (*amer*) *sn* calabacín

marrow *sn/nn* [de mayor tamaño que courgette] calabacín

sweetcorn *snn* maíz tierno

corn on the cob *snn* maíz en la mazorca

artichoke, TAMBIEN **globe artichoke** *sn* alcachofa

pumpkin *sn/nn* calabaza

155.4 Hortalizas para ensalada

salad *sn/nn* [en Gran Bretaña, norml. un plato de fiambres, pescado, etc., servido con lechuga, tomates, pepino, etc., o una mezcla de ingredientes servida con aderezo] ensalada *a ham salad* una ensalada con jamón *rice salad* ensalada de arroz

lettuce *sn/nn* lechuga

tomato *sn, pl* **tomatoes** tomate

radish *sn* rábano

spring onion (*brit*), **scallion** (*amer*) *sn* cebolla tierna

cucumber *sn/nn* pepino

celery *snn* apio

beetroot (*brit*), **beet** (*amer*) *sn/nn* remolacha

chicory *snn* achicoria

cress *snn* mastuerzo, berro

watercress *snn* berro

beansprouts *s pl* brotes de soja

156 Baked and dried foods Alimentos cocidos al horno y secos

156.1 Pan

bread *snn* pan *sliced bread* pan de molde *white bread* pan blanco *brown bread* pan moreno *bread and butter* pan con mantequilla

dough *snn* masa, pasta *to knead dough* amasar

loaf *sn, pl* **loaves** pan, barra *a wholemeal loaf* una barra de pan integral *a granary loaf* un pan de semillas

roll *sn* panecillo

crust *sn/nn* [rebanada seca o capa exterior de una barra de pan] mendrugo, corteza

crumb *sn* [pedazo roto y pequeño de pan, galleta, etc.] miga

toast *snn* pan tostado, tostadas *a piece of toast* una tostada *some more toast* más tostadas **toast** *vt* tostar

156.2 Ingredientes para hornear

yeast *snn* levadura

flour *snn* harina *plain flour* (*brit*)/*all-purpose flour* (*amer*) harina natural (de trigo) *self-raising flour* (*brit*) harina con levadura incorporada

baking powder *snn* levadura en polvo

sugar *snn* azúcar *granulated sugar* azúcar granulado *caster sugar* (*brit*) azúcar extrafino *icing sugar* (*brit*)/*powdered sugar* (*amer*) azúcar en polvo *cube sugar* azúcar en terrones *brown sugar* azúcar moreno

156.3 Otros productos cocidos al horno

biscuit *sn* 1 (*brit*), **cookie** (*amer*) galleta 2 (*amer*) bollo

cake *sn/nn* pastel, tarta *a sponge cake* un bizcocho *fruit cake* pastel de frutas *a cream cake* un pastel de nata

bun (*esp. brit*), **sweet roll** (*amer*) *sn* [dulce, frec. con frutos secos o azúcar glaseado] bollo

icing (*esp. brit*), **frosting** (*esp. amer*) *snn* azúcar glaseado

pastry *s* 1 *snn* [se usa para empanadas y tartas] pasta *shortcrust pastry* pasta quebradiza *puff pastry* hojaldre **2** *sn* [pastelito individual con base de pasta] pasta, pastelito

pie *sn/nn* [dulce o salado. Relleno cubierto de una capa de pasta] empanada, tarta *an apple pie* una tarta de manzana *pecan pie* pastel de pacana *a pork pie* una empanada de carne de cerdo

tart *sn/nn* [norml. dulce. Abierto o cubierto de una capa de pasta trenzada] pastelito con base de pasta, tarta *a jam tart* un pastelito de mermelada

156.4 Alimentos feculentos

rice *snn* arroz *long-grain rice* arroz de grano largo *pudding rice* arroz de grano corto

pasta *snn* pasta   **spaghetti** *snn* espaguetis

156.5 Alimentos para desayuno

cereal *sn/nn* cereales

porridge *snn* gachas de avena

bran *snn* salvado

muesli (*brit*), **granola** (*amer*) *snn* muesli

cornflakes *s pl* copos de maíz

157 Flavours Sabores

157.1 Términos genéricos

flavour (*brit*), **flavor** (*amer*) *snn/n* sabor, gusto *to give sth flavour* dar sabor a algo *a distinct lemony flavour* un sabor inconfundible a limón *six different flavours of ice cream* seis gustos diferentes de helado

flavour (*brit*), **flavor** (*amer*) *vt* (frec. + **with**) dar sabor a *banana flavoured yoghurt* yogur con sabor a plátano

flavouring (*brit*), **flavoring** (*amer*) *sn/nn* [norml. artificial] condimento, sabor

season *vt* sazonar, condimentar *season to taste* sazonar al gusto **seasoning** *sn/nn* condimento

taste *snn/n* sabor, gusto *a sharp taste* un sabor acre

157.2 Hierbas y condimentos

salt *snn* sal *a pinch of salt* una pizca de sal

salt *vt* añadir sal a, salar *salted butter* mantequilla salada

pepper *snn* pimienta *black pepper* pimienta negra

herb *sn* hierba

chives *s pl* cebollino

parsley *snn* perejil *a sprig of parsley* una ramita de perejil

mint *snn* hierbabuena, menta

thyme *snn* tomillo

rosemary *snn* romero

spice *sn/nn* especia

mustard *snn* mostaza

157.3 Sabores fuertes

vanilla *snn* vainilla (usado como *adj*) *a vanilla ice cream* un helado de vainilla

peppermint *snn* menta   **aniseed** *snn* anís

ginger *snn* jengibre *stem ginger* jengibre de tallo *root ginger* jengibre de raíz

157.4 Sabores dulces

sweet *adj* dulce **sweetness** *snn* dulzor

sweeten *vt* endulzar, azucarar *slightly sweetened grapefruit juice* zumo de pomelo ligeramente azucarado **sweetener** *sn/nn* edulcorante

sugary *adj* [peyorativo. Demasiado dulce] dulzón, empalagoso

157.5 Sabores no dulces

savoury (*brit*), **savory** (*amer*) *adj* salado *a savoury filling* un relleno salado *a savoury pancake* una tortita salada

bitter *adj* [frec. se usa de manera peyorativa. Describe sabor de: p.ej. pomelo, tónica] amargo *bitter black coffee* café solo amargo **bitterness** *snn* amargor

sour *adj* [como fruta no madura, frec. desagradable. Describe sabor de: p.ej. limón, vinagre] ácido, agrio *sour cream* nata agria **sourness** *snn* acidez, agrura

sharp *adj* [implica agrura chocante al paladar. Puede ser agradable] ácido *A good apple should be slightly sharp.* Una buena manzana debe ser ligeramente ácida. **sharpness** *snn* acidez

tart *adj* [implica agrura norml. agradable] ácido *deliciously tart blackberries* moras deliciosamente ácidas

acid *adj* [como el limón o el vinagre, norml. desagradable] ácido *a rather acid white wine* un vino blanco más bien ácido **acidity** *snn* acidez

157.6 Buenos sabores

nice *adj* [la palabra más común para describir la buena comida] bueno, rico *This is really nice!* Esto está muy bueno.

delicious *adj* [no formal. La palabra más normal, después de **nice**, para describir la buena comida] bueno, rico *The soup was absolutely delicious!* La sopa estaba realmente buena.

mouth-watering *adj* que hace la boca agua *a mouth-watering smell* un aroma que hace la boca agua

tasty *adj* [no formal. Implica buena cocina corriente, esp. en casa] sabroso, apetitoso *You can use the bone to make a tasty soup.* Puede usar el hueso para hacer una sopa apetitosa.

157.7 Sin suficiente sabor

tasteless *adj* soso, insípido *The pears were crisp but tasteless.* Las peras eran crujientes pero insípidas.

bland *adj* [suave y poco interesante] soso, suave *Add no salt to baby food, even if it seems bland to you.* No añada sal a la comida del bebé, aunque le parezca sosa. *The cheese was bland and creamy.* El queso era suave y cremoso.

158 Dairy products Productos lácteos

158.1 Productos procedentes de animales

milk *snn* leche *skimmed milk* leche desnatada

butter *snn* mantequilla *unsalted butter* mantequilla sin sal

butter *vt* [obj: p.ej. pan] untar con mantequilla

buttery *adj* mantecoso *lovely buttery potatoes* deliciosas patatas con mantequilla

cheese *snn/n* queso *a blue cheese* un queso azul *soft cheeses* quesos blandos

yoghurt o **yogurt** *snn/n* yogur *low-fat yoghurt* yogur bajo en materia grasa

cream *snn* nata *single cream* (*brit*)/*light cream* (*amer*)

crema de leche *whipping cream* nata para montar *double cream* (*brit*)/*heavy cream* (*amer*) nata para montar

egg *sn* huevo

158.2 Grasas y aceites

margarine *snn* margarina

fat *snn* grasa *trim the fat off the ham* quitar la grasa al jamón *animal and vegetable fats* grasas animales y vegetales

oil *snn* aceite *olive oil* aceite de oliva

lard *snn* manteca de cerdo

suet *snn* sebo

159 Meat Carne

ver también **6 Farm animals 10; Fish and Sea animals**

159.1 Carne roja y blanca

beef *snn* carne de vaca o ternera *roast beef* rosbif (usado como *adj*) *beef stew* estofado de ternera

veal *snn* ternera (muy joven)

lamb *snn* cordero *leg of lamb* pierna de cordero

pork *snn* (carne de) cerdo

bacon *snn* tocino entreverado, bacón (usado como *adj*) *bacon and eggs* tocino con huevos

ham *snn* [norml. se refiere al jamón de York] jamón

gammon *sn* (*brit*) jamón curado (usado como *adj*) *a gammon steak* una tajada de jamón curado

159.2 Cortes de carne

joint (*brit*), **roast** (*amer*) *sn* [norml. para asar] corte para asar, asado *a shoulder joint* una paletilla

cut *sn* [tipo de carne de una parte concreta del animal, p.ej. pierna o cuello] corte, tajada *a prime cut of beef* una tajada de ternera de primera

rasher *sn* [sólo se usa al hablar del **bacon**] lonja, loncha

chop *sn* [de las costillas, esp. de cordero o cerdo] chuleta *a pork chop* una chuleta de cerdo

cutlet *sn* [chuleta pequeña, norml. sin hueso] chuletilla *veal cutlets* chuletillas de recental

steak *sn* [esp. de ternera] filete *rare steak* un bistec poco hecho

flesh *snn* [no cocinada, menos corriente que **meat**, usado p.ej. al hablar de su calidad] carne *The flesh should be pink and firm.* La carne debe ser rosada y firme.

fat *snn* grasa

fat *adj*, **-tt-** que tiene mucha grasa *Lamb shoulder is always fat.* La paletilla de cordero siempre tiene mucha grasa.

fatty *adj* [peyorativo] que tiene mucha grasa, graso *fatty bacon* tocino graso

lean *adj* carne magra *lean chops* chuletas de carne magra

159.3 Volatería, caza y pescado

poultry *snn* aves de corral (usado como *adj*) *poultry farmers* avicultores

chicken *snn/n* pollo, gallina *a free-range chicken* pollo de granja *roast chicken* pollo asado

turkey *snn/n* pavo

game *snn* [cazado] caza (como *adj*) *a game bird* un ave de caza

venison *snn* carne de venado *a haunch of venison* una pierna de venado

fish *snn/n* pescado

159.4 Asaduras, despojos y productos cárnicos

liver *snn/n* hígado *lamb's liver* hígado de cordero *chicken liver* hígado de pollo

kidney *snn/n* riñón

sausage *sn* embutido, salchicha (como adj) *sausage meat* carne de salchicha

mince *sn (brit)* carne picada

pâté *snn/n* paté *liver pâté* foie gras

160 Sweet foods Alimentos dulces

160.1 Para untar

honey *snn* miel

jam *(brit)*, **jelly** *(amer) snn* mermelada, confitura *raspberry jam* mermelada de frambuesa

marmalade *snn* [mermelada amarga de cítricos que se toma para desayunar] mermelada (de naranjas amargas)

syrup *snn* almíbar

treacle *(brit)*, **molasses** *(amer) snn* melaza

160.2 Para postre

ice cream *snn/n* helado

jelly *(brit)*, **jello** *(amer) snn* gelatina

custard *snn (brit)* crema, natillas (usado como adj) *custard powder* natillas en polvo

trifle *snn/n (esp. brit)* [bizcocho coronado de frutas o mermelada, gelatina, crema y nata] bizcocho borracho

161 Snacks and Cooked food
Cosas para picar y Alimentos cocinados

161.1 Cosas dulces para picar

sweet *sn (brit)* caramelo, golosina

candy *sn/nn (amer)* caramelo, chocolate (como adj) *a candy bar* una barrita de chocolate

chocolate *sn/nn* chocolate *a bar of* chocolate una tableta de chocolate

toffee *sn/nn* toffee

popcorn *snn* palomitas (de maíz)

chewing gum *snn* chicle, goma de mascar

161.2 Cosas saladas para picar

crisp *(brit)*, **chip** *(amer) sn* patata frita *a bag of crisps* una bolsa de patatas fritas

sandwich *sn* sándwich, bocadillo *a cheese and tomato sandwich* un bocadillo de queso y tomate

sausage roll *sn (brit)* [trozo de salchicha envuelto en pasta de hojaldre] canapé de salchicha

pickles *s pl* encurtidos

gherkin *sn* pepinillo

olive *sn* aceituna

USO

El inglés americano no usa **takeaway** como adjetivo. En su lugar, se habla de p.ej. *pizza to go*.

fish and chips *s pl* pescado frito con patatas fritas (usado como adj sin la 's') *a fish and chip shop* una freiduría de pescado y patatas

chip *(brit)*, **french fry** *(amer) sn* patata frita *cod and chips* bacalao y patatas fritas

pizza *sn/nn* pizza

curry *snn/n* curry *vegetable curry* curry de verduras

hot dog *sn* perrito caliente

hamburger *sn* hamburguesa

beefburger *sn* hamburguesa (de ternera)

cheeseburger *sn* hamburguesa con queso

USO

En inglés británico se debe distinguir entre las **crisps** (obleas crujientes frías) y las **chips** (patatas fritas tradicionales que se comen calientes). En inglés americano éstas se llaman **(french) fries**.

161.3 Comida para llevar

fast food *snn* [comida servida al instante] restauración rápida, platos preparados

junk food *snn* comida preparada, sin gran valor nutritivo, como las hamburguesas, sopas de sobre, patatas fritas, etc. *He lives on junk food.* No come más que porquerías.

takeaway *(brit)*, **takeout** *(amer) sn* **1** [comida. No se come donde ha sido cocinada] comida para llevar *Let's have a Chinese takeaway for dinner.* Vamos a buscar unos platos preparados chinos para cenar. (usado como adj) *takeaway pizza (brit)* pizza para llevar **2** [lugar] establecimiento de comidas para llevar *the Indian takeaway on the corner* el restaurante hindú de la esquina donde hacen platos para llevar

161.4 Platos sencillos

soup *snn/n* sopa *tomato soup* sopa de tomate

omelette *sn* tortilla *a Spanish omelette* una tortilla de pimientos, guisantes, etc.

pancake *sn (brit)* [más grueso que el tipo francés, frec. servido con azúcar y limón] crep

161.5 Salsas

sauce *snn/n* salsa

gravy *sn* jugo de la carne, salsa para carne

tomato ketchup *(brit & amer)*, TAMBIÉN **tomato**

sauce *(brit) snn* salsa de tomate

vinegar *snn* vinagre

mayonnaise *snn* mayonesa

162 Meals Comidas

breakfast *sn/nn* desayuno *an English breakfast* un desayuno inglés (p.ej. huevos con bacón, cereales y tostadas) *continental breakfast* desayuno ligero, p.ej. de café con tostadas o bollos

lunch *sn/nn* comida, almuerzo *to have lunch* almorzar, comer

dinner *sn/nn* [norml. la comida principal del día, ya sea a mediodía o por la noche] cena, comida *to have dinner* cenar, comer (usado como *adj*) *a dinner party* una cena con invitados

tea *sn/nn (brit)* merienda, norml. con té *afternoon tea* té con pasteles, sandwiches, etc. [frec. se refiere a una cena ligera] *What's for tea?* ¿Qué hay para cenar?

supper *sn/nn* 1 [tentempié por la noche] sobrecena 2 [comida de la noche] cena *Come to supper.* Ven a cenar.

U S O

1 Al hablar de lo que uno come en una comida, se debe usar la preposición **for**, p.ej. *We had eggs for breakfast.* (Tomamos huevos para desayunar.) *They served turkey for dinner.* (Sirvieron pavo para cenar.)

2 La palabra **time** puede seguir a todas estas palabras para indicar la hora del día, p.ej. *lunch time* (hora de comer), *tea time* (hora de la cena). A veces se escriben en una sola palabra: *lunchtime, teatime.*

162.1 Comida

food *snn/n* alimentos, comida *vegetarian food* comida vegetariana *dairy foods* productos lácteos

grub *snn* [informal y anticuado] comida *the sort of grub children love* la clase de comida que les encanta a los niños [humorístico] *pub grub* comida de bar

snack *sn* tentempié

portion *sn* [una cantidad más precisa que **helping**]

ración *a double portion of chips* una ración doble de patatas fritas

helping *sn* plato, ración *Another helping of soup?* ¿Quieres otro plato de sopa?

162.2 Platos

hors d'oeuvre *sn* (norml. *pl*) [más bien formal. Cualquier plato que se come al principio del almuerzo o de la cena] entremeses

starter *sn (brit)* [menos formal que **hors d'oeuvre**] entrante

first course *sn* [puede ser entremés, o plato principal si no se sirve entremés] primer plato

main course *sn* plato principal, segundo plato

pudding *sn/nn* 1 *(brit)* postre *What's for pudding?* ¿Qué hay de postre? 2 *(brit)* [bizcocho cocido al baño maría o al vapor] budín 3 *(amer)* natillas

dessert *sn* postre

afters *s pl (brit)* [informal] postre

162.3 Comidas especiales

feast *sn* [implica celebración y grandes cantidades de alimentos] banquete, festín *a Christmas feast* un banquete de Navidad

refreshments *s pl* [p.ej. bocadillos, galletas, té] piscolabis, refrigerio *Light refreshments will be available in the interval.* Durante la pausa se servirá un refrigerio.

buffet *sn* [alimentos o comida, norml. fríos, en que se sirve uno mismo] buffet

picnic *sn* merienda campestre *We went on a picnic.* Fuimos a merendar al campo. **picnic** *vi*, **-ck-** merendar en el campo

barbecue *sn* barbacoa **barbecue** *vt* hacer una barbacoa

---

163 Eating and drinking places
Establecimientos donde comer y beber

restaurant *sn* restaurante

cafe o **café** *sn* [en Gran Bretaña no suele expender bebidas alcohólicas] café, cafetería

bar *sn* 1 [establecimiento, parte de un pub u hotel] bar 2 barra

pub *sn (brit)* pub, bar

wine bar *(brit)* [especializado en vino] *sn* bar

inn *sn* [en contextos históricos, o refiriéndose a pubs y hoteles antiguos] venta, posada

canteen *sn* [en el lugar de trabajo] comedor

snack bar *sn* [sirve sólo comidas ligeras y norml. no expende bebidas alcohólicas] snack bar

menu *sn* carta *What's on the menu?* ¿Qué hay en la carta?

163.1 Personal

waiter *sn* camarero *wine waiter* escanciador

waitress *sn* camarera

barman *(brit) sn, pl* **barmen** barman

barmaid *(brit) sn* camarera

bartender *(amer)* [masculino o feminino] camarero

chef *sn* [en un restaurante] chef

cook *sn* cocinero

U S O

Los términos **barman** y especialmente **barmaid** a menudo se evitan, debido, tal vez, a ciertas connotaciones ligeramente condescendientes. En su lugar frec. se dice *The man/woman (serving) behind the bar* (la persona que atiende en la barra), o simplemente **bar staff** (los camareros) cuando se habla de estas personas en general.

---

164 Eat Comer

eat *vti, pas.* **ate** *pp.* **eaten** (a veces + **up**, que implica no dejar nada en el plato) [término general] comer *She doesn't eat meat.* No come carne. *The dog will eat up the rest.* El perro se comerá el resto. *Have you eaten?* ¿Has comido/cenado?

feed *v, pas. & pp.* **fed** (a veces + **on**) **1** *vt* dar de comer a, alimentar *Have you fed the cats?* ¿Has dado de comer a los gatos? *I'm supposed to feed you all on £30 a week.* Se supone que tengo que daros de comer a todos con treinta libras a la semana. *the scraps we feed (to) the dog* los restos que le echamos al perro **2** *vi* comer, alimentarse *The baby's still feeding.* El bebé todavía no ha acabado de comer. *the bamboo shoots they feed on* los brotes de bambú con los que se alimentan

consume *vt* [más formal que **eat**. Se usa p.ej. en información estadística] consumir *The average Briton consumes 37 kilos of sugar a year.* El británico medio consume 37 kilos de azúcar al año.

consumption *sn* consumo *a fall in meat consumption* un descenso en el consumo de carne

dine *vi* (a veces + **on**) [formal. Implica ocasión especial. La expresión corriente sería **eat** o **have dinner**] cenar *We were invited to dine at the captain's table.* Se nos invitó a cenar en la mesa del capitán.

appetite *sn/nn* apetito *a healthy appetite* un apetito saludable

164.1 Bueno para comer

nourishing *adj* [implica algo bueno para la salud] nutritivo *Save the bone for a nourishing soup.* Guardar el hueso para hacer un buen caldo.

edible *adj* [que se puede comer sin peligro] comestible *edible decorations for the cake* adornos comestibles para el pastel

164.2 Acciones relacionadas con el comer

taste *v* **1** *vt* notar el sabor/gusto de *You can taste the basil.* Se nota el gusto de la albahaca. **2** probar *Have you ever tasted raw fish?* ¿Has probado alguna vez el pescado crudo? **3** *vi* (seguido de *adj*; + **of**) [suj: comida] saber a *The milk tastes sour.* La leche sabe agria. *It tasted strongly of mint.* Tenía un fuerte sabor a menta.

swallow *vt* tragar *He swallowed the tea in one gulp.* Se tomó el té de un solo trago.

bite *vti, pas.* **bit** *pp.* **bitten** (norml. + *adv* o *prep*) morder *She bit the end off the carrot.* Arrancó la punta de la zanahoria de un mordisco. *She bit into the carrot.* Hincó los dientes en la zanahoria.

bite *sn* mordisco *Have a bite of my sandwich.* Toma un bocado de mi bocadillo.

chew *v* **1** *vt* masticar **2** *vi* (norml. + **on**) masticar *He was chewing on the bone.* Estaba masticando el hueso.

gnaw [obj: esp. hueso] **1** *vt* roer **2** *vi* (norml. + **on**) roer

lick *vt* lamer, chupar

suck *vti* (frec. + **at**) chupar *She sucked the last drops out of the bottle.* Se chupó hasta las últimas gotas de la botella. *She kept sucking at a dummy.* No dejaba de chupar el chupete.

digest *vt* digerir

choke *vi* (a veces + **on**) atragantarse *He nearly choked on a fish bone.* Casi se atraganta con una espina de pescado.

164.3 Comer de prisa o comer grandes cantidades

gobble *vt* (frec. + **up**) [implica mover la mandíbula y tragar con movimientos rápidos] engullir *We watched the ducks gobble the bread.* Vimos cómo los patos engullían el pan.

guzzle *vt* [implica comer o beber con glotonería, esp. algo líquido] engullir, tragar *They were all in front of the television guzzling beer.* Estaban todos delante de la televisión dándole a la cerveza.

munch *vti* [enfatiza el morder, masticar y disfrutar de la comida] *He's always munching sweets or biscuits.* Siempre está con algún dulce o alguna galleta en la boca. *She kept munching happily at her apple.* Siguió tan ricamente dándole mordiscos a la manzana.

devour *vt* [implica gran apetito y no dejar nada] devorar *The children devoured everything in sight.* Los niños devoraron todo lo que había a la vista.

scoff *vt* [informal. Implica glotonería y no dejar nada] zamparse *I bet you've scoffed all the chocolate.* Apuesto a que te has zampado todo el chocolate.

bolt *vt* (frec. + **down**) [implica tragar sin masticar ni saborear] engullir *If you bolt your food down like that you're bound to get heartburn.* Si engulles la comida de esa forma te va a dar acidez de estómago.

wolf down sth o **wolf** sth **down** *vt fr.* [implica mucha hambre y rapidez en el comer] devorar *She wolfed it down as if she hadn't eaten for weeks.* Lo devoró como si no hubiera comido desde hacía semanas.

frase

stuff one's face [argot. Comer con glotonería. Frec. implica malos modales] ponerse como el Quico *They were stuffing their faces with ice cream.* Se estuvieron dando un atracón de helados.

164.4 Personas que comen mucho

glutton *sn* [peyorativo, formal si se usa sin negación o exageración] glotón **gluttonous** *adj* glotón **gluttony** *snn* glotonería

pig *sn* [informal y peyorativo] comilón *You pig! We've only just had lunch.* Eres un tragón ¡pero si acabamos de comer! *I've **made a pig of myself**, there's not a chocolate left.* Me he puesto como el Quico, no he dejado ni un bombón.

164.5 Comer cantidades pequeñas

peck at sth *vt fr.* [implica falta de apetito] picotear, picar *She only pecked at what was on her plate.* Sólo picoteó lo que tenía en el plato.

nibble *v* [implica dar pequeños mordiscos a algo, como hacen los ratones y las ardillas] **1** *vt* picar *bowls of peanuts for people to nibble* cuencos de cacahuetes para que pique la gente **2** *vi* (siempre + **at**) mordisquear *You've been nibbling at the cake, haven't you?* ¿Has estado mordisqueando el pastel, no?

mouthful *sn* bocado *That was lovely but I couldn't manage another mouthful.* Estaba buenísimo, pero no podría dar ni un bocado más.

165 Hungry   Hambriento

hungry *adj* hambriento *five hungry children* cinco hijos hambrientos *I bet you're hungry.* Apuesto a que tienes hambre. **hungrily** *adv* con hambre **hunger** *snn* hambre

starve *v* **1** *vi* morir(se) de hambre *If there is no rain, millions will starve.* Si no llueve, millones de personas morirán de hambre. *pictures of starving children* fotos de niños famélicos **2** *vt* [privar de comida] matar de hambre *They looked half-starved.* Parecían medio muertos de hambre. **starvation** *snn* hambre, inanición

starving (*brit & amer*), **starved** (*amer*) *adj* [informal] muerto de hambre *I'm absolutely starving!* ¡Me muero de hambre!

famine *sn/nn* [carencia de comida para alimentar a la población] hambre *last year's famine* el hambre del año pasado

peckish *adj* (*esp. brit*) [informal] algo hambriento *There are some biscuits if you're feeling peckish.* Hay algunas galletas si tienes ganas de comer algo.

famished *adj* (norml. después de *v*) [informal. Extremadamente hambriento, esp. después de trabajar o de estar sin comer durante mucho tiempo] muerto de hambre *I missed breakfast and I'm famished!* No he podido desayunar y estoy que me muero de hambre.

ravenous *adj* [implica un deseo desaforado de comida] muy hambriento *I ate the sandwich but I was still ravenous.* Me comí el bocadillo pero seguía teniendo un hambre canina.

f r a s e

I could eat a horse [informal] Me comería un caballo

166 Drinks   Bebidas

166.1 Descripción de bebidas

alcohol *snn* alcohol *under the influence of alcohol* bajo la influencia del alcohol

alcoholic *adj* alcohólico *a highly alcoholic punch* un ponche muy fuerte

booze *snn* [informal. Cualquier tipo de bebida alcohólica, esp. cuando se bebe en grandes cantidades] bebida *You look after the food and I'll bring the booze.* Tú ocúpate de la comida y yo traeré la bebida.

booze *vi* [argot] soplar *to go out boozing* ir de copas

non-alcoholic *adj* no alcohólico

low-alcohol *adj* bajo en alcohol *low-alcohol lager* cerveza baja en alcohol

soft drink *sn/nn* [dulce y sin alcohol] refresco

still *adj* sin gas *still mineral water* agua mineral sin gas

flat *adj* [que ha perdido el gas] sin gas *The beer was flat.* A la cerveza se le había ido el gas.

fizzy *adj* [con burbujas norml. artificiales. Describe: p.ej. gaseosa, agua mineral] con gas

sparkling *adj* [con burbujas, a veces naturales. Describe: p.ej. vino, zumo de fruta] espumoso

aperitif *sn* aperitivo

cocktail *sn* cóctel   **liqueur** *snn/n* licor

166.2 Bebidas no alcohólicas

water *snn* agua *mineral water* agua mineral

juice *snn* zumo *fruit juice* zumo de fruta *tomato juice* zumo de tomate

squash *snn* (*brit*) [zumo de fruta concentrado que se mezcla con agua] zumo azucarado *orange squash* naranjada

lemonade *snn/n* gaseosa, limonada

166.3 Bebidas calientes

tea *snn/n* té *a nice cup of tea* una buena taza de té

tea bag *sn* bolsita de té

coffee *snn/n* café *decaffeinated coffee* café descafeinado

cocoa *snn* cacao

hot chocolate *snn* chocolate caliente

166.4 Bebidas fuertes

brandy *snn/n* coñac

whisky *snn/n*, *pl* **whiskies** [hecho en Escocia] whisky

whiskey *snn/n*, *pl* **whiskeys** [hecho en Irlanda o Estados Unidos] whisky

gin *snn/n* ginebra

vodka *snn/n* vodka   **rum** *snn/n* ron

166.5 Cerveza

beer *snn/n* cerveza

ale *snn/n* [estrictamente la cerveza hecha sin lúpulo, pero también se usa informalmente para la cerveza en general] cerveza *real ale* cerveza no pasteurizada

bitter *snn* (*brit*) [hecha con mucho lúpulo] cerveza amarga, 'bitter'

lager *snn/n* [cerveza suave estilo continental] 'lager', cerveza rubia ligera

shandy *snn/n* (*esp. brit*) [cerveza con gaseosa] clara

166.6 Otras bebidas alcohólicas

wine *snn/n* vino (usado como *adj*) *a wine cellar* una bodega de vino *red wine* vino tinto

claret *snn/n* [de Burdeos] clarete

cork *sn* corcho *to pull a*

cork descorchar una botella

corkscrew *sn* sacacorchos

sherry *snn/n* jerez

port *snn/n* oporto

cider *snn/n* sidra

166.7 Embriaguez

drunk *adj* borracho [informal] *blind drunk* borracho perdido

drunkard *sn* [bastante anticuado] borracho

alcoholic *sn* alcohólico **alcoholism** *snn* alcoholismo

merry *adj* (norml. después de *v*) [informal, a veces eufemismo. Levemente borracho y animado] alegre

tipsy *adj* [informal] achispado *It only took two sherries to get him tipsy.* Sólo hicieron falta dos copas de jerez para que se achispara.

legless *adj* (*brit*) [informal. Muy borracho y sin control de uno mismo] borracho *We went out and got legless.* Salimos y agarramos una trompa que no nos teníamos de pie.

pissed *adj* [vulgar e informal. Muy borracho] mamado *The party was just an excuse to get pissed.* La fiesta fue sólo una excusa para agarrar una trompa.

Dutch courage (*brit*) [valentía o confianza que uno tiene cuando va ligeramente borracho] *If I was going to tell her I'd wrecked the car, I'd need a little Dutch courage.* Si yo tuviera que ir a decirle que he destrozado el coche, necesitaría un par de copas para darme ánimos.

hangover *sn* resaca *to have a hangover* tener resaca

166.8 Sobriedad

sober *adj* sobrio *He'd never say a thing like that when he was sober.* Nunca diría algo así estando sobrio. **sobriety** *snn* sobriedad

sober up *vi fr.* *Wait until he sobers up.* Espera a que se le pase la borrachera.

teetotal *adj* [que no bebe nada de alcohol] abstemio *All my family were teetotal.* Toda mi familia era abstemia. **teetotaller** (*brit*), **teetotaler** (*amer*) *sn* abstemio

f r a s e

on the wagon [informal. Que ha dejado el alcohol, quizás de manera temporal] *He went on the wagon two months ago.* Dejó de beber hace dos meses.

167 Drink Beber

drink *v, pas.* **drank** *pp.* **drunk** **1** *vt* (a veces + *prep*) beber *Drink up that tea.* Bébete el té. **2** *vi* [beber alcohol. Si no se le añade un calificativo norml. implica beber demasiado alcohol] beber *He drinks, you know.* Bebe, ya sabes.

sip *vti* [en pequeñas cantidades con los labios casi cerrados] sorber, beber a sorbos *I was quietly sipping my whisky.* Yo estaba tomándome mi whisky tranquilamente. (+ **at**) *He was sipping at a cocktail.* Estaba dando sorbitos a un cóctel. **sip** *sn* sorbo

lap *vt* (a veces + **up**) [subj: norml. un animal, p.ej. un gato] beber a lengüetazos

gulp sth **down** o **gulp down** sth *vt fr.* [implica beber rápido y tragar haciendo ruido] beberse de un trago *I gulped down the medicine.* Me tomé el medicamento de un trago. **gulp** *sn* trago

swig *vt, -gg-* (a veces + **down**) [informal. Implica beber rápido y a grandes tragos, frec. de una botella y de forma poco elegante] beber a grandes tragos, echarse al coleto *He swigged three glasses of wine in five minutes.* En cinco minutos se echó al coleto tres vasos de vino.

swig *sn* trago *She took a swig of cider.* Se echó un trago de sidra.

167.1 Deseo de beber

thirst *snn/n* sed *We're all dying of thirst.* Estamos todos que nos morimos de sed. *I had a terrible thirst.* Tenía una sed horrorosa.

thirsty *adj* sediento *to be thirsty* tener sed *It's thirsty work.* Es un trabajo que da sed.

parched *adj* (norml. después de *v*) muy sediento *Give me some water, I'm parched.* Dame un poco de agua, estoy muerto de sed.

168 Cooking methods Métodos de cocinar

recipe *sn* receta *to follow a recipe* seguir una receta

cookery book (*brit*), TAMBIÉN **cookbook** (*brit & amer*) *sn* libro de cocina

168.1 Cocinar con calor

boil *v* [obj/suj: p.ej. agua, patatas] **1** *vt* hervir *boiled* *carrots* zanahorias hervidas **2** *vi* hervir (usado como *s*) *to bring sth to the boil* llevar algo a ebullición

simmer *vit* [justo antes del punto de ebullición] cocer(se) a fuego lento *Let the mixture simmer for five minutes.* Dejar que la mezcla se cueza a fuego lento durante cinco minutos. *Simmer the sauce, stirring all the time.* Dejar la salsa a fuego lento sin dejar de remover.

steam *vti* [obj: p.ej. verduras, un pudín] cocer al vapor

fry *vti* [obj/suj: p.ej. carne, patatas, huevos] freír(se) *fried eggs* huevos fritos *to deep-fry* freír en aceite abundante *to stir-fry* rehogar, sofreír *The potatoes are frying.* Las patatas se están friendo.

bake *vti* [en el horno. Obj/suj: p.ej. pan, pasteles] hornear *baked potatoes* patatas al horno

poach *vti* [en un líquido. Obj: p.ej. pescado, huevo] escalfar(se)

roast *vti* [en el horno, utilizando grasa. Obj/suj: p.ej. carne, patatas] asar(se) *roast potatoes* patatas asadas **roast** *sn* asado

grill *vti* asar(se) a la parrilla *ver también **162 Kitchen***

168.2 Cortar comida

shred *vt*, **-dd-** [obj: p.ej. lechuga, col, o cualquier otra verdura que tenga hojas] cortar en trozos finos

grate *vt* [obj: p.ej. queso, zanahoria] rallar

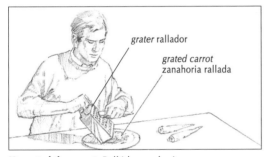

grater rallador

grated carrot zanahoria rallada

He grated the carrot. Ralló la zanahoria.

chop *vt*, **-pp-** [en trozos pequeños con un cuchillo muy afilado] picar, cortar en trocitos *chopped parsley* perejil picado

mash *vt* [obj: esp. patatas] hacer puré con

peel *vt* [obj: p.ej. patata, manzana] pelar

mashed potato puré de patatas

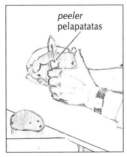

peeler pelapatatas

She mashed the potatoes. Hizo puré con las patatas.

He peeled the potatoes. Peló las patatas.

168.3 Mezclar alimentos

stir *vt*, **-rr-** remover *Keep stirring the sauce.* No deje de remover la salsa. (**+ in**) *Stir in the lemon juice.* Añadir el zumo de limón sin dejar de remover.

mix *vt* (a veces **+ in, together**) mezclar *Mix the ingredients thoroughly.* Mezclar bien los ingredientes. *Mix in the milk a little at a time.* Vaya añadiendo la leche poco a poco.

mixture *sn* mezcla *Remove the mixture from the heat when it begins to boil.* Retirar la mezcla del fuego cuando empiece a hervir.

beat *vt* (a veces **+ in**) batir *Beat in the eggs one at a time.* Añadir los huevos uno a uno sin dejar de batir.

whisk *vt* [obj: esp. nata o la clara del huevo] batir a punto de nieve

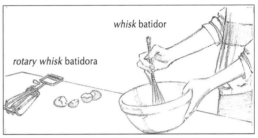

whisk batidor

rotary whisk batidora

Whisk the egg whites until frothy. Batir las claras a punto de nieve.

fold in sth o **fold** sth **in** *vt fr.* [añadir con cuidado para que los ingredientes que ya han sido mezclados no pierdan aire. Obj: p.ej. harina, azúcar] añadir

168.4 Separar alimentos

strain *vt* colar *Boil the vegetables and strain off the cooking liquid.* Hervir las verduras y escurrirlas.

sieve *vt* [pasar por un tamiz para retirar las partes no deseadas o conseguir una textura más ligera. Obj: alimentos secos o líquidos] pasar por un tamiz *Sieve the raspberries to remove the seeds.* Pasar las frambuesas por el tamiz para separar las semillas.

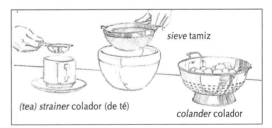

sieve tamiz

(tea) strainer colador (de té)

colander colador

sift *vt* [pasar algo por el tamiz para conseguir una textura más fina. Obj: sólo alimentos secos, p.ej harina] pasar por un tamiz

drain *vt* (frec. **+ off**) colar *drain the pasta* escurrir la pasta *drain off the liquid* quitar el líquido

169 Kitchen Cocina

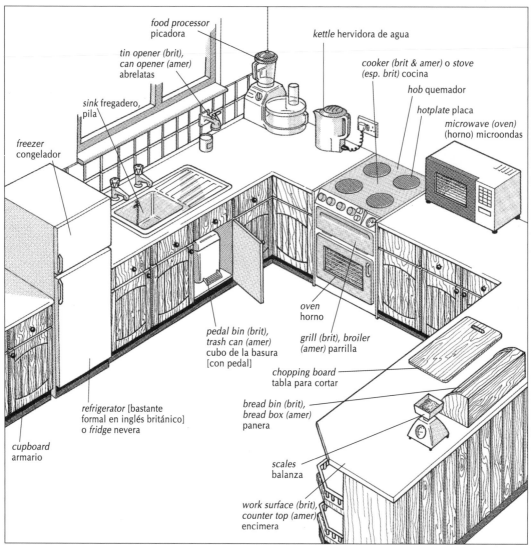

food processor
picadora

kettle hervidora de agua

tin opener (brit),
can opener (amer)
abrelatas

cooker (brit & amer) o stove
(esp. brit) cocina

hob quemador

sink fregadero,
pila

hotplate placa

microwave (oven)
(horno) microondas

freezer
congelador

oven
horno

pedal bin (brit),
trash can (amer)
cubo de la basura
[con pedal]

grill (brit), broiler
(amer) parrilla

chopping board
tabla para cortar

refrigerator [bastante
formal en inglés británico]
o fridge nevera

bread bin (brit),
bread box (amer)
panera

cupboard
armario

scales
balanza

work surface (brit),
counter top (amer)
encimera

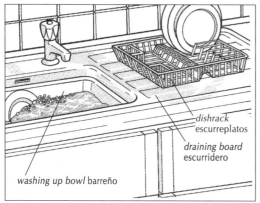

dishrack
escurreplatos

draining board
escurridero

washing up bowl barreño

pressure cooker olla a presión   saucepan cazo, cacerola

frying pan sartén

170 Dining room Comedor

(vegetable) dish
fuente

serving dish
fuente

carving fork tenedor de
trinchar, trinchante

carving knife cuchillo
de trinchar, trinchante

butter dish
mantequillera

napkin o
serviette
servilleta

side plate
plato
pequeño

glass
copa

tablecloth
mantel

dinner plate
plato

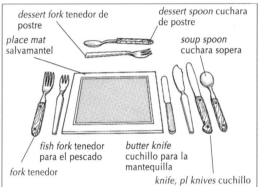

dessert fork tenedor de
postre

dessert spoon cuchara
de postre

place mat
salvamantel

soup spoon
cuchara sopera

fish fork tenedor
para el pescado

butter knife
cuchillo para la
mantequilla

fork tenedor

knife, pl knives cuchillo

crockery snn [platos, tazas, etc.] vajilla

cutlery (esp. brit), **silverware** (amer) snn cubertería

saucer
platillo

cup taza

mug taza
alta

teapot tetera

teaspoon
cucharilla

(milk) jug
(brit), pitcher
(amer) jarra

(sugar) bowl
azucarero

tray
bandeja

plate plato

SPOONS (CUCHARAS)

El tipo más grande de cuchara es **a tablespoon** (cuchara grande, para servir), que a veces se utiliza para servir las verduras. **Dessert spoons** (esp. brit) (cucharas de postre) son más pequeñas, y se utilizan para tomar el postre, los cereales, etc. **Teaspoons** son las más pequeñas y se utilizan para remover el té. Estas cucharas también se utilizan para medir cantidades en cocina. En recetas, a level tablespoon(ful) (una cucharada rasa) es alrededor de 15 ml, a dessert spoon(ful) (una cucharada de postre) son unos 10 ml, y a teaspoon(ful) (una cucharadita) unos 5 ml. Otra medida común en las recetas es a heaped teaspoon/tablespoon, etc. (una cucharada colmada) en inglés británico, que se llama a heaping teaspoon/tablespoon, etc. en inglés americano.

171 Smoking Fumar

cigarette *sn* cigarro, cigarrillo (usado como *adj*) *cigarette smoke* humo de cigarro *a packet* (*brit*)/*pack* (*amer*) *of cigarettes* un paquete de cigarros

fag (*brit*) *sn* [informal] pitillo

cigar *sn* puro

pipe *sn* pipa

tobacco *snn* [norml. se refiere sólo al tabaco suelto para pipas etc., y no a los cigarros] tabaco

ash *snn* ceniza

ashtray *sn* cenicero

stub (*brit*), **butt** (*esp. amer*) *sn* colilla

lighter *sn* encendedor

Have you got a light? ¿Tiene fuego?

172 Drugs Drogas

172.1 Personas implicadas en las drogas

addict *sn* adicto **addiction** *snn* adicción **addictive** *adj* que crea adicción

junkie o **junky** *sn* [informal. Esp. se usa para un adicto a la heroína] yonqui

user *sn* [informal] consumidor (de droga)

dealer *sn* camello, traficante

to be on drugs tomar drogas

172.2 Tipos de drogas

soft drug *sn* droga blanda

hard drug *sn* droga dura

amphetamine *sn* anfetamina

heroin *snn* heroína

crack *snn* crack

opium *snn* opio

LSD *snn* LSD

acid *snn* [informal] ácido *to drop acid* tomar ácido

172.3 Cannabis

cannabis *snn* [término genérico usado p.ej. en contextos legales y periodísticos] cannabis *Customs officers have seized cannabis with a street value of half a million pounds.* La policía de aduanas ha incautado cannabis con un valor de mercado de medio millón de libras.

hashish *snn* hachís

marijuana *snn* marihuana

dope *snn* [informal] chocolate

pot o **grass** *snn* [informal] hierba

joint *sn* [informal] porro

173 Farming Agricultura

farm *sn* granja *a poultry farm* granja avícola (usado como *adj*) *farm animals* animales de granja *farm workers* trabajadores agrícolas

farm *vt* cultivar, criar *They farm two hundred acres in Scotland.* Tienen una finca de cultivo de doscientos acres en Escocia. *They now use the land for farming sheep.* Ahora utilizan las tierras para criar ovejas.

farming *snn* agricultura *fish farming* piscicultura

farmer *sn* agricultor, granjero

farmhouse *sn* granja

farmyard *sn* corral (usado como *adj*) *farmyard animals* animales de corral

agriculture *snn* agricultura

agricultural *adj* agrícola *agricultural workers* trabajadores agrícolas

173.1 Tierra de labranza

field *sn* campo, prado *a potato field* un campo de patatas

meadow *sn* [con hierba. Norml. se utiliza para pasto] prado, pradera

orchard *sn* [con árboles frutales] huerto

vineyard *sn* viñedo

pasture *snn/n* pasto *The land was only fit for pasture.* Las tierras sólo servían para pasto.

hedge *sn* seto vivo

ditch *sn* acequia, zanja

173.2 Maquinaria agrícola

plough (*brit*), **plow** (*amer*) *vt* arar

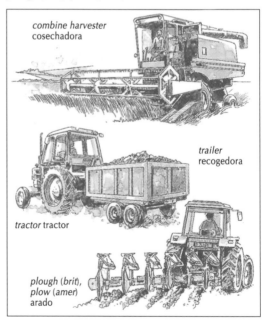

combine harvester cosechadora

trailer recogedora

tractor tractor

plough (brit), plow (amer) arado

173.3 Construcciones en una granja

barn *sn* granero

stable *sn* cuadra

cowshed *sn* establo

pigsty *sn* pocilga

dairy *sn* vaquería, lechería

silo *sn, pl* **silos** silo

outbuilding *sn* dependencia, cobertizo

173.4 Tierra cultivable

arable *adj* arable

grow *vt, pas.* **grew** *pp.* **grown** cultivar *organically grown vegetables* hortalizas biológicas

grower *sn* [esp. de fruta y flores] cultivador

cultivate *vt* [bastante formal. Implica técnicas profesionales. Obj: esp. tierra, cultivo] cultivar *Land which had previously been cultivated was turned over to sheep farming.* Tierras que habían sido de cultivo anteriormente fueron convertidas en pasto para ovejas. *Attempts to cultivate cotton had failed.* Los intentos de cultivar algodón habían fracasado. **cultivation** *snn* cultivo

crop *sn* 1 [lo que se cultiva] cultivo *a difficult crop to grow in this climate* un cultivo difícil para este clima 2 [lo que se recoge] cosecha *a heavy crop of tomatoes* una buena cosecha de tomates (usado como *adj*) *The drought led to crop failure.* La sequía hizo que se perdieran las cosechas.

harvest *sn* 1 [recogida de la cosecha] cosecha *workers taken on for the harvest* trabajadores contratados para la cosecha 2 [cosecha] *an average fruit harvest* una cosecha normal de fruta

harvest *vt* [obj: p.ej. campo, cosecha] cosechar, recoger

yield *vt* [suj: p.ej. árbol, granja, vaca] producir *The estate yields three tonnes of apples a year.* La finca produce tres toneladas de manzanas al año.

yield *sn* producción, cosecha *increased milk yields* incrementos en la producción de leche

173.5 Cultivos de cereal

cereal *snn/n* cereal [grano o planta que produce grano] cereal (usado como *adj*) *cereal crops* cultivos de cereales

grain *snn/n* grano

wheat *snn* trigo

maize (*brit*), **corn** (*amer*) *snn* maíz

corn *snn* 1 (*brit*) trigo 2 (*amer*) maíz

barley *snn* cebada

oats *s pl* avena

rye *snn* centeno

bale *sn* bala

hay *snn* heno

haystack *sn* almiar

straw *snn* paja *straw burning* quema de paja

173.6 Productividad agrícola

fertile *adj* [describe: p.ej. tierra, vaca] fértil **fertility** *snn* fertilidad

infertile *adj* infértil **infertility** *snn* infertilidad

fertilizer *snn/n* fertilizante *artificial fertilizers* fertilizantes artificiales

muck *snn* [informal. Producido por animales] abono, estiércol

manure *snn* [norml. producido por animales] abono, estiércol **manure** *vt* abonar

173.7 Cría de ganado, vacuno, y ovejas

shepherd *sn* pastor

flock *sn* rebaño

herd *sn* manada, rebaño

cattle *snn* ganado (vacuno) *dairy cattle* vacas lecheras

shear *vt* esquilar **shearer** *sn* esquilador

milk *vt* ordeñar *a milking machine* una máquina de ordeñar

174 Buildings Edificios

174.1 Edificios para vivir

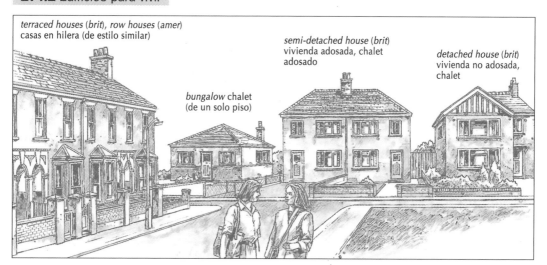

terraced houses (*brit*), row houses (*amer*) casas en hilera (de estilo similar)

bungalow chalet (de un solo piso)

semi-detached house (*brit*) vivienda adosada, chalet adosado

detached house (*brit*) vivienda no adosada, chalet

house *sn* [término genérico] casa

home *sn* **1** [lugar donde se vive, considerado como centro de la vida familiar o personal de uno, a menudo de una forma emocional] hogar *Thousands have no job and no home.* Miles de personas carecen de empleo y hogar. *We're spending Christmas at home.* Vamos a pasar las Navidades en casa. (usado como *adj*) *home improvements* mejoras en la casa **2** [lugar donde se ocupan de cuidar a las personas ancianas, impedidas etc.] residencia, asilo *an old people's home* una residencia de ancianos

cottage *sn* [se refiere a una casa antigua y pequeña en un pueblo] casa de campo *a thatched cottage* una casa de campo con el tejado de paja

villa *sn* [casa norml. en la costa o en una zona de vacaciones] chalet *We're invited to his villa in the South of France.* Nos ha invitado a su chalet en el sur de Francia.

igloo *sn, pl* **igloos** iglú

slum *sn* barrio bajo, tugurio *the slums of Calcutta* los barrios pobres de Calcutta

174.2 Partes del edificio para vivir

flat (*esp. brit*), **apartment** (*esp. amer*) *sn* piso, apartamento *a block of flats/an apartment building* bloque de viviendas

bedsit o **bedsitter** *sn* (*brit*) [una habitación para vivir y dormir, donde norml. se comparte el cuarto de baño con otras personas, a menudo de alquiler] estudio

studio o **studio flat** *sn* [una habitación para vivir y dormir con su propio cuarto de baño y cocina] estudio

duplex *sn* (*amer*) **1** [piso de dos plantas con una entrada común] dúplex **2** [edificio de dos pisos, uno encima del otro, cada uno con entrada propia] edificio de dos pisos

174.3 Edificios altos

skyscraper *sn* [norml. oficinas] rascacielos

tower block *sn* (*brit*) [norml. viviendas] edificio alto

office block *sn* edificio de oficinas

condominium TAMBIÉN [informal] **condo** (*esp. amer*) *sn* **1** [gran edificio de pisos o grupo de casas donde cada piso o casa pertenece a la persona que lo habita] edificio de pisos, viviendas en comunidad **2** [piso dentro de un condominium] piso

174.4 Edificios imponentes

castle *sn* castillo   **palace** *sn* palacio

mansion *sn* [casa grande, esp. en el campo] casa solariega

monument *sn* monumento *the monument honouring him in Westminster Abbey* el monumento en su honor de Westminster Abbey *The ruins are classed as an ancient monument.* Las ruinas están consideradas monumento histórico.

174.5 Edificos sencillos

shed *sn* [norml. de madera, p.ej. para guardar herramientas] cobertizo *the garden shed* el cobertizo del jardín

hut *sn* [norml. de madera, usado como refugio en las montañas o como vivienda en países pobres] cabaña

174.6 Personas que trabajan en la construcción de edificios

architect *sn* arquitecto **architecture** *snn* arquitectura

surveyor *sn* aparejador

builder *sn* [trabajador manual de la construcción] constructor, albañil *We've got the builders in.* Tenemos a los albañiles en casa.

bricklayer *sn* albañil   **electrician** *sn* electricista

carpenter *sn* carpintero   **plumber** *sn* fontanero

175 Live Vivir

live *vi* (+ **in** con nombres de ciudades, calles, etc.) vivir *I live in London.* Vivo en Londres. (+ **at** con el número de la casa) *I live at number 56 Hawthorne Rd.* Vivo en la calle Hawthorne, número 56.

reside *vi* (frec. + **in** o **at**) [formal, frec. en contextos oficiales] residir *Do you reside in this country?* ¿Reside usted en este país?

residence *s* **1** *sn* [lugar donde se habita esp. si es imponente] residencia *the ambassador's residence* la residencia del embajador **2** *snn* [circunstancia de vivir en un lugar] residencia *You need three years residence for naturalization.* Necesita tres años de residencia para obtener la naturalización.

resident *sn* [persona que vive en un lugar concreto, p.ej. en un país, una calle o un edificio] residente, vecino *Other residents have been complaining about the noise.* Otros vecinos se han quejado del ruido.

resident *adj* (delante de *s*) **1** [que trabaja y vive en un lugar] *a resident caretaker* un portero que reside en el edificio **2** (después de *v*) [formal, frec. en contextos oficiales] residente *foreigners resident in Britain* los extranjeros residentes en Gran Bretaña

dwell *vi pas. & pp.* **dwelled** o **dwelt** (frec. + **in**) [anticuado o poético] morar *Down by the river there dwelt an old man.* Allí abajo al lado del río moraba un anciano.

dwelling *sn* [anticuado o en contextos oficiales] morada, vivienda *a woodcutter's dwelling* la morada de un leñador *The dwelling shall not be used for any business or trade.* La vivienda no se usará para ningún negocio o comercio.

dweller *sn* (esp. en cuentos) habitante *city-dwellers* los habitantes de las ciudades

inhabit *vt* (esp. en *pp.*) [vivir en. Obj: p.ej. área geográfica] habitar *the cossacks who inhabited the steppes* los cosacos que habitaban las estepas *The island is no longer inhabited.* La isla ya no está habitada.

inhabitant *sn* habitante *the village's oldest inhabitant* el habitante más antiguo del pueblo **uninhabited** *adj* deshabitado

squat *vi*, - **tt**- (*esp. brit*) (norml. + **in**) [sin permiso o sin pagar un alquiler] ocupar una vivienda ilegalmente *We were forced to squat in derelict buildings.* Nos vimos obligados a ocupar ilegalmente edificios abandonados.

squat *sn* vivienda ocupada ilegalmente **squatter** *sn* persona que ocupa ilegalmente una vivienda

175.1 Empezar una nueva vida en algún lugar

settle *v* **1** *vi* (frec. + **in**) [implica la elección de un hogar permanente] establecerse, afincarse, instalarse, asentarse *A lot of retired people settle here.* Muchos jubilados se afincan aquí. **2** *vt* [establecer una comunidad en un lugar] poblar, colonizar *The state was originally settled by Mormons.* El estado fue colonizado originariamente por los mormones. **3 settle in** *vi fr.* [acostumbrarse a un lugar nuevo] acostumbrarse, adaptarse *We're gradually settling in to the new place.* Poco a poco nos vamos adaptando a la nueva casa.

settlement *sn* asentamiento, colonia *Viking settlements on the east coast* asentamientos vikingos en la costa este

settler *sn* colono *the ideals of the Puritan settlers* los ideales de los colonos puritanos

move *vit* mudarse *We moved (house) last week.* Nos mudamos la semana pasada.

move in *vi fr.* [empezar a vivir en una nueva casa] instalarse *We moved in on the 5th.* Nos instalamos en la nueva casa el día cinco.

move out *vi fr.* [dejar de vivir en una casa] irse, desalojar la casa *They asked her to move out.* Le pidieron que desalojara la vivienda.

175.2 Alojamiento

accommodation *snn* [cualquier lugar para vivir, a menudo por poco tiempo] alojamiento *the town's hotel accommodation* la capacidad hotelera de la ciudad *For the moment we're staying in temporary accommodation.* De momento estamos alojados de forma temporal.

housing *snn* [cualquier lugar para vivir, norml. por largo tiempo] vivienda *the availability of low-cost housing* la disponibilidad de viviendas de bajo coste *housing shortage* crisis de la vivienda *housing estate* urbanización

landlord *sn* dueño, propietario

landlady *sn* dueña, propietaria

tenant *sn* [norml. en una casa o un piso] inquilino

lodge *vi* [más bien anticuado] alojarse, hospedarse *It was usual for the apprentice to lodge with his master.* Era normal que el aprendiz se hospedase en casa de su maestro.

lodger *sn* [paga por la habitación y a veces por la comida en casa de alguien] huésped *to take in lodgers* tomar huéspedes

lodgings *s pl* [p.ej. para un estudiante] habitación alquilada *She's looking for lodgings.* Está buscando una habitación alquilada.

digs *s pl* [informal. P.ej. para un estudiante] habitación alquilada *I'm in digs.* Estoy viviendo en una habitación alquilada.

176 **Parts of buildings** Partes de los edificios

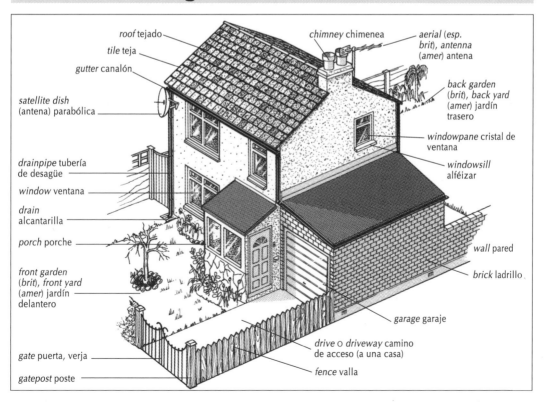

roof tejado

tile teja

gutter canalón

satellite dish (antena) parabólica

drainpipe tubería de desagüe

window ventana

drain alcantarilla

porch porche

front garden (brit), front yard (amer) jardín delantero

gate puerta, verja

gatepost poste

chimney chimenea

aerial (esp. brit), antenna (amer) antena

back garden (brit), back yard (amer) jardín trasero

windowpane cristal de ventana

windowsill alféizar

wall pared

brick ladrillo

garage garaje

drive o driveway camino de acceso (a una casa)

fence valla

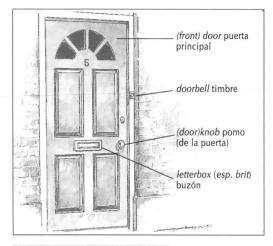

(front) door puerta principal

doorbell timbre

(door)knob pomo (de la puerta)

letterbox (esp. brit) buzón

176.1 Entradas y salidas

entry (*esp. amer*) *sn* [puede ser una puerta, una verja, un pasaje, etc.] entrada, acceso *A police officer guarded the entry to the embassy.* Un policía vigilaba la entrada de la embajada.

entrance *sn* [puerta utilizada para entrar] puerta / *slipped out by the back entrance.* Me escabullí por la puerta trasera. (usado como *adj*) *the entrance hall* el vestíbulo, la entrada

exit *sn* [de un edificio o una habitación] salida *emergency exit* salida de emergencia

way out *sn* [menos formal que **exit**] salida

gateway *sn* [puerta amplia, p.ej. al principio del camino de acceso a una casa] puerta, verja

indoors *adv* dentro de casa *to go indoors* entrar (en la casa)
indoor *adj* interior *an indoor pool* una piscina cubierta

outdoors *adv* al aire libre *to eat outdoors* comer al aire libre

outdoor *adj* descubierto, al aire libre *outdoor activities* actividades al aire libre

176.2 Niveles

storey (*brit*), **story** (*amer*) *sn* [planta de un edificio, esp. en un contexto arquitectónico] planta, piso *There are plans to add an extra storey.* Se ha pensado en añadir un piso más. (usado como *adj*) *a seventeen-storey office block* un edificio de oficinas de diecisiete pisos

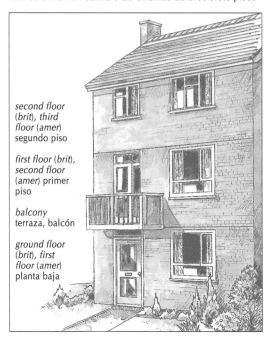

second floor (*brit*), *third floor* (*amer*) segundo piso

first floor (*brit*), *second floor* (*amer*) primer piso

balcony terraza, balcón

ground floor (*brit*), *first floor* (*amer*) planta baja

multistorey (*brit*), **multistory** (*amer*) *adj* [alto y con diferentes niveles. A menudo se utiliza para hacer referencia a los parkings, no para edificios residenciales o de oficinas] de varias plantas *a multistorey car park* un aparcamiento de varias plantas

177 Inside buildings Dentro de los edificios

177.1 Areas de entrada

hall *sn* [esp. en una casa] recibidor

lobby *sn* [esp. en un hotel o en un edificio público] vestíbulo, hall

foyer *sn* 1 [esp. en un teatro, cine, etc.] vestíbulo, hall 2 (*amer*) [espacio inmediato a la puerta de entrada en una casa o piso] vestíbulo, hall

177.2 Pasar de un nivel a otro

upstairs *adv* [esp. en una casa o edificio de pisos] arriba *to go upstairs* ir arriba, ir al piso arriba (usado como *adj*) *an upstairs room* una habitación en el piso de arriba

downstairs *adv* [esp. en una casa o edificio de pisos] abajo *They live downstairs.* Viven (en el piso de) abajo. (usado como *adj*) *the downstairs flat* el piso de abajo

escalator *sn* escalera mecánica

lift (*brit*), **elevator** (*amer*) *sn* ascensor *to take the lift* coger el ascensor

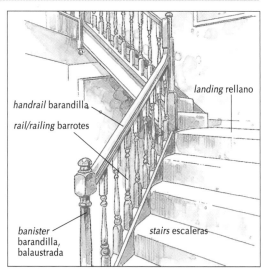

landing rellano

handrail barandilla

rail/railing barrotes

banister barandilla, balaustrada

stairs escaleras

177.3 Pasar de una habitación a otra

corridor *sn* [con habitaciones a los lados] pasillo, corredor

passage *sn* [con o sin habitaciones a los lados] pasillo

door *sn* puerta *to knock at the door* llamar a la puerta

(door) handle *sn* pomo

177.4 Habitaciones adicionales

cloakroom *sn* [para abrigos, etc.] guardarropa

coatpeg *sn* gancho, percha

study *sn* despacho, estudio

utility room *sn* [para la lavadora, la plancha, herramientas, etc.] cuarto de la lavadora, etc.

attic *sn* [debajo del tejado de una casa] desván, ático

loft *sn* **1** desván **2** (*amer*) [piso último de un edificio, norml. usado como almacén] desván **3** (*amer*) [última planta de un edificio transformada en un apartamento] piso alto, ático

cellar *sn* [norml. para almacenar cosas] sótano

basement *sn* [el piso de una casa o tienda que está por debajo de la planta baja. En lugar de almacén, se utiliza para vivir, trabajar, vender, etc.] sótano (usado como *adj*) *a basement flat* un sótano

177.5 Dentro de las habitaciones

ceiling *sn* techo

floor *sn* suelo (usado como *adj*) *floor coverings* revestimientos del suelo

furniture *snn* muebles, mobiliario *a piece of furniture* un mueble

furnish *vt* amueblar *furnished accommodation* una vivienda amueblada

178 Closed Cerrado

close *vti* [obj/suj: p.ej. una puerta, una tapa, una caja, un armario, *no* una habitación, un coche] cerrar *The drawer won't close.* El cajón no cierra (bien). (a veces + **off**) *The area has been closed off by police.* La zona ha sido acordonada por la policía.

shut *vti*, *-tt- pas. & pp.* **shut** [ligeramente más informal que **close**] cerrar *The boot won't shut.* El maletero no cierra. *Shut your mouth!* ¡Cállate la boca!

shut *adj* cerrado *Keep your eyes tight shut.* Mantenga los ojos bien cerrados.

sealed off [para que no se pueda entrar. Describe p.ej. una carreterra, una zona] acordonar, cerrar el acceso a *All exits from the building are now sealed off.* Ya han bloqueado todas las salidas del edificio.

lock *vt* cerrar con llave *The door's not locked.* La puerta no está cerrada con llave.

lock *sn* cerradura *The key was in the lock.* La llave estaba en la cerradura.

key *sn* llave

keyhole *sn* ojo de la cerradura

179 Open Abierto

open *vti* [obj/suj: p.ej. puerta, tapa, caja, armario, tienda] abrir

undo *vt*, *pas.* **undid** *pp.* **undone** [obj: p.ej. paquete, envoltorio, nudo] abrir, deshacer, desenvolver

unlock *vt* abrir (con llave) *You left the garage unlocked.* No cerraste el garaje con llave.

ajar *adv* (después de *v*) [ligeramente abierto. Describe: esp. puerta, ventana] entreabierto *I left the door ajar.*

Dejé la puerta entreabierta.

wide open [describe: p.ej. puerta, recipiente] abierto de par en par *The fridge is wide open, you know.* ¿Sabes que la nevera está abierta de par en par?

gaping *adj* (norml. antes de *s*) [implica algo que está más abierto de lo normal, a menudo cuando se exagera. Describe: esp. agujero, herida, boca] inmenso, profundo, muy abierto

180 Living room Sala de estar

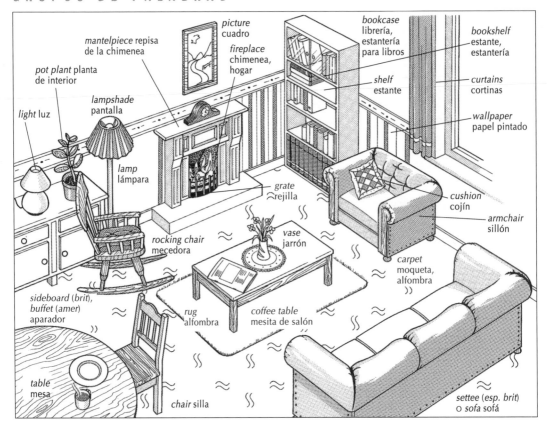

picture
cuadro

mantelpiece repisa
de la chimenea

fireplace
chimenea,
hogar

bookcase
librería,
estantería
para libros

bookshelf
estante,
estantería

pot plant planta
de interior

shelf
estante

curtains
cortinas

lampshade
pantalla

wallpaper
papel pintado

light luz

lamp
lámpara

grate
rejilla

cushion
cojín

rocking chair
mecedora

vase
jarrón

armchair
sillón

carpet
moqueta,
alfombra

sideboard (brit),
buffet (amer)
aparador

rug
alfombra

coffee table
mesita de salón

table
mesa

chair silla

settee (esp. brit)
o sofa sofá

181 Bedroom Dormitorio

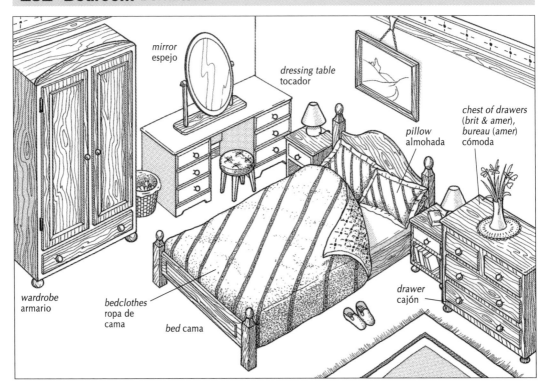

mirror
espejo

dressing table
tocador

chest of drawers
(brit & amer),
bureau (amer)
cómoda

pillow
almohada

wardrobe
armario

bedclothes
ropa de
cama

drawer
cajón

bed cama

181.1 Sobre la cama

bedclothes *s pl* [término genérico que designa las sábanas, mantas, etc.] ropa de cama

pillowcase *sn* funda (de almohada)

sheet *sn* sábana   **blanket** *sn* manta

duvet *sn* [con relleno sintético o de plumas y una funda cambiable de algodón. Sustituye a la sábana encimera, manta y colcha] edredón

quilt *sn* **1** [cubierta de cama enguatada] cubrecama acolchado **2** TAMBIÉN **continental quilt** edredón

bedspread *sn* colcha, cubrecama

eiderdown *sn* (*esp. brit*) [más ligero que **duvet** con relleno sintético o de plumas y una funda permanente. Se coloca encima de las mantas] edredón

electric blanket *sn* manta eléctrica

hot water bottle *sn* bolsa de agua caliente

182 Sleep Dormir

sleep *vi, pas. & pp.* **slept** dormir *I slept soundly.* Dormí profundamente.

sleep *s* **1** *snn* sueño *I'm not getting enough sleep.* No estoy durmiendo lo suficiente. *to go to sleep* dormirse **2** *sn* (*pl raro*) *You'll feel better after a little sleep.* Te sentirás mejor después de dormir un poco.

asleep *adj* (detrás de *v*) dormido *She's fast asleep.* Está profundamente dormida. *to fall asleep* dormirse, quedarse dormido

snore *vi* roncar

dream *v, pas. & pp.* **dreamed** o (*esp. brit*) **dreamt 1** *vt* soñar *I dreamt I was back at school.* Soñé que volvía al colegio. **2** *vi* (frec. + *about*) soñar *I dreamt about her last night.* Anoche soñé con ella.

dream *sn* sueño *to have a dream* tener un sueño

oversleep *vi, pas. & pp.* **overslept** quedarse dormido *I overslept and was late for work.* Me quedé dormido y llegué tarde al trabajo.

lie in *vi fr.* (*esp. brit*) quedarse en la cama, levantarse tarde *We always like to lie in on a Sunday.* Los domingos nos gusta quedarnos en la cama un rato.

yawn *vi* bostezar **yawn** *sn* bostezo

182.1 Dormirse

nod off *vi fr.* [informal. Norml. durante poco rato] quedarse dormido *I nodded off after lunch.* Me quedé dormido un ratito después de comer.

drop off *vi fr.* [informal] dormirse, quedarse dormido *It was well after midnight before I dropped off.* No me dormí hasta bien pasada la medianoche.

doze *vi* [informal. Estar medio dormido] dormitar, echar una cabezada *I dozed through most of the lecture.* Estuve dormitando durante la mayor parte de la conferencia. **doze** *sn* (norml. no hay *pl*) cabezada

doze off *vi fr.* [dormirse durante un período corto o largo] dormirse, quedarse dormido *He was dozing off.* Se estaba quedando dormido.

drowsy *adj* soñoliento *These tablets make you drowsy.* Estas pastillas te dejan amodorrado.

182.2 Dormir durante períodos cortos

nap *sn* [sueño corto durante el día] siesta *to have a nap* echarse una siesta

kip *s* (no tiene *pl*) [informal] (*brit*) *to have a kip* echar un sueñecito *I didn't get enough kip last night.* Anoche no dormí lo suficiente.

forty winks [informal. Sueño corto durante el día] cabezadita *You'll feel better after forty winks.* Se sentirá mejor después de echar una cabezadita.

182.3 Cansancio

tired *adj* cansado *I'm getting tired.* Me estoy cansando.
tiredness *snn* cansancio

tire *v* **1** *vt* (frec. + *out* para énfasis) cansar *Don't tire your father, he's not well.* No canses a tu padre, no se encuentra bien. *to tire sb out* agotar a alguien **2** *vi* cansarse, fatigarse *She's very weak and tires quickly.* Está muy débil y se cansa enseguida. **tiring** *adj* fatigoso, que cansa

sleepy *adj* soñoliento *Don't force a sleepy child to eat.* No obligue a comer a un niño que tiene sueño.
sleepily *adv* soñolientamente

fatigue *snn* [formal] fatiga *I took glucose tablets to combat fatigue.* Tomé pastillas de glucosa para combatir la fatiga. **fatigue** *vt* fatigar

exhausted *adj* [muy débil y cansado. Frec. se utiliza cuando se exagera] agotado *I collapsed exhausted in front of the television.* Me desplomé, agotado, delante del televisor.

exhaust *vt* agotar *The climb had exhausted me.* La escalada me había dejado agotado.

exhaustion *snn* agotamiento *She fainted from thirst and exhaustion.* Se desmayó de sed y agotamiento.

dog-tired *adj* [informal. Muy cansado] hecho polvo, rendido

worn out *adj* [informal. Frec. hace hincapié en el motivo del cansancio] rendido, hecho polvo *You'd be worn out if you had to look after the kids all day.* Estarías rendido si tuvieras que cuidar de los niños todo el día.

wear sb **out** o **wear out** sb *vt fr.* dejar hecho polvo, agotar a alguien *They wore me out with their constant questions.* Me dejaron hecho polvo con sus continuas preguntas.

shattered *adj* [informal. Enfatiza el efecto de una actividad] reventado, hecho polvo *I'm absolutely shattered after that race.* Estoy totalmente hecho polvo después de esa carrera.

nightmare *sn* pesadilla *to have nightmares* tener pesadillas
sleepwalk *vi* ser sonámbulo **sleepwalker** *sn* sonámbulo
insomnia *snn* insomnio **insomniac** *sn* insomne

182.5 Después de dormir

wake up *v fr. pas.* **woke** *pp.* **woken** [término usual] **1** *vi* despertarse *I woke up early.* Me desperté pronto. **2**

wake up sb o **wake** sb **up** *vt* despertar
wake *v* [más formal que **wake up**] **1** *vt* despertar *The steward woke me with breakfast.* El camarero me despertó con el desayuno. **2** *vi* despertarse

awake *v, pas.* **awoke** *pp.* **awoken** TAMBIÉN **awaken**, **waken** [literario] **1** *vi* despertarse *I awoke refreshed.* Me desperté como nuevo. **2** *vt* despertar *I was awoken by the storm.* La tormenta me despertó.

awake *adj* (después de *v*) despierto **wide awake** totalmente despierto

183 Rest and Relaxation Descansar y relajarse

rest *vi* descansar
rest *sn* (no tiene *pl*) descanso *to have a rest* descansar (un rato)
relax *vi* relajarse *We relaxed in front of the television.* Nos relajamos delante del televisor.
relaxing *adj* relajante *a relaxing shower* una ducha relajante
relaxed *adj* [describe: p.ej. persona, ambiente] tranquilo, relajado *a wonderful relaxed feeling* una maravillosa sensación de tranquilidad
unwind *vi, pas. & pp.* **unwound** [enfatiza una liberación del stress] relajarse *He says alcohol helps him unwind.* Dice que el alcohol le ayuda a relajarse.
carefree *adj* [implica felicidad y ausencia de stress] despreocupado, libre de preocupaciones *a carefree weekend with no cooking to do* un fin de semana relajado, sin tener que preocuparnos de cocinar

183.1 Tiempo para descansar

pause *sn* [haciendo un breve descanso] pausa, descanso *without any pause between classes* sin pausa alguna entre clase y clase
pause *vi* hacer una pausa, descansar *We paused to get our breath back.* Nos detuvimos para recobrar el aliento.
break *sn* [puede ser corto o bastante largo] descanso *a break for coffee* un descanso para el café *to have/take a break* descansar un rato
break *vi* hacer una pausa *Let's break for lunch.* Hagamos una pausa para ir a comer.
respite *sn* (frec. + **from**) [bastante formal. Implica una disminución breve de la presión] descanso, respiro *We got no respite from customers calling in.* No tuvimos ni un respiro por la afluencia de clientes.
lull *sn* [implica una disminución de la actividad por un breve período de tiempo] tregua, momento de calma *There's usually a lull mid-morning before the lunchtime shoppers.* Normalmente hay un intervalo de calma a media mañana antes de que lleguen los clientes del mediodía.

leisure *snn* [tiempo libre para disfrutar] tiempo libre, ocio *Now I'm retired I don't know what to do with my leisure.* Ahora que estoy jubilado no sé que hacer con mi tiempo libre. (usado como *adj*) *leisure time* tiempo libre *leisure activities* pasatiempos
leisurely *adj* [lento de manera que resulta agradable] reposado, lento *a leisurely outdoor meal* una reposada comida al aire libre
recreation *s* [implica hacer algo agradable en los ratos libres] **1** *snn* esparcimiento *The centre provides facilities for sports and recreation.* El centro está provisto de instalaciones para el deporte y el esparcimiento. **2** *sn* pasatiempo
recreational *adj* de recreo *recreational activities* actividades de recreo

183.2 Vacaciones

holiday *sn* (*esp. brit*) vacaciones *to go on holiday* ir(se) de vacaciones
holiday *vi* pasar las vacaciones, veranear *people holidaying abroad* la gente que pasa sus vacaciones en el extranjero
holidaymaker *sn* turista, veraneante
vacation *sn* (*esp. amer*) vacaciones *to go on vacation* ir(se) de vacaciones
vacation *vi* pasar las vacaciones, veranear *We're vacationing in Florida.* Estamos pasando las vacaciones en Florida. **vacationer** *sn* turista, veraneante
leave *snn* [p.ej. en el ejército o en la policía] permiso *I've got ten days leave due.* Me quedan diez días de permiso. *to go on leave* irse de permiso

f r a s e s

take it easy [informal. Relajarse y no trabajar] relajarse, descansar *I'll do the meal, you take it easy.* Yo haré la comida, tú descansa un poco.

put one's feet up [informal. Sentarse para relajarse, generalmente con los pies apoyados, aunque no necesariamente] sentarse cómodamente, descansar

184 Personal hygiene Higiene personal

184.1 Lavarse

soap *snn* jabón *a bar of soap* una pastilla de jabón
bubble bath *snn* mousse de baño
shower gel *snn* gel de baño
deodorant *sn/nn* desodorante

talc o **talcum powder** *snn* talco, polvos de talco
flannel o **facecloth** (*brit*), **washcloth** (*amer*) *sn* toallita
sponge *sn* esponja
towel *sn* toalla
have a bath/shower (*esp. brit*), **take a bath/shower** (*esp. amer*) darse un baño/una ducha, bañarse/ ducharse

bathe *vit* [formal en inglés británico, normal en inglés americano] bañar(se)

184.2 Cuidado del cabello

(hair)brush *sn* cepillo
brush *vt* cepillar

comb *sn* peine **comb** *vt* peinar *to comb your hair* peinarse

shampoo *sn/nn, pl* **shampoos** champú
shampoo *vt* lavar

hairdresser *sn* [para hombre o mujer] peluquero, peluquera *to go to the hairdresser's* ir a la peluquería

barber *sn* [cada vez más anticuado. Para hombres] barbero *I've been to the barber's.* He estado en la peluquería.

haircut *sn* corte de pelo *to get a haircut* cortarse el pelo

tweezers *s pl* pinzas *a pair of tweezers* unas pinzas

conditioner *sn/nn* (crema) suavizante, acondicionador de cabello

hairspray *sn/nn* laca

hairdryer O **hairdrier** *sn* secador

frases

to have/get one's hair cut cortarse el pelo *I must get my hair cut tomorrow.* Mañana tengo que ir a cortarme el pelo. *Oh! you've had your hair cut - it looks nice.* ¡Te has cortado el pelo! - te sienta bien.
to wash one's hair lavarse el pelo *She washes her hair every day.* Se lava el pelo todos los días.

184.3 Higiene dental

toothpaste *snn* pasta de dientes *a tube of toothpaste* un tubo de pasta de dientes

toothbrush *sn* cepillo de dientes

dental floss *snn* seda dental

mouthwash *snn* enjuagüe (bucal)

184.4 Afeitarse

razor *sn* maquinilla de afeitar

razor blade *sn* cuchilla de afeitar

shaver TAMBIÉN **electric shaver** *sn* máquina de afeitar eléctrica

shaving cream *snn* crema de afeitar

shaving brush *sn* brocha (de afeitar)

aftershave *sn/nn* loción para después del afeitado

184.5 Cuidado de las uñas

nailbrush *sn* cepillo para las uñas

nailfile *sn* lima (para uñas)

nail clippers *s pl* cortauñas

nail varnish *snn* esmalte de uñas

184.6 Higiene femenina

sanitary towel (*brit & amer*), **sanitary napkin** (*amer*) *sn* compresa

tampon *sn* tampón

panty liner *sn* salvaslip

185 Bathroom Baño

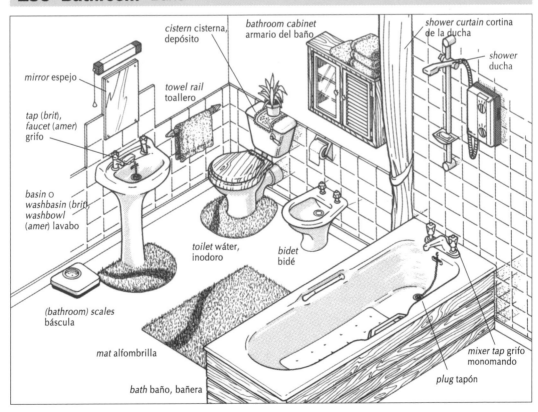

cistern cisterna, depósito

bathroom cabinet armario del baño

shower curtain cortina de la ducha

shower ducha

mirror espejo

towel rail toallero

tap (brit), faucet (amer) grifo

basin O washbasin (brit), washbowl (amer) lavabo

toilet wáter, inodoro

bidet bidé

(bathroom) scales báscula

mat alfombrilla

bath baño, bañera

mixer tap grifo monomando

plug tapón

185.1 El wáter

USO

En inglés británico, los términos relativos al wáter pueden referirse al wáter en sí o a la habitación en la que éste se encuentra.

lavatory sn [formal en inglés británico. Se usa para hacer referencia a los aseos públicos en inglés americano] excusado, retrete, wáter *an outside lavatory* un retrete exterior

loo sn, pl. **loos** (*esp. brit*) [informal. Es el eufemismo más común] wáter *He's in the loo.* Está en el wáter. *to go to the loo* ir al wáter

john sn (*amer*) [argot] wáter

ladies sn [más bien informal. Cuarto en lugar público] lavabo de señoras *Where's the ladies?* ¿Dónde está el lavabo de señoras?

ladies' room sn (*amer*) lavabo de señoras

gents sn [informal. Cuarto, en lugar público] lavabo de caballeros

men's room sn (*amer*) lavabo de caballeros

restroom o **washroom** (*amer*) [eufemismo para aseos públicos] aseos, lavabos, servicios

toilet roll sn rollo de papel higiénico

flush vt tirar de la cadena

pull the chain (*brit*) [se dice frec. incluso si se usa palanca] tirar de la cadena

186 Laundry Colada

laundry s 1 snn [ropa que necesita un lavado o que ya se ha lavado] colada, ropa limpia, ropa sucia *to do the laundry* hacer la colada, lavar la ropa 2 sn [empresa que lava la ropa] lavandería 3 sn habitación donde se lava la ropa

launderette (*brit*), **laundromat** (*amer*) sn lavandería automática

launder vt [más bien formal. Puede implicar lavar profesionalmente] lavar (y planchar)

washing machine sn lavadora

washing powder snn detergente

fabric conditioner snn suavizante de ropa

starch snn almidón

washing line (*brit*), **clothes line** (*brit & amer*), **wash line** (*amer*) sn cuerda de tender la ropa *to hang clothes out on the washing line* tender la ropa

(clothes) peg (*brit*), **clothes pin** (*amer*) sn pinza (para tender)

tumble drier sn secadora

iron sn plancha *steam iron* plancha de vapor

iron vt planchar *to do the ironing* planchar

ironing board sn tabla de planchar

187 Cleaning Limpiar

clean vti limpiar *The kitchen needs cleaning.* Hay que limpiar la cocina. (+ **off**) *This liquid cleans off grease.* Este líquido quita la grasa. (+ **up**) *Use a cloth to clean up the mess.* Limpia esa porquería del suelo con un trapo.

cleaner sn 1 [persona] asistenta, mujer de la limpieza 2 [sustancia] producto para la limpieza

187.1 Limpiar la casa

housework snn [cocinar, limpiar, etc.] quehaceres domésticos, tareas domésticas *to do the housework* hacer las tareas domésticas

housewife snn ama de casa

housekeeping snn [organizar y a veces hacer la compra, la comida, la limpieza, etc.] administración de la casa

housekeeper sn [persona pagada por dicho trabajo] ama de llaves

spring-clean vit [limpieza a gran escala, no siempre en primavera] limpiar a fondo toda la casa, hacer limpieza general

187.2 Limpiar con líquidos

wash vt [obj: p.ej. suelo, ropa] lavar

soak vt remojar, poner en remojo

scrub vt, -bb- [norml. con cepillo] restregar, fregar

rinse vt aclarar, enjuagar (+ **out**) *Rinse the cloth out under the tap.* Aclare el paño bajo el grifo.

bathe vt [lavar con cuidado y con mucha agua. Obj: p.ej. herida, ojo] lavar, bañar

sterilize, TAMBIÉN **-ise** (*brit*) vt [obj: p.ej. el biberón] esterilizar

detergent snn/n [más técnico que **washing powder**] detergente

bleach snn lejía

187.3 Limpiar suelos

hoover sn (*marca registrada británica*) [término corriente, independientemente de la marca] aspiradora

hoover vti (*brit*) limpiar con aspiradora, pasar la aspiradora *to do the hoovering* pasar la aspiradora

vacuum cleaner sn [término genérico, un poco más formal que **hoover** en inglés británico. Palabra corriente en inglés americano] aspiradora

vacuum vti [menos común que **hoover**] limpiar con aspiradora, pasar la aspiradora

mop up sth o **mop** sth **up** vt fr. [absorber, esp. líquido derramado, con esponja, fregona, etc.] limpiar **mop** sn fregona

floorcloth sn bayeta

sweep vt (frec. + adv) barrer *to sweep the floor* barrer el suelo *to sweep up the crumbs* recoger las migas con la escoba

broom *sn* [con mango largo] escoba

brush *sn* **1** [con mango corto o sin mango] cepillo **2** [con mango largo] cepillo

brush *vt* (frec. + *adv*) cepillar *I brushed the dust off.* Quité el polvo con el cepillo.

dustpan *sn* recogedor

187.4 Limpiar superficies

dust *vit* quitar el polvo (de) **duster** *sn* trapo (del polvo)

wipe *vt* (frec. + *adv*) limpiar *to wipe up a spill* limpiar algo que se ha derramado *to wipe down the table* pasar un trapo por la mesa

polish *vt* sacar brillo, encerar

187.5 Lavar

wash up (sth) o **wash** (sth) **up** *vti fr.* (*brit*) fregar los platos

washing-up *snn* (*brit*) (+ **the**) platos fregados, platos para lavar *to do the washing-up* fregar los platos

do the dishes fregar/lavar los platos

washing-up liquid *snn* lavavajillas

dishcloth *sn* trapo (para fregar)

tea towel *sn* trapo de cocina

dishwasher *sn* lavaplatos

188 Clean Limpio

clean *adj* limpio **cleanliness** *snn* limpieza, aseo

immaculate *adj* [perfectamente limpio y ordenado] impecable *The house was always immaculate.* La casa estaba siempre limpísima.

immaculately *adv* impecablemente *immaculately dressed* impecablemente vestido

spotless *adj* [totalmente libre de suciedad] limpísimo *The sheets were spotless.* Las sábanas estaban limpísimas.

spotlessly *adv* impecablemente *the kitchen is*

spotlessly clean La cocina está como los chorros del oro.

pure *adj* [no contaminado] puro *the pure water of the lake* el agua pura del lago **purity** *snn* pureza

hygienic *adj* higiénico **hygienically** *adv* higiénicamente

c o m p a r a c i ó n

as clean as a whistle limpio como una patena

189 Dirty Sucio

dirt *snn* suciedad *You chose a good colour - it doesn't show the dirt much.* Elegiste un buen color - no se notan mucho las manchas. *Look at all that dirt on your shoes!* ¡Tienes los zapatos llenos de barro! **dirtiness** *snn* suciedad

filthy *adj* [palabra enfática, sugiere repugnancia] asqueroso, sucio *Your ears are simply filthy.* Llevas las orejas asquerosas. **filthiness** *snn* suciedad

filth *snn* suciedad, porquería *surrounded by filth and disease* rodeados de inmundicia y enfermedad

muck *snn* [informal. Barro o suciedad similar] barro, porquería *We came back wet and covered in muck.* Volvimos empapados y llenos de barro.

mucky *adj* sucio *mucky trainers* zapatillas llenas de barro

muddy *adj* [describe: p.ej. suelo, ropa] fangoso, cubierto/lleno de barro

grubby *adj* [que no se mantiene adecuadamente limpio. Describe: p.ej. persona, ropa, sitio] mugriento, roñoso *grubby fingernails* uñas mugrientas **grubbiness** *snn* mugre, roña

grime *snn* [suciedad difícil de eliminar. Frec. en contextos industriales] mugre *hands covered in oil and grime* manos cubiertas de grasa y mugre

grimy *adj* mugriento *a grimy old machine* una máquina vieja y mugrienta

greasy *adj* grasiento *greasy plates* platos grasientos

dust *snn* polvo

dusty *adj* [describe: p.ej. habitación, estantería] lleno de polvo, polvoriento

189.1 Ensuciar las cosas

pollute *vt* [obj: p.ej. aire, río] contaminar

pollution *snn* contaminación *soil pollution* contaminación del suelo

blacken *vt* ennegrecer

stain *vt* [implica cambio del color habitual, norml. penetrando en el tejido] manchar *stained with juice* manchado de zumo

stain *sn* mancha *wine stains* manchas de vino (usado como *adj*) *This product is very good for stain removal.* Este producto es muy bueno para quitar manchas.

mark *vt* [puede ser suciedad o marca en superficie] manchar, dejar una marca *The vase has marked the sideboard.* El jarrón ha dejado una marca en el mostrador.

mark *sn* mancha, marca *greasy marks round the light switch* manchas de grasa alrededor del interruptor de la luz

smudge *vt* [implica frotar y esparcir una mancha] emborronar, hacer que se corra *You've smudged the ink!* ¡Has hecho que se corra la tinta! **smudge** *sn* borrón, mancha

smear vt (frec. + **with**) [implica esparcir algo viscoso o grasiento] embadurnar, untar *She's just smearing paint over the canvas.* Sólo está embadurnando el lienzo con pintura. *Everywhere was smeared with blood.* Había manchas de sangre por todas partes. *bread smeared with honey* pan untado con miel

smear sn mancha *a smear of oil* una mancha de aceite

spot sn [zona pequeña manchada o sucia] mancha *an ink spot* una mancha de tinta

spot vt, -**tt**- manchar, salpicar *Her hair was spotted with paint.* Tenía el pelo salpicado de pintura.

speck sn [área muy pequeña sucia o manchada] manchita, mota, partícula *There wasn't a speck of dust anywhere.* No había ni una mota de polvo en ningún sitio.

190 Clothes Ropa

USO

La palabra **clothes** no tiene singular. Una camisa, un vestido, etc. se pueden llamar **garment** (prenda), pero esta palabra es algo formal, y la usan, por ejemplo, las personas que fabrican o venden ropa. También se podrían llamar **item of clothing** (prenda de vestir), pero esto es, de nuevo, algo formal: *Police found several items of clothing near the scene of the crime.* (La policía encontró varias prendas de vestir cerca del lugar del crimen.) Cuando alguien quiere hacer referencia a una prenda en particular, generalmente usará el nombre específico de dicha prenda, p.ej. falda, chaqueta, vestido. El termino **clothing** también es bastante formal cuando se refiere a toda la ropa que lleva una persona: *Remember to bring warm clothing.* (No se olvide de traer ropa de abrigo.)

190.1 Llevar ropa

wear, *pas.* **wore** *pp.* **worn** [obj: p.ej. abrigo, sombrero, gafas] llevar *She never wears a skirt.* Nunca lleva falda. *He wears glasses.* Lleva gafas.

dress v **1** vti [obj: p.ej. bebé, actor] vestir(se) *I dressed him in shorts and a T-shirt.* Lo vestí con unos pantalones cortos y una camiseta. *I dressed quickly.* Me vestí rápidamente. **2** vi [llevar ropa del tipo descrito] vestir *She dresses with taste.* Viste con gusto. *He was dressed in black.* Iba vestido de negro. *to be well/badly dressed* ir bien/mal vestido

USO

Cuando se habla de la acción de vestirse, se usa normalmente **to get dressed**. Esto es lo que se hace cuando uno se levanta por la mañana, p.ej. *He had a shower, got dressed and left for work.* (Se duchó, se vistió y se fue a trabajar.) *It takes the children ages to get dressed.* (Los niños tardan una eternidad en vestirse.) **Put on** (ponerse) se usa para describir la acción de añadir prendas individuales, p.ej. *Put your coat on if you're going outside.* (Ponte el abrigo si vas a salir.) *She put on a blue skirt.* (Se puso una falda azul.) *He put his sunglasses on.* (Se puso las gafas de sol.)

Wear (llevar) no se usa para hablar de una acción, sino para describir el aspecto físico o las costumbres de una persona, p.ej. *She was wearing a blue skirt/sunglasses.* (Llevaba una falda azul/gafas de sol.) *He often wears a suit.* (A menudo lleva traje.) Si uno se quita toda la ropa que lleva y se pone algo diferente, se dice **change** o **get changed** (cambiarse) p.ej. *I must change/get changed before we go out.* (Tengo que cambiarme antes de salir.)

don vt, -**nn**- [humorístico y anticuado] ponerse *on the rare occasions I don a suit and tie* en las raras ocasiones en que me pongo traje y corbata

clothe vt [más bien formal. Proporcionar ropa a alguien] vestir *five children to feed and clothe* cinco hijos a los que alimentar y vestir

She is getting dressed. Se está vistiendo.
She is putting on her blouse. Se está poniendo la blusa.

She is dressed in a nurse's uniform. Lleva un uniforme de enfermera.

He is wearing a hat. Lleva un sombrero.
He has a moustache. Lleva bigote.

He is carrying an umbrella. Lleva un paraguas.

put on sth, **put** sth **on** vt fr. [obj: p.ej. camiseta, gafas] ponerse *I put my dressing gown on.* Me puse la bata.

190.2 Sin ropa

undress vit desnudar(se) (esp. en pp.) *to get undressed* desnudarse

take off sth o **take** sth **off** vt fr. [obj: p.ej. camisa, abrigo] quitarse *I took off my shoes.* Me quité los zapatos.

strip v, -**pp**- **1** vi (a veces + **off**) [implica quitarse la ropa, frec. para que los demás lo puedan ver] desnudarse, quitarse la ropa *I want you to strip to the* *waist, please.* Descúbrase hasta la cintura, por favor. *I stripped off and dived in.* Me quité la ropa y me zambullí en el agua. **2** *vt* [frec. con agresividad] desnudar *The victim had been stripped and beaten.* Habían desnudado y apaleado a la víctima. *They were stripped and searched at customs.* En la aduana los hicieron desnudarse y los registraron.

bare *adj* [no cubierto de ropa. Obj: frec. parte del cuerpo] desnudo, descubierto *Her arms were bare and sunburnt.* Tenía los brazos descubiertos y quemados por el sol. *He had bare feet.* Iba descalzo.

bare *vt* descubrir, desnudar *to bare one's chest* descubrirse el pecho

naked *adj* [sin ninguna ropa. Obj: frec. persona] desnudo *They wander round the house naked.* Se pasean desnudos por la casa. **nakedness** *snn* desnudez

nude *adj* [frec. para exhibirse uno mismo deliberadamente. Siempre describe a toda la persona, no una parte del cuerpo] desnudo *photographs of nude women* fotografías de mujeres desnudas *in the nude* desnudo **nudity** *snn* desnudez **nude** *sn* desnudo

190.3 Ropa para la parte inferior del cuerpo

trousers *s pl* (*esp. brit*) pantalón, pantalones (usado como *adj* sin 's') *in his trouser pocket* en el bolsillo de su pantalón

pants *s pl* (*esp. amer*) pantalón, pantalones

culottes *s pl* falda-pantalón

shorts *s pl* pantalón corto

slacks *s pl* pantalones de sport

jeans *s pl* vaqueros, tejanos

dungarees *s pl* pantalones de peto

overalls *s pl* mono (de trabajo), guardapolvo

U S O

Todas estas palabras mencionadas arriba requieren el verbo en plural. Si se quiere hablar de una prenda, se debe decir *a pair of trousers/jeans/shorts, etc.* unos pantalónes/tejanos/pantalones cortos, etc.

190.4 Ropa para la parte superior del cuerpo

shirt *sn* [para hombre y mujer] camisa

a V-necked sweater un jersey con cuello de pico

a crew-necked sweater un jersey con cuello redondo

a polo-necked sweater un jersey de cuello alto

blouse *sn* [para mujer. Frec. más decorativa que **shirt**] blusa

T-shirt *sn* camiseta

sweatshirt *sn* jersey (de chandal), sudadera

jumper (*brit*), **pullover** (*brit*), **sweater** (*brit & amer*), **jersey** (*brit*) *sn* jersey, suéter

waistcoat *sn* chaleco

jacket *sn* chaqueta, americana

dinner jacket *sn* smoking

cardigan *sn* rebeca, chaqueta (de punto)

190.5 Ropa para mujer

dress *sn* vestido, traje *an evening dress* un traje de noche

skirt *sn* falda

jumpsuit *sn* mono

sari *sn* [para mujeres indias] sari

gown *sn* [muy formal, vestido largo] traje, toga *a ball gown* traje de fiesta

190.6 Conjuntos (de ropa)

suit *sn* [para hombre o mujer] traje *a pinstripe suit* un traje a rayas

costume *s* **1** *sn* [p.ej. en teatro] traje, disfraz **2** *snn* [ropa de estilo concreto, p.ej. de un país específico] traje típico, traje de época *peasant costume* traje típico de campesino

outfit *sn* [p.ej. para una ocasión o un trabajo concretos] ropa, conjunto *She's been coming to work in the same old outfit for years.* Lleva años viniendo a trabajar con la misma ropa.

uniform *sn/nn* uniforme *in uniform* de uniforme, uniformado

190.7 Ropa para deporte y ejercicio

tracksuit *sn* chandal

leotard *sn* mallas

swimming costume *sn* [para hombre o mujer] traje de baño, bañador

trunks o **swimming trunks** *s pl* [para hombre] bañador

bikini *sn* bikini

190.8 Ropa para dormir

pyjamas (*brit*), **pajamas** (*amer*) *s pl* pijama *a pair of pyjamas* un pijama (usado como *adj* sin 's') *my pyjama trousers* mis pantalones del pijama

nightdress *sn* camisón

nightie *sn* [más bien informal] *sn* camisón

dressing gown *sn* bata

190.9 Ropa interior

underwear *snn* ropa interior

pants *s pl* **1** [para hombre] calzoncillos *a pair of pants* unos calzoncillos **2** o **panties** [para mujer] bragas

briefs *s pl* [para hombre o mujer] calzoncillos, bragas *a pair of briefs* unos calzoncillos/unas bragas

knickers *s pl* (*brit*) [más bien informal. Para mujer] bragas *a pair of knickers* unas bragas

underpants *s pl* [para hombre] calzoncillos *a pair of underpants* unos calzoncillos

slip *sn* combinación

petticoat *sn* [a veces se considera más anticuado que **slip**] combinación, enaguas

bra *sn* sujetador, sostén

vest (*brit*), **undershirt** (*amer*) *sn* camiseta *a string vest* una camiseta de malla

socks *s pl* calcetines *a pair of socks* un par de calcetines

tights (*esp. brit*), **pantyhose** (*amer*) *s pl* panties, medias (enteras) *a pair of tights* unos panties

stockings *s pl* medias *a pair of stockings* unas medias

190.10 Ropa para el exterior

coat *sn* chaquetón, abrigo

overcoat *sn* [norml. para hombre] abrigo

mac *sn* (*brit*) [informal] impermeable

raincoat *sn* [término genérico. Más formal que **mac**] gabardina, impermeable

anorak *sn* (*esp. brit*) anorac

cloak *sn* capa

190.11 Para abrocharse

button *sn* botón *to do up one's buttons* abrocharse los botones

button *vt* (frec. + **up**) abrochar, abotonar *She buttoned up her coat.* Se abrochó el abrigo.

buttonhole *sn* ojal

zip (*brit*), **zipper** (*esp. amer*) *sn* cremallera

zip *vt*, -**pp**- (norml. + **up**) subir/cerrar la cremallera *She zipped up her*

anorak. Se subió la cremallera del anorak.

fly *sn* o **flies** *s pl* [en pantalones] bragueta *Your fly is/flies are open.* Llevas la bragueta abierta.

press stud (*brit*), **snap fastener** (*amer*), **popper** (*brit & amer*) *sn* [informal] automático

strap *sn* tirante

190.12 Partes de las prendas de vestir

fringe *sn* fleco

hem *sn* dobladillo

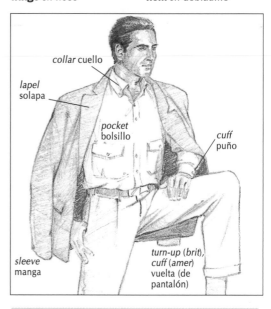

collar cuello

lapel solapa

pocket bolsillo

cuff puño

sleeve manga

turn-up (*brit*), *cuff* (*amer*) vuelta (de pantalón)

190.13 Personas que confeccionan ropa

tailor *sn* [esp. para hombre] sastre

dressmaker *sn* [esp. para mujer] modista, costurera

designer *sn* [implica ropa de moda] diseñador, modisto (usado como *adj*) *designer jeans* tejanos de diseño

191 Shoes Zapatos

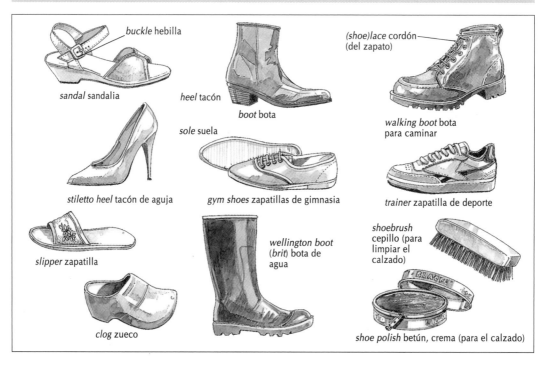

buckle hebilla

sandal sandalia

heel tacón

sole suela

boot bota

(shoe)lace cordón (del zapato)

walking boot bota para caminar

stiletto heel tacón de aguja

gym shoes zapatillas de gimnasia

trainer zapatilla de deporte

slipper zapatilla

wellington boot (*brit*) bota de agua

shoebrush cepillo (para limpiar el calzado)

clog zueco

shoe polish betún, crema (para el calzado)

192 Accessories Accesories

192.1 Para la cabeza

hat sombrero

veil velo

cap gorra

crash helmet
casco protector

helmet casco

turban
turbante

wig
peluca

veil velo

hood
capucha

192.2 Para no tener frío

scarf *sn, pl* **scarves**
bufanda

headscarf *sn, pl*
headscarves [cuadrado]
pañuelo

glove *sn* guante *a pair of
gloves* unos guantes

shawl *sn* chal

umbrella *sn* paraguas

192.3 Para llevar cosas

handbag (*brit*), **purse**
(*amer*) *sn* bolso, cartera

purse (*brit*), **wallet** (*amer*)
sn monedero

wallet (*brit*), **billfold**
(*amer*) *sn* billetero, cartera

briefcase *sn* maletín,
cartera, portafolios

192.4 Accesorios ornamentales

tie (*brit*), **necktie** (*amer*)
sn corbata

ribbon *sn* cinta

bow *sn* lazo

belt *sn* cinturón

cufflink *sn* gemelo *a pair
of cufflinks* unos gemelos

fan *sn* abanico

badge *sn* chapa

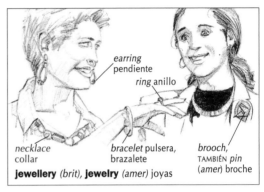

earring
pendiente

ring anillo

necklace
collar

bracelet pulsera,
brazalete

brooch,
TAMBIÉN *pin*
(*amer*) broche

jewellery (*brit*), **jewelry** (*amer*) joyas

192.5 Cosméticos

make-up *snn* maquillaje,
pintura

cosmetics *s pl* [más
formal que **make-up**]
cosméticos

mascara *snn/n* rimel

lipstick *snn/n* barra de
labios

eyeshadow *snn/n* sombra
de ojos

perfume *snn/n* perfume

192.6 Pañuelos

handkerchief *sn, pl* **handkerchieves** pañuelo

hankie *sn* [informal] pañuelo

tissue *sn* pañuelo de papel

193 Textiles Textiles

material *snn/n* [término genérico] tela *You'll need three
metres of material.* Necesitará tres metros de tela.

fabric *snn/n* [más técnico que **material**] tejido, tela
synthetic fabrics tejidos sintéticos

cloth *snn* [tejido, no se dice de fibras sintéticas] tela,
paño *You can tell the quality from the feel of the cloth.*
Se puede saber la calidad del paño por el tacto.

thread *snn/n* [para coser] hilo

yarn *snn* [para tejer] hilo de lana, lana

rag *snn* [cualquier tela una vez rasgada] trapo, harapo

weave *vt, pas.* **wove** *pp.* **woven** tejer **weaver** *sn* tejedor

193.1 Telas comunes

cotton *snn* 1 [tela] algodón 2 (*brit*) hilo (de coser) *a
needle and cotton* una aguja e hilo (de coser)

wool *snn* lana 1 [tejido] lana 2 [hilo] *a ball of wool* un
ovillo de lana

woollen *adj* de lana *a woollen jumper* un jersey de lana

felt *snn* fieltro

nylon *snn* nilón

polyester *snn* poliéster

corduroy *snn* pana

tweed *snn* tweed, mezcla
de lana

leather *snn* cuero, piel
suede *snn* ante, gamuza
linen *snn* lino
canvas *snn* lona
velvet *snn* terciopelo
silk *snn* seda
satin *snn* satén
lace *snn* encaje

USO

Todos los nombres de tejidos pueden usarse como adjetivos: p.ej. *a velvet dress* (un vestido de terciopelo) *a canvas bag* (un bolso de lona)

194 Colours Colores

USO

Cuando se quiere usar un adjetivo de color junto con otros adjetivos, normalmente el adjetivo de color se sitúa inmediatamente delante del nombre: *a big, heavy, black bookcase* (una librería negra, grande y pesada). Se hace una excepción cuando hay otro adjetivo que aporta información acerca de la naturaleza básica de algo, como por ejemplo el origen de una persona o cosa o el material de que algo está hecho. Así, p.ej.: *a big, heavy, black, oak bookcase* (una librería de roble, negra, grande y pesada) *a small, white, Italian car* (un coche italiano pequeño y blanco).

194.1 Describir colores

bright *adj* [implica intensidad y reflejo de luz] vivo *a bright yellow* un amarillo vivo

gaudy *adj* [norml. peyorativo. Demasiado vivo para el buen gusto corriente] chillón, llamativo *a gaudy pink dress* un vestido de color rosa chillón

pale *adj* pálido, claro *a pale blue shirt* una camisa azul pálido

USO

La palabra **pale** acentúa la falta de intensidad de un color, mientras que la palabra **light** pone énfasis en el tono concreto de color. Por lo tanto, es posible que colores descritos como **light** sean vivos al mismo tiempo. El contrario de **light** es **dark**, y el contrario de **pale** es **deep**.

light *adj* claro *light brown hair* cabello castaño claro *light blue* azul claro

deep *adj* intenso, subido *a deep red cherry* una cereza de color rojo intenso

dark *adj* oscuro *a dark blue suit* un traje azul oscuro

pastel *adj* pastel *pastel shades* tonos pastel

transparent *adj* transparente

clear *adj* [transparente y norml. incoloro] transparente *clear glass* vidrio incoloro

194.2 Colores primarios

red *snn* rojo *cherry red* color rojo cereza **red** *adj*, **-dd-** rojo

yellow *snn* amarillo *mustard yellow* color mostaza **yellow** *adj* amarillo

blue *snn* azul *sky blue* azul celeste *royal blue* azul eléctrico *navy blue* azul marino **blue** *adj* azul

194.3 Otros colores

green *snn* verde *bottle green* verde botella *olive green* verde aceituna **green** *adj* verde

pink *snn, adj* rosa

orange *snn, adj* naranja

purple *snn, adj* morado, púrpura

tan *snn, adj* (color) marrón amarillento

mauve *snn, adj* malva

brown *snn, adj* marrón, castaño

beige *snn, adj* beige

ginger *snn, adj* [describe: esp. cabello] bermejo, melado

black *snn, adj* negro

white *snn, adj* blanco

grey (*brit*), **gray** (*esp. amer*) *snn, adj* gris

COMPARACIONES

as black as ink/coal negro como el carbón

as white as snow blanco como la nieve

as white as a sheet [implica sobresalto] pálido como la muerte, blanco como el papel

MODIFICAR Y COMBINAR COLORES

La mayoría de los adjetivos de color pueden llevar los sufijos **-y** e **-ish**. Si se usan palabras como *greeny* o *reddish*, se sobreentiende que tan sólo se está dando una idea aproximada del color: *She's got brownish hair.* (Tiene el cabello más bien castaño.) Estas palabras también pueden combinarse con los adjetivos de color corrientes para describir un tono concreto: *greeny-brown eyes* (ojos de un marrón verdoso) *reddish-pink lipstick* (lápiz de labios rosa rojizo).

195 Social customs Costumbres sociales

custom *sn/nn* costumbre *It's the/a custom in our country to give presents on Christmas Eve.* En nuestro país es costumbre hacer regalos en Nochebuena.

customary *adj* acostumbrado, de costumbre *It is customary that ...* Es costumbre que ...

tradition *sn/nn* tradición *by tradition* por tradición *to break with tradition* romper con la tradición

traditional *adj* [describe: p.ej. vestido, comida, canción] tradicional, clásico **traditionally** *adv* tradicionalmente

culture *s* **1** *sn/nn* [estilo de vida] cultura (usado como *adj*) ***culture shock*** choque cultural **2** *snn* [actividad

artística y académica] cultura *They went to Paris for a bit of culture.* Fueron a París a cultivarse un poco.
cultural *adj* cultural **cultured** *adj* culto, cultivado

195.1 Celebraciones

celebrate *v* 1 *vt* [obj: p.ej. acontecimiento, éxito, aniversario] celebrar *We're having a party to celebrate Maria's homecoming.* Vamos a dar una fiesta para celebrar la vuelta a casa de María. 2 *vi Let's celebrate by going out to dinner tonight.* Salgamos a cenar esta noche para celebrarlo.

celebration *sn/nn* (frec. usado en *pl*) festividad, festejo, fiesta *Independence-Day celebrations* los festejos del Día de la Independencia

party *sn* fiesta *birthday party* fiesta de cumpleaños *dinner party* cena (con invitados) *to give/throw a party for sb* darle una fiesta a alguien (usado como *adj*) *party dress* traje de fiesta **party** *vi* ir/estar de fiesta

anniversary *sn* aniversario *the fiftieth anniversary of the school's foundation* el cincuentenario de la fundación del colegio *wedding anniversary* aniversario de boda

birthday *sn* cumpleaños *My birthday is (on) August 16th.* Mi cumpleaños es el 16 de agosto. *What do you want for your birthday?* ¿Qué quieres para tu cumpleaños? *her eighteenth birthday* su decimoctavo cumpleaños (usado como *adj*) *birthday card* tarjeta de cumpleaños *birthday present* regalo de cumpleaños

195.2 Ceremonias religiosas

christening *sn* [palabra usada más frec. por la gente corriente] bautizo (usado como *adj*) *christening robe* traje de bautizo **christen** *vt* bautizar

baptism *sn* [palabra usada más frec. en contextos religiosos] bautismo **baptize** *vt* bautizar

godmother *sn* madrina

godfather *sn* padrino

godchild *sn, pl* **godchildren** ahijado, ahijada

bar mitzvah *sn* [rito judío de iniciación a los 13 años] Bar Mitzvah

195.3 Matrimonio

bachelor *sn* soltero *a confirmed bachelor* un soltero empedernido (usado como *adj*) *bachelor flat* piso de soltero *bachelor girl* chica soltera

spinster *sn* soltera, solterona

> **U S O**
>
> Aunque aún es bastante corriente referirse a un hombre no casado como **bachelor**, el término **spinster** raras veces se usa, excepto en documentos oficiales relativos al matrimonio o a la propia boda. En una conversación corriente, el término **spinster** tiene marcadas connotaciones peyorativas.

engagement *sn* (frec. + **to**) compromiso, noviazgo (usado como *adj*) *engagement ring* anillo de compromiso

be/get engaged (frec. + **to**) estar prometido/prometerse

marriage *snn/n* [puede referirse al estado de casado así como al acontecimiento o ceremonia] matrimonio, boda *a happy marriage* un matrimonio feliz

marry *v* 1 *vt* casarse con *Will you marry me?* ¿Quieres casarte conmigo? *We have been married for twenty years.* Llevamos casados veinte años. 2 *vi* casarse *They can't marry until his divorce is final.* No pueden casarse hasta que su divorcio sea definitivo.

get married (frec. + **to**) [más informal que **marry**] casarse *She wants to get married in church.* Ella quiere casarse por la iglesia.

(wedding) reception *sn* banquete (de boda)

honeymoon *sn* luna de miel *to go on honeymoon* ir de viaje de novios **honeymoon** *vi* pasar la luna de miel

separate *vi* separarse *She and her husband have/are separated.* Su esposo y ella se han separado/están separados. **separation** *sn/nn* separación

divorce *vit* divorciarse (de) *to get divorced* divorciarse

divorce *snn/n* divorcio *grounds for divorce* motivos de divorcio [usado como *adj*] *divorce court* tribunal de divorcio

bridesmaid
dama de honor

bride novia

(bride)groom
novio

best man
padrino

wedding ring anillo
de boda, alianza

wedding dress
vestido de novia

wedding boda

195.4 Funeral

funeral *sn* entierro *a funeral procession* cortejo fúnebre

cemetery o **graveyard** *sn* cementerio, camposanto

grave *sn* sepultura, tumba

gravestone o **headstone** *sn* lápida

coffin *sn* ataúd

wreath *sn* corona (mortuoria)

undertaker *sn* director de pompas fúnebres

hearse *sn* coche fúnebre

bury *vt* enterrar, sepultar *He was buried at sea.* Le dieron sepultura en el mar.

burial *snn/n* entierro (usado como *adj*) *burial service* funerales

cremate *vt* incinerar **cremation** *snn/n* incineración, cremación **crematorium** *sn, pl* **crematoria** horno crematorio

mourn *v* 1 *vt* [obj: p.ej. persona, muerte, pérdida] llorar la muerte de 2 *vi* estar de luto **mourner** *sn* doliente

mourning *snn* duelo, luto *to be in mourning for somebody* llevar luto por alguien

wake *sn* velatorio

196 Greet Saludar

ver también **365 Gesture**

greet *vt* [obj: persona] saludar (+ **with**) *He greeted me with a friendly wave.* Me saludó cordialmente con la mano.

greeting *sn/nn* saludo *a warm/friendly greeting* un saludo cordial [frec. usado en *pl*] *to send Christmas greetings to someone* felicitarle las Navidades a alguien [usado como *adj*, sólo en *pl*] *greetings card* tarjeta de felicitación

welcome *vt* 1 (frec. + **to**) dar la bienvenida a, acoger *He welcomed us to Spain.* Nos dio la bienvenida a España. *to welcome someone with open arms* recibir a alguien con los brazos abiertos 2 [obj: p.ej. decisión, noticia] aplaudir, acoger con agrado *The staff welcomed the new pay scales.* El personal acogió con agrado el nuevo baremo salarial.

welcome *interj* (frec. + **to**) bienvenido

welcome *adj* 1 [describe: p.ej. invitado] bienvenido *I know when I'm not welcome.* Sé cuando mi presencia no es grata. *to make someone welcome* acoger a alguien calurosamente, dispensarle a alguien una calurosa acogida 2 [bien recibido] bienvenido *A change from work is always welcome.* Un cambio del trabajo siempre viene bien.

welcome *sn* bienvenida, (buena) acogida *to give someone a warm welcome* dispensarle a alguien una calurosa bienvenida

shake hands [en señal de saludo, acuerdo, etc.] estrecharse la mano *They shook hands on the deal.* Cerraron el trato con un apretón de manos.

handshake *sn* apretón de manos

wave *vit* (frec. + **to**) saludar con la mano (a) *He waved to us from the balcony.* Nos saludó con la mano desde el balcón. *to wave someone goodbye* decir adiós a alguien con la mano

wave *sn* saludo con la mano *a wave of the hand* un saludo con la mano

kiss *vti* besar, dar un beso (a) *He kissed her on both cheeks.* Le dio un beso en cada mejilla. *to kiss someone goodbye/goodnight* dar a alguien un beso de despedida/buenas noches

kiss *sn* beso *to give someone a kiss* darle un beso a alguien

introduce *vt* (frec. + **to**) presentar *We haven't been introduced yet.* Aún no nos han presentado.

introduction *sn/nn* presentación *I'll leave Bob to make the introductions.* Dejaré que Bob haga las presentaciones.

197 Die Morir

die *vi* [término genérico] morir *dying words/wish* últimas palabras/último deseo (+ **of**) *He died of a heart attack.* Murió de un ataque al corazón. *I'll remember that till my dying day.* Lo recordaré hasta el día en que me muera. [usado de manera informal para mostrar gran conmoción o vergüenza] *I nearly died when they told me.* Cuando me lo dijeron, casi me muero.

pass away/on *vi fr.* [eufemismo. Más bien anticuado] pasar a mejor vida *She passed away last week.* Pasó a mejor vida la semana pasada.

frases

(to) drop dead [informal. Morir de repente] caer muerto, morir(se) de repente *He just dropped dead in the street.* Cayó muerto en la calle.

kick the bucket [informal, humorístico] estirar la pata

snuff it [argot, frec. humorístico] estirar la pata, palmarla, espicharla

perish *vi* [frec. usado por periodistas, para acentuar el dramatismo de una muerte] perecer, perder la vida *Hundreds perished when the ship went down.* Cientos de personas perdieron la vida al hundirse el barco.

expire *vi* [muy formal o literario cuando se dice de una persona] expirar

U S O

Usar frases informales o humorísticas para la muerte en contextos serios puede sonar insensible u ofensivo.

197.1 Muerto

dead *adj* 1 [describe: p.ej. cuerpo, animal] muerto [describe: flor] marchito *a dead body* un cadáver *to shoot someone dead* matar a alguien de un disparo *I wouldn't be seen dead in that hat.* [humorístico] No me pondría ese sombrero ni loca. (usado como *s pl*) *the living and the dead* los vivos y los muertos 2 [describe: p.ej. máquina, pila] apagado, agotado *The line **went dead**.* Se cortó la línea.

deceased *adj* [formal, usado sobre todo en documentos legales u oficiales] difunto, fallecido *John Henry Morton, deceased.* John Henry Morton, fallecido. [usado como *s*] *the deceased's personal effects* los efectos personales del difunto

late *adj* (delante de *s*) [manera respetuosa para indicar que alguien ha muerto (recientemente). Usado a menudo en documentos oficiales, pero menos formal que **deceased**] fallecido, difunto *my late uncle* mi difunto tío

extinct *adj* [describe: p.ej. animal, especie, volcán] extinguido, apagado **extinction** *snn* extinción

death *snn/n* muerte *a natural death* una muerte natural *to be worried/frightened **to death*** [informal] estar terriblemente preocupado/muerto de miedo

198 Kill Matar

kill *vti* [término genérico. Puede ser deliberado o accidental. Obj: persona, animal, planta] matar, asesinar, destruir *His parents were killed in a plane crash.* Sus padres murieron en un accidente de avión. *My wife will kill me if she finds out!* ¡Mi mujer me mata si se entera! **killer** *sn* asesino

slay *vt, pas.* **slew** *pp.* **slain** [anticuado o literario. Obj: p.ej. enemigo, caballero] matar, quitar la vida a

massacre *vt* masacrar **massacre** *sn* masacre, matanza

exterminate *vt* exterminar **extermination** *snn* exterminio

suicide *snn/n* suicidio *to commit suicide* suicidarse

euthanasia *snn* eutanasia

198.1 Asesinar

murder *vt* asesinar, matar *He murdered his victims with an axe.* Asesinó a sus víctimas con un hacha. [también se usa de manera informal o humorística] *I could murder him for forgetting to tell you.* Me entran ganas de matarlo por haberse olvidado de decírtelo. **murderer** *sn* asesino, homicida
murder *snn/n* asesinato, homicidio *to **get away with** murder* [humorístico] hacer lo que a uno le da la gana

manslaughter *snn* homicidio involuntario *The driver of the car was found guilty of manslaughter.* El conductor del coche fue declarado culpable de homicidio involuntario.

assassinate *vt* [obj: sólo una persona importante] asesinar *an attempt to assassinate the President* un intento de asesinar al Presidente **assassin** *sn* asesino **assassination** *snn/n* asesinato

bump sb **off** o **bump off** sb *vt fr.* [informal, suena más bien humorístico] cargarse

do sb **in** o **do in** sb *vt fr.* [informal] cargarse *They tried to do the old man in.* Intentaron cargarse al viejo.

poison *vt* (frec. + **with**) [obj: persona] envenenar
poison *snn* veneno *rat poison* raticida (usado como *adj*) *poison gas* gas tóxico
poisonous *adj* [describe: p.ej. serpiente, producto químico, planta] venenoso

shoot *vt, pas. & pp.* **shot** disparar, fusilar

strangle *vt* estrangular

drown *v* [en un líquido] **1** *vt* ahogar **2** *vi* ahogarse

suffocate *v* **1** *vt* ahogar, asfixiar **2** *vi* ahogarse, asfixiarse

198.2 Pena capital

capital punishment *snn* pena capital

execute *vt* [llevar a cabo una sentencia de muerte. Se usa frec. en contextos militares] ejecutar, fusilar *He was executed by firing squad.* Fue ejecutado por un pelotón de fusilamiento.

execution *snn/n* ejecución, fusilamiento **executioner** *sn* verdugo

put sb **to death** [menos frío e imparcial que **execute**. Se usa frec. al hablar sobre acontecimientos históricos] dar muerte a, matar

hang *vt, pas. & pp.* **hanged** ahorcar, colgar *He was sentenced to be hanged.* Lo sentenciaron a la horca.

hanging *snn/n* ejecución en la horca *Some people want to bring back hanging.* Algunas personas quieren que vuelva la horca.

electric chair *sn* (siempre + **the**) silla eléctrica

gas chamber *sn* cámara de gas

firing squad *sn* (+ *v sing* o *pl*) pelotón de ejecución/fusilamiento *to face a firing squad* enfrentarse a un pelotón de ejecución

198.3 Matar animales

put sth **down** o **put down** sth *vt fr.* [norml. por el veterinario. Obj: animal viejo, enfermo o no deseado] sacrificar

put to sleep [eufemismo para **put down**] sacrificar

slaughter *vt* [obj: animal usado para carne] matar, sacrificar **slaughter** *snn* matanza, sacrificio

butcher *vt* [obj: animal usado para carne] matar **butchery** *snn* matanza

198.4 Letal

lethal *adj* [describe: p.ej. dosis, arma] mortal, mortífero *Those sharp spikes could be lethal.* Estas púas afiladas pueden ser mortíferas. *a lethal weapon* un arma letal

deadly *adj* **1** [describe: p.ej. dosis, veneno] mortal **2** [describe: p.ej. exactitud, objetivo] absoluto, exacto *in deadly earnest* con absoluta seriedad

fatal *adj* **1** [que causa muerte. Describe: por ej. accidente, herida] mortal **2** (frec. + **to**) [que provoca fracaso. Describe: por ej. error, indecisión] funesto *Further delays could be fatal to the project.* Más retrasos podrían tener consecuencias funestas para el proyecto. **fatally** *adv* mortalmente **fatality** *sn* víctima mortal

mortal *adj* **1** [formal. Describe: p.ej. golpe, herida] mortal *mortal sin* [en el catolicismo] pecado mortal **2** [describe: p.ej. terror, miedo, peligro] de muerte *a mortal insult* un insulto muy ofensivo

mortally *adv* mortalmente *mortally wounded* herido de muerte

199 Sex Sexo

sex *s* **1** *snn* [relaciones sexuales o actividad sexual general] sexo *There's too much sex on television.* Hay demasiado sexo en televisión. *premarital/extramarital sex* relaciones prematrimoniales/extramatrimoniales (usado como *adj*) *sex appeal* atractivo sexual *sex life* vida sexual **2** *sn/nn* sexo *the male/female sex* sexo masculino/femenino *the opposite sex* el sexo opuesto

sexuality *snn* sexualidad *male/female sexuality* sexualidad masculina/femenina

sexual *adj* **1** [relativo a actos carnales] sexual *sexual satisfaction* satisfacción sexual **2** [relativo al sexo masculino o femenino] sexual *sexual stereotypes* estereotipos sexuales

sexually *adv* sexualmente *sexually explicit material* material sexualmente explícito

gender *snn* **1** [más técnico que **sex**] sexo **2** [en gramática] género

199.1 Sexy

ver también **432 Attract**

sexy *adj* [algo informal. Más informal que **erotic**. Describe: por ej. persona, ropa interior] sexy, provocativo *You look so sexy in that dress.* Estás muy sexy con ese vestido.

erotic *adj* [más serio que **sexy**. Describe: p.ej. foto, pose, poema, norml. *no* se dice de personas] erótico

pornographic *adj* [peyorativo, implica mal gusto. Describe: por ej. libro, revista, foto] pornográfico **pornography** *snn* pornografía **pornographer** *sn* pornógrafo

199.2 Relaciones sexuales

sexual intercourse *snn* [algo formal. Se usa por ej. al hablar con médicos] coito, relaciones sexuales *to have sexual intercourse with someone* tener relaciones sexuales con alguien

have sex (frec. + **with**) [algo informal, pero también término más bien neutro y desapasionado] acostarse con

make love (frec. + **to**) [más bien eufemístico, pero emocionalmente menos frío que **have sex**] hacer el amor

sleep with sb o **go to bed with sb** [eufemismos corrientes] dormir con alguien, acostarse con alguien

consummate *vt* [principalmente se usa en contextos técnicos o legales. Obj: matrimonio] consumar **consummation** *snn* consumación

copulate *vi* [se usa frec. para animales. Peyorativo cuando se refiere a personas] copular **copulation** *snn* copulación

fornicate *vi* [formal y peyorativo. Usado en la Biblia] fornicar **fornication** *snn* fornicación

mate *vi* (frec. + **with**) [se usa sólo para animales] aparearse, acoplarse *the mating season* la época del celo

mate *sn* [se usa principalmente para animales, pero también para personas] pareja

breed *v, pas. & pp.* **bred 1** *vi* [suj: animales] reproducirse [también se dice, con desprecio, de personas] *They breed like rabbits.* Se multiplican como conejos. **2** *vt* [obj: animales] criar *bred in captivity* criado en cautividad [obj: plantas] cultivar **breeder** *sn* animal reproductor

masturbate *vit* masturbar(se) **masturbation** *snn* masturbación

fuck *vit* [es la palabra más usada y la más fuerte, que puede chocar y/u ofender a bastante gente, y que por lo tanto debe evitarse en lo posible. La palabra inglesa suena más fuerte que sus equivalentes en español] joder, follar

fuck *interj* [usado como palabrota muy fuerte y vulgar] joder, hostia

fuck *sn* [acto] polvo

screw *vti* [menos fuerte y chocante que **fuck**, pero también considerado argot vulgar posiblemente ofensivo para mucha gente] joder, follar **screw** *sn* polvo

lay vt (*esp. amer*) [menos fuerte y directo que **fuck** o **screw** y un poco menos ofensivo, pero también puede chocar a ciertas personas] tirarse a *to get laid* echar un polvo **lay** sn polvo, revolcón

bonk vit [argot humorístico, no especialmente ofensivo, pero debe usarse sólo con personas que se conocen bien] echar un polvete, tirarse a **bonking** snn polvete

> *f r a s e*
>
> **to have it off (with sb)** [argot, no especialmente ofensivo pero sólo debe usarse con personas que se conocen bien] echar un polvo *They had it off in the back of the car.* Echaron un polvo en el asiento trasero del coche.

199.3 Durante el coito

foreplay snn caricias preliminares

ejaculate vi eyacular **ejaculation** snn/n eyaculación

orgasm sn/nn orgasmo *to have an orgasm* tener un orgasmo

come vi, *pas.* **came** *pp.* **come** [informal] correrse

199.4 Delitos sexuales

incest snn incesto *to commit incest* cometer incesto **incestuous** adj incestuoso

rape snn/n violación (usado como *adj*) *rape victim* víctima de una violación **rape** vt violar **rapist** sn violador

sexual abuse snn abusos sexuales *a victim of sexual abuse* una víctima de abusos sexuales

prostitute sn [mujer a no ser que se especifique hombre] prostituta **prostitution** snn prostitución

brothel sn prostíbulo, burdel

red light area o **district** sn barrio chino

199.5 Anticonceptivos

contraception snn [término neutro y algo técnico] anticoncepción

contraceptive sn anticonceptivo *oral contraceptive* anticonceptivo oral **contraceptive** adj anticonceptivo

birth control snn [incluye otros métodos además de la anticoncepción] control de natalidad

family planning snn [no técnico y ligeramente eufemístico] planificación familiar *the family planning clinic* el centro de planificación familiar

pill s (siempre + **the**) píldora *She's on the pill.* Está tomando la píldora.

condom (*brit & amer*), **rubber** (*amer*) sn condón, preservativo

199.6 Orientación sexual

heterosexual adj heterosexual **heterosexual** sn heterosexual **heterosexuality** snn heterosexualidad

homosexual adj [palabra neutra. Describe: p.ej. persona, relación] homosexual **homosexual** sn homosexual **homosexuality** snn homosexualidad

lesbian adj [palabra neutra. Describe: p.ej. mujer, relación] lesbiana **lesbian** sn lesbiana

gay adj [se usa tanto para mujeres como para hombres. Palabra más cariñosa que **homosexual** o **lesbian**] gay, homosexual *gay rights* derechos de los homosexuales *the gay community* la comunidad gay *gay bars* bares gay **gay** sn gay

bisexual adj bisexual **bisexual** sn bisexual **bisexuality** snn bisexualidad

celibate adj célibe **celibacy** snn celibato

virgin sn virgen

virginity snn virginidad *to lose one's virginity* perder la virginidad

200 Old Viejo

ver también **203 Old-fashioned**

old adj **1** [término genérico. Se usa para describir tanto cosas como personas] viejo, antiguo *to get/grow old* envejecer, hacerse viejo *She's old enough to vote.* Tiene edad suficiente para votar. *Surely you're not going to wear that old thing.* Supongo que no te vas a poner ese trapo viejo. *a very old cathedral* una catedral muy antigua **2** [usado para describir edad] *ten years old* diez años de edad *a ten-year-old (child)* un niño de diez años **3** [anterior] antiguo *He's his old self again.* Vuelve a ser el mismo de antes. *My old car ran better than this one.* Mi viejo coche funcionaba mejor que éste.

age s **1** sn edad *children of all ages* niños de todas las edades *He's starting to look his age.* Empieza a aparentar la edad que tiene. *when I was your age* cuando yo tenía tu edad **2** snn *old/middle age* vejez/mediana edad *ver también **26 Time**

age vit [hacerse viejo o aparentar más edad] envejecer *He has aged a lot in the past year.* Ha envejecido mucho este último año.

200.1 Describir a las personas

elder adj (*compar.* de **old**. Norml. delante de *s*) mayor *my elder brother* mi hermano mayor

elder sn mayor *the elder of her two sons* el mayor de sus dos hijos *You must show respect to your elders.* Tienes que ser respetuoso con tus mayores.

senior adj más antiguo *senior citizen* ciudadano de la tercera edad

senior sn (siempre + *pron posesivo*) [formal] *She is two years my senior/my senior by two years.* Tiene dos años más que yo.

veteran adj [describe: p.ej. militante, político] veterano *veteran car* (*brit*) coche de época

veteran sn veterano *a Second World War veteran* un ex combatiente de la Segunda Guerra Mundial

mature adj **1** [describe: persona] maduro *mature student* (*brit*) estudiante maduro **2** [usado de manera eufemística para evitar **middle-aged**] maduro *styles for the mature woman* modas para la mujer madura

3 [describe: esp. queso, vino] curado, añejo **maturity** *snn* madurez *ver también **238 Sensible**

mature *vit* **1** [suj/obj: persona] madurar **2** [suj/obj: esp. queso, vino] curar(se), añejar(se)

middle-aged *adj* [sólo se dice de personas] de mediana edad, de edad madura [frec. se usa de manera poco halagüeña] *middle-aged spread* gordura de la mediana edad *His attitudes are so middle-aged.* Tiene una mentalidad de persona mayor.

elderly *adj* **1** [de personas. Palabra más cortés que **old**] de edad, mayor (usado como *s pl*) *the elderly* las personas mayores **2** [frec. ligeramente humorístico cuando se dice de cosas] *My car is getting a bit elderly.* Mi coche tiene ya sus añitos.

aged *adj* [más bien formal] anciano [un poco menos formal cuando se usa como *s pl*] *a home for the aged* una residencia para ancianos

200.2 Describir objetos

second-hand *adj* [describe: p.ej. coche, ropa] de segunda mano, usado *a second-hand shop* una tienda de segunda mano **second-hand** *adv* de segunda mano

vintage *adj* [apreciativo. Describe: esp. vino] añejo *vintage car* (*brit*) coche de época **vintage** *sn* cosecha

ancient *adj* **1** [extremadamente viejo. Describe: p.ej. monumento, catedral, costumbre] muy antiguo, histórico *the ancient Romans* los antiguos romanos *That's ancient history.* ¡Eso ya ha pasado a la historia! **2** [humorístico, se usa para enfatizar] *I'm getting terribly ancient.* Me estoy volviendo un vejestorio. *this ancient raincoat* esta reliquia de impermeable

antique *adj* [antiguo y valioso. Describe: p.ej. mobiliario, jarrón] antiguo, de época

antique *sn* antigüedad (usado como *adj*) *an antique shop* una tienda de antigüedades

201 New Nuevo

ver también **32 Begin**; **202 Modern**

new *adj* **1** nuevo *I threw the old vacuum cleaner away and bought a new one.* Tiré la aspiradora vieja a la basura y compré una nueva. *as good as new* como nuevo **2** [diferente. Describe: por ej. trabajo, vida] nuevo *He has a new girlfriend every week.* Cada semana tiene una novia nueva. *There seem to be lots of new faces in the office.* Parece que hay muchas caras nuevas en la oficina. **3** (frec. + **to**) [describe: p.ej. miembro, llegada] nuevo *new boy/girl* chico/chica nuevo/a *She's still very new to the job.* Todavía no está habituada al trabajo.

brand-new *adj* [enfatiza el que una cosa no ha sido usada] completamente nuevo

fresh *adj* **1** [en buen estado. Ni rancio ni podrido] fresco *the smell of fresh bread* el olor a pan fresco *I'm just going out for a breath of fresh air.* Voy fuera un momento para respirar aire fresco. **2** [ni congelado ni en lata. Describe: p.ej. fruta, carne] fresco, natural **3** [nuevo. Describe: p.ej. brote (de epidemia), prueba, noticia] fresco, nuevo *to make a fresh start* volver a empezar *Start a fresh sheet of paper for each question.* Empezar una hoja nueva para cada pregunta.

freshly *adv* recién, recientemente *freshly-ground coffee* café recién molido

201.1 Mostrar imaginación e inventiva

original *adj* [apreciativo. Describe: p.ej. idea, diseño, pensador] original **originality** *snn* originalidad

novel *adj* [puede implicar que además de nueva una cosa es poco común o bastante rara] novedoso, original *a novel idea for saving electricity* una idea novedosa para ahorrar electricidad

novelty *snn/n* novedad *The novelty is beginning to wear off.* Está dejando de ser una novedad. (usado como *adj*) *It's lost its novelty value.* Ha dejado de ser una novedad.

innovative *adj* [apreciativo. Describe: p.ej. persona, idea, producto] innovador **innovation** *sn/nn* innovación **innovator** *sn* innovador

pioneering *adj* [apreciativo. Describe: p.ej. trabajo, empresa] pionero *her pioneering work with deaf children* su labor pionera con niños sordos

pioneer *sn* **1** pionero, promotor *a pioneer in the field of laser technology* un pionero en el campo de la tecnología láser **2** [dícese de los primeros colonizadores] pionero **pioneer** *vt* iniciar, promover

201.2 Joven

young *adj* joven *younger sister* hermana menor *He's too young to travel alone.* Es demasiado joven para viajar solo.

youthful *adj* [apreciativo. Significa típico de los jóvenes, pero puede hacer referencia a personas mayores. Describe: p.ej. rostro, figura, entusiasmo] juvenil

immature *adj* [describe: ser vivo] inmaduro *ver también **241 Foolish***

201.3 Inexperto

inexperienced *adj* inexperto, falto de experiencia *sexually/politically inexperienced* falto de experiencia sexual/política **inexperience** *snn* inexperiencia

naive *adj* [peyorativo] ingenuo **naively** *adv* ingenuamente **naivety** *snn* ingenuidad

green *adj* [informal, peyorativo] novato, falto de experiencia

frase

to be (still) wet behind the ears [informal, humorístico] ser (todavía) un imberbe

202 Modern Moderno

modern *adj* moderno *the most modern equipment* el equipo más moderno *modern languages* idiomas modernos *modern history/literature/art* [norml. se refiere aprox. hasta el siglo anterior] historia/literatura/arte moderna/o

modernize, TAMBIÉN **-ise** (*brit*) *vti* [obj: p.ej. métodos, material] modernizar(se), actualizar(se)

modernization *snn/n* modernización, actualización

up-to-date *adj* **1** [moderno. Describe: p.ej. material, métodos] moderno, actual **2** (frec. + **with**) [que conoce o contiene la información más reciente. Describe: p.ej. lista, mapa, guía] actualizado, al día *to keep up-to-date with the latest technology* estar al corriente de la tecnología más reciente *We must bring our records up-to-date.* Tenemos que actualizar nuestros archivos.

update *vt* **1** [obj: p.ej. archivos, información, modelo] actualizar, modernizar, poner al día *We're updating all our office equipment.* Estamos modernizando todo nuestro material de oficina. **2** (frec. + **on**) [dar la información más reciente a] poner al tanto, poner al día *I'll just update you on the latest sales figures.* Ahora les pondré al tanto de las cifras de ventas más recientes. **update** *sn* actualización, modernización, puesta al día

newfangled *adj* [algo informal y peyorativo] novedoso *I can't cope with this newfangled machinery.* No puedo con estos aparatos tan modernos.

contemporary *adj* **1** [principalmente se usa en discurso o texto más bien serio o intelectual. Describe: p.ej. música, diseño, actitudes] contemporáneo **2** (frec. + **with**) [que vive en la misma época] contemporáneo, coetáneo **contemporary** *sn* contemporáneo, coetáneo

current *adj* (normal. delante de *s*) [que sucede o existe en este momento] actual *current affairs* actualidad política *the current economic climate* la coyuntura económica actual *the current issue of the magazine* el último número de la revista [más bien formal cuando se usa después de *v*] generalizado *These ideas are current in certain sections of the community.* Estas ideas están generalizadas en algunos sectores de la sociedad. **currently** *adv* actualmente, en la actualidad

topical *adj* [relativo a acontecimientos actuales. No tiene el significado de la palabra española 'tópico'. Describe: p.ej. cuestión, tema, alusión] actual, de actualidad

202.1 Moda

fashion *sn/nn* **1** moda *to be in/out of fashion* estar de/pasado de moda *Pointed shoes are coming back into fashion.* Vuelven a estar de moda los zapatos acabados en punta. *Roller-skating is the latest fashion here.* El patinaje sobre ruedas es la última moda aquí. **2** [ropa] moda *men's/ladies fashions* moda para hombre/mujer (usado como *adj*) *fashion designer* diseñador de moda *fashion model* maniquí *fashion show* pase de modelos

fashionable *adj* [describe: p.ej. ropa, persona, opinión, restaurante] de moda *It's fashionable to live in a converted warehouse.* Está de moda vivir en un almacén reformado. **fashionably** *adv* de acuerdo con la moda

trend *sn* (frec. + **in, towards**) moda, tendencia *The present trend is towards products which are environment-friendly.* Actualmente hay una tendencia a usar productos que no perjudican al medio ambiente. *to set a/the trend* imponer una/la moda

trendy *adj* [algo informal y frec. peyorativo] moderno, a la última (moda) *trendy left-wing ideas* ideas izquierdistas muy de moda

with-it *adj* [informal y más bien anticuado] moderno *a with-it vicar* un párroco moderno

203 Old-fashioned Anticuado

ver también **200 Old**

old-fashioned *adj* [término genérico, no siempre peyorativo ya que frec. sugiere el atractivo de las cosas que no son modernas] anticuado, pasado de moda *I love a good old-fashioned western.* Me encanta una buena película del oeste como las de antes.

quaint *adj* [anticuado a la manera en que la gente, p.ej. los turistas, encuentra algo atractivo. Describe: p.ej. casa de campo, costumbre] pintoresco, singular

dated *adj* [dícese de palabras e ideas así como de cosas. Sugiere claramente que algo pertenece a una época del pasado reciente] en desuso, anticuado, pasado de moda *Those hairstyles make the film look so dated!* ¡Esos peinados hacen que la película parezca tan anticuada!

out-of-date *adj* **1** [algo peyorativo] anticuado, pasado de moda **2** [describe: p.ej. pasaporte, permiso] caducado

outdated *adj* [algo peyorativo. Que ha sido remplazado por algo mejor. Describe: p.ej. material, ideas] anticuado

antiquated *adj* [bastante más peyorativo que **outdated**] anticuado, antediluviano *We can't produce good products with antiquated equipment.* No podemos fabricar buenos productos con maquinaria antediluviana.

obsolete *adj* obsoleto

archaic *adj* [de una época bastante anterior. A veces peyorativo] arcaico

frases

(to be) old hat [informal, peyorativo] (estar) de lo más pasado, (ser) de lo más anticuado *The whole punk scene seems terribly old hat nowadays.* Hoy en día toda la movida punk está de lo más pasado.

it (they, etc.) went out with the ark [peyorativo, más bien humorístico] es (son, etc.) del año de la nana *But, my dear, little lace curtains went out with the ark.* Pero, cariño, las cortinitas de encaje son del año de la nana.

204 Society Sociedad

ver también **139 People**

society *s* **1** *snn/n* sociedad *She's a menace to society.* Representa una amenaza para la sociedad. *a modern industrial society* una sociedad industrial moderna **2** *snn* [gente elegante] alta sociedad (usado como *adj*) *a society wedding* una boda de sociedad

social *adj* **1** [relativo a la sociedad. Describe: p.ej. problema, cuestión, cambio] social *social work/worker* asistencia/asistente social *people of different social backgrounds* gente de distinta procedencia social **2** [relativo al tiempo que se pasa con amigos. Describe: p.ej. acontecimiento, reunión] (de tipo) social *They lead a very active social life.* Llevan una vida social muy activa.

community *s* **1** *sn* (no tiene *pl*; siempre + *the* + *v sing* o *pl*) [el público] sociedad *The members represent all sections of the community.* Los miembros representan a todos los sectores de la sociedad. (usado como *adj*) *community policing* política policial de acercamiento a la comunidad **2** *sn* [grupo que comparte creencias, costumbres, procedencia racial, etc.] comunidad *the Muslim and Hindu communities in Great Britain* las comunidades musulmana e hindú de Gran Bretaña

communal *adj* **1** [compartido por todos. Describe: p.ej. propiedad, instalaciones] comunitario *We all eat in the communal dining room.* Comemos todos en el comedor de la comunidad. **2** [basado en la raza, religión, etc. Describe: p.ej. violencia, disturbios] social

population *sn* población *China has the largest population of any country.* China tiene una población mayor que cualquier otro país. (usado como *adj*) *the population explosion* la explosión demográfica

civilization, TAMBIÉN **-isation** (*brit*) *s* **1** *snn/n* [sociedad de una época o lugar concretos] civilización *the*

history of western civilization la historia de la civilización occidental *ancient civilizations in the Middle East* antiguas civilizaciones de Oriente Medio **2** *snn* [desarrollo avanzado] civilización **3** *snn* [lugar de desarrollo avanzado] civilización

civilized, TAMBIÉN **-ised** (*brit*) *adj* **1** [describe: p.ej. nación, sociedad] civilizado **2** [agradable, culto, y educado] civilizado *a civilized evening at the opera* una civilizada noche en la ópera **civilize**, TAMBIÉN **-ise** (*brit*) *vt* civilizar

citizen *sn* ciudadano *an Irish citizen* un ciudadano irlandés **citizenship** *snn* ciudadanía

204.1 Clases sociales

working class *s* (siempre + *the*) la clase obrera/trabajadora **working-class** *adj* de clase obrera

middle class *s* (siempre + *the*) clase media *lower middle class* clase media baja *upper middle class* clase media alta **middle-class** *adj* de clase media

upper class *s* (siempre + *the*) clase alta **upper-class** *adj* de clase alta

u s o

Working class, **middle class** y **upper class** son términos que pueden ir seguidos de un verbo en singular o en plural: *The upper class sends its/send their children to private schools.* (La clase alta envía a sus hijos a colegios privados). Estos tres términos también se pueden usar en singular o plural con el mismo significado: *It's an insult to the working class* o *the working classes.* (Es un insulto a la clase obrera).

205 Royalty Realeza

royalty *snn* (+ *v sing* o *pl*) realeza, familia real
royal *adj* [describe: p.ej. familia, yate, boda] real [frec. se usa en títulos en el Reino Unido] *the Royal Navy* la Marina Real

monarch *sn* [palabra más formal y técnica que **king** o **queen**] monarca *a reigning monarch* un monarca reinante/actual **monarchy** *sn/nn* monarquía

majesty *snn* [con mayúscula, se usa como título real]

majestad *Her Majesty Queen Elizabeth II* Su Majestad la Reina Isabel II

Highness *sn* [se usa como título real] Alteza *His Royal Highness the Prince of Wales* Su Alteza Real el Príncipe de Gales

reign *sn* reinado, dominio *during the reign of Queen Victoria* durante el reinado de la Reina Victoria
reign *vi* reinar *Charles II reigned from 1660 to 1683.* Carlos II reinó desde 1660 hasta 1683.

crown
corona

throne
trono

coronation coronación

TITULOS REALES Y DE LA NOBLEZA

Hombres	Mujeres
king rey	**queen** reina
prince príncipe	**princess** princesa
emperor emperador	**empress** emperatriz
duke duque	**duchess** duquesa
earl conde	
count conde	**countess** condesa
viscount vizconde	**viscountess** vizcondesa
baron barón	**baroness** baronesa

205.1 Nobleza

nobility *s* (+ *v sing* o *pl*; siempre + **the**) la nobleza

noble *adj* noble *of noble birth* de sangre noble, de noble cuna

nobleman, *fem:* **noblewoman** *sn* noble

aristocracy *s* (+ *v sing* o *pl*; siempre + **the**) la aristocracia **aristocrat** *sn* aristócrata **aristocratic** *adj* aristocrático

peer *sn* par *life peer* par vitalicio

peerage *s* **1** (siempre + **the**) la nobleza **2** *sn* título de nobleza *to be given a peerage* recibir un título de nobleza

lord *sn* **1** [hombre de rango noble, esp. en Gran Bretaña, y autorizado a sentarse en la Cámara de los Lores] lord *the lord of the manor* el señor feudal [usado como título] *Lord Olivier* Lord Olivier **2** [persona de rango especial] *the Lord Mayor of London* el alcalde de Londres

lady *sn* **1** [mujer de rango noble, esp. en Gran Bretaña, y autorizada a sentarse en la Cámara de los Lores] lady **2** [mujer de un caballero] dama

knight *sn* **1** [hombre de rango noble en épocas pasadas] caballero *a knight on a white charger* un caballero sobre un blanco corcel **2** [hombre al que se ha concedido el título de **Sir**] caballero

Dame *sn* [rango de mujer equivalente al de **knight**] dama *Dame Janet Baker* dama Janet Baker

---

206 **Organization** Organización

ver también **228 Control**; **207 Group**

organization, TAMBIÉN **-isation** (*brit*) *sn* [término genérico. Sus miembros pueden ser individuos o grupos más numerosos, estados, etc.] organización, organismo *student organizations* organizaciones estudiantiles *North Atlantic Treaty Organization* Organización del Tratado del Atlántico Norte

association *sn* [sus miembros pueden ser individuos o grupos más numerosos, estados, etc.] asociación *ver también **434 Friendship**

society *sn* [sus miembros son generalmente individuos. Norml. una organización de carácter algo formal] sociedad *a national horticultural society* una sociedad nacional de horticultura

club *sn* [sus miembros son generalmente individuos. Sugiere un tipo de organización más informal que una **society**, frec. creado para pasar el tiempo libre] club *tennis club* club de tenis (usado como *adj*) *club house* club

institute *sn* [organización creada para hacer un trabajo específico de carácter serio. Principalmente se usa en títulos] instituto

institution *sn* **1** [organización importante, especialmente una muy arraigada] institución *educational/research institutions* instituciones educativas/de investigación **2** [lugar donde se cuida a la gente que vive allí] establecimiento *a mental institution* un hospital psiquiátrico **institutional** *adj* institucional

---

206.1 Dirigir organizaciones

headquarters *s* (+ *v sing* o *pl*) [lugar desde donde se dan órdenes y/o las personas que las dan] oficina central, sede *The organization has its headquarters in Geneva.* La organización tiene su sede en Ginebra. (frec. se usa sin **a** o **the**) *a message from headquarters* un mensaje de la oficina central

chairperson o **chair,** *masc:* **chairman,** *fem:* **chairwoman** *sn* [que dirige una reunión, comité, club, etc.] presidente *to address the chair* dirigirse a la presidencia *chairperson of the finance committee* presidente de la comisión de finanzas

chair *vt* [obj: p.ej. reunión, comité] presidir

committee *sn* [formado por individuos, frec. escogidos de una organización más extensa] comité, comisión *the club committee* el comité del club *to be on the committee* pertenecer al comité (usado como *adj*) *committee member/meeting* miembro/reunión del comité

sub-committee *sn* subcomité

treasurer *sn* tesorero   **secretary** *sn* secretario

member *sn* (frec.+ **of**) socio, miembro *(open to) members only* reservado a los socios, sólo para socios *club/committee member* socio del club/miembro del comité

membership *s* **1** *snn* (frec. + **of**) [calidad de socio] pertenencia *to apply for membership* solicitar el ingreso (en) **2** *s* (+ *v sing* o *pl*) [todos los socios] los socios *Most of the membership voted against the proposal.* La mayoría de los socios votaron en contra de la propuesta.

207 Group Grupo

ver también **139 People; 204 Society**

group sn 1 [término genérico que se usa para personas y cosas] grupo *They were standing together in a group.* Estaban todos de pie formando un grupo. *a group of trees* un grupo de árboles (usado como *adj*) *group photograph* fotografía de grupo *group therapy* terapia de grupo 2 [de músicos] conjunto, grupo *pop group* conjunto pop

group vti agrupar(se), juntar(se) *They grouped (themselves) around the flagpole.* Se agruparon alrededor del asta de la bandera. *Make sure all the exhibits from overseas are grouped together.* Asegúrese de que todas las piezas extranjeras de la exposición se coloquen juntas.

bunch sn [grupo norml. de cosas pequeñas, frec. sujetas en un extremo, como p.ej. flores, uvas, plátanos. También puede hacer referencia a un grupo de personas] grupo, ramo, racimo **bunch** vit (frec. + **up**, **together**) agrupar(se), juntar(se)

cluster sn [grupo reducido de cosas o personas situadas muy cerca unas de otras] grupo, racimo

cluster vit (frec. + **around**, **together**) apiñar(se) *People clustered around the radio set waiting for news.* La gente se apiñó alrededor de la radio a la espera de noticias.

a bunch of keys un manojo de llaves

a bunch of grapes un racimo de uvas

clusters of daffodils grupos de narcisos

a bundle of sticks un haz de leña

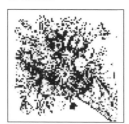

a bunch of flowers un ramo/ramillete de flores

a cluster of stars un grupo de estrellas

bundle sn 1 [cosas atadas juntas] lío, fardo, haz, legajo 2 [cosas en un saco] bulto

collection sn 1 colección *art/stamp collection* colección de arte/sellos *a collection of short poems* una colección de poemas breves 2 [ligeramente peyorativo] aglomeración, montón *There was the usual collection of fans and photographers waiting at the door.* Había la típica aglomeración de fans y fotógrafos esperando en la puerta.

collector sn coleccionista *collector's item* pieza de coleccionista

network sn red *the country's rail/road network* la red nacional de ferrocarriles/de carreteras *a network of friends* una red de amigos

207.1 Gente en grupos

band sn 1 [ligeramente anticuado. Se dice esp. de criminales] banda *a band of thieves* una banda de ladrones

gang sn 1 [que trabajan juntos] cuadrilla, brigada *construction gang* brigada de trabajadores de la construcción 2 [maleantes o grupos amenazadores] banda, cuadrilla (usado como *adj*) *gang warfare* enfrentamientos entre distintas cuadrillas de jóvenes o maleantes 3 [de amigos, gente joven] pandilla, panda *All the old gang were there.* Todos los viejos amigos estaban allí.

crowd sn 1 multitud, gentío, muchedumbre *I nearly got lost in the crowd.* Casi me perdí entre la multitud. *There were crowds of people in the shop.* La tienda estaba atestada de gente. 2 [informal] grupo de personas *I don't like you going around with that crowd.* No me gusta que vayas con esa gente.

crowd vit (siempre + adv o prep, norml. + **around**, **into**) agolpar(se), apiñar(se) *We all crowded into the narrow passage.* Nos apiñamos todos en el estrecho pasillo.

crowded adj [describe: p.ej. calle, bus, tienda] lleno, atestado

throng sn [más literario que **crowd**. Norml. sugiere una multitud de gente de buen humor] multitud, muchedumbre *the happy throng singing in the street* la multitud alegre cantando por la calle

throng vti [obj: un lugar] atestar, acudir en masa *People thronged the courtyard.* La gente llenó el patio hasta los topes. *The streets were thronged with shoppers.* Las calles estaban atestadas de gente que iba de compras. *People thronged to see the match.* La gente acudió en masa a ver el partido.

mob sn [peyorativo. Multitud numerosa y revoltosa o violenta] turba *Shops were looted by the mob.* La turba saqueó las tiendas. (usado como *adj*) *mob rule* ley de la calle

mob vt, -bb- [obj: persona muy admirada o por la que se siente gran antipatía] asediar, acosar

assembly s 1 sn/nn [dícese de personas. Norml. más bien formal] reunión, asamblea *the right of assembly* el derecho de reunión *school assembly* reunión de alumnos 2 snn [poner cosas juntas] montaje, ensamblaje (usado como *adj*) *assembly line* cadena de montaje *self-assembly furniture* muebles de bricolage

herd *sn* [de animales] rebaño, manada [con desprecio de personas] tropel

herd *vti* (norml. + *adv* o *prep*) reunir en manada *The tourists were herded back to the bus.* Llevaron a los turistas de vuelta al autobús en manada.

207.2 Reunir

assemble *v* 1 *vit* [suj/obj: p.ej. multitud, grupo] reunir(se), juntar(se) *the assembled company* la gente reunida 2 *vt* [obj: cosa compuesta por partes separadas] ensamblar, montar

gather *v* 1 *vi* (frec. + **around**, **together**) [sugiere agruparse de una manera menos formal y organizada que **assemble**] reunirse, juntarse *A small crowd had gathered outside the gate of the palace.* Un grupo reducido de personas se había reunido a la entrada del palacio. 2 *vt* (frec. + **up**) [obj: cosas que están dispersas de algún modo] recoger, juntar, reunir *She gathered up her papers and put them into her briefcase.* Recogió todos sus papeles y los metió en el maletín. *to gather fruit/nuts* recoger frutos/frutos secos *We're trying to gather more information on that subject.* Estamos intentando recabar más información sobre el tema.

congregate *vi* [más formal que **gather**] congregarse

collect *v* 1 *vt* [obj: p.ej. sellos, monedas, antigüedades] coleccionar 2 *vti* [suj/obj: p.ej. polvo, suciedad] recoger, acumularse *A crowd collected at the scene.* Se congregó una multitud en el lugar de los hechos.

meet *v* 1 *vti* [tras previo acuerdo] ir a buscar *I'm meeting her off the train.* Voy a ir a buscarla a la estación. *Shall we meet (up) for lunch one day next week?* ¿Quieres que nos veamos para comer un día la semana que viene? 2 *vti* [por casualidad] encontrarse (con), tropezar (con) *I'm sure we've met before.* Estoy seguro de que ya nos conocemos. 3 *vi* [suj: p.ej. líneas, extremos] encontrarse *Their eyes met.* Sus miradas se cruzaron.

unite *vti* [obj/suj: individuos, organizaciones independientes o cosas] unir(se), juntar *United we stand!* ¡Unidos venceremos!

unity *snn* (frec. + **with**) unidad, armonía *Christian unity* unidad cristiana

union *snn/n* (frec. + **with**) unión

208 Laws and Rules Leyes y Reglas

law *s* 1 *sn* (frec. + **against**) [sólo la hacen los Gobiernos] ley *There ought to be a law against it!* ¡Debería haber una ley contra esto! 2 *snn* (frec. + **the**) ley *It's against the law to drive an unroadworthy vehicle.* Es contrario a la ley conducir un vehículo que no reune condiciones para circular. *criminal/civil law* derecho penal/civil *law and order* el orden público *to break the law* quebrantar la ley 3 *sn* (frec. + **of**) ley *a law of nature* una ley de la naturaleza *Newton's third law* la tercera ley de Newton

lawful *adj* [formal] legal, legítimo *lawful wedded wife/husband* marido/mujer legítimo/a **lawfully** *adv* legalmente, legítimamente

unlawful *adj* [formal] ilegal, ilícito **unlawfully** *adv* ilegalmente

legal *adj* 1 [permitido por la ley. Describe: p.ej. un acto, un contrato] lícito, legal 2 (delante de *s*) [que tiene que ver con la ley. Describe: p.ej. sistema, asesoramiento, procedimientos] jurídico, legal *to take legal action against sb* entablar un pleito contra alguien, presentar una demanda contra alguien

legally *adv* legalmente *The contract is legally binding.* El contrato obliga ante la ley. **legality** *snn* legalidad

illegal *adj* ilegal, ilícito **illegally** *adv* ilegalmente

legislate *vi* (frec. + **for**, **against**) legislar **legislator** *sn* legislador

legislation *snn* legislación *to bring in/introduce legislation* introducir una legislación

legislative *adj* (delante de *s*) [describe: esp. asamblea, órgano] legislativo

regulation *sn* [realizada por entidades públicas o privadas o por sociedades, etc.] reglamento, regla *fire/safety regulations* normas contraincendios/de seguridad (usado como *adj*) *He was wearing regulation blue overalls.* Llevaba el mono azul reglamentario.

rule *sn* 1 [establecida por cualquier entidad o individuo tanto oficial como no oficial] regla, norma *rules and regulations* reglamento *against the rules* contra las normas *to bend the rules* ajustar las reglas (en beneficio de alguien) *to break the rules* incumplir las normas *They don't play according to the rules.* No juegan según las reglas. 2 [forma normal en la que algo ocurre] regla *the rules of physics* las leyes de la física *I'm home by six o'clock as a rule.* Por regla general llego a casa sobre las seis.

209 Legal system Sistema legal

209.1 Delincuencia

ver también **214 Dishonest**; **219 Wicked**; **220 Steal**

crime *sn/nn* [norml. una infracción bastante seria] crimen, delito *to commit a crime* cometer un crimen *at the scene of the crime* en la escena del delito/crimen *organized crime* delincuencia organizada *petty crime* falta

offence (*brit*), **offense** (*amer*) *sn* [suena menos grave que **crime**] delito, infracción *That's an offence under the Traffic Act.* Eso es una infracción según el código de circulación. *It's her second offence.* Es la segunda vez que se le declara culpable de un delito.

offender *sn* delincuente, infractor *first offender* delincuente sin antecedentes penales **offend** *vi* infringir la ley, violar la ley

misdemeanour (*brit*), **misdemeanor** (*amer*) *sn* [delito menor como p.ej. aparcar en lugar prohibido] falta

infringement *sn/nn* [delito menor] infracción, violación *an infringement of the rules* una violación de las normas

209.2 Policía

police *s* **1** (siempre + **the**) policía *to call the police* llamar a la policía *the secret police* policía secreta (usado como *adj*) *a police constable* un policía *police force* cuerpo de policía *police station* comisaría **2** policías *Five police were injured in the attack.* Cinco policías resultaron heridos en el ataque.

police officer, *masc:* **policeman**, *fem:* **policewoman** *sn* policía, mujer policía

detective *sn* detective *private detective* detective privado (usado como *adj*) *detective story* novela policíaca

cop, TAMBIÉN **copper** *sn* [informal] poli

suspect *sn* sospechoso *He's their chief suspect.* Es el principal sospechoso.

suspect *vt* (frec. + **of**) sospechar de *The police suspect them of having carried out the bank raid.* La policía sospecha que han sido ellos los que han llevado a cabo el asalto al banco. *a suspected terrorist* un presunto terrorista

arrest *vt* detener *She was arrested for the murder of her husband.* Fue detenida por el asesinato de su marido.

arrest *sn/nn* detención *to make an arrest* detener, arrestar *to be **under arrest*** estar detenido

custody *snn* custodia *to be **in custody*** estar detenido/estar bajo custodia *to be **remanded in custody*** ser puesto en prisión preventiva

charge *vt* (frec. + **with**) acusar *She was charged with fraud.* Le acusaron de fraude.

charge *sn* (frec. + **of**) cargo, acusación *He's awaiting trial on a charge of fraud.* Está a la espera de ser procesado por fraude. *to bring a charge against*

somebody presentar un cargo contra alguien, formular una acusación contra alguien *They won't press charges.* No presentarán cargos.

209.3 Abogados

lawyer *sn* [término general] abogado

solicitor *sn* (*brit*) [ejerce en tribunales menores] abogado

barrister [en Inglaterra], **advocate** [en Escocia] *sn* [ejerce en tribunales superiores] abogado

attorney (*esp. amer*) [combina las funciones de los **solicitor** y **barrister** ingleses] *sn* abogado

counsel *sn* (norml. sin **a** o **the**) [abogado que actúa para alguien] abogado *counsel for the defence* abogado defensor

209.4 En el tribunal

accuse *vt* (frec. + **of**) acusar *He was accused of stealing the money.* Fue acusado de robar el dinero.

accusation *sn/nn* acusación *to make an accusation against sb* acusar a alguien de algo

bail *snn* fianza *to be **out on bail*** estar (en libertad) bajo fianza *The judge granted bail of £5,000.* El juez concedió la libertad provisional fijando una fianza de 5.000 libras.

try *vt* (frec. + **for**) procesar *He was tried for the robbery.* Fue procesado por el robo.

trial *sn/nn* proceso, juicio *murder trial* proceso por asesinato *to be **on trial for** assault* ser procesado por agresión *to be committed for trial* ser citado ante los tribunales

court *sn/nn* tribunal *to appear in court* comparecer ante los tribunales *to **take** someone **to court*** llevar a alguien a juicio, demandar a alguien

judge juez

jury jurado
jurors miembros del jurado

the defendant/ the accused el acusado

jury box tribuna del jurado

witness testigo

the dock el banquillo (de los acusados)

witness box estrado (de los testigos)

trial juicio

barrister abogado

tribunal *sn* [tribunal asignado para ocuparse de determinado tipo de conflictos] tribunal *an industrial relations tribunal* un tribunal para asuntos laborales

plead *vit* alegar, declarar *to plead guilty/not guilty* declararse culpable/inocente

prosecute *vti* procesar, enjuiciar, entablar acción judicial *Shoplifters will be prosecuted.* Se procederá contra los ladrones. *prosecuting counsel* fiscal

prosecution *s* 1 (siempre + **the**) acusación, ministerio fiscal *witness for the prosecution* testigo de cargo (usado como *adj*) *prosecution lawyers* fiscales, acusadores públicos 2 *snn/n* proceso, enjuiciamiento *several prosecutions for theft* varios procesos por robo

defence (*brit*), **defense** (*amer*) *s* 1 (siempre + **the**) defensa (usado como *adj*) *defence case/witness* argumentos/testigo de la defensa 2 *sn/nn* defensa *She gave evidence in her own defence.* Declaró en su propia defensa. **defend** *vt* defender **defendant** *sn* acusado, demandado

plaintiff *sn* [persona que instiga casos civiles] demandante

evidence *snn* 1 [en los tribunales] testimonio, declaración *to give evidence* prestar declaración, declarar (como testigo) 2 (frec. + **of**, **for**, **that**) pruebas *to collect/gather evidence* reunir pruebas *There is no evidence that the lock has been tampered with.* No existen pruebas de que el cierre haya sido manipulado.

verdict *sn* veredicto, fallo *to return a verdict of guilty/not guilty* emitir un veredicto de culpabilidad/inocencia

convict *vti* (frec. + **of**) declarar culpable *a convicted murderer* un asesino convicto **convict** *sn* presidiario

sentence *sn* sentencia, fallo *a three year sentence* una condena de tres años *a life sentence* una condena a cadena perpetua

sentence *vt* (frec. + **to**) sentenciar, condenar *to sentence somebody to death* condenar a alguien a la pena de muerte

209.5 Castigo

ver también **198.2 Kill**

punishment *snn/n* (frec. + **for**) castigo *corporal punishment* castigo corporal *to make the punishment fit the crime* hacer que el castigo esté en consonancia con el crimen

punish *vt* (frec. + **for**) castigar *They were punished for lying.* Les castigaron por mentir.

probation *snn* [término legal] libertad condicional *to put someone on probation* poner a alguien en libertad condicional (usado como *adj*) *probation officer* oficial que vigila a las personas que se encuentran en libertad condicional

fine *sn* multa *to pay a fine* pagar una multa

fine *vt* multar *She was fined £100.* Le pusieron una multa de 100 libras.

expulsion *snn* (frec. + **from**) expulsión

expel *vt* [norml. de un colegio o club] expulsar

exile *snn* exilio, destierro *to go into exile* exiliarse *government in exile* gobierno en el exilio

exile *vt* (frec. + **to**) exilar, desterrar *He was exiled to Siberia.* Fue desterrado a Siberia.

torture *snn/n* tortura *instruments of torture* instrumentos de tortura **torture** *vt* torturar

209.6 Cárcel

prison *sn/nn* cárcel *to send someone to prison* enviar a alguien a la cárcel *to be in prison* estar en la cárcel (usado como *adj*) *prison officer* funcionario de prisiones

prisoner *sn* prisionero *prisoner of war* prisionero de guerra *They were taken prisoner.* Les hicieron prisioneros.

imprison *vt* [ligeramente formal] encarcelar *He was imprisoned for failure to pay his debts.* Fue encarcelado por no pagar sus deudas.

jail (*brit & amer*), TAMBIÉN **gaol** (*brit*) *sn* cárcel

jailer (*brit & amer*), TAMBIÉN **gaoler** (*brit*) *sn* carcelero

parole *snn* libertad bajo palabra, libertad condicional *He's been released on parole.* Ha sido puesto en libertad condicional. *the parole board* tribunal que decide la puesta en libertad condicional de alguien

cell *sn* celda

dungeon *sn* mazmorra

(prison) warder (*brit*), **prison warden** (*amer*) *sn* carcelero

cage *sn* [esp. para animales] jaula

cage *vt* enjaular *caged birds* pájaros enjaulados

> *f r a s e s*
>
> **(to be) behind bars** estar entre rejas *He spent six months behind bars.* Pasó seis meses entre rejas.
>
> **do time** [argot] estar a la sombra

210 Free Libre

free *adj* 1 [no en prisión] libre *to set sb free* poner a alguien en libertad *You are free to go.* Es libre de marcharse. 2 [no limitado] libre *free speech* libertad de expresión *Feel free* to ask if you need anything. No duden en pedir cualquier cosa que necesiten. 3 [no ocupado. Describe: p.ej. un espacio, un asiento, un momento] libre *I'm not free to see you until four o'clock.* No estoy libre para recibirte hasta las cuatro.

free *vt* liberar, poner en libertad

freedom *snn/n* (frec. + **of**, **from**) libertad *freedom of thought* libertad de pensamiento

release *vt* 1 (frec. + **from**) [obj: p.ej. un prisionero, persona o animal que está atado, rehenes] poner en libertad, liberar *He was released from jail yesterday.* Fue puesto en libertad ayer. 2 [poner a disposición de alguien. Obj: p.ej. información] publicar *The text of the speech has been released to the press.* El texto del discurso ha sido difundido a la prensa. *They released their new album last month.* Su nuevo álbum salió el mes pasado. 3 [obj: p.ej. palanca, interruptor, freno de mano] soltar

release 1 *snn/n* (frec. + **from**) puesta en libertad, liberación 2 *sn* boletín, comunicado *press release* comunicado de prensa

liberate *vt* [ligeramente más formal que **release** o **free**, y acentúa más la opresión que se ha sufrido] liberar, libertar *to liberate a country from enemy forces* liberar a un país de las fuerzas enemigas **liberation** *snn* liberación

liberated *adj* [que tiene libertad de pensamiento y acción. Describe: p.ej. una mujer, un estilo de vida] liberado

liberty *s* **1** *snn* [más formal que **freedom**] libertad *to set someone at liberty* poner a alguien en libertad **2** *sn/nn* [permiso] libertad *You're at liberty to refuse.* Es libre de negarse.

escape *v* **1** *vi* (frec. + **from**) [suj: p.ej. prisionero, animal] escapar **2** *vt* [evitar. Obj: p.ej. la muerte]

librarse de *She narrowly escaped being recaptured.* Se libró por los pelos de que la volviesen a capturar. *It escaped my notice.* Me pasó desapercibido.

escape *snn/n* (frec. + **from**) huida, escapatoria *to have a narrow escape* librarse por los pelos *to make one's escape* escaparse, huir (usado como *adj*) *escape route* ruta de escape

211 Fair Justo

fair *adj* (frec. + **to**) [describe: p.ej. trato, táctica] justo *It's not fair to blame me.* No es justo echarme la culpa a mí. *My boss is tough but fair.* Mi jefe es duro pero justo. *To be fair, she did ask me first.* Para ser justo, ella me lo pidió a mi antes.

fairly *adv* justamente, equitativamente

fairness *snn* justicia, equidad *In fairness to you, I must say you did try hard.* Para ser justo contigo, tengo que decir que te has esforzado mucho.

right *adj* (frec. + **to** + INFINITIVO; norml. después de *v*) bueno, justo *He wasn't right to complain about it.* No tenía razon al quejarse. (usado como *adv*) *It serves you right.* Te está bien empleado.

right *snn* bien *a sense of right and wrong* sentido del bien y del mal

just *adj* [bastante formal] justo *They got their just rewards.* Les dieron la recompensa que se merecían.

justly *adv* justamente, con razón

justice *snn* justicia *to bring someone to justice* hacerle justicia a alguien *Justice has been seen to be done.* Consta que se ha hecho justicia.

impartial *adj* [describe: p.ej. árbitro, observador, punto de vista] imparcial **impartially** *adv* con imparcialidad

disinterested *adj* [describe: personas] imparcial [describe: actitud, comportamiento] desinteresado

212 Unfair Injusto

unfair *adj* (frec. + **to, on**) injusto, *Aren't you being a bit unfair to Michael?* ¿No estás siendo un poco injusto con Michael? *to take unfair advantage of something* aprovecharse injustamente de algo

unfairly *adv* injustamente **unfairness** *adv* injusticia

unjust *adj* (frec. + **to**) [más formal que **unfair**. Describe: p.ej. veredicto, decisión, persona] injusto **unjustly** *adv* injustamente

prejudice *snn/n* (frec. + **against, in favour of**) [muy a menudo se utiliza para describir sentimientos negativos e injustos hacia algo] prejuicio(s), predisposición *racial prejudice* prejuicios raciales

prejudice *vt* (frec. + **against, in favour of**) [obj: p.ej. persona, juez, jurado] predisponer contra o a favor de *You shouldn't be so prejudiced.* No deberías tener tantos prejuicios.

bias *sn/nn* (frec. + **towards, in favour of, against**) *She*

shows a distinct bias towards people from her own area. Muestra una clara inclinación hacia las personas de su región.

bias *vt* predisponer *to be biased in favour of/against sb* estar predispuesto a favor de/contra alguien **biased** *adj* parcial

discrimination *snn* (frec. + **against, in favour of**) discriminación *discrimination on grounds of race or colour* discriminación por motivos de raza o color

discriminate *vi* (frec. + **against, in favour of**) discriminar

racism *snn* racismo

racist *adj* racista **racist** *sn* racista

sexism *snn* sexismo

sexist *adj* sexista **sexist** *sn* sexista

male chauvinist (pig) *sn* (cerdo) machista

213 **Honest** Honesto

ver también **215 True**; **217 Good**; **218 Reliable**

honest adj 1 [describe: p.ej. una persona] honrado, honesto to make an honest living ganarse la vida honradamente She's got a honest face. Parece una persona honrada. 2 (frec. + **about**) [describe: p.ej. una respuesta, una explicación] franco, sincero Give me your honest opinion. Dime francamente lo que opinas. **To be honest**, I don't really like it. A decir verdad, no me gusta.

honestly adv 1 [describe: p.ej. ganar, negociar] honradamente 2 francamente, sinceramente I don't honestly know what their plans are. Francamente, no sé qué planes tienen. **Quite honestly**, neither candidate is really suitable. La verdad es que ninguno de los candidatos es idóneo. **honesty** snn honradez, franqueza, sinceridad

above-board adj (despues de v) legítimo It's all **open and above-board**. Todo es trasparente y sin tapujos.

trustworthy adj [describe: p.ej. persona, informe] digno de confianza, fidedigno

trust snn (frec. + **in**) confianza to **put one's trust in** sth/sb depositar la confianza en algo/alguien to take something **on trust** aceptar algo a ojos cerrados

trust vt [obj: p.ej. persona, juicio, consejo] confiar en You can't trust what the politicians tell you. Uno no puede confiar en Jo que dicen los políticos. Can she be trusted to keep the plans a secret? ¿Podemos confiar en que mantendrá los planes en secreto?

integrity snn integridad a man of integrity un hombre íntegro

f r a s e s

the straight and narrow [una vida honrada, esp. después de actividades delictivas previas] el buen camino to keep on/to the straight and narrow seguir por el buen camino

213.1 Sincero

sincere adj (frec. + **about**) [describe: p.ej. persona, disculpa, interés] sincero **sincerity** snn sinceridad **sincerely** adv sinceramente I sincerely hope they succeed. Espero sinceramente que tengan éxito.

genuine adj [describe un sentimiento, una reacción] sincero, verdadero Their surprise was perfectly genuine. Estaban realmente sorprendidos. **genuinely** adv de verdad, realmente *ver también **35 Real**

f r a s e s

from the bottom of one's heart de (todo) corazón I'd like to thank you from the bottom of my heart. Les quiero dar las gracias de (todo) corazón.

213.2 Franco

frank adj (frec. + **about**) franco They had a very frank discussion about the matter. Discutieron abiertamente sobre este asunto. **To be frank**, they bore me to tears. Para ser franco, me aburren mortalmente. **frankness** snn franqueza

frankly adv 1 [describe: p.ej. decir, contar] francamente 2 [usado para dar énfasis y a menudo para mostrar enfado] francamente The price they are asking is frankly ridiculous. El precio que piden, francamente, es ridículo. Frankly, I don't care who wins. Francamente, no me importa quién gane.

candid adj franco, sincero **candidly** adv francamente, sinceramente **candour** snn franqueza, sinceridad

open adj (frec. + **about**) [que no esconde nada] abierto, franco He's completely open about his homosexuality. No esconde en absoluto su homosexualidad. It's an **open secret**. Es un secreto a voces. [usado como s] to bring something **into the open** sacar algo a la luz **openly** adv abiertamente

direct adj [sin eufemismos o falto de tacto. Describe: p.ej. una pregunta, un reto, una respuesta] directo She's very direct when interviewing people. Es muy directa cuando entrevista a la gente. **directly** adv directamente **directness** snn franqueza, lo directo

blunt adj (frec. + **about**) [que no se preocupa de no herir los sentimientos de los demás. A veces peyorativo] directo, brusco **To be blunt**, it's been a total disaster. Para ser franco, ha sido un desastre total. They gave us a blunt answer. Nos dieron una respuesta tajante. **bluntness** snn franqueza, brusquedad

bluntly adv francamente, sin rodeos **To put it bluntly**, you're in a hopeless muddle. Hablando claro y sin rodeos, estás metido en un buen lío.

f r a s e s

(to give) a straight answer (dar) una respuesta clara I want a straight answer to a straight question. Quiero que des una respuesta clara a mi pregunta.

to tell sb a few home truths (brit) decirle cuatro verdades a alguien

213.3 Leal

loyal adj (frec. + **to**) [describe: p.ej. súbdito, partidario] leal, fiel troops loyal to the government tropas leales al gobierno to remain loyal to something mantenerse leal/fiel a algo **loyally** adv lealmente, fielmente

loyalty s 1 snn (frec. + **to**) lealtad, fidelidad 2 sn (norml. en pl) lealtad

faithful adj (frec. + **to**) 1 [que muestra fidelidad] fiel, leal a faithful friend un amigo fiel 2 [que no tiene otro compañero sexual] fiel Are you faithful to your husband? ¿Le eres fiel a tu marido? **faithfulness** snn fidelidad, lealtad **faithfully** adv fielmente, lealmente

fidelity snn (frec. + **to**) 1 fidelidad, lealtad 2 [al compañero sexual] fidelidad

true adj (frec. + **to**) [ligeramente más literario que **loyal** o **faithful**] fiel, leal to be true to one's word/promise ser fiel a su promesa

214 Dishonest Poco honesto

ver también **216 Untrue**

dishonest *adj* [término genérico, no muy fuerte] poco honrado, deshonesto, fraudulento **dishonestly** *adv* de manera poco honrada **dishonesty** *snn* falta de honradez

corrupt *adj* [que actúa de manera poco honrada o fraudulenta. Describe: p.ej. funcionario, político] corrupto, amoral **2** [moralmente malo. Describe: p.ej. un escrito] corrupto

corrupt *vti* **1** [obj: esp. una persona con poder o responsabilidad] corromper **2** [obj: una persona joven o vulnerable] corromper, pervertir

corruption *snn* corrupción *The department is riddled with corruption.* El departamento está minado por la corrupción.

crooked *adj* [informal] deshonesto, corrupto *crooked business deals* negocios poco limpios

shady *adj* [informal. Probablemente fraudulento. Describe: p.ej. un negocio, un hombre de negocios] turbio, sospechoso

unscrupulous *adj* sin escrúpulos

insincere *adj* poco sincero, insincero

insincerity *snn* falta de sinceridad, insinceridad

sly *adj* **1** [que engaña de manera inteligente. Describe: p.ej. un engaño] astuto, ladino, malicioso *You sly old devil!* ¡Qué zorro eres! [usado como *s*] **on the sly** a hurtadillas **2** [disimulado. Describe: p.ej. sonrisa, comentario] furtivo

---

f r a s e

not to trust sb an inch o **not to trust sb as far as you can throw him/her** [bastante informal] no fiarse un pelo de alguien *They say they'll pay up, but I wouldn't trust them as far as I can throw them.* Dicen que van a pagar, pero yo no me fiaría un pelo.

214.1 Hacer trampa

cheat *v* **1** *vi* hacer trampa(s) *She cheated in the exam.* Copió en el examen. (+ **at**) *to cheat at cards* hacer trampa(s) jugando a cartas **2** *vt* (frec. + **of**, **out of**) [tomar de forma deshonesta] estafar *She was cheated out of her rightful inheritance.* Le estafaron su herencia legítima. **3** *vi* (+ **on**) [informal. Ser sexualmente infiel a] engañar *She thinks John's cheating on her.* Ella cree que John la engaña.

cheat *sn* **1** [persona] tramposo, fullero **2** [cosa] engaño, timo *That special offer is a cheat.* Esa oferta especial es un timo.

swindle *vt* (frec. + **out of**) estafar, timar *They swindled him out of £100.* Le estafaron cien libras. **swindler** *sn* estafador **swindle** *sn* estafa, timo

fiddle *sn* (*brit*) [informal] timo *It's a real fiddle - they make you pay extra for food.* Es un auténtico timo, te hacen pagar un suplemento por la comida. **to be on the fiddle** andar con trapicheos

fiddle *vt* (*brit*) [informal] falsificar *He's been fiddling the books.* Ha estado amañando las cuentas.

defraud *vt* (frec. + **of**) [más formal que **cheat**, **swindle** o **fiddle**] estafar

fraud *s* **1** *snn/n* fraude *to commit fraud* cometer un fraude **2** *sn* [persona] impostor *The man was a complete fraud. He had no qualifications whatsoever.* Este hombre era un auténtico impostor. No tenía ningun título.

fraudulent *adj* [bastante formal] fraudulento

---

f r a s e

cook the books [informal] amañar las cuentas

214.2 Engañar

deceive *vt* engañar *You're deceiving yourself if you think it will be an easy task.* Te estás engañando a tí mismo si crees que va a ser una tarea fácil. *They were deceived into thinking that the main attack would be in the south.* Les hicieron creer que el ataque principal iba a ser en el sur.

deceit *snn* [algo poco honesto] engaños *She won them over by lies and deceit.* Los persuadió a base de mentiras y engaños. **deceitful** *adj* falso, engañoso

deception *snn/n* [norml. una acción] engaño, mentira

deceptive *adj* [no se usa para personas] engañoso, falso *Appearances may be deceptive.* Las apariencias engañan.

deceptively *adv* de forma engañosa *a deceptively large house* una casa más grande de lo que parece

trick *vt* [puede ser divertido o cruel] engañar, embaucar *He tricked them by pretending to be a rich foreigner.* Les engañó haciéndose pasar por un extranjero rico. (+ **into**) *She was tricked into signing the contract.* La embaucaron para que firmara el contrato. **trickery** *snn* engaños, trampas

trick *sn* **1** [puede ser divertido o cruel] broma, mala pasada *to play a trick on sb* gastarle una broma a alguien *a dirty trick* una mala pasada **2** truco *a magic/conjuring trick* un truco de magia/de ilusionismo *card tricks* trucos de cartas

fool *vt* engañar, embaucar *He certainly had me fooled.* Desde luego me tenía engañado. (+ **into**) *We were fooled into paying more than we should have done.* Nos embaucaron y pagamos más de lo que debíamos.

mislead *vt, pas. & pp.* **misled** [inducir a conclusiones erróneas no necesariamente adrede] engañar *We were misled by their apparent willingness to co-operate.* Nos engañó su apparent buena disposición a cooperar.

misleading *adj* [describe: p.ej. signo, estilo] engañoso *The directions you gave us were very misleading.* Las indicaciones que nos diste nos despistaron mucho.

take sb **in** o **take in** sb *vt fr* engañar, embaucar *Don't be taken in by his fine talk.* No te dejes embaucar por su elegante forma de hablar.

con *vt*, **-nn-** (frec. + **into**, **out of**) [informal] timar, estafar *She conned me out of most of my savings.* Me estafó la mayor parte de mis ahorros. *I got conned into* paying for their drinks. Me liaron y acabé pagándoles las bebidas. **con** *sn* estafa, timo

con-man *sn, pl* **con-men** [informal] timador, engañabobos

---

frase

pull the wool over sb's eyes [engañar a alguien escondiendo los hechos] ponerle a alguien una venda en los ojos.

214.3 Traicionar

betray *vt* 1 [ser desleal o infiel a alguien] traicionar *He betrayed his own brother to the enemy.* Vendió a su propio hermano al enemigo. *You've betrayed my trust.* Has traicionado mi confianza. *He felt betrayed when he discovered his wife's affair.* Se sintió traicionado cuando descubrió la aventura amorosa de su mujer. 2 [dar a conocer] descubrir, revelar *I trust you not to betray our secret.* Confío en que no reveles nuestro secreto.

betrayal *sn/nn* traición *It would be a betrayal of everything I believe in.* Eso traicionaría todos mis principios.

double-cross *vt* [informal. Engañar y traicionar] pegársela a *They trusted Jack with the money, but he double-crossed them.* Confiaron su dinero a Jack, pero él se la pegó.

traitor *sn* [persona que es desleal, especialmente a su país] traidor *The traitors were shot.* Fusilaron a los traidores. *You traitor - I saw you talking to the competition!* ¡Traidor! Te vi hablando con la competencia.

turncoat *sn* [persona que cambia sus creencias o alianzas] chaquetero

treason *snn* traición *They were accused of treason.* Fueron acusados de traición.

treacherous *adj* traidor, traicionero **treachery** *sn/nn* traición

disloyal *adj* (norml. + **to**) desleal *I think your criticisms of the boss are extremely disloyal.* Creo que las críticas que le has hecho al jefe son muy desleales.

disloyalty *sn/nn* (norml. + **to**) deslealtad

unfaithful *adj* (norml. + **to**) [al compañero sexual] infiel *She accused him of being unfaithful to her.* Ella le acusó de serle infiel.

infidelity *sn/nn* [a un compañero sexual] infidelidad

two-time *vt* [informal. Hace referencia a un compañero sexual] pegársela *She's been two-timing him.* Se la ha estado pegando con otro.

---

frase

to stab someone in the back dar a alguien una puñalada trapera *After all I've done for her she just turned round and stabbed me in the back.* Después de todo lo que he hecho por ella, va y me da una puñalada por la espalda.

---

215 True Verdadero

ver también **35 Real**; **213 Honest**; **299 Correct**

true *adj* 1 [describe: p.ej. historia, declaración] verdadero, verídico, cierto *Is it true that you're getting married?* ¿Es verdad que te casas? *The pay sounds **too good to be true**.* El sueldo parece demasiado bueno para ser cierto. 2 [real. Describe: p.ej. naturaleza, intenciones] verdadero *They've only just realised the true gravity of the situation.* Ahora acaban de darse cuenta de la verdadera gravedad de la situación. *I hope your wish **comes true**.* Espero que tu deseo se haga realidad. **truly** *adv* de verdad, verdaderamente

truth *s* 1 (siempre + **the**) [hechos ciertos] verdad *to tell the truth* decir la verdad *To tell (you) the truth*, I'm getting bored with this job. La verdad sea dicha, este trabajo me empieza a aburrir. *When she learned the truth about his activities, she was horrified.* Cuando supo la verdad sobre sus actividades, se quedó horrorizada. 2 *snn* [que es cierto] veracidad *There's no truth in the rumour.* No hay nada de cierto en el rumor.

truthful *adj* [describe: esp. persona, relato] veraz, verdadero, verídico

truthfully *adv* sinceramente *Tell me truthfully what you think.* Dígame de verdad lo que piensa.

fact *sn/nn* hecho *a conclusion drawn from the facts of the case* una conclusión a la que se llegó a partir de los hechos del caso *a novel based on fact* una novela basada en hechos reales ***As a matter of fact** she already knows.* De hecho, ella ya lo sabe. *I've just finished **in fact**.* En realidad, acabo de terminar. ***The fact (of the matter) is**, we're in big trouble.* La verdad es que estamos metidos en un gran lío.

factual *adj* [no se dice de personas. Describe: p.ej. informe, relato, información] objetivo, basado en hechos

---

216 Untrue Falso

ver también **36 Unreal**; **56 Copy**; **214 Dishonest**

untrue *adj* [norml. después de *v*] falso *The story she told us was completely untrue.* La historia que nos contó era completamente falsa.

untruth *sn* [formal] mentira, infundio *to tell sb an untruth* decirle a alguien una mentira **untruthful** *adj* mentiroso, falso **untruthfully** *adv* falsamente

false *adj* 1 [describe: p.ej. una afirmación] falso *The capital of Germany is Bonn, true or false?* La capital de Alemania es Bonn, ¿verdadero o falso? *It was a **false alarm**.* Fue una falsa alarma. *One **false move** and you're dead.* Un movimiento en falso, y eres hombre muerto. *They were lulled into a **false sense of security**.* Se dejaron invadir por una falsa sensación de seguridad. **2** [no real] postizo *He was wearing a false beard.* Llevaba una barba postiza. *false teeth* dentadura postiza *The suitcase had a false bottom.* La maleta tenía un doble fondo. **falsely** *adv* falsamente

falsify *vt* [bastante formal. Obj: p.ej. registros] falsificar **falsification** *snn* falsificación

lie *sn* mentira *to tell lies* decir mentiras

lie *vi* (frec. + **about, to**) mentir *He lied to the police about where he'd been that night.* Mintió a la policía acerca de dónde había estado esa noche.

liar *sn* mentiroso *Are you calling me a liar?* ¿Me está llamando mentiroso?

fictitious *adj* [bastante formal] ficticio *Her account of her life was completely fictitious.* Lo que nos contó sobre su vida era totalmente ficticio.

fiction *sn/nn* [moderadamente formal] ficción

superstitious *adj* [describe: p.ej. persona, creencia] supersticioso **superstition** *snn/n* superstición

frases

a pack of lies [muy enfático] una sarta de mentiras *The whole story was a pack of lies.* La historia era una sarta de mentiras de principio a fin.

an old wives' tale [algo creído tradicionalmente y que no es cierto] un cuento de viejas

217 Good (morally) Bueno (moralmente)

ver también **417 Good**; **213 Honest**; **218 Reliable**

good *adj, compar.* **better** *superl.* **best 1** [describe: p.ej. persona, acción] bueno *to do a good deed* hacer una buena obra **2** [describe: p.ej. chico, comportamiento] bueno *Be good while I'm out.* Pórtate bien mientras estoy fuera. *to be on one's best behaviour* portarse de la mejor manera posible **3** (norml. despúes de *v*; frec. + **about, to**) [amable] bueno, amable *She was very good to me when I was ill.* Se portó muy bien conmigo cuando estuve enfermo.

good *snn* bien *good and evil* el bien y el mal *to do good* hacer el bien *to be up to no good* estar tramando algo malo

goodness *snn* [ser bueno] bondad

comparación

to be as good as gold [dícese sobre todo de niños] portarse como un ángel

innocent *adj* **1** (frec. + **of**) [describe: p.ej. persona, víctima] inocente *He was innocent of any crime.* Era inocente de toda culpa. *The bomb went off injuring many innocent people.* La bomba estalló hiriendo a muchas personas inocentes. **2** [no malicioso, o no relacionado con el sexo. Describe: p.ej. distracción, diversión, pregunta] inocente *It was a perfectly innocent remark.* Fue un comentario totalmente inocente. **innocently** *adv* inocentemente

innocence *snn* **1** inocencia *to protest one's innocence* alegar su inocencia **2** inocencia *to lose one's innocence* perder la inocencia *I merely said in all innocence that I thought the decision was correct.* Lo único que dije, con toda inocencia, fue que consideraba la decisión acertada.

pure *adj* [describe: p.ej. motivos, pensamientos] puro **purity** *snn* pureza

noble *adj* [describe: p.ej. sentimientos, actos] noble [a menudo usado en sentido ligeramente humorístico] *It's very noble of you to take on all this extra work.* Es muy generoso por tu parte aceptar todo este trabajo extra. **nobly** *adv* noblemente

moral *adj* **1** [describe: p.ej. pregunta, juicio, principio] moral *declining moral standards* valores morales en decadencia *They're claiming it as a moral victory.* Afirman que es una victoria moral. **2** [esp. en relación al sexo. Describe: p.ej. persona, vida] honrado, recto **morally** *adv* moralmente

moral *sn* moraleja *What is the moral of this story?* ¿Cúal es la moraleja de esta historia?

conscience *sn/nn* conciencia *They can say what they like, my conscience is clear.* Pueden decir lo que quieran, que yo tengo la conciencia tranquila. *to have a guilty conscience* tener remordimientos de conciencia

217.1 Buen comportamiento

well-behaved *adj, compar.* **better-behaved** *superl.* **best-behaved** educado, formal

obedient *adj* [que hace tal como se le indica] obediente **obediently** obedientemente

obedience *snn* obediencia *They expect unquestioning obedience from their servants.* Esperan de sus sirvientes una obediencia ciega. (usado como *adj*) *obedience training for dogs* adiestramiento de perros

obey *vti* [obj: p.ej. orden, ley, oficial] obedecer

dutiful *adj* [formal y bastante anticuado. Describe: esp. hijo, hija] sumiso, obediente **dutifully** *adv* obedientemente, sumisamente

---

frases

butter wouldn't melt in his/her mouth [humorístico. Se usa a menudo de forma bastante sarcástica para referirse a personas que quieren dar una apariencia de inocencia] parece que nunca ha roto un plato *In that little sailor suit he looks as though butter wouldn't melt in his mouth.* Con ese trajecito de marinero parece que nunca ha roto un plato.

217.2 Maneras humorísticas o informales de describir a las personas buenas

saint *sn* [se usa esp. para personas que están dispuestas a soportar muchas molestias y cosas desagradables de los demás] santo *He's got the patience of a saint.* Tiene la paciencia de un santo.

angel *sn* [se usa esp. para hablar de un niño que tiene el carácter dulce y se porta bien o de un adulto que es bueno, agradable y servicial] ángel *They went to bed like little angels.* Se fueron a dormir como unos angelitos. *I'm no angel.* No soy ningún ángel. **angelic** *adj* angelical

treasure *sn* [se usa esp. para hablar de una persona que es muy servicial y en la que se puede confiar] tesoro, joya *Our cleaning lady is an absolute treasure.* La señora de la limpieza que tenemos es un auténtico tesoro.

pillar *sn* (siempre + **of**) [dícese de una persona que es un miembro importante y activo de algo] pilar *a pillar of society/the community* un pilar de la sociedad/de la comunidad

---

frases

one in a million uno entre un millón *My secretary is one in a million.* Mi secretaria es una verdadera joya.

---

218 Reliable Fiable

ver también **213 Honest**

reliable *adj* [que no falla nunca. Describe: p.ej. persona, información, máquina] de fiar, fidedigno, fiable *I can't give her the job unless I'm sure she's one hundred per cent reliable.* No puedo darle el trabajo a menos que esté seguro de que es una persona de plena confianza. *information from a reliable source* información de una fuente fidedigna

reliably *adv* de buena fuente *to be reliably informed that ...* saber de buena fuente que ... **reliability** *snn* seriedad, formalidad, seguridad

reliance *snn* (frec. + **on**) dependencia *our reliance on computers to process information* nuestra dependencia de los ordenadores para procesar información

reliant *adj* dependiente *to be reliant on* depender de

dependable *adj* [describe: personas y máquinas, *no* información] de fiar, digno de confianza

dependence *snn* (frec. + **on**) [ligeramente más fuerte que **reliance**] dependencia *drug dependence* drogodependencia

dependent *adj* (frec. + **on**) **1** [describe: persona] *I'm totally dependent on the train service to get me to work.* Dependo totalmente de los trenes para ir a trabajar. *I'm dependent on them for information.* Dependo de ellos para obtener información. **2** (después de *v*) [describe: acontecimiento, acción, etc.] supeditado *The trip's dependent on the sale of the house.* El viaje está supeditado a la venta de la casa.

dependant, TAMBIÉN **dependent** *sn Do you have any dependents?* ¿Tiene alguna persona a su cargo?

218.1 Confiar en

rely on/upon *sb/sth vt fr., pas. & pp.* **relied** (frec. + **for**, + **to** + INFINITIVE) **1** contar con, confiar en *He's someone you can rely on.* Es alguien con quien puedes

contar. *We're relying on you for help.* Contamos con tu ayuda. **2** [obj: persona, organización etc. que suministra algo que alguien necesita] depender de *We oughtn't to rely on one supplier for all our raw materials.* No deberíamos depender de un solo suministrador de todas nuestras materias primas.

depend on/upon *sb/sth vt fr.* **1** (frec. + **to** + INFINITIVO) [obj: p.ej. persona, aliado] contar con, confiar en *You can depend on me to be there.* Puedes estar seguro de que yo estaré allí. **2** (frec. + **for**) [necesidad] depender de *We depend heavily on financial support from local businesses.* Dependemos enormemente del apoyo económico de los comercios locales.

depend *vit* (frec. + **on**, **upon**) [variar de acuerdo con. El sujeto nunca es una persona] depende (de) *We may have to have the party indoors, it (all) depends on the weather.* Igual tenemos que hacer la fiesta dentro de casa, depende del tiempo. *'Can I buy one?' 'That depends/It all depends.'* '¿Puedo comprar uno?' 'Eso depende'. *It depends how much you are prepared to pay.* Depende de cuánto esté dispuesto a pagar.

count on/upon *sb/sth vt fr.* (frec. + **for**, + **to** + INFINITIVO) contar con *You may get help from them, but don't count on it.* Puede que te ayuden, pero no cuentes con ello. *I'm counting on your support.* Cuento con su apoyo.

bank on *sb/sth* (frec. + **to** + INFINITIVO, + -ing) contar con *I was banking on (getting) your support.* Contaba con tu apoyo.

fall back on *sth vt fr.* [confiar en algo cuando otra cosa falla] recurrir a, echar mano a *If my business is slow to get started, I've got some savings to fall back on.* Si a mi negocio le cuesta arrancar, tengo unos ahorros de los que echar mano.

219 Wicked Malvado

ver también **209 Legal system**; **438 Bad**; **214 Dishonest**; **225 Cruel**

wicked *adj* **1** [muy fuerte y bastante anticuado cuando se usa de manera directa y sin rodeos para referirse a personas o acciones] malvado, perverso *She's a wicked woman.* Es una malvada. *It's a wicked waste of money.* Es un despilfarro escandaloso. **2** [describe: p.ej. sonrisa, sentido del humor] pícaro, picante *He did a wicked take-off of the boss.* Hizo una cruel parodia del jefe.
wickedly *adv* perversamente *She smiled wickedly.* Sonrió con picardía. **wickedness** *snn* maldad, perversidad

evil *adj* **1** [muy fuerte. Cuando se usa para personas, se aplica más al carácter en general que a acciones individuales] malvado, perverso *an evil spirit* espíritu maligno *That man is absolutely evil.* Ese hombre es de lo más perverso. **2** [describe: p.ej. genio, olor] horrible *evil-smelling* fétido *to have an evil tongue* tener una lengua viperina **evilly** *adv* perversamente
evil *s* **1** *snn* mal *the forces of evil* las fuerzas del mal **2** *sn* [situación o cosa mala] mal *a **necessary evil*** un mal necesario *It's the lesser of two evils.* Es el menor de dos males.

sin *sn/nn* [esp. en contextos religiosos] pecado *to commit a sin* cometer un pecado *the sin of pride* el pecado del orgullo **sinful** *adj* pecaminoso
sin *vi*, - **nn**- (frec. + **against**) [bastante formal, esp. bíblico] pecar (contra) **sinner** *sn* pecador

vice *sn/nn* [mal comportamiento habitual, esp. que produce placer a la persona que lo realiza] vicio [también usado humorísticamente] *I do smoke, it's my one vice.* Sí que fumo, es mi único vicio. (usado como *adj*) *vice ring* banda de proxenetas *vice squad* brigada contra la corrupción
immoral *adj* inmoral **immorality** *snn* inmoralidad

219.1 Culpa
ver también **291 Cause**

guilt *snn* **1** [por haber hecho algo malo] culpa, culpabilidad *He admitted his guilt.* Admitió su culpabilidad. **2** [sentimiento] culpabilidad (usado como *adj*) *guilt complex* complejo de culpabilidad
guilty *adj* **1** (frec. + **of**) [que no ha hecho nada malo] culpable *to be found guilty of a crime* ser declarado culpable de un delito *the **guilty party*** el culpable, la parte culpable **2** (frec. + **about**) [sentirse mal] *I feel very guilty about not writing to him.* Me siento culpable por no haberle escrito. *He has **a guilty conscience**.* Le remuerde la conciencia. **guiltily** *adv* con sentido de culpabilidad

blame *si* (frec. + **for**) culpa *to **lay/put the blame on** sb* echarle la culpa a alguien *I always **take the blame** for her mistakes.* Siempre me echan a mí la culpa de sus errores.
blame *vt* (frec. + **for**, **on**) culpar, echar la culpa a *They blame me for the delay.* Me culpan a mí por el retraso. *They blamed her death on drugs.* Atribuyeron su muerte a las drogas. *Don't blame me if you miss the plane!* ¡No me eches la culpa a mí si pierdes el avión! *to be **to***

blame ser el culpable, tener la culpa *Who was to blame for the mix-up?* ¿Quién fue el responsable de la confusión?

f r a s e s

to catch sb red-handed [coger a alguien en el acto de cometer un delito] pillar a alguien con las manos en la masa *He was caught red-handed trying to hide the money.* Le pillaron en flagrante intentando esconder el dinero.

on your head be it [si las cosas van mal la responsabilidad de las decisiones es tuya] ya te apañarás, ¡Allá tú! *On your head be it if the boss finds out.* Si el jefe se entera ya te apañarás.

six of one and half a dozen of the other [se dice cuando dos personas o grupos son igualmente culpables] olivo y aceituno todo es uno

219.2 Que se comporta mal

badly behaved *adj*, compar. **worse-behaved** superl. **worst-behaved** maleducado

naughty *adj* **1** [describe: esp. un niño] malo, travieso *He's been a naughty boy.* Se ha portado mal. **2** (*esp. brit*) [bastante eufemístico y cómico. Sexualmente inadecuado. Describe: p.ej. palabra, chiste] picante, subido de tono *The film's a bit naughty.* La película es un poco verde. **naughtiness** *si* picardía

mischievous *adj* **1** [describe: p.ej. niño, sonrisa] travieso, pícaro **2** [bastante formal. Que causa problemas deliberadamente. Describe: p.ej. comentario, intención] malicioso, malo
mischief *snn* travesuras *I've bought the children some paints to **keep them out of mischief**.* Les he comprado a los niños unas pinturas para que se entretengan y no hagan travesuras.

disobedient *adj* desobediente **disobediently** *adv* de manera desobediente **disobedience** *si* desobediencia
disobey *vt* [obj: p.ej. una orden, a un oficial] desobedecer

to be in trouble tener problemas *He's in trouble with the police.* Tiene problemas con la policía. *If I'm late for dinner I'll be in trouble.* Si llego tarde a cenar, voy a tener problemas.

219.3 Persona malvada

criminal *sn* delincuente *a hardened criminal* un delincuente habitual
criminal *adj* [describe: p.ej. actividades, daños, negligencia] criminal, delictivo *a criminal offence* un delito [también se usa de manera más informal] *It's a criminal waste of money.* Es un despilfarro de dinero horroroso.

villain *sn* [anticuado o humorístico, etc.] malvado, malo **villainous** *adj* malvado, perverso **villainy** *si* maldad

devil *sn* **1** [extremadamente fuerte cuando se usa para hablar de una persona mala] demonio [a veces se usa como un insulto suave] *Give it back, you rotten devil!*

¡Devuélveme eso! **2** [informal. Persona traviesa] diablo *The little devils have trampled all over my flower bed.* Esos diablillos han pisoteado todo mi parterre de flores. *Go on, **be a devil**, have another drink!* ¡Anda, venga, tómate otra copa!

thug *sn* [persona violenta] matón, gamberro *He was beaten up by a gang of thugs.* Le dio una paliza una banda de gamberros.

bully *sn* matón *Leave her alone, you big bully!* ¡Déjala en paz, matón!

bully *vt* intimidar (+ **into**) *Don't let her bully you into giving up your office for her.* No permitas que te fuerce a renunciar a tu despacho por ella.

220 Steal Robar

steal *vt, pas.* **stole** *pp.* **stolen** robar *Someone's stolen my watch.* Alguien me ha robado el reloj. *They had their credit cards stolen.* Les robaron las tarjetas de crédito.

rob *vt,* **-bb-** (frec. + **of**) [obj: persona, banco] robar, atracar *I've been robbed!* ¡Me han robado! [usado de manera figurada] *A knee injury robbed him of Olympic success.* Una lesión en la rodilla le arrebató el éxito en las Olimpiadas.

burgle (*esp. brit*), **burglarize** (*amer*) *vt* [obj: casa, tienda] entrar a robar en *We were burgled last night.* Anoche nos entraron a robar (en casa).

loot *vti* **1** [obj: tienda, edificio, barrio] saquear **2** [obj: lo robado] llevarse como botín **looter** *sn* saqueador

embezzle *vt* (frec. + **from**) [obj: fondos, dinero] malversar, desfalcar **embezzlement** *si* malversación, desfalco **embezzler** *sc* malversador, desfalcador

mug *vt,* **-gg-** [informal. Obj: persona] atracar, asaltar *He was mugged right outside the hotel.* Le atracaron justo delante del hotel.

pinch *vt* (*esp. brit*) [informal. Obj: cosa] birlar *Don't let anyone pinch my seat.* No dejes que nadie me birle el sitio.

nick *vt* (*brit*) [informal. Obj: cosa] birlar *His car has been nicked.* Le han birlado el coche.

220.1 Las personas que roban y sus delitos

thief *sn, pl* **thieves** ladrón *Stop thief!* ¡Detengan al ladrón! *jewel thief* ladrón de joyas
theft *snn/n* (frec. + **of**) robo, hurto

robber *sn* [no se usa a menudo en contextos formales. Lo utilizan a menudo los niños por lo que puede resultar un poco infantil] ladrón *bank/train robber* atracador de banco/de trenes

robbery *snn/n* robo *robbery with violence* atraco a mano armada *Look at the prices, it's **daylight robbery**!* ¡Mira qué precios!, ¡es un atraco!

burglar *sn* ladrón *They've had burglars next door.* En la casa de al lado han entrado a robar. *burglar alarm* alarma antirrobo **burglary** *snn/n* robo con allanamiento de morada

shoplifter *sn* ladrón que roba en las tiendas, mechero **shoplifting** robar en las tiendas

mugger *sn* atracador, asaltador **mugging** *snn/n* atraco, asalto

pickpocket *sn* carterista *Beware of pickpockets.* Cuidado con los carteristas.
to pick sb's pocket robarle la cartera a alguien

220.2 Métodos menos directos de robar

kidnap *vt,* **-pp-** [obj: persona] secuestrar, raptar *Terrorists kidnapped a well-known businessman.* Unos terroristas secuestraron a un conocido hombre de negocios **kidnapper** *sn* secuestrador **kidnapping** *snn/n* secuestro

ransom *sn/nn* rescate *to demand a ransom for sb* pedir rescate por alguien *to **hold** sb **to ransom*** pedir rescate por alguien (usado como *adj*) *ransom note* petición de rescate

hijack *vt* [obj: p.ej. avión, autobús] secuestrar **hijacker** *sn* secuestrador, pirata aéreo **hijacking** *snn/n* secuestro, piratería aérea

hostage *sn* rehén *to **take** sb **hostage*** tomar a alguien como rehén *negotiations to obtain the release of children **held hostage** by terrorists* negociaciones para conseguir la liberación de los niños retenidos como rehenes por los terroristas

blackmail *vt* chantajear *He was being blackmailed by his former lover.* Lo estaba chantajeando su antigua amante. **blackmailer** *sn* chantajista
blackmail *snn* chantaje *emotional blackmail* chantaje emocional

smuggle *vt* **1** [obj: p.ej. drogas] entrar de contrabando **2** (siempre + *adv* o *prep*) [llevar a escondidas] entrar clandestinamente *I managed to smuggle the magazine into the classroom.* Me las arreglé para entrar a escondidas la revista en la clase.
smuggler *sn* contrabandista **smuggling** *snn* contrabando

221 Mercy Misericordia

mercy s 1 snn misericordia, compasión to **have mercy on** sb tener compasión de alguien to **show mercy** (to sb) apiadarse (de alguien) 2 sn suerte It's a mercy nobody was killed! ¡Es un milagro que no se matara nadie! You have to **be thankful for small mercies.** Siempre hay pequeñas cosas que agradecer.

merciful adj (frec. + **to**) compasivo, misericordioso

mercifully adv misericordiosamente [como adv a nivel de frase] Mercifully they didn't ask me to sing. Gracias a Dios no me pidieron que cantara.

compassion snn (frec. + **for**) [resalta más que **mercy** el elemento de compasión] compasión

compassionate adj compasivo (brit) compassionate leave o leave on compassionate grounds permiso por motivos familiares

lenient adj [bastante formal. Describe: p.ej. juez, castigo] indulgente, poco severo **leniently** adv con indulgencia **leniency** snn indulgencia, clemencia

soft adj (frec. + **on**, **with**) [a veces peyorativo] blando to have a soft heart/be soft-hearted ser bondadoso, ser compasivo Her parents are too soft on her. Sus padres son demasiado blandos con ella.

spare vt 1 [no castigar o dañar] perdonarle to spare sb's life perdonarle la vida a alguien 2 [no obligar a pasar una experiencia desagradable] evitar, ahorrar I was hoping to spare you a long wait. Confiaba en evitarle una larga espera. Spare me the details! ¡Ahórrate los detalles!

221.1 Perdonar

forgive vti, pas. **forgave** pp. **forgiven** (frec. + **for**) [obj: p.ej. persona, pecado, ofensa] perdonar She can't forgive herself for not being there. No puede perdonarse el no haber estado allí. [ligeramente más formal cuando va seguido de dos objetos] She forgave them their unkindness to her. Les perdonó su descortesía con ella. [educadamente] Forgive me, I didn't catch your name. Perdóneme, no entendí su nombre. **forgiveness** snn perdón

pardon vt 1 (frec. + **for**) [se usa frec. en el modo imperativo. Es ligeramente más formal que **forgive** cuando se usa en otros contextos. Obj: p.ej. persona, grosería, curiosidad] perdonar, disculpar You must pardon him, he's a bit overwrought. Tendrá que

disculparlo, está algo alterado. That's utter rubbish, **if you'll pardon the expression**. Eso es una estupidez, si me perdona la expresión. 2 [perdón oficial. Obj: condenado] indultar

pardon s 1 snn [formal] perdón I beg your pardon. Perdone usted. 2 sn [para un criminal, etc.] indulto

pardon interj perdón

excuse vt 1 [perdonar esp. una pequeña falta. Obj: p.ej. persona, interrupción, tardanza de alguien] perdonar, disculpar Please excuse the mess. Por favor, disculpe el desorden. 2 [ser la justificación de algo. Obj: p.ej. trabajo mal hecho, incompetencia] excusar, justificar Nothing can excuse that sort of behaviour. No hay nada que pueda justificar ese tipo de conducta. 3 (frec. + **from**) [liberar de la obligación. Obj: p.ej. obligación, clase] dispensar, eximir He was excused from certain responsibilities. Le eximieron de ciertas responsabilidades. *ver también **291 Cause**

let sb **off** (sth) vt fr. [perdonar esp. por una falta leve, o eximir de un castigo u obligación] perdonar 'Sorry I'm late!' 'That's OK, I'll let you off.' 'Lo siento, llego tarde.' 'Está bien, te perdono.' He's been let off doing the washing up. Le han perdonado fregar los platos.

relent vi [mostrar compasión, esp. después de un período de tiempo largo] ablandarse, ceder Eventually she relented and allowed me to rejoin the group. Finalmente cedió y me permitió unirme de nuevo al grupo.

f r a s e s

give sb **a second/another chance** conceder a alguien otra/una segunda oportunidad If you mess it up this time, you won't get a second chance. Si la vuelves a fastidiar esta vez, no tendrás una segunda oportunidad.

give sb **the benefit of the doubt** conceder a alguien el beneficio de la duda

make allowances (for sb/sth**)** tener (algo) en cuenta, ser indulgente (con alguien) She's not been very well, so you must make allowances. No ha estado muy bien de salud, así que debes ser indulgente. Even making allowances for the difficult conditions, they were very slow in getting here. Incluso teniendo en cuenta las difíciles condiciones, tardaron mucho en llegar.

222 Sympathy Compasión

ver también **449 Shame**

sympathy s 1 snn (frec. + **for**) compasión, lástima I don't have much sympathy for her. No me da ninguna lástima. At this moment, she needs all the sympathy she can get from you. En estos momentos necesita de toda tu comprensión. 2 snn/n (frec. + **with**) [expresa acuerdo o apoyo] My sympathies are entirely with the rebels. Simpatizo totalmente con los rebeldes. to be **in sympathy with** sb's ideas compartir las ideas de alguien

sympathetic adj 1 (frec. + **to**, **towards**) [describe: p.ej.

sonrisa] comprensivo, compasivo They were very sympathetic when my mother died. Me apoyaron mucho cuando murió mi madre. 2 [que apoya. Describe: p.ej. informe, punto de vista] favorable They are sympathetic to our cause. Simpatizan con nuestra causa.

sympathetically adv de manera comprensiva The case was portrayed sympathetically by the press. El caso fue presentado favorablemente en la prensa.

sympathize *vi*, TAMBIÉN **-ise** (*brit*) (frec. + **with**) **1** [con persona, sentimiento, etc.] compadecerse **2** [con punto de vista, objetivo, etc.] compartir **sympathizer** *sn* simpatizante

pity *s* **1** *snn* compasión *to* **take**/**have pity on** *sb* tener lástima de alguien, compadecerse de alguien **2** *sn* (no tiene *pl*) lástima *What a pity!* ¡Qué lástima! *It's a pity you didn't arrive sooner.* Es una lástima que no llegase antes. *It would have been a pity to miss the show.* Hubiera sido una pena perderse el espectáculo.

pity *vt* tener lástima de, compadecerse de *I pity anyone who has to put up with her all day.* Compadezco a quien tenga que aguantarla todo el día.

feel for *sb* *vt fr.* compadecer a alguien

feel sorry for *sb* [menos fuerte que **feel for**] compadecer a alguien *He's feeling very sorry for himself.* Se autocompadece muchísimo.

commiserate *vi* (frec. + **with**) compadecerse *I came over to commiserate with you on not getting the job.* He venido a decirte lo mucho que siento que no hayas conseguido el trabajo.

condolence *snn/n* [más formal y grave que **commiserations**. Se usa sobre todo cuando alguien está afligido] pésame, condolencia *a letter of condolence* una carta de pésame (frec. se usa en *pl*) *I sent my condolences.* Les envié mi más sentido pésame.

223 Unmerciful Despiadado

ver también **225 Cruel**

heartless *adj* [palabra de uso genérico. Describe: p.ej. persona, actitud, decisión] cruel, despiadado *How can you be so heartless as to refuse?* ¿Cómo puede ser tan cruel de negarse? **heartlessly** *adv* cruelmente, despiadadamente

hard-hearted *adj* [describe: persona] cruel, insensible

callous *adj* [describe: p.ej. persona, indiferencia] insensible, cruel **callously** *adv* cruelmente **callousness** *snn* insensibilidad, crueldad

pitiless *adj* [norml. se encuentra en contextos más literarios] despiadado, implacable **pitilessly** *adv* despiadadamente, implacablemente

merciless *adj* **1** [literario. Describe: p.ej. asesino, tirano] despiadado, implacable **2** [no necesariamente peyorativo. Describe: p.ej. crítica, ataque] despiadado *He is a merciless taskmaster.* Es un verdadero tirano.

mercilessly, TAMBIÉN **unmercifully** *adv* sin piedad *to beat/criticize sb mercilessly* pegar/criticar a alguien sin piedad *His colleagues teased him unmercifully.* Sus colegas se burlaron de él de forma despiadada.

ruthless *adj* **1** [describe: p.ej. destrucción, dictador] implacable, despiadado **2** [no necesariamente peyorativo. Describe: p.ej. decisión, resolución] tajante *He had a ruthless determination to carry out the task.* Estaba decidido a terminar el trabajo por todos los medios. **ruthlessly** *adv* inexorablemente, implacablemente **ruthlessness** *snn* implacabilidad, contundencia

relentless *adj* [que no cesa o se hace menos intenso. Describe: p.ej. energía, persecución, interrogatorio] implacable, incesante *They kept up a relentless pressure on their opponents' goal.* Mantuvieron una presión implacable sobre la portería del contrario. *The pace of life in a big city can be absolutely relentless.* El ritmo de vida en una gran ciudad puede resultar absolutamente demoledor. **relentlessly** *adv* implacablemente **relentlessness** *snn* implacabilidad

224 Kind Bondadoso

ver también **372 Give**

kind *adj* (frec. + **to**) bueno, amable *It was so kind of you to help.* Fue muy amable de su parte ayudarnos. *They were very kind to me when I was in trouble.* Cuando tuve problemas se portaron muy bien conmigo. *She always has a kind word for everyone.* Siempre tiene una palabra amable para todos.

kindly *adv* amablemente *to smile kindly* sonreír amablemente *They very kindly helped us.* Ellos, muy amablemente, nos ayudaron.

kindness *snn/n* (frec. + **to**) bondad, amabilidad *to do sb a kindness* hacer(le) un favor a alguien *to show kindness to sb* mostrarse amable con alguien

considerate *adj* (frec. + **to**, **towards**) atento, considerado

consideration *snn* consideración *to show sb consideration* mostrar consideración con alguien

thoughtful *adj* atento, considerado *How thoughtful of you to remember to send flowers.* ¡Qué detalle de tu parte acordarte de enviar flores! **thoughtfully** *adv* atentamente

understanding *adj* (frec. + **about**) comprensivo *I have a lot of days off sick, but my boss is very understanding.* Estoy muchos días de baja por enfermedad, pero mi jefe es muy comprensivo. *She was very understanding about the broken window.* Fue muy comprensiva con respecto a la ventana rota.

humane adj [se usa a menudo para describir una actitud o actividad social más que acciones individuales] humano, humanitario *humane treatment of prisoners* trato humanitario de los prisioneros **humanely** adv de una forma humana

224.1 Generosidad

generous adj 1 (frec. + **to**, **with**) [describe: p.ej. persona, carácter] generoso *I'm feeling generous, I'll pay for the drinks.* Me siento generoso, yo pagaré las bebidas. 2 [sorprendentemente grande, o amable. Describe: p.ej. regalo, donación] generoso *a generous helping of mashed potatoes* una generosa ración de puré de patatas **generously** adv generosamente **generosity** snn generosidad

charity s 1 snn [dinero etc. dado por bondad] caridad *I won't accept charity.* No aceptaré caridad. *She gave us the clothes out of charity.* Nos dió la ropa por caridad. 2 sn [organización] institución benéfica

charitable adj 1 [describe: p.ej. actitud, comentario, juicio] amable, bondadoso *The most charitable thing one can say about it is that he meant well.* Lo más amable que podemos decir es que tenía buenas intenciones. 2 [describe: una organización, un donativo] caritativo **charitably** adv caritativamente

unselfish adj desinteresado **unselfishly** adv desinteresadamente

225 Cruel Cruel

ver también **2 Fierce; 223 Merciless**

cruel adj, -ll- 1 (frec. + **to**) [describe: p.ej. persona, castigo, comentario] cruel 2 [describe: p.ej. decepción, golpe] terrible, duro *That was really cruel luck.* Eso fue mala suerte de verdad. **cruelly** adv cruelmente **cruelty** snn/n crueldad

unkind adj (frec. + **to**) [menos fuerte que **cruel**] poco amable, cruel **unkindly** adv de manera poco amable **unkindness** snn falta de amabilidad, crueldad

vicious adj [término muy fuerte. Puede describir crueldad mental o física. Describe: p.ej. ataque, asesinato, asesino] atroz, brutal **viciously** adv atrozmente, brutalmente **viciousness** snn atrocidad, brutalidad

brutal adj [parecido a **vicious**] brutal *a victim of a brutal assault* víctima de una agresión brutal **brutally** adv brutalmente **brutality** snn/n brutalidad

bloodthirsty adj 1 [describe: p.ej. asesino, tirano] sanguinario, sediento de sangre 2 [describe: esp. película, libro] violento

sadistic adj sádico **sadism** snn sadismo **sadist** sn sádico

barbaric o **barbarous** adj [implica una crueldad extrema y falta de sentido cívico. Describe: p.ej. ataque, costumbre] bárbaro

barbarian sn [persona no civilizada, o alguien que se comporta de una forma cruel y dura] bárbaro

225.1 Malevolencia

malice snn malevolencia, mala voluntad *to bear sb no malice* no guardarle rencor a alguien

malicious adj [describe: p.ej. persona, comentario, ataque] malicioso, malintencionado **maliciously** adv maliciosamente, con mala intención

spite snn despecho, rencor *He did it out of pure spite.* Lo hizo por puro despecho.

spite vt fastidiar *They cancelled their order just to spite us.* Cancelaron su pedido sólo para fastidiarnos.

spiteful adj [describe: p.ej. persona, comentario] rencoroso, malévolo **spitefully** adv malévolamente, rencorosamente

bitchy adj [bastante informal. Describe: p.ej. persona, comentario] malintencionado

bitch sn [muy peyorativo. Norml. se dice de mujeres] zorra, bruja

226 Selfish Egoísta

selfish adj [describe: p.ej. una persona, un motivo, una actitud] egoísta **selfishly** adv de manera egoísta **selfishness** snn egoísmo

mean adj 1 (*esp. brit*) [con el dinero etc. Describe: persona] tacaño, avaro *He's too mean to make a donation.* Es demasiado tacaño para hacer un donativo. 2 (frec. + **to**) [poco amable, desconsiderado] malo, mezquino *She's got **a mean streak** in her.* Hay algo de ruin en ella. *Don't be so mean to your sister.* No seas tan malo con tu hermana. **Meanness** snn mezquindad, tacañería

tightfisted adj [informal. Con el dinero] agarrado *He's too tightfisted to buy anyone a drink.* Es demasiado agarrado para invitar a una copa a nadie.

stingy adj (frec. + **with**) [informal. Esp. con el dinero] agarrado, roñico

ungenerous adj (frec. + **to**) [con el dinero, etc.] poco generoso

self-interest snn egoísmo, interés propio **self-interested** adj egoísta, que piensa en sí mismo

f r a s e s

to feather one's own nest hacer su agosto *He used his position simply to feather his own nest.* Ha utilizado su posición simplemente para llenarse los bolsillos.

I'm all right Jack! (*brit*) [informal. Se dice a menudo sarcásticamente para reprender a aquellos que muestran una actitud de indiferencia ante personas menos afortunadas que ellos] Ande yo caliente y ríase la gente.

to look after number one preocuparse de uno mismo [frec. se dice como consejo] *Don't worry about us - you just look after number one.* Tú cuídate de ti y no te preocupes de nosotros.

227 **Politics and Government** Política y Gobierno

EL SISTEMA POLITICO DEL REINO UNIDO

La Reina es jefe de Estado de Gran Bretaña y líder simbólico de la nación, pero tiene poco o ningún poder político. El Gobierno, dirigido por el primer ministro, detenta el poder político. Normalmente, el gobierno británico está compuesto por miembros del partido político mayoritario en la **House of Commons** (Cámara de los Comunes), o cámara baja del parlamento elegida mediante sufragio. El Parlamento elabora las leyes que gobiernan el país. Las **Acts of Parliament**, nombre que reciben las nuevas leyes, generalmente son aprobadas por ambas Cámaras del Parlamento y deben recibir la aprobación real antes de convertirse en ley. La Cámara de los Comunes está constituida por unos 650 diputados, a los que normalmente se conoce por el nombre de **MP's** (miembros del Parlamento), y elabora la mayor parte de la nueva legislación. La **House of Lords** (cámara alta o Cámara de los Lores), puede aplazar las decisiones de la anterior, pero no puede vetarlas. La Cámara de los Lores está compuesta por miembros hereditarios de la aristocracia, los obispos de más antigüedad de la Iglesia Anglicana y un número indeterminado de pares vitalicios, personas distinguidas procedentes de diversas profesiones, a las cuales se les concede un título nobiliario vitalicio. La Cámara de los Lores puede elaborar las leyes, que deberán ser aprobadas por los Comunes antes de convertirse en leyes. Asimismo, puede discutir y proponer cambios en las leyes que los Comunes presenten ante dicha Cámara. Ahora bien, si un proyecto de ley es aprobado tres veces en la Cámara de los Comunes se convierte en ley con o sin la aprobación de los Lores.

A diferencia de la mayoría de los estados modernos, Gran Bretaña no tiene una constitución escrita. Los poderes de la Reina, por ejemplo, quedan definidos, en parte, por las **Acts of Parliament**, muchas de las cuales se remontan a épocas históricas muy lejanas, y en parte, por las tradiciones que se han acumulado en el transcurso de los años. La función y los poderes del primer ministro quedan definidos totalmente por la práctica tradicional y no constan en ninguna parte en forma de ley.

El gobierno local en Gran Bretaña es relativamente poco fuerte en comparación, por ejemplo, con los Estados Unidos. Se eligen consejos para los **counties** (condados), áreas de mediana extensión que normalmente tienen una identidad histórica propia, y para las ciudades, municipios y distritos. Su tarea principal no es hacer leyes, sino prestar servicios a la comunidad.

Figuras e instituciones importantes en el gobierno y la política de Gran Bretaña:

prime minister *sn* primer ministro

foreign secretary *sn* ministro de Asuntos Exteriores

chancellor (of the exchequer) *sn* ministro de Hacienda

minister *sn* [persona que dirige un ministerio del Gobierno, pero que no forma parte necesariamente del **Cabinet**] ministro *minister of education/education minister* ministro de Educación *government ministers* ministros del Gobierno

MP *sn* diputado, miembro de la Cámara de los Comunes *the MP for Bristol South* el diputado por el distrito sur de Bristol

parliament *sn* parlamento

Cabinet (norml. + **the**) (+ *v sing* o *pl*) [consejo formado por los ministros del Gobierno de más antigüedad, responsables de decidir las opciones políticas a seguir y encargados de aconsejar al primer ministro] consejo de ministros, gabinete (ministerial)

House of Commons (norml. + **the**) Cámara de los Comunes

House of Lords (norml. + **the**) Cámara de los Lores

EL SISTEMA POLITICO DE LOS ESTADOS UNIDOS DE AMÉRICA

El presidente es el jefe de Estado de los Estados Unidos así como el jefe del gobierno federal y el comandante en jefe de las fuerzas armadas. Sin embargo, los miembros del Gobierno no son, y de hecho no pueden ser, miembros del Congreso, el cuerpo supremo que elabora las leyes en los Estados Unidos. A diferencia de Gran Bretaña, los Estados Unidos tiene una constitución escrita y uno de sus principios más importantes es el de la 'división de poderes' entre el ejecutivo (el presidente y su gobierno), el legislativo (el Congreso) y el judicial (especialmente el Tribunal Supremo, al cual se recurre para interpretar la constitución). Ocurre con bastante frecuencia que el presidente pertenece a un partido político, mientras que otro partido tiene la mayoría en ambas cámaras del Congreso, la Cámara de Representantes y el Senado.

Cada uno de los estados individuales que integran los Estados Unidos tiene su propio gobierno, presidido por un gobernador, así como sus propias asambleas legislativas. A menudo, existen grandes diferencias entre las leyes de los distintos estados. Otra característica de la vida política de los Estados Unidos es que se elige a los candidatos individualmente para casi la totalidad de los cargos públicos importantes del gobierno local, como, por ejemplo, el de **sheriff** de un condado.

Figuras e instituciones importantes en el gobierno y la política estadounidenses:

president *sn* presidente

vice president *sn* vicepresidente

secretary of state *sn* secretario de Estado, ministro de Asuntos Exteriores

governor *sn* gobernador

senator *sn* senador

congressman (*masc.*), **congresswoman** (*fem.*) *sn* diputado, miembro del Congreso

presidency *snn/n* presidencia

congress (+ *v sing* o *pl*) congreso

senate (+ *v sing* o *pl*) senado

House of Representatives *sn* (norml. + **the**) Cámara de Representantes

politics s **1** snn (norml. + v sing a veces + v pl) política *She went into politics after leaving university.* Se dedicó a la política al acabar la carrera. *local/student politics* política regional/estudiantil **2** s pl política *Her politics are very right-wing.* Su política es muy de derechas. **politician** sn político

political adj [describe: p.ej. sistema, partido, opiniones] político *We still hope to find a political solution to the conflict.* Aún confiamos en encontrar una solución política al conflicto. *to ask for **political asylum** pedir asilo político **political prisoner** prisionero político **politically** adv desde un punto de vista político

government sn/nn (frec. + **the**; + v sing o pl) gobierno *They accused the government of ignoring the homeless.* Acusaron al gobierno de no prestar atención al problema de las personas sin hogar. (usado como adj) *government officials* funcionarios del Gobierno

227.1 Gobierno local

mayor sn [hombre o mujer] alcalde
mayoress sn **1** (*brit & amer*) alcaldesa **2** (*brit*) [mujer que cumple las funciones ceremoniales de la esposa del alcalde] alcaldesa **3** (*amer*) presidenta del ayuntamiento
council sn (+ v sing o pl) **1** (*esp. brit*) ayuntamiento *town council* ayuntamiento, cabildo (usado como adj) *council house* vivienda alquilada del municipio *council meeting* reunión de concejales, cabildo **2** [cuerpo elegido o designado] consejo *the United Nations Security Council* el Consejo de Seguridad de las Naciones Unidas *a council of war* un consejo de guerra
councillor sn (*esp. brit*) concejal
councilman sn (*amer*) concejal
councilwoman sn (*amer*) concejala
town hall sn ayuntamiento *You have to go down to the town hall to register.* Tiene que ir al ayuntamiento a inscribirse.
city hall sn (*esp. amer*) ayuntamiento (frec. usado sin **a** o **the**) *I'm going to complain to city hall.* Voy a quejarme al ayuntamiento.

227.2 Personas que trabajan para el Gobierno

civil service s (siempre + **the**) administración pública/ cuerpo de funcionarios (del Estado) **civil servant** sn funcionario (del Estado)
official sn funcionario *a government official* un funcionario del Gobierno
official adj **1** [describe: p.ej. posición, carta, permiso] oficial *an official visit by the Queen* una visita oficial de la Reina *The letter was written on official notepaper.* La carta estaba escrita en papel oficial. **2** [del conocimiento público] oficial *That was the official reason, I don't know whether it was the true one.* Esa era la razón oficial, no sé si era la verdadera. **officially** adv oficialmente
officer sn funcionario *local government officer* funcionario del gobierno local

227.3 Elecciones

nominate vt (frec. + **for**, **as**) proponer *You've been nominated (as a candidate) for the post of treasurer.* Le han propuesto (como candidato) para el cargo de tesorero. **nomination** sn/nn propuesta
nominee sn candidato

candidate sn (frec. + **for**) candidato *the Labour Party candidate in the general election* el candidato del Partido Laborista en las elecciones generales *candidates for the post of club secretary* candidatos para el cargo de secretario del club **candidacy** sn/nn candidatura

stand (*esp. brit*), **run** (*esp. amer*) vi (frec. + **as**, **for**) presentarse *She stood as Conservative Party candidate for Brighton.* Se presentó como candidata del Partido Conservador por Brighton.

election s **1** sn/nn elección, elecciones *a general election* elecciones generales *to hold an election* celebrar elecciones (usado como adj) *election campaign* campaña electoral *election results* resultados electorales **2** snn (frec. + **as, to**) elección *After his election to Parliament* después de su elección al Parlamento

by-election o **bye-election** sn (*brit*) [cuando un miembro del Parlamento o un representante del gobierno local muere o dimite] elección parcial

ballot sn/nn votación *a secret/postal ballot* una votación secreta/por correo *ballot-rigging* amañamiento de elecciones, pucherazo (usado como adj) *ballot box* urna electoral *ballot paper* papeleta (para votar)

ballot v **1** vt [pedir opinión. Obj: esp. miembros] consultar *We balloted our members on the proposed changes to the rules.* Consultamos a los socios mediante votación sobre los cambios propuestos en las normas. **2** vi (frec. + **for**) votar

poll snn, **polls** s pl elecciones *The poll is expected to go in favour of the Democrats.* Se preve que las elecciones se decanten a favor de los Demócratas. *The country will be **going to the polls** in July.* El país acudirá a las urnas en julio.

polling station sn (*esp. brit*) colegio electoral
polling booth sn (*esp. brit*) cabina electoral
referendum sn (frec. + **on**) referéndum *to hold a referendum* celebrar un referéndum

vote s **1** sn (frec. + **for, against**) voto *There were 340 votes for the motion and only 56 against it.* Hubo 340 votos a favor de la moción y sólo 56 en contra. *to **cast one's vote** depositar su voto **votes cast** votos emitidos to **get the vote** obtener el voto **2** sn voto, votación *Let's take/have a vote on it.* ¿Por qué no lo sometemos a votación? *to **put** something **to the vote** someter algo a votación **3** snn (siempre + **the**) [votos depositados] el voto *He got 56% of the vote.* Obtuvo el 56% de los votos. *the opposition vote* el voto de la oposición *the women's vote* el voto de la mujer **voter** sn votante
vote v **1** vi (frec. + **for, against, on**) votar, someter a votación *You're too young to vote.* Eres demasiado

joven para votar. *I voted Conservative at the last election.* Voté por los conservadores en las últimas elecciones. *Can we vote on that question?* ¿Podemos someter ese asunto a votación? **2** *vt* [ser de la opinión que] declarar *Everyone voted it a success.* Todos opinaron que fue un éxito. **3** *vt* (siempre + **that**) [informal y anticuado] proponer *I vote (that) we all go together.* Propongo que vayamos todos juntos.

constituent *sn* elector **constituency** *sn* distrito electoral, circunscripción

227.4 Partidos e ideologías políticas

party *sn* partido *a member of the Labour Party* un miembro del Partido Laborista (usado como *adj*) *party leader* líder de partido *party politics* política de partidos

communism *snn* comunismo **communist** *sn* comunista **communist** *adj* comunista

socialism *snn* socialismo **socialist** *sn* socialista **socialist** *adj* socialista

red *adj* [frec. peyorativo] rojo *Red China* la China Roja **red** *sn* rojo

left wing *s* (norml. + **the**) izquierda **left-wing** *adj* de izquierdas, izquierdista

centre (*brit*), **center** (*amer*) *sn* (siempre + **the**) centro (usado como *adj*) *centre party* partido de centro

---

PRINCIPALES PARTIDOS POLITICOS EN GRAN BRETAÑA Y ESTADOS UNIDOS

Los partidos políticos más importantes en Gran Bretaña son: el **Conservative Party** (Partido Conservador), partido de derechas, cuyos miembros se denominan **Conservatives** o, más informalmente, **Tories**; el **Labour Party** (Partido Laborista), a la izquierda del espectro político; y el reducido **Liberal Democratic Party** (Partido Demócrata Liberal), partido de centro, cuyos miembros se denominan **Liberal Democrats**. No existe un término especial para los miembros del Partido Laborista.

Tan sólo existen dos grandes partidos políticos en Estados Unidos. El **Republican Party** (Partido Republicano), cuyos partidarios se denominan **Republicans**, es más derechista que el **Democratic Party** (Partido Demócrata), cuyos partidarios se denominan **Democrats**.

---

liberal *adj* [describe: p.ej. régimen, actitud] liberal **liberal** *sn* liberal **liberalism** *snn* liberalismo

right wing *s* (norml. + **the**) derecha **right-wing** *adj* de derechas, derechista

conservative *adj* [describe: p.ej. persona, actitud] conservador **conservative** *sn* conservador **conservatism** *snn* conservadurismo

fascism *snn* fascismo **fascist** *sn* fascista **fascist** *adj* fascista

227.5 Sistemas de gobierno

democracy *snn/n* democracia *parliamentary democracy* democracia parlamentaria **democrat** *sn* demócrata

democratic *adj* [describe: p.ej. gobierno, derecho, sociedad] democrático *It would be more democratic if we took a vote.* Sería más democrático si lo sometiéramos a votación. **democratically** *adv* democráticamente

dictatorship *snn/n* dictadura **dictator** *sn* dictador **dictatorial** *adj* dictatorial

anarchism *snn* anarquismo **anarchist** *sn* anarquista

anarchy *snn* anarquía *The overthrow of the president plunged the country into anarchy.* El derrocamiento del presidente sumió al país en la anarquía.

227.6 Revolución

revolution *s* **1** *sn/nn* revolución *the French Revolution* la Revolución Francesa *The government was overthrown in a revolution.* El gobierno fue derrocado en una revolución. **2** *sn* (frec. + **in**) [cambio total] revolución *a revolution in scientific thought* una revolución en el pensamiento científico *the Industrial Revolution* la Revolución Industrial

revolutionary *adj* **1** [describe: p.ej. gobierno, actividades, líder] revolucionario **2** [describe: p.ej. cambio, efecto, descubrimiento] revolucionario **revolutionary** *sn* revolucionario

revolt *snn/n* (frec. + **against**) [de menor escala que **revolution**] rebelión, sublevación *to rise in revolt against sb/sth* rebelarse contra alguien/algo, sublevarse contra alguien/algo

revolt *vi* (frec. + **against**) rebelarse, sublevarse

U S O

Los tiempos continuos del verbo **to revolt** (p.ej. *They're revolting.*) deben usarse con cuidado para evitar la ambigüedad a causa de la existencia del adjetivo **revolting** (asqueroso, repugnante).

---

uprising *sn* alzamiento, levantamiento *an armed uprising* un levantamiento armado

rebellion *sn/nn* rebelión, sublevación *armed rebellion* un rebelión armada *The rebellion was crushed by the military.* Los militares aplastaron la rebelión.

coup *sn* **1** TAMBIÉN **coup d'etat** golpe (de estado) *He seized power in a coup.* Tomó el poder en un golpe de estado. **2** [logro muy inteligente y satisfactorio] éxito, logro *It was quite a coup to get the contract to build the new bridge.* Fue todo un éxito conseguir el contrato para construir el nuevo puente.

demonstration *sn*, abrev. [informal] **demo** (frec. + **against, in favour of**) manifestación *a student demonstration in support of the sacked lecturer* una manifestación estudiantil en apoyo del profesor despedido **demonstrate** *vi* manifestarse **demonstrator** *sn* manifestante

228 Control Controlar

ver también **401 Strength**

control *vt*, -ll- (*brit*), norml. -l- (*amer*) **1** [regular o ejercer restricciones sobre. Obj: p.ej. máquina, vehículo, alumnos] controlar *She simply can't control those children.* No sabe controlar a esos niños en absoluto. *Please try to control yourself.* Por favor intente controlarse. *a computer-controlled process* un proceso informatizado **2** [tener poder sobre. Obj: p.ej. país, organización] controlar *Our forces now control all access roads to the city.* Ahora nuestras fuerzas controlan todas las vías de acceso a la ciudad.

control *s* **1** *snn* (frec. + **of**) control, mando *to be in control (of sth)* estar al mando (de algo), estar a cargo (de algo) *The vehicle **went out of control**.* El vehículo escapó a todo control. *She **lost control** of her temper.* Perdió los estribos. *The army has **taken control** of the country.* El ejército ha asumido el mando del país. *Everything is **under control**.* Todo está bajo control. *circumstances **outside/beyond our control*** circunstancias fuera de nuestro control **2** *sn/nn* (frec. + **on**) [límite] control *traffic control* control del tráfico *controls on imports* restricciones sobre las importaciones **3** *sn* (frec. *pl*) [de máquina, vehículo, etc.] mando **controller** *sn* controlador

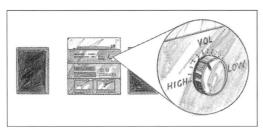

the volume control on a stereo el mando del volumen en un equipo estereofónico

The pilot is at the controls. El piloto está en los mandos.

be in charge (of sth/sb) estar al cargo de (alguien/algo) *Who's in charge while the boss is away?*

¿Quién está al cargo cuando no está el jefe? *I left Mary in charge of the office.* Dejé a Mary al cargo de la oficina. *She was in charge of the children while the parents were away.* Estuvo al cuidado de los niños mientras los padres estaban fuera.

228.1 Supervisar

supervise *vti* [obj: p.ej. trabajadores, trabajo, operación] supervisar

supervision *snn* supervisión *She was working **under the supervision of** the head of the department.* Estaba trabajando bajo la supervisión del jefe de departamento. **supervisor** *sn* supervisor

oversee *vt, pas.* **oversaw** *pp.* **overseen** [ejercer control general o total sobre algo] supervisar *They brought in an expert to oversee the project.* Trajeron a un experto para supervisar el proyecto.

overseer *sn* [en fábrica, etc.] supervisor, capataz

monitor *vt* [implica medición. Obj: p.ej. latido del corazón, mejora] controlar *The doctors are continuously monitoring the patient's respiration.* Los médicos controlan constantemente la respiración del paciente.

monitor *sn* **1** [mide p.ej. latido] monitor **2** [para cámara de televisión] monitor

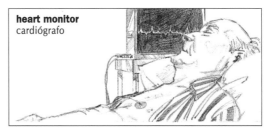

heart monitor
cardiógrafo

watchdog *sn* [persona o comisión que se encarga de asegurar que las empresas o instituciones no actúan de manera ilegal o irresponsable] vigilante, guardián *The committee acts as watchdog to ensure that standards are maintained.* La comisión tiene la función de vigilar para asegurar que se mantienen los niveles de calidad.

keep an eye on sb/sth [informal] vigilar (a alguien/algo *I asked my neighbour to keep an eye on the children while I was out.* Le pedí al vecino que vigilara a los niños mientras yo estaba fuera. *The police are keeping an eye on the warehouse because they think it contains stolen goods.* La policía está vigilando el almacén porque cree que contiene mercancías robadas.

228.2 Organizar

organize *vt*, TAMBIÉN **-ise** (*brit*) **1** [hacer que ocurra. Obj: p.ej. reunión, viaje] organizar *I'm organizing a party for Julia's birthday.* Estoy organizando una fiesta para el cumpleaños de Julia. *Can you organize lifts for the people who haven't got cars?* ¿Puede organizar el transporte para las personas que no tienen coche? **2** [elaborar un sistema ordenado. Obj: p.ej. objetos, personas, hechos] organizar, ordenar *We must get (ourselves) organized.* Tenemos que organizarnos. *organized crime* crimen organizado *The books are organized by subject.* Los libros están ordenados por temas.

arrange *v* 1 *vti* (frec. + **to** + INFINITIVO, + **for**) [obj: p.ej. cita, entrevista, hora, visita, reunión] concertar, fijar, quedar *an arranged marriage* un matrimonio concertado por los padres de los novios *We'll meet on Friday then, as arranged.* Entonces nos veremos el viernes, como acordamos. *I have arranged for them to meet us at the airport.* He quedado en que vengan a buscarnos al aeropuerto. *She has arranged to go shopping with them.* Ha quedado en ir de compras con ellos. 2 *vt* [poner en orden. Obj: p.ej. flores, libros, papeles] ordenar, poner en orden *Arrange these words in the correct order.* Ponga estas palabras en orden.

arrangement *s* 1 *sn* (norml. *pl*) preparativos, planes *What are the sleeping arrangements for tonight?* ¿Cómo/dónde vamos a dormir esta noche? *I made arrangements to go and see her tomorrow.* He quedado en ir a verla mañana. 2 *snn/n* (frec. + **with**) [acuerdo] arreglo, acuerdo *by arrangement* (*with sb*) de previo acuerdo (con alguien) *to come to an arrangement* (*with sb*) llegar a un acuerdo (con alguien) 3 *snn/n* arreglo, disposición *(a) flower arrangement* (un) arreglo floral

plan *vt*, -nn- planear, planificar *We're planning a surprise party.* Estamos planeando una fiesta sorpresa.

planning *snn* planificación *This kind of project needs careful planning.* Este tipo de proyecto precisa una planificación cuidadosa. *ver también **107 Intend**

coordinate *vt* [obj: p.ej. esfuerzos, operaciones, movimientos] coordinar *a well-coordinated campaign* una campaña bien coordinada

coordination *snn* 1 coordinación *the coordination of the efforts of the various groups* la coordinación de los esfuerzos de los diversos grupos 2 [del cuerpo] coordinación *lack of muscular coordination* falta de coordinación muscular

run *v*, - nn- *pas.* **ran** *pp.* **run** *vt* [obj: p.ej. negocios, hotel, organización] llevar, regentar, dirigir *a well-run/badly-run company* una empresa bien/mal dirigida *She's actually running the whole show.* En realidad, ella está dirigiendo toda la operación.

administer *vt* 1 [obj: p.ej. departamento, distrito, finanzas] administrar 2 [formal. Obj: p.ej. medicina, golpe] administrar

administration *s* 1 *snn* administración *I spend more time on administration than on actual design work.* Dedico más tiempo a la administración que al diseño en sí. 2 *sn* (*esp. amer*) [mandato] administración *the Reagan administration* la administración Reagan **administrative** *adj* administrativo **administrator** *sn* administrador

handle *vt* 1 [tratar con. Obj: p.ej. persona, situación, negocio, asunto, quejas] tratar, manejar, encargarse de, ocuparse de *My accountant handles any tax problems I may have.* Mi contable se ocupa de cualquier problema fiscal que me pueda surgir. 2 [puede ser emocionalmente más que físicamente] hacer frente a *Don't worry, I can handle it!* ¡No te preocupes, puedo con todo!

228.3 Mandar

ver también **208 Laws and Rules**

command *v* 1 *vti* [estar al mando de. Obj: p.ej. buque, avión, tropas] estar al mando (de) 2 *vti* (frec. + **to** + INFINITIVO, + **that**) [más formal e implica más autoridad que **order**] ordenar *She commanded us to stand still.* Nos ordenó que no nos moviéramos. 3 *vt* [obj: p.ej. respeto, atención] imponer, exigir *His paintings still command high prices.* Sus cuadros aún se cotizan a precios elevados. **commander** *sn* comandante, capitán de fragata

command *s* 1 *snn* mando *to be in command of something* estar al mando de algo *She's in full command of the situation.* Domina totalmente la situación. *to take command (of sth)* tomar el mando (de algo) [contexto militar], hacerse dueño (de algo) 2 *sn* orden, mandato *to give the command to do sth* dar la orden de hacer algo

order *vt* (frec. + **to** + INFINITIVO) ordenar, mandar *I order you to stop immediately.* Le ordeno que se detenga inmediatamente. *She loves ordering people about.* Le encanta dar órdenes a todo el mundo.

order *sn* orden *He gave the order to shoot.* Dio la orden de disparar. *Go home, that's an order!* ¡Véte a casa, es una orden!

instruct *vt* (frec. + **to** + INFINITIVO) [más formal que **order**, normalmente no se usa en contextos militares] mandar *I've been instructed to hand you this letter.* Me han encargado que le entregue esta carta.

instruction *sn* [norml. usado en *pl*] orden, instrucción *to give instructions (that)* dar instrucciones (para que) *Follow the instructions on the packet.* Siga las instrucciones del paquete.

boss *vt* (frec. + **about, around**) [informal] mangonear *Don't let her boss you (around).* No dejes que te mangonee.

bossy *adj* [informal] mandón

228.4 Liderazgo

leader *sn* líder, dirigente *The country needs a strong leader.* El país necesita un dirigente fuerte. *group/team leader* líder de grupo/equipo

leadership *snn* 1 (frec. + **of**) liderazgo, dirección *She took over the leadership of the party.* Se hizo con la dirección del partido. 2 (capacidad de) liderazgo *The course is designed to develop qualities of leadership and responsibility in young people.* El curso está pensado para desarrollar la capacidad de liderazgo y el sentido de la responsabilidad en los jóvenes. 3 (siempre + **the**; + *v sing* o *pl*) los dirigentes, la dirección *The party leadership is/are out of touch with what ordinary members think.* La cúpula del partido no está al corriente de lo que piensan los militantes de base.

lead *vti*, *pas.* **led** *pp.* **led** [ser líder de] dirigir, liderar [conducir] llevar, conducir *She led her party to victory.* Llevó a su partido a la victoria.

head *sn* (frec. + **of**) jefe, director *departmental heads* jefes de departamento *the head of the organization* el jefe de la organización *head of state* jefe de estado (usado como *adj*) *head waiter* jefe de comedor, maître *head office* oficina central

head vt [obj: p.ej. organización, empresa, rebelión] dirigir, encabezar *She heads the history department*. Es jefa del departamento de historia.

master sn (frec. + **of**) amo, señor, dueño *The dog recognised its master's voice*. El perro reconoció la voz de su amo. *to be master of the situation* ser dueño de la situación *to be one's own master* ser dueño de sí mismo

mistress sn (frec. + **of**) señora, dueña *The servant reported the matter to his mistress*. El criado informó del asunto a su señora.

rule vit (frec. + **over**) gobernar (en), reinar (en) *Louis XIV ruled (France) from 1643 to 1715*. Luis XIV reinó (en Francia) desde 1643 hasta 1715. *Don't let your heart rule your head*. No te dejes dominar por los sentimientos. **rule** sn dominio, reinado, gobierno **ruler** sn dirigente, soberano

govern v 1 vti [obj: esp. país] gobernar 2 vt [obj: p.ej. acciones, comportamiento] guiar, regir *rules governing the conduct of meetings* normas que rigen el desarrollo de las reuniones

dominate vti dominar *He'll dominate you, if you let him*. Te dominará, si le dejas. *a building dominating the skyline* un edificio que domina el perfil de la ciudad **domination** snn dominación

228.5 Limitar

limit vt (frec. + **to**) limitar *We had to limit ourselves to five minutes each*. Tuvimos que limitarnos a cinco minutos cada uno. *We're limited by financial considerations*. Estamos limitados por razones de índole financiera. *The problem isn't limited to students/the inner cities*. El problema no se limita a los estudiantes/al casco antiguo de las ciudades.

limit sn límite *speed/time limit* límite de velocidad/tiempo límite *to impose limits on sth/sb* poner límites a algo/alguien

limitation sn [frec. pl] limitación, restricción *to have limitations* tener limitaciones *He knows his own limitations*. Conoce sus limitaciones.

limited adj [describe: p.ej. número, cantidad, alcance] limitado *They have a limited selection of goods on offer*. Tienen una selección limitada de productos en oferta. *a student of very limited ability* un estudiante de capacidad muy limitada

restrict vt (frec. + **to**) [sugiere un control negativo más firme que **limit**] limitar *laws restricting the number of hours young people are allowed to work* leyes que limitan el número de horas que los jóvenes pueden trabajar *Membership is restricted to women*. El ingreso está reservado a las mujeres.

restricted adj [describe: p.ej. campo visual, espacio, altura] limitado *The invention's commercial potential is restricted*. El potencial comercial del invento es limitado.

restriction sn (frec. + **on**) restricción, limitación *Speed restrictions are in force on the motorway*. En la autopista hay un límite de velocidad que respetar. *to place/impose restrictions on* poner restricciones a

curb vt [sugiere un control más fuerte y enérgico que **limit** o **restrict**. Obj: frec. algo considerado indeseable] limitar, contener *measures to curb outbreaks of violence* medidas para reprimir brotes de violencia

curb sn (frec. + **on**) freno *curbs on public spending* contención del gasto público

curtail vt [más bien formal] reducir, restringir, limitar [obj: p.ej. poderes, libertad] *an attempt to curtail expenditure* un intento de reducir los gastos

restrain vt [sugiere una clase de control blando. Se usa frec. para describir los esfuerzos de una persona para dominarse] contener(se) *I couldn't restrain myself any longer - I had to speak out*. No pude contenerme por más tiempo - tuve que decir lo que pensaba. *Police restrained the man and led him out of the hall*. La policía redujo al hombre y le sacó del salón.

restrained adj [describe: p.ej. reacción, emoción] moderado, contenido

regulate vt [sugiere organizar y controlar. Norml. no se dice de personas. Obj: p.ej. uso, venta, flujo] regular *Laws to regulate the import of livestock*. Leyes para regular la importación de ganado.

228.6 Influir

influence s 1 snn/n (no tiene pl; frec. + **on**) influencia *to have an influence on sb/sth* tener influencia sobre alguien/algo *She could use her influence to get you the job*. Podría usar su influencia para conseguirte el trabajo. *She's still under her sister's influence*. Aún está bajo la influencia de su hermana. 2 sn (frec. + **on**) influencia *to be a good/bad influence on sb* ser una buena/mala influencia para alguien *an influence for good* una influencia benéfica

influential adj [describe: p.ej. persona, periódico, posición] influyente *He was influential in bringing about a settlement*. Hizo valer su influencia para llegar a un acuerdo.

power s 1 snn poder, influencia *to be **in power*** estar en el poder *to **come to power*** asumir el poder, subir al poder *to have power over sb/sth* tener poder sobre alguien/algo (usado como adj) *power struggle* lucha por el poder 2 sn/n [derecho] poder, autoridad *Only the President has the power to authorize such a move*. Solamente el Presidente tiene el poder de autorizar tal acción. *The police were given special powers during the emergency*. Durante la emergencia se concedieron poderes especiales a la policía. 3 sn [país o persona] potencia *a naval/military power* una potencia naval/militar

powerful adj [describe: p.ej. persona, nación, organización] poderoso

pull strings [informal] ejercer influencia *He has some contacts in the ministry, so he can pull strings for you*. Tiene algunos contactos en el ministerio, así que te puede enchufar.

authority s 1 snn [frec. + **over**] autoridad *to be **in authority** over sb* tener autoridad sobre alguien *I don't have the authority to order her to stay*. No tengo autoridad para ordenarle que se quede. 2 sn [frec. pl; norml. + **the**] autoridad *You'll have to get permission from the proper authorities*. Tendrá que obtener el permiso de las autoridades competentes.

229 Strict Estricto

strict adj **1** (frec. + **about**, **with**) [describe: p.ej. profesor, disciplina, norma] estricto *My parents are very strict about homework.* Mis padres son muy estrictos respecto a los deberes. *I was given strict instructions not to be late.* Recibí instrucciones estrictas de no llegar tarde. **2** [totalmente exacto. Describe: p.ej. interpretación, verdad] estricto, preciso *not in the strict sense of the word* no en el sentido estricto de la palabra

strictly adv **1** [usado para enfatizar] estrictamente, terminantemente *strictly forbidden* terminantemente prohibido **2** estrictamente, exactamente *Strictly speaking, it's our turn next.* En realidad, nosotros somos los siguientes. *Are these figures strictly accurate?* ¿Son estas cifras rigurosamente exactas? *The story wasn't strictly true.* La historia no era del todo cierta.

firm adj firme *Be firm with her.* Sé firme con ella. *That boy needs a firm hand.* Ese chico necesita mano firme. **firmly** adv firmemente, con firmeza **firmness** snn firmeza

stern adj **1** [describe: p.ej. persona, advertencia, medida] severo, austero, riguroso, serio **2** [describe: p.ej. expresión, mirada] severo, austero **sternly** adv severamente

severe adj **1** [describe: p.ej. persona, castigo, crítica] severo *I thought the judge was too severe on him.* Me pareció que el juez fue demasiado severo con él. **2** [muy malo. Describe: p.ej. daño, herida, golpe] grave, duro *severe climate* clima riguroso *They are suffering severe hardship.* Están pasando serias dificultades. **severely** adv con severidad, gravemente **severity** snn severidad, gravedad, rigor

harsh adj **1** [frec. peyorativo] severo, duro *She certainly didn't deserve such harsh treatment.* Desde luego, ella no merecía un trato tan cruel. **2** [rudo o desagradable. Describe: p.ej. sonido, voz, luz] áspero, violento **harshly** adv con dureza, severamente

discipline vt **1** [forzar a ser disciplinado] disciplinar **2** [más bien formal] castigar **disciplinary** adj disciplinario **discipline** snn disciplina *Those children badly need discipline.* A esos chicos les hace mucha falta algo de disciplina. *self-discipline* autodisciplina **disciplined** adj disciplinado

230 Allow Permitir

ver también *L14 Permission*

allow vt **1** (frec. + **to** + INFINITIVO) permitir *I'm not allowed to tell you his name.* No puedo decirle su nombre. *They're only allowed out on Sundays.* Sólo pueden salir los domingos. *No dogs allowed.* No se admiten perros. **2** (frec. + **to** + INFINITIVO) [dejar a alguien hacer o tener algo] permitir *The new timetable allows me more free time.* El nuevo horario me permite disponer de más tiempo libre. **allowable** adj admisible

u s o

No es correcto decir 'Is it allowed to smoke/eat in here?' etc. En su lugar, se debe decir *Is smoking/eating allowed in here?* (¿Se permite fumar/comer aquí?) o *Are we allowed to smoke in here?* (¿Podemos fumar aquí?) o *Am I allowed to eat in here?* (¿Puedo comer aquí?)

let vt, pas. & pp. **let** (frec. + INFINITIVO – **to**) [no se usa en pasiva. Más informal que **allow**] dejar, permitir *I won't let them hurt you.* No dejaré que te hagan daño. *You mean you just let him take the money!* ¡Quieres decir que simplemente dejaste que se llevara el dinero!

permit vt, -tt- (frec. + **to** + INFINITIVO) [más formal que **allow**] autorizar, permitir *Smoking is not permitted here.* No está permitido fumar aquí. *if time permits* si el tiempo lo permite

permit sn [documento oficial] permiso, licencia *a work permit* un permiso de trabajo

permission snn (frec. + **to** + INFINITIVO) permiso *I didn't give you permission to leave.* No le he dado permiso para salir. *She took the book without my permission.* Cogió el libro sin mi permiso.

permissible adj [más bien formal. Describe: p.ej. nivel, límite] lícito, permisible

grant vt **1** [obj: p.ej. deseo, petición] conceder, acceder a **2** [dar. Usado en contextos algo formales] otorgar, conceder *They were granted a small monthly payment.* Les concedieron una pequeña retribución mensual.

entitle vt (frec. + **to**, + **to** + INFINITIVO) dar derecho a *This voucher entitles you to two free cinema tickets.* Este vale le da derecho a dos entradas de cine gratis. *I'm entitled to know why my application was refused.* Tengo derecho a saber por qué fue rechazada mi solicitud. **entitlement** snn derecho, autorización

authorize, TAMBIÉN -**ise** (brit) vt (frec. + **to** + INFINITIVO) [dar autorización oficial especial] autorizar *Who authorized you to sign on the company's behalf?* ¿Quién le autorizó a firmar en nombre de la empresa? *authorized biography* biografía autorizada

authorization, TAMBIÉN -**isation** (brit) snn autorización

licence (esp. brit), **license** (amer) s **1** sn (frec. + **to** + INFINITIVO) licencia, permiso *driving licence (brit)/driver's license (amer)* permiso de conducir *manufactured under licence* fabricado con licencia (usado como adj) *licence fee* tasa **2** snn libertad *She*

f r a s e s

to give/get the go-ahead (frec. + **to** + INFINITIVO) dar/recibir luz verde *We can start as soon as we get the go-ahead from you.* Podemos empezar en cuanto usted nos dé luz verde.

to give the green light to dar luz verde a

to give the thumbs up to dar el visto bueno a

allowed herself a certain amount of licence in interpreting her instructions. Se permitió cierta libertad al interpretar sus instrucciones. *poetic licence* licencia poética

license (*brit & amer*), **licence** (*amer*) *vt* (frec. + **to** + INFINITIVO) autorizar *licensed premises* establecimiento autorizado para vender bebidas alcohólicas

sanction *vt* [formal] sancionar *The committee refused to sanction the proposals.* El comité se negó a sancionar las propuestas.

sanction *s* **1** *sn* [como castigo] sanción *to impose economic sanctions on a country* imponer sanciones económicas a un país **2** *snn* [permiso. Formal] sanción

231 Forbid Prohibir

forbid *vt*, **-dd-** *pas.* **forbade** *pp.* **forbidden** (frec. + **to** + INFINITIVO) prohibir *I forbid you to go near that place again.* Te prohibo que vuelvas a acercarte a ese lugar. *forbidden by law* prohibido por la ley

uso

De los verbos de esta sección, **forbid** es el único que se puede usar en una conversación para impedir que alguien haga una cosa concreta en un momento determinado: *I forbid you to do that.* (Te prohibo que hagas eso.) No obstante, **forbid** es una palabra muy enfática y más bien formal. En inglés hay otras maneras más informales de expresar una prohibición, como p.ej. el uso del imperativo en la forma negativa: *Don't do that!* (¡No hagas eso!) o el uso de **must** en la forma negativa: *You mustn't do that.* (No debes hacer eso.) Así pues, aunque un joven pueda decir: '*My parents have forbidden me to go.*' (Mis padres me han prohibido que vaya.) lo más probable es que diga: '*My parents won't let me go.*' (Mis padres no me dejan ir.)

ban *vt*, **-nn-** (frec. + **from**) prohibir *The government has banned the sale of the drug.* El gobierno ha prohibido la venta del fármaco. [frec. también se usa en contextos más cotidianos] *My dad's banned me from driving his car.* Mi padre me ha prohibido conducir su coche.

ban *sn* (frec. + **on**) prohibición *a ban on overtime* una prohibición de hacer horas extraordinarias *a smoking ban* una prohibición de fumar

prohibit *vt* [formal] (frec. + **from**) prohibir **prohibition** *sn/nn* prohibición

bar *vt*, **-rr-** (frec. + **from**) prohibir *The committee barred her from the club.* El comité le prohibió la entrada en el club. *Company employees are barred from taking part in the competition.* Los empleados de la empresa

tienen prohibido participar en la competición.

bar *sn* (frec. + **on**, **to**) prohibición *a bar on sales of alcohol* una prohibición de venta de bebidas alcohólicas *This issue is a major bar to world peace.* Este tema es un importante obstáculo para la paz mundial.

outlaw *vt* [principalmente usado por periodistas. Suj: esp. gobierno] prohibir **outlaw** *sn* proscrito, fuera de la ley

frase

to give the thumbs down to rechazar, desaprobar

231.1 Tipos especiales de prohibición

veto *sn*, *pl* **vetoes** [enfatiza el uso de poder o influencia] veto *The USA used its veto in the Security Council.* Estados Unidos utilizó su veto en el Consejo de Seguridad.

veto *vt* [obj: p.ej. propuesta, plan] vetar

embargo *sn*, *pl* **embargoes** (frec. + **on**) embargo *trade embargo* embargo económico *to lift/raise an embargo on sth* levantar un embargo sobre *to place goods under an embargo* someter la mercancía a embargo **embargo** *vt* prohibir

censorship *snn* censura *press censorship* censura de prensa

censor *vt* [obj: p.ej. libro, noticias, información] censurar *The explicit sex scenes have been censored.* Las escenas explícitas de sexo han sido censuradas. **censor** *sn* censor

taboo *sn*, *pl* **taboos** tabú

taboo *adj* tabú *That subject is taboo in this household.* Ese tema es tabú en esta casa.

232 Religion Religión

ver también **195.2 Social customs**

religion *snn/n* religión *What's your religion?* ¿Cuál es su religión?

religious *adj* [describe: p.ej. fe, oficio, música] religioso *He's very religious.* Es muy religioso.

faith *s* **1** *snn* fe *Her faith kept her going through this crisis.* Su fe le permitió seguir adelante durante la crisis. *to lose one's faith* perder la fe **2** *sn* religión *She was brought up in the Catholic faith.* Fue educada en la religión católica. **3** *snn* [confianza] fe *to have faith in sb/sth* tener fe en alguien/algo

232.1 Religiones del mundo

Christianity *snn* cristianismo **Christian** *sn* cristiano **Christian** *adj* cristiano

Buddhism *snn* budismo **Buddhist** *sn* budista **Buddhist** *adj* budista

Hinduism *snn* hinduismo **Hindu** *sn* hindú **Hindu** *adj* hindú

Judaism *snn* judaísmo **Jew** *sn* judío **Jewish** *adj* judío

Islam *snn* islam **Moslem** O **Muslim** *sn* musulmán **Moslem** O **Muslim** *adj* musulmán

232.2 Confesiones cristianas

Church of England iglesia anglicana

Anglicanism *snn* anglicanismo **Anglican** *sn* anglicano
Anglican *adj* anglicano

Baptist *sn* baptista **Baptist** *adj* baptista

(Roman) Catholicism *snn* catolicismo **(Roman)**
Catholic *sn* católico **(Roman) Catholic** *adj* católico

Lutheranism *snn* luteranismo **Lutheran** *sn* luterano
Lutheran *adj* luterano

Methodism *snn* metodismo **Methodist** *sn* metodista
Methodist *adj* metodista

Mormonism *snn* mormonismo **Mormon** *sn* mormón
Mormon *adj* mormónico

(Greek/Russian) Orthodox *adj* ortodoxo (griego/ruso)

Protestantism *snn* protestantismo **Protestant** *sn*
protestante **Protestant** *adj* protestante

Quakerism *snn* cuaquerismo **Quaker** *sn* cuáquero

232.3 Seres divinos o sagrados

God *s* (norm. sin **a** o **the**) [el Dios único de los
cristianos, judíos o musulmanes] Dios
god *sn, fem:* **goddess** dios *the god of war* el dios de la
guerra *the goddess Diana* la diosa Diana

Allah [el nombre de Dios en el Islam] Alá

Buddha Buda

Mohammed Mahoma

Jehovah [un nombre de Dios en el cristianismo y el
judaísmo] Jehová

Lord *s* (sin artículo o + **the**) Señor *Lord, hear our prayer.*
Señor, escucha nuestra oración.

Jesus Jesús *Jesus saves.* Jesús es el Salvador.

Christ Cristo

Holy Spirit TAMBIÉN **Holy Ghost** Espíritu Santo

Virgin Mary (siempre + **the**) Virgen María *the Blessed
Virgin Mary* la Santísima Virgen

Satan Satanás

angel *sn* ángel *guardian angel* ángel de la guarda

devil *sn* diablo, demonio *the Devil* el Diablo

saint *sn* santo *Saint Agnes* Santa Inés *Saint John's
(church)* Iglesia de San Juan **saintly** *adj* santo, piadoso

prophet *sn* profeta *the prophet Isaiah* el profeta Isaías *a
prophet of doom* un vaticinador de calamidades
prophetic *adj* profético **prophecy** *snn/n* profecía
prophesy *vti* profetizar

232.4 Clero

clergy *s* (siempre + **the**) clero *members of the clergy*
miembros del clero

clergyman *sn, pl* **clergymen** clérigo, pastor

priest *sn* sacerdote, cura
priesthood *s* (siempre + **the**) el sacerdocio

vicar *sn* [en Iglesia Anglicana] párroco *the vicar of St.
Mary's* el párroco de la iglesia de Santa María **vicarage**
sn casa del párroco

minister *sn* [esp. en iglesia cristiana protestante o no
conformista] pastor

rabbi *sn* rabino

bishop *sn* obispo

archbishop *sn* arzobispo

pope *sn* papa *Pope John Paul II* el Papa Juan Pablo II

monk *sn* monje

nun *sn* monja

232.5 Edificios religiosos cristianos

abbey *sn* abadía *Westminster Abbey* la abadía de
Westminster

cathedral *sn* catedral *Winchester Cathedral* la catedral
de Winchester

monastery *sn* monasterio

steeple aguja, campanario
spire aguja
tower campanario, torre
porch pórtico
churchyard cementerio, camposanto
church iglesia

aisle pasillo
pulpit púlpito
altar altar
pew banco (de iglesia)
nave nave
font pila (bautismal)

convent *sn* convento (usado como *adj*) *convent school* colegio de monjas *convent girl* alumna de un colegio de monjas

church *sn/nn* **1** iglesia *to go to church* ir a misa (usado como *adj*) *church door* portal de la iglesia *church service* oficio **2** [frec. con mayúscula] Iglesia *the Church of England* la Iglesia Anglicana *the teachings of the Church* las enseñanzas de la Iglesia

temple *sn* templo

synagogue *sn* sinagoga

mosque *sn* mezquita

232.6 Adoración

worship *snn* culto *They bowed their head in worship.* Inclinaron la cabeza en señal de adoración.

worship *vti*, **-pp-** (*brit*), **-p-** (*amer*) adorar, rendir culto (a)

service *sn* servicio, oficio *the marriage service* la ceremonia nupcial *a memorial service* un servicio conmemorativo

pray *vit* (frec. **+ for, to, that**) rezar, orar *Let us pray.* Oremos. *We're all praying for your recovery.* Todos rezamos para que te recuperes.

prayer *sn/nn* oración, rezo *the Lord's prayer* el padrenuestro *to say a prayer/one's prayers* rezar, orar *to kneel in prayer* arrodillarse para rezar (usado como *adj*) *prayer book* misal, devocionario

hymn *sn* himno *We shall now sing hymn (number) 55.* Ahora cantaremos el himno (número) 55. (usado como *adj*) *hymn book* cantoral

psalm *sn* salmo

preach *vti* [obj: esp. sermón] predicar *to preach the Gospel* predicar el Evangelio **preacher** *sn* predicador

sermon *sn* (frec. **+ on**) sermón

confession *snn* confesión *to go to confession* confesarse **confessional** *sn* confesionario

creed *sn* **1** (norml. **+ the**) [declaración de fe] credo **2** [creencias fundamentales] credo *people of every colour and creed* personas de todas las razas y credos

sacrifice *snn/n* **1** (frec. **+ to**) sacrificio *human sacrifice* sacrificio humano *a lamb offered as a sacrifice* un cordero ofrecido en sacrificio **2** sacrificio *to **make** sacrifices for* sb/sth hacer sacrificios por alguien/algo *self-sacrifice* abnegación **sacrificial** *adj* de (un) sacrificio

sacrifice *vt* **1** [obj: esp. animal] sacrificar **2** [obj: p.ej. tiempo, carrera profesional] sacrificar

bless *vt, pas. & pp.* **blessed** o **blest** [suj: sacerdote, Papa. Obj: p.ej. persona, congregación, pan] bendecir *to be blessed with* good health gozar de buena salud

blessing *s* **1** (siempre **+ the**) [en servicio religioso] bendición **2** *snn* bendición *to ask for God's blessing* pedir la bendición de Dios *They did it without my blessing.* Lo hicieron sin mi consentimiento. **3** *sn* bendición *It's a blessing nobody was hurt.* Ha sido una bendición de Dios que no hubiera heridos. *a **mixed** blessing* algo que tiene sus pros y sus contras *It's a **blessing in disguise.*** No hay mal que por bien no venga. *to **count** one's blessings* apreciar lo bueno que uno tiene

congregation *sn* (**+ v** *sing* o *pl*) congregación, feligreses

232.7 Sagradas Escrituras

bible *s* **1** (con mayúscula; siempre **+ the**) Biblia **2** *sn* [copia de la Biblia] Biblia **biblical** *adj* bíblico

Old Testament (**+ the**) el Antiguo Testamento

New Testament (**+ the**) el Nuevo Testamento

Gospel (**+ the**) el Evangelio *the gospel according to St Mark* el Evangelio según San Marcos

Koran o **Quran** (**+ the**) el Corán

scripture *snn/n* **1** (frec. con mayúsculas; si es *pl*, siempre **+ the**) [la Biblia] Escrituras *according to the scriptures* según las Sagradas Escrituras (usado como *adj*) *scripture lesson* clase de Religión **2** [libros sagrados de cualquier religión] libros sagrados *Buddhist scriptures* los libros sagrados budistas

232.8 Sagrado

holy *adj* [frec. con mayúsculas. Describe: p.ej. día, agua, hombre] sagrado, santo *Holy Communion* Sagrada Comunión *the Holy Land* la Tierra Santa **holiness** *snn* santidad

sacred *adj* (frec. **+ to**) [describe: p.ej. lugar, voto, deber] sagrado, sacro *to **hold** something **sacred*** considerar algo sagrado *Is nothing sacred?* ¿Es que ya no se respeta nada?

divine *adj* [que procede de una deidad o que es una deidad. Describe: p.ej. revelación, providencia] divino **divinely** *adv* divinamente

pious *adj* **1** [describe: persona] piadoso **2** [peyorativo. Hipócrita y santurrón. Describe: p.ej. remordimientos, sentimientos] beato **piety** *snn* piedad

devout *adj* **1** [describe: p.ej. católico, creyente] devoto **2** [describe: p.ej. deseo, esperanza] sincero **devoutly** *adv* con devoción

232.9 La vida después de la muerte

soul *s* **1** *sn* alma *the immortality of the soul* la inmortalidad del alma **2** *snn/n* [parte emocional de una persona] alma, corazón *the **life and soul** of the party* el alma de la fiesta *He's the soul of discretion.* Es la discreción personificada. **3** *sn* persona *Don't mention it to a soul.* No se lo digas a nadie. *Poor soul, he has had bad luck.* Pobrecito, ha tenido mala suerte.

spirit *s* **1** *sn/nn* espíritu *the spirits of their ancestors* los espíritus de sus antepasados *an evil spirit* un espíritu maligno *I can't come to your wedding but I'll be with you **in spirit**.* No puedo ir a vuestra boda pero estaré pensando en vosotros ese día. **2** *snn/n* (no tiene *pl*) [ambiente o cualidad general de alguna cosa] espíritu *team spirit* espíritu de equipo *She didn't show much of the Christmas spirit.* No manifestó estar muy metida en el ambiente navideño. *in a spirit of co-operation* con ánimo de cooperar *to **enter into the spirit of** sth* meterse en el ambiente de algo **3** *snn* [vivacidad y resolución] energía, brío

spiritual *adj* espiritual *concerned for their spiritual wellbeing* preocupado por su bienestar espiritual

spirited *adj* animado, enérgico *He put up a spirited defence of his views.* Hizo una vigorosa defensa de sus puntos de vista.

heaven *s* **1** (sin **a** o **the**) cielo *to go to heaven* ir al cielo [usado para referirse a **God**] *Heaven help you*, *if you make the same mistake again!* ¡Que Dios te ayude si vuelves a cometer el mismo error! *Heaven forbid!* ¡No lo quiera Dios! **2** *snn/n* [más bien informal. Situación agradabilísima] paraíso *(a) heaven on earth* (un) paraíso terrestre

heavenly *adj* **1** celestial *heavenly angels* ángeles celestiales **2** [muy bueno. Palabra más bien afectada] estupendo *That cake is absolutely heavenly!* ¡Ese pastel está estupendo!

paradise *s* **1** (frec. con mayúscula y sin **a** o **the**) paraíso **2** [situación o lugar maravilloso] paraíso *This is paradise compared to where we used to live.* Esto es el paraíso comparado con el lugar donde vivíamos antes. *a bargain-hunter's paradise* un paraíso para los cazadores de gangas

purgatory *s* (en religión frec. se usa con mayúscula; sin **a** o **the**) purgatorio *It's sheer purgatory to have to listen to her.* ¡Es un auténtico purgatorio tener que escucharle!

hell *s* **1** (frec. con mayúscula; sin **a** o **the**) infierno *to go to hell* ir al infierno **2** *snn/n* [lugar o situación horrible] infierno *(a) hell on earth* (un) infierno *to go through hell* pasarlas moradas *to make sb's life hell* hacerle la vida imposible a alguien **hellish** *adj* infernal

232.10 Ateísmo

atheist *sn* ateo **atheism** *snn* ateísmo **atheistic** *adj* ateo

unbeliever *sn* no creyente

agnostic *sn* agnóstico **agnosticism** *snn* agnosticismo **agnostic** *adj* agnóstico

233 Education Educación

education *s* **1** *snn* educación, enseñanza (usado como *adj*) *education experts* expertos en educación **2** *snn* (no tiene *pl*) educación, formacíon *We want our children to have a good education.* Queremos que nuestros hijos reciban una buena educación.

educational *adj* [describe: p.ej. experiencia, juguete, libro] educativo

academic *adj* **1** [relativo a la educación. Describe: p.ej. personal, curso, título] académico, universitario **2** [intelectualmente dotado o que exige mucho desde el punto de vista intelectual] académico *It's a very academic course.* Es un curso muy académico.

academic *sn* **1** profesor de universidad, académico **2** [persona intelectual] erudito **academically** *adv* académicamente

---

EL SISTEMA EDUCATIVO EN EL REINO UNIDO Y EN LOS ESTADOS UNIDOS

Tanto en el Reino Unido como en Estados Unidos, los sistemas educativos varían según las regiones. A continuación se describen modelos típicos, aunque existen variantes.

Educación preescolar

Los niños que no tienen la edad requerida legalmente para ir al colegio, frecuentemente inician su educación en un **nursery school** (parvulario, guardería) o **kindergarten** (jardín de infancia). En Gran Bretaña, los más pequeños también pueden ir a lo que se conoce con el nombre de **play school** (parvulario de tipo informal).

Educación primaria

A los 5 años, en Gran Bretaña los niños tienen que ir a la **primary school** (escuela primaria), que a veces se divide en dos secciones, la **infants school** (primera etapa) para niños de 5 a 7 años, y la **junior school** (segunda etapa) para niños de 7 a 11 años. En Estados Unidos, los niños van a la **elementary school** (escuela primaria), conocida también con el nombre de **grade school**, durante los seis o siete primeros años de su vida escolar. El período de seis a ocho años se denomina frecuentemente **middle school**.

Educación secundaria

A los 14 años, la mayoría de niños americanos van al **high school** (instituto de enseñanza secundaria) y una vez acabados los últimos cursos obtienen un **diploma** y dejan el instituto. El verbo para describir esto es **to graduate** (obtener el título de bachillerato). Sus homólogos británicos normalmente van al **secondary school** (instituto de enseñanza secundaria) a los 11 años. Sin embargo, algunos estudiantes británicos van a las **middle schools** (escuelas de primera etapa de

enseñanza secundaria) entre los 9 y los 13 años. En la actualidad, la gran mayoría de niños británicos van a los **comprehensive schools** (institutos de enseñanza secundaria), normalmente denominados **comprehensives**. Se trata de centros públicos, gratuitos y con gran número de alumnos, muy similares a los institutos americanos. Se les denomina **comprehensives** porque aceptan a todos los niños, independientemente de sus aptitudes. Hasta los años 60 y 70, a los 11 años, los niños británicos se presentaban a un examen para determinar si continuaban su educación en los **grammar schools** (institutos de bachillerato), reservados para los más dotados intelectualmente o en los **secondary modern schools** (institutos de formación profesional) enfocados hacia asignaturas más técnicas y vocacionales.

Educación superior

Tanto Estados Unidos como el Reino Unido tienen instituciones de **higher education** (educación superior) denominadas **universities** (universidades) y **colleges** (escuelas técnicas). Normalmente, en Gran Bretaña los **colleges** ofrecen cursos menos académicos, a menudo sin licenciatura, mientras que en América los **colleges** ofrecen cursos de licenciatura. El término **college** también puede significar una parte de una universidad, p.ej. *Trinity College, Cambridge.* Un estudiante americano suele usar la palabra **college**, independientemente de si la institución se denomina oficialmente universidad o **college**, mientras que los estudiantes británicos suelen ser más precisos. En Gran Bretaña, las **polytechnics** (universidades politécnicas) son universidades que normalmente se especializan en temas más científicos o técnicos. Frecuentemente, y de manera informal, se conocen con el nombre de **polys**. Sin embargo, recientemente todas las escuelas politécnicas británicas han adquirido categoría de universidad y conforme a esto han recibido un nuevo nombre. Es probable que, a partir de ahora, el término **polytechnic** empiece a desaparecer. **Further education** (*brit*), **Adult Education** (*amer*) (educación para adultos) es un término genérico para los estudios emprendidos después de acabar la escuela.

Educación privada

Tanto en el Reino Unido como en Estados Unidos, los padres pueden decidir pagar por la educación de sus hijos. El término **private school** (colegio privado) se usa tanto en Estados Unidos como en el Reino Unido para designar un colegio en el que los padres deben pagar para poder enviar a sus hijos. Frecuentemente, dichos colegios son **boarding schools** (internados), pero también pueden ser **day schools** (colegios en los que los alumnos no se quedan a dormir). El término **public school** también se usa en ambos países, pero mientras que en Estados Unidos un **public school** (instituto) es estatal y gratuita para los estudiantes, en Gran Bretaña, especialmente en Inglaterra, un **public school** (colegio privado) es un internado de antigüedad y prestigio, frecuentemente muy caro. En Gran Bretaña, una escuela gratuita del municipio se denomina **state school**

(escuela pública). En el Reino Unido, frecuentemente se usa el término **independent schools** (colegios privados) para designar a todos los colegios de pago, antiguos y nuevos, de internado o no.

Niveles de edad

En Estados Unidos, a medida que los niños avanzan en la escuela, pasan de un **grade** (curso) a otro, empezando por el primero y acabando en el doceavo curso. En el Reino Unido, los diversos grupos de edad de la escuela se denominan **forms** o **years**. En los colegios e institutos de secundaria enseñanza británicos, frecuentemente los últimos dos años se conocen con el nombre de **sixth form**; el **lower sixth** y el **upper sixth**. La palabra **form** también se usa para describir clases individuales dentro de un curso concreto, de forma que se podría decir que un alumno está **in the fourth form** (en el cuarto curso escolar) y **in form 4A** (en una clase de cuarto curso bajo la dirección de un profesor concreto).

Períodos académicos

El **academic year** (curso/año académico) en las escuelas, institutos y universidades británicos comienza en septiembre u octubre, y normalmente se divide en tres **terms** (trimestres), mientras que en Estados Unidos el curso se divide en dos **semesters** (semestres).

233.1 El aula

board pizarra

chalk tiza

playground patio (de recreo)

desk pupitre

exercise book cuaderno de ejercicios

classroom aula, clase

textbook libro de texto

233.2 Asignaturas de Letras

En inglés, puede parecer que muchas de las palabras referentes a las asignaturas académicas sean plurales pero de hecho se trata de sustantivos no numerables, p.ej. **maths**, **physics**, **economics**, **classics**, **linguistics**, etc. Asegúrese de que los usa como sustantivos no numerables, al hacer frases con ellos, p.ej. *Maths is my best subject.* (Las matemáticas son la asignatura que llevo mejor.)

arts *s pl* [asignaturas de humanidades] Letras *bachelor of arts* licenciado en (Filosofía y) Letras (usado como *adj*) *arts courses* carreras de Letras *an arts degree* licenciatura en Letras

No hay que confundir esta acepción de **arts** con **the Arts** [teatro, cine, ópera, etc.] o **art** [pintura, escultura, etc.]

humanities *s pl* (norml. + the) [aproximadamente igual que **arts**, aunque **humanities** se usa más para describir asignaturas como historia y geografía] humanidades

archaeology o **archeology** *snn* arqueología
archaeological o **archeological** *adj* arqueológico
archaeologist o **archeologist** *sn* arqueólogo

classics *snn* lenguas clásicas

English *snn* inglés *English language* lengua inglesa
English literature literatura inglesa

geography *snn* geografía *ver también **13 Geography and
Geology**

history *snn* historia **historical** *adj* histórico **historian** *sn*
historiador

languages *s pl* idiomas *modern languages* idiomas
modernos **linguistic** *adj* lingüístico **linguist** *sn* lingüista

language laboratory *sn* laboratorio de idiomas

linguistics *snn* lingüística

music *snn* música *ver también **379 Music**

P.E., TAMBIÉN **physical education** *snn* educación física

R.E., TAMBIÉN **religious education** o **religious
instruction** (*brit*) *snn* religión

sociology *snn* sociología **sociological** *adj* sociológico
sociologist *sn* sociólogo

233.3 Asignaturas de ciencias

science *snn/n* ciencia *natural sciences* ciencias
naturales *bachelor of science* licenciado en Ciencias
(usado como *adj*) *science teacher* profesor de ciencias
scientific *adj* científico **scientist** *sn* científico

biology *snn* biología **biological** *adj* biológico **biologist**
sn biólogo

botany *snn* botánica **botanical** *adj* botánico **botanist** *sn*
botánico

chemistry *snn* química **chemical** *adj* químico **chemist**
sn químico

economics *snn* económicas **economist** *sn* economista
*ver también **264 Finance**

mathematics, TAMBIÉN **maths** (*brit*) **math** (*amer*) *snn*
matemáticas *ver también **297 Maths**

physics *snn* física **physicist** *sn* físico

zoology *snn* zoología **zoological** *adj* zoológico
zoologist *sn* zoólogo

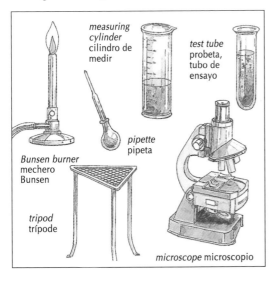

measuring cylinder cilindro de medir

test tube probeta, tubo de ensayo

pipette pipeta

Bunsen burner mechero Bunsen

tripod trípode

microscope microscopio

233.4 El laboratorio científico

laboratory, *abrev.* [más informal] **lab** *sn* laboratorio
research laboratories laboratorios de investigación
physics/chemistry laboratory laboratorio de
física/química (usado como *adj*) *laboratory animal*
animal de laboratorio *laboratory-tested* probado en
laboratorio

element *sn* elemento *chemical element* elemento
químico

compound *sn* compuesto *a compound of chlorine and
oxygen* un compuesto de cloro y oxígeno **compound**
adj compuesto

233.5 Exámenes y calificaciones

exam *sn* [el término normal, especialmente en inglés
oral] examen *history/music exam* examen de
historia/música *to take/sit/do an exam* hacer un
examen *to pass/fail an exam* aprobar/suspender un
examen (usado como *adj*) *exam paper* examen

examination *sn/nn* [usado principalmente en contextos
formales] examen

examine *vt* (frec. + **on**) [obj: p.ej. candidato,
estudiante] examinar **examiner** *sn* examinador

test *sn* **1** [examen corto] prueba *geography test* prueba
de geografía *driving test* examen de conducir *a test of
your skill/knowledge* una prueba de sus
aptitudes/conocimientos **2** [obj: p.ej. máquina] prueba,
examen [hecho por un médico] *blood/eye test* análisis
de sangre/test de visión *to carry out tests on something*
hacerle pruebas a algo *to **put** sth/sb **to the test*** poner
algo/alguien a prueba

test *v* **1** *vt* (frec. + **on**) [obj: p.ej. persona,
conocimentos, fuerza] examinar, poner a prueba *We're
being tested on our French verbs tomorrow.* Tenemos
una prueba de verbos franceses mañana. **2** *vti* (frec. +
for, **on**) probar, comprobar *This product has not been
tested on animals.* Este producto no se ha probado en
animales. *They're testing for radioactivity.* Están
comprobando la radiactividad.

graduate *vi* **1** [recibir un título] licenciarse, graduarse **2**
(*amer*) obtener el título, graduarse *to graduate from
high school* obtener el título de bachillerato
graduation *snn* graduación

qualify *v* **1** *vit* (frec. + **as**, **for**) obtener un título *She's
recently qualified as a dentist.* Recientemente, ha
obtenido el título de dentista. *The team qualified for
the second round of the tournament.* El equipo se ha
clasificado para la segunda vuelta del torneo. **2** *vi*
(frec. + **for**) [tener derecho a] *Do I qualify for a tax
rebate?* ¿Tengo derecho a una devolución de impuestos?

qualification *sn* (frec. + **for**) título, aptitud *We still
haven't found anyone with the right qualifications for
the job.* Aún no hemos encontrado a nadie que reúna
los requisitos necesarios para el trabajo.

award *vt* [obj: p.ej. título] adjudicar *ver también **398
Reward**

degree *sn* licenciatura, título *law degree/degree in law*
licenciatura en derecho *first degree* licenciatura *higher
degree* titulación de postgrado

diploma *sn* [norml. en un tema vocacional] diploma

scholarship *s* **1** *sn* beca *She won a scholarship to
Cambridge.* Ganó una beca para Cambridge. **2** *snn*
[saber] erudición

234 Teach Enseñar

teach v, pas. & pp. **taught** (frec. + **to** + INFINITIVO) **1** vti [en escuela, universidad, etc.] enseñar, dar clases (de) *He teaches at the village school.* Es maestro en la escuela del pueblo. *I teach French.* Soy profesor de francés. **2** vt [mostrar o decir cómo hacer algo] enseñar *My parents taught me to read.* Mis padres me enseñaron a leer. **3** vt [hacer consciente de las consecuencias] enseñar *That'll teach you not to play with matches!* ¡Eso te enseñará a no jugar con cerillas! *I hope that's **taught** you **a lesson**!* ¡Espero que eso te haya servido de escarmiento!

teaching s **1** snn enseñanza *a career in teaching* una carrera en la enseñanza **2** sn enseñanza, doctrina *the teachings of Christ* la doctrina de Cristo

educate vt [obj: persona] **1** (norml. pasiva) [dar educación general] educar, instruir *She was educated in Italy.* Se educó en Italia. **2** [informar de] educar *We're trying to educate the public about healthy eating.* Estamos intentando educar al público sobre el tema de la alimentación sana.

educated adj culto, instruido *an educated guess* una suposición basada en la experiencia

train vt (frec. + **to** + INFINITIVO) [norml. se refiere a habilidades prácticas. Obj: p.ej. persona, animal] formar, capacitar, amaestrar *a fully trained engineer* un ingeniero altamente cualificado **training** snn formación, capacitación

instruct vt (frec. + **in**) [más formal que **teach** o **train**. Frec. se refiere a una habilidad práctica. Obj: persona, grupo] instruir *We were instructed in the use of the fire-fighting equipment.* Se nos instruyó en el uso del material contra incendios.

instruction snn instrucción, enseñanza *to receive instruction in sth* recibir instrucción en algo

lecture v **1** vit (frec. + **on**, **in**) [en la universidad] dar clases (a), dar una conferencia (a) *She lectures on archaeology at London University.* Da clases de arqueología en la Universidad de Londres. **2** vt (frec. + **about**, **on**) [peyorativo] sermonear *My parents lectured me on respect for my elders.* Mis padres me sermonearon sobre el respeto hacia los mayores.

lecture sn **1** (frec. + **on**) conferencia, clase *a course of lectures on German history* un ciclo de conferencias sobre historia alemana **2** (frec. + **about**, **on**) sermón

234.1 Personas que se dedican a la enseñanza

teacher sn maestro, profesor *French teacher* profesor de francés *primary-school teacher* maestro de escuela primaria

master (masc), **mistress** (fem) sn [más bien anticuado, pero usado aún en los colegios británicos más tradicionales, o por la gente mayor] maestro, profesor *science mistress* profesora de ciencias

headteacher (brit), masc: **headmaster** (brit) fem: **headmistress** (brit) sn director

head (brit) sn [más informal que **headteacher** etc.] director *The head wants to see you in his study now.* El director quiere verte en su despacho ahora. **headship** sn (brit) dirección

principal sn [director de una escuela, **college**, o universidad] director, rector

tutor sn **1** [normalmente da clases particulares] preceptor, profesor particular **2** [en una universidad británica, esp. tutor de grupos reducidos o individual] tutor **tutor** vti dar clases particulares (a)

tuition (brit) snn enseñanza *private tuition* clases particulares

coach sn **1** [deporte] entrenador *football coach* entrenador de fútbol **2** profesor particular **coach** vti entrenar, preparar

trainer sn [norml. en deporte o para animales] entrenador, amaestrador, domador

instructor sn [norml. en una habilidad práctica] instructor, monitor *flying/driving instructor* instructor de vuelo/monitor de autoescuela

lecturer sn [en la universidad] profesor *history lecturer/lecturer in history* profesor de historia

professor sn **1** (brit) [profesor de universidad de categoría alta que posee una cátedra en una materia] catedrático *chemistry professor/professor of chemistry* catedrático de química **2** (amer) [cualquier profesor universitario] profesor (universitario) *associate professor* profesor adjunto **professorship** sn cátedra

235 Learn Aprender

learn vti, pas. & pp. **learned** o **learnt** (brit) **1** (frec. + **to** + INFINITIVO) [obj: asignatura, datos, oficio] aprender *I want to learn (how) to drive.* Quiero aprender a conducir. *He **learnt** the poem **by heart**.* (brit & amer) **off by heart** (brit). Se aprendió el poema de memoria. **2** [por experiencia] aprender, escarmentar *When will they ever learn!* ¡Cuándo escarmentarán de una vez! *I think she's **learned her lesson**.* Creo que ya ha escarmentado. **3** (frec. + **about**, **of**, **that**) [descubrir] enterarse de *We only learnt of the change of plan last Friday.* No nos enteramos del cambio de plan hasta el viernes pasado.

study v **1** vti [obj: p.ej. asignatura, autor, período] estudiar *He's studying to be a lawyer.* Estudia para abogado. *I'm studying French at university.* Estudio francés en la universidad. **2** vt [mirar detenidamente. Obj: p.ej. documento, mapa] examinar

study snn/n estudio *time set aside for private study* tiempo reservado para el estudio *She'll be continuing her studies at an American university.* Continuará sus estudios en una universidad americana. *to make a study of something* hacer un estudio de algo

revise vit (brit) repasar He's revising for a physics exam. Está repasando para un examen de física. **revision** snn revisión, repaso

review vit (amer) repaso He's reviewing for a physics exam. Está repasando para un examen de física.

course sn (frec. + in) [una serie de clases] curso, carrera to do a course in business studies estudiar ciencias empresariales a language course un curso de idiomas

class sn 1 clase geography class clase de geografía to go to evening classes ir a clases nocturnas 2 [grupo de estudiantes] clase I gave the whole class a detention. Castigué a toda la clase.

lesson sn 1 lección, clase a biology lesson una clase de biología to give lessons dar clases She gave us all a lesson in good manners. Nos dio a todos una lección de buenos modales. 2 [ejemplo o experiencia que sirve de aviso] lección What lesson can we draw from this little story? ¿Qué lección podemos sacar de este relato? Let that be a lesson to you! ¡Qué te sirva de escarmiento!

subject sn asignatura, materia French is my worst subject. El francés es la asignatura que peor llevo.

homework snn deberes to do one's homework hacer los deberes [también se usa en sentido figurado] Their legal advisers obviously hadn't done their homework. Obviamente, sus asesores legales no habían estudiado suficientemente el caso.

235.1 Personas que aprenden

schoolboy (masc), **schoolgirl** (fem) sn colegial, alumno (usado como adj) schoolboy jokes chistes de colegial

schoolchild sn, pl **schoolchildren** (más frec. en pl) alumno, colegial

U S O

Generalmente, en Estados Unidos los niños que van a la escuela reciben el nombre de **students**. En el Reino Unido el término **student** se reserva normalmente para las personas que van a la universidad, y a los niños que van a la escuela generalmente se les denomina **pupils**.

pupil sn 1 (esp. brit) alumno 2 alumno, discípulo Beethoven was a pupil of Haydn. Beethoven siguió las enseñanzas de Haydn.

student sn 1 [en educación superior] estudiante a chemistry student un estudiante de química (usado como adj) student days época de estudiante student teacher profesor en prácticas 2 (esp. amer) [en escuela] alumno

undergraduate sn estudiante (no licenciado) (usado como adj) undergraduate course curso para estudiantes no licenciados

graduate sn 1 [con título] licenciado, graduado Industry is trying to attract more graduates. La industria está intentando atraer a más licenciados. a graduate of Cambridge University un licenciado de la Universidad de Cambridge 2 (amer) [de un instituto de bachillerato] graduado, estudiante que ha obtenido el título de bachillerato

postgraduate sn (esp. brit) postgraduado (usado como adj) postgraduate seminar seminario para postgraduados

scholar sn erudito, estudioso Scholars cannot agree on the date of the manuscript. Los eruditos no se ponen de acuerdo acerca de la fecha del manuscrito. [también se usa más informalmente] I'm no scholar. Yo no soy ningún intelectual. **scholarly** adj erudito

236 Clever Inteligente

ver también **110 Know**; **238 Sensible**; **239 Skilful**; opuesto **240 Stupid**

clever adj [término genérico, a veces se usa de manera peyorativa] 1 [describe: p.ej. persona, plan, observación] listo, ingenioso You're very clever to have worked that out. Es muy ingenioso de tu parte haber resuelto eso. That was clever of you. Fue muy ingenioso por tu parte. That's a clever little gadget. Es un artilugio muy ingenioso. 2 (norm. después de v) [de manera práctica] hábil, diestro She's very clever with her hands. Es muy hábil con las manos. He's clever at making things. Tiene gran destreza manual. **cleverly** adv hábilmente, ingeniosamente **cleverness** snn inteligencia, habilidad

intelligent adj [ligeramente más formal que **clever**. Siempre apreciativo. Describe: p.ej. persona, pregunta, observación] inteligente **intelligently** adv de manera inteligente

intelligence snn inteligencia a person of average intelligence una persona de inteligencia media (usado como adj) intelligence test test de inteligencia

perceptive adj [más bien formal. Describe: p.ej. persona, observación, crítica] perspicaz

intellectual adj [describe: p.ej. conversación, interés, persona] intelectual The book is too intellectual for my taste. El libro es demasiado intelectual para mi gusto. **intellectual** sn intelectual **intellect** sn/nn intelecto

learned adj [que ha estudiado mucho] instruido, culto **learning** snn saber, conocimientos

wise adj [con buen juicio, frec. por experiencia. Describe: p.ej. persona] sabio, entendido, prudente [describe: decisión, elección] acertado You were wise not to say anything. Fue prudente de su parte no decir nada. Her explanation left me none the wiser. Su explicación me dejó igual que estaba. **wisely** adv sabiamente, acertadamente **wisdom** snn sabiduría, prudencia

quick-witted adj agudo, perspicaz

shrewd adj [experimentado y al que no se engaña con facilidad] sagaz, astuto a shrewd businessman un hombre de negocios astuto I've a shrewd idea who might have sent the letter. Me huelo quién podría haber enviado la carta. **shrewdly** adv sagazmente, astutamente **shrewdness** snn sagacidad, astucia

cunning adj [a veces peyorativo, implicando falta de honradez. Describe: p.ej. persona, disfraz, complot] astuto, ingenioso *He used a cunning trick to lure the enemy into his trap.* Utilizó una artimaña ingeniosa para hacer caer al enemigo en su trampa. **cunningly** adv astutamente, ingeniosamente

cunning snn [a veces peyorativo] astucia *She used cunning to outwit her rivals.* Con su astucia consiguió burlar a sus rivales. *ver también **214 Dishonest**

f r a s e s

Use your loaf (*brit*)/**head!** (*brit & amer*) [informal. Dicho en tono exasperado] ¡Utiliza el coco!

I wasn't born yesterday! [dicho cuando alguien intenta engañar a una persona con un truco, una excusa, etc. evidentes.] ¡No nací ayer! *Don't tell me they're just good friends - I wasn't born yesterday!* ¡No me digas que sólo son buenos amigos - no nací ayer!

236.1 Sumamente inteligente

brilliant adj [describe: p.ej. científico, actuación, solución] brillante, genial *She was a brilliant student.* Era una estudiante brillante. *What a brilliant idea!* ¡Qué idea tan brillante! **brilliantly** adv de manera brillante **brilliance** snn brillantez

ingenious adj [implica inventiva. Describe: p.ej. persona, invento, idea] ingenioso **ingeniously** adv ingeniosamente **ingenuity** snn ingeniosidad

genius s 1 sn [persona] genio *a mathematical genius* un genio en matemáticas 2 snn/n (no tiene pl) [más bien formal] genialidad *an idea of genius* una idea genial

*He **has a genius for** getting himself into trouble.* Tiene un don especial para meterse en líos.

236.2 Palabras algo informales que significan inteligente

bright adj listo, despierto *She's a very bright child.* Es un niño muy listo. [se usa frec. con sarcasmo] *Whose **bright idea** was it to give the kids finger paints?* ¿Quién tuvo la brillante idea de darles a los niños pinturas para pintar con los dedos?

smart adj (esp. amer) listo, espabilado *If you're so smart, you answer the question.* Si eres tan listo, responde a la pregunta.

quick adj (norml. después de v) [se usa frec. para describir a personas de ingenio agudo] espabilado, despierto *She's **quick on the uptake**.* Lo entiende todo en seguida.

brains s pl 1 [algo informal] sesera, cabeza *She's got brains, that girl.* Esa chica tiene mucha sesera. 2 (siempre + **the**) [persona] cerebro *the brains behind the operation* el cerebro detrás de la operación **brainy** adj sesudo, inteligente

---

Expresiones peyorativas para personas que intentan parecer inteligentes o son inteligentes de un modo divertido o fastidioso.

clever dick (*esp. brit*) listillo

know-all (*brit*), **know-it-all** (*esp. amer*) sabelotodo

smart alec sabelotodo

wise guy (*esp. amer*) sabihondo

---

237 Able Capaz

ver también **78 Possible; 239 Skilful**

able adj 1 (después de v; frec. + **to** + INFINITIVO) capaz *to be able to* poder *I'm sorry I wasn't able to come last night.* Siento no haber podido venir anoche. *I'll certainly help if I'm able (to).* Por supuesto que ayudaré si puedo. 2 [hábil y competente] capaz *He's definitely the ablest of my three assistants.* Sin duda es el más capaz de mis tres ayudantes. **ably** adv hábilmente

ability s 1 snn (frec. + **to** + INFINITIVO) capacidad *the machine's ability to process complex data* la capacidad de la máquina para procesar datos complejos *to the best of my ability* lo mejor que pueda/sepa 2 snn/n aptitud, habilidad *a woman of considerable ability* una mujer de talento considerable *a task more suited to his abilities* una tarea más acorde con sus aptitudes

capable adj 1 (después de v; frec. + **of**) capaz *a car capable of speeds over 200 kph* un coche capaz de superar los 200 km/h [a veces se usa en contextos peyorativos] *He's quite capable of leaving us to clear up all on our own.* Es muy capaz de dejar que recojamos los trastos nosotros solos. 2 competente *I'll leave the job in your capable hands.* Dejaré el trabajo

en sus competentes manos. **capably** adv competentemente

capability snn/n (frec. pl) aptitud, competencia *No one doubts her capability/capabilities.* Nadie pone en duda su competencia. *nuclear capability* potencial nuclear

competent adj 1 [implica eficiencia, no brillantez] competente *My secretary's extremely competent at her job.* Mi secretaria es sumamente competente en su trabajo. 2 (frec. + **to** + INFINITIVO) [poseer la experiencia o las cualificaciones necesarias] apto *I'm afraid I'm not competent to judge.* Me temo que no soy quien para juzgar. **competently** adv competentemente **competence** snn competencia

proficient adj (frec. + **at**, **in**) [más bien formal. Que posee un alto nivel de habilidad o competencia] hábil *a proficient mechanic* un mecánico hábil *She's proficient in English.* Domina el inglés. **proficiently** adv con habilidad, competentemente **proficiency** snn habilidad, competencia

adept adj (+ **at** + -ing, **in** + -ing) experto *She's very adept at dealing with awkward customers.* Es experta en tratar con clientes difíciles.

238 **Sensible** Sensato

ver también **130 Sane**; **236 Clever**; opuesto **241 Foolish**

sensible *adj* (frec. + **about**) sensato, razonable *Be sensible, you can't possibly afford it.* Sé razonable, no puedes permitírtelo de ninguna manera. *That's the first sensible suggestion anyone's made all day.* Es la primera sugerencia sensata que se ha hecho en todo el día. *sensible shoes* calzado práctico **sensibly** *adv* sensatamente, razonablemente

> **u s o**
>
> Hay que tener cuidado en no confundir **sensible** (sensato) con **sensitive** (sensible) (*ver **151 Emotion**).

sense *snn* sentido, buen juicio *I wish you'd had the sense to ask me first.* Ojalá hubieras tenido el buen juicio de preguntarme a mí primero. *There's no sense in wasting a good opportunity.* No tiene sentido desaprovechar una buena oportunidad. *It makes sense to keep on good terms with her.* Tiene sentido mantener buenas relaciones con ella. *Talk sense!* ¡No digas tonterías!

common sense *snn* sentido común *Use your common sense!* ¡Utiliza el sentido común! *It's only common sense to ask her advice.* Es de sentido común pedirle consejo. **commonsense** *adj* de sentido común

prudent *adj* [más formal que **sensible**. Frec. implica actuar con previsión] prudente *It would be prudent to inform them of your decision.* Sería prudente informarles de su decisión. **prudently** *adv* prudentemente **prudence** *snn* prudencia

mature *adj* [describe: p.ej. actitud, respuesta] maduro *He's being very mature about the whole thing.* Se está mostrando muy maduro con respecto a todo este asunto. **maturity** *snn* madurez

moderate *adj* [se usa frec. en contextos políticos. Describe: p.ej. opiniones, política] moderado **moderate** *sn* moderado

logical *adj* 1 [describe: p.ej. argumento, prueba, análisis] lógico 2 [que muestra sentido común. Describe: p.ej. explicación, resultado] lógico *It's the next logical step.* Es el siguiente paso lógico. *It's not logical to expect them to help us out.* No es lógico esperar que nos ayuden. **logically** *adv* lógicamente
logic *snn* 1 [razonamiento cuidadoso] lógica *to work something out by logic* solucionar un problema por lógica 2 [sentido común] lógica, sentido *There's no logic in what she says.* No hay lógica en lo que dice.

> **f r a s e s**
>
> **to have one's head screwed on (the right way)** [informal] tener la cabeza sobre los hombros
> **to have one's feet on the ground** [informal. Ser sensato y realista] tener los pies bien puestos sobre la tierra

238.1 Serio

ver también **74 Important**; **447 Sad**

serious *adj* 1 (frec. + **about**) [que no bromea. Describe: p.ej. decisión, sugerencia] serio *Is she serious about resigning?* ¿Dice en serio lo de dimitir? *Be serious for a moment.* Déjate de bromas por un momento. 2 (delante de *s*) [no para divertirse. Describe: p.ej. artículo, periódico, música] serio **seriousness** *snn* seriedad

seriously *adv* en serio *to take sth/sb seriously* tomarse algo/a alguien en serio *I must think seriously about the proposal.* Tengo que pensar en serio sobre la propuesta. [usado al principio de frase] *Seriously, is that what you really think?* ¿En serio es eso lo que realmente piensas?

earnest *adj* 1 [norml. más bien humorístico o peyorativo cuando se dice de personas] serio, formal *He's so earnest about everything.* Se lo toma todo tan en serio. 2 [más fuerte que **serious** y algo más formal. Describe: p.ej. esfuerzo, deseo] serio, ardiente [usado como *s*] *to be in earnest about something* tomarse algo en serio *I thought she was joking, but she was in deadly earnest.* Creí que estaba bromeando, pero hablaba muy en serio. **earnestly** *adv* sinceramente, seriamente

sober *adj* 1 [racional e impasible. Describe: p.ej. valoración, análisis] sobrio, moderado 2 [ni brillante ni ostentoso. Más bien formal. Describe: p.ej. color, traje] discreto **soberly** *adv* sobriamente, discretamente

solemn *adj* [con el firme propósito de llevar a cabo algo. Describe: p.ej. promesa] solemne **solemnly** *adv* solemnemente

> **f r a s e**
>
> **to keep a straight face** [no reír cuando uno tiene ganas contener la risa *I could hardly keep a straight face when he dropped his notes.* Apenas pude contener la risa cuando se le cayeron los papeles.

239 **Skilful** Hábil

ver también **236 Clever**; opuesto **242 Unskilled**

skilful (*esp. brit*), **skillful** (*amer*) *adj* (frec. + **at**, **in**) hábil, diestro *He's a skilful painter.* Es un pintor muy hábil. **skilfully** *adv* hábilmente, con destreza

skilled *adj* (frec. + **at**, **in**) [principalmente se usa en contextos industriales o comerciales. Describe: p.ej. trabajador, negociador, trabajo] cualificado, especializado, experto *skilled in the art of wood*

engraving perito en el arte del grabado de la madera

accomplished *adj* [norml. se refiere a aptitudes artísticas o sociales. Describe: p.ej. actor, actuación] consumado, experto *He is an accomplished poet.* Es un poeta consumado.

professional *adj* 1 [apreciativo. Describe: p.ej. estándar, enfoque] profesional *You've made a really* *professional job of landscaping the garden.* Realmente ha hecho un trabajo de profesional en el diseño del jardín. **2** [como trabajo. Describe: p.ej. jugador, deporte] profesional *to turn professional* convertirse en profesional **professionally** *adv* profesionalmente **professionalism** *snn* profesionalismo

professional *sn* **1** [apreciativo] profesional *Being a true professional, she took all the problems in her stride.* Como buena profesional, encaró todos los problemas con calma. **2** [en deporte] profesional *golf/tennis professional* golfista/tenista profesional

expert *adj* (frec. + **at**, **in**) [describe: p.ej. conocimientos, habilidad, consejo] (de un) experto *She's expert at handling difficult situations.* Es experta en manejar situaciones difíciles. *We'd better ask for an expert opinion.* Es mejor que pidamos la opinión de un experto.

expert *sn* (frec. + **on**) experto *Experts date the painting to the 11th century.* Los expertos fechan el cuadro en el siglo XI. **expertly** *adv* expertamente

specialist *sn* (frec. + **in**) especialista [dícese frec. de médicos que se especializan en un área concreta de la medicina] *My doctor sent me to see a specialist.* Mi médico me envió a ver a un especialista. *skin specialist* dermatólogo

specialist *adj* especializado *a specialist book shop* una librería especializada

specialize, TAMBIÉN **-ise** (*brit*) *vi* (frec. + **in**) especializarse

virtuoso *adj* [esp. en música. Describe: p.ej. intérprete, interpretación] virtuoso **virtuosity** *snn* virtuosismo

virtuoso *sn* virtuoso *trumpet virtuoso* virtuoso de la trompeta

frase

be a dab hand at (*brit*) [informal, se usa frec. en contextos ligeramente humorísticos] tener buena mano para *He's a dab hand at changing nappies.* Tiene buena mano para cambiar pañales.

239.1 Hábil

skill *s* **1** *snn* (frec. + **at**, **in**) habilidad, destreza *It takes great skill to produce an absolutely even surface.* Hay que tener mucha habilidad para conseguir una superficie completamente lisa. **2** *sn* técnica, oficio *to learn/acquire new skills* aprender/adquirir nuevas técnicas

knack *sn* (no tiene *pl*) [informal] tranquillo *It's easy*

once you have the knack. Es fácil en cuanto le coges el tranquillo. *There's a knack to getting the lids off these pots.* Hay un truquillo para abrir las tapas de estos tarros.

dexterity *snn* [más bien formal] destreza *manual dexterity* destreza manual **dexterous** *adj* [formal] diestro

prowess *snn* [más bien formal. Se usa frec. para describir fuerza y forma física, etc. más que aptitud artística o mental] proeza *He tends to boast about his prowess as a huntsman.* Tiende a jactarse de sus proezas de cazador.

239.2 Habilidad innata

talent *s* **1** *snn/n* (frec. + **for**) talento *He has a talent for spotting a good deal.* Tiene talento para reconocer un buen negocio. (usado como *adj*) *talent contest* pugna de talentos *talent scout* cazatalentos **2** *snn* gente con talento, talento *We don't appreciate the talent there is here in our own company.* No sabemos valorar el talento que hay aquí en nuestra propia empresa. **talented** *adj* con talento

gift *sn* (frec. + **for**) don *You've a real gift for designing things.* Tiene un don especial para diseñar. **gifted** *adj* dotado *gifted children* niños superdotados

flair *sn/nn* (no tiene *pl*) (frec. + **for**) [implica imaginación y vistosidad] don natural, talento *a journalist with a flair for a good story* una periodista con olfato para los buenos reportajes *He always dresses with flair.* Siempre se viste con estilo.

aptitude *snn/n* (frec. + **for**) aptitud, capacidad *They show little natural aptitude for the work.* Muestran poca capacidad innata para el trabajo.

frases

to be cut out for something (más bien informal) [se refiere al carácter y la personalidad, más que a las aptitudes y habilidades] estar hecho para algo *He isn't really cut out to be a teacher.* Realmente, no está hecho para ser profesor.

to have what it takes (*brit & amer*) **to have got what it takes** (*brit*) [más bien informal. Se refiere a las cualidades personales, aptitudes, habilidades, talento deportivo, etc.] tener lo que hace falta *She hasn't really got what it takes to be the boss.* La verdad es que no tiene lo que hace falta para ser la jefa. *He's got what it takes to be a professional footballer.* Tiene lo que hace falta para ser un futbolista profesional.

240 Stupid Estúpido

ver también **241 Foolish**; opuesto **236 Clever**

stupid *adj* [término general, se usa frec. en insultos. Describe: persona, plan, idea] estúpido *You stupid idiot!* ¡Pedazo de estúpido! *How could you be so stupid as to forget?* ¿Cómo pudiste ser tan estúpido de olvidarte? [también se usa para mostrar irritación con algo] *This stupid door won't shut.* Esta maldita puerta no cierra. **stupidly** *adv* estúpidamente **stupidity** *snn* estupidez

thick *adj* [informal. A veces se usa como un insulto]

torpe, bruto *You're just too thick to understand what's going on.* Eres demasiado torpe para entender lo que ocurre.

dim-witted *adj* [ligeramente menos enérgico y desagradable que **stupid** o **thick**] corto, tonto *He's a bit dim-witted, but he tries his best.* Es un poco corto pero hace lo que puede. **dimwit** *sn* tonto

slow *adj* [ligeramente eufemístico] lento *the slower ones in the class* los más lentos de la clase

dull *adj* [ligeramente formal] torpe, lerdo **dullness** *snn* torpeza *ver también **199 Boring**

backward *adj* [describe: p.ej. un niño] atrasado

dumb *adj* [informal] estúpido, tonto *That was a really dumb thing to do.* Hacer eso fue una auténtica estupidez.

ignorant *adj* [que le faltan conocimientos y carece de formación] ignorante *You don't know what it means because you're too ignorant!* Tú no sabes lo que significa porque eres muy ignorante. *ver también **112 Unknown**

---

c o m p a r a c i ó n

as thick as two (short) planks (*brit*) más torpe que un arado

---

240.1 Personas estúpidas

imbecile *sn* [usado sobre todo como un insulto fuerte] imbécil *You imbecile, you nearly ran me over!* ¡Imbécil, casi me atropellas!

moron *sn* [usado como un término descriptivo o insulto muy ofensivo] retrasado mental, imbécil *Only a complete moron could have got that wrong.* Sólo un perfecto imbécil lo habría entendido mal. **moronic** *adj* imbécil

dummy *sn* (*esp. amer*) [informal. Insulto suave] tontorrón *You've broken it, you dummy!* ¡Lo has roto, tonto!

---

241 Foolish Necio

ver también **129 Mad**; **240 Stupid**; opuesto **238 Sensible**

foolish *adj* [término genérico usado para describir acciones, comentarios, etc., pero demasiado formal para utilizarlo como insulto] insensato, estúpido *It would be foolish to take the risk.* Sería insensato correr el riesgo. *I felt very foolish when they found out.* Me sentí muy ridículo cuando lo descubrieron. **foolishly** *adv* de manera insensata, de manera ridícula **foolishness** *snn* imprudencia, ridiculez

silly *adj* **1** [más informal que **foolish**. Se usa sobre todo en críticas o insultos bastante suaves y a menudo se refiere a niños] tonto, bobo *You've been a very silly little boy.* Has sido un niño tonto. *You can wipe that silly grin off your face.* Puedes borrar esa sonrisita tonta de tu cara. **2** (después de *v*) *to laugh/drink oneself silly* partirse de risa/achisparse **silliness** *snn* tontería

daft *adj* (*esp. brit*) [informal] tonto, bobo *Don't be daft, you know you can't afford it.* No seas tonto, sabes que no te lo puedes permitir. *She's completely daft about that horse.* Está completamente loca con ese caballo.

idiotic *adj* [más fuerte que **foolish**] idiota, estúpido *That's the most idiotic suggestion I've ever heard.* Esa es la sugerencia más estúpida que he oído en mi vida. **idiotically** *adv* como un idiota

241.1 Personas tontas

fool *sn* tonto, estúpido *You were a fool not to take the offer.* Fuiste un tonto por no aceptar la oferta.

idiot *sn* [más informal que **fool**, a menudo se usa en insultos] idiota *She made me feel a complete idiot.* Me hizo sentir como un perfecto idiota. *Some idiot put a lighted cigarette in the waste paper basket.* Algún idiota echó un cigarrillo encendido en la papelera.

idiocy *snn* [norml. se usa más formalmente que **idiot**] idiotez

jerk *sn* (*esp. amer*) [informal, más fuerte que **fool** o **idiot**] imbécil, gilipollas *Don't be a jerk, apologise to her.* No seas imbécil y discúlpate.

twit *sn* (*brit*) [informal, más suave que **fool**, **idiot** o **jerk**] gilipollas, majadero *I felt a bit of a twit hopping*

around on one leg. Me sentí como un gilipollas dando brincos por ahí con una sola pierna.

wally *sn* (*brit*) [informal, muy suave y a veces incluso dicho con cariño. Norml. se dice de hombres] botarate, tontaina *Her husband's OK but a bit of a wally.* Su marido está bien pero es un poco botarate.

---

f r a s e s

need one's head examined [informal] haber perdido el juicio *You paid how much? You must need your head examined.* ¿Que has pagado cuánto? Has perdido el juicio.

figure of fun (*brit*) hazmerreír *They treat their French teacher as a figure of fun.* Han convertido al profesor de francés en su hazmerreír.

241.2 Ridículo

ridiculous *adj* ridículo, absurdo *You look utterly ridiculous in that hat.* Estás completamente ridículo con ese sombrero. (frec. expresa enfado o indignación) *It's ridiculous that we should have to pay twice.* Es un disparate que tengamos que pagar dos veces. **ridiculously** *adv* ridículamente

absurd *adj* absurdo, ridículo *Don't be absurd, you'll never manage it all on your own.* ¡No seas absurdo, nunca lo conseguirás tú solo! **absurdly** *adv* ridículamente **absurdity** *snn/n* absurdo

ludicrous *adj* ridículo, absurdo *It's ludicrous to insist that everyone must wear a top hat.* Es absurdo insistir en que todo el mundo lleve un sombrero de copa. **ludicrously** *adv* ridículamente

laughable *adj* absurdo, irrisorio *The whole plan's so impractical that it's laughable really.* El plan es tan impracticable que resulta realmente absurdo. **laughably** *adv* ridículamente

preposterous *adj* [sugiere que algo enfada por lo absurdo que resulta] absurdo, ridículo *The price they're charging is preposterous.* El precio que cobran es disparatado. **preposterously** *adv* ridículamente

241.3 Tonterías

nonsense *snn* **1** tonterías, disparates *You're talking nonsense.* ¡No dices más que tonterías! (usado como *interj*) *Nonsense! I feel perfectly well.* ¡Tonterías! Me encuentro perfectamente bien. (usado como *adj*) *nonsense poem* poema del absurdo **2** [comportamiento tonto] tonterías *Stop this nonsense at once!* ¡Déjate de tonterías inmediatamente! *He won't stand any nonsense.* No va a tolerar que le vayan con tonterías.

rubbish (*brit*), **garbage** (*amer*) *snn* tonterías, estupideces *I've seen the film. It's (a load of) rubbish!* He visto la película y no vale nada. (usado como *interj*) *You're too old for the job. - Rubbish!* Eres demasiado mayor para este trabajo. -¡No digas tonterías! *ver también* **71 Rubbish**

senseless *adj* [describe: p.ej. comentario, gasto] sin sentido, absurdo *I utterly condemn this senseless violence/slaughter.* Condeno rotundamente esta violencia/matanza absurda. **senselessly** *adv* de manera absurda

illogical *adj* **1** [describe: p.ej. actitud, excusa] ilógico *I know it's illogical but I still think I'm responsible.* Sé que es ilógico, pero sigo sintiéndome responsable. **2** [describe: p.ej. discusión, conclusión] ilógica

241.4 Inmaduro

immature *adj* inmaduro *He's too immature to appreciate her good qualities.* Es demasiado inmaduro para apreciar sus buenas cualidades. **immaturity** *snn* inmadurez

childish *adj* [peyorativo. Describe: p.ej. comportamiento, actitud] pueril, infantil *It's so childish of her not to let the rest of us join in.* Es muy infantil por su parte no dejar que los demás participemos. **childishly** *adv* puerilmente

infantile *adj* [peyorativo y bastante formal] infantil

f r a s e s

fool/mess around *vi fr.* hacer el tonto *Stop fooling around and get down to some serious work.* Deja de hacer el tonto y ponte a trabajar en serio.

play the fool hacer el tonto

make a fool/twit, etc. of (sb) poner en ridículo a alguien *He made a fool of her in front of all her friends.* La puso en ridículo delante de todos sus amigos. *I got drunk and made a complete fool of myself.* Me emborraché e hice el ridículo de mala manera.

242 Unskilled No cualificado

opuesto **237 Able**; **239 Skilful**

unskilled *adj* [se usa sobre todo en contextos laborales y comerciales. Describe: trabajador, trabajo] no cualificado, no especializado

incompetent *adj* [peyorativo. Describe: p.ej. trabajador, director, intento] incompetente **incompetently** *adv* incompetentemente

incompetence *snn* incompetencia *We lost that order through your incompetence.* Hemos perdido ese pedido por culpa de su incompetencia.

inept *adj* (frec. + **at**) [peyorativo. Bastante formal, se usa para describir el manejo de una situación en particular más que como descripción general] inepto, inapropiado *His attempts to calm the crisis were totally inept.* Sus intentos de atenuar la crisis eran totalmente inapropiados. **ineptly** *adv* ineptamente **ineptitude** *snn* ineptitud

amateur *adj* **1** (no hay *compar.* o *superl.*) [que no cobra. Describe: p.ej. boxeador, actor, grupo] amateur, aficionado *amateur dramatics* teatro de aficionados **2** (norml. después de *v*) [peyorativo] aficionado *Their first attempts at home decorating looked very amateur.* Sus primeros intentos de pintar la casa parecían muy de aficionado. **amateur** *sn* amateur

amateurish *adj* [peyorativo. Describe: p.ej. intento, trabajo] de aficionado

242.1 Estropear

bungle *vti* chapucear, hacer malísimamente *I explained what you had to do so carefully and you still managed to bungle it.* Te expliqué detenidamente lo que tenías que hacer y aun así hiciste un desastre. *You bungling idiot!* ¡Qué torpe eres! **bungle** *sn* desastre

bungler *sn* [persona] torpe, desastre

botch o **bodge** *vt* [informal, esp. se dice de intentos para reparar cosas] hacer malísimamente, chapucear *a botched job* una chapuza **botch** o **bodge** *sn* chapuza

fumble *v* **1** *vt* [obj: p.ej. una pelota] dejar escapar **2** *vi* [suj: persona] ir a tientas, hurgar en *I was fumbling around in the dark trying to find the light switch.* Iba a tientas en la oscuridad intentando encontrar el interruptor de la luz. *his fumbling attempts to find the right words to say* sus desatinados intentos de encontrar las palabras adecuadas **fumble** *sn* titubeo

cock sth **up**, **cock up** sth *vt fr.* (*brit*) [vulgar] jorobarla, cagarla *Can't you even give someone a message without cocking it up!* ¡Es que ni siquiera puedes dar un mensaje sin cagarla!

cock-up *sn* (*brit*) [vulgar] metedura de pata, cagada *I'm afraid there's been a bit of a cock-up with the travel arrangements.* Me temo que alguien ha metido la pata con los planes del viaje.

243 Difficult Difícil

ver también **244 Problem**; opuesto **247 Easy**

difficult *adj* **1** (frec. + **to** + INFINITIVO) [describe: p.ej. tarea, problema] difícil *It's a very difficult language to learn.* Es una lengua muy difícil de aprender. *We've been going through a difficult time.* Hemos pasado una mala temporada. *Please don't make life difficult for me.* Por favor, no me compliques la vida. **2** [describe: persona] difícil

hard adj 1 (frec. + **to** + INFINITIVO) [ligeramente menos formal que **difficult**] difícil *It's hard to see why the plan failed.* Me cuesta (trabajo) ver por qué falló el plan. *to do something **the hard way*** hacer algo del modo que resulta más difícil 2 [que necesita un gran esfuerzo. Describe: p.ej. trabajo, esfuerzo] duro, intenso *to take a long hard look at something* considerar algo larga y detenidamente *I've had a very hard day.* He tenido un día de mucho trabajo. *I had to do a lot of hard thinking about it.* Tuve que pensar mucho sobre eso. 3 [desagradable y problemático] difícil *to give somebody a hard time* hacerle pasar un mal rato a alguien *It's a hard life.* Es una vida difícil. **Hard luck!** ¡Mala suerte! **hardness** snn severidad, dureza

hard adv duro *They worked very hard.* Han trabajado muy duro. *I've been **hard at it** all day.* He estado trabajando en ello todo el día sin parar. *Think hard about it.* Piénsatelo bien.

tricky adj [más bien informal. Describe: p.ej. una situación] delicado, difícil *I'm in a tricky position.* Me encuentro en una situación delicada. *It's a tricky business manoeuvring the car into such a small space.* Es un asunto complicado maniobrar el coche para meterlo en un sitio tan pequeño.

tough adj 1 [más bien informal. Describe: p.ej. decisión, tarea] difícil, duro *The exam was very tough.* El examen fue muy difícil. 2 (frec. + **on**) [informal. Desafortunado] *It's rather tough on them that they should have to pay for the damage.* Es bastante injusto que ellos tengan que pagar los desperfectos. *'I didn't get the job.' 'Oh, **tough luck!**'* No me dieron el trabajo.' '-¡Qué mala suerte!'

243.1 Que implica un esfuerzo

demanding adj [describe: p.ej. trabajo, horario, persona] absorbente, exigente *Hamlet is a very demanding role.* Hamlet es un papel que exige mucho.

strenuous adj [describe: p.ej. ejercicio, esfuerzo] enérgico, intenso **strenuously** adv enérgicamente

arduous adj [más bien formal. Describe: p.ej. subida, tarea] arduo, difícil

243.2 Complicado

complicated adj [describe: p.ej. problema, instrucciones, máquina] complicado *The situation's*

too complicated for me to explain it over the phone. La situación es demasiado complicada para explicarla por teléfono.

complicate vt complicar *Just to complicate matters, he's not arriving till the 16th.* Y para complicar las cosas, no llega hasta el día 16.

complication sn 1 complicación 2 [en medicina] complicación

complex adj [describe: p.ej. red, modelo, pregunta] complejo **complexity** snn/n complejidad

u s o

Complicated y **complex** son similares y a menudo son intercambiables. Sin embargo, **complex** enfatiza el hecho de que se requiere mucho conocimiento para entender la cosa descrita, mientras que **complicated** hace hincapié en el número de partes que la forman.

intricate adj [a menudo apreciativo, enfatiza la habilidad requerida para hacer lo que se describe. Describe: p.ej. escultura, diseño, detalles] intrincado, complejo **intricacy** snn/n complejidad, lo intrincado

f r a s e s

Formas idiomáticas de decir que algo es difícil

be a job/have a job costar trabajo, no ser nada fácil *It'll be a job to replace such a good employee.* No va a ser nada fácil sustituir a un empleado tan bueno. *You'll have a job finishing that by tomorrow.* Lo vas a tener difícil para acabar esto para mañana.

take some doing no ser nada fácil *'I'm going to reorganise the whole office.' 'That'll take some doing!'* 'Voy a reorganizar toda la oficina.' 'Eso no va a ser nada fácil.'

be an uphill struggle no ser nada fácil *The business is doing well now, but it was an uphill struggle at first.* El negocio ahora funciona bien, pero al principio tuvimos que trabajar de firme.

have one's work cut out tenerlo difícil *You'll have your work cut out getting the job finished in time.* Lo tendrás mal para acabar el trabajo a tiempo.

easier said than done (es) fácil de decir *'Just slide the pieces together.' 'That's easier said than done.'* 'Sólo desliza las piezas hasta que se junten.' 'Eso es fácil de decir'.

244 Problem Problema

problem sn (frec. + **of**, **with**) problema *There's the problem of what to wear.* Está el problema de qué ponerse. *I may have a problem getting to the party on time.* Puede que tenga problemas para llegar a la fiesta a tiempo. *That loose connection could cause problems later.* Esa conexión suelta puede causar problemas más adelante. (usado como adj) *problem child* un niño problemático *problem family* una familia con problemas sociales

problematic TAMBIÉN **problematical** adj problemático *the problematical nature of the relationship* la naturaleza problemática de la relación

difficulty snn/n (frec. + **of**, **with**) dificultad *the difficulty of deciding what to do* la dificultad de decidir qué hacer *I'm having difficulty/difficulties with my homework.* Tengo problemas con los deberes. *I had great difficulty convincing him.* Tuve muchas dificultades para convencerlo. *to be **in** financial difficulty/difficulties* tener dificultades financieras

snag sn [norml. menos serio que **problem** o **difficulty**] pega, obstáculo *We've hit one or two snags.* Hemos tropezado con algún que otro obstáculo. *The snag is we don't know who has the key.* La pega es que no sabemos quién tiene la llave.

headache *sn* [informal] quebradero de cabeza *My biggest headache is deciding who to invite.* Mi mayor quebradero de cabeza es decidir a quién invitar.

dilemma *sn* dilema *My dilemma is whether or not to go.* Mi dilema es ir o no ir.

quandary *sn* dilema *I'm **in a quandary** over who to choose.* Es un dilema, no sé a quién escoger.

244.1 Problemas

trouble *s* **1** *snn/n* (frec. + **with**) [problema o preocupación] *money trouble/troubles* apuros económicos *He started telling me all his troubles.* Empezó a contarme todas sus penas. *stomach trouble* molestias estomacales *I'm having trouble getting the car started.* Me está costando (trabajo) poner el coche en marcha. **The trouble with** *you is you're lazy.* Tu problema es que eres un vago. **2** *snn* [situación de peligro o culpa] problema, lío *She's **in trouble with** the police again.* Otra vez tiene problemas con la policía. *They **got into** terrible **trouble** over the broken vase.* Se metieron en un buen lío a causa del jarrón roto. *That's just **asking for trouble**.* Eso es buscarse problemas. **3** *snn* molestia *I hope I'm not causing you too much trouble.* Espero no estar causándole demasiadas molestias. *It's no trouble at all.* No es ninguna molestia.

trouble *vt* [bastante formal] **1** preocupar, inquietar *Something seems to be troubling him.* Algo parece inquietarle. *My back's troubling me again.* La espalda me está causando molestias de nuevo. **2** molestar *I didn't want to trouble you about such a minor problem.* No quería molestarle con un problema tan insignificante. [a menudo se utiliza al pedir algo educadamente] *Sorry to trouble you, (but) could you pass me my hat?* Perdone que le moleste, ¿podría pasarme mi sombrero?

troublesome *adj* [describe: p.ej. persona, problema, tos] molesto

bother *snn/n* (*esp. brit*) (no tiene *pl*) [bastante informal] lata, molestia *I'm having **a spot of bother** with my computer.* Mi ordenador me está dando la lata. *Sorry to be a bother, but could you help me with this?* Siento ser un incordio pero, ¿podrías ayudarme con esto?

bother *v* **1** *vt* [causar incomodidad o preocupación] preocupar, molestar, dar la lata a *I wish she'd stop bothering me about her pension.* Ojalá dejase de darme la lata sobre su pensión. *Something's bothering you, what is it?* Algo le preocupa, ¿de qué se trata? *Will it bother you if I use the vacuum cleaner in here?* ¿Le molesta si utilizo la aspiradora aquí? **2** *vi* (frec. + **to** + INFINITIVO) tomarse la molestia de, molestarse *He didn't even bother to say hello.* Ni siquiera se tomó la molestia de saludar. *I **can't be bothered** to wash it.* Me da pereza lavarlo.

inconvenience *s* [menos importante que **problem**] **1** *snn* molestia *I don't want to put you to any*

inconvenience. No quiero causarle ninguna molestia. **2** *sn* inconveniente *It's not really a major problem, just an inconvenience.* No se trata de un problema grave, simplemente es una molestia. **inconvenience** *vt* incomodar, causar molestias a

nuisance *sn* lata, incordio *If he's being a nuisance, send him home.* Si te está incordiando, mándale a casa. *It's a nuisance having to wait for her.* Es una lata tener que esperarla.

pain *sn* [informal] lata, rollo *Having to wait for the bus every day is a bit of a pain.* Es una lata tener que esperar el autobús todos los días.

burden *sn* (frec. + **to, on**) carga, peso *the burden of responsibility* el peso de la responsabilidad *I don't want to be a burden to you when I'm old.* No quiero ser una carga para vosotros cuando sea mayor.

burden *vt* (frec. + **with**) cargar *I don't want to burden you with a lot of extra work.* No quiero cargarte con mucho trabajo extra.

244.2 Desventaja

disadvantage *sn* desventaja *The plan has one big disadvantage.* El plan tiene una gran desventaja. *You'll be **at a disadvantage** if you haven't got the right equipment.* Estarás en desventaja si no tienes el equipo adecuado. **disadvantageous** *adj* desventajoso

disadvantaged *adj* [se utiliza para describir la posición social o económica de una persona] pobre, necesitado

drawback *sn* inconveniente *The main drawback of the plan is lack of cash.* El inconveniente más grande de este plan es la falta de dinero líquido.

handicap *sn* desventaja, handicap *physical handicap* minusvalía física *Not knowing the language is a considerable handicap.* Desconocer la lengua es una desventaja considerable.

handicap *vt, -***pp**- perjudicar

handicapped *adj* disminuido, minusválido *physically/mentally handicapped* minusválido físico/mental (usado como *s*) *the handicapped* los minusválidos

snag *sn* pega *There's only one snag - you have to pay in advance.* Sólo hay una pega - tienes que pagar por adelantado.

catch *sn* trampa, truco *There's always a catch with these kind of special offers.* Siempre hay una trampa en estas ofertas especiales. *What's the catch?* ¿Dónde está la trampa?

245 Hinder Entorpecer

ver también **34 End**; **330 Delay**

hinder *vt* [norml. se refiere a estorbos en pequeña escala] dificultar, entorpecer *I can't do the housework if you keep hindering me.* No puedo hacer el trabajo de la casa si sigues estorbándome.

hindrance *sn* estorbo, obstáculo *She's more of a hindrance than a help.* Es más un estorbo que una ayuda.

hamper *vt* [frec. se refiere a dificultades de tamaño mayor] impedir, obstaculizar *Rescue efforts were hampered by bad weather.* Las tareas de rescate se vieron obstaculizadas por el mal tiempo.

impede *vt* [bastante formal] impedir *My progress was impeded by the enormous pack I was carrying.* El paquete tan enorme que llevaba me impedía avanzar.

inhibit *vt* 1 [formal o técnico. Obj: p.ej. crecimiento, desarrollo] inhibir 2 (frec. + **from**) *Having the boss present does tend to inhibit people from speaking out.* La presencia del jefe tiende a impedir que la gente hable claro. **inhibited** *adj* inhibido

inhibition *sn* (frec. en *pl*) inhibición *to lose one's inhibitions* perder las inhibiciones *I've no inhibitions about taking my clothes off in public.* No me produce ninguna inhibición el quitarme la ropa en público.

hold up sth o **hold** sth **up** *vt fr.* [bastante informal] entorpecer, retener *Sorry, I got held up on the way here.* Lo siento, pero me retrasé por el camino. *Strikes have held up production.* Las huelgas han interrumpido la producción. **hold-up** *sn* interrupción, retraso

245.1 Obstruir

obstruct *vt* 1 [bloquear. Obj: p.ej. paso, tubería, vista] obstruir, atascar, tapar 2 [crear dificultades. Obj: p.ej. plan, justicia] obstaculizar el progreso de/la aplicación de *The goalkeeper claimed he had been obstructed.* El guardameta aseguró que le habían bloqueado. **obstruction** *snn/n* obstrucción

block *vt* 1 (frec. + **off**, **out**, **up**)[obj: p.ej. vista, tubería, negociaciones] bloquear, tapar, atascar *I have a blocked(-up) nose.* Tengo la nariz taponada. *Move on, you're blocking the corridor.* Sigan adelante, están obstruyendo el pasillo. *That tree blocks out the light from the lounge.* Ese árbol impide que entre la luz en el salón. *The road is blocked.* La carretera está cortada. 2 [Obj: p.ej. nombramiento, trato, ley] impedir

blockage *sn* atasco, bloqueo *There seems to be a blockage in the pipe.* Parece que la tubería está atascada.

dam *vt* -**mm**- [obj: río, corriente] construir una presa sobre, embalsar **dam** *sn* presa

prevent *vt* (frec. + **from**) [obj: p.ej. accidente, enfermedad] impedir, evitar *The security man tried to prevent us from leaving.* El guardia de seguridad intentó impedir que saliéramos. *I'm trying to prevent a disaster.* Estoy intentando evitar un desastre. **preventable** *adj* evitable

prevention *snn* prevención *crime prevention* prevención de delitos *Prevention is better than cure.* Más vale mejor prevenir que curar.

preventive *adj* preventivo *preventive medicine* medicina preventiva

thwart *vt* [frec. por medios ingeniosos. Obj: p.ej. plan, complot] frustrar, desbaratar

obstacle *sn* (frec. + **to**) obstáculo *The last obstacle to a settlement has now been removed.* El último obstáculo para el acuerdo ya ha desaparecido. (usado como *adj*) *obstacle race* carrera de obstáculos

hurdle *sn* obstáculo *The next hurdle will be finding someone to give us the money.* El siguiente obstáculo a salvar será encontrar a alguien que nos dé el dinero.

stumbling block *sn* escollo

frases

be/get in the way (of) ponerse en medio de, interponerse en *I'm trying to take a photograph, but people keep getting in the way.* Estoy intentando sacar una fotografía, pero la gente no deja de ponerse en medio. *We mustn't allow arguments to get in the way of progress.* No debemos permitir que las discusiones se interpongan en el camino del progreso.

stand in the way (of) ser un obstáculo para *If you want to try for a better job, I won't stand in your way.* Si quieres buscar un trabajo mejor, yo no me cruzaré en tu camino.

nip (sth) in the bud cortar de raíz *Police arrested the ringleaders to try and nip the rebellion in the bud.* La policía arrestó a los cabecillas para intentar cortar la rebelión de raíz.

246 Interfere Interferir

interfere *vi* [peyorativo] 1 (frec. + **in**) entremeterse, inmiscuirse *I told you not to interfere in matters that don't concern you.* Te dije que no te inmiscuyeras en asuntos que no tienen nada que ver contigo. 2 (norml. + **with**) [afectar adversamente. Suj: p.ej. un ruido, los problemas] *You mustn't let personal problems interfere with your work/career.* No debes dejar que tus problemas personales te impidan seguir con tu carrera/hacer tu trabajo.

interference *snn* 1 (frec. + **in**, **with**) intromisiones, injerencias *We just want to get on with our lives*

without interference. Sólo queremos seguir adelante con nuestras vidas sin que nadie se entrometa. 2 [en la radio, la television] interferencias

meddle *vi* (frec. + **in**, **with**) [más peyorativo que **interfere**] meterse en, entremeterse *Don't meddle with other people's lives.* No te entrometas en la vida de los demás. **meddler** *sn* entremetido

disturb *vt* 1 [obj: p.ej. calma, sueño, persona] alterar, interrumpir, molestar *Am I disturbing you?* ¿Le molesto? 2 [afectar adversamente. Obj: p.ej. acuerdo, plan, papeles] alterar, desordenar **3** afectar, alterar, perturbar *I was profoundly disturbed by what I saw.* Me impresionó mucho lo que vi. **disturbing** *adj* perturbador, preocupante

disturbance *s* **1** *snn/n* perturbación, desorden *emotional disturbance* trastorno emocional *He disliked any disturbance of his routine.* Le desagradaba cualquier interrupción de su rutina. *They were causing a disturbance.* Estaban armando alboroto. **2** *sn* disturbios *violent disturbances in the capital* disturbios violentos en la capital

busybody *sn* [peyorativo] entremetido *an interfering busybody* un fisgón metomentodo

246.1 Interferir para ayudar

intervene *vi* (frec. + **in**) [suj: p.ej. persona, organización, etc.] intervenir *The government should intervene to solve the problem of pollution.* El gobierno debería intervenir para solucionar el problema de la contaminación. *The union was asked to intervene in the dispute.* Se le pidió al sindicato que interviniera en el conflicto.

intermediary *sn* intermediario

247 Easy Fácil

opuesto **243 Difficult**

easy *adj* (frec. + **to** + INFINITIVO) [describe: p.ej. tarea, pregunta, victoria] fácil, sencillo *It's so easy to make mistakes.* Es muy fácil cometer errores. *an easy victim* una víctima fácil *an easy victory* una victoria fácil

easily *adv* **1** fácilmente, con facilidad *I can easily carry the suitcase.* Puedo llevar la maleta con facilidad. *They won easily.* Ganaron con facilidad. **2** (usado con *superl.*) con mucho *easily the best/biggest* el mejor/el más grande con mucho **3** muy bien, fácilmente *They might easily change their minds again.* Sería fácil que volvieran a cambiar de opinión.

ease *snn* facilidad *He completed the test with ease.* Terminó la prueba sin ningún problema.

simple *adj* **1** sencillo *Follow these simple instructions for perfect results every time.* Siga estas sencillas instrucciones para obtener siempre unos resultados perfectos. *There's probably a very simple explanation.* Probablemente esto tenga una explicación muy sencilla. **2** [no compleja. Describe: p.ej. vestido, diseño, estilo] simple, sencillo *the simple life* la vida sencilla *I'm just a simple soldier.* Soy un simple soldado. **simplicity** *snn* simplicidad

simply *adv* **1** (después de *v*) simplemente, sencillamente *Try to explain it simply.* Intenta explicarlo de forma sencilla. **2** (después de *v*) con sencillez *We live/dress very simply.* Vivimos/nos vestimos con sencillez. **3** (delante de *v* o *adj*) [usado para añadir intensidad] *I simply don't know what to think.* La verdad es que no

sé que pensar. *The food was simply awful.* La comida fue realmente horrible. *You can't simply ignore the facts.* No puedes ignorar los hechos así como así. **4** (norml. se utiliza delante de una cláusula o frase) [por la razón de que] simplemente *I bought this car simply because it was cheap.* Compré este coche simplemente porque era barato. *She's doing it simply to please him.* Lo está haciendo simplemente para complacerle.

straightforward *adj* **1** [no complicado. Describe: p.ej. método, ruta] sencillo, claro *That all seems quite straightforward.* Todo eso parece bastante claro. **2** [honesto y directo. Describe: p.ej. persona, respuesta] franco

straightforwardly *adv* de manera sencilla, de manera franca

elementary *adj* **1** [fácil de entender o solucionar. Formal] elemental *The questions were so elementary, it was almost an insult to my intelligence.* Las preguntas eran tan elementales, que fue casi un insulto a mi inteligencia. **2** [bastante formal. Describe: p.ej. nivel, etapa, principios] elemental *an elementary mistake* un error elemental

effortless *adj* sin esfuerzo *with effortless ease/grace* con una facilidad/gracia increíble

effortlessly *adv* sin esfuerzo alguno, fácilmente

247.1 Facilitar las cosas

simplify *vt* [obj: p.ej. proceso] simplificar *It would simplify matters if you told them yourself.* Simplificaría las cosas si se lo dijera usted mismo. **simplification** *snn/n* simplificación

ease *v* **1** *vt* [ligeramente formal] facilitar *economic aid to ease the changeover to a market economy* una

ayuda económica para facilitar el paso a una economía de mercado **2** *vti* [mejorar. Obj/suj: p.ej. dolor, tensión] aliviar(se)

convenience *snn* comodidad *designed for the convenience of the user* diseñado para la comodidad del usuario (usado como *adj*) *convenience food* comida de preparación fácil

convenient *adj* [describe: p.ej. hora, lugar] que viene bien, oportuno *Would it be more convenient if I came back later?* ¿Le vendría mejor que volviera más tarde? *a convenient excuse* una excusa oportuna **conveniently** *adv* oportunamente

facilitate *vt* [formal] facilitar

> **U S O**
>
> **Facilitate** es un término formal. En el lenguaje cotidiano (hablado y escrito) la gente utiliza normalmente la expresión **make easier** en su lugar.

248 War Guerra

war *snn/n* guerra *to be at war with somebody* estar en guerra con alguien *to declare war on somebody* declarar la guerra a alguien *the Second World War* la Segunda Guerra Mundial *civil war* guerra civil (usado como *adj*) *war hero* héroe de guerra *war memorial* monumento a los Caídos

warfare *snn* guerra *chemical/nuclear warfare* guerra química/nuclear

hostilities *s pl* hostilidades *the outbreak/cessation of hostilities* el inicio/cese de las hostilidades

battle *s* **1** *sn/nn* batalla *the Battle of Hastings* la batalla de Hastings *to go into battle* entrar en batalla **2** *sn* [no militar] lucha *a battle of wits* un duelo de ingenios *a constant battle for survival* una lucha constante por la supervivencia

battle *vi* (frec. + **with**, **against**) **1** [no militar] luchar *We're still battling with the problem of lack of space.* Aún estamos intentando resolver el problema de falta de espacio. **2** [librar una batalla armada. Literario] batirse *to battle against the foe* batirse contra el enemigo

combat *snn/n* combate *This was his first experience of actual combat.* Esa fue su primera experiencia de un combate real. *unarmed combat* combate sin armas

conflict *snn/n* (frec. + **between**, **with**) **1** conflicto *armed conflict* conflicto armado **2** conflicto *a conflict of interests/loyalties* un conflicto de intereses/lealtades *to be in conflict with something* estar reñido con algo

conflict *vi* (frec. + **with**) no concordar con *conflicting reports* informes contradictorios *Your statement conflicts with what the other witness told us.* Su testimonio se contradice con lo que nos dijo el otro testigo.

248.1 Acciones militares

attack *v* **1** *vti* [obj: p.ej. enemigo, país] atacar **2** *vt* [obj: persona] agredir, asaltar *She was attacked and robbed.* La agredieron y le robaron. **3** *vt* [criticar. Obj: p.ej.

gobierno, plan, política] atacar **attacker** *sn* atacante, agresor

attack *s* (frec. + **on**) **1** *sn/nn* ataque *to be/come under attack* ser atacado *to mount an attack on somebody/something* lanzar un ataque contra alguien/algo **2** *sn* agresión, asalto *the victim of a savage attack* la víctima de una agresión salvaje **3** *sn* [crítica] ataque

invade *vti* [puede implicar más planificación y control que **attack**. Obj: esp. país] invadir *invading forces* fuerzas invasoras **invader** *sn* invasor **invasion** *sn/nn* invasión

defend (frec. + **against**, **from**) *v* **1** *vti* [obj: p.ej. territorio, posición] defender **2** *vt* [obj: p.ej. persona, conducta, método] defender *He tried to defend himself against their criticism.* Intentó defenderse de sus críticas. *I'm not trying to defend what she said.* No intento defender lo que ella dijo. **defender** *sn* defensor, defensa

defence (*brit*), **defense** (*amer*) *s* **1** *snn* defensa *self-defence* autodefensa *civil defence* defensa civil *He wrote an article in defence of his views.* Escribió un artículo en defensa de sus opiniones. (usado como *adj*) *defence force* fuerzas armadas **2** *sn/nn* (frec. + **against**) [objeto o cosa que defiende] defensa *The attackers soon overran our defences.* Los atacantes pronto superaron nuestras defensas. *The animal gives off a strong smell as a defence against predators.* El animal despide un fuerte olor como defensa contra los depredadores.

defensive *adj* [describe: p.ej. posición, arma] defensivo (usado como *s*) *to be on the defensive* estar a la defensiva

victory *sn/nn* victoria *He led his country/team to victory.* Condujo a su país/equipo a la victoria. *to win a victory* obtener un triunfo (usado como *adj*) *victory parade* desfile de la victoria **victor** *sn* vencedor **victorious** *adj* victorioso

defeat *vt* **1** [obj: p.ej. enemigo, oponente] vencer, derrotar *The government was defeated in the election.*

El gobierno fue derrotado en las elecciones. **2** [ser demasiado difícil para] desbordar *I'm not going to let a simple problem like this defeat me.* No voy a permitir que un simple problema como éste me desborde.
defeat *sn/nn* derrota to *suffer a severe/crushing defeat* sufrir una seria/aplastante derrota *They gave up in defeat.* Se dieron por vencidos.

conquer *vt* [suena más triunfante que **defeat**. Norml. no se usa para las batallas modernas] conquistar
conqueror *sn* conquistador **conquest** *snn/n* conquista

surrender *v* (frec. **+ to**) **1** *vit* [suj: p.ej. ejército, soldado, país] rendirse [obj: p.ej. ciudad, territorio] rendir, entregar **2** *vt* (frec. **+ to**) [formal. Dar a alguien. Obj: p.ej. documento, armas] entregar, rendir **3** *vit* (frec. **+ to**) ceder, entregarse *He resolved not to surrender to the temptation.* Decidió no ceder a la tentación.
surrender *snn/n* rendición

retreat *vi* [suj: p.ej. ejército, soldado] batirse en retirada *Napoleon's army was forced to retreat.* El ejército de Napoleón se vio obligado a batirse en retirada. **retreat** *sn/nn* retirada

248.2 Las fuerzas armadas

army *sn* (**+ v** sing o pl) ejército *to join the army* alistarse en el ejército *an army of workmen* una multitud de trabajadores (usado como *adj*) *army camp* campamento militar *army life* vida militar

navy *sn* (**+ v** sing o pl) marina de guerra, armada *the Royal Navy* la Marina
naval *adj* [describe: p.ej. batalla, oficial, uniforme] naval

air force *sn* (**+ v** sing o pl) aviación, fuerzas aéreas

militia *sn* (**+ v** sing o pl) milicia

regiment *sn* regimiento *an infantry regiment* un regimiento de infantería **regimental** *adj* del regimiento

fleet *sn* (**+ v** sing o pl) flota *the naval fleet* la flota naval *a fishing fleet* una flota pesquera *a fleet of vehicles* un parque de vehículos

troop *sn* (norml. *pl*) **1** tropa *British troops formed part of the invading force.* Las tropas británicas formaban parte de la fuerza invasora. **2** [grupo de personas o animales] grupo *Troops of schoolchildren were being shown around the museum.* Grupos de escolares realizaban una visita guiada al museo.

troop *vi* (siempre **+ adv** o *prep*) ir en grupo *Tourists trooped through the house.* Manadas de turistas recorrían la casa.

officer *sn* oficial *officers and men* oficiales y tropa *non-commissioned officer* suboficial

soldier soldado   **warrior** guerrero

248.3 Grados militares

rank *sn* grado *the rank of captain* el grado de capitán
ranks *s pl* (siempre **+ the**) [soldados con rango inferior a sargento] los soldados rasos *He was reduced to the ranks.* Lo degradaron a soldado raso. *ver también **74.2** Important

---

ALGUNOS DE LOS GRADOS PRINCIPALES EN:

the army el ejército:	**commodore** comodoro
private soldado raso	**admiral** almirante
corporal cabo	**the Royal Air Force** las Fuerzas Aéreas:
lieutenant teniente	**aircraftman** cabo segundo (de las fuerzas aéreas)
captain capitán	
major comandante	
colonel coronel	**sergeant** sargento
general general	**flight lieutenant** teniente (de aviación)
the navy la Marina:	
(ordinary) seaman marino	**squadron leader** comandante (de aviación)
petty officer suboficial de marina	
lieutenant teniente de navío	**wing commander** teniente coronel (de aviación)
commander capitán de fragata	**group captain** jefe de escuadrilla
captain capitán	**air marshal** teniente general (de aviación)

248.4 Armas

weapon *sn* arma *nuclear/chemical weapons* armas nucleares/químicas

arms *s pl* [más bien literario excepto cuando se usa como *adj*] armamento(s), armas *They **laid down their arms** and surrendered.* Rindieron las armas. (usado como *adj*) *arms dealer* traficante de armas *arms embargo* embargo de armas *the arms race* carrera armamentística

arm *vt* (frec. + **with**) armar

armed *adj* armado *the armed forces* las fuerzas armadas *armed robbery* un robo a mano armada *She's armed to the teeth.* Va armada hasta los dientes.

unarmed *adj* desarmado *unarmed combat* combate sin armas

ammunition *snn* municiones *to run out of ammunition* quedarse sin municiones

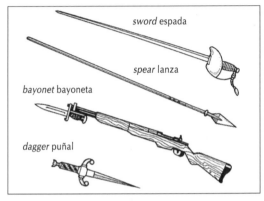

sword espada

spear lanza

bayonet bayoneta

dagger puñal

armour *snn* blindaje, fuerzas blindadas *a suit of armour* una armadura

armoured *adj* blindado, acorazado *armoured personnel carrier* vehículo blindado para el transporte de tropas *an armoured brigade* una brigada de vehículos blindados

tank *sn* tanque, carro

bomb *vt* [obj: p.ej. objetivo, ciudad, instalación] bombardear

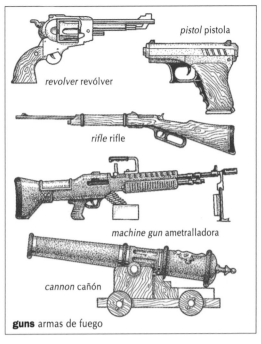

pistol pistola

revolver revólver

rifle rifle

machine gun ametralladora

cannon cañón

guns armas de fuego

tear gas *snn* gas lacrimógeno

bullet *sn* bala

plastic bullet *sn* bala de goma

shell *sn* proyectil, obús

firearm *sn* [norml. en contextos técnicos o legales] armas de fuego *Regulations governing the use of firearms.* Las normativas que rigen el uso de las armas de fuego.

artillery *s* **1** *snn* artillería (usado como *adj*) *artillery bombardment* bombardeo de artillería *artillery unit* unidad de artillería **2** (siempre + **the**) [sección del ejército] la artillería

shoot *v, pas. & pp.* **shot 1** *vit* (frec. + **at**) disparar, tirar *to shoot to kill* tirar a matar *to shoot an arrow* lanzar

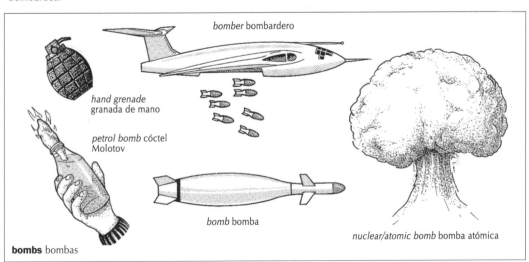

bomber bombardero

hand grenade granada de mano

petrol bomb cóctel Molotov

bomb bomba

nuclear/atomic bomb bomba atómica

bombs bombas

una flecha **2** *vt* [norml. implica que se dispara a una persona o animal, pero puede que no se les mate. Obj: persona, animal] disparar *They shot him (down) in cold blood.* Le dispararon a sangre fría. *He was shot as a spy.* Lo fusilaron por espía. *I was shot in the leg.* Me hirieron (de bala) en la pierna.

fire *vti* [obj: arma (de fuego)] disparar *They fired into the crowd.* Dispararon contra la multitud.

warlike *adj* guerrero, belicoso

248.5 Militar

military *adj* [describe: p.ej. instrucción, disciplina, equipo] militar *to do (one's) military service* hacer el servicio militar *a military band* una banda militar (usado como *s*) *the military* los militares

martial *adj* [normalmente palabra más bien literaria] marcial, castrense [no literaria en las siguientes palabras compuestas] *martial arts* artes marciales *martial law* ley marcial

249 Fight Luchar

fight *v, pas. & pp.* **fought 1** *vit* (frec. + **about, against, for, over, with**) [suj/obj: persona, país, ejército] luchar, pelear *What are those two boys fighting about?* ¿Por qué se pelean esos dos chicos? *to fight a battle/war* librar una batalla/guerra *Iraq was fighting (against) Iran.* Irak luchaba contra Irán. **2** *vti* (frec. + **against, for**) [obj: p.ej. opresión, injusticia, delito] luchar *We must fight for our rights as workers.* Debemos luchar por nuestros derechos como trabajadores. *to fight a fire* combatir un incendio **3** *vi* (frec. + **about, over**) [discutir] pelearse *We always fight about small things like who should wash up.* Siempre nos peleamos por tonterías como quién tiene que lavar los platos.

fight *sn* (frec. + **against, for, with**) pelea, lucha *to have a fight with someone* tener una pelea con alguien *to pick a fight with someone* buscar pelea con alguien

fighter *sn* [norml. deportista] púgil, combatiente

fighting *snn* combate, lucha *The town was the scene of heavy fighting between government forces and the rebels.* La ciudad fue escenario de duros combates entre las fuerzas del gobierno y los rebeldes.

struggle *vi* (frec. + **to** + INFINITIVO, **with**) **1** [físicamente] pelear, forcejear *He managed to struggle free.* Forcejeó hasta que consiguió liberarse. **2** [hacer todo lo posible] luchar, hacer un esfuerzo *I'm still struggling to understand what he wrote.* Aún estoy intentando entender lo que escribió. *Jenny's struggling with the new machine.* Jenny está lidiando con la nueva máquina.

struggle *sn* (frec. + **to** + INFINITIVO, **with**) **1** forcejeo, pelea *His glasses were broken in the struggle.* Sus gafas se rompieron en el forcejeo. **2** lucha *a struggle for independence/recognition* una lucha por la independencia/el reconocimiento *power struggle* lucha por el poder *Don't give up the struggle.* No abandone la lucha.

wrestle *v* [cuerpo a cuerpo] **1** *vit* luchar *He wrestled me to the ground.* Luchando cuerpo a cuerpo me derribó. **2** *vi* (frec. + **with**) luchar *I'm still wrestling with the problem.* Aún estoy lidiando con el problema.
*ver también **388 Sport**

clash *vi* (frec. + **with**) **1** [suj: p.ej. oponentes, rivales] *Police clashed with demonstrators.* Hubo enfrentamientos entre la policía y los manifestantes. *clashing colours* colores que desentonan *They clashed over disciplining the children.* Discrepaban sobre cómo disciplinar a los niños. **2** [ser a la misma hora] coincidir *The meeting clashes with my doctor's appointment.* La reunión coincide con mi cita con el médico.

clash *sn* (frec. + **between, with**) **1** choque, enfrentamiento *border clashes between units from both armies* choques fronterizos entre unidades de ambos ejércitos *a clash of interests/personalities* un choque de intereses/personalidades **2** (frec. + **between, with**) coincidencia *There's a clash with another meeting.* Coincide con otra reunión.

brawl *sn* [lucha ruidosa y tosca entre bandas o individuos en la que generalmente se usan los puños] pelea *a drunken brawl* una reyerta de borrachos **brawl** *vi* pelearse

duel *sn* duelo *to fight a duel* batirse en duelo *to challenge someone to a duel* desafiar a alguien a un duelo **duel** *vi* batirse en duelo **duellist** *sn* duelista

> *f r a s e s*
>
> **come to blows** llegar a las manos *The arguments got so heated that the chairman and secretary nearly came to blows.* La discusión fue tan acalorada que el presidente y el secretario casi llegaron a las manos.
>
> **fight tooth and nail** luchar encarnizadamente

249.1 Oponerse

oppose *vt* [obj: p.ej. plan, persona] oponerse a *Nobody dares oppose him/his wishes.* Nadie se atreve a oponerse a él/sus deseos. *the opposing side* el lado opuesto

opposition *s* **1** *snn* oposición, resistencia *Opposition to the scheme is mounting.* La oposición al proyecto está aumentando. *We met with almost no opposition during our advance.* Prácticamente no encontramos resistencia alguna durante nuestro avance. **2** *sn* (norml. + **the**) oposición *Don't underestimate the opposition.* No subestimes a la oposición.

opponent *sn* **1** [en competición] adversario, contrincante **2** [persona en contra de algo] *opponents of the tax* los que están en contra del impuesto

resist *vti* **1** [obj: p.ej. ataque, cambio] resistir(se), oponerse a *She was charged with resisting arrest.* Fue acusada de oponer resistencia a su arresto. **2** [obj: p.ej. tentación, oferta, encanto] resistir (a) *I couldn't resist taking a peep.* No pude resistir (a) la tentación de echar una ojeada. **3** [obj: p.ej. oxidación, manchas, humedad] resistir

resistance *s* **1** *snn/n* (no tiene *pl*; frec. + **to**) resistencia *The defenders put up (a) stiff resistance.* Los defensores opusieron una resistencia tenaz. *the body's resistance to infection* la resistencia del cuerpo a la infección **2** (siempre + **the**; frec. con la mayúscula) [en guerras] la resistencia *the French Resistance* la Resistencia Francesa (usado como *adj*) *resistance fighter* militante de la resistencia

compete *vi* (frec. + **for**, **with**) [suj: p.ej. equipo, jugador, empresa, producto] competir *The children compete for her attention.* Los niños compiten por su atención. *She competed in the Olympics.* Compitió en los Juegos Olímpicos. *We simply can't compete with their prices.* Sencillamente no podemos competir con sus precios.

competition *s* 1 *snn* competencia, rivalidad *cut-throat competition* competencia encarnizada *They won the contract despite fierce competition.* Obtuvieron el contrato a pesar de la feroz competencia. *We'll be in competition with* three other firms. Tendremos que

competir con otras tres empresas. **2** (siempre + **the**; + *v sing* o *pl*) la competencia *The competition is/are developing a very similar product.* La competencia está desarrollando un producto muy similar.

competitive *adj* **1** [describe: persona] competitivo **2** [describe: examen] *a competitive exam* una oposición **3** [difícil de superar. Describe: p.ej. producto, precio] competitivo *We must increase productivity in order to remain competitive.* Debemos aumentar la productividad para seguir siendo competitivos.

competitor *sn* competidor *If our competitors reduce their prices, we must do the same.* Si nuestros competidores reducen los precios, nosotros debemos hacer lo mismo. *ver también **388 Sport**

250 **Enmity** Enemistad

opuesto **434 Friendship**

enemy *sn* **1** enemigo *As far as I know, she didn't have any enemies.* Que yo sepa, ella no tenía enemigos. *He's **his own worst enemy**.* Es el peor enemigo de sí mismo. **2** (siempre + **the**) enemigo *Our gallant soldiers are advancing against the enemy.* Nuestros intrépidos soldados avanzan contra el enemigo. (usado como *adj*) *enemy aircraft* aviones enemigos *enemy forces* fuerzas enemigas

hostile *adj* **1** (frec. + **to**, **towards**) hostil *They seem very hostile to the idea.* Parecen muy hostiles a la idea. *Why are you being so hostile?* ¿Por qué te muestras tan hostil? **2** [en contextos militares. Describe: p.ej. fuerzas, buques de guerra] enemigo **hostility** *snn* hostilidad

unfriendly *adj* (frec. + **to**, **towards**) poco amistoso, antipático **unfriendliness** *snn* frialdad, antipatía

cold *adj* [enfatiza falta de emoción deliberada] frío *He gave me a cold stare.* Me lanzó una mirada fría. **coldly** *adv* fríamente **coldness** *snn* frialdad

cool *adj* frío *Relations are distinctly cool at the moment.* Las relaciones son claramente frías en este momento. **coolness** *snn* frialdad

revenge *snn* venganza *to **take revenge** on sb* vengarse de alguien *in revenge (for)* para vengarse de

f r a s e s

bad blood *snn* (frec. + **between**) *I don't want to cause bad blood between them.* No quiero sembrar cizaña entre ellos.

ill feeling *snn* resentimiento, resquemor *The decision was the cause of much ill feeling among the residents.* La decisión dio pie a mucho malestar entre los residentes.

ill will *snn* [más bien formal] rencor *I bear her no ill will.* No le guardo ningún rencor.

not be on speaking terms with no hablarse con *They weren't on speaking terms last time I visited them.* No se hablaban la última vez que los visité.

give sb the cold shoulder [ser poco amistoso intencionadamente, esp. tras una amistad anterior] dar de lado a alguien, volver la espalda a alguien

be at daggers drawn (with) estar a matar (con)

251 **Resentment** Resentimiento

resentment *snn* (frec. + **against**, **towards**) resentimiento, resquemor

resent *vt* [obj: p.ej. trato, actitud] ofenderse por, tomar a mal *I really resent having to go to that meeting.* Realmente me molesta tener que ir a esa reunión. **resentful** *adj* resentido, ofendido **resentfully** *adv* con resentimiento

grudge *snn* rencor *to **bear sb a grudge*** guardar rencor a alguien *He's got a grudge against me.* Está resentido conmigo.

grudge o **begrudge** *vt* dar a regañadientes *He grudges every penny he has to spend on food.* Le duele cada penique que ha de gastarse en comida. *I don't begrudge them their success.* No los envidio por su éxito.

grudging *adj* [describe: p.ej. ayuda, aprobación] dado de mala gana **grudgingly** *adv* de mala gana, a regañadientes

jealous *adj* (frec. + **of**) [sugiere un sentimiento más fuerte y más amargo que **envious**] celoso *Don't take any notice of her, she's just jealous.* No le hagas ningún caso, está celosa. *She gets jealous if I simply look at another girl.* Se pone celosa sólo con que mire a otra chica. **jealousy** *snn* celos

jealously *adv* celosamente *a jealously guarded secret* un secreto celosamente guardado

f r a s e

have a chip on one's shoulder estar resentido *The fact that he didn't get into university has left him with a terrible chip on his shoulder.* El hecho de no haber accedido a la universidad le ha dejado con un resentimiento terrible.

envy *snn* envidia *Her new car is the envy of the whole office.* Su nuevo coche es la envidia de toda la oficina. *green with envy* verde de envidia

envy *vt* envidiar (frec. + 2 objs.) *I envy her her good looks.* Le envidio su belleza. *That's one job I don't envy you.* Ese es un trabajo por el que no te envidio.

envious *adj* (frec. + *of*) envidioso **enviously** *adv* con envidia

covet *snn* [formal. Obj: algo propiedad de otra persona] codiciar **covetous** *adj* codicioso **covetousness** *snn* codicia

252 Danger Peligro

danger *s* **1** *snn* [término genérico] peligro, riesgo *Danger! - Deep quarry.* ¡Peligro!- Cantera profunda. *You're in terrible danger.* Estás en gran peligro. *She's in danger of losing her job.* Corre el riesgo de perder su trabajo. *The patient is now out of danger.* El paciente ahora está fuera de peligro. (usado como *adj*) *danger signal* señal de peligro *danger money* plus de peligrosidad **2** *sn* (frec. + *to*) riesgo *a danger to health* un peligro para la salud *They faced many difficulties and dangers on the voyage.* Se enfrentaron con muchas dificultades y muchos peligros en el viaje.

dangerous *adj* [describe: p.ej. droga, enfermedad, arma] peligroso, arriesgado *It's dangerous to drive so fast.* Es peligroso conducir tan rápido.

dangerously *adv* peligrosamente, arriesgadamente *dangerously ill* gravemente enfermo *He came dangerously close to ruining the whole project.* Faltó muy poco para que arruinara todo el proyecto.

endanger *vt* [obj: p.ej. vida, salud] poner en peligro, arriesgar *endangered species* especie en peligro de extinción

jeopardy *snn* [más formal que **danger**] riesgo, peligro *in jeopardy* en peligro

jeopardize *vt*, TAMBIÉN -**ise** (*brit*) [norml. no se refiere a peligro físico] arriesgar, poner en peligro *I don't wish to jeopardize the success of this venture.* No deseo poner en peligro el éxito de esta empresa.

peril *snn/n* [palabra más literaria que **danger**] peligro, riesgo *Our lives were in mortal peril.* Nuestras vidas estaban en peligro mortal. *You ignore this warning at your peril.* No asumimos las consecuencias del incumplimiento de esta advertencia. **perilous** *adj* peligroso, arriesgado

perilously *adv* peligrosamente *They were driving perilously close to the cliff edge.* Conducían peligrosamente cerca del borde del acantilado.

hazard *sn* (frec. + *to*) peligro, riesgo *a fire/health hazard* un peligro de incendio/para la salud *Boredom is an occupational hazard in this job.* El aburrimiento es un gaje del oficio en este trabajo. (usado como *adj*) *hazard warning (lights)* luces de emergencia **hazardous** *adj* arriesgado, peligroso

pitfall *sn* [cosa o situación que puede causar problemas] escollo *This is one of the pitfalls for a person learning English.* Este es uno de los escollos con que puede tropezar una persona que aprende inglés.

risk *sn/nn* riesgo, peligro *a security risk* un riesgo para la seguridad *I'm willing to take the risk.* Estoy dispuesto a arriesgarme. *You run the risk of losing their support.* Corre el riesgo de perder su apoyo. *The future of this company is at risk.* El futuro de esta empresa está en peligro. (usado como *adj*) *a high-risk investment* una inversión de alto riesgo

risk *vt* **1** [obj: p.ej. salud, dinero, reputación] arriesgar *She risked her life to save me.* Arriesgó su vida para salvarme. **2** [obj: p.ej. muerte, derrota, ruina] exponerse a *We risk getting put in prison if we're found out.* Nos exponemos a que nos metan en la cárcel si nos descubren. **3** [obj: acción que puede acarrear consecuencias peligrosas o desagradables] arriesgarse *They won't risk an election while the opinion polls are so unfavourable.* No se arriesgarán a convocar elecciones mientras las encuestas de opinión sean tan desfavorables.

risky *adj* peligroso, arriesgado *It's a risky business lending people money.* Es un negocio arriesgado prestar dinero a la gente.

chancy *adj* arriesgado

unsafe *adj* inseguro, peligroso *That platform looks extremely unsafe.* Esa plataforma parece sumamente insegura.

frases

to have a close/narrow shave O **a narrow escape** [informal. El peligro se evita por muy poco] librarse por los pelos *That was a very close shave; we so nearly had a crash.* Faltó el canto de un duro, estuvimos a punto de tener un accidente.

to play with fire jugar con fuego *You're playing with fire if you ignore his instructions.* Estás jugando con fuego si desatiendes sus instrucciones.

to take your life in your hands [hacer algo muy peligroso o arriesgado. A veces se usa de manera humorística] jugarse la vida *You really take your life in your hands when you let him drive the car.* Realmente te juegas la vida cuando le dejas conducir el coche.

to live dangerously [correr muchos riesgos, no implica necesariamente daño físico. A veces se usa de manera humorística] vivir peligrosamente *She believes in living dangerously - she's taking up rock climbing now.* Apuesta por vivir peligrosamente - ahora se está aficionando a la escalada. *Oh go on, live dangerously - have another chocolate!* ¡Vamos, atrévete - toma otro bombón!

to skate on thin ice [hallarse en una situación peligrosa o delicada] pisar terreno resbaladizo

to push/press one's luck tentar a la suerte *Ask him again by all means, but don't push your luck too far!* ¡Vuélveselo a pedir si quieres, pero no tientes a la suerte!

252.1 Emergencia

emergency *sn* emergencia **In an emergency** *we may have to evacuate the building.* En caso de emergencia, puede que tengamos que evacuar el edificio. *I keep a first-aid kit in that cupboard for emergencies.* Guardo un botiquín para emergencias en ese armario. (usado como *adj*) *emergency (telephone) number* número (de teléfono) de urgencias *the **emergency services*** servicios de emergencia

crisis *sn, pl* **crises** [norml. menos repentino que **emergency**] crisis *a political/economic crisis* una crisis política/económica *a crisis of confidence* una crisis de confianza (usado como *adj*) *at crisis point* en el punto crítico

critical *adj* [describe: p.ej. momento, fase, decisión] crítico, crucial *The next few days could be critical for the company.* Los próximos días pueden ser críticos para la empresa. *of critical importance* de crucial importancia

252.2 Avisar

warn *vt* (frec. + **about, against, of**) avisar, advertir *You can't say I didn't warn you.* No puedes decir que no te lo advertí. *The children were warned about the dangers.* Los niños fueron advertidos de los peligros. (frec. + **to** + INFINITIVO, + **that**) *The police were warned*

to be on the look-out for the escaped man. La policía fue alertada para que estuviera al acecho del fugitivo. *You might have warned me she was coming.* Podrías haberme avisado de que ella iba a venir.

warning *sn/nn* aviso, advertencia *to shout a warning* dar un grito de alarma *They arrived **without** any **warning**.* Vinieron sin avisar. (usado como *adj*) *warning light* señal luminosa de advertencia *warning shot* disparo de aviso

alert *vt* (frec. + **to**) [poner sobre aviso] alertar *We were alerted to the dangers.* Nos alertaron de los peligros. *A neighbour alerted the police.* Un vecino alertó a la policía.

alert *snn/n* alerta, alarma *The army was placed **on full alert**.* El ejército estaba en alerta roja. *Be **on the alert for** suspicious-looking packages.* Esté alerta por si ve paquetes sospechosos. *a nuclear alert* una alerta nuclear

alert *adj* (frec. + **to**) [describe: p.ej. persona, mente] despierto, vivo *An alert customs officer spotted the wanted man.* Un avispado agente de aduanas descubrió al hombre buscado por la justicia.

253 Safety Seguridad

safe *adj* **1** (norml. después de *v*; frec. + **from**) fuera de peligro, a salvo *I couldn't rest till I knew you were safe.* No me quedé tranquila hasta que supe que estabas fuera de peligro. *The travellers got home **safe***

safety net red de seguridad

safety belt cinturón de seguridad

and sound**.* Los viajeros llegaron a casa sanos y salvos. *Will my suitcase be safe here?* ¿Aquí estará segura mi maleta? **2** [describe: p.ej. lugar, coche, inversión. Comparar **secure**] seguro *It's not safe to go out alone.* Es peligroso salir solo. *The roof isn't safe to walk on.* Caminar sobre el tejado es peligroso. **3** (delante de *s*) [describe: esp. conductor] prudente *to be **in safe hands estar en buenas manos

safety *snn* seguridad *Put this helmet on, it's for your own safety.* Póngase este casco, es para su propia seguridad. ***safety first*** seguridad ante todo *to reach safety* ponerse a salvo (usado como *adj*) *safety glass* vidrio inastillable *safety catch* seguro, cadena de seguridad

unharmed *adj* (norml. después de *v*) ileso

secure *adj* **1** (frec. + **about**) [se usa principalmente para describir la manera en que las personas se sienten consigo mismas, más que para hacer referencia a factores externos - comparar con **safe**. Describe un sentimiento de confianza y falta de ansiedad] seguro *I feel secure because I trust you.* Me siento seguro porque confío en ti. *I was secure in the knowledge that ... Me sentía segura porque sabía que ...* **2** [seguro y estable. Describe: p.ej. hogar, entorno familiar, trabajo] estable, fijo **3** (norml. después de *v*) *to make the doors and windows secure* asegurar puertas y ventanas

secure *vt* **1** [sujetar con firmeza. Obj: p.ej. puerta, ventana, cuerda] asegurar, fijar **2** (frec. + **against, from**) [hacer que sea seguro. Obj: p.ej. posición, inversión, futuro] asegurar, afianzar

security *s* **1** *snn* [sensación] seguridad *a feeling of security* una sensación de seguridad *They need the security of a stable relationship.* Necesitan la seguridad de una relación estable. **2** *snn* [disposiciones] seguridad, protección *on grounds of national security* por motivos de seguridad nacional *Security was very tight during the Pope's visit.* La seguridad fue muy estricta durante la visita del Papa. (usado como *adj*) **security risk** riesgo para la seguridad **security guard** guarda jurado

253.1 Precaución

precaution *sn* (frec. + **against**) precaución *We removed everything breakable from the room as a precaution.* Sacamos todo lo susceptible de romperse de la habitación como medida de precaución. *to **take precautions*** tomar precauciones **precautionary** *adj* preventivo

insure *vti* (frec. + **against**) [obj: p.ej. casa, coche, joyas] asegurar *Are we insured against theft?* ¿Estamos asegurados contra robo? *The camera is insured for £200.* La cámara está asegurada en 200 libras. **insurer** *sn* asegurador

insurance **1** *snn* seguro *The contents of the house are covered by insurance.* Los bienes de la casa están cubiertos por el seguro. *to take out insurance on sth* asegurar algo (usado como *adj*) **insurance company**

compañía de seguros **insurance policy** póliza (de seguros) **2** *sn* (frec. + **against**) seguro *I carry spare parts in my car as an insurance against breaking down a long way from a garage.* Llevo piezas de repuesto en el coche como seguro en caso de una avería lejos del taller.

253.2 Salvar

save *vt* (frec. + **from**) salvar *She saved the boy from drowning.* Salvó al niño de que se ahogara. *to save someone's life* salvar la vida de alguien *a campaign to save a threatened building/nature reserve* una campaña para salvar un edificio amenazado/una reserva natural

rescue *vt* (frec. + **from**) rescatar *He rescued a woman from a burning building.* Rescató a una mujer de un edificio en llamas. *I managed to rescue this book before it was thrown away.* Logré rescatar este libro antes de que lo tiraran. **rescuer** *sn* miembro del equipo de rescate, socorrista

rescue *sn/nn* salvamento, rescate *a daring rescue carried out by helicopter* un audaz rescate en helicóptero *to **come/go to the rescue of sb/sth*** acudir en auxilio de alguien/algo (usado como *adj*) *rescue attempt* intento de rescate *rescue vessel* buque de salvamento

survive *vit* sobrevivir *She was badly injured but survived.* Estaba gravemente herida pero sobrevivió. *my only surviving relative* el único de mis parientes que todavía vive *a tradition which has survived since the Middle Ages* una tradición que ha perdurado desde la Edad Media *He survived the crash.* Sobrevivió al accidente.

survival *snn* supervivencia *a fight for survival* una lucha por la supervivencia *the survival of the fittest* la ley del más fuerte (usado como *adj*) *survival kit* equipo de supervivencia *survival raft* balsa de emergencia

survivor *sn* superviviente *There were no survivors from the crash.* No hubo supervivientes en el accidente.

254 Look after Cuidar de

look after *sb/sth vt fr.* **1** [obj: esp. persona, objeto valioso o que requiere atención] cuidar (de), vigilar *Will you look after our cat for us while we're on holiday?* ¿Podría cuidar de nuestro gato mientras estemos de vacaciones? *I can look after myself.* Sé cuidar de mí misma. *This car has been well looked after.* Este coche esta bien cuidado. **2** [obj: p.ej. preparativos, intereses] ocuparse de

take care of **1** cuidar (de) *Who's going to take care of you when you're old?* ¿Quién va a cuidarle cuando sea mayor? *Take care of yourself!* ¡Cuídese! **2** encargarse de *Don't worry about the financial side, that's all been taken care of.* No se preocupe por el aspecto financiero, todo está arreglado.

care for *sb/sth vt fr.* **1** [obj: esp. enfermo o persona mayor] cuidar (de) **2** [querer] *I know how deeply he cares for you.* Sé lo mucho que le importas.

keep *vt, pas. & pp.* **kept** **1** [obj: persona, uno mismo] mantener *You can't expect me to keep you now you're grown-up.* No puedes pretender que te mantenga ahora que eres una persona adulta. **2** [obj: animales] tener *They kept a pig and a few goats on their little farm.* Tenían un cerdo y algunas cabras en su pequeña granja.

keep *snn* subsistencia *to earn one's keep* ganarse el sustento

wait on sb *vt fr.* [obj: cliente en un restaurante] atender, servir [también se usa de manera peyorativa] *He expects to be waited on hand and foot.* Espera que se desvivan por él. *ver también **163 Eating and Drinking Places**

attentive *adj* **1** (frec. + **to**) atento, solícito *The staff were very attentive to us during our stay.* El personal fue muy atento con nosotros durante nuestra estancia. **2** [describe: p.ej. público] atento

254.1 Proteger

protect *vt* (frec. + **against, from**) proteger *She wore goggles to protect her eyes.* Llevaba gafas para protegerse los ojos. *The seedlings must be protected against frost.* Se debe proteger a los plantones contra la helada.

protection *snn/n* (frec. + **against, from**) protección *The vaccine gives partial protection against the disease.* La vacuna proporciona una protección parcial contra la enfermedad. *She is under police protection.* Se halla bajo protección policial.

protective *adj* **1** protector *protective clothing* ropa protectora **2** (frec. + **to, towards**) [describe: p.ej. persona, gesto] protector *She felt very protective towards her younger sister.* Se sentía muy protectora hacia su hermana menor. **protectively** *adv* de manera protectora

protector *sn* **1** [persona] protector **2** [para una parte del cuerpo] protector *chest protector* protector para el pecho

guard *vti* (frec. + **against, from**) [obj: p.ej. casa, preso, persona importante] vigilar, escoltar *Soldiers were guarding all government buildings.* Los soldados vigilaban todos los edificios gubernamentales.

guard *s* **1** *sn* guardia, guarda *security guard* guarda jurado *He managed to slip past the guards at the gate.* Logró pasar sin que lo vieran los centinelas de la puerta. **2** *sn* (no tiene *pl*) [grupo de personas] guardia *He was taken to the airport under guard.* Fue escoltado hasta el aeropuerto. **3** *snn* guardia *to be on guard* estar de guardia *to be on one's guard* (against sth) estar en guardia (contra algo) *to keep guard* vigilar *to stand guard over* sth vigilar algo **4** *sn* dispositivo protector *fire guard* pantalla (de chimenea) *shin guards* espinilleras

safeguard *vt* (frec. + **against, from**) proteger, salvaguardar *We want to safeguard our products against forgery.* Queremos proteger nuestros productos contra la falsificación.

safeguard *sn* [normalmente en una constitución, ley, contrato, etc.] salvaguardia

shield *vt* (frec. + against, **from**) proteger *She's trying to shield him, though she knows he's committed a crime.* Ella está intentando protegerlo, aunque sabe que ha cometido un delito.

shield placa

He shielded his eyes from the sun. Se protegió los ojos del sol.

wind shield parabrisas

shield escudo

shelter *v* **1** *vt* (frec. + **from**) abrigar, proteger *The trees shelter the house from the wind.* Los árboles protegen a la casa del viento. **2** *vt* [obj: p.ej. persona buscada por la policía, prófugo] dar refugio a **3** *vi* (frec. + **from**) refugiarse, cobijarse *We went into a shop doorway to shelter from the rain.* Fuimos a un portal para resguardarnos de la lluvia.

shelter *s* **1** *sn* [lugar, protección] refugio, cobijo *air raid shelter* refugio antiaéreo *bus shelter* marquesina **2** *snn* refugio, abrigo *to take shelter* refugiarse *Everybody ran for shelter when the downpour started.* Todo el mundo corrió a cobijarse cuando empezó el chaparrón.

254.2 Conservar

preserve *vt* **1** [obj: p.ej. edificio antiguo, costumbre] conservar *The original furnishings had been lovingly preserved.* El mobiliario original había sido conservado con cariño. **2** [obj: p.ej. independencia, criterio] conservar

preservation *snn* **1** conservación *the instinct for self-preservation* el instinto de conservación **2** conservación *The objects are in a good state of preservation.* Los objetos están en buen estado de conservación.

conserve *vt* **1** [tener seguro. Obj: p.ej. flora y fauna] conservar **2** [no derrochar. Obj: p.ej. calor, energía, fuerza] conservar

conservation *snn* **1** conservación, preservación *nature conservation* preservación de la naturaleza (usado como *adj*) *conservation area* área perteneciente al patrimonio artístico **2** ahorro *energy conservation* ahorro de energía **conservationist** *sn* partidario de la preservación de la naturaleza

255 Fear Miedo

opuesto **258 Courage**

fear s 1 snn [término genérico] (frec. + **of**) miedo I daren't move **for fear of** being spotted. No me atrevo a moverme por miedo a que me vean. to be **in fear of** sth tener miedo de algo 2 sn temor Their fears proved groundless. Sus temores resultaron ser infundados.

fear v [más bien formal] 1 vt [obj: p.ej. muerte, herida, ruina] temer You've got nothing to fear from me. No tiene nada que temer de mí. 2 vi (frec. + **for**) temer por The doctors feared for her sanity. Los médicos temían por su cordura.

fright snn/n susto, sobresalto to give someone a fright dar un susto a alguien to **take fright** asustarse I nearly died of fright. Casí me muero del susto.

alarm snn 1 [menos fuerte que **fear**] alarma There is no cause for alarm. No hay razón para alarmarse. He cried out in alarm. Gritó alarmado. 2 sn alarma The alarm was sounded. Sonó la alarma. to **raise the alarm** dar la alarma (usado como adj) alarm signal señal de alarma 3 sn alarma **burglar alarm** alarma antirrobo **alarm** vt alarmar

alarming adj [describe: p.ej. aumento, informe, tamaño] alarmante **alarmingly** adv de modo alarmante

panic sn/nn [miedo repentino y violento] pánico I was in a panic because I thought I'd missed the plane. Me entró pánico porque pensé que había perdido el avión. The news caused panic among investors. Las noticias sembraron el pánico entre los inversores. (usado como adj) panic selling ventas provocadas por el pánico

panic vit, -ck- asustar(se) Don't panic! ¡Que no cunda el pánico! She panicked and tried to burn the letter. Le entró pánico e intentó quemar la carta.

terror snn/n [palabra más fuerte que **fear**] terror They ran away in terror. Huyeron aterrorizados. terror-stricken preso del pánico

terrorist sn terrorista Terrorists hijacked the airliner. Unos terroristas secuestraron el avión. (usado como adj) terrorist bomb bomba terrorista **terrorism** snn terrorismo

dread snn/n [miedo basado en algo que pasará o puede pasar en el futuro] pavor I have a dread of old age. Tengo pavor a la vejez.

dread vt tener pavor a, temer I used to dread those visits to the dentist. Esas visitas al dentista me daban pánico. I **dread to think** what might have happened. Me horroriza pensar lo que habría podido pasar.

255.1 Tener miedo

afraid adj (después de v) 1 (frec. + **of**, + **to** + INFINITIVO) [término genérico, no muy fuerte] He's afraid of the dark. Tiene miedo a la oscuridad. Don't be afraid to ask questions. No tema hacer preguntas. 2 [usado para excusarse de manera cortés] (siempre + **that**) I'm afraid she's not in. Lo siento pero no está. Tickets are sold out, I'm afraid. Lo siento, pero las entradas se han agotado.

frightened adj (frec. + **of**, + **to** + INFINITIVO) [más fuerte que **afraid**] asustado Hold my hand if you feel frightened. Cógete de mi mano si estás asustado.

scared adj (frec. + **of**, **to** + INFINITIVO) [un poco menos formal que **frightened**] asustado I was **scared stiff**. Estaba muerto de miedo.

fearful adj (después de v; frec. + **of**) [más formal que **afraid**] temeroso She was so fearful of offending them, she hardly opened her mouth. Estaba tan temerosa de ofenderlos que apenas abrió la boca. **fearfully** adv con miedo

terrified adj (frec. + **of**, + **to** + INFINITIVO) [sumamente asustado] aterrado, aterrorizado

petrified adj (frec. + **of**, + **to** + INFINITIVO) [palabra muy fuerte, pero frec. usada de modo exagerado] horrorizado, paralizado de miedo I was petrified in case she fell off. Estaba paralizada de miedo por si se caía.

coward sn cobarde I'm a terrible coward about speaking in public. Soy un auténtico cobarde cuando se trata de hablar en público. **cowardice** snn cobardía **cowardly** adj cobarde

f r a s e

as white as a sheet [sólo usado para describir palidez a causa del miedo, no de otra clase] blanco como el papel

get cold feet [informal. No suele usarse para describir temor o daño físico] entrarle miedo a alguien He got cold feet the night before the wedding. Le entró pánico la noche anterior a la boda.

lose one's nerve perder el valor, rajarse She suddenly lost her nerve and refused to get on the plane. De repente perdió el valor y se negó a subir al avión.

255.2 Asustar

frighten vt asustar They **frighten the life out of me**, those big lorries. A esos camiones grandes les temo como al diablo. He shouted to frighten the birds away. Gritó para ahuyentar a los pájaros. **frightening** adj espantoso

scare vt [un poco menos formal que **frighten**] asustar He doesn't scare me with his threats. No me asusta con sus amenazas. to scare somebody away/off ahuyentar a alguien

scary adj [informal] que da miedo

scare sn 1 susto to give someone a scare darle un susto a alguien 2 [incidente] pánico bomb scare alerta de bomba rabies scare alerta de rabia

terrify vt [muy enfático] aterrar, aterrorizar **terrifying** adj aterrador

petrify vt [muy enfático, frec. usado para exagerar] petrificar

threaten v 1 vt (frec. + **with**) amenazar His boss threatened him with the sack. Su jefe lo amenazó con despedirlo. 2 vt (frec. + **to** + INFINITIVO) amenazar They're threatening to blow up the building. Amenazan con volar el edificio. clouds threatening rain nubes que amenazan lluvia 3 vti (frec. + **with**) [estar o poner en peligro] amenazar a species threatened with extinction una especie amenazada de extinción Price increases *are threatening our standard of living.* Los aumentos de precios están amenazando nuestro nivel de vida.

threat *s* **1** *sn/nn* amenaza *an empty threat* una amenaza vana *The local theatre is under (the) threat of demolition.* El teatro local está amenazado de demolición. **2** (frec. + **to**) amenaza *Their territorial ambitions pose a grave threat to the peace of the region.* Sus ambiciones territoriales constituyen una grave amenaza para la paz de la región.

bully *vt* intimidar *He tried to bully me into giving him my ticket.* Intentó intimidarme para que le diera mi billete. **bully** *sn* matón

255.3 Dar muestras de miedo

shake *vi, pas.* **shook** *pp.* **shaken** temblar, estremecerse *He was shaking like a leaf.* Temblaba como un flan. *Her hand shook as she went to pick up the telephone.* Le temblaba la mano al ir a coger el teléfono. **2** *vt* conmocionar *The news really shook me.* Las noticias realmente me conmocionaron. *She was badly shaken (up) by the accident.* Sufrió una profunda conmoción a causa del accidente.

tremble *vi* [movimiento un poco menos obvio o violento que **shake** y frec. usado para describir emociones que no son de miedo] temblar *I was trembling all over.* Estaba todo tembloroso. *to tremble with rage/excitement* temblar de rabia/emoción **tremble** *sn* temblor

quiver *vi* [movimiento pequeño] temblar, estremecerse *in a voice quivering with emotion* con una voz que temblaba de la emoción **quiver** *sn* temblor, estremecimiento

quake *vi* [una reacción muy fuerte. Frec. se dice humorísticamente] temblar *The boys heard her voice and quaked with terror.* Los chicos oyeron su voz y temblaron de miedo.

cower *vi* acobardarse *She cowered away from the blow.* Se apartó acobardada para eludir el golpe. *They were cowering in a corner.* Estaban acobardados en un rincón.

freeze *vit, pas.* **froze** *pp.* **frozen** [ser incapaz de moverse o hablar a causa del miedo] quedarse helado (de miedo) *They froze in horror when they heard the door open.* Se quedaron helados de miedo cuando oyeron que la puerta se abría.

worry *s* **1** *snn* preocupación, inquietud **2** *snn* preocupación, problema *financial worries* problemas financieros *That's the least of my worries.* Eso es lo que menos me preocupa.

worry *v* **1** *vi* (frec. + **about**) preocuparse, inquietarse *I lie awake at night worrying.* Por la noche la preocupación no me deja dormir. *Don't worry, you won't be left behind.* No se preocupe, no nos olvidaremos de usted. *There's nothing to worry about.* No hay de qué preocuparse. **2** *vt* inquietar, preocupar *Don't let it worry you.* No deje que le preocupe. *It's beginning to worry me that she hasn't learned to read yet.* Empieza a preocuparme el que aún no haya aprendido a leer.

worried *adj* (frec. + **about**) [describe: p.ej. persona, ceño] preocupado, inquieto *We've been worried sick about you.* Hemos estado preocupadísimos por ti.

anxiety *s* **1** *snn/n* (frec. + **about**, **over**) [un poco más formal que **worry**] inquietud, ansiedad *The news has caused considerable anxiety.* Las noticias han causado una gran ansiedad. **2** *snn* (frec. + **to** + INFINITIVO) ansia, afán *In her anxiety to appear grown-up, she had put on too much make-up.* En su afán por parecer mayor, se había puesto demasiado maquillaje.

anxious *adj* **1** (frec. + **about**) inquieto, preocupado *an anxious wait* una angustiada espera *All this is making me very anxious.* Todo esto me está preocupando mucho. **2** (frec. + **to** + INFINITIVO, + **that**) ansioso, deseoso *I'm anxious to learn all I can.* Estoy ansiosa por aprender todo cuanto pueda. **anxiously** *adv* con inquietud, ansiosamente

concern *snn* [bastante formal] preocupación, inquietud *His condition is causing grave concern.* Su estado está causando gran preocupación. *There's no cause for concern.* No hay motivo para preocuparse.

concern *vt* preocupar, interesar *It concerns me that we have made so little progress.* Me preocupa que hayamos progresado tan poco. *I'm concerned about her health.* Me preocupa su salud.

apprehensive *adj* (frec. + **about**) [más formal que **worried**. Tiene que ver con algo que pasará o puede pasar en el futuro] aprensivo **apprehensively** *adv* con aprensión

insecure *adj* [ansioso y falto de confianza, norml. describe un tipo de persona, y no un estado pasajero] inseguro *She's a very insecure person.* Es una persona muy insegura. **insecurity** *snn* inseguridad

nerves *s pl* nerviosismo *an attack of nerves* un ataque de nervios *first-night nerves* los nervios del estreno *He's a bag/bundle of nerves.* Es un manojo de nervios.

nervous *adj* (frec. + **about**) nervioso *Are you nervous about the interview?* ¿Está nervioso por la entrevista? *to be a nervous wreck* tener los nervios destrozados

timid *adj* tímido, asustadizo *Deer are very timid creatures.* Los ciervos son unas criaturas muy asustadizas. **timidity** *snn* timidez **timidly** *adv* tímidamente

shy *adj* tímido, vergonzoso *She's too shy to speak to anyone.* Es demasiado tímida para hablar con nadie. *a shy smile* una sonrisa tímida **shyly** *adv* tímidamente **shyness** *snn* timidez, vergüenza

256 Tension Tensión

tension *s* **1** *snn* [inquietud nerviosa] tensión *nervous tension* tensión nerviosa *Tension is mounting as the time for the announcement draws near.* La tensión va en aumento a medida que se acerca la hora de anunciar la noticia. **2** *snn/n* [ambiente desagradable] tensión *international tension* tensión internacional *racial tensions in inner-city areas* tensiones raciales en los barrios céntricos de la ciudad **3** *snn* tirantez *a cable under tension* un cable tensado

tense *adj* **1** [describe: p.ej. persona, ambiente, músculo] tenso *His whole body was tense with anxiety.* Todo su cuerpo estaba tenso por la ansiedad. **tense** *vti* tensar(se)

stress *snn/n* **1** tensión, estrés *Stress can cause heart disease.* El estrés puede causar enfermedades cardíacas. *She has been under a lot of stress lately.* Ha estado sometida a mucho estrés últimamente. **2** [en ingeniería] tensión, carga **stressful** *adj* estresante

256.1 Intranquilo

uneasy *adj* **1** (frec. + **about**) inquieto, intranquilo *I had an uneasy feeling that something was wrong.* Tenía la desagradable sensación de que algo no iba bien. *I'm very uneasy about the morality of what we're doing.* Estoy muy intranquila con respecto a la moralidad de lo que estamos haciendo. **2** [que causa inquietud por su naturaleza precaria. Describe: p.ej. paz, alianza, silencio] precario, incómodo *I felt very uneasy in their company.* Me sentía muy incómoda con ellos. **unease** *snn* **1** inquietud, desasosiego **2** malestar, descontento, tensión

agitated *adj* (frec. + **about**) inquieto, nervioso *She got very agitated when I suggested that we should call the police.* Se puso muy nerviosa cuando sugerí que debíamos llamar a la policía. **agitation** *snn* inquietud, nerviosismo

het up *adj* (frec. + **about**) [informal] acalorado, nervioso *He got very het up about it.* Se puso muy nervioso por eso.

on edge *adj* (siempre después de *v*) con los nervios de punta *She's been so on edge lately.* Ha estado con los nervios de punta últimamente.

edgy *adj* [informal] nervioso

256.2 Tenso

ver también **100 Hard**

taut *adj* tenso, tirante [se dice también de una persona o situación] *He wore a taut smile.* Tenía una sonrisa forzada. **taut** *adv* (después de *v*) de manera que quede tirante **tautly** *adv* de manera tirante **tautness** *snn* tensión, tirantez

tight *adj* [nudo, cuerda, pantalones] apretado, tirante, ceñido

tight *adv* (después de *v*) firmemente *hold on tight* agárrate fuerte *shut tight* bien cerrado

tightly *adv* firmemente *Screw the top on/the nut tightly.* Ciérralo bien/aprieta bien la tuerca. *a tightly fitting dress* un vestido que queda muy ceñido **tightness** *snn* tirantez **tighten** *vti* apretar, tensar

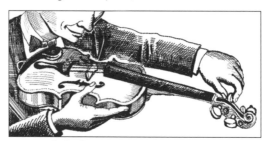

You turn the knob to increase tension on the string. Gire la clavija para aumentar la tensión de la cuerda.

She was laced up tightly. Llevaba un corsé muy apretado.

The leather is stretched taut across the top of the drum. El cuero se extiende sobre la parte superior del tambor de manera que quede tirante.

257 Excitement Emoción

excitement *snn/n* emoción *The children were wild with excitement.* Los niños estaban locos de emoción. *That's enough excitement for one day.* Ya es suficiente emoción para un día.

exhilaration *snn* [causado por algo (frec. que da bastante miedo) que está pasando realmente, no por algo que se prevé que pueda pasar] emoción, regocijo **exhilarate** *vt* emocionar, regocijar

thrill *sn* emoción, estremecimiento *a thrill of pleasure/anticipation* un estremecimiento de placer/expectación *It was such a thrill actually being there.* Fue tan emocionante estar ahí de verdad. **thrill** *vt* emocionar, estremecer

kick *sn* [informal. Frec. usado más bien de manera peyorativa] gusto, placer *to get a kick out of sth* encontrar un gusto especial en algo *So that's how you get your kicks, is it?* Conque eso es lo que te divierte a tí, eh?

adventure *sn/nn* aventura *She told us all about her adventures in Africa.* Nos habló largo y tendido sobre sus aventuras en Africa. *Where's your sense of adventure?* ¿Dónde está tu sentido de la aventura? (usado como *adj*) *adventure story* cuento de aventuras *adventure playground* parque infantil con construcciones para escalar, etc.

suspense *snn* suspense, incertidumbre *Don't keep us all in suspense.* No nos tenga a todos en suspense. *I can't bear the suspense.* No puedo soportar el suspense.

hysteria *snn* histeria *mass hysteria* histeria colectiva

257.1 Emocionado

excited *adj* (frec. + **about**) emocionado, entusiasmado *I'm so excited about this holiday!* ¡Estoy tan ilusionado con estas vacaciones! *The children always get excited when their uncle comes.* Los niños siempre se emocionan cuando viene su tío.

thrilled *adj* [enfático] emocionado, ilusionado *We were thrilled to bits (brit)/pieces (amer) when she told us.* Nos hizo muchísima ilusión cuando nos lo dijo.

worked up *adj* (después de *v*) [informal] nervioso, preocupado *You've got yourself all worked up over nothing.* Te has puesto todo nervioso por nada.

257.2 Emocionante

exciting *adj* emocionante, apasionante *Your job sounds very exciting.* Su trabajo parece muy apasionante. **excitingly** *adv* de manera emocionante

thrilling *adj* [describe: p.ej. final, clímax] emocionante

dramatic *adj* [describe: p.ej. cambio, huída] dramático, emocionante **dramatically** *adv* dramáticamente, espectacularmente

gripping *adj* absorbente

nail-biting *adj* [informal] emocionante

sensational *adj* **1** [describe: p.ej. descubrimiento, resultado] sensacional **2** [peyorativo. Describe: esp. artículo de periódico, informe] sensacionalista **sensationalism** *snn* sensacionalismo

257.3 Emocionar

excite *vt* **1** [obj: esp. persona] emocionar, entusiasmar *The idea really excites me.* La idea me entusiasma de verdad. **2** [formal. Obj: p.ej. interés, admiración] despertar, suscitar *Their activities have excited suspicion.* Sus actividades han suscitado sospechas.

arouse *vt* [obj: p.ej. atención, oposición, sospecha] despertar, suscitar *sexually aroused* sexualmente excitado **arousal** *snn* despertar

stimulate *vt* **1** [despertar interés o el uso del cerebro] estimular *a stimulating discussion* una discusión estimulante *We try to stimulate the children with books and toys.* Intentamos estimular a los niños con libros y juguetes. **2** [hacer más activo. Obj: p.ej. crecimiento, demanda] estimular, fomentar *The government lowered interest rates in order to stimulate the economy.* El gobierno redujo los tipos de interés para estimular la economía. **stimulation** *snn* estímulo

stimulus *sn*, *pl* **stimuli** [principalmente técnico] estímulo, incentivo **stimulant** *sn* estimulante

turn sb on *vt fr.* [informal. Excitar norml. de forma sexual] excitar *She really turns me on.* Realmente me excita. *The idea of spending all day in a meeting doesn't really turn me on.* La idea de pasar todo el día en una reunión no me atrae para nada.

turn-on *sn* [informal. Algo que es excitante, norml. en el área sexual] *That outfit is a bit of a turn-on.* Ese vestido es bastante provocativo. *I'm afraid I don't find computers much of a turn-on.* Me temo que los ordenadores no me llaman mucho.

258 Courage Valor

opuesto **255 Fear**

courage *snn* valor, valentía *It took weeks before he could pluck up (the) courage to propose.* Pasaron semanas antes de que pudiera armarse de valor para declararse. **courageous** *adj* [más bien formal] valiente **courageously** *adv* valientemente

brave *adj* valiente, valeroso *Be brave, we'll soon have that splinter out.* Sé valiente, pronto te sacaremos esa astilla. *a brave attempt* un intento valeroso **bravely** *adv* valientemente, con valentía

bravery *snn* valor, valentía *The policeman was awarded a medal for bravery.* Al policía le concedieron una medalla al valor.

bravado *snn* [frec. peyorativo. Implica presumir, frec. con acciones peligrosas] bravatas, baladronadas *He did it out of sheer bravado.* Lo hizo por pura bravuconería.

heroic *adj* [describe: p.ej. rescate, tentativa, resistance] heroico *Under the circumstances her self-restraint was*

quite heroic. Dadas las circunstancias su autodominio fue bastante heroico.

hero (*masc*) *sn*, *pl* **heroes**, (*fem*) **heroine** **1** héroe *He came back to a hero's welcome.* Volvió para ser acogido como un héroe. *He's my hero.* Es mi héroe. **2** [de un libro, obra, etc.] protagonista, héroe **heroism** *snn* heroísmo

fearless *adj* intrépido, audaz *Children of that age are completely fearless.* Los niños de esa edad no le temen a nada. **fearlessly** *adv* intrépidamente, audazmente

valiant *adj* [literario cuando se dice de personas. Describe: esp. tentativa, esfuerzo] valiente, valeroso **valiantly** *adv* valerosamente **valour** (*brit*), **valor** (*amer*) *snn* valor, valentía

guts *s pl* [informal] agallas *You have to admit it, she's got guts.* Tienes que admitirlo, ella tiene agallas. *He didn't even have the guts to tell me himself.* Ni siquiera tuvo agallas para decírmelo él mismo.

face up to sth/sb *vt fr.* [obj: p.ej. hecho, responsabilidades] hacer frente a

258.1 Mostrar valor e iniciativa

dare *v* **1** *vti* (frec. + INFINITIVO) atreverse (a) *How dare you come in here without permission?* ¿Cómo se atreve a entrar aquí sin permiso? *None of us dared (to) question her decision.* Ninguno de nosotros se atrevió a poner en entredicho su decisión. **2** *vt* desafiar *I dare you to jump in with all your clothes on.* ¿A que no eres capaz de tirarte al agua con toda la ropa puesta?
dare *sn* desafío *She did it for a dare.* Lo hizo por que la desafiaron a hacerlo.

daring *adj* [describe: p.ej. persona, rescate, huída, incursión] atrevido, osado, audaz **daring** *snn* atrevimiento, osadía **daringly** *adv* atrevidamente, osadamente

audacious *adj* **1** [más formal que **daring**. Frec. implica cara dura] audaz, arriesgado **2** [insolente] descarado, atrevido **audaciously** *adv* audazmente

audacity *snn* **1** [más bien formal] audacia, intrepidez **2** [peyorativo] descaro, atrevimiento *He had the audacity to call me a liar.* Tuvo el descaro de llamarme mentiroso.

adventurous *adj* atrevido *She's not very adventurous in her choice of colours.* No es muy atrevida en su elección de colores.

intrepid *adj* [anticuado o literario, pero a veces usado de manera humorística. Apreciativo, implica determinación y aguante] intrépido *an intrepid explorer* un intrépido explorador

bold *adj* **1** [describe: p.ej. persona, guerrero, plan] atrevido, intrépido, aventurado **2** [frec. peyorativo] descarado *He comes in here as bold as brass and demands to see the chairman.* Entra aquí con toda la cara y exige ver al presidente. **3** [describe: p.ej. color, línea] llamativo, pronunciado **boldly** *adv* audazmente, con descaro **boldness** *snn* audacia, descaro

confident *adj* (frec. + **about, of, that**) [describe: p.ej. persona, modo de comportarse] seguro de sí mismo *I'm confident that the play will be a success.* Estoy seguro de que la obra será un éxito. *We feel quietly confident about the result of the elections.* Nos sentimos seguros con respecto al resultado de las elecciones. **confidently** *adv* con confianza

confidence *snn* **1** seguridad *I can say with complete confidence that the work will be finished on time.* Puedo decir con toda seguridad que el trabajo será concluido a tiempo. *self-confidence* seguridad en sí mismo **2** (frec. + **in**) [fiarse de] confianza *I have every confidence in the ability of my staff.* Tengo entera confianza en la competencia de mi personal.

259 Calmness Calma

calm *adj* **1** [describe: p.ej. persona, voz] tranquilo, sosegado *Keep calm!* ¡Mantenga(n) la calma! *The situation is calm again after yesterday's disturbances.* La situación ha vuelto a la calma tras los disturbios de ayer. **2** [describe: p.ej. mar, día, tiempo] tranquilo, en calma **calmly** *adv* con calma, tranquilamente
calm *snn/n* calma, tranquilidad *the calm of a summer's evening* la calma de una tarde de verano *the calm before the storm* la calma que precede a la tempestad

tranquil *adj* [describe: p.ej. escena, paisaje, *no* personas] tranquilo
tranquillity (*brit*), **tranquility** (*amer*) *snn* tranquilidad

peaceful *adj* **1** tranquilo, sosegado *It's so peaceful here by the river.* Todo es tan tranquilo aquí junto al río. **2** [sin violencia. Describe: p.ej. manifestación, protesta] pacífico *efforts to find a peaceful solution to the crisis* esfuerzos para encontrar una solución pacífica a la crisis *peaceful co-existence* coexistencia pacífica

peace *s* **1** *snn* [ausencia de preocupación] tranquilidad *She went to the doctor for **peace of mind**.* Fue al médico para quedarse tranquila. **2** [silencio] paz, tranquilidad *I just want some **peace and quiet**.* Sólo quiero un poco de paz y tranquilidad. **3** *snn/n* paz *The two nations wish to live together in peace.* Las dos naciones desean convivir en paz. (usado como *adj*) *peace movement* movimiento pacifista *peace talks* negociaciones de paz *peace treaty* tratado de paz

cool *adj* [describe: persona, conducta] frío, imperturbable *cool, calm and collected* tranquilo, calmado *Keep cool, don't let them get you angry.* Tómalo con calma, no dejes que te pongan furioso. **coolly** *adv* fríamente **coolness** *snn* frialdad, imperturbabilidad
laid-back *adj* (frec. + **about**) [informal. Describe:

persona, conducta] tranquilo, relajado *He has a very laid-back approach to discipline.* Tiene mucha manga ancha en lo tocante a la disciplina.
easy-going *adj* [describe: persona] tolerante, de trato fácil

---

f r a s e

without turning a hair sin inmutarse, sin pestañear *Without turning a hair, he picked up the snake and took it out into the garden.* Sin pensarlo dos veces, cogió la serpiente y la sacó al jardín.

259.1 Calmar a una persona

calm *vt* calmar, tranquilizar *I tried to calm his nerves.* Intenté tranquilizarle.
calm (sb) **down** *vti fr.* calmar(se), tranquilizar(se) *Calm down, you're getting hysterical.* Cálmate, te estás poniendo histérico.

comfort *vt* [obj: persona triste o enferma] consolar *The child cried and cried and would not be comforted.* El niño lloraba y lloraba y no había forma de consolarlo.
comfort *snn/n* (no tiene *pl*) consuelo, alivio *We can take some comfort from the fact that he did not suffer long.* Nos podemos consolar pensando en que no sufrió mucho. *Your company has been a great comfort to me.* Tu compañía ha sido un gran consuelo para mí.

soothe *vt* **1** [obj: persona enfadada o afligida] tranquilizar, calmar **2** [obj: parte del cuerpo dolorida o herida] aliviar
soothing *adj* **1** [describe: p.ej. voz, palabras] tranquilizador **2** [describe: p.ej. ungüento, medicina] analgésico, sedante

260 **Bank** Banco

ver también **265 Money**

bank *sn* banco *to put/have money in the bank* depositar/tener dinero en el banco
bank *v* 1 *vt* [obj: cheque, dinero] ingresar 2 *vi* (frec. + **with**) tener una cuenta en *She banks with Lloyds.* Tiene una cuenta en el Lloyds. **banking** *snn* banca
banker *sn* [propietario o directivo bancario de alto rango] banquero
building society (*brit*), **savings and loan association** (*amer*) *sn* [similar a un banco pero se especializa en préstamos para la compra de viviendas] banco hipotecario

260.1 Al utilizar una cuenta bancaria

account *sn* (frec. + **with**) cuenta *I have an account with Lloyds/at this branch.* Tengo una cuenta en el Lloyds/ en esta sucursal.
deposit *vti* (frec. + **in**) [obj: (cantidad de) dinero] ingresar *I deposited £100 (in my account).* Ingresé 100 libras (en mi cuenta). *customers wishing to deposit* los clientes que deseen ingresar **deposit** *sn* ingreso
withdraw *vt, pas.* **withdrew** *pp.* **withdrawn** (frec. + **from**) [obj: (cantidad de) dinero, dinero al contado] sacar *I withdrew £100 from my account.* Saqué 100 libras de mi cuenta. **withdrawal** *sn* reintegro
credit *sn/nn* [cantidad pagada a una cuenta, esp. tal como aparece en un extracto bancario] crédito *Your account is in credit.* Tiene saldo favorable.
credit *vt* [obj: cantidad de dinero] ingresar *We have credited £50 to your account.* Hemos ingresado 50 libras en su cuenta. *We have credited your account with the sum of £50.* Le hemos abonado en cuenta la suma de 50 libras.
debit *sn* [cantidad reintegrada de una cuenta esp. tal como aparece en el extracto bancario] cargo, débito *on the debit side of your account* en el debe de su cuenta
debit *vt* [obj: una cantidad de dinero] adeudar *We have debited £50 from/against your account.* Le hemos cargado 50 libras en cuenta.
save *vti* 1 (frec. + **up**) ahorrar *I've saved (up) £1000.* He ahorrado 1000 libras. *an account that helps you to save* una cuenta que le ayuda a ahorrar (frec. + **for**) *I'm saving (up) for a new stereo.* Estoy ahorrando para un nuevo equipo estéreo. 2 [no tener que gastar] ahorrar *I*

saved £10 by buying two pairs of jeans at once. Me he ahorrado 10 libras al comprar dos pares de tejanos a la vez. **savings** *s pl* ahorros
interest *snn* (frec. + **on**) interés *to earn interest on one's savings* percibir un interés por tus ahorros *to pay interest on a debt* pagar los intereses de una deuda (usado como *adj*) *an interest rate of 10%* un tipo de interés del 10%
cash *vt* [obj: cheque. Suj: banco, cajero, cliente] cobrar, hacer efectivo *Can you cash cheques at a post office?* ¿Se pueden cobrar los cheques en la oficina de correos? *Does the post office cash cheques?* ¿La oficina de correos hace efectivos los cheques? *ver también **254 Money**
cashier (*brit*), **teller** (*esp. amer*) *sn* [persona que atiende a los clientes en un banco] cajero
cashpoint *sn* cajero automático

260.2 Tarjetas y documentos

cheque (*brit*), **check** (*amer*) *sn* cheque, talón *to write (out)/make out a cheque* extender un cheque/talón *to pay by cheque* pagar con cheque (frec. + **for**) *a cheque for £100* un talón de 100 libras *Make out a cheque for $400 to Acme Industries.* Extienda un cheque por 400 dólares pagadero a Acme Industries.
chequebook (*brit*), **checkbook** (*amer*) *sn* talonario
cheque card *sn* (*brit*) [para garantizar un cheque] tarjeta (que respalda a un cheque)
credit card *sn* tarjeta de crédito *to pay by credit card* pagar con tarjeta de crédito
bank statement *sn* [que muestra todas las transacciones de un período] extracto bancario

261 **Borrowing and Lending** Prestar y Tomar prestado

borrow *vti* (frec. + **from**) [Obj: p.ej. dinero, bolígrafo, coche] tomar prestado, pedir prestado *Can I borrow your umbrella?* ¿Me dejas tu paraguas? *to borrow*

(money) from a bank pedir un préstamo al banco
borrowing *snn* [esp. de un banco] préstamo
borrower *sn* [esp. de un banco] prestatario

lend vti, pas. & pp. **lent** [obj: p.ej. dinero, bolígrafo, coche] prestar, dejar *She lent him her umbrella.* Le dejó su paraguas. (frec. + **to**) *Who did she lend her umbrella to?* ¿A quién le dejó su paraguas? *The banks are unwilling to lend (money).* Los bancos son reacios a prestar dinero.

lending snn [esp. en el sector bancario] préstamo

lender sn [esp. en el sector bancario] prestamista

loan vt (frec. + **to**) [en contextos formales] prestar, dejar (prestado) *The equipment has been loaned to us.* Nos han prestado el equipo.

loan snn (frec. + **of**) préstamo *We thanked them for the loan of the equipment.* Les agradecimos que nos prestaran su equipo. *The library book you want is already **on loan**.* El libro que quiere sacar de la biblioteca ya está prestado. *paintings **on loan from/to** another gallery* cuadros prestados por/a otro museo

261.1 Deuda

debt sn/nn deuda *She paid her debts.* Pagó sus deudas. *a total debt of £2000* una deuda total de 2000 libras *to be **in debt*** estar en deuda *to get into/out of debt* endeudarse/saldar una deuda **debtor** sn deudor

creditor sn acreedor

owe vt (frec. + **for**) [obj: (cantidad de) dinero] deber [obj: persona] deber *How much do I owe you for the groceries?* ¿Cuánto le debo por los comestibles? (+ **to**) *She owes £2000 to her brother.* Le debe 2.000 libras a su hermano.

owing adj (después de s, frec. + **to**) [describe: cantidad de dinero] *There is still £20 owing (to me).* Todavía se me deben 20 libras.

IOU sn [nota que declara la cantidad que uno debe a alguien. A veces se acepta como un pago temporal. Abrev. de **I owe you**] pagaré

due adj (norml. después de v) 1 [pagable durante cierto tiempo. Describe: factura, pago] pagadero *The next payment is due on May 5th.* El siguiente pago vence el 5 de mayo. *The bill **falls due** on May 5th.* La factura vence el 5 de mayo. 2 [que se debe a alguien. Describe: (cantidad de) dinero, cantidad] debido (frec. + **to**) *You will receive all the money that is due to you.* Recibirá todo el dinero que se le debe.

261.2 Préstamos de un banco o de un banco hipotecario

loan sn [cantidad fija acordada con el banco a pagar en plazos regulares] préstamo

mortgage sn [préstamo utilizado para comprar una casa] hipoteca *a £40,000 mortgage* una hipoteca de 40.000 libras (usado como adj) *mortgage (re)payments* pagos de la hipoteca

mortgage vt hipotecar *They mortgaged their home to pay for their children's education.* Hipotecaron su casa para pagar la educación de sus hijos.

overdraft sn [situación de encontrarse por debajo de cero en la cuenta. Puede que sea de acuerdo con el banco o no] descubierto, saldo deudor *She has a £200 overdraft.* Tiene un descubierto de 200 libras. (usado como adj) *overdraft limit* límite de descubierto

overdrawn adj [describe: cuenta, cliente] al descubierto *You are/Your account is overdrawn.* Tiene usted un descubierto./Su cuenta está al descubierto. (frec. + **by**) *overdrawn by £200* con un descubierto de 200 libras

repay vt, pas. & pp. **repaid** [obj: deuda] pagar, liquidar [obj: cantidad de dinero, persona] devolver, reembolsar *I'm repaying the debt in monthly instalments.* Estoy pagando la deuda en plazos mensuales. *I repaid him the £20 I borrowed.* Le pagué las 20 libras que me había prestado.

repayment s 1 sn pago *24 monthly repayments of £20* 24 pagos mensuales de 20 libras *I couldn't meet the repayments.* No pude hacer frente a los pagos. 2 snn pago, reembolso *She demanded the immediate repayment of the debt.* Exigió el pago inmediato de la deuda.

pay off sth o **pay** sth **off** vt fr. [terminar de pagar] saldar, liquidar *I've paid off my overdraft.* He liquidado mi descubierto.

take out sth vt fr. [obj: esp. préstamo, seguro] pedir, hacerse *I took out a bank loan to buy a new car.* Suscribí un préstamo bancario para comprarme un coche nuevo.

261.3 Comprar a crédito

credit snn 1 [permitir a los clientes retrasar el pago de los productos comprados] crédito *interest-free credit* crédito sin intereses *This shop does not give credit.* Esta tienda no concede crédito. *I bought this furniture **on credit**.* He comprado estos muebles a crédito. 2 [la fiabilidad de una persona en lo que respecta a pagar de esta forma] crédito *His credit is good.* Tiene buen crédito.

hire purchase, abrev. **HP** (brit), **installment plan** (amer) snn [forma de crédito bastante anticuada, por la cual los productos no pertenecen legalmente al cliente hasta que éste no ha acabado de pagarlos] compra a plazos *I'm buying this furniture **on hire purchase**.* Estoy comprando estos muebles a plazos.

instalment (brit), **installment** (amer) sn plazo *to pay in/by* monthly *instalments* pagar algo a plazos mensuales

deposit sn [plazo inicial que reserva el producto que se desea comprar] depósito, fianza (frec. + **on**) *We've put down a deposit on a new fridge.* Hemos dejado un depósito para una nevera nueva.

f r a s e

to buy sth on the never-never (brit) [informal y humorístico] comprar algo a plazos

262 Doing business Hacer negocios

ver también **271 Employment; 273 Shops; 274 Work; 293 Make**

business *s* **1** *snn* [asuntos generales de trabajo] negocios *They were discussing business.* Estaban hablando de negocios. *I had some business in Cambridge.* Tenía asuntos que tratar en Cambridge. *She's gone to Cambridge **on business**.* Se ha ido a Cambridge por motivos de negocios. *to do business with sb* comerciar con alguien *business deal* acuerdo comercial **2** *snn* (nunca + **the**) [mundo de las finanzas, comercio] negocios *a career in business* una carrera empresarial *a government dominated by **big business*** un gobierno dominado por los intereses de la gran empresa (usado como *adj*) *the business pages of the newspaper* las páginas de negocios del periódico **3** *snn* [gestión de una compañía] negocio *She's **gone into** business as a hairdresser.* Ha montado una peluquería. *These rent increases could put many shops **out of** business.* Estos aumentos en el alquiler podrían llevar al cierre a muchos comercios. **4** *sn* [firma] empresa *small businesses* pequeñas empresas *He's started his own business.* Ha montado su propio negocio. **5** *sn/nn* [tipo de actividad comercial] sector, rama *What (line of) business are you in?* ¿A qué tipo de negocios se dedica usted? *the publishing/grocery/property business* el sector editorial/de ultramarinos/de la propiedad inmobiliaria

businessman (*masc*), **businesswoman** (*fem*) *sn* hombre/mujer de negocios

businesspeople *s pl* hombres y mujeres de negocios, empresarios

262.1 Tipos generales de actividades empresariales

industry *s* [fabricación de bienes] **1** *snn* industria *These policies will help industry.* Esta política ayudará a la industria. *heavy/manufacturing industry* industria pesada/manufacturera **2** *sn* industria *What are Japan's main industries?* ¿Cuáles son las principales industrias del Japón? *the coal/car/travel industry* la industria del carbón/automovilística/del turismo

industrial *adj* industrial *the government's industrial policy* la política industrial del gobierno *an industrial region of the country* una región industrial del país

commerce *snn* comercio

commercial *adj* comercial *The two countries do not have commercial relations.* Los dos países no tienen relaciones comerciales. *commercial premises* local comercial

enterprise *s* **1** *snn* [que crea y desarrolla nuevos negocios] iniciativa, empresa *a new spirit of enterprise* un nuevo espíritu de empresa *private enterprise* empresa privada **2** *sn* [firma industrial o comercial, esp. una pequeña o nueva] empresa

entrepreneur *sn* empresario

262.2 Al hacer negocios

ver también **287 Do**

deal *sn* [término genérico para cualquier pacto o acuerdo] trato, acuerdo *a new pay deal* un nuevo convenio salarial *to make/do a deal with sb* hacer un trato con alguien

deal with sb/sth *vt fr.* [obj: firma, cliente] negociar con alguien/algo *Our company deals with many overseas customers.* Nuestra compañía tiene contactos con muchos clientes extranjeros.

deal in sth *vt fr.* [comprar y vender] comerciar en algo *We deal in antique furniture.* Comerciamos en muebles antiguos.

dealer *sn* comerciante, negociante *a used-car dealer* un negociante en coches usados *a drug dealer* un traficante de drogas

contract *sn* contrato *to enter into/sign/break a contract* hacer/firmar/rescindir un contrato *The company is **under contract to** the government.* La empresa tiene una contrata con el gobierno. (frec. + **to** + INFINITIVO, + **for**) *Our company won the contract to build the Channel Tunnel.* Nuestra compañía obtuvo el contrato para construir el túnel del Canal.

contract *vi* (+ **to** + INFINITIVO) comprometerse mediante contrato *The company has contracted to deliver the goods by May 5th.* La empresa se ha comprometido (mediante contrato) a entregar los productos antes del 5 de mayo.

f r a s e

to drive a hard bargain [insistir en conseguir términos muy favorables para uno mismo en un trato comercial a expensas de las otras partes implicadas] imponer condiciones duras

262.3 Comercio

trade *s* **1** *snn* [compra y venta, esp. entre países] comercio (frec. + **with**) *Britain's trade with the rest of the world* el comercio británico con el resto del mundo (usado como *adj*) *trade agreements* acuerdos comerciales **2** *sn* [rama de la industria o del comercio] (siempre + **the**) industria *the arms/fur trade* la industria armamentista/de las pieles (frec. + **in**) *the trade in live animals* el comercio de animales vivos *the tourist/building trade* la industria turística/de la construcción *She knows more about plumbing than some people **in the trade**.* Sabe más de fontanería que muchos profesionales del sector.

trade *v* **1** *vit* (frec. + **with**) [suj: país] tener acuerdos comerciales (con) *India did not trade with South Africa.* India no mantenía relaciones comerciales con Sudáfrica. **2** (frec. + **for**) cambiar *Third-world countries trade raw materials for manufactured goods.* Los países del tercer mundo intercambian materias primas por productos manufacturados. **3** *vi* (siempre + **in**) comerciar *They trade in live animals.* Comercian con animales vivos.

trading *adj* (delante de *s*) comercial *The UK is a major trading nation.* El Reino Unido tiene un papel principal en el comercio internacional. *Britain's trading partners* los socios comerciales de Gran Bretaña.

trader *sn* **1** [entre países] comerciante *fur/arms trader* comerciante de pieles/armas **2** [tendero, dueño de un puesto en el mercado] comerciante, vendedor *market traders* vendedores del mercado

tradesman sn 1 [formal. Hombre que reparte p.ej. carbón o alimentos a las casas] proveedor 2 obrero, artesano *tradesmen's entrance* puerta de servicio

export vti (frec. + **to**) exportar *Britain exports (oil) to many different countries.* Gran Bretaña exporta (petróleo) a muchos países distintos. **exporter** sn exportador

export s 1 sn artículo de exportación *Britain's main exports* los principales artículos exportados por Gran Bretaña 2 snn exportación *the export of manufactured goods* la exportación de productos manufacturados

import vti (frec. + **from**) importar *Britain imports coal from Poland.* Gran Bretaña importa carbón de Polonia. *imported cars* coches importados **importer** sn importador

import s 1 sn artículo importado *cheap imports from the Far East* artículos de importación baratos del Lejano Oriente 2 snn importación

merchant sn 1 [en otras épocas] mercader 2 [se aplica a algunos suministradores comerciales] comerciante, negociante *wine/coal merchant* comerciante de vinos/carbón *builder's merchant* agente comercial de la construcción

262.4 Alquiler

> **U S O**
>
> En todos los contextos que aparecen a continuación, **rent** es más común en inglés americano que **hire** o **let**.

hire vt (*esp. brit*) [pagar por el uso de algo esp. durante un período corto. Obj: p.ej. coche, herramientas] alquilar *I hired a car from a firm in town.* He alquilado un coche de una empresa de la ciudad. *a hired suit* un traje alquilado

hire snn (*esp. brit*) alquiler *I owe them £20 for the hire of the boat.* Les debo 20 libras por el alquiler del barco. *a car/tool hire firm* una empresa de alquiler de coches/herramientas *for hire* en alquiler

hire out sth o **hire** sth **out** vt fr. (*esp. brit*) alquilar *He hires out boats at £5 an hour.* Alquila barcos por 5 libras la hora. (frec. + **to**) *The bicycles are hired out to tourists.* Las bicicletas se alquilan a los turistas.

rent vti (frec. + **from**) 1 [obj: habitación, piso, casa] alquilar *rented accommodation* vivienda de alquiler 2 [durante un período de tiempo más largo que **hire**. Obj: p.ej. televisor, coche] alquilar

rent s 1 snn/n [dinero pagado] alquiler (frec. + **for**, **on**) *How much rent do you pay on your flat?* ¿Cuánto pagas de alquiler por el piso? 2 snn [acción de alquilar] alquiler *houses for rent* casas en alquiler

rent out sth o **rent** sth **out** vt fr. [obj: norml. habitaciones] alquilar (frec. + **to**) *She rents out rooms to students.* Alquila habitaciones a estudiantes.

rental s 1 snn/n [alquiler, esp. durante un período largo de tiempo] alquiler 2 sn [dinero pagado] alquiler *Have you paid the TV rental?* ¿Has pagado el alquiler del televisor?

let vt, -tt- pas. & pp. **let** (*esp. brit*) (frec. + **out**) [suj: propietario. Usado en contextos más formales que **rent out**] alquilar *The flat has already been let.* Ya han alquilado el piso. (frec. + **to**) *She lets (out) rooms to students.* Alquila habitaciones a estudiantes. *House to let.* Se alquila casa.

lease sn [esp. a largo plazo] contrato de arrendamiento *They will have to leave the house when the lease expires.* Tendrán que dejar la casa cuando venza el contrato de arrendamiento. (frec. + **on**) *The farmer has a 99-year lease on the land.* El agricultor tiene un contrato de arrendamiento de la tierra de 99 años.

lease vt [en contextos legales o comerciales. Obj: p.ej. tierra, edificio, equipo caro] 1 (frec.+ **to**) [suj: propietario] arrendar, dar o ceder en arriendo, fletar *The company has leased five helicopters to the army.* La empresa ha fletado cinco helicópteros al ejército. 2 (frec. + **from**) [suj: arrendatario, cliente] arrendar, tomar en arriendo *The company leases the land from the local authority.* La empresa le arrienda el suelo al ayuntamiento.

262.5 Bienes

goods s pl 1 [término general para las cosas que se producen o venden] bienes *consumer goods* bienes de consumo 2 (*brit*) [este tipo de artículos cuando son transportados, esp. por tren] mercancías *a goods train* un tren de mercancías

product sn [artículo vendido o producido] producto *The company is advertising a new product.* La empresa está anunciando un nuevo producto. *plastic products* productos plásticos

output snn [cantidad producida] producción *The factory has increased its output.* La fábrica ha aumentado su producción.

resources s pl recursos *The country has few **natural resources**.* El país es pobre en recursos naturales.

262.6 Almacenamiento y transporte de mercancías

stock sn/nn [bienes disponibles para uso o venta] existencias *Stocks of fuel are low at the moment.* Actualmente las existencias de combustible son bajas. *The shop is selling off old stock.* La tienda está liquidando sus existencias. *We don't have that book **in stock** at the moment.* En este momento se han agotado las existencias de ese libro.

stock vt 1 [tener disponible para la venta] vender *We don't stock pet food.* No vendemos comida para animales. 2 (frec. + **with**) [proporcionar un suministro] proveer, surtir *a well-stocked bookshop* una librería bien surtida

stock up vi fr. (frec. + **with**, **on**) [proveerse uno mismo de buenos suministros] abastecerse *We need to stock up on food for Christmas.* Tenemos que abastecernos de comida para las navidades.

store vt almacenar *The grain is stored in large warehouses.* El grano está almacenado en grandes depósitos.

store sn 1 [cantidad] provisiones *A large store of food is kept at the warehouse.* En el almacén se guardan grandes cantidades de comida. 2 [lugar] almacén, depósito *The hangars are being used as temporary fuel stores.* Los hangares se están utilizando como depósitos temporales de combustible. *ver también **273 Shops***

storage *snn* almacenamiento *laws governing the storage of dangerous chemicals* las leyes que controlan el almacenamiento de productos químicos peligrosos *meat in **cold storage*** carne en cámara frigorífica *a kitchen with a lot of **storage space*** una cocina con mucho espacio donde guardar las cosas

warehouse *sn* almacén, depósito

cargo *sn, pl* **cargos** o **cargoes** [productos que se transportan por barco o avión] cargamento *a cargo of iron ore* un cargamento de mineral de hierro

---

262.7 Denominación de los productos de una determinada empresa

brand *sn* (frec. + **of**) [esp. de comida o de otros productos de pequeño tamaño que pueden consumirse] marca *What brand of cigarettes do you smoke?* ¿Qué marca de cigarrillos fumas?

brand name *sn* marca

make *sn* (frec. + **of**) [esp. de productos grandes o valiosos que uno conserva durante un período largo de tiempo, p.ej. los coches] marca *What make of washing machine do you have?* ¿De qué marca es tu lavadora?

trademark *sn* [palabra, frase] marca [marcado en un producto] marca de fábrica *The word 'Hoover' is a registered trademark.* La palabra 'Hoover' es una marca registrada.

262.8 Publicidad

advertise *vti* [obj: producto, puesto de trabajo] anunciar *This car has been advertised on TV.* Este coche lo han anunciado en TV. *Many firms advertise in the local paper.* Muchas empresas se anuncian en el periódico local. (frec. + **for**) *The company is advertising for a new secretary.* La empresa ha puesto un anuncio para buscar una nueva secretaria.

advertising *snn* **1** [anuncios] publicidad *There's too much advertising on TV.* Hay demasiada publicidad en la televisión. **2** (nunca + **the**) [profesión] publicidad *a career in advertising* una carrera en el mundo de la publicidad

advertisement, *abrevs.* **advert** (*brit*), **ad** (*brit & amer*) *sn* [ejemplo concreto de publicidad] anuncio (frec. + **for**) *an advertisement for washing powder* un anuncio de un detergente *a job advert* un anuncio de una oferta de empleo

commercial *sn* [en televisión o radio. Más bien anticuado, mucho menos común que **advert** o **ad**] anuncio

publicity *snn* [deliberada o no] publicidad (frec. + **for**) *These leaflets were the only publicity for the meeting.* Estos folletos fueron la única publicidad de la reunión. [puede ser desfavorable] *The affair was bad publicity for the company.* El asunto dio mala publicidad a la empresa.

market *vt* [disponer para la venta, de forma organizada, con campaña publicitaria, etc.] poner a la venta, comercializar *These drinks have been cleverly*

marketed so as to appeal to young people. Estas bebidas han sido comercializadas con habilidad para seducir a los jóvenes.

marketing *snn* **1** [de un producto] marketing, comercialización *Thanks to clever marketing, sales of frozen food are increasing.* Gracias a un marketing inteligente las ventas de comida congelada están aumentando. **2** (nunca + **the**) [tipo de trabajo, departamento] marketing *a career in marketing* una carrera en el mundo del marketing

---

262.9 Gestión financiera

profit *sn/nn* (frec. *pl*) beneficio(s), ganancia(s) *Does the firm make a profit?* ¿Produce beneficios la empresa? *All the management are interested in is profit(s).* Lo único que le interesa a la directiva son las ganancias. (+ **of**) *a profit of £5 million* un beneficio de 5 millones de libras *I sold my house **at a profit**.* Vendí mi casa con ganancia. **profitable** *adj* beneficioso, rentable **unprofitable** *adj* no rentable

loss *sn* pérdida *The firm made huge losses/a huge loss last year.* La empresa sufrió grandes pérdidas el año pasado. *I sold my house **at a loss**.* Vendí mi casa con pérdida.

turnover *sn* [cantidad total de dinero ingresada por una compañía antes de que se tengan en cuenta sus gastos o cualquier otra deducción] facturación, volumen de ventas *The company has an annual turnover of £20 million.* La empresa tiene una facturación anual de 20 millones de libras.

takings *s pl* [cantidad de dinero ganada, esp. por una tienda, un teatro o un cine] ingresos, recaudación *Takings always go up before Christmas.* Los ingresos siempre ascienden antes de las navidades.

gross *adj* (delante de *s*) [antes de los impuestos o de cualquier otra deducción. Describe: esp. beneficio, ingreso] bruto *a gross salary of £15,000 a year* un salario bruto de 15.000 libras al año *She earns £15,000 a year gross.* Tiene unos ingresos brutos de 15.000 libras anuales.

gross *vt* [suj: esp. persona, empresa] tener unos ingresos brutos de *The film grossed more than £12 million.* La película recaudó más de 12 millones de libras.

net *adj* (delante de *s*) [después de los impuestos y otras deducciones. Describe: esp. beneficio, pérdida, ingreso] neto

budget *sn* [dinero disponible para ser gastado] presupuesto *an annual budget of £2 million* un presupuesto anual de 2 millones de libras *I'm **on a tight budget** at the moment.* Ahora tengo un presupuesto muy ajustado. *ver también **264 Finance**

budget *vti* (frec. + **for**) [determinar la cantidad de dinero que se va a gastar] presupuestar *The company has budgeted £2 million for repairs.* La compañía ha presupuestado 2 millones de libras para reparaciones. *We've budgeted for an inflation rate of 6%.* Hemos presupuestado para una tasa de inflación de un 6%.

discount *sn* [reducción del precio en ciertas circunstancias] descuento (frec. + **on**) *The firm offers a 5% discount on bulk purchases.* La firma ofrece un 5% de descuento por compras al por mayor. *to sell sth **at a discount*** vender algo con descuento

262.10 Reuniones

ver también **206 Organisation**

meeting *sn* 1 [de un club, de un comité, etc.] reunión *There were 20 people at the meeting.* Había 20 personas en la reunión. *council/board meeting* reunión del consejo/de la junta directiva **2** (frec. + **with, between**) [entre ciertas personas] entrevista, reunión *I've had a meeting with the manager.* He tenido una reunión con el gerente.

conference *sn* 1 [reunión a la que asiste gran número de participantes invitados] conferencia, congreso *academic/trade-union conference* congreso académico/sindical (usado como *adj*) *conference* centre/hall centro de conferencias/palacio de congresos **2** [esp. en contextos formales. Reunión de negocios] reunión *conference room* sala de reunión

chairperson O **chair** *sn* presidente/a *The chairperson declared the meeting open.* El presidente declaró abierta la reunión.

chair *vti* presidir *The meeting was chaired by Mr Roberts.* La reunión fue presidida por el Sr. Roberts. *Who's going to chair?* ¿Quién va a presidir (la reunión)?

agenda *sn* [lista de temas en el orden en que van a ser discutidos] orden del día *the first item on the agenda* el primer punto del orden del día

263 Buying and Selling Comprar y Vender

ver también **L12 Shopping**

buy *vti, pas.& pp.* **bought** comprar *He bought her a present.* Le compró un regalo. (+ **for** + persona) *I've bought some flowers for my wife.* Le he comprado unas flores a mi mujer. (+ **for** + precio) *I bought the painting for £5,000.* Compré el cuadro por 5.000 libras. (frec. + **from**) *I bought this lawnmower from a neighbour.* Compré esta segadora de césped a un vecino.

buy *sn* [más bien informal. Algo comprado] compra *These shoes were a really good buy!* ¡Estos zapatos fueron una compra realmente buena!

buyer *sn* comprador *We've found a buyer for our house.* Hemos encontrado un comprador para nuestra casa.

purchase *vti* [más formal que **buy**] comprar, adquirir *State where the goods were purchased.* Indique dónde adquirió los productos. **purchaser** *sn* comprador

purchase *s* 1 *snn* compra, adquisición *a grant for the purchase of essential equipment* una subvención para la adquisición del equipo esencial **2** *sn* compra *A receipt must be produced for all purchases.* Todas las compras deben ir acompañadas por un recibo. *to make a purchase* realizar una compra

sell *vti, pas. & pp.* **sold** 1 [suj: persona, tienda, empresa] vender *This shop sells fishing equipment.* Esta tienda vende equipos de pesca (frec. + **to**) *I've sold my lawnmower to a neighbour.* Le he vendido mi segadora de césped a un vecino. (frec. + **for**) *The painting was sold for £5,000.* El cuadro se vendió por 5.000 libras. **2** [suj: producto] venderse *This book has sold over a million copies.* De este libro se han vendido más de un millón de ejemplares. (frec. + **at, for**) *This wine sells at/for £5 a bottle.* Este vino se vende a 5 libras la botella.

seller *sn* vendedor *newspaper/ice-cream seller* vendedor de periódicos/helados

sale *s* 1 *snn* (siempre + **of**) [venta general de productos particulares] venta *the sale of cigarettes* la venta de cigarrillos *The tickets are now on sale.* Las entradas están ahora a la venta. **2** *snn/n* [caso particular de venta] venta (frec. + **of**) *She made a lot of money from the sale of the land.* Ganó mucho dinero con la venta de la tierra. *This painting is not for sale.* Este cuadro no está a la venta. *to put a house up for sale* poner una casa a la venta **3** *sn* [período durante el cual una tienda vende productos a un precio reducido] rebajas *I bought this dress in a sale.* Compré este vestido en las rebajas. *the January sales* las rebajas de enero **4** *sn* [ocasión pública de venta, esp. temporal, a menudo fuera de la red comercial normal] venta especial *Today there is a record sale in the community centre.* Hoy están vendiendo discos en el centro social. *The store is holding a sale of Oriental carpets this week.* Esta semana la tienda tiene alfombras orientales en venta.

sales *s pl* 1 [volumen de bienes vendidos] ventas *The company is experiencing a drop in sales.* La compañía está experimentando un descenso en las ventas. (frec. + **of**) *Sales of ice cream increase during the summer.* Las ventas de helados aumentan durante el verano. (usado como *adj*) *sales figures* cifras de ventas **2** (nunca + **the**) [departamento, tipo de trabajo] ventas *She works in sales.* Ella trabaja en el departamento de ventas.

sales person O **salesman** (*masc*), **saleswoman** (*fem*) *sn* 1 [que viaja] representante, vendedor *insurance saleswoman* vendedora de seguros *door-to-door salesman* vendedor de puerta en puerta **2** [dependiente, esp. alguien con conocimientos específicos, frec. vende artículos grandes o valiosos] vendedor *a car salesman* vendedor de coches

sales force *sn* (conjunto de) vendedores, representantes *The company has a sales force of 5,000.* La compañía tiene 5.000 vendedores.

customer *sn* [persona o empresa] cliente *I was the only customer in the shop.* Yo era el único cliente en la tienda. *That company is one of our main customers.* Esa empresa es uno de nuestros principales clientes.

auction *sn* subasta *She's put her paintings up for auction.* Va a subastar sus cuadros. *The furniture was sold at auction.* El mobiliario se vendió en una subasta.

auction *vt* [obj: p.ej. antigüedades, ganado, casa] subastar **auctioneer** *sn* subastador

263.1 Al pagar

pay *vti, pas. & pp.* **paid** (frec. + **for**) [obj: cantidad de dinero, factura, impuesto, persona] pagar *I paid £100 for this dress.* Pagué 100 libras por este vestido. *I haven't paid for it yet.* Todavía no lo he pagado. *These bills still haven't been paid.* Estas facturas todavía no se han pagado. (+ **to** + INFINITIVO) *He paid me (£20) to look after his children.* Me pagó (20 libras) por cuidar a sus niños. *to pay cash* pagar al contado *to pay by cheque* pagar con cheque *ver también **265 Money**

payment s **1** snn pago *I will accept payment in cash.* Aceptaré el pago en efectivo. *money set aside for the payment of household bills* dinero apartado para el pago de las facturas de la casa **2** sn pago *ten weekly payments (of £15)* diez pagos semanales (de 15 libras)

unpaid adj [describe: p.ej. factura, impuesto] impagado, sin pagar

pay up vi fr. [bastante informal. Sugiere poca disponibilidad para pagar] aflojar la pasta *Come on, pay up.* Venga, afloja la pasta.

cough up (sth) vit fr. [informal. Significa lo mismo que **pay up**] aflojar (la pasta) (frec. + **for**) *I had to cough up (£20) for her train fare.* Tuve que aflojar 20 libras para su billete de tren.

cash on delivery, abrev. **COD** [término de negocios] entrega contra reembolso *to pay for goods cash on delivery* pagar los productos contra reembolso

spend vt, pas. & pp. **spent** (frec. + **on**) gastar *We usually spend about £50 a week on food.* Normalmente gastamos unas 50 libras semanales en comida.

spending snn gastos *We're going to have to reduce our spending.* Tendremos que reducir nuestros gastos.

outlay sn [dinero gastado con un propósito específico, como una inversión] desembolso, gastos *There is a considerable amount of outlay involved in setting up your own business.* Montar un negocio propio implica un considerable desembolso de dinero.

expenditure snn [usado en contextos formales y de negocios] gastos *Expenditure should not exceed income.* Los gastos no deberían exceder los ingresos. *public expenditure* gasto público

splash out (sth) vit fr. (esp. brit) [informal. Gastar mucho dinero, comprar algo caro, como un regalo especial para sí mismo o para otros] derrochar, tirar la casa por la ventana (frec. + **on**) *I've splashed out (£100) on a new dress.* Tiré la casa por la ventana y me gasté 100 libras en un vestido nuevo.

bribe sn soborno *a politician accused of taking bribes* un político acusado de aceptar sobornos **bribery** snn soborno

bribe vt (frec. + **to** + INFINITIVO) sobornar *The policeman had been bribed to keep silent.* El policía había sido sobornado para que guardara silencio.

---

f r a s e

grease sb's palm [informal] untar la mano a alguien *The head waiter will find you a table if you grease his palm.* El maitre te encontrará una mesa si le untas la mano.

263.2 Dinero pagadero

ver también **266 Cheap**; **267 Expensive**

price sn precio *Petrol prices are going up again.* El precio de la gasolina sube de nuevo. *Petrol is **going up/coming down in price**.* La gasolina está subiendo/bajando de precio. *price reductions* reducciones de precios *The shop is offering **two** shirts **for the price of one**.* La tienda ofrece dos camisas por el precio de una.

price vt poner un precio a *The company prices its cars*

very competitively. Los coches de esta empresa tienen unos precios muy competitivos. *highly-priced wines* vinos de elevados precios.

price tag sn etiqueta (de precio)

cost vt **1** pas. & pp. **cost** costar, valer *How much did your holiday cost (you)?* ¿Cuánto te costaron las vacaciones? *This cheese costs £5.50 a kilo.* Este queso cuesta cinco libras y media el kilo. **2** pas. & pp. **costed** [término empresarial. Calcular el coste total de algo. Obj: p.ej. plan, fusión] calcular el coste de

cost s **1** sn [cantidad que hay que pagar por algo] coste *What was the total cost of your holiday?* ¿Cúal fue el coste total de tus vacaciones? ***the cost of living*** el coste de la vida **2** sn (siempre pl) [término empresarial. Gastos en los que se incurre para producir o vender algo] costes *Industry is taking steps to reduce its costs.* La industria está tomando medidas para reducir sus costes.

charge sn (frec. + **for**) [dinero que se cobra por un servicio] *bank charges* comisión (que cobra el banco) *telephone charges* tarifas telefónicas *Health care is provided **free of charge**.* La asistencia sanitaria es gratuita.

charge vti (frec. + **for**) [obj: cliente, usuario, precio] cobrar *They charged me 40 pence for the glass of water.* Me cobraron 40 peniques por el vaso de agua. *The hotel charges £80 a night.* El hotel cobra 80 libras por noche.

fee sn (frec. + **for**) [esp. por un servicio profesional] honorario, tarifa *lawyer's fees* los honorarios de un abogado *school fees* cuotas escolares

afford vt (frec. + **to** + INFINITIVO) [esp. negativo, con **can't**] permitirse *We can't afford (to buy) a new car.* No podemos permitirnos (comprar) un coche nuevo. *I'd like to go on holiday, but I can't afford it.* Me gustaría irme de vacaciones, pero no me lo puedo permitir. *Can you afford the rent?* ¿Te puedes permitir ese alquiler?

---

f r a s e

make ends meet [esp. negativo. Tener, ganar el dinero suficiente para hace frente a las necesidades básicas y a las obligaciones económicas] llegar a fin de mes *Since I lost my job I've found it difficult to make ends meet.* Desde que perdí mi empleo me resulta muy difícil llegar a fin de mes.

263.3 Documentos comerciales

bill sn [que se cobra a un cliente por bienes y servicios] recibo, factura *Have you paid the electricity bill?* ¿Has pagado el recibo de la luz? *Waiter, can I have the bill, please?* Camarero, ¿me trae la cuenta por favor? (frec. + **for**) *a bill for £89* una factura de 89 libras

invoice sn [un término más técnico que **bill**. A menudo se usa entre empresas] factura (frec. + **for**) *an invoice for the goods we ordered/for £700* una factura por los artículos pedidos/por valor de 700 libras

invoice vt (frec. + **for**) [obj: cliente] facturar *Our suppliers have invoiced us for the cement.* Nuestros suministradores nos han facturado el cemento.

receipt sn recibo (frec. + **for**) *Do you have a receipt for those items?* ¿Tiene un recibo de esos artículos?

264 **Finance** Finanzas

finance *s* **1** *snn* [dinero] fondos (frec. + **for**) *The government will provide the finance for the Channel Tunnel.* El gobierno suministrará los fondos para el Túnel del Canal. **2** *snn* [gestión del dinero, frec. a gran escala] finanzas *The Ministry of Finance* el Ministerio de Hacienda *personal finance* finanzas personales **3** *sn* (siempre *pl*) [estado de los asuntos de una empresa o personales en relación al dinero] finanzas *The company is taking steps to improve its finances.* La empresa está tomando medidas para mejorar su situación financiera.

finance *vt* [obj: p.ej. proyecto, organización] financiar *a road-building programme financed by the government* un programa de construcción de carreteras financiado por el gobierno

financial *adj* financiero **1** [en relación al dinero] financiero *the company's financial position* la situación financiera de la empresa *I need some financial advice.* Necesito asesoramiento financiero. *The film was not a financial success.* La película no fue ningún éxito económico. **2** (delante de *s*) [en relación al banco, el mercado de acciones, etc.] financiero *the financial pages of the newspaper* las páginas financieras del diario **financially** *adv* desde el punto de vista financiero

264.1 Política económica nacional

economy *sn* (frec. + **the**) [la actividad industrial, comercial y financiera de una nación, etc.] economía *the British/world economy* la economía británica/mundial *The main election issue will be the economy.* El principal tema electoral será la economía.

economic *adj* **1** [en relación con la economía. Describe: p.ej. política, situación] económico **2** [rentable] económico, rentable *It is no longer economic to keep this factory open.* Ya no resulta rentable mantener esta fábrica abierta.

economics *snn* [campo de conocimiento, estudio] economía *ver también USO en **233 Education**

U S O

No hay que confundir **economic** con **economical**. El último no está relacionado con la economía de un país ni con las ciencias económicas. *ver **266 Cheap**

---

budget *sn* (frec. + **the**) **1** [plan, esp. anual de los ingresos y gastos de un gobierno] presupuesto *Taxes may be raised in the Budget.* Pueden aumentar los impuestos en el presupuesto general. *budget deficit/surplus* déficit/superávit presupuestario **2** [dinero disponible para gastar] presupuesto *the defence/education budget* el presupuesto de defensa/educación *I get a travel budget.* Me pagan dietas de viaje. *ver también **262 Doing business**

inflation *snn* inflación *an annual inflation rate of 8%* un índice de inflación anual de un 8%

inflationary *adj* [describe: p.ej. reivindicación de aumento de salario, aumento en el precio] inflacionario

264.2 Impuestos y seguros

tax *s* **1** *snn/n* (frec. *pl*) [cantidad] impuesto *I don't have to pay any tax on my savings.* No tengo que pagar ningún impuesto por mis ahorros. *The government collects £20 billion a year in tax(es).* El gobierno recauda 20 mil millones de libras en impuestos. (usado como *adj*) *tax increases/cuts* subidas/recortes en impuestos **2** *sn* [tipo] impuesto *The government is introducing a new tax.* El gobierno va a introducir un nuevo impuesto. *a tax on car ownership* un impuesto sobre la propiedad del automóvil

tax *vt* gravar (con impuestos) *Wines and spirits are heavily taxed.* Los vinos y licores están sujetos a un fuerte gravamen.

taxation *snn* impuestos *a high level of taxation* un alto nivel impositivo

taxpayer *sn* contribuyente *Should taxpayers' money be spent on the arts?* ¿Se debería gastar el dinero del contribuyente en subvencionar las artes?

income tax *snn* impuesto sobre la renta

value-added tax *snn, abrev.* **VAT** (*brit*) impuesto sobre el valor añadido (I.V.A.)

sales tax *snn* (*amer*) impuesto sobre las ventas

insurance *snn* (frec. + **on**) seguro *to take out insurance* hacerse un seguro *fire/accident/car insurance* seguro contra incendios/contra accidentes/de coche *The gallery can't afford to pay the insurance on the paintings.* El museo no puede costear el seguro de los cuadros. (usado como *adj*) *insurance policy/premium* póliza/prima (de seguros) *insurance company* compañía de seguros

insure *vt* (frec. + **against**) [obj: persona, pertenencias, edificio] asegurar *The car is insured against damage and theft.* El coche está asegurado contra daños y robo. (+ **for**) *The necklace is insured for £5,000.* El collar está asegurado en 5.000 libras. *The hall isn't insured for public performances.* El salón no está asegurado para representaciones públicas. (+ **to** + INFINITIVO) *Are you insured to drive this type of car?* ¿Te has hecho el seguro para conducir este tipo de coche?

264.3 Inversión

invest *vti* (frec. + **in**) invertir *She invested £5,000 in that company.* Invirtió 5.000 libras en esa empresa. **investor** *sn* inversor

investment *s* **1** *snn* (frec. + **in**) inversión *government measures to encourage investment (in new industry)* medidas gubernamentales para fomentar la inversión (en nuevas industrias) **2** *sn* (frec. *pl*) inversión *I bought this painting as an investment.* Compré este cuadro como inversión.

stock *sn/nn* (frec. *pl*) [dinero prestado al gobierno o a una empresa, por el cual se pagan intereses] valores, títulos (frec. + **in**) *She's bought stock(s) in a textile company.* Ha comprado acciones de una compañía textil.

stock market *sn* (frec. + **the**) mercado de valores, la Bolsa *She made a fortune on the stock market.* Ganó una fortuna en la Bolsa.

stock exchange sn (frec. + **the**) [lugar] la Bolsa He works at/on the stock exchange. Trabaja en la Bolsa.

share sn (frec. pl) acción (frec. + **in**) He owns shares in an oil company. Tiene acciones en una compañía petrolífera. All he ever talks about is **stocks and shares.** No habla más que de valores y acciones. **shareholder** sn accionista

264.4 Contabilidad

accountant sn [que tiene una cualificación profesional] contable

accounts s pl (frec. + **the**) cuentas to do the accounts hacer las cuentas The tax inspector asked to see the firm's accounts. El inspector de hacienda pidió que le mostraran las cuentas de la empresa. **accountancy** snn contabilidad

bookkeeper sn [oficinista, que no tiene una cualificación tan específica como un contable] tenedor de libros, contable **bookkeeping** snn teneduría de libros, contabilidad

auditor sn auditor

265 Money Dinero

money snn dinero I've got some money in my pocket/the bank. Tengo algo de dinero en el bolsillo/en el banco. She earns a lot of money. Gana mucho dinero. If you don't like our product, we'll give you your money back. Si no le gusta nuestro producto, le devolvemos el dinero. The shop doesn't make money any more. La tienda ya no da dinero.

cash snn 1 [billetes y monedas, en vez de un cheque, etc.] dinero efectivo He asked to be paid in cash. Pidió que se le pagara en efectivo. petty cash dinero para gastos menores 2 [informal. Dinero en general] dinero I'm a bit short of cash at the moment. Ahora estoy un poco corto de dinero. *ver también **260 Bank**

change snn 1 [de un dinero dado como pago] cambio I got 34p change. Me dieron 34 peniques de cambio. Keep the change. Quédese con el cambio. 2 [monedas de valor pequeño] cambio (frec. + **for**) Have you got change for a ten-pound note? ¿Tienes cambio de un billete de 10 libras? loose/small change suelto

change vt 1 [en dinero de menos valor] cambiar Can you change a ten-pound note for me? ¿Me puede cambiar un billete de 10 libras? 2 (frec. + **for**, **into**) [en otra divisa] cambiar I wanted to change £50 into Swiss francs. Quería cambiar 50 libras en francos suizos.

funds s pl 1 [dinero para un propósito especial, p.ej. el poseído por una organización] fondos The campaign will be paid for out of Party funds. La campaña será costeada con fondos del partido. (frec. + **for**) The local authority provides the funds for the community centre. El ayuntamiento suministra los fondos para el centro cívico. 2 [palabra bastante informal para dinero] fondos I'm a bit short of funds at the moment. Ahora voy un poco corto de fondos.

fund vt [obj: p.ej. una organización, un proyecto] costear, financiar The community centre is funded by the local authority. El centro cívico está costeado por el ayuntamiento. **funding** snn financiación

kitty sn [cantidad de dinero aportado por un grupo de personas para ser luego utilizado en beneficio común] fondo común to put some money in the kitty poner dinero en el fondo común We pay for groceries out of the kitty. Pagamos las provisiones del fondo común.

dosh snn (brit) [argot] guita

dough snn [argot más bien anticuado] pasta

265.1 Divisas

currency sn/nn moneda £5,000 in Swiss currency 5.000 libras en moneda suiza to exchange roubles for **hard currency** cambiar rublos por una moneda fuerte currency unit/unit of currency unidad monetaria foreign currency moneda extranjera

sterling snn [término general para la moneda del Reino Unido] esterlina to pay for sth in sterling pagar algo en libras esterlinas £200 pounds sterling 200 libras esterlinas (usado como adj) sterling traveller's cheques cheques de viaje en libras esterlinas

Unidades de moneda nacionales

Reino Unido	**pound (sterling)**	(= 100 **pence**)
República de Irlanda	**pound** o **punt**	(= 100 **pence**)
Estados Unidos Canadá Australia Nueva Zelanda	**dollar**	(= 100 **cents**)
Francia Bélgica Suiza Luxemburgo	**franc**	(= 100 **centimes**)
Alemania	**(Deutsch)mark**	(= 100 **pfennigs**)
Austria	**schilling**	(= 100 **groschen**)
Países Bajos	**guilder**	(= 100 **cents**)
Italia	**lira**, pl **lire**	
España	**peseta**	
Portugal	**escudo**, pl **escudos**	
Grecia	**drachma**	
Dinamarca	**krone**, pl **kroner**	(= 100 **ore**)
Noruega		
Suecia	**krona**, pl **kronor**	(= 100 **ore**)
Finlandia	**markka**	(= 100 **pennia**)
Comunidad de Estados Independientes	**rouble**	
Polonia	**zloty**, pl **zlotys**	
Israel	**shekel**	
Egipto	**pound**	(= 100 **piastres** (brit), **piasters** (amer)) (= 1000 **milliemes**)

Japón	**yen,** *pl* **yen**
India	**rupee**
Sudáfrica	**rand** (= 100 **cents**)
Argentina	
Méjico	} **peso,** *pl* **pesos**
Brasil	**cruzado**

La Comunidad Europea (**The European Community**) tiene su propia unidad monetaria, además de las distintas monedas de los estados miembros. Se conoce como **European Currency Unit**, o abreviado **ECU**. Por el momento se usa principalmente en transacciones comerciales entre países.

265.2 Formas que puede adoptar el dinero

coin *sn* moneda *He collects rare coins.* Colecciona monedas raras. *Put a coin in the slot.* Introduzca una moneda en la ranura.

piece *sn* moneda *a five-pence piece* una moneda de cinco peniques

bank note *sn* billete de banco *a suitcase full of bank notes* una maleta llena de billetes de banco

note (*brit*), **bill** (*amer*) *sn* billete *a five-pound note* un billete de cinco libras *a dollar bill* un billete de un dólar

265.3 Dinero que la gente recibe

earnings *s pl* [recibido por el trabajo que uno realiza] ingresos *He has increased his earnings by taking an evening job.* Ha aumentado sus ingresos haciendo un trabajo por las tardes.

earn *vt* ganar *She earns £200 a week.* Gana 200 libras a la semana. *He **earns a/his living** as a photographer.* Se gana la vida trabajando de fotógrafo.

income *snn/n* [recibido de todas las fuentes] ingresos *You must declare all your income to the tax authorities.* Debe declarar todos sus ingresos a

---

Gran Bretaña	**Estados Unidos**
Monedas	Monedas
penny (**1p**) (*pl* **pennies, pence**)	**cent** (1¢)
two pence (2p)	
five pence (5p)	**five cents** (5¢) (informal **nickel**)
ten pence (10p)	**ten cents** (10¢) (informal **dime**)
twenty pence (20p)	
fifty pence (50p)	**twenty-five cents** (25¢) (informal **quarter**)
pound (£1) (informal **quid**, *pl* **quid**)	**fifty cents** (50¢) (**half-dollar**)
Billetes	Billetes
five pounds (£5) (informal **fiver**)	**dollar** ($1) (informal **buck**)
ten pounds (£10) (informal **tenner**)	**five dollars** ($5)
	ten dollars ($10)
twenty pounds (£20)	**twenty dollars** ($20)
fifty pounds (£50)	**fifty dollars** ($50)
	hundred dollars ($100)

Hacienda. *private/unearned income* renta (no salarial) *people on low incomes* gente que tiene pocos ingresos

pay *snn* [recibido por un empleado] salario, sueldo *The workers are on strike for higher pay.* Los trabajadores están de huelga para conseguir un aumento de sueldo. *holiday/sick pay* salario recibido en el período de vacaciones/subsidio de enfermedad (usado como *adj*) *pay increase* incremento salarial *pay packet* sobre del sueldo

pay *vti, pas. & pp.* **paid** [obj: empleado, salario, sueldo, cantidad] pagar *I get paid on the last day of the month.* Me pagan el último día del mes. (frec. + **to** + INFINITIVO) *The farmer pays us £40 a day to pick fruit.* El agricultor nos paga 40 libras al día por recoger fruta. *a well-/badly-paid job* un trabajo bien/mal pagado

wage *sn* (frec. *pl*) [norml. de un trabajador manual. Frec. se paga semanalmente] salario, jornal *She earns good wages/a good wage.* Gana un buen sueldo. (usado como *adj*) *wage increase* incremento salarial *wage packet* sobre del sueldo

salary *sn/nn* [de un empleado profesional. Normalmente se paga mensualmente] salario

salaried *adj* que cobra un sueldo fijo mensual *salaried staff* personal que cobra un sueldo fijo mensual

pension *sn/nn* pensión *She goes to collect/draw her pension at the post office.* Va a que le paguen la pensión a la oficina de correos. *state/private pension* pensión del estado/privada (usado como *adj*) *company pension scheme* plan de pensiones de la empresa

pensioner *sn* (*esp. brit*) jubilado

senior citizen *sn* (*brit & amer*) ciudadano de la tercera edad

grant *sn/nn* [a un estudiante, pagada por el gobierno central o local] beca

pocket money *snn* [pagado por los padres a los hijos] dinero de bolsillo

allowance *snn/n* **1** [norml. se usa en contextos formales o de negocios. Pagado para cubrir los gastos de mantenimiento de alguien] *When I was at university my parents paid me a monthly allowance.* Cuando estaba en la universidad mis padres me pasaban una ayuda mensual. *The company gives its employees a travelling allowance.* La empresa les paga a los empleados dietas de viajes. **2** (*amer*) dinero de bolsillo

expenses *s pl* [pagado a un empleado para cubrir lo que se ha gastado mientras trabajaba para la empresa] gastos *travel(ling)/hotel expenses* gastos de viaje/hotel *I'll pay for the meal, I'm on expenses.* Yo pago la comida, los gastos me los paga la empresa. *ver también **267 Expensive**

on *prep* [tener como ingresos] con *It's difficult to survive on a student grant/an old-age pension.* Es difícil sobrevivir con una beca de estudiante/una pensión de vejez. *I'm on £20,000 a year.* Gano 20.000 libras anuales.

f r a s e s

money for jam/for old rope (*esp. brit*) [informal. Dinero ganado fácilmente] dinero fácil *I got a job as a film extra. It was money for jam.* Conseguí un trabajo como extra. Fue un chollo.

easy money [dinero obtenido sin demasiado esfuerzo] dinero fácil *She tried to make some easy money on the stock exchange.* Intentó ganar un poco de dinero fácil en la Bolsa.

266 Cheap Barato

cheap *adj* [puede usarse de manera peyorativa, implicando calidad inferior] barato *Tomatoes are cheaper in summer.* Los tomates están más baratos en verano. *the smell of cheap perfume* el olor a perfume barato *Christmas decorations are **sold off cheap** in the New Year.* Los adornos de Navidad los liquidan a precios bajos en el Año Nuevo.

cheaply *adv* barato *You can travel around India quite cheaply.* Se puede viajar por la India por poco dinero.

dirt cheap *adj* [informal. De muy bajo precio] tirado, regalado *I got this car dirt cheap.* Este coche me lo dieron por cuatro perras.

inexpensive *adj* [más formal y más apreciativo que **cheap**] bien de precio, económico *These wines are surprisingly inexpensive.* Estos vinos están muy bien de precio.

affordable *adj* [de un precio que la mayoría de personas puede pagar con facilidad] asequible *There is a need for affordable housing in central London.* Hay necesidad de viviendas a precios asequibles en el centro de Londres.

economical *adj* [que ahorra dinero] económico *It is more economical to buy in bulk.* Resulta más económico comprar a granel. *These cars are very economical to run.* Estos coches gastan muy poco.

free *adj* gratis, gratuito *You pay for the food, the drinks are free.* Se paga por la comida, las bebidas son gratis. *a free gift inside every copy of the magazine* un obsequio en cada ejemplar de la revista *Buy two T-shirts and get one free.* Compre dos camisetas y llévese tres.

free *adv* gratis *Old-age pensioners can travel free on the buses.* Los pensionistas de la tercera edad viajan gratis en autobús.

bargain *sn* [producto cuyo precio es más bajo que el normal o el esperado] ganga *These shoes were a bargain.* Estos zapatos fueron una ganga. *Bargains galore in our big winter sale!* ¡Gangas en abundancia en nuestras grandes rebajas de invierno! *Quality goods at bargain prices!* ¡Productos de calidad a precios de ganga!

frases

do sth on the cheap [informal, frec. bastante peyorativo. Hacer algo lo más barato posible, de forma que uno se ahorra dinero, frec. a expensas de la calidad] hacer algo en plan barato *They tried to decorate their house on the cheap.* Han intentado pintar su casa en plan barato.

do sth on a shoestring [informal. Hacer algo con un presupuesto muy limitado, con muy poco dinero para gastar. Norml. no se usa de manera peyorativa] hacer

algo con cuatro chavos, en plan barato *They travelled around Europe on a shoestring.* Viajaron por Europa con cuatro chavos.

it's on the house [informal. Dado gratis por el propietario del establecimiento. Dícese esp. de bebidas en un pub, etc.] invita la casa *Have this one on the house.* A ésta, invita la casa.

267 Expensive Caro

ver también **269 Rich**

uso

De todas estas palabras, **expensive** es la única que se puede usar de forma apreciativa, implicando que algo es de alta calidad (aunque también se usa de manera negativa). El resto de las palabras enfatiza el hecho de que el precio es superior al que deseamos pagar.

expensive *adj* caro *She only buys expensive wines.* Sólo compra vinos caros. *Going to court can be very expensive.* Ir a los tribunales puede resultar muy caro.
expensively *adv* costosamente
expense *snn/n* gasto(s) *We want to avoid the expense of a court case.* Queremos evitar el gasto que supone un juicio. *Her parents **went to a lot of expense/spared no expense** to give her a good education.* Sus padres incurrieron en muchos gastos/no escatimaron ningún gasto para darle una buena educación. *ver también **265 Money**

dear *adj* (*esp. brit*) [más informal que **expensive**] caro, costoso *The dearer washing powders sometimes offer better value.* Los detergentes más caros a veces ofrecen mejor relación calidad/precio. *Tomatoes are very dear just at the moment.* Los tomates están muy caros actualmente.

costly *adj* [más formal que **expensive**. Describe: p.ej. equipo, reparaciones, alojamiento] costoso, caro *Going to court can be a costly business.* Ir a los tribunales puede resultar bastante costoso. *These weapons are effective, though costly.* Estas armas son eficaces, aunque costosas.

pricey o **pricy** *adj* [informal] caro *These shoes are a bit pricy.* Estos zapatos son un poco caros. *a pricy restaurant* un restaurante carero

267.1 Exageradamente caro

steep *adj* (después de *v*) [bastante informal] exagerado, excesivo *Two pounds for a coffee! That's a bit steep!* ¡Dos libras por un café! ¡Qué pasada!

exorbitant *adj* [bastante formal y muy enfático] exorbitante *Customers are charged exorbitant prices for*

drinks. A los clientes se les cobra precios exorbitantes por las consumiciones. **exorbitantly** *adv* exorbitantemente
overcharge *vti* [hacer que un cliente pague más de lo necesario] cobrar de más (a) *I'd been deliberately overcharged.* Me habían cobrado de más adrede. (+ **by**) *They overcharged me by 50p.* Me han cobrado 50 peniques de más.

rip-off *sn* [informal. Precio descabelladamente alto o engaño intencionado] timo *Two quid for a coffee - what a rip-off!* ¡Dos libras por un café!, ¡qué timo!
rip off sb o **rip** sb **off** *vt fr.* [informal. Cobrar de más intencionadamente] timar *The waiters make a fortune ripping off tourists.* Los camareros se forran timando a los turistas.

frases

cost the earth [informal] costar un riñón *Don't take him to court; it'll cost you the earth.* No lo lleves ante los tribunales, te costará un riñón. *a reliable car that won't cost you the earth* un coche fiable que no le costará ninguna fortuna

cost a fortune [más bien informal] costar una fortuna *That dress must have cost a fortune.* Ese vestido te debe haber costado una fortuna.

cost an arm and a leg [informal. Ser excesivamente caro, más de lo que alguien puede realmente permitirse] costar un ojo de la cara *The holiday cost (me) an arm and a leg, but it was worth it.* Las vacaciones me costaron un ojo de la cara, pero valieron la pena.

break the bank (a menudo se usa en frases negativas) [bastante informal. Ser tan caro como para dejarle a uno sin suficiente dinero] *Come on, let's eat out tonight, it won't break the bank.* Venga, vamos a cenar fuera, que no nos vamos a arruinar.

daylight robbery [informal peyorativo. Usado cuando uno tiene que pagar un precio exorbitantemente alto] un atraco a mano armada *Two pounds for a coffee! It's daylight robbery!* ¡Dos libras por un café!. Eso es un robo a mano armada.

268 Value Valor

ver también **417.5 Good**

value *s* **1** *snn/n* [en términos monetarios] valor *an increase in the value of the pound* un aumento en el valor de la libra *objects of great/little value* objetos de

mucho/poco valor **2** *snn* [buena relación calidad-precio] valor *All shoppers want **value for money**.* Todos los compradores quieren gastar bien su dinero.

3 *snn/n* (no tiene *pl*) [importancia, utilidad] valor *Never underestimate the value of a good education.* Nunca subestime el valor de una buena educación. (+ **to**) *information of great value to the enemy* información de gran valor para el enemigo

value *vt* **1** [estimar el valor de. Obj: p.ej. cuadro, antigüedad, casa] valorar *I'm going to have this painting valued.* Voy a hacer que me valoren este cuadro. (+ **at**) *The house has been valued at £70,000.* La casa ha sido valorada en 70. 000 libras. **2** [considerar muy importante o útil] valorar, estimar *I value your opinions highly.* Valoro mucho tus opiniones.

worth *adj* **1** [en términos monetarios] *How much is your car worth?* ¿Cuánto vale tu coche? *a painting worth £500* un cuadro que vale 500 libras **2** (frec. + -ing) [en lo que respecta a la importancia, utilidad, cualidades, etc.] *A letter is worth a dozen phone calls.* Una carta vale más que una docena de llamadas telefónicas. *It's/He's not worth worrying about.* No vale la pena preocuparse por eso/por él. *I'm not going to the meeting; it's not worth it.* No voy a la reunión, no vale la pena.

worth *snn* **1** [lo que cuesta una cierta cantidad de algo] valor *I bought ten pounds' worth of petrol.* He puesto diez libras de gasolina. *The vandals did hundreds of pounds' worth of damage.* Los gamberros causaron daños por valor de cientos de libras. **2** [no usado precisamente en contextos financieros] valor, valía *She sold the painting for less than its true worth.* Vendió el cuadro por menos de su valor real. (+ **to**) *He has proved his worth to the team.* Ha demostrado su valía al equipo.

268.1 De alto valor

valuable *adj* **1** [desde el punto de vista monetario] valioso *valuable paintings* cuadros valiosos **2** [describe: p.ej. consejo, amistad] valioso (+ **to**) *Your skills are valuable to the company.* Sus dotes son de gran valor para la compañía. *a waste of my valuable time* una pérdida de mi valioso tiempo

valuables *s pl* [pertenencias, objetos personales] objetos de valor *Hotel guests may deposit their valuables in the safe.* Los clientes del hotel pueden depositar sus objetos de valor en la caja fuerte.

invaluable *adj* [bastante formal. Muy útil. Describe: p.ej. herramienta, consejo, ayuda] inestimable, de valor inestimable *Thank you for your invaluable assistance.* Gracias por tu inestimable ayuda. (+ **to**) *This information proved invaluable to the police.* Esta información resultó de un valor incalculable para la policía.

priceless *adj* [tan valioso que resulta imposible darle un precio] de valor incalculable *This diamond is priceless.* Este diamante no tiene precio.

precious *adj* [muy valioso, de forma que se trata con mucho cuidado, sea ya por motivos financieros o sentimentales] precioso, de gran valor *The statue is so precious that it is rarely shown to visitors.* La estatua tiene tanto valor que rara vez se muestra a los visitantes. ***precious stones/metals*** piedras/metales preciosos (+ **to**) *These medals/memories are precious to me.* Estimo mucho estas medallas/estos recuerdos me son muy entreñables.

treasure *s* **1** *snn* [montón de dinero, joyas, etc., escondido] tesoro *buried treasure* tesoro enterrado *treasure chest* cofre del tesoro **2** *sn* (frec. *pl*) [objeto muy valioso o bonito] tesoro

treasure *vt* [considerar de gran valor. Obj: recuerdo, amistad, regalo] guardar en la memoria, estimar mucho *Thank you very much for the beautiful vase. I'll treasure it.* Muchísimas gracias por este jarrón tan bonito. Lo trataré como oro en paño. *His guitar is his most treasured possession.* Su guitarra es su más preciada posesión.

268.2 De poco o ningún valor

valueless *adj* sin valor *The old coins will be valueless once the new ones come into circulation.* Las monedas antiguas no tendrán ningún valor una vez que las nuevas entren en circulación.

worthless *adj* [bastante más peyorativo que **valueless**] **1** [describe: p.ej. cuadro, coche, moneda] sin ningún valor *a market stall selling worthless junk* un puesto de mercado que sólo vende baratijas sin valor alguno **2** [describe: p.ej. contribución, información] sin ningún valor *His advice is absolutely worthless.* Sus consejos no sirven para nada. **3** [describe: p.ej. persona] despreciable

268.3 Que tiene cualidades valiosas o útiles

deserve *vt* [obj: p.ej. recompensa, trabajo, castigo] merecer *You don't deserve any Christmas presents.* No te mereces ningún regalo de Navidad. *The film deserved a bigger audience.* La película merecía haber tenido mayor acogida por parte del público. (frec. + **to** + INFINITIVO) *He deserves to succeed.* Merece triunfar.

deserving *adj* digno, meritorio *He's a deserving winner.* Se merecía la victoria. *to give one's money to a deserving cause* dar dinero para una causa noble **deservingly** *adv* merecidamente

worthy *adj* (frec. después de *v* + **of**) [más bien formal] digno, meritorio *He wanted to prove himself worthy of their trust.* Quería demostrar que era digno de su confianza. *a worthy winner/successor* un digno ganador/sucesor *to give one's money to a worthy cause* dar dinero para una causa noble

worthwhile *adj* (frec. + **to** + INFINITIVO, + -ing) [que tiene un propósito o resultado valiosos] útil, que vale la pena *Try to read Shakespeare. You'll find the effort worthwhile.* Intenta leer a Shakespeare, ya verás como vale la pena el esfuerzo. *It's worthwhile spending some time in the library.* Vale la pena invertir algo de tiempo en la biblioteca.

269 Rich Rico

ver también **267 Expensive**

rich *adj* [describe: p.ej. persona, país] rico, *Her invention made her rich.* Su invento la hizo rica. [argot, peyorativo] *He's filthy/stinking rich.* Está podrido de dinero.

rich s pl (siempre + **the**) [personas] ricos *The rich should pay more tax.* Los ricos deberían pagar más impuestos.

riches s pl [dinero, posesiones] riqueza *They envied his riches.* Envidiaban su riqueza.

wealth snn riqueza *How did she acquire her vast wealth?* ¿Cómo adquirió su inmensa riqueza?

wealthy adj [más formal que **rich**] adinerado

fortune sn 1 [gran cantidad de dinero ganado, conseguido, heredado, etc.] fortuna *He inherited his uncle's fortune.* Heredó la fortuna de su tío. *She **made her fortune** on the stock market.* Hizo su fortuna en la Bolsa. 2 [informal. Cualquier gran cantidad de dinero] fortuna *He spent a fortune on clothes.* Se gastó una fortuna en ropa. *This house is worth a fortune.* Esta casa vale una fortuna.

affluent adj [bastante formal. Que tiene y gasta mucho dinero. Describe p.ej. persona, estilo de vida] acaudalado, opulento *an affluent, middle-class family* una acaudalada familia de clase media *an affluent society* una sociedad opulenta **affluence** snn opulencia

prosperous adj [que gana o hace mucho dinero. Describe: p.ej. persona, firma, nación] próspero *Our policies will make the country more prosperous.* Nuestra política hará al país más próspero.

prosperously adv prósperamente

prosperity snn prosperidad *We can look forward to many years of prosperity.* Podemos esperar muchos años de prosperidad.

prosper vi [bastante formal] prosperar *The country has prospered under this government.* El país ha prosperado con este gobierno.

millionaire (*masc*), **millionairess** (*fem*) sn [persona que tiene más de un millón de libras o dólares] millonario/a

millionaire adj (delante de s) millonario *a millionaire businessman* un hombre de negocios millonario

well-off adj, compar. **better-off** o **more well-off** superl. **most well-off** [relativamente rico] acomodado *Most surgeons are fairly well-off.* La mayoría de los cirujanos son gente bastante acomodada. *I'll be better-off when the tax system changes.* Estaré mejor de dinero cuando cambie el sistema fiscal.

well-off s pl (siempre + **the**) los pudientes, los acomodados *tax cuts that benefit the well-off* recortes fiscales que benefician a las clases acomodadas *the better-off in our society* las clases más acomodadas de nuestra sociedad

well-to-do adj [informal. Que tiene suficiente dinero para vivir muy holgadamente] rico *a well-to-do businessman* un adinerado hombre de negocios

well-heeled adj [sugiere una riqueza refinada] rico, adinerado

loaded adj [argot. Muy rico] forrado (de dinero) *He's loaded.* Está forrado de dinero.

moneybags sn [informal, frec. humorístico] ricachón *Come on, moneybags, buy us all a drink!* Venga, ricachón, invítanos a todos a una copa.

f r a s e s

bags of money [informal] montones de dinero *He can afford to lend me £100; he's got bags of money.* Se puede permitir prestarme 100 libras, está forrado (de dinero).

be rolling in money/in it [informal] nadar en dinero

have more money than sense [tener mucho dinero, pero ser insensato o frívolo a la hora de gastarlo] tener mucho dinero y poca cabeza *musical Christmas trees for people with more money than sense* árboles de Navidad musicales para los que tienen mucho dinero y poca cabeza

270 Poor Pobre

poor adj [describe: p.ej. persona, país] pobre *a poor area of the city* un área deprimida de la ciudad

poor s pl (siempre + **the**) los pobres *charities which help the poor* instituciones de caridad que ayudan a los pobres

poverty snn pobreza *to live in poverty* vivir en la pobreza *a poverty-stricken region* una región azotada por la pobreza

needy adj [más formal que **poor**. Que carece de las necesidades básicas. Describe: p.ej. persona, familia] necesitado

needy s pl (siempre + **the**) necesitados

penniless adj [sin dinero] sin un céntimo *The failure of his business left him penniless.* El fracaso de su negocio le dejó sin un céntimo.

destitute adj [formal. Que no tiene dinero, posesiones, hogar, etc.] desamparado, indigente *The war left many families destitute.* La guerra dejó a muchas familias desamparadas. **destitution** snn indigencia, miseria

bankrupt adj [describe: esp. empresa, hombre de negocios] en quiebra, arruinado *to go bankrupt* quebrar **bankruptcy** snn/n quiebra, bancarrota

bankrupt vt hacer quebrar, llevar a la bancarrota *High interest rates have bankrupted many small firms.* Los altos tipos de interés han llevado a la bancarrota a muchas pequeñas empresas.

beggar sn mendigo *The streets are full of beggars.* Las calles estan llenas de mendigos.

beg vi, **-gg-** mendigar, pedir limosna

panhandler sn (amer) mendigo, pordiosero

badly-off adj, compar. **worse-off** superl. **worst-off** [moderadamente, relativamente pobre] andar mal de dinero *A lot of old people are quite badly-off.* Muchos ancianos andan mal de dinero. *I'll be worse-off after the tax system changes.* Estaré peor de dinero cuando cambie el sistema impositivo.

to be hard up adj [informal. Tener muy poco dinero, frec. temporalmente] andar escaso de dinero *I was always hard up when I was a student.* Cuando era estudiante siempre andaba escaso de dinero.

to be broke adj (después de v) [informal. No tener dinero] estar sin blanca *flat/stony broke* (brit) *stone broke* (amer) totalmente pelado *frase*

on/near the breadline [que apenas tienen los suficientes ingresos para comprar lo que la sociedad considera las necesidades básicas] vivir en la miseria/casi en la miseria *families living on the breadline* familias que viven en la miseria

feel the pinch [ser consciente de dificultades económicas, de tener que vigilar el dinero] pasar estrecheces *The strikers' families are beginning to feel*

the pinch. Las familias de los huelguistas están empezando a notar los efectos económicos de la huelga.

Money doesn't grow on trees. [se dice esp. a los niños que piden cosas caras] ¿Te crees que soy millonario?

Do you think I'm made of money? [informal] ¿Te crees que estoy forrado en oro?

---

271 Employment Empleo

ver también **262 Doing Business**; **274 Work**

employment *snn* [más formal que **work** o **job**] empleo *What is the nature of your employment?* ¿Qué clase de empleo tiene? *Are you in (regular) employment?* ¿Tiene usted un empleo (fijo)?

employ *vt* emplear, contratar *We will need to employ some extra staff.* Necesitaremos emplear personal extra. *Thousands of people are employed in the fishing industry.* Cientos de personas están empleadas en la industria pesquera. (+ **as**) *She's employed as a nanny.* Está empleada como niñera.

unemployment *snn* desempleo, paro *Unemployment reached two million last month.* La tasa de desempleo alcanzó los dos millones el mes pasado. (usado como *adj*) *unemployment statistics* estadísticas de desempleo *unemployment benefit* subsidio de desempleo, paro

unemployed *adj* desempleado, parado *an unemployed taxi driver* un taxista en paro

unemployed *s pl* (siempre + **the**) parados *the long-term unemployed* los que llevan mucho tiempo en el paro

to be on the dole [bastante informal] estar cobrando el subsidio de desempleo

271.1 Términos generales para el trabajo que realiza una persona

job *sn* empleo (+ **as**) *He's got a job as a bus driver.* Ha encontrado trabajo como conductor de autobús. *I've just lost my job.* Acabo de perder mi empleo.

work *snn* 1 [término general para trabajo retribuido] trabajo *She's looking for work.* Está buscando trabajo. *Who looks after the children while you're* **at work**? ¿Quién cuida de los niños mientras tú trabajas? *I get home from work at six o'clock.* Vuelvo del trabajo a las seis. *I've been* **out of work** *for six months.* Llevo seis meses sin trabajo. 2 [las tareas por las que uno es retribuido] trabajo *My work is quite varied.* Mi trabajo es bastante variado.

work *vi* trabajar *He works in London/as a bus driver.* Trabaja en Londres/de conductor de autobuses. (+ **for**) *I work for a publishing company.* Trabajo en una editorial.

occupation *sn* [usado esp. en contextos formales. Tipo de trabajo que uno hace, y la manera en que uno se refiere a sí mismo en relación con él] ocupación *She stated her occupation as translator.* De ocupación puso traductora.

career *sn* [ocupación a largo plazo para la cual uno se prepara, y en la que es posible progresar de manera regular] carrera *She had a distinguished career in the*

civil service. Realizó una carrera brillante en la administración pública. *a political/military/nursing career* una carrera política/militar/de enfermera (usado como *adj*) *careers advice* orientación sobre la profesión a ejercer

> **U S O**
>
> No confundir **career** con **subject,** la materia o especialidad que se escoge en la universidad. *ver también **233 Education**

profession *sn* [ocupación respetada, frec. no comercial, que requiere un alto nivel de estudios] profesión *the legal/medical/teaching profession* la abogacía/la profesión médica/la enseñanza *She's an architect* **by profession**. Ella es arquitecto de profesión.

professional *adj* [describe: p.ej. trabajo, persona] profesional

trade *sn* [ocupación que implica una habilidad, esp. de tipo práctico o manual] oficio *You ought to learn a trade.* Deberías aprender un oficio. *a bricklayer by trade* un albañil de oficio

271.2 Empresas y su estructura

company *sn* empresa, compañía *a manufacturing company* un empresa manufacturera *an insurance company* una compañía de seguros (usado como *adj*) *a company car* un coche de la empresa

> **U S O**
>
> **Company director** alude a un alto cargo en una empresa que es a la vez accionista y miembro del consejo de administración. Puede ejercer también de director de la empresa. Normalmente connota cierta riqueza.

firm *sn* [frec. se dice de empresas más pequeñas] firma, empresa *a plastics/car-hire firm* una firma de plásticos/una casa de alquiler de coches *a firm of builders/lawyers* una empresa constructora/un bufete de abogados

branch *sn* sucursal, filial *The bank has over 5,000 branches.* El banco tiene más de 5.000 sucursales.

department *sn* 1 [sección de una empresa que es responsable de un aspecto particular del trabajo] departamento *the advertising/personnel department* el departamento de publicidad/de personal 2 [parte de una tienda grande que vende un tipo determinado de productos] sección *the menswear/electrical department* la sección de ropa de caballero/de aparatos eléctricos **departmental** *adj* departamental

---

LUGARES DONDE LA GENTE TRABAJA

factory *sn* fábrica *a bicycle/biscuit factory* una fábrica de bicicletas/galletas (usado como *adj*) *a factory worker* un obrero de fábrica

works *sn, pl* **works** (frec. se usa en nombres compuestos) [se refiere a lugares industriales de trabajo] fábrica *a cement works* una fábrica de cemento *the steelworks* la fábrica de acero

workshop *sn* [donde se hacen reparaciones, trabajos especializados, etc. Norml. más pequeño que una fábrica o parte de la misma] taller

warehouse *sn* [donde se almacenan productos] almacén *a tobacco warehouse* un almacén de tabaco

depot *sn* [donde los productos esperan para ser transportados] depósito *Coal is transported to the depot by rail.* El carbón se transporta al depósito en tren.

mill *sn* **1** [donde se hace la harina] molino **2** [donde se hacen los tejidos, el papel, etc.] fábrica *cotton mill* hilandería

mine *sn* mina *a coal/tin mine* mina de carbón/de estaño *He spent 20 years down the mine(s).* Se pasó 20 años trabajando en la(s) mina(s).

mine *v* **1** *vt* [obj: carbón, mineral, metales] extraer [obj: área, valle] explotar *Coal is no longer mined in this valley.* Ya no se extrae carbón de este valle. **2** *vi* (frec. + **for**) abrir minas/una mina *They're mining for iron ore.* Están buscando hierro. **miner** *sn* minero

mining *snn* minería, explotación

271.3 Empleados

employee *sn* [término general] empleado *The company has 5,000 employees.* La empresa tiene 5.000 empleados. *a government/bank employee* un empleado del gobierno/de banca

worker *sn* [esp. en un trabajo manual] obrero, trabajador *a factory worker* un obrero de fábrica

labour (*brit*), **labor** (*amer*) *snn* **1** [obreros empleados por alguien] mano de obra *The company is taking on extra labour.* La empresa está contratando mano de obra extra. **2** [trabajo realizado, considerado como un elemento del coste de algo] mano de obra *The plumber charged us £20 for the new pipe plus £10 for labour.* El fontanero nos cobró 20 libras por la nueva tubería, más 10 libras por la mano de obra.

labourer (*brit*), **laborer** (*amer*) *sn* [obrero no especializado, esp. aquel que trabaja en el exterior] peón *a building labourer* un peón de albañil

workforce *sn/nn* (+ *v sing* o *pl*) [número total de trabajadores empleados en una empresa] mano de obra *Most of the workforce is/are on strike.* La mayor parte de los trabajadores están en huelga.

staff *s* **1** *sn* [esp. trabajadores de una oficina o profesionales] personal, empleados *We have an accountant on our staff.* Tenemos un contable en plantilla. *Pupils should show respect to **members of staff**.* Los alumnos deben mostrar respeto a los profesores. (usado como *adj*) *staff meeting* reunión del personal **2** *s pl* [miembros de ese cuerpo] personal, empleados *The staff are all on strike.* Toda la plantilla está en huelga.

staff *vt* [bastante formal] proveer de personal (+ **with**) *We will staff the new showroom with experienced salespeople.* Dotaremos la nueva sala de exposición de vendedores con experiencia.

personnel *snn* [en contextos formales] personal *The company keeps full records on all its personnel.* La empresa tiene un expediente completo de todo su personal. (usado como *adj*) *personnel manager/department* director/departamento de personal

colleague *sn* colega *He gets on well with his colleagues.* Se lleva bien con sus colegas.

271.4 Personal de categoría superior

supervisor *sn* supervisor

foreman *sn, pl* **foremen** capataz

forewoman *sn, pl* **forewomen** encargarda

boss *sn* [bastante informal] jefe *My boss let me leave early.* Mi jefe me dejó salir pronto.

manager *sn* director, gerente *financial/personnel manager* director financiero/de personal *bank/hotel manager* director de banco/hotel *the manager of a record store/football team* el encargado de una tienda de discos/el entrenador de un equipo de fútbol

manage *vti* [obj: p.ej. empresa, departamento] administrar, dirigir *The company has been badly managed for years.* La empresa ha estado mal administrada durante años.

management *s* **1** *snn* [actividad, pericia] gestión, dirección *The company is successful as a result of good management.* La empresa está prosperando gracias a una buena gestión. **2** *s* (+ *v sing* o *pl*) la dirección, la directiva *(The) management has/have rejected the workers' demands.* La dirección ha rechazado las demandas de los trabajadores. *a change of management* un cambio en la dirección

director *sn* **1** [uno de entre un grupo de altos directivos que deciden la política de la empresa] director *financial director* director financiero *the directors of a football club* los directivos de un club de fútbol *managing director* director gerente *board of directors* consejo de administración **2** [jefe de una organización, proyecto, etc.] director *the director of the research institute/ programme* el director del instituto/programa de investigación

executive *sn* [alto cargo, persona importante de negocios] ejecutivo, directivo *company executive* directivo de empresa

employer *sn* [persona o firma] empresario *Obtain this form from your employer.* Pida este formulario en su empresa. *The factory is a major employer in this area.* La fábrica emplea a mucha gente en esta zona.

271.5 Períodos durante los cuales la gente está empleada

part-time *adj* [describe: p.ej. trabajo, trabajador] de media jornada, a tiempo parcial

part-time *adv* a tiempo parcial *to work part-time* trabajar a tiempo parcial

full-time *adj* [describe: p.ej. trabajo, estudiante] de jornada completa, a tiempo completo

full-time *adv* a tiempo completo *to work full-time* trabajar a tiempo completo

temporary *adj* temporal *ver también **29 Be**

permanent *adj* permanente *ver también **29 Be**

overtime *snn* **1** horas extra(ordinarias) *to work overtime* trabajar horas extra *I did five hours' overtime last week.* La semana pasada hice cinco horas extra. (usado como *adj*) *overtime payments/rates* pago/precio de las horas extra(ordinarias) **2** [dinero recibido] suplemento, pago extra *I get paid overtime for working on Saturdays.* Me pagan un suplemento por trabajar los sábados.

271.6 Relaciones laborales

union o **trade union** (*brit*), **labor union** (*amer*) *sn* (+ *v* sing o *pl*) sindicato *Do you belong to a union?* ¿Perteneces a algún sindicato? *the National Union of Teachers* el Sindicato Nacional de Profesores (usado como *adj*) *union members* afiliados al sindicato **trade unionist** *sn* sindicalista

strike *sn* huelga *to be **on** strike* estar en huelga *to go on strike* ir a la huelga (+ **for**) *The miners are on strike for higher pay.* Los mineros están en huelga para conseguir mejores sueldos.

strike *vi, pas. & pp.* **struck** (frec. + **for**) ponerse en huelga *The miners may strike for higher pay.* Es posible que los mineros se pongan en huelga para conseguir mejores sueldos. **striker** *sn* huelguista

picket *vti* hacer piquetes (en) *They picketed the factory.* Hicieron piquetes en la fábrica.

picket *sn* **1** [una persona] piquete **2** [grupo] piquete

picket line *sn* piquete *to be on the picket line* formar parte de un piquete *to cross the picket line* atravesar un piquete

271.7 Búsqueda de trabajo

apply *vi* (frec. + **for**) solicitar *She's applied for the post of assistant manager.* Ha solicitado el puesto de subdirectora.

application *sn* solicitud *There have been hundreds of applications for this job.* Ha habido cientos de solicitudes para este trabajo. (usado como *adj*) *application form* solicitud **applicant** *sn* solicitante

interview *sn* entrevista (frec. + **for**) *They're holding interviews for the post of assistant manager.* Están realizando entrevistas para el puesto de subdirector. *ver también **351 Ask**

interview *vti* entrevistar *She's been interviewed for the post of assistant manager.* La han entrevistado para el puesto de subdirectora. **interviewer** *sn* entrevistador **interviewee** *sn* entrevistado

appoint *vt* (frec. + **to**) [dar a alguien cierto trabajo, esp. a alto nivel] nombrar *They're going to appoint a new assistant manager.* Van a nombrar un nuevo subdirector. *He's been appointed to the post of assistant manager.* Lo han nombrado para el puesto de subdirector.

appointment *s* **1** *snn* nombramiento *The report recommends the appointment of a safety officer.* El informe recomienda la contratación de un responsable de la observación de las normas de seguridad. **2** *sn* cargo *The company newsletter gives details of new* appointments. El boletín de la empresa da a conocer los nuevos cargos.

engage *vt* [bastante formal. Obj: nuevo empleado] contratar *The hotel has engaged a new receptionist.* El hotel ha contratado a un nuevo recepcionista. (frec. + **as**) *I've engaged him as my personal assistant.* Le he contratado como mi ayudante personal.

take on sb o **take** sb **on** *vt fr.* [menos formal que **engage**] contratar, emplear *The company isn't taking on any new staff at the moment.* La compañía en estos momentos no contrata personal nuevo.

hire *vt* [en inglés británico se usa norml. para indicar que es algo temporal o informal] contratar (frec. + **to** + INFINITIVO) *He hired a private detective to follow his wife.* Contrató a un detective privado para que siguiera a su mujer. *ver también **262 Doing business**

promote *vt* (frec. + **to**) ascender *He was promoted to (the rank of) colonel.* Fue ascendido a coronel.

promotion *snn/n* ascenso, promoción *She's hoping for promotion.* Espera conseguir un ascenso. *a job with good promotion prospects* un trabajo con buenas perspectivas de promoción

271.8 Dejar el trabajo

resign *vit* (frec. + **from**) dimitir *She resigned from the company because of disagreements with her colleagues.* Dimitió de su cargo en la empresa por discrepancias con sus colegas. *He's resigned his post.* Ha dimitido de su puesto.

resignation *sn/nn* dimisión *She's handed in her resignation.* Ha presentado su dimisión.

retire *vi* [dejar de trabajar a causa de la edad] jubilarse (+ **from**) *He's retired from the school where he taught for forty years.* Se ha jubilado de su puesto en la escuela donde ha enseñado durante cuarenta años. *a retired civil servant* un funcionario jubilado

retirement *snn/n* jubilación, retiro *to take **early retirement*** acogerse a la jubilación anticipada (usado como *adj*) *What's the retirement age in your country?* ¿Cúal es la edad de jubilación en tu país?

notice *snn* **1** [dado por un empleado a una empresa] aviso de dimisión *I've handed in my notice.* He presentado mi dimisión. **2** [dado por una empresa a un empleado] aviso de despido *The company has given her a month's notice.* La empresa le ha dado un preaviso de despido en el plazo de un mes.

redundant *adj* (*brit*) [que ha perdido el trabajo porque la empresa necesita menos trabajadores] en paro por una reducción de (plantilla) *redundant steelworkers* trabajadores siderúrgicos afectados por un expediente de reducción de plantilla *to make sb redundant* despedir a alguien (por reducción de plantilla)

redundancy *s* **1** *snn* desempleo, paro (por reducción de plantilla) *voluntary redundancy* baja voluntaria (incentivada) (usado como *adj*) *redundancy pay* indemnización por despido **2** *sn* despido (por reducción de plantilla) *The company has announced 200 redundancies.* La compañía ha anunciado una reducción de 200 puestos de trabajo.

dismiss *vt* (frec. + **for, from**) [bastante formal] despedir *The company dismissed her for unpunctuality.* La empresa la despidió por su falta de puntualidad. *He* *was dismissed from the company.* Fue despedido de la empresa.

dismissal *snn/n* despido *an unfair dismissal* un despido injusto

sack (*esp. brit*), **fire** (*esp. amer*) *vt* (frec. + **for, from**) [informal] echar (del trabajo), despedir *They sacked him for continually being late.* Lo echaron por llegar siempre tarde. *You're fired!* ¡Estás despedido! **sacking** *snn/n* despido

sack *snn* (*brit*) (siempre + **the**) despido *She was*

threatened with the sack. La amenazaron con echarla (del trabajo). *to give sb the sack* despedir a alguien del trabajo *He got the sack.* Lo echaron del trabajo.

lay sb **off** o **lay off** sb *vt fr.* [dejar de emplear a alguien totalmente, o durante un período de tiempo mientras no hay trabajo] despedir (temporalmente) *We've had to lay off 50 people.* Tuvimos que despedir a 50 personas. *I was laid off for three weeks.* Estuve afectada por la regulación de empleo durante tres semanas.

272 Office Oficina

ver también **296 Computers**

office *sn* **1** [lugar de trabajo] oficina *I've had a hard day at the office.* Hoy he tenido mucho trabajo en la oficina. (usado como *adj*) *office equipment/workers* material de oficina/oficinistas *an office block* un edificio de oficinas **2** [de una empresa, organización] *the local tax office* la delegación de Hacienda *the company's **head office*** la sede central de la empresa **3** [de un director, etc.] despacho *Come into my office.* Venga a mi despacho.

272.1 Material de oficina

file *sn* archivo (+ **on**) *The social services department has a file on him.* El departamento de servicios sociales tiene un expediente sobre su caso. *We will keep your details on file.* Archivaremos todos sus datos.

file *vti* [obj: documentos] archivar *The personnel records are filed alphabetically.* Los expedientes del personal están archivados por orden alfabético. (frec. + **under**) *File this letter under `Enquiries'.* Archive esta carta en `Consultas'. **filing** *snn* clasificación (de documentos)

photocopier o **photocopy(ing) machine** *sn* fotocopiadora

photocopy *sn* (frec. + **of**) fotocopia *a photocopy of your birth certificate* una fotocopia de su partida de nacimiento *to take a photocopy of sth* hacer una fotocopia de algo **photocopy** *vt* fotocopiar

fax *sn* **1** TAMBIÉN **fax machine** fax *a message sent by fax* un mensaje enviado por fax (usado como *adj*) *fax*

number número de fax **2** [mensaje, carta, etc.] fax *to send a fax to sb* enviar un fax a alguien

fax *vt* **1** [obj: una persona, una empresa] enviar un fax a *You can fax me at the following number.* Me puedes enviar un fax al siguiente número. **2** (frec. + **to**) [obj: mensaje, documento] enviar por fax *I've faxed the invoice (through) to New York.* He enviado la factura por fax a Nueva York.

in-tray *sn* (bandeja de) entradas

out-tray *sn* (bandeja de) salidas

272.2 Personal de oficina

secretary *sn* secretaria, secretario

secretarial *adj* de secretario *secretarial work* trabajo de secretaria *a secretarial college* escuela de secretariado

clerk *sn* [empleado de oficina, esp. de bajo rango] oficinista *bank/accounts clerk* empleado de banco/de la sección de contabilidad

clerical *adj* [bastante formal. Describe: p.ej. trabajo, empleado] de oficina

typist *sn* mecanógrafa *a shorthand typist* taquimecanógrafa

receptionist *sn* recepcionista *a hotel/doctor's receptionist* recepcionista de hotel/del médico

temp *sn* [mecanógrafa, secretaria, etc. temporal] trabajadora temporal *The secretary's ill; we'll have to get a temp in.* La secretaria está enferma, tendremos que contratar a una suplente.

273 Shops Tiendas

ver también **L12 Shopping**

shop (*esp. brit*), **store** (*esp. amer*) *sn* tienda, comercio *antique/cake/sports shop* tienda de antigüedades/pastelería/tienda de deportes *I've been to the shops.* He ido de compras. (usado como *adj*) *shop window* escaparate

shop *vi*, **-pp-** (frec. + **for**) [comprar cosas que uno necesita, esp. comida y productos domésticos] hacer la compra *I usually shop on Saturdays/at the supermarket.* Normalmente hago la compra los sábados/en el supermercado. *to go shopping* ir de compras *I went shopping for clothes.* Fui a comprar ropa. **shopper** *sn* comprador

shopping *snn* **1** [actividad] compra *We usually do our shopping on Saturday.* Normalmente hacemos la

compra los sábados. *Christmas shopping* compras navideñas (usado como *adj*) *shopping bag* bolsa de la compra **2** [productos comprados] compra *She put her shopping down on the table.* Puso su compra encima de la mesa. (usado como *adj*) *shopping bag/basket/list* bolsa/cesta/lista de la compra

store *sn* **1** (*brit*) [tienda grande] tienda *the big stores in town* los grandes almacenes de la ciudad *furniture/electrical store* tienda de muebles/de electrodomésticos **2** (*amer*) [cualquier tienda] tienda

department store *sn* [vende una gran variedad de tipos de productos frec. en más de una planta] grandes almacenes

shopping centre (*brit*), **shopping mall** (*amer*) *sn* centro comercial

supermarket *sn* supermercado

market *sn* mercado *vegetable market* mercado de verduras (usado como *adj*) *market day* día de mercado

stall *sn* [esp. temporal, abierto por los lados] puesto *He has a stall at the market.* Tiene un puesto en el mercado. *flower/souvenir stall* un puesto de flores/de recuerdos

stallholder *sn* vendedor (de un puesto)

kiosk (*esp. brit*) *sn* [cobertizo pequeño y cerrado en el que se venden entradas etc.] kiosco

---

USO

Cuando una misma palabra puede usarse para referirse tanto a la tienda como al tendero, se acostumbra a añadir el posesivo **'s** como forma alternativa de referirse a la tienda. El **'s** es casi obligatorio después de la prepossición **at**:
Is there a butcher('s) near here? ¿Hay una carnicería cerca de aquí?
I bought some toothpaste at the chemist's. He comprado pasta de dientes en la farmacia.

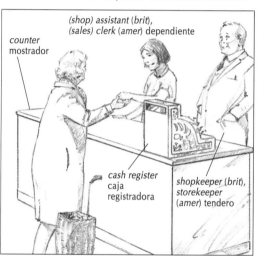

(shop) assistant (*brit*), *(sales) clerk* (*amer*) dependiente
counter mostrador
cash register caja registradora
shopkeeper (*brit*), *storekeeper* (*amer*) tendero

(shopping) trolley (*brit*), *shopping cart* (*amer*) carro
till caja
carrier bag (*brit*), *grocery bag* (*amer*) bolsa (de papel o plástico)
checkout caja

TIENDAS

baker *sn* **1** [tienda] panadería **2** [tendero] panadero

bookshop (*esp. brit*), **bookstore** (*esp. amer*) *sn* librería

stationer *sn* papelería

butcher *sn* **1** [tienda] carnicería **2** [tendero] carnicero

chemist *sn* (*brit*) **1** TAMBIÉN **pharmacy** (*amer*) [tienda] farmacia **2** TAMBIÉN **druggist** (*amer*) [tendero] farmacéutico *ver también **126 Cures**

drugstore *sn* (*amer*) establecimiento donde se venden fármacos y medicinas pero también muchas otras cosas tales como productos de limpieza, juguetes, etc.

dairy *sn* **1** [tienda que vende leche, mantequilla, queso, etc.] lechería **2** (frec. *pl*) [empresa que reparte la leche en las casas] empresa lechera *Our milk is delivered by United Dairies.* La leche nos la trae United Dairies.

delicatessen *sn, abrev.* **deli** [tienda o sección de una tienda grande o supermercado que vende embutidos, quesos, ensaladas, etc.] charcutería

fishmonger *sn* (*esp. brit*) **1** [tienda] pescadería **2** [tendero] pescadero

florist *sn* **1** [tienda] floristería **2** [tendero] florista

garden centre (*brit*), **garden center** (*amer*) *sn* centro de jardinería

greengrocer *sn* (*esp. brit*) **1** [tienda que vende fruta y verduras] frutería **2** [tendero] frutero

grocer *sn* **1** [tienda que vende comida en general] tienda (de ultramarinos) **2** [vendedor] tendero

grocery *s* **1** *sn* (siempre *pl*) [comida en general que la gente compra] comestibles *We need to buy some groceries.* Tenemos que comprar algunos comestibles. **2** *sn* [tienda] tienda de ultramarinos

hardware store *sn* [tienda que vende herramientas, utensilios de cocina, etc.] ferretería

ironmonger *sn* (*esp. brit*) **1** [ligeramente más anticuado que **hardware store**] ferretería **2** [tendero] vendedor de una ferretería

newsagent *sn* (*brit*) **1** [tienda que vende periódicos, etc., y frec. cigarrillos y caramelos también] tienda de periódicos **2** TAMBIÉN **newsstand** kiosco **3** [tendero] vendedor de periódicos

off-licence (*brit*), **liquor store** (*amer*) *sn* [establecimiento donde se pueden comprar bebidas alcohólicas] bodega

post office *sn* **1** [una sucursal en particular] oficina de correos *I bought some stamps at the post office.* Compré sellos en correos. **2** (siempre + **the**) [organización en general] Correos *He works for the Post Office.* Trabaja en Correos.

274 Work Trabajo

ver también **262 Doing business**; **271 Employment**; **276 Try**

work snn **1** [actividad mental o física destinada a lograr algo] trabajo *It must have been hard work, moving all that furniture.* Debe haber costado mucho trabajo cambiar todo el mobiliario de sitio. *The students were hard at work in the library.* Los estudiantes trabajaban con ahínco en la biblioteca. **2** [lo que esa actividad produce] trabajo *The teacher looked at the children's work.* El maestro miró el trabajo de los niños.

work vi trabajar *Don't disturb me while I'm working.* No me molestes mientras trabajo. *He usually works in the garden at weekends.* Normalmente trabaja en el jardín los fines de semana. (+ **on**) *I'm working on a new novel.* Estoy trabajando en una nueva novela.

worker sn trabajador *She's a good/hard worker.* Trabaja bien/mucho.

274.1 Trabajo duro

labour (*brit*), **labor** (*amer*) snn/n **1** [más formal que **work**. Norml. se dice del trabajo realizado para otros] trabajo *The job doesn't involve any manual labour.* El empleo no incluye trabajo manual. **2** (frec. *pl*) *Thanks to our labours, the project was a success.* Gracias a nuestros esfuerzos el proyecto fue un éxito.

labour (*brit*), **labor** (*amer*) vi trabajar (duro) *He's still labouring away in the same old job.* Todavía está dale que te pego en el mismo empleo de siempre. *We laboured hard to make the project a success.* Nos esforzamos mucho para que el proyecto fuera un éxito.

slave vi (frec. + **away**) [bastante informal. Trabajar duro, frec. para servir a otros] trabajar como una mula *His wife was slaving (away) in the kitchen.* Su mujer estaba trabajando como una mula en la cocina.

toil vi (frec. + **away**) [más formal o literario que **labour**. Trabajar muy duro en algo con lo que no se disfruta] trabajar duro *We could see peasants toiling (away) in the fields.* Vimos a los campesinos haciendo su dura labor en los campos.

toil snn/n (frec. *pl*) trabajo duro *a life of constant toil* una vida de constantes esfuerzos

drudge sn [persona que realiza un trabajo aburrido y servil] esclavo *I'm not going to be your drudge!* ¡No voy a convertirme en tu esclava!

drudgery snn trabajo penoso *Many women live a life of drudgery.* Muchas mujeres llevan una vida de esclavas de la casa.

strain snn/n [efectos desagradables que tiene sobre alguien el trabajo excesivo o el esfuerzo. Norml. se refiere a la condición mental] tensión *I left the job because I couldn't stand the strain.* Dejé el empleo porque no podía soportar la tensión. *I've been **under** a great deal of **strain** recently.* Ultimamente he estado sometido a muchas tensiones.

strain vit **1** [usar todo lo posible] esforzar(se) al máximo (+ INFINITIVO) *They were straining (their eyes) to see.* Forzaban la vista para ver. *The weightlifter was straining every muscle.* El levantador de pesos estaba tensando todos los músculos al límite. **2** [dañar por esfuerzo excesivo. Obj: p.ej. la vista, los músculos] forzar, tensar *Her silly behaviour has been straining*

our patience. Su estúpida manera de comportarse ha estado agotando nuestra paciencia. *ver también **256 Tension**

exert oneself vi [hace un gran esfuerzo o un esfuerzo excesivo] esforzarse (demasiado) *The doctor warned me not to exert myself.* El médico me advirtió que no hiciese demasiados esfuerzos.

exertion snn/n esfuerzo (excesivo) *the effects of physical exertion* los efectos de un gran esfuerzo físico *In spite of our exertions, the work was not completed on time.* Pese a nuestros denodados esfuerzos, el trabajo no se concluyó a tiempo.

274.2 Trabajar eficazmente

efficient adj [hacer un uso bueno y económico de los recursos, el tiempo, etc. Describe: p.ej. trabajador, método, fábrica] eficiente *Modern, more efficient machinery would produce the goods more cheaply.* Con una maquinaria moderna y de mayor rendimiento se fabricarían los productos de manera más económica. **efficiently** adv eficientemente, **efficiency** snn eficiencia, rendimiento

effective adj [describe: p.ej. método, tratamiento] eficaz, efectivo *Which washing powder did you find most effective?* ¿Qué detergente ha encontrado más eficaz? **effectively** adv eficazmente **effectiveness** snn eficacia

cooperate vi (frec. + **with**) cooperar *The arrested man was willing to cooperate with the police.* El detenido estaba dispuesto a cooperar con la policía. (+ **to** + INFINITIVO) *Countries should cooperate to solve* environmental problems. Los países deberían cooperar para solucionar los problemas del medio ambiente.

cooperation snn cooperación, colaboración Thank you for your cooperation. Gracias por su colaboración. (+ **between**) There has been a great deal of cooperation between the police and the public. Ha habido mucha cooperación entre la policía y el público. These problems can be solved by industry **in cooperation with** the government. Estos problemas los puede resolver la industria en colaboración con el gobierno.

---

f r a s e

pull one's weight [hacer su parte del trabajo] trabajar lo que se debe She complained that some of her colleagues weren't pulling their weight. Se quejó de que algunos de sus colegas no estaban haciendo su parte del trabajo.

274.3 Trabajos

job sn trabajo, tarea Painting the ceiling will be a difficult job. Pintar el techo será un trabajo difícil. *ver también **271 Employment**

task sn [más formal que **job**] tarea The robot can carry out a variety of tasks. El robot puede desempeñar diversas tareas. The government's main task will be to reduce unemployment. La tarea principal del gobierno será reducir el desempleo.

chore sn 1 [parte del trabajo de la casa, p.ej. fregar, quitar el polvo] tarea Cleaning the bathroom is my least favourite chore. Limpiar el cuarto de baño es lo que menos me gusta del trabajo de la casa. 2 (no tiene pl) [bastante informal. Actividad aburrida o desagradable pero necesaria] rollo Writing Christmas cards is such a chore. Escribir tarjetas de Navidad es un rollo.

errand sn [que implica un viaje corto, p.ej. para comprar algo] recado Will you **run an errand** for me? ¿Quieres hacerme un recado?

assignment sn 1 [dado a alguien como parte de su obligación. Frec. de índole especial o estimulante] cometido, misión Infiltrating the gang was the most dangerous assignment I've ever had. Infiltrarme en la banda fue la misión más peligrosa que he tenido nunca. 2 (esp. amer) [una parte de los deberes del colegio] tarea, trabajo The teacher hasn't given us an assignment this week. La profesora no nos ha puesto deberes esta semana.

mission sn [esp. de soldados, espías, etc. o nave espacial] misión Your mission is to capture the enemy commander. Su misión consiste en capturar al comandante enemigo. the Apollo missions las misiones Apollo

274.4 Deber y obligación

duty sn/nn deber She did her duty. Cumplió con su

deber. Your duties include answering the telephone. Sus obligaciones incluyen contestar el teléfono. It is my duty to inform you of your rights. Tengo el deber de informarle de sus derechos. to be **on/off duty** estar/no estar de servicio

obliged (esp. brit), **obligated** (amer) adj (norml. + to + INFINITIVO) [obligado a hacer algo en virtud de las circunstancias, el deber, la conciencia, etc.] obligado I'm obliged to arrest you. Me veo obligado a detenerle. I felt obliged to give him his money back. Me sentí obligado a devolverle su dinero.

obligation sn/nn obligación, compromiso We have a moral obligation to help the poor. Tenemos la obligación moral de ayudar a los pobres. I'm **under an obligation** not to reveal that information. Me he comprometido a no revelar esa información.

responsible adj 1 (después de v; norml. + for) [a cargo] responsable The same manager is responsible for two different departments. El mismo director es responsable de dos departamentos. 2 (después de v; frec. + for, to) [que responde] responsable The team leader is responsible for the climbers' safety. El jefe del equipo es responsable de la seguridad de los escaladores. The government is responsible to Parliament. El gobierno tiene que responder ante el Parlamento. If there's an accident, I'll **hold you** personally **responsible**. Si hay un accidente le haré personalmente responsable. 3 [sensato, de confianza] responsable The children should be looked after by a responsible person. A los niños debería cuidarlos una persona responsable.

responsibility s 1 sn/nn [tarea, obligación] responsabilidad It's a big responsibility, looking after 30 children. Es una gran responsabilidad cuidar a 30 niños. Your responsibilities include dealing with the public. Sus responsabilidades incluyen atender al público. 2 snn [cualidad de ser sensato, fiable] responsabilidad. *ver también **291 Cause**

role sn (frec. + in) [función particular] papel Your role will be to supervise the operation. Su papel consistirá en supervisar la operación. (+ **as**) The magazine is not fulfilling its role as a forum for new ideas. La revista no está cumpliendo su función como un forum de nuevas ideas.

274.5 Personas que sirven a otras

servant sn criado, sirviente The Duke has a lot of servants. El Duque tiene muchos sirvientes. the servants' quarters el alojamiento de los criados

maid sn criada

slave sn esclavo (usado como adj) the slave trade el comercio de esclavos

slavery snn esclavitud the abolition of slavery la abolición de la esclavitud

275 Busy Ocupado

busy adj 1 [que tiene mucho que hacer] ocupado, atareado a busy housewife una ama de casa muy ocupada The new boss certainly keeps us busy! ¡El nuevo jefe sí que nos mantiene ocupados! I've had a

busy day. He tenido un día muy ajetreado. 2 (normalmente después de v) [que hace una tarea concreta] ocupado I can't see you now, I'm busy. No le puedo ver ahora, estoy ocupado. (+ **with**) He was *busy with a client.* Estaba ocupado con un cliente. (+ -ing) *She was busy cleaning the car.* Estaba ocupada limpiando el coche. **3** [describe: p.ej. lugar, tienda, carretera] concurrido, con mucho tráfico *a busy station* una estación concurrida **busily** *adv* afanosamente

occupied *adj* (norml. después de *v*) **1** [concentrado, trabajando en algo] ocupado *All the staff are fully occupied.* Toda la plantilla está muy ocupada. *It's difficult to keep the children occupied for such a long period.* Es difícil mantener a los niños entretenidos durante un período tan largo de tiempo. **2** [describe: p.ej. casa, habitación de hotel] ocupado *All the seats were occupied.* Todos los asientos estaban ocupados.

---

u s o

Cuando uno se refiere al hecho de que una casa, asiento, o habitación de hotel, etc. está ya siendo usada u ocupada por otra persona, el término normal es **occupied** o **taken**. La palabra **engaged** se usa en las dependencias de los lavabos públicos, y en inglés británico para las líneas de teléfono. En inglés americano, se usa la palabra **busy** con el mismo sentido, p.ej. *The line's engaged/busy.* (Está comunicando.)

---

occupy *vt* **1** ocupar, emplear *How are you going to occupy yourself/your time now you've retired?* ¿A qué vas a dedicarte/dedicar tu tiempo ahora que estás jubilado? *I've got enough to keep my mind occupied.* Tengo suficientes cosas en que pensar. **2** ocupar *The houses are occupied by immigrant families.* Las casas están ocupadas por familias de inmigrantes. *The performers' friends occupied the first two rows of seats.* Los amigos de los actores ocuparon las dos primeras filas de asientos.

overworked *adj* que trabaja demasiado

overwork *snn* exceso de trabajo *illness caused by overwork* enfermedad causada por el exceso de trabajo

overwork *vi* trabajar en exceso

workaholic *sn* [una persona que trabaja demasiado porque está obsesionada con su trabajo, y como consecuencia deja pasar otras cosas tales como actividades y relaciones sociales] adicto al trabajo

---

f r a s e

to be rushed off one's feet (*brit*) [estar tan ocupado que uno no tiene tiempo de pararse a descansar] ir de cabeza *I'm rushed off my feet all day in my new job.* En mi nuevo trabajo voy todo el día de cabeza.

---

276 Try Intentar

try *v* **1** *vi* (frec. + **to** + INFINITIVO) intentar *I tried to lift the suitcase/to persuade her.* Intenté levantar la maleta/persuadirla. *You should try harder.* Deberías esforzarte más. *Try to get here on time.* Intenta llegar a tiempo. **2** [obj: nuevo método, producto, etc.] probar *Have you tried this new washing powder?* ¿Has probado este nuevo detergente? (+ -ing) *Try turning the key the other way.* ¿Y si giras la llave hacia el otro lado?

---

u s o

Compare las construcciones **try** + **to** y **try** + -ing en los siguientes ejemplos: *Jill tried to take the tablets but they were too big to swallow.* (Jill intentó tomarse las pastillas pero eran demasiado grandes para tragárselas.) *Jill tried taking the tablets but she still felt sick.* (Jill probó con las pastillas pero todavía se encontraba mal.) En el primer ejemplo Jill no se tomó las pastillas porque éstas eran demasiado grandes. En el segundo ejemplo Jill se tomó las pastillas pero éstas no le hicieron sentirse mejor. **Try + to** se puede usar para hacer referencia a un intento que no ha tenido éxito, o sólo un éxito parcial. **Try + -ing** se usa cuando alguien realmente lleva a cabo la cosa que está intentando hacer.

---

try *sn* intento, tentativa `I can't open this jar.' `Let me have a try.' `No puedo abrir este bote.' `Déjame a mí.' *The car probably won't start, but it's worth a try.* El coche probablemente no arrancará, pero vale la pena intentarlo.

attempt *vt* (frec. + **to** + INFINITIVO) [más formal que **try**] intentar, tratar de *The prisoner attempted to escape.* El

prisionero intentó escapar. *She is attempting a solo crossing of the Atlantic.* Está tratando de efectuar una travesía del Altlántico en solitario. *an attempted assassination* un intento de asesinato

attempt *sn* intento *He passed his driving test at the first attempt.* Aprobó el examen de conducir al primer intento. *The guard made no attempt to arrest us.* El guardia no hizo ningún intento de detenernos. *The President has offered peace talks **in an attempt to** end the war.* El presidente ha propuesto conversaciones de paz en un intento de poner fin a la guerra.

bother *vit* (frec. + **to** + INFINITIVO, + -ing) [tomarse molestias, hacer un esfuerzo. Norml. negativo] tomarse la molestia (de) *We don't usually bother to lock/locking the door.* Normalmente no nos preocupamos de cerrar la puerta con llave. (frec. + **about, with**) *Fill this form in, but don't bother about/with the others.* Rellena este formulario, pero no te preocupes por los otros. *I couldn't be bothered writing a letter.* No me apetecía escribir una carta.

bother *snn* molestia, lata *I never write letters; it's too much bother.* Nunca escribo cartas; es una lata. *ver también **244 Problem**

practise (*brit*), **practice** (*amer*) *vti* [para mejorar alguna habilidad, etc.] practicar *an opportunity to practise my French* una oportunidad de practicar mi francés (+ -ing) *You need to practise reversing.* Tienes que practicar la marcha atrás.

practice *snn* práctica *She goes to choir practice after school.* Va a ensayos del coro después de clase. *I used to play tennis, but I'm **out of practice**.* Antes jugaba a tenis, pero he perdido la práctica.

effort *s* **1** *sn/nn* [físico o mental] esfuerzo *In spite of all our efforts, the project was a failure.* A pesar de todos nuestros esfuerzos, el proyecto fue un fracaso. (+ **to** + INFINITIVO) *It took/was quite an effort to lift that suitcase.* Costó/fue un esfuerzo considerable levantar la maleta. (+ **to** + INFINITIVO) *We made a huge effort to persuade her to stay.* Hicimos un gran esfuerzo para persuadirla de que se quedase. **2** *sn* [resultado de intentar] intento *This essay is a really good effort.* Se ha esforzado mucho con este trabajo.

endeavour (*brit*), **endeavor** (*amer*) *vi* (norml. + **to** + INFINITIVO) [formal] intentar, procurar *We endeavour to give our customers the best possible service.* Procuramos dar a nuestros clientes el mejor servicio posible.

endeavour (*brit*), **endeavor** (*amer*) *snn/n* esfuerzo, empeño *The project failed in spite of our best endeavours.* El proyecto fracasó a pesar de todos nuestros esfuerzos.

struggle *vi* (frec. + **to** + INFINITIVO) **1** [implica dificultad y perseverancia] luchar *He was struggling to put up the sail.* Estaba intentando izar la vela por todos los medios. (+ **against**) *We were struggling against a powerful enemy.* Luchábamos contra un poderoso enemigo. (+ **for**) *workers who are struggling for their rights* trabajadores que luchan por sus derechos *I struggled up the hill with my suitcases.* Subí la cuesta con gran dificultad cargado con mis maletas. **2** [implica un fracaso probable] luchar *The famine victims are struggling to survive.* Las víctimas del hambre están luchando por sobrevivir. *a struggling football team* un equipo de fútbol en dificultades

struggle *sn/nn* lucha, esfuerzo *It was a struggle to survive.* Era una lucha por la supervivencia. *the workers' struggle against capitalism* la lucha de los trabajadores en contra del capitalismo *a life of struggle* una vida de continuos esfuerzos *There is a **power struggle** within the Party.* Hay una lucha de poder en el seno del partido. *ver también **243 Difficult**; **249 Fight**

campaign *sn* [serie organizada de acciones en política, negocios, etc.] campaña *an election/advertising campaign* una campaña electoral/publicitaria (+ **against**, + **to** + INFINITIVO) *They launched a campaign against smoking.* Han lanzado una campaña en contra del tabaco (+ **for**) *the campaign for prisoners' rights* la campaña en pro de los derechos de los reclusos

campaign *vi* hacer campaña *They are campaigning for peace.* Están haciendo campaña en favor de la paz.

campaigner *sn* activista

276.1 Probar algo nuevo

try out sth o **try** sth **out** *vt fr.* probar *Would you like to try out the camera before you buy it?* ¿Quiere probar la cámara antes de comprarla? *The children learn by trying out different methods.* Los niños aprenden probando diferentes métodos.

try sth **on** o **try on** sth *vt fr.* [obj: ropa, zapatos] probarse *I never buy shoes without trying them on first.* Nunca me compro unos zapatos sin probármelos antes.

trial *sn* [proceso de probar un nuevo producto, etc.] prueba *Drugs have to undergo trials before they can be sold.* Los fármacos tienen que ser sometidos a pruebas antes de ponerse a la venta. *We offer customers a free, ten-day trial of our new computer.* Les ofrecemos a los clientes diez días de prueba gratuita de nuestro nuevo ordenador. (usado como *adj*) *Cars are being banned from the city centre for a trial period.* Se han prohibido los coches en el centro de la ciudad durante un periodo de prueba.

trial run *sn* [test para ver cómo funciona una máquina, antes de ser usada en serio, comercialmente, etc.] prueba *I gave our new burglar alarm a trial run.* Probé nuestra nueva alarma anti-robo para ver si funcionaba.

test *vt* (frec. + **out**) [examinar el estado, la calidad etc., de algo] probar *They tested the weapons in the desert.* Probaron las armas en el desierto. *I'm going to test out her recipe for cheesecake.* Voy a probar su receta de tarta de queso.

test *sn* prueba *nuclear weapons tests* pruebas de armas nucleares (usado como *adj*) *a test drive* una vuelta de prueba (al comprar un coche)

experiment *sn* experimento *to do/carry out/perform an experiment* hacer/llevar a cabo/realizar un experimento (+ **on**) *She thinks that experiments on live animals should be banned.* Cree que habría que prohibir los experimentos con animales vivos.

experiment *vi* experimentar (+ **on**) *Should scientists be allowed to experiment on live animals?* ¿Debería permitírseles a los científicos experimentar con animales vivos? (+ **with**) *Many young people experiment with drugs.* Muchos jóvenes experimentan con drogas.

experimental *adj* experimental *an experimental new drug* un nuevo fármaco experimental

f r a s e s

have a bash (*brit*)/**stab/go at** sth [informal. Intentar algo, incluso cuando puede que uno no tenga éxito o no sea muy bueno en eso] probar suerte *The exam was far too difficult for me, but I had a stab at the first question.* El examen estaba muy por encima de mis posibilidades, pero probé suerte con la primera pregunta.

bend over backwards [hacer grandes esfuerzos en beneficio de otra persona, incluso ocasionándose a sí mismo muchas molestias] hacer lo imposible *I've bent over backwards to help you.* He hecho lo imposible por ayudarte.

move heaven and earth (*esp. brit*) [utilizar todo el poder y la influencia de uno para p.ej. ayudar a alguien, prevenir algo] mover cielo y tierra *She moved heaven and earth to get me out of prison.* Movió cielo y tierra para sacarme de la cárcel.

277 **Help** Ayudar

help *vti* (frec. (+ **to** + INFINITIVO) ayudar *I helped him (to) unpack.* Le ayudé a deshacer las maletas. (+ **with**) *Will you help me with my homework?* ¿Me ayudarás con mis deberes? *Can I help you?* ¿Puedo ayudarle? *charities which help the poor* instituciones de caridad que ayudan a los pobres *Kicking the door won't help.* Dar patadas a la puerta no servirá de nada.

help *s* (no tiene *pl*) ayuda *Let me know if you need any help.* Si necesitas ayuda me avisas. *I added up the figures with the help of a calculator.* Sumé las cifras con la ayuda de una calculadora. *Is this map (of) any help?* ¿Ayuda en algo este mapa? **Help!** *interj* ¡Socorro!

helper *sn* ayudante, colaborador *The children were willing helpers.* Los niños colaboraron de buen grado.

helpful *adj* [describe: p.ej. persona, sugerencia, información] amable, útil, de ayuda *It was very helpful of you to do the shopping for me.* Fue de mucha ayuda que me hicieras la compra. **helpfully** *adv* amablemente, útilmente

help (sb) **out** o **help out** (sb) *vti fr.* [ayudar a alguien en un momento de necesidad] echar una mano (a) *My friends helped (me) out when I was short of money.* Mis amigos me ayudaron cuando estaba corto de dinero. *She sometimes helps out in the shop.* A veces echa una mano en la tienda.

assist *vt* [más formal que **help**] ayudar *The mechanic has an apprentice to assist him.* El mecánico tiene un aprendiz para ayudarle. (+ **in**) *We were assisted in the search by a team of volunteers.* Nos ayudó en la búsqueda un equipo de voluntarios. (+ **with**) *He is assisting the police with their enquiries.* La policía le está interrogando.

assistance *snn* [más formal que **help**] ayuda, asistencia *Are you in need of assistance?* ¿Necesita ayuda? *She was being mugged, but nobody came to her assistance.* La estaban asaltando, pero nadie acudió en su ayuda. *financial assistance* ayuda financiera

assistant *sn* [poco formal] ayudante, asistente *the manager's personal assistant* el secretario personal del director *a conjuror's assistant* el ayudante de un mago (usado como *adj*) *assistant manager* director adjunto
*ver también **273 Shops**

aid *s* 1 *snn* [formal. Ayudar, esp. a alguien en dificultades] ayuda, auxilio *The lifeboat brings aid to ships in distress.* La lancha de salvamento socorre a las embarcaciones que se encuentran en peligro. *He ran to her aid.* Corrió en su auxilio. *She reads with the aid of a magnifying glass.* Lee con ayuda de una lupa. *a collection in aid of the local hospital* una colecta en pro del hospital del distrito 2 *snn* [dinero, comida, etc. donado a otros países] ayuda *Britain sends millions of pounds' worth of aid to the Third World.* Gran Bretaña manda ayudas al tercer mundo por valor de millones de libras. *food aid* ayuda alimentaria 3 *sn* [objeto que ayuda a alguien a hacer algo] *swimming/teaching aid* material para la natación/enseñanza *hearing aid* aparato para sordos

aid *vt* [bastante formal] 1 [obj: persona, esp. alguien en dificultades] ayudar *The police, aided by a private detective, managed to solve the crime.* La policía, con la ayuda de un detective privado, consiguió esclarecer el crimen. 2 [obj: proceso] facilitar *a drug that aids*

recovery un fármaco que facilita el proceso de recuperación

oblige *vti* [formal. Usado para pedir a alguien educadamente si desea ayudar o cooperar] hacer el favor, complacer *I need 50 cardboard boxes by tomorrow. Can you oblige?* Necesito 50 cajas de cartón para mañana. ¿Me puede hacer el favor? *I'd be obliged if you wouldn't smoke.* [puede sonar bastante despótico] Le agradecería que no fumase. *(I'm) much obliged (to you).* Le estoy muy agradecido.

obliging *adj* complaciente, servicial *She's a very obliging person.* Es una persona muy servicial. **obligingly** *adv* atentamente, amablemente

hand *s* (no tiene *pl*) [informal] (+ **with**) mano *Do you want a hand with the washing-up?* ¿Quieres que te ayude a fregar los platos? **to give sb a hand** echar una mano a alguien

277.1 Ventaja

benefit *sn/nn* beneficio *the benefits of a healthy diet* los beneficios de una dieta saludable *This discovery was of great benefit to mankind.* Este descubrimiento fue muy beneficioso para la humanidad. *He explained the problem in simple terms for the benefit of his audience.* Explicó el problema de manera sencilla para que lo entendiera el público. *for the benefit of the poor* en beneficio de los pobres

benefit *v* 1 *vt* [ligeramente formal] beneficiar *The new shopping centre will benefit the whole community.* El nuevo centro comercial beneficiará a toda la comunidad. 2 *vi* (frec. + **from**) beneficiarse de *Criminals should not be allowed to benefit from their crimes.* A los delincuentes no se les debería permitir sacar provecho de sus delitos.

beneficial *adj* (frec. + **to**) [bastante formal. Describe: p.ej. substancia, efecto] beneficioso *Vitamins are beneficial to our health.* Las vitaminas son beneficiosas para nuestra salud.

advantage *sn/nn* ventaja *A university education gives one certain advantages in life.* Una educación universitaria le da a uno ciertas ventajas en la vida. (+ **over**) *She has an important advantage over her rivals, namely her experience.* Tiene una importante ventaja sobre sus rivales, a saber, su experiencia. (+ **of**) *The advantage of this machine is that it's easy to operate.* La ventaja de esta máquina es que es fácil de manejar. *You have the advantage of speaking the language.* Tienes la ventaja de hablar el idioma. *This car has the advantage of being easy to park.* Este coche tiene la ventaja de que es fácil de aparcar. *It would be to your advantage to get there early.* Saldrías ganando si llegaras allí pronto. *The use of drugs puts certain runners at an unfair advantage.* El uso de drogas da a algunos corredores una ventaja injusta.

advantageous *adj* [formal] ventajoso *Her experience puts her in an advantageous position over her rivals.* Su experiencia la coloca en una posición ventajosa con respecto a sus rivales. (+ **to**) *These tax changes will be advantageous to larger companies.* Estos cambios impositivos serán ventajosos para las grandes empresas.

278 Eager Deseoso

ver también **72 Want**; **328 Ready**; opuesto **278 Unwilling**

eager adj (frec. + **to** + INFINITIVO) [implica un grado de entusiasmo o impaciencia sobre algo que alguien quiere hacer] impaciente, ansioso I'm eager to meet her. Estoy impaciente por conocerla. (+ **for**) He was eager for his share of the money. Esperaba ansioso su parte del dinero. the eager expression on the child's face la ilusionada expresión en la cara del niño **eagerly** adv con impaciencia, con ilusión **eagerness** snn impaciencia, ilusión

keen adj (frec. + **to** + INFINITIVO, + **on**) [que tiene una inclinación fuerte] entusiasta, aficionado I'm keen to get this job finished today. Realmente quiero tener este trabajo terminado para hoy. He's very keen on science fiction. Es muy aficionado a la ciencia ficción. I'm not keen on chicken. No me gusta demasiado el pollo. He's a keen fisherman. Es muy aficionado a la pesca. **keenly** adv con entusiasmo **keenness** snn entusiasmo, afición

enthusiasm snn/n [ilusión por hacer o querer hacer algo] entusiasmo Her ideas filled me with enthusiasm. Sus ideas me llenaron de entusiasmo. (+ **for**) Her enthusiasm for the job makes her an excellent employee. Su entusiasmo por el trabajo la convierte en una empleada excelente.

enthusiast sn entusiasta aeroplane/tennis enthusiasts entusiastas de los aviones/del tenis

enthusiastic adj estusiasmado (+ **about**) He's very enthusiastic about his new job. Está muy entusiasmado con su nuevo trabajo. **enthusiastically** adv con entusiasmo

avid adj [describe: p.ej. lector, coleccionista, un cinéfilo] entusiasta, voraz **avidly** adv con entusiasmo, con voracidad

impatient adj [implica un grado de enfado] impaciente Don't be so impatient! ¡No seas tan impaciente! (+ **to** + INFINITIVO) I was impatient to get the meeting over with. Estaba impaciente por terminar la reunión. (+ **with**) That teacher's very impatient with the children. Ese profesor tiene muy poca paciencia con los niños. an impatient reply una respuesta impaciente **impatiently** adv impacientemente **impatience** snn impaciencia

positive adj [que piensa con confianza y optimismo. Describe: p.ej. actitud, persona] optimista, seguro Why don't you make some positive suggestions instead of just criticizing everybody? ¿Por qué no sugieres algo constructivo en lugar de criticar a todo el mundo? (+ **about**) She's very positive about the future. Mira el futuro con optimismo. **positively** adv con optimismo

jump at sth vt fr. [bastante informal. Aceptar con entusiasmo. Obj: esp. oportunidad] no pensarse dos veces Most people would jump at the chance of taking part in the Olympics. La mayoría de las personas no se lo pensarían dos veces si tuvieran la oportunidad de participar en los Juegos Olímpicos.

frases

be dying to do sth/for sth [informal. Desear mucho (hacer) algo] morirse de ganas de hacer algo She's dying to meet you. Tiene muchas ganas de conocerte. I was dying for a drink. Me moría de ganas de tomarme una copa.

be raring to go [informal. Esperar ansiosamente empezar] tener unas ganas locas de empezar The runners were ready and raring to go. Los corredores estaban listos y ansiosos por que les dieran la salida.

278.1 Hacer algo sin que se nos diga o se nos obligue

willing adj (frec. + **to** + INFINITIVO) dispuesto I'm willing to forgive you. Estoy dispuesto a perdonarte. She wasn't willing to lend us her car. No estaba dispuesta a dejarnos su coche. The children are willing helpers around the house. Los niños ayudan en casa de muy buen grado. **willingly** adv de buena gana, con gusto **willingness** snn/n (no tiene pl) buena voluntad, buena disposición He showed little willingness to cooperate. No se mostró muy dispuesto a cooperar.

volunteer sn voluntario I need a volunteer to help me move this piano. Necesito un voluntario que me ayude a cambiar de lugar este piano.

volunteer v 1 vi (frec. + **to** + INFINITIVO, + **for**) ofrecerse a She volunteered to peel the potatoes. Se ofreció a pelar las patatas. 2 vt [obj: p.ej. información, opinión, comentario] dar, hacer She volunteered several suggestions. Hizo varias sugerencias.

voluntary adj 1 voluntario After-school activities are purely voluntary. Las actividades extra-escolares son totalmente voluntarias. 2 (delante de s) [relacionado con un trabajo caritativo o no renumerado. Describe: p.ej. servicio, organización] voluntario, benéfico She does voluntary work in her spare time. Hace obras benéficas en su tiempo libre.

initiative s 1 snn [cualidad personal] iniciativa He solved the problem by using his initiative. Resolvió el problema usando su iniciativa. 2 sn (frec. + **to** + INFINITIVO) [plan particular] iniciativa a government initiative to reduce unemployment una iniciativa del gobierno para reducir el desempleo The secretary reorganized the filing system **on her own initiative**. La secretaria reorganizó el sistema de archivo por iniciativa propia. Men are often expected to **take the initiative** in romance. A menudo se espera que los hombres tomen la iniciativa en las aventuras amorosas.

frase

do sth off one's own bat (brit) [informal] hacer algo por cuenta propia Did you write that letter off your own bat? ¿Escribiste esa carta por tu cuenta?

279 Encourage Animar

encourage *vt* (frec. + **to** + INFINITIVO) animar, fomentar *I encouraged him to continue his studies.* Le animé a que continuase sus estudios. *These tax cuts will encourage enterprise.* Estos recortes impositivos fomentarán el espíritu de empresa. *We don't want to encourage complacency.* No queremos fomentar la complacencia.

encouragement *snn/n* estímulo, motivación *The weaker students need a lot of encouragement.* Los estudiantes más flojos necesitan mucha motivación. (+ **to**) *Her example will act as an encouragement to others.* Su ejemplo será un estímulo para los otros.

encouraging *adj* [describe: p.ej. signo, resultado, mejora] alentador, esperanzador **encouragingly** *adv* de manera alentadora

urge *vt* (norml. + **to** + INFINITIVO) [bastante formal. Hacer una petición muy fuerte] instar, pedir con insistencia *She urged me to leave before it was too late.* Me rogó que me marchase antes de que fuese demasiado tarde. *The speaker urged an immediate change of policy.* El ponente insistió en un cambio inmediato de táctica.

induce *vt* (norml. + **to** + INFINITIVO) [bastante formal. Hacer que alguien haga o persuadirle a alguien de que haga algo que de otra forma no habría hecho] inducir, persuadir *Competition induces firms to improve their products.* La competencia induce a las firmas a mejorar sus productos. (+ **in**) *We're trying to induce a sense of responsibility in young people.* Estamos intentando inculcar el sentido de la responsabilidad en la gente joven.

inducement *snn/n* aliciente, incentivo *The children need no inducement to learn.* Los niños no necesitan ningún aliciente para aprender. *He was offered financial inducements to resign.* Le ofrecieron incentivos económicos para que dimitiese.

motivate *vt* [hacer que alguien desee actuar, trabajar, tener éxito, etc.] motivar (+ **to** + INFINITIVO) *The teachers find it difficult to motivate the children (to learn).* Los profesores encuentran difícil motivar a los niños (para que aprendan). *This crime was motivated by greed.* El delito fue motivado por la avaricia.

motivation *snn* motivación *The children lack motivation.* Los niños carecen de motivación.

spur *vt*, **-rr-** (frec. + **to** + INFINITIVO, **on**) [hacer que alguien se sienta fuertemente motivado para actuar] incitar, animar *His anger spurred him to write to the newspaper.* Su enojo le incitó a escribir al periódico. *The captain was spurring his team-mates on (to victory).* El capitán alentaba a sus compañeros de equipo (a conseguir la victoria).

inspire *vt* [llenar a alguien de sentimientos nobles, artísticos, etc.] inspirar (+ **with**) *The King inspired his troops with patriotic feelings.* El Rey infundió en sus tropas sentimientos patrióticos. (+ **to**) *The captain inspired the team to victory.* El capitán alentó a su equipo a conseguir la victoria. *I'm not feeling very inspired today.* Hoy no me siento muy inspirado.

inspiring *adj* inspirador

inspiration *snn/n* inspiración *The poet sits around waiting for inspiration.* El poeta se sienta a esperar la inspiración. (+ **to**) *a teacher who was an inspiration to her students* una maestra que era una inspiración para sus alumnos

incentive *sn* (frec. + **to** + INFINITIVO) [meta o posible recompensa que actúa como estímulo] incentivo *Since they're not taking exams, they don't have any incentive to study.* Como no tienen que hacer exámenes, no tienen ningún incentivo para estudiar.

impetus *snn/n* (no tiene *pl*) [energía que mantiene un proceso en funcionamiento] ímpetu, impulso *These successes have given new impetus to the campaign.* Estos éxitos han dado un nuevo impulso a la campaña.

279.1 Estímulos no deseables

incite *vt* (frec. + **to** + INFINITIVO) [animar a alguien a que cometa un delito o una mala acción, etc.] incitar *They incite younger children to steal.* Incitan a los niños más jóvenes a robar.

incitement *snn/n* incitación *His speech amounts to (an) incitement to murder.* Su discurso equivale a una incitación al asesinato.

provoke *vt* [hacer que alguien reaccione enojada, violentamente, etc. Obj: p.ej. motín, reacción] provocar *She was trying to provoke me.* Intentaba provocarme. (+ **into**) *Her comment provoked him into (making) an angry reply.* Su comentario le incitó a responderle con enfado. *There is no evidence to suggest that the riot was deliberately provoked.* No existen pruebas que indiquen que el motín fuera provocado intencionadamente.

provocation *snn* provocación *She attacked him without provocation.* Le atacó sin haber sido provocada.

provocative *adj* [describe: p.ej. una acción, comentario] provocador, provocativo

goad *vt* (frec. + **into**) [provocar a alguien con insultos, desafiándole a que haga algo] pinchar, provocar *She goaded him into hitting her.* Ella le pinchó hasta que éste la pegó. (+ **on**) *They were goading him on as he committed the crime.* Le iban provocando mientras cometía el delito.

egg *sb* **on** o **egg on** *sb* *vt fr.* [bastante informal. Implica un estímulo constante, frec. para hacer algo violento o desagradable] provocar, incitar *Two boys were fighting and the others were egging them on.* Dos chicos se estaban peleando y los otros les iban jaleando.

nag *vit*, **-gg-** [bastante informal, peyorativo] sacar faltas *Stop nagging and make my dinner!* ¡Deja de meterte conmigo y hazme la cena! *She's always nagging me to get my hair cut.* Siempre me está dando la lata para que me corte el pelo.

pressurize (*brit*), **pressure** (*amer*) *vt* (frec. + **into**) [utilizar formas fuertes de persuasión, presión emocional, etc.] presionar (+ **into**) *I don't want to be pressurized into making the wrong decision.* No quiero equivocarme a la hora de decidir por haber sido sometido a presiones.

279.2 Apoyo

support *vt* 1 [obj: p.ej. persona, línea de actividad política, plan] apoyar *The public supported the government's decision to go to war.* El público apoyó la decisión del gobierno de ir a la guerra. 2 [obj: equipo] ser seguidor de *She supports Manchester United.* Es seguidora del Manchester United. *ver también **337 Carry**

support *snn* apoyo *She didn't get much support from her colleagues.* No consiguió mucho apoyo de sus colegas. *a speech **in support of** the government* un discurso en apoyo del gobierno

supporter *sn* 1 partidario *Labour Party supporters* partidarios del partido laborista 2 hincha, seguidor *football/England supporters* hinchas de fútbol/ seguidores de la selección inglesa

back *vt* 1 [apoyar a una persona, línea de actividad política, etc., en lugar de a otra] respaldar, apoyar *Which candidate will you be backing in the election?* ¿A qué candidato vas a apoyar en las elecciones? 2 [apoyar financiera u oficialmente] financiar *They're hoping the banks will back their proposals.* Esperan que los bancos financien sus propuestas. **backing** *snn* apoyo, respaldo **backer** *sn* partidario

back sb **up** o **back up** sb *vt fr.* [proporcionar apoyo, confirmación] apoyar, respaldar *If you ask for a pay rise, I'll back you up.* Si pides un aumento de sueldo yo te apoyaré. *You need information to back up your argument/to back you up.* Necesitas información que avale tu argumento/que te respalde.

endorse *vt* [norml. se usa en contextos formales. Expresar apoyo a. Obj: p.ej. afirmación, política, candidato] respaldar, aprobar *I fully endorse what you have said.* Estoy totalmente de acuerdo con lo que has dicho. **endorsement** *snn/n* respaldo, aprobación

favour (*brit*), **favor** (*amer*) *vt* [implica opinión más que apoyo activo] estar a favor de *She favours the reintroduction of the death penalty.* Está a favor de la reintroducción de la pena de muerte. *the most favoured option among the possible wedding dates* la opción más aceptable de entre las posibles fechas de boda

favour (*brit*), **favor** (*amer*) *snn* aprobación, favor *His political ideas are **gaining/losing favour with** the public.* Sus ideas políticas estan ganando/perdiendo popularidad entre el público. *She's **in favour of** the death penalty.* Está a favor de la pena de muerte. *to say sth **in sb's favour*** decir algo a favor de alguien *ver también **426 Like**

stand up for sb/sth *vt fr.* [implica una actitud desafiante en la defensa de algo/alguien] defender *You should stand up for yourself, instead of letting him insult you.* Deberías defenderte en lugar de dejar que te insulte. *Women, stand up for your rights!* ¡Mujeres, defended vuestros derechos!

frase

to be right behind sb [apoyar a alguien porque se está de acuerdo con él, especialmente si está implicado en algún tipo de confrontación] apoyar a alguien *Don't worry, we're right behind you.* No te preocupes, nosotros estamos contigo.

280 Use Usar

use *vt* 1 usar, utilizar *This suitcase has hardly been used.* Esta maleta está casi sin usar. *Do you know how to use a Geiger counter?* ¿Sabes cómo usar un contador Geiger? *What teaching methods do you use?* ¿Qué métodos de enseñanza utilizas? *Use your head/common sense!* ¡Usa la cabeza/el sentido común! *The washing machine uses a lot of electricity.* La lavadora gasta mucha electricidad. (+ **as**) *I use this room as a study.* Utilizo esta habitación de estudio. (+ **for**, + **to** + INFINITIVO) *This tool is used for measuring/to measure very small distances.* Esta herramienta se utiliza para medir distancias muy pequeñas. 2 [peyorativo. Explotar, manipular. Obj: persona] utilizar *She felt that she was being used by unscrupulous politicians.* Sintió que la estaban utilizando unos políticos sin escrúpulos. **user** *sn* usuario

use *s* 1 *sn/nn* uso *This tool has a lot of different uses.* Esta herramienta tiene muchos usos distintos. *the use of computers in education* el uso de ordenadores en la enseñanza *She offered me the use of her car.* Me ofreció su coche. *to **make use of** sth* usar algo *The map*

*was **of great use to** me.* El mapa me fue de mucha utilidad. *a job in which she can **put** her abilities **to good use*** un trabajo en el que puede hacer buen uso de sus habilidades 2 *snn* utilidad *What's the use of worrying?* ¿De qué sirve preocuparse? *It's no use; I can't open the door.* Es inútil; no puedo abrir la puerta. *It's no use crying, that won't bring her back.* De nada sirve llorar, eso no la hará volver.

used *adj* (norml. delante de *s*) usado *a used car* un coche usado *a litter bin for used tickets* una papelera para los billetes usados

utilize, TAMBIÉN **-ise** (*brit*) *vt* [más formal que **use**] utilizar, hacer uso de *Not all the teaching resources are being fully utilized.* No están siendo suficientemente utilizados todos los recursos para la enseñanza. **utilization** *snn* utilización

utility *s* 1 *snn* [formal] utilidad *I have doubts as to the utility of such methods.* Tengo mis dudas con respecto a la utilidad de tales métodos. 2 *sn* [técnico. Característica útil] prestación *The computer program* *contains several important utilities.* El programa de ordenador contiene varias prestaciones importantes.

purpose *sn* [uso o resultado pretendido] fin, finalidad *What is the purpose of this invention?* ¿Para qué sirve este invento? *It doesn't matter if it isn't a perfect copy, as long as it serves the purpose.* No importa que no sea una copia perfecta mientras (nos) sea útil. *ver también* **107 Intend**

exploit *vt* **1** [aprovecharse de, a veces egoísta o injustamente] explotar *We must exploit all the possibilities opened up by new technology.* Debemos explotar todas las posibilidades que nos abre la nueva tecnología. *She exploits her workforce.* Explota a sus empleados. **2** [bastante formal. Obj: p.ej. mina, recursos naturales] explotar *Most of the country's coal deposits have not yet been exploited.* Muchos de los depósitos de carbón del país aún no han sido explotados. **exploitation** *snn* explotación

treat *vt* **1** (siempre + *adv*) [actuar de cierto modo hacia algo/alguien] tratar *She's been badly treated by her boss.* Su jefe la ha tratado mal. *Computer disks should last forever if you treat them properly.* Los disketes de ordenador deberían durar para siempre si se los trata

correctamente. **2** (norml. + **as**, **like**) [considerar algo de un cierto modo] *The police are treating his death as murder.* La policía considera que su muerte fue un asesinato. *She treats this house like a hotel!* ¡Trata esta casa como un hotel! **3** [objeto de un proceso químico o industrial] tratar *The metal has been specially treated to resist corrosion.* El metal ha sido especialmente tratado para resistir la corrosión. *ver también* **126 Cures**

treatment *snn* **1** trato *Some employees complained of unfair treatment.* Algunos empleados se quejaron de un trato injusto. **2** tratamiento *They were discussing the media's treatment of environmental issues.* Estaban discutiendo el tratamiento que hacen los medios de comunicación del medio ambiente.

mistreat *vt* [esp. físicamente] maltratar *The animals had been mistreated.* Los animales habían sido maltratados. **mistreatment** *snn* maltrato

recycle *vt* [obj: p.ej. papel, vidrio] reciclar *We recycle most of our household rubbish.* Reciclamos la mayor parte de la basura doméstica. *recycled paper* papel reciclado **recycling** *snn* reciclamiento

281 Useful Util

useful *adj* útil *Sleeping pills can be quite useful on a long flight.* Las píldoras para dormir pueden resultar bastante útiles en vuelos largos. *Her intervention served no useful purpose.* Su intervención no sirvió para nada. **usefully** *adv* útilmente **usefulness** *snn* utilidad

handy *adj* **1** [más informal que **useful**] práctico, útil *a handy little penknife* una navaja pequeña y práctico *handy hints for travellers* consejos prácticos para viajeros *The money you gave me* **came in very handy**. El dinero que me diste me vino muy bien. **2** (frec. + **for**) [informal] cercano, a mano *The hotel is quite handy for the beach.* El hotel queda bastante cerca de la playa. *Keep the hammer handy in case we need it again.* Guarda el martillo a mano en caso de que lo volvamos a necesitar.

convenient *adj* **1** (frec. + **for**) [adecuado a las necesidades de alguien. Describe: p.ej. hora, lugar, posición] que viene bien *I can't see you today; would tomorrow morning be convenient?* No puedo verle hoy; ¿le vendría bien mañana por la mañana? *The toilets aren't very convenient for disabled people.* Los servicios no son muy prácticos para los minusválidos. *Disposable nappies are much more convenient.* Los pañales desechables son mucho más prácticos. **2** (frec. + **for**) [que queda cerca] bien situado, accesible *The hotel is very convenient for the beach.* El hotel está bien situado para ir a la playa.

conveniently *adv* convenientemente *The hotel is conveniently situated near the city centre.* El hotel está muy bien situado cerca del centro de la ciudad.

U S O

No confundir **convenient** con **suitable** [apropiado para una situación u ocasión particular] p.ej. *This dress isn't really suitable for a funeral.* (Este vestido no es del todo apropiado para un funeral.) *ver también* **420 Suitable**

convenience *s* **1** *snn* conveniencia *The lawyer checked with both parties as to the convenience of this arrangement.* El abogado comprobó con ambas partes la conveniencia de este acuerdo. *Please telephone us* **at your earliest convenience**. [formal] Por favor llámenos tan pronto como le sea posible. (usado como *adj*) **convenience food** comida precocinada **2** *sn* comodidad *a house with all modern conveniences* una casa con todas las comodidades de la vida moderna *It's a great convenience living so near the shops.* Es una gran ventaja vivir tan cerca de las tiendas.

valid *adj* **1** [describe: p.ej. billete, pasaporte, contrato] válido *The half-price tickets are valid only after 9:30.* Los billetes a mitad de precio sólo son válidos después de las 9:30 horas. **2** [describe: p.ej. razón, argumento] válido *He didn't have a valid excuse for being absent.* No tenía una excusa válida para estar ausente. **validity** *snn* validez

practical *adj* [que va bien para su uso en condiciones reales. Describe: p.ej. mecanismo, ropa, diseño] práctico *High-heeled shoes aren't very practical.* Los zapatos de tacón alto no son muy prácticos. *ver también* **78 Possible**

282 Useless Inútil

useless *adj* 1 inútil *The torch is useless without a battery.* La linterna no sirve de nada sin pila. *It's useless trying to persuade them.* Es inútil intentar persuadirlos. *useless information* información que no sirve para nada 2 (frec. + **at**) [informal. No muy bueno en hacer algo] negado *I'm useless at swimming/I'm a useless swimmer.* Soy negado para la natación.

inconvenient *adj* 1 inoportuno, poco práctico *You've phoned me at an inconvenient moment.* Me ha telefoneado en un momento inoportuno. (+ **for**) *The toilets are inconvenient for disabled people.* Los servicios son poco prácticos para los minusválidos. *Tomorrow is a bit inconvenient.* Mañana no me viene muy bien. 2 mal situado *The hotel is inconvenient for the city centre.* El hotel queda algo alejado del centro de la ciudad. **inconveniently** *adv* inoportunamente

inconvenience *snn/n* molestias *The road works are causing a great deal of inconvenience to motorists.* Las obras de la carretera están causando muchas molestias a los automovilistas. **inconvenience** *vt* [formal] incomodar, molestar

invalid *adj* 1 [describe: p.ej. billete, pasaporte, contrato] no válido, caducado, nulo 2 [describe: p.ej. argumento, razón] poco válido, que no viene a cuento

impractical *adj* poco práctico **impracticality** *snn* lo poco práctico *ver también **79 Impossible***

pointless *adj* [que no tiene sentido. Describe: p.ej. comentario, trabajo, viaje] inútil, sin sentido *It would be pointless to punish him.* No tendría sentido castigarlo. *This questionnaire is a pointless exercise.* Este cuestionario es un ejercicio inútil. **pointlessly** *adv* inútilmente, sin sentido **pointlessness** *snn* inutilidad, falta de sentido

futile *adj* [implica más desprecio que **pointless**. Que no tiene, o probablemente no tendrá ningún efecto. Describe: p.ej. intento, esfuerzo] inútil, vano *It's futile trying to teach these children anything.* Es una pérdida de tiempo intentar enseñarles algo a estos niños. **futility** *snn* lo inútil, lo vano

frases

in vain en vano *I tried in vain to persuade them.* Intenté en vano persuadirlos.

a fat lot of good [informal. Indica que algo no sirve de nada] *I complained to the police, and a fat lot of good it did me!* ¡Me quejé a la policía, y vaya para lo que me sirvió!

283 Lazy Perezoso

ver también **182 Sleep; 183 Rest and Relaxation**

lazy *adj* perezoso, vago *She's the laziest child in the class.* Es la niña más vaga de la clase. *We spent a lazy weekend at home.* Pasamos el fin de semana en casa sin hacer nada. **lazily** *adv* perezosamente **laziness** *snn* pereza, holgazanería

laze *vi* (frec. + **around**, **about**) gandulear, holgazanear *I enjoy lazing in bed on Sundays.* Los domingos me encanta quedarme en la cama haciendo el vago.

idle *adj* 1 [menos común, pero frec. usado de manera más peyorativa que **lazy**] holgazán, ocioso *Go out and look for a job, you idle good-for-nothing!* ¡Vete y busca un trabajo, holgazán inútil! *the idle rich* los ricos ociosos 2 (delante de *s*) [que no muestra ninguna seriedad o ninguna intención en particular. Describe: p.ej. comentario, amenaza] frívolo, vano *There's no truth in what they're saying, it's just idle gossip.* No hay rastro de verdad en lo que están diciendo, es puro chismorreo. **idleness** *snn* holgazanería, ociosidad

idle *vi* holgazanear, perder el tiempo *Stop idling and get on with your work.* Deja de perder el tiempo y sigue trabajando. **idler** *sn* haragán, holgazán

idle away sth *vt fr.* [obj: tiempo] desperdiciar, perder *He idled away the final hours before her arrival.* Mientras la esperada se entretuvo en pequeñas cosas.

idly *adv* ociosamente *She was idly leafing through a magazine.* Estaba hojeando distraídamente una revista.

apathetic *adj* [peyorativo. Que no muestra ningún interés] apático *I tried to get the students to put on a play, but they're so apathetic!* Intenté que los estudiantes montasen una obra de teatro, pero son tan apáticos. (+ **about**) *Most people are fairly apathetic about politics.* La mayoría de la gente se muestra bastante apática con respecto a la política. **apathetically** *adv* apáticamente **apathy** *snn* apatía

lethargic *adj* [p.ej. por enfermedad] letárgico, aletargado *The drug makes me feel lethargic.* El fármaco me deja aletargado. *his lethargic movements* sus movimientos letárgicos **lethargically** *adv* letárgicamente **lethargy** *snn* letargo

283.1 Persona perezosa

lazybones *sn, pl* **lazybones** [informal, frec. humorístico] gandul *My son's a real lazybones.* Mi hijo es un auténtico gandul. *Come on, lazybones, time to get up!* ¡Venga, gandul, ya es hora de levantarte!

layabout *sn* (*brit*) [informal y peyorativo. Puede implicar estar envuelto en pequeños delitos] haragán, holgazán *those layabouts who hang around on street corners* esos gandules que pasan la vida en la calle.

good-for-nothing *sn* [informal y peyorativo. Usado esp. por las personas mayores] inútil *Her husband is a drunkard and a good-for-nothing.* Su marido es un borracho y un inútil.

good-for-nothing *adj* (delante de *s*) inútil, que no sirve para nada *that good-for-nothing son of mine* el inútil de mi hijo

284 Inaction Inacción

ver también **183 Rest and Relaxation; 404 Slow**

inactive adj inactivo I don't intend to be inactive after I retire. No tengo intención de permanecer inactivo después de jubilarme.

inactivity snn [período general en el que no se hace mucho] inactividad long periods of inactivity largos períodos de inactividad

inaction snn [no actuar en una situación específica] inacción, pasividad The President's inaction over this issue has been much criticized. La pasividad del Presidente en lo referente a este tema ha sido muy criticada.

idle adj [que no está en funcionamiento por ciertas circunstancias] parado Ships are lying idle in the harbour. Los barcos están parados en el puerto.

passive adj [que permite que las cosas ocurran y las acepta] pasivo his passive acceptance of human suffering su pasiva aceptación de los sufrimientos humanos **passively** adv pasivamente **passivity** snn pasividad

passive smoking fumador pasivo

refrain vi (siempre + **from**) [bastante formal. No hacer algo que uno podría haber hecho] abstenerse She was obviously upset, so I refrained from any further criticism. Era evidente que estaba afectada, así que me abstuve de hacer ninguna otra crítica.

abstain vi 1 (+ **from**) [bastante formal. Optar por no hacer algo] abstenerse I abstained from making any comment. Me abstuve de hacer comentarios. 2 (norml. + **from**) [no entregarse a actividades tales como el sexo y la bebida] abstenerse I abstained from alcohol during Lent. Me abstuve del alcohol durante la Cuaresma. 3 [no votar ni en contra ni a favor de algo] abstenerse The Liberals are expected to abstain in the vote on the government's proposals. Se espera que los liberales se abstengan en la votación sobre las propuestas del gobierno. **abstinence** snn abstinencia **abstention** sn [al votar] abstención

284.1 Que no progresa

stagnate vi [sugiere un lento declive, la necesidad de un nuevo estímulo. Suj: p.ej. persona, economía]

estancarse I feel as if I'm stagnating in this job. Siento como que me estoy estancando en este trabajo. **stagnation** snn estancamiento

stagnant adj [describe: esp. economía] estancada

stalemate snn/n [cuando ninguna de las partes es capaz de conseguir una ventaja] punto muerto The conflict reached stalemate. El conflicto llegó a un punto muerto.

deadlock snn/n [causado por desacuerdo irreconciliable] punto muerto The negotiations have reached (a) deadlock. Las negociaciones han llegado a un punto muerto.

284.2 Que no se mueve

still adj (no tiene compar) 1 inmóvil, quieto to stand still no moverse Keep still! ¡Estáte quieto! Hold the camera absolutely still. Sostén la cámara sin que se mueva para nada. 2 [sin viento] apacible a warm, still evening una noche cálida y apacible

steady adj [en una posición controlada y estable] seguro, firme You don't look very steady on that ladder. No te ves muy seguro en esa escalera. Hold the nail steady while I knock it in. Sujeta el clavo firme mientras yo le doy.

steady vt estabilizar She tried to steady her trembling hand. Intentó calmar el temblor de su mano.

motionless adj [que no hace ningún movimiento] inmóvil These lizards remain motionless for long periods. Estas lagartijas permanecen inmóviles durante largos períodos de tiempo. **motionlessly** adv sin moverse

immobile adj [frec. sugiere incapacidad para moverse] inmóvil, inmovilizado He had injured his leg and was temporarily immobile. Se había herido en la pierna y estaba temporalmente inmovilizado.

immobility snn falta de movilidad The drawback of these weapons is their immobility. El inconveniente de estas armas es su falta de movilidad.

stationary adj [describe: esp. vehículo] parado My car was stationary at the time of the accident. Mi coche estaba parado en el momento del accidente.

paralyse (brit), **paralyze** (esp. amer) vt 1 [físicamente] paralizar Since his accident he's been paralysed from the waist down. Desde el accidente se ha quedado paralítico de cintura para abajo. She was paralysed by fear. Se quedó paralizada de miedo. 2 [hacer que algo deje de funcionar o se vuelva ineficaz. Obj: p.ej. gobierno, economía, red ferroviaria] paralizar The country has been paralysed by a wave of strikes. El país ha quedado paralizado por una ola de huelgas.

paralysis snn 1 [en contextos médicos] parálisis 2 paralización The government is gripped by paralysis. Las actividades del gobierno están paralizadas.

twiddle one's thumbs [bastante informal. No hacer nada en particular, p.ej. mientras se espera] estar mano sobre mano *I sat twiddling my thumbs, waiting for them to arrive.* Me senté mano sobre mano esperando a que llegaran.

to have time on one's hands [mucho tiempo libre que uno no sabe necesariamente cómo emplear] disponer de tiempo libre *I'd only just retired, and wasn't used to having so much time on my hands.* Me acababa de jubilar y no estaba acostumbrado a tener tanto tiempo libre.

to be at a loose end [no tener nada en particular que hacer] no tener nada que hacer *The meeting's been cancelled, so I'm at a loose end.* Han cancelado la reunión así que me he quedado sin nada que hacer.

not lift a finger [esp. peyorativo. No prestar ayuda alguna] no mover un dedo *She never lifts a finger around the house.* Nunca mueve un dedo para ayudar en casa. *They didn't lift a finger to help her.* No movieron un dedo para ayudarla.

285 Unwilling No dispuesto

ver también **347 Refuse**; opuesto **278 Eager**

unwilling *adj* (norml. + **to** + INFINITIVO) *She was unwilling to lend me her car.* No estaba muy dispuesta a prestarme su coche. **unwillingly** *adv* de mala gana **unwillingness** *snn* falta de inclinación

reluctant *adj* (frec. + **to**) [sugiere un grado menor de no disponibilidad que **unwilling**] reacio *I was reluctant to sign the contract, but I did so anyway.* Era reacio a firmar el contrato, pero lo hice de todas formas. *my reluctant companion for the trip* mi reacio compañero de viaje **reluctantly** *adv* a regañadientes, de mala gana

reluctance *snn* desgana, mala gana *It is with great reluctance that I have decided to resign.* Es con una gran tristeza que he tomado la decisión muy difícil de dimitir.

loath TAMBIÉN **loth** *adj* (después de *v*; siempre + **to** + INFINITIVO) [bastante formal. Sugiere una aversión personal] reacio, poco dispuesto *I was loath to part with my old car.* Era reacia a separarme de mi viejo coche.

averse *adj* (después de *v*; siempre + **to**) [frec. bastante humorístico. Usado esp. en forma negativa para indicar una afición más bien fuerte] reacio *I'm not averse to the odd glass of wine.* No le digo que no a un vaso de vino de vez en cuando. *He's not averse to criticizing other people.* No se priva de criticar a los demás.

aversion *sn* (frec. + **to**) [antipatía fuerte] aversión *He has an unnatural aversion to children.* Siente una aversión antinatural hacia los niños.

half-hearted *adj* [que carece de entusiasmo. Describe: p.ej. actitud, apoyo, intento] poco entusiasta **half-heartedly** *adv* sin entusiasmo **half-heartedness** *snn* falta de entusiasmo

negative *adj* [que no lleva a unos resultados o una acción eficaces. Describe: p.ej. actitud, crítica] negativo *He kept making negative comments instead of practical suggestions.* Siguió haciendo comentarios negativos en lugar de sugerencias prácticas. (+ **about**) *She's very negative about her career prospects.* Se muestra muy pesimista con respecto a las perspectivas de su carrera.

object *v* **1** *vit* (frec. + **to**) hacer objeciones, oponerse (a) *She objected to the new proposal.* Se opuso a la nueva propuesta. *I'm willing to chair the meeting, if nobody objects.* Estoy dispuesto a presidir la reunión si nadie se opone. (+ **that**) *He objected that it wasn't my turn.* Se opuso diciendo que no me tocaba a mí. (+ **to** + -**ing**) *Do you object to catching a later train?* ¿Te importa coger el tren más tarde? *I really object to having to pay extra for the car park.* Me resisto a tener que pagar un suplemento por el parking. **2** *vi* [término legal] protestar *I object!* ¡Protesto!

objection *sn* **1** objeción *I have no objection to you remaining here.* No tengo ninguna objeción a que permanezca aquí. *to raise an objection* hacer objeciones **2** [legal] protesto *Objection, your honour!* ¡Protesto, señoría!

mind *vit* (frec. + -**ing**) [norml. en preguntas o frases negativas. Usado en ciertas frases para hacer referencia a una objeción o a algo que a uno no le gusta] importar `Would you mind waiting a moment?' `No, I don't mind.' '¿Le importaría esperar un momento?' `No, no me importa.' *I don't mind the noise.* El ruido no me molesta. *I wouldn't mind a piece of cake.* No me vendría mal comerme un trozo de pastel. *Do your parents mind you staying out late?* ¿Les importa a tus padres que vuelvas a casa tarde? *ver también **74 Important**

not be prepared to do sth [indica un rechazo definitivo] no estar dispuesto a hacer algo *I'm not prepared to tolerate such behaviour!* ¡No estoy dispuesto a tolerar ese tipo de comportamiento!

286 Wait Esperar

wait *vi* (frec. + **for**, **until**) esperar *There were several customers waiting.* Había varios clientes esperando. *He waited until after dinner before making his announcement.* Esperó hasta después de cenar para anunciar la noticia. *Wait a minute, I'm not ready yet.* Espera un minuto, aún no estoy listo. (+ **to** + INFINITIVO) *I was waiting to see the doctor.* Estaba esperando para ver al médico. (+ **about**, **around**) *I'm fed up with waiting around; I'm going home.* Estoy harto de esperar; me voy a casa. `What have you bought me for Christmas?' `Wait and see.'* '¿Qué me has comprado para Navidad?' `Ya lo verás'. (usado como *vt*) *Wait your turn.* Espera a que te toque.

wait *sn* espera *You'll have a long wait; the next bus isn't till six o'clock.* Tendrás que esperar bastante rato, el siguiente autobús no llega hasta las seis. *The mugger was **lying in wait** for his victim.* El atracador estaba al acecho esperando a su víctima.

await *vt* [más formal que **wait for**] aguardar, esperar *The defendant awaited the jury's verdict.* El acusado aguardaba el veredicto del jurado. *her eagerly awaited new record* su nuevo disco tan ansiosamente esperado

---

U S O

Compare **wait** y **expect** (esperar). **Waiting for sb/sth** significa normalmente que uno está en un lugar concreto hasta que las personas o cosas lleguen, o que ha quedado con alguien, p. ej. *I'll wait for you outside the cinema.* (Te esperaré en la puerta del cine.) *Don't wait up for me.* (No te quedes levantado esperándome.) **Expecting sb/sth** significa sólo que uno sabe que alguien va a llegar o que algo va a ocurrir, pero no ha tomado necesariamente ninguna medida al respecto de ello, p.ej. *I'll expect you at six.* (Le espero a las seis.) *I'm expecting a phone call this afternoon.* (Espero una llamada telefónica esta tarde.)

U S O

Obsérvese que **await** lleva objeto directo, mientras que **wait** requiere la preposición **for** antes de objeto. Compárese: *He awaited her decision.* (Aguardaba su decisión.) *He waited for her decision.* (Esperaba su decisión.)

---

queue (*brit*), **line** (*amer*) *sn* cola *There were about 20 people in the queue.* Había 20 personas en la cola. *to **jump the queue** colarse*

queue *vi* (*brit*) (frec. + **for**, + **to** + INFINITIVO, **up**) hacer cola *I had to queue for hours to get these tickets.* Tuve que hacer cola durante horas para conseguir estas entradas. *People were queuing up outside the shop.* La gente hacía cola en la puerta de la tienda.

line up *vi fr.* (*brit & amer*) hacer cola *We had to line up outside the cinema.* Tuvimos que hacer cola a la puerta del cine.

stay *vi* (norml. + *adv*) **1** [no dejar un lugar concreto] quedarse *Stay here until I get back.* Quédate aquí hasta

que yo vuelva. *The guide warned us to stay on the path.* El guía nos aconsejó que no nos moviésemos del sendero. *Will you stay for/to dinner?* ¿Te queda a cenar? (+ **in**) *I stayed in last night and watched TV.* Anoche me quedé en casa y estuve viendo la tele. (+ **out**) *I don't allow my children to stay out late.* No permito que mis hijos vuelvan tarde a casa. **2** [suj: visitante, turista] alojarse, hospedarse *I'm looking for a place to stay (the night).* Estoy buscando un sitio donde pasar la noche. *We stayed at a cheap hotel.* Nos alojamos en un hotel barato. (+ **with**) *I usually stay with my brother when I'm in London.* Normalmente me alojo en casa de mi hermano cuando estoy en Londres. *ver también **319 Visit**

stay *sn* estancia *We hope to make your stay in London a pleasant one.* Esperamos hacerle agradable su estancia en Londres. *a long stay in hospital* una larga estancia en el hospital

remain *vi* [más formal que **stay**] permanecer *All staff are requested to remain in the building.* Se ruega a todo el personal que permanezca en el edificio. *ver también **31 Happen**

linger *vi* [tomarse más tiempo del necesario, frec. en algo que uno disfruta] entretenerse, alargarse *We lingered over a cup of coffee.* Nos entretuvimos tomando café.

loiter *vi* [bastante peyorativo] **1** [caminar distraídamente, deteniéndose frecuentemente] entretenerse *Come straight home; don't loiter on the way.* Ven derecho a casa, no te entretengas por el camino. **2** [esperar, estar en algún sitio sin un motivo claro] merodear *A man was seen loitering near the house.* Un hombre fue visto merodeando cerca de la casa. **loiterer** *sn* merodeador

hesitate *vi* (frec. + **to** + INFINITIVO) [p.ej. ante una decisión] vacilar, titubear *He hesitated before replying.* Titubeó antes de responder. (+ **over**) *She hesitated too long over the decision.* Vaciló demasiado en la decisión. *If you have any queries, don't hesitate to ask.* Si tiene alguna duda, no dude en preguntar. *If attacked, we will not hesitate to retaliate.* Si atacan no vacilaremos en contratacar.

hesitation *snn* vacilación, duda *I accepted without hesitation.* Lo acepté sin vacilar. *I have no hesitation in recommending her to you.* Te la puedo recomendar con toda seguridad.

pause *vi* (frec. + **for**, + **to** + INFINITIVO) [detenerse brevemente] hacer una pausa *The speaker paused for breath/to look at his notes.* El ponente hizo una pausa para respirar/consultar sus notas. *Let's pause for coffee.* Hagamos una pausa para tomar un café.

pause *sn* pausa (+ **in**) *There was an embarrassing pause in the conversation.* Hubo una pausa embarazosa en la conversación.

break *vi* (frec. + **for**, + **to** + INFINITIVO) [detenerse brevemente] interrumpir *Let's break for lunch.* Hagamos una pausa para comer.

hang on *vi fr.* [informal. Usado esp. en imperativo, cuando se le pide a alguien que espere] esperar (un momento) *Hang on, I'll be with you in a minute.* Espera un momento, estaré contigo enseguida. *Her line's engaged; would you like to hang on?* Está comunicando; ¿quiere esperar un momento?

hang about (*esp. brit*) o **hang around** (*brit & amer*) *vit fr.* [informal. Esperar, estar en alguna parte sin hacer nada en particular] vagar, perder el tiempo *There were*

some lads hanging around in the street. Había unos chavales rondando por la calle. *He kept me hanging about for ages before he saw me.* Me tuvo allí esperando un montón de tiempo antes de recibirme.

hang back *vi fr.* [vacilar, refrenarse, p.ej. por precaución] vacilar (+ **from**) *I hung back from telling her exactly what I thought.* Vacilé en decirle exactamente lo que pensaba.

287 Do Hacer

ver también **293 Make**

do *v, pas.* **did** *pp.* **done 1** *vt* [obj: alguna acción no especificada] hacer *What are you doing?* ¿Qué estás haciendo? *I'd never do anything to hurt her.* Nunca haría nada que pudiera herirla. *All he ever does is complain.* No hace más que quejarse. *Are you doing anything this evening?* ¿Vas a hacer algo esta noche? *What do you do for a living?* ¿En qué trabajas? (+ **with**) *Now, what have I done with those scissors?* Vamos a ver, ¿qué he hecho yo con esas tijeras? *What are you doing with my briefcase?* ¿Qué está haciendo con mi maletín? (+ **to**) *What have you done to him/to your arm?* ¿Qué le has hecho/Qué te has hecho en el brazo? (+ **about**) *What shall we do about food for the party?* ¿Qué hacemos con la comida para la fiesta? **2** *vt* [obj: acción específica, actividad] hacer *She's doing a crossword/the cooking.* Está haciendo un crucigrama/la comida. *I haven't done much work today.* No he trabajado mucho hoy. *What subjects do you do at school?* ¿Qué asignaturas estudias en la escuela? **3** *vi* (siempre + *adv*) [hacer algo de determinada manera] hacer *He did well/badly in the exam.* El examen le salió bien/mal. *How are you doing in your new job?* ¿Qué tal te va en tu nuevo trabajo? *ver también USO en **293 Make**

deed *sn* [más bien formal o anticuado] acto, acción *a good deed* una buena acción *Who could have committed such an evil deed?* ¿Quién puede haber cometido un acto tan perverso?

act *vi* **1** actuar, obrar *He's been acting rather strangely recently.* Se ha comportado de manera bastante extraña últimamente. *The government has decided to act.* El gobierno ha decidido pasar a la acción. (+ **on**) *I acted on her advice.* Actué siguiendo su consejo. **2** (norml. + **as**) [tener cierto papel, función] actuar *I agreed to act as her lawyer.* Accedí a ser su abogado. *The death penalty is supposed to act as a deterrent.* La pena de muerte se supone que actúa como fuerza disuasoria. (+ **for**) *a lawyer acting for Mrs Smith* un abogado que representa a Mrs. Smith

act *sn* acto, acción *Her first act as President was to free all political prisoners.* La primera medida que tomó como Presidenta fue poner en libertad a todos los presos políticos. *Our conscious acts may have unconscious motives.* Nuestros actos conscientes pueden tener motivos inconscientes. (+ **of**) *an act of treachery/bravery* una traición/una muestra de valentía
*ver también **376 Entertainment**

action *s* **1** *sn* acción, movimiento *The child observes the actions of its mother.* El niño observa las acciones de su madre. *to catch and throw the ball in a single action* atrapar y lanzar la pelota en un solo movimiento **2** *snn* [hacer cosas en vez de hablar o pensar] acción *We must **take action** to solve this problem.* Debemos tomar medidas para solucionar este problema. *a film with lots of action* una película de mucha acción *You should see this weapon **in action**.* Deberías ver este arma en funcionamiento. **3** *snn* [cómo algo funciona o produce un efecto] funcionamiento, acción *a model to demonstrate the action of the lungs* un modelo para demostrar el funcionamiento de los pulmones *the action of sulphuric acid on metal* el efecto del ácido sulfúrico en el metal *The traffic lights are **out of action**.* Los semáforos no funcionan.

active *adj* activo *These animals are most active at night.* Estos animales son más activos por la noche. *He's active in local politics.* Participa activamente en la política local. *a soldier **on active service*** un soldado en servicio activo **actively** *adv* activamente

activity *s* **1** *sn* actividad *after-school activities* actividades extra-escolares *criminal activities* actividades delictivas **2** *snn* actividad *periods of strenuous activity* períodos de actividad intensa

287.1 Comportarse

behave *vi* **1** [actuar de cierta manera] comportarse, portarse *grown men behaving like schoolboys* adultos que se comportan como críos *Scientists are studying the way these particles behave at high temperatures.* Los científicos estudian el comportamiento de estas partículas a altas temperaturas. **2** [suj: esp. niño] comportarse, portarse bien *Make sure you behave (yourself) while I'm gone!* ¡A ver si te portas bien mientras estoy fuera! *She's very well-/badly-behaved.* Se porta muy bien/mal.

behaviour (*brit*), **behavior** (*amer*) *snn* **1** comportamiento, conducta *She studies animal behaviour.* Estudia la conducta animal. **2** comportamiento, conducta *That child's behaviour is disgraceful!* ¡El comportamiento de ese chico es vergonzoso! **to be on one's best behaviour** portarse muy bien

conduct *snn* [más formal que **behaviour**] conducta, comportamiento *Your son's conduct has been excellent this term.* La conducta de su hijo ha sido excelente este trimestre. *The doctor was accused of unprofessional conduct.* El médico fue acusado de conducta improcedente.

conduct *vt* **1** [más bien formal. Obj: p.ej. investigación, asunto amoroso] llevar, dirigir *The meeting was properly/badly conducted.* La reunión estuvo bien/mal dirigida. **2 conduct oneself** [más formal que **behave**] comportarse *That is not how a young lady should conduct herself in public!* ¡Así no es como debe comportarse una señorita en público!

react *vi* (frec. + **to**) reaccionar *He reacts violently when provoked.* Reacciona violentamente cuando se le provoca. *The patient is reacting well to the drug.* El paciente está reaccionando bien al medicamento. (+ **against**) *These artists are reacting against dominant cultural traditions.* Estos artistas están reaccionando contra las tradiciones culturales dominantes.

reaction *sn* reacción, respuesta *Thanks to her quick reactions, an accident was avoided.* Gracias a sus rápidos reflejos se evitó un accidente. *There was a positive reaction to my suggestion.* Hubo una respuesta positiva a mi sugerencia.

287.2 Realizar una tarea

perform *v* **1** *vti* [más formal que **carry out**. Obj: p.ej. acción, tarea] realizar, ejecutar [obj: p.ej. deber,

función] cumplir *the surgeon who performed the operation* el cirujano que realizó la operación *She didn't perform as well as expected in the exam.* No lo hizo tan bien como se esperaba en el examen. **2** *vi* [suj: máquina, esp. coche] funcionar, comportarse *The car performs well on wet roads.* El coche agarra bien en carreteras mojadas.

performances 1 *snn/n* ejecución, cumplimiento *expenses incurred in the performance of his duties* gastos contraídos en el cumplimiento de su deber **2** *snn* funcionamiento, rendimiento *a high-performance car* un coche de altas prestaciones.

carry out sth o **carry** sth **out** *vt fr.* [obj: p.ej. tarea, deber, órdenes] llevar a cabo, cumplir *The police have carried out a thorough investigation.* La policía ha llevado a cabo una minuciosa investigación. *My instructions are to be carried out to the letter.* Mis instrucciones deben cumplirse al pie de la letra.

undertake *vt, pas.* **undertook** *pp.* **undertaken** [más bien formal. Aceptar alguna tarea o responsabilidad] emprender, asumir (frec. + **to** + INFINITIVO) *We undertake to deliver the goods by May 15th.* Nos comprometemos a entregar las mercancías antes del 15 de mayo.

undertaking *sn* [más bien formal] **1** [tarea] empresa, tarea *This project has been a costly undertaking.* Este proyecto ha sido una empresa costosa. **2** [promesa] compromiso *He gave a solemn undertaking not to reveal the information to anybody else.* Prometió solemnemente no revelar la información a nadie más.

deal with sth/sb *vt fr.* [obj: p.ej. asunto, problema, cliente] encargarse de, ocuparse de *the clerk who is dealing with your application* el empleado que se ocupa de su solicitud *Young offenders are dealt with by juvenile courts.* Los delincuentes menores de edad son juzgados por los tribunales de menores.

solve *vt* [obj: p.ej. problema, adivinanza] solucionar, resolver *another case brilliantly solved by Sherlock Holmes* otro caso brillantemente resuelto por Sherlock Holmes *You won't solve anything by resigning.* No solucionarás nada dimitiendo.

f r a s e s

take measures o **steps** (+ **to** + INFINITIVO) tomar medidas *The government is taking measures/steps to improve security at airports.* El gobierno está tomando medidas para aumentar la seguridad en los aeropuertos.

take turns (*brit & amer*), **take it in turns** (*brit*) (frec. + **to** + INFINITIVO) turnarse *We take (it in) turns to do the washing-up.* Nos turnamos para fregar los platos.

take the plunge [después de vacilar, sentirse nervioso, etc.] lanzarse, aventurarse *I finally decided to take the plunge and start my own business.* Finalmente decidí lanzarme y empezar mi propio negocio.

grasp the nettle (*brit*) [más bien formal. Reconocer un problema difícil y decidirse a resolverlo lo antes posible] coger al toro por los cuernos *It's about time the government grasped the nettle of unemployment.* Ya es hora de que el gobierno coja al toro por los cuernos y haga frente al problema del desempleo.

take the bull by the horns [empezar a resolver un problema difícil de manera directa y decidida] coger el toro por los cuernos

bite the bullet [sufrir valientemente algo desagradable] hacer de tripas corazón *We have to bite the bullet and accept that the project has failed.* Tenemos que hacer de tripas corazón y aceptar que el proyecto ha fracasado.

grit one's teeth [mantener la determinación en una situación difícil] apretar los dientes *You may be exhausted, but you just have to grit your teeth and carry on.* Aunque estés agotado, tienes que apretar los dientes y continuar.

get off one's backside [dejar de hacer el vago y empezar a trabajar, etc.] ponerse manos a la obra *It's about time you got off your backside and found yourself a job!* ¡Ya es hora de que te espabiles y encuentres un trabajo!

288 Habitual Habitual

ver también **442 Normal**

habit *sn/nn* [ya sea deliberado o inconsciente] costumbre, hábito *a bad habit* un vicio/una mala costumbre *I'm not **in the habit of** lending money to strangers.* No tengo por costumbre prestar dinero a desconocidos. *I've **got into/out of the habit of** getting up early.* Me he acostumbrado a/he perdido la costumbre de levantarme temprano. *smokers who are trying to **break/kick the habit*** fumadores que intentan dejar el vicio

habitual *adj* [norml. describe algo malo o que no aprobamos] habitual, acostumbrado *a habitual liar* un mentiroso empedernido **habitually** *adv* habitualmente, por costumbre

custom *sn* 1 [de una nación, sociedad, etc.] costumbre *How did the custom of shaking hands originate?* ¿Cómo empezó la costumbre del apretón de manos? 2 [más formal que **habit** y sólo usado para acciones intencionadas y conscientes] costumbre *It was her custom to take a walk before dinner.* Tenía la costumbre de dar un paseo antes de cenar.

customary *adj* [más formal que **usual**] de costumbre *He sat in his customary place.* Se sentó en su sitio de siempre. *It is customary to give one's host a small present.* Es costumbre hacerle un pequeño regalo al anfitrión.

used to o **use to** *v* (+ INFINITIVO) *I used to swim every day.* Antes nadaba todos los días. *He didn't use to like fish.* Antes no le gustaba el pescado. *Didn't she use to live in London?* ¿No vivía en Londres antes? *I used to go by bus.* Solía ir en autobus. *ver también USO

used to *adj* (después del verbo **be**) *to be used to sth/to be used to doing sth* estar acostumbrado a algo/estar acostumbrado a hacer algo *Are you used to your new car yet?* ¿Ya te has acostumbrado a tu coche nuevo? *I'm not used to living on my own.* No estoy acostumbrada a vivir sola. *to get used to sth/to get used to doing sth* acostumbrarse a algo/acostumbrarse a hacer algo *I can't get used to this new haircut.* No logro acostumbrarme a este nuevo corte de pelo. *You'll soon get used to working from home.* Pronto se acostumbrará a trabajar en casa.

accustomed *adj* [más bien formal] 1 (después de *v*; siempre + **to**) acostumbrado *to be/become accustomed to sth* estar acostumbrado a/acostumbrarse a algo *I'm not accustomed to being called by my first name.* No estoy acostumbrado a que me llamen por mi nombre de pila. *My eyes gradually became accustomed to the gloom.* Mis ojos se acostumbraron poco a poco a la penumbra. 2 [usual] de costumbre *She sat in her accustomed place.* Se sentó en su sitio de siempre.

tend *vi* (siempre + **to** + INFINITIVO) [indica un suceso regular o característico] tender, soler *I tend to work better in the mornings.* Suelo trabajar mejor por las mañanas. *She tends to exaggerate.* Tiende a exagerar.

tendency *sn* tendencia *She has a tendency to exaggerate.* Tiene tendencia a exagerar.

prone *adj* (después de *v*; norml. + **to**, + **to** + INFINITIVO) [a algunas enfermedades, defectos, etc.] propenso *She's extremely prone to headaches.* Es muy propensa a los dolores de cabeza. *The car is prone to break(ing) down on long journeys.* El coche tiende a averiarse en los viajes largos. *He's accident-prone.* Es propenso a los accidentes.

U S O

1 La forma negativa de *I used to* es *I didn't use to* o *I used not to* seguido de infinitivo, p.ej. *I didn't use to go to parties.* (Antes no iba a fiestas.) *He used not to like classical music.* (Antes no le gustaba la música clásica.) La fórmula de pregunta que se usa más corrientemente es *Did/didn't you use to....?* seguido de infinitivo, p.ej. *Didn't they use to be friends?* (¿No eran amigos antes?) 2 Hay que tener cuidado en no confundir **used to** con **usually** (normalmente). Compárese: *I used to go skiing every year but I can't afford it now.* (Antes iba a esquiar cada año pero ahora no puedo permitírmelo.) *I usually go skiing in March.* (Normalmente voy a esquiar en marzo.) 3 Obsérvese que, mientras que la expressión verbal **used to** va seguida de infinitivo, la construcción adjetiva **used to** va seguida de la forma **-ing** (o de un nombre simple): Compárese: *I used to work in London.* (Antes trabajaba en Londres.) *I'm used to working in London.* (Estoy acostumbrado a trabajar en Londres.)

---

289 Put Poner

ver también **66 Position**

put *vt, pas. & pp.* **put** (siempre + *adv* o *prep*) poner, colocar *Put the vase on the table.* Pon el jarrón en la mesa. *I'm going to put a mirror on the wall.* Voy a colocar un espejo en la pared. *You've put too much sugar in my coffee.* Me has puesto demasiado azúcar en el café. *Where have I put my keys?* ¿Dónde he puesto las llaves? *Your decision puts me in a difficult position.* Su decisión me coloca en una posición difícil.

put sth **away** o **put away** sth *vt fr.* [en el lugar en que norml. se guarda] guardar *Put your toys away when you've finished playing with them.* Guarda tus juguetes cuando acabes de jugar con ellos.

put sth **back** o **put back** sth *vt fr.* volver a poner en su sitio *She put the plates back in the cupboard.* Volvió a guardar los platos en el armario.

put sth **down** o **put down** sth *vt fr.* dejar, soltar *Put that gun down!* ¡Suelta esa pistola! *I put my briefcase down on the chair.* Dejé el maletín en la silla.

place *vt* (siempre + *adv* o *prep*) [más formal que **put**] colocar, poner *He placed the ball on the penalty spot.* Colocó el balón en el punto de penalty. *Place a cross next to the candidate's name.* Ponga una cruz al lado del nombre del candidato. *ver también **14 Areas**

replace vt [más formal que **put back**] volver a poner en su sitio *Please replace the receiver after making your call*. Rogamos cuelgue el auricular después de hacer su llamada. *ver también **57 Substitute**

position vt [colocar algo de manera precisa y deliberada] colocar, situar *The magnets have to be carefully positioned*. Los imanes deben colocarse cuidadosamente. *This map shows where the enemy troops are positioned*. Este mapa muestra dónde están emplazadas las tropas enemigas.

set vt, pas. & pp. **set 1** (siempre + adv o prep) [colocar intencionadamente. Más formal que **put**] colocar, poner *He was waiting for his meal to be set in front of him*. Estaba esperando a que le pusieran la comida delante. (+ **down**) *She set the injured cat down carefully on the table*. Depositó con cuidado el gato herido sobre la mesa. **2** (frec. + **for**) [obj: p.ej. cámara, mecanismo] ajustar *Set the alarm clock for 6:30*. Pon el despertador para las 6:30. *The bomb has been set to go off at 3:30*. La bomba ha sido programada para que explote a las 3:30. **3** [obj: p.ej. precio, límite, récord] fijar, establecer *Let's set a date for the party*. Fijemos una fecha para la fiesta. *She's set a new world record*. Ha establecido un nuevo récord mundial. **4** (*esp. brit*) [obj: p.ej. ejercicio, examen] poner *The teacher didn't set us any homework this week*. El profesor no nos puso deberes esta semana.

set sb **down** o **set down** sb vt fr. [obj: pasajero] dejar *The taxi (driver) set us down in the city centre*. El taxista nos dejó en el centro de la ciudad.

set adj [describe: p.ej. precio, tiempo, cantidad] fijo *I have to work a set number of hours each week*. Tengo que trabajar un número fijo de horas cada semana.

setting sn [de una máquina, cámara, etc] ajuste

lay vt, pas. & pp. **laid 1** (siempre + adv o prep) [poner en una superficie llana] poner *He laid the baby on the bed*. Puso al bebé sobre la cama. *Lay some newspaper on the floor before you start painting*. Coloca periódicos en el suelo antes de empezar a pintar. **2** [obj: mesa] poner *The maid has laid the table for dinner*. La criada ha puesto la mesa para la cena.

spread vti, pas. & pp. **spread** (frec. + **on**) [obj/suj: p.ej. mantequilla, mermelada] *She spreads a lot of butter on her bread*. Unta el pan con mucha mantequilla. [obj: p.ej. mantel, mapa] extender, desplegar (+ **out**) *He spread the map (out) on the table*. Desplegó el mapa sobre la mesa.

deposit vt [más bien formal. Frec. sugiere deshacerse de algo] depositar *The rubbish is deposited at the local dump*. La basura se deposita en el vertedero local. *She deposited the contents of her bag on the table*. Depositó el contenido de su bolso en la mesa.

plonk vt (frec. + **down**) [informal. Poner una cosa en algún lugar rápidamente y con algo de fuerza] plantar *He plonked the bag/himself (down) on the bench next to me*. Plantó la bolsa/Se plantó en el banco a mi lado.

slam vti, **-mm-** [arrojar algo con violencia y rapidez contra otra cosa] *He slammed the book down angrily on the table*. Arrojó el libro violentamente sobre la mesa. *The driver slammed on the brakes*. El conductor dio un frenazo. *The door slammed shut*. La puerta se cerró de un portazo.

289.1 Poner objetos grandes o fijos en su sitio

install vt [obj: p.ej. electrodoméstico] instalar *We've just had a new gas cooker installed*. Nos acaban de instalar una cocina nueva de gas. **installation** snn instalación

erect vt [más formal que **put up**. Obj: estructura alta, p.ej. edificio] erigir *The townspeople erected a statue in his honour*. Los ciudadanos erigieron una estatua en su honor. **erection** snn construcción

locate v **1** vt [norml. usado en forma pasiva. Indica posición geográfica] situar, ubicar *The hotel is located in the city centre*. El hotel está situado en el centro de la ciudad. **2** vti [obj: p.ej. fábrica, sede] emplazar, ubicar *The company intends to locate (a factory) in this area*. La empresa tiene la intención de ubicar una fábrica en esta zona.

location sn/nn lugar, emplazamiento *The cottage is in a quiet location*. La casa de campo está situada en un lugar tranquilo.

situate vt [norml. usado en forma pasiva. Indica entorno geográfico] situar, ubicar *a village situated in the mountains* un pueblo situado en las montañas

situation sn situación, ubicación *The house enjoys an ideal situation overlooking the valley*. La casa disfruta de una situación ideal con vistas al valle.

site sn [extensión de terreno que se usa con un fin específico] emplazamiento, solar *the site of a famous battle* el escenario de una famosa batalla *caravan site* camping para caravanas *archaeological site* emplazamiento arqueológico

site vt [norml. en contextos formales o técnicos] ubicar, situar *The company intends to site a factory in this area*. La empresa tiene la intención de ubicar una fábrica en esta zona.

290 System Sistema

ver también **107.1 Intend**

system sn **1** [algo que consta de diferentes partes que funcionan como un todo] sistema *Britain's legal/motorway system* el sistema jurídico/la red de autopistas de Gran Bretaña *the nervous/digestive system* el sistema nervioso/digestivo *A new computer system is to be installed*. Se instalará un nuevo sistema informático. **2** [modo ordenado de trabajar, de organizar las cosas, etc.] sistema, método *filing/accounting system* sistema de archivo/de contabilidad (+ **for**) *I have a system for remembering people's telephone numbers*. Tengo un método para recordar los números de teléfono de la gente.

systematic adj [describe: p.ej. método, búsqueda] sistemático **systematically** adv sistemáticamente

way *sn* [término muy general] (frec. **+ of**, **+ to +** INFINITIVO) manera, modo *Hold the racket this way.* Coja la raqueta así. *Eggs can be cooked in several different ways.* Los huevos se pueden hacer de varias maneras distintas. *He spoke to us in a friendly way.* Nos habló de forma amistosa. *I don't like her way of doing things.* No me gusta la manera que tiene de hacer las cosas. *That's not the way to plant potatoes.* Así no se plantan las patatas. *I don't like the way he dresses.* No me gusta su forma de vestir.

method *s* **1** *sn* (frec. **+ of**) [manera en que se realiza una tarea, etc.] método *the method used to carry out the experiment* el método utilizado para llevar a cabo el experimento *different methods of payment* diferentes formas de pago *new teaching methods* nuevos métodos de enseñanza **2** *snn* [enfoque metódico] método *There doesn't seem to be much method in the way he works.* No parece que haya mucho método en su forma de trabajar.

methodical *adj* [describe: p.ej. trabajador, enfoque, investigación] metódico **methodically** *adv* metódicamente

technique *sn* (frec. **+ of, for**) [implica una habilidad o una experiencia especiales] técnica *a tennis player with an unusual technique* un tenista con una técnica poco común *modern surgical techniques* nuevas técnicas quirúrgicas

procedure *sn/nn* procedimiento, trámite(s) *What is the normal procedure in these cases?* ¿Cuál es el procedimiento habitual en estos casos? *The policemen who had arrested him had not followed the correct procedure.* Los policías que lo habían arrestado no habían cumplido el reglamento. *Applying for a passport is quite a simple procedure.* Solicitar un pasaporte es un trámite bastante sencillo. **procedural** *adj* de procedimiento

process *sn* [conjunto de acciones o acontecimientos conectados y continuos] procedimiento, proceso *the ageing/learning process* el proceso de envejecimiento/ de aprendizaje *modern industrial processes* procesos industriales modernos *We are **in the process of** installing a new computer system.* Estamos en vías de instalar un nuevo sistema informático. *These measures will improve efficiency, and, **in the process**, reduce costs.* Estas medidas aumentarán el rendimiento, y, a su vez, reducirán los costes.

process *vt* **1** [industrialmente, químicamente, etc. Obj: p.ej. materias primas] transformar [obj: p.ej. alimentos] tratar [obj: carrete] revelar **2** [administrativamente. Obj: p.ej. solicitud, reclamación de seguro] tramitar

formula *sn, pl* **formulas** o **formulae** (frec. **+ for**) **1** [método automático que se puede usar repetidas veces] fórmula *the formula for calculating overtime payments* la fórmula para calcular el pago de horas extra *There's no automatic formula for success.* No hay una fórmula automática para el éxito. **2** [idea, afirmación, etc. pensada con un fin específico] fórmula *They've come up with a formula for settling the dispute.* Han encontrado una fórmula para solucionar el conflicto.

routine *sn/nn* [serie de acciones habituales, regulares] rutina *The inspectors go through a routine to make sure all the equipment is working properly.* Los inspectores siguen una rutina para asegurarse de que todo el equipo funciona adecuadamente. *He was fed up with the same old daily routine.* Estaba harto de la misma rutina de cada día.

routine *adj* [describe: p.ej. tarea, inspección] rutinario *The police assured me that their enquiries were purely routine.* La policía me aseguró que sus investigaciones eran pura rutina. *They lead a dull, routine sort of life.* Llevan una vida más bien aburrida y rutinaria.

291 Cause Causar

ver también **219.1 Quit**

cause *vt* causar *What caused the explosion?* ¿Qué causó la explosión? *Headaches can be caused by overwork or poor lighting.* Los dolores de cabeza pueden venir motivados por exceso de trabajo o por mala iluminación. *You've caused your parents a lot of anxiety.* Les has causado una gran preocupación a tus padres. *The delay caused me to miss my train.* Por culpa del retraso perdí el tren.

bring about sth o **bring** sth **about** *vt fr.* [hacer que suceda] provocar, ocasionar *It was ordinary people who brought about the changes in Eastern Europe.* Fue la gente de la calle la que provocó los cambios en la Europa del Este. *improvements in productivity brought about by new working practices* mejoras en la productividad ocasionadas por nuevas prácticas laborales

responsible *adj* (después de *v*; norml. **+ for**) [describe: persona] responsable *the statesman who was responsible for the abolition of slavery* el estadista responsable de la abolición de la esclavitud *Who's responsible for this mess?* ¿Quién es el responsable de este desorden?

instrumental *adj* (norml. **+ in**) [más bien formal. Que juega un papel importante] *She was instrumental in bringing about these changes.* Contribuyó de manera decisiva a que se produjeran estos cambios. *The scandal was instrumental in his decision to resign.* El escándalo influyó considerablemente en su decisión de dimitir.

be sb's fault ser culpa de alguien *The accident was the driver's fault.* El accidente fue culpa del conductor. (**+ that**) *'It wasn't my fault that the project failed.'* 'Whose fault was it, then?' 'Yo no tuve la culpa de que el proyecto fracasara.' '¿Entonces, quién tuvo la culpa?'

owing to *prep* [más bien formal en inglés americano] a causa de, debido a *She was absent owing to illness.* Se encontraba ausente por enfermedad. *Owing to your negligence, a man was killed.* Debido a su negligencia, murió un hombre.

due to *prep* debido a, causado por *Her absence was due to illness.* Su ausencia se debió a que se encontraba enferma. *deaths due to lung cancer* muertes ocasionadas por el cáncer de pulmón

U S O

En realidad, en la expresión **due to**, la palabra **due** es un adjetivo, y por lo tanto debe calificar a un sustantivo. P.ej. *The **delay** was **due** to bad weather.* (El retraso fue debido al mal tiempo.) **Due to** debe poderse sustituir por **caused by**. Si no, se debería usar **owing to**. No obstante, en el habla cotidiana, **due to** frecuentemente se usa en ambos casos. P.ej. *The train was delayed owing/due to bad weather.* (El tren se retrasó a causa del mal tiempo.)

291.1 Razón

reason *sn* (frec. + **for**) razón, motivo *State the reason for your visit.* Indique el motivo de su visita. *She just left, for no apparent reason.* Cogió y se fue, sin motivo aparente. *All baggage is thoroughly examined, for reasons of security.* Todo el equipaje se examina a conciencia, por razones de seguridad. *I can't think of any reason for changing our plans.* No veo ningún motivo para alterar nuestros planes. (+ **to** + INFINITIVO) *You have **every reason** to be angry.* Tiene toda la razón del mundo para enojarse. *The reason for the smell was a rotting cabbage.* La causa del mal olor era una col podrida. *ver también **104 Think**; **130 Sane**

cause *s* 1 *sn* (frec. + **of**) causa *The police are trying to find out the cause of the explosion.* La policía está

intentando averiguar la causa de la explosión. *the underlying causes of the French Revolution* las causas subyacentes de la Revolución francesa. **2** *snn* (frec. + **for**) [razón, justificación] motivo, razón *There's no cause for alarm/complaint.* No hay por qué asustarse/quejarse (+ **to** + INFINITIVO) *There's no cause to complain.* No hay motivo para quejarse.

motive *sn* (frec. + **for**) [razón para querer hacer algo] motivo *She was acting out of selfish motives.* Actuaba por egoísmo.

grounds *s pl* (frec. + **for**) [razón legítima u oficial] razón, motivo *We have good grounds for believing that she was murdered.* Tenemos razones fundadas para creer que fue asesinada. (+ **that**) *She refused to pay, on the grounds that she had not received the goods.* Se negó a pagar alegando que no había recibido las mercancías.

excuse *sn* (+ **for**) [razón por la cual no se ha hecho algo, por haber hecho algo mal, etc.] excusa *There can be no excuse for this sort of behaviour.* Este tipo de comportamiento no puede justificarse.

for the sake of sb/sth por alguien/algo *Come back home, for your mother's sake.* Vuelve a casa, por tu madre. *I'm telling you this for your own sake.* Te lo digo por tu propio bien. *He sacrificed himself for the sake of his country/principles.* Se sacrificó por su país/sus principios.

292 Result Resultado

result *sn* 1 [de una situación, acción] resultado, consecuencia *This social unrest is a/the result of high unemployment.* Este malestar social es una/la consecuencia del elevado nivel de desempleo. *Our profits have increased **as a result of** good management.* Nuestros beneficios han aumentado como consecuencia de una buena gestión. *The train was delayed, and, **as a result**, I was late for the meeting.* El tren se retrasó, y, a consecuencia de ello, llegué tarde a la reunión. **2** [situación, conclusión final] resultado *They did not publish the results of their research.* No publicaron los resultados de su investigación. *the football results* los resultados del fútbol *exam results* los resultados de los exámenes *The **end result** was a victory for the local team.* El resultado final fue una victoria para el equipo de casa.

result *vi* 1 (siempre + **in**) tener como consecuencia *The war resulted in a victory for the Allies.* La guerra tuvo como resultado la victoria de los Aliados. **2** (frec. + **from**) resultar de *If this dispute is not resolved, then a war could result.* Si no se soluciona este conflicto, podría sobrevenir una guerra como consecuencia. *a series of mistakes resulting from inexperience* una serie de errores que son resultado de la inexperiencia

effect *sn* (frec. + **on**) [producido por algo que actúa sobre otra cosa] efecto *the effect(s) of radioactivity on the human body* los efectos de la radiactividad en el cuerpo humano *The drug is beginning to **take effect**.* El

fármaco está empezando a hacer efecto. *Our warnings have had no effect (on him/his behaviour).* Nuestras advertencias no han surtido efecto alguno (en él/su comportamiento). *The artist learns how to produce/create certain effects.* El artista aprende a producir/crear ciertos efectos.

consequence *sn/nn* [más formal que **result**] consecuencia *The accident was a direct consequence of the driver's negligence.* El accidente fue una consecuencia directa de la negligencia del conductor. *He broke the law, and now he must **take/face the consequences**.* Infringió la ley y ahora debe aceptar/afrontarse a las consecuencias.

repercussion *sn* (norml. *pl*) [consecuencia seria e importante] repercusión *If the boss finds out, there are bound to be repercussions.* Si el jefe se entera, seguramente esto tendrá repercusiones. (+ **for**) *This disaster could have serious repercussions for the whole world.* Este desastre podría tener repercusiones graves para el mundo entero.

outcome *sn* [más informal que **result**, resultado final] resultado *The outcome of the negotiations is still in doubt.* El resultado de las negociaciones todavía no se conoce con seguridad.

the upshot of sth [resultado final] resultado *What was the upshot of your discussion?* ¿En qué quedó vuestra discusión?

293 Make Hacer

ver también **287 Do**; **289 Put**; **304 Materials**

make *vt, pas. & pp.* **made 1** hacer *He makes jewellery for a living.* Se gana la vida como joyero. *I'll make you a cup of tea.* Te prepararé una taza de té. (+ **from**, **out of**) *I made these shorts from/out of an old pair of jeans.* Hice estos pantalones cortos con unos vaqueros viejos. (+ **of**) *a ring made of silver* un anillo de plata **2** [obj: p.ej. movimiento, intento, cambio, descubrimiento] hacer [obj: error] cometer [obj: sonido] producir [obj: decisión] tomar [obj: oferta] hacer **3** [obj: dinero] hacer [obj: beneficios] sacar *I make about £20,000 a year from my business.* Gano alrededor de 20.000 libras al año con mi negocio. **4** [obj: amigo, enemigo] hacer *Our children have made friends with the little boy next door.* Nuestros hijos han hecho amistad con el niño de la casa del lado. **5** [sumar] ser *Five and four make(s) nine.* Cuatro y cinco son nueve.

maker *sn* [esp. de productos manufacturados] fabricante *The camera didn't work properly so I sent it back to the makers.* La cámara no funcionaba bien así que la devolví a la fábrica.

U S O

1 Por regla general, **do** significa `realizar una acción' y se centra en el verbo, mientras que **make** significa `crear algo nuevo' y se centra en el objeto o en el resultado final, p.ej. *He's doing the washing-up.* (Está lavando los platos.) *She's doing her homework.* (Está haciendo los deberes.) *He's making a paper aeroplane.* (Está haciendo un avión de papel.) *She's making a cake.* (Está haciendo un pastel.) Sin embargo, esta regla tiene muchas excepciones imprevisibles, especialmente en el caso de **make**. P.ej. *Don't make any sudden movements.* (No haga ningún movimiento repentino.) **2** No se debe confundir **made from** con **made of**. **Made of** se usa para describir los materiales usados para hacer algo, p.ej. *a dress made of silk and lace* (un vestido de seda y encaje). **Made from** se usa cuando se ha hecho algo transformando una cosa en otra diferente, p.ej. *a dress made from an old curtain* (un vestido hecho de una vieja cortina)

---

create *vt* [obj: algo totalmente nuevo] crear [obj: p.ej. interés, confusión, problemas] crear, ocasionar *God created the world in six days.* Dios creó el mundo en seis días. *A lot of new jobs have been created in the last few years.* En los últimos años se han creado muchos puestos de trabajo. *I can create a lot of trouble for you if you don't cooperate.* Puedo ocasionarle muchos problemas si no coopera.

creation *s* **1** *snn* [acción de crear] creación *The government is encouraging the creation of new jobs.* El gobierno está promoviendo la creación de nuevos puestos de trabajo. **2** *sn* [frec. humorístico y más bien peyorativo. Algo creado] creación *The famous fashion designer is showing off her latest creations.* La famosa diseñadora de modas exhibe sus más recientes creaciones.

form *v* **1** *vti* crear(se), formar(se), constituir(se) *The volunteers formed a human chain.* Los voluntarios formaron una cadena humana. *The club was formed in*

1857. El club se fundó en 1897. *Rust forms/is formed when iron comes into contact with water.* El orín se forma cuando el hierro entra en contacto con el agua. **2** *vt* [hacer de, ser equivalente a algo] formar, constituir *The mountains form a natural border between the two countries.* Las montañas forman una frontera natural entre los dos países. *Rice forms the basis of their diet.* El arroz constituye la base de su dieta. *ver también **39 Shape**

formation *s* **1** *snn* formación *He recommended the formation of a new committee.* Recomendó la formación de un nuevo comité. *the formation of crystals* la formación de cristales **2** *sn/nn* [manera en que algo está formado o dispuesto] formación *an interesting cloud formation* una interesante formación de nubes *The planes were flying **in formation**.* Los aviones volaban en formación.

concoct *vt* [humorístico o peyorativo, implica originalidad o falta de finura. Obj: p.ej. bebida] hacer un brebaje con [obj: p.ej. excusa] inventarse (+ **from**) *a sort of soup concocted from parsnips and mangoes* una especie de sopa hecha a base de chirivías y mangos. *He concocted some story about being a millionaire.* Se inventó no sé que historia de que era millonario.

concoction *sn* [norml. una bebida] brebaje *She asked me to sample one of her concoctions.* Me pidió que probara uno de sus brebajes.

293.1 Actividades prácticas e industriales

produce *vt* producir, fabricar *The country exports most of the goods it produces.* El país exporta la mayoría de los bienes que produce. (+ **from**) *The power station produces energy from household waste.* La central eléctrica produce energía a partir de residuos domésticos. *the oil-producing countries* los países productores de petróleo *He produces a novel every two years.* Saca una novela cada dos años. *Our discussions did not produce a solution to the problem.* Nuestras discusiones no aportaron una solución al problema.

producer *sn* productor/a *Saudi Arabia is a major producer of oil/oil producer.* Arabia Saudí es un importante productor de petróleo.

production *snn* producción, fabricación *The factory has been able to increase (its) production.* La fábrica ha sido capaz de incrementar su producción. *The company will begin production of the new car next year.* La empresa empezará con la fabricación del nuevo coche el próximo año. (usado como *adj*) *production manager/line* director de producción/cadena de montaje

manufacture *vt* [producir industrialmente] fabricar, elaborar *The company manufactures light bulbs.* La empresa fabrica bombillas. *manufactured goods* productos manufacturados **manufacturer** *sn* fabricante

manufacture *snn* fabricación *The company specializes in the manufacture of light bulbs.* La empresa se especializa en la fabricación de bombillas.

manufacturing *snn* fabricación de productos *Manufacturing forms the basis of the country's economy.* La industria manufacturera constituye la base de la economía del país.

build *v, pas. & pp.* **built 1** *vti* [obj: p.ej. pared, casa, puente] construir, edificar *The cathedral was built in the 14th century.* La catedral fue construida en el siglo XIV. *The company wants to build on this land.* La empresa quiere edificar en este terreno. (+ **of**) *houses built of stone* casas hechas de piedra **2** *vt* (frec. + **up**) [obj: p.ej. negocio, relación, reputación] hacer crecer, desarrollar, crearse (+ **on**) *The Roman Empire was built on slave labour.* El Imperio romano creció a base del trabajo de los esclavos. *This information will help us build (up) an overall picture of the situation.* Esta información nos ayudará a hacernos una idea general de la situación.

build on sth *vt fr.* [usar como base para desarrollo posterior] basar *We're hoping to build on our success.* Confiamos en poder explotar nuestro éxito.

building *snn* construcción *to finance the building of a new factory* financiar la construcción de una nueva fábrica (usado como *adj*) *the building industry* la industria de la construcción

construct *vt* [más formal que **build**] construir *They're going to construct a new factory on this site.* Van a construir una nueva fábrica en este solar. *a carefully constructed argument* un argumento cuidadosamente estructurado

construction *s* **1** *snn* construcción *A new hospital is under construction.* Un nuevo hospital está en construcción. (usado como *adj*) *the construction industry* la industria de la construcción **2** *sn* [término más genérico que **building**] construcción *a construction made entirely of glass* una construcción hecha totalmente de vidrio

assemble *vt* [obj: algo formado por varias partes, p.ej. un juego de estanterías] montar, ensamblar *The equipment is easy to assemble.* El equipo es fácil de montar. *ver también **207 Group**

design *vt* [obj: p.ej. máquina, edificio, ropa] diseñar *The bridge was designed by an American engineer.* El puente fue diseñado por un ingeniero americano. (+ **to** + INFINITIVO, + **for**) *These tools were designed for use by left-handed people.* Estas herramientas fueron diseñadas para los zurdos.

design *s* **1** *sn/nn* diseño (+ **for**) *her design for a new type of parking meter* su diseño para un nuevo tipo de parquímetro *a building of (an) unusual design* un edificio de diseño poco común **2** *snn* [arte, campo de conocimiento] diseño *a course in art and design* un curso de arte y diseño *The French lead the world in dress design.* Los franceses van a la cabeza en el diseño de moda.

designer *sn* diseñador *He's a designer of children's clothes.* Es diseñador de ropa de niños. *a famous aircraft/dress designer* un famoso diseñador de aviones/moda

293.2 Construcción de ideas e instituciones

found *vt* [obj: p.ej. ciudad, escuela, empresa] fundar *The college was founded in 1536/by St Augustine.* El colegio fue fundado en 1536/por San Agustín.

foundation *s* **1** *snn* fundación *The school is celebrating the 500th anniversary of its foundation.* La escuela celebra el quinto centenario de su fundación. **2** *sn* [idea, situación, etc. en que se basa algo] base, fundamento *His argument is built on strong foundations.* Su argumento se basa en fundamentos sólidos. *Her studies will provide a good foundation for a career in industry.* Sus estudios le proporcionarán una buena base para una carrera en la industria.

establish *vt* **1** [obj: organización] establecer, fundar [obj: p.ej. normas, relaciones] establecer *The United Nations was established after the Second World War.* La Organización de las Naciones Unidas fue creada después de la Segunda Guerra Mundial. *We have established a framework for negotiations.* Hemos fijado las condiciones para negociar. **2** [establecerse, ser aceptado, tener éxito] consolidar, consagrar (+ **as**) *She has established herself as his likely successor.* Se ha consolidado como su probable sucesora. *This novel has established his reputation as Britain's leading writer.* Esta novela ha consolidado su reputación como el escritor británico más importante.

establishment *snn* fundación, creación *The company has grown rapidly since its establishment in 1960.* La empresa ha crecido rápidamente desde su fundación en 1960. *ver también **206 Organization**

set up sth O **set** sth **up** *vt fr.* **1** [obj: p.ej. comité, investigación, fondo] crear, constituir, abrir *This organization was set up to deal with complaints against the police.* Esta organización fue creada para ocuparse de las quejas contra la policía. **2** [preparar, erigir] montar *It'll take us a while to set up the equipment before we start filming.* Tardaremos un rato en montar el equipo antes de empezar a filmar. *The police have set up roadblocks on all roads out of the city.* La policía ha montado controles en todas las carreteras de salida de la ciudad.

framework *sn* **1** [plan general, límites] marco *We have established a framework for negotiations.* Hemos fijado las condiciones para negociar. *We're trying to express our opinions within the framework of the law.* Intentamos expresar nuestras opiniones dentro del marco de la ley. **2** [alrededor de lo que se construye un edificio, coche, etc.] esqueleto, armazón *The framework of the building is still intact.* El armazón del edificio aún está intacto.

structure *s* **1** *snn/n* [forma en que algo está construido] estructura *The two crystals look similar, but they have different structures.* Los dos cristales parecen similares, pero tienen estructuras diferentes. *the structure of our society* la estructura de nuestra sociedad *the company's administrative/pay structure* el sistema administrativo/de retribución de la empresa **2** *sn* [palabra genérica para cualquier cosa construida] estructura *the tallest man-made structure in the world* la estructura más alta del mundo hecha por el hombre

structure *vt* estructurar *You need to learn how to structure your essays.* Necesitas aprender a estructurar tus trabajos. *the way our society is structured* la manera en que nuestra sociedad está estructurada.

structural *adj* estructural *The house is in need of major structural repairs.* La casa necesita importantes reformas estructurales.

structurally adv estructuralmente The building is structurally sound. El edificio tiene una sólida estructura.

basis sn, pl **bases** [hecho, suposición, etc. que actúa como punto de partida para algo] fundamento, base Your allegations have no basis (in fact). Sus alegaciones no tienen fundamento (en realidad). (+ **for**) There is no (factual) basis for these allegations. No hay fundamentos (objetivos) para estas alegaciones. She was appointed to the job **on the basis of** her previous experience. Fue designada para el puesto en base a su experiencia previa. I agreed to take part **on the basis that** I would be paid. Acepté participar partiendo de la base de que se me pagaría.

294 Join Unir

join v 1 vt (frec. + **together**) unir, juntar We need to join these two ropes together somehow. Necesitamos juntar estas dos cuerdas de algún modo. (+ **up**) She doesn't join her letters (up) properly when she writes. No acaba de juntar bien las letras cuando escribe. We all joined hands. Todos nos cogimos de la mano. the passageway that joins the two buildings el pasadizo que comunica los dos edificios 2 vti [suj: p.ej. carretera] empalmar (con) [suj: persona] reunirse con, unirse (a) The path joins the main road just up ahead. El camino empalma con la carretera principal un poco más adelante. We joined the march halfway through. Nos unimos a la marcha a medio camino. Would you like to join us for lunch? ¿Le gustaría comer con nosotros? In case you've just joined us, here are the main points of the news. Para los que acaben de conectar con nosotros, he aquí el resumen de las noticias más importantes.

join sn [lugar en que se unen dos cosas] junta, juntura He wears a wig, but you can't see the join. Lleva peluca, pero no se le nota dónde empieza y dónde acaba.

combine vti (frec. + **with**) [formar un único objeto, acción, idea, etc. a partir de dos o más elementos diferentes] combinar(se) I managed to combine the business trip with a holiday. Me las arreglé para combinar el viaje de negocios con unas vacaciones. It's a radio and television combined. Es un aparato que combina radio y televisión. Hydrogen combines with oxygen to form water. El hidrógeno se combina con el oxígeno para formar agua.

combination sn/nn combinación Hydrogen and oxygen are an explosive combination. Hidrógeno y oxígeno es una combinación explosiva. Students choose different combinations of subjects. Los estudiantes escogen distintas combinaciones de asignaturas.

attach vt (frec. + **to**) 1 [sujetar algo a otra cosa, norml. sin que se requiera mucho esfuerzo] sujetar, pegar to attach a flash to a camera acoplar un flash a una cámara There was a cheque attached to the letter. Había un cheque adjunto a la carta. 2 [más bien formal. Obj: p.ej. trascendencia] conceder, dar I attach a great deal of importance to honesty. Doy mucha importancia a la honestidad.

attached adj (después de v) [emocionalmente] apegado She's very attached to her dog. Está muy encariñada con su perro.

attachment sn 1 accesorio, dispositivo a power drill with various attachments un taladro con varios accesorios 2 [emocional] cariño, apego The child forms a strong attachment to its mother. El niño crea un fuerte vínculo con su madre.

hook sn gancho, percha I hung my coat on the hook. Colgué mi abrigo en la percha. a fishing hook un anzuelo de pesca

hook vt (siempre + adv o prep) enganchar The dog's lead was hooked over the railings. La cadena del perro estaba enganchada a la barandilla. I accidentally hooked my coat on the barbed wire. Sin querer, me enganché el abrigo con el alambre de púas. (+ **up**, **to**) I hooked the trailer (up) to the back of the truck. Enganché el remolque a la parte trasera del camión.

connect vt (frec. + **to**, **with**) 1 [obj: p.ej. aparato, cables] conectar, empalmar The M4 motorway connects London with/to the southwest. La autopista M4 enlaza Londres con el suroeste. (+ **up**) to connect a hosepipe (up) to a tap conectar una manguera a un grifo The telephone hasn't been connected yet. Aún no han conectado el teléfono. Your thigh bone is connected to your knee bone. El fémur está unido a la rótula. 2 [establecer alguna relación, asociación, etc.] asociar, relacionar The police have found nothing to connect her with/to the crime. La policía no ha encontrado nada que la relacione con el delito. The two firms have similar names, but they're not connected. Las dos empresas tienen nombres similares, pero no están relacionadas.

connection sn 1 conexión The switch wasn't working because of a loose/faulty connection. El interruptor no funcionaba porque estaba mal conectado. 2 relación, conexión He has connections with the Church. Tiene contactos con la Iglesia. (+ **between**) There is no connection between the two companies. No hay ninguna relación entre las dos empresas. The police would like to speak to her **in connection with** a number of robberies in the area. A la policía le gustaría hablar con ella en relación a una serie de robos en la zona. 3 [en el contexto de transporte o comunicaciones] enlace (+ **between**) There are good road and rail connections between London and Scotland. Hay buenas comunicaciones por carretera y ferrocarril entre Londres y Escocia. The train was delayed, and I missed my connection. El tren se retrasó y no pude enlazar con el siguiente. It was a bad connection, so I had to shout down the phone. La conexión telefónica era mala, así que tuve que hablar a gritos.

link sn 1 (frec. + **with**) [muy similar en significado a **connection**, pero puede sugerir una conexión hecha o usada conscientemente] enlace, vínculo The university has (built) strong links with local industry. La universidad ha desarrollado fuertes vínculos con la industria local. The airport is the country's only link with the outside world. El aeropuerto es el único

enlace del país con el mundo exterior. (+ **between**)
*This clue provided an important link between the two
crimes.* Esta prueba aportó un vínculo importante entre
los dos delitos. **2** [de cadena] eslabón

link *vt* (frec. + **with**, **to**) enlazar, vincular *The Channel
Tunnel links Britain with/to/and the Continent.* El túnel
del canal de la Mancha enlaza Gran Bretaña con el
continente. *an organization linked with/to the Red
Cross* una organización vinculada a la Cruz Roja.

link up (sth) o **link** (sth) **up** *vit fr.* (frec. + **with**)
conectarse, acoplarse *The American and Russian
spacecraft are about to link up.* Las naves espaciales
americana y rusa están a punto de acoplarse.

294.1 Unir cosas con firmeza

bind *vt, pas. & pp.* **bound 1** [más formal que **tie (up)**.
Atar firme, fuertemente] atar *Bind the wound in order
to stop the bleeding.* Venda la herida para contener la
hemorragia. *The hostages were bound and gagged.* Los
rehenes fueron atados y amordazados. **2** (norml. +
together) [más bien formal. Suj: p.ej. fuerza,
emociones] unir *the energy which binds atoms
together* la energía que mantiene unidos los átomos
We felt bound together in our grief. Nos sentimos
unidos en nuestro dolor. **3** [obj: libro] encuadernar
books bound in leather libros encuadernados en piel

binding *sn* encuadernación *a book with a leather
binding* un libro con una encuadernación de piel

bond *sn* **1** [emocional] lazo, vínculo *the bonds of
friendship* los lazos de la amistad (+ **between**) *A
special bond often develops between twins.* Entre
hermanos gemelos a menudo se crea un vínculo
especial. **2** (norml. *pl*) [formal, anticuado. Cadenas,
cuerdas, etc.] atadura *The prisoner had broken free
from his bonds.* El prisionero se había liberado de sus
ataduras.

stick *vti, pas. & pp.* **stuck** [con cola, cinta adhesiva o
sustancia similar] pegar *Don't forget to stick a stamp
on the envelope.* No olvides poner un sello en el
sobre. (+ **to**) *There was some chewing gum stuck to the
wall.* Había chicle pegado en la pared.

stuck *adj* (después de *v*) [que no puede moverse]
atascado, atrancado *I got stuck trying to climb through
the hole in the wall.* Me quedé atrapado al intentar
entrar por el agujero de la pared. *The door's stuck.* La
puerta está atrancada.

sticky *adj* pegajoso *a sticky substance* una sustancia
pegajosa *sticky labels* etiquetas adhesivas *My hands
are all sticky.* Tengo las manos pegajosas.

weld *vti* [obj: piezas de metal. Se usa calor para
fundirlas] soldar *to weld two sheets of metal together*
soldar dos planchas de metal **welding** *snn* soldadura
welder *sn* soldador

fasten *v* **1** *vti* [obj: p.ej. abrigo, botones] abrochar
Make sure your seat belt is securely fastened.
Asegúrese de que su cinturón de seguridad está
debidamente abrochado. *a skirt that fastens at the side*
una falda que se abrocha al lado **2** *vt* (frec. + **to**) [uso
más general] sujetar, fijar *The load is securely fastened
to the truck.* La carga está bien sujeta al camión. (+
together) *She fastened the documents together with a
paperclip.* Sujetó los documentos con un clip.

fastener *sn* [cremallera, broche, etc.] cierre

294.2 Usar cordel o cuerda

tie *vt* (frec. + **to**) **1** (frec. + **up**) atar, liar [obj: p.ej.
cuerdas, nudo] atar *He was tying decorations on/to the
Christmas tree.* Estaba atando adornos al árbol de
Navidad. *She tied the parcel up with string.* Ató el
paquete con un cordel. *The hostage was tied to the
bed.* El rehén estaba atado a la cama. *He tied a knot in
his handkerchief.* Se hizo un nudo en el pañuelo.
2 [obligar a permanecer en cierto lugar] ligar, vincular
There's nothing tying me to this town. No hay nada que
me ate a esta ciudad. *Now that I've got a baby, I'm tied
to the home all day.* Ahora que tengo un niño, estoy
atada a la casa todo el día.

tie *sn* **1** [usado para cerrar una bolsa de basura, etc.]
cuerda, cordón **2** (norml. *pl*) lazo, vínculo *family ties*
lazos familiares *a young, single woman with no ties*
una mujer joven, soltera y sin compromiso *ver también
192 Accessories

knot *sn* nudo *to tie a knot in a piece of string* hacer un
nudo en un cordel

knot *vt*, **-tt-** anudar, atar *I knotted the two ends of the
rope together.* Até los dos cabos de la cuerda.

tangle *vti* (frec. + **up**) [torcer de manera complicada,
desordenada, norml. accidentalmente] enredar(se),
enmarañar(se) *Be careful not to tangle (up) the wires.*
Ten cuidado de no enredar los cables. *The oars had got
tangled in/with the fishing net.* Los remos se habían
enredado en la red de pescar.

tangle *sn* enredo, maraña *The wires were in a terrible
tangle.* Los cables estaban todos enredados.

294.3 Materiales que se utilizan para pegar, atar y juntar cosas

glue *snn/n* pegamento, cola *a tube of glue* un tubo de
pegamento

glue *vt, ppres.* **gluing** o **glueing** pegar, encolar *I glued
the handle back on the cup.* Volví a pegar el asa en la
taza. (+ **together**) *Glue the two ends together.* Pega los
dos extremos.

paste *snn* [usado para papel y cartulina. No
suficientemente fuerte para porcelana, madera, etc.]

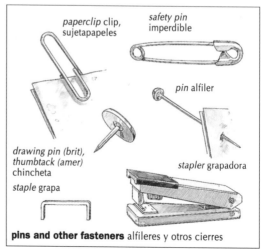

paperclip clip, sujetapapeles

safety pin imperdible

pin alfiler

drawing pin (brit), **thumbtack** (amer) chincheta

staple grapa

stapler grapadora

pins and other fasteners alfileres y otros cierres

engrudo *wallpaper paste* cola para papel pintado

paste *vt* pegar, engrudar (+ **to**, **on**) *There were a few posters pasted on/to the wall.* Había algunos pósters pegados a la pared.

tape *snn* [material engomado, esp. en tiras largas o rollos] cinta adhesiva *a roll of sticky tape* un rollo de cinta adhesiva *insulating/masking tape* cinta aislante/protectora

sellotape (*brit*), **scotch tape** (*amer*) *snn* (marca registrada) (frec. mayúsculas) cinta adhesiva, celo

rope *snn/n* cuerda *a length of rope* un trozo de cuerda

She escaped by climbing down a rope. Escapó bajando por una cuerda.

string *snn* cuerda, cordel

twine *snn* [tipo de cordel fuerte, p. ej., del tipo usado en jardinería] bramante

pin *vt*, **-nn-** (frec. + **to**, **on**) sujetar con alfileres, clavar con chinchetas *I'll pin a copy of the letter to/on the notice board.* Pondré una copia de la carta en el tablón de anuncios. (+ **together**) *He pinned the two pieces of material together.* Prendió los dos trozos de tela con un alfiler.

295 Separate Separar

separate *v* (frec. + **from**, **into**) **1** *vti* [acción] separar(se) *The child didn't want to be separated from its parents.* El niño no quería que lo separaran de sus padres. *Let's separate for a while and meet up again later.* Separémonos durante un rato y volvámonos a encontrar más tarde. *I find it difficult to separate these two ideas in my mind.* Me resulta difícil disociar esas dos ideas en mi mente. **2** *vt* [finca] separar *A stone wall separates our land from theirs.* Un muro de piedra separa nuestra tierra de la suya.

separate *adj* (frec. + **from**) **1** [no junto] separado *The piranhas are in a separate tank from the other fish.* Las pirañas están en un acuario separado de los otros peces. *Keep your cheque book and credit card separate.* Guarde su talonario y su tarjeta de crédito por separado. **2** [no el mismo] distinto, diferente *My three appointments are on separate days.* Mis tres citas son en días diferentes. **separately** *adv* por separado **separation** *snn/n* separación

divide *v* **1** *vti* (frec. + **into**, **up**) [separar en partes] dividir(se) *to divide a cake in half/into three* dividir un pastel por la mitad/en tres partes *The teacher divided the children (up) into groups.* El profesor dividió a los alumnos en grupos. (+ **between**) *The winners will have to divide the prize money (up) between them.* Los ganadores tendrán que repartirse el dinero del premio. *The cells divide every 20 seconds.* Las células se dividen cada 20 segundos. **2** *vt* [debido a desacuerdo. No tan fuerte como **split**] dividir *This issue has divided the Party.* Este tema ha dividido al partido. *Opinions are divided over this issue.* Hay división de opiniones con respecto a este asunto.

U S O

Obsérvese el uso de la preposición **into** en frases como *We divided into three groups.* (Nos dividimos en tres grupos.) *I divided the cake into eight portions.* (Dividí el pastel en ocho trozos.)

division *s* **1** *snn* división *She complained about the unfair division of the prize money.* Se quejó del reparto injusto del dinero del premio. *a biologist studying cell division* un biólogo que estudia la división celular **2** *sn/nn* división *This issue has caused deep divisions within the Party.* Este tema ha causado profundas divisiones en el seno del partido. *ver también **297 Maths**

split *v*, **-tt-**, *pas. & pp.* **split** **1** *vti* (frec. + **into**) [romper o agrietar usando la fuerza. Obj: p.ej. madera, piedra, ropa] partir(se) *He split the log into three pieces.* Partió el tronco en tres partes. *His trousers split as he sat down.* Se le rajaron los pantalones al sentarse. **2** *vti* (frec. + **into**, **up**) [menos formal que **divide**] dividir(se) *The teacher split the children (up) into two groups.* El profesor dividió a los alumnos en dos grupos. *This issue could split the Party.* Este tema podría escindir al partido. (+ **between**) *The winners will have to split the prize money (up) between them.* Los ganadores tendrán que repartirse el dinero del premio. **3** *vi* (norml. + **up**) [suj: esp. pareja] romper *Tracey and Kevin have split (up).* Tracey y Kevin han roto. (+ **with**) *Tracey has split (up) with her boyfriend.* Tracey ha cortado con su novio.

split *sn* **1** (+ **in**) hendidura, grieta *There was a large split in the wooden door.* Había una gran hendidura en la puerta de madera. **2** escisión *to avoid a damaging split within the Party* para evitar una escisión en el seno del partido que podría resultar perjudicial

detach *vt* (frec. + **from**) [norml. intencionado, con cuidado y sin requerir mucha fuerza. Obj: esp. pieza que se puede quitar] quitar, separar *to detach the flash from a camera* desacoplar el flash de una cámara *She detached herself from his embrace.* Se apartó de su abrazo.

detached *adj* [no implicado emocionalmente] desligado, objetivo *It's difficult for doctors to remain emotionally detached from their work.* Es difícil para los médicos mantener una distancia emocional respecto a su trabajo. **detachment** *snn* distanciamiento, objetividad *ver también **174 Types of building**

disconnect *vt* [obj: esp. suministro eléctrico/gas, aparato, tubería] desconectar *Their telephone has been disconnected because they didn't pay the bill.* Les han desconectado el teléfono porque no pagaron la factura. **disconnection** *snn/n* desconexión

disconnected *adj* [que no está construido de manera coherente o lógica. Describe: p.ej. pensamientos, observaciones] inconexo

apart *adv* **1** [separado] aparte *They're married, but they live apart.* Están casados pero viven separados. *He stood with his legs apart.* Estaba de pie con las piernas separadas. (+ **from**) *I stood apart from the rest of the crowd.* Yo me quedé apartado del resto de la multitud. **2** [en trozos o piezas] *The house was blown apart by* the explosion. La explosión destrozó la casa. *badly made toys that **come/fall apart** in your hands* juguetes mal hechos que se desmontan en cuanto los tocas *She **took** the radio **apart** to see how it worked.* Desmontó la radio para ver cómo funcionaba. *ver también **437 Exclude***

295.1 Empezar a quitarse algo que esta abrochado o anudado

undo *vt, pas.* **undid** *pp.* **undone** [término más genérico] desatar, desabrochar *She undid her coat/the buttons.* Se desabrochó el abrigo/los botones. *Your shoelace is undone/has come undone.* Se te ha desatado el cordón del zapato.

unfasten *vt* [obj: p.ej. abrigo, cinturón, botones] desabrochar

untie *vt* (frec. + **from**) desatar [obj: esp. cordones, cuerda, cordel, nudo] desatar *They untied the prisoner's hands.* Le desataron las manos al preso. *The hostage was relieved to be untied from the chair.* El rehén se sintió aliviado cuando lo desataron de la silla.

unbutton *vt* desabrochar, desabotonar

loose *adj* **1** [describe: ropa] suelto [describe: p.ej. botón, tornillo] flojo *These trousers are very loose around the waist.* Estos pantalones son muy holgados de cintura. *One of my teeth is coming loose.* Se me mueve un diente. *The switch wasn't working because of a loose connection.* El interruptor no funcionaba porque no estaba bien conectado. **2** (después de *v*) [que no está sujeto con lazos, horquillas, etc. Describe: esp. cabello] suelto *She usually wears her hair loose.* Normalmente, lleva el pelo suelto.

loosen *vti* [obj/suj: p.ej. nudo, algo apretado] soltar(se), aflojar(se) *The nurse loosened the patient's clothing so that he could breathe more easily.* La enfermera aflojó la ropa del paciente para que pudiera respirar más fácilmente.

296 Computers Ordenadores

computer *sn* ordenador *a personal/home computer* un ordenador personal/doméstico *We can do these calculations on the computer.* Podemos hacer estos cálculos en el ordenador. (usado como *adj*) *computer games/programs/ equipment* juegos/programas/material informático(s)

computerize, TAMBIÉN **-ise** (*brit*) *vt* [obj: p.ej. empresa, sistema de contabilidad] informatizar *a computerized booking system for airline tickets* un sistema de reservas informatizado para billetes de avión **computerization** *snn* informatización

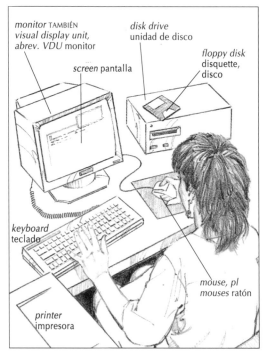

monitor TAMBIÉN visual display unit, abrev. VDU monitor

disk drive unidad de disco

floppy disk disquette, disco

screen pantalla

keyboard teclado

mouse, pl mouses ratón

printer impresora

system *sn* [elementos del equipo informático que funcionan conjuntamente] sistema *a (computer) system designed for use in libraries* un sistema (informático) diseñado para usar en bibliotecas

terminal *sn* terminal

word processor *sn* **1** [tipo de ordenador] procesador de textos **2** [programa] procesador de textos **word processing** *snn* tratamiento de textos

keyboard *sn* teclado

keyboard *vt* [obj: datos, texto] teclear *It will take a long time to keyboard all these sets of figures.* Llevará mucho tiempo teclear todas estas series de cifras.

hardware *snn* [el equipo físico en sí] hardware

software *snn* [programas, etc.] software

hard disk *sn* disco duro

program *sn* programa *She has written a program to convert Fahrenheit to Celsius.* Ha creado un programa para transformar grados Fahrenheit en centígrados.

program *vti*, **-mm-** [obj: p.ej. ordenador, robot, vídeo] programar (+ **to** + INFINITIVO, + **for**) *The computer is not programmed to carry out these tasks.* El ordenador no está programado para llevar a cabo estas tareas.

(computer) programmer *sn* programador (informático)

data *snn* datos *once all the data has been keyboarded* una vez que todos los datos han sido tecleados (usado como *adj*) *data files/storage/processing* archivos/almacenamiento/procesamiento de datos

printout (*brit*), **print-out** (*amer*) *sn/nn* (frec. + **of**) impresión, listado *a printout of all the members' names and addresses* un listado de todos los nombres y direcciones de los miembros

down *adj* (después de *v*) [que no funciona] averiado *The system is down*. El sistema está averiado.

up *adj* (después de *v*) [que funciona de nuevo, después de una avería, etc.] en funcionamiento *The system will soon be (back) up again*. El sistema volverá a estar pronto en funcionamiento.

bug *sn* [algo pasa con el hardware o software] error, gazapo

297 Maths Matemáticas

ver también **38 Shapes; 307 Weights and Measures**

mathematics *snn*, abrev. **maths** (*brit*), **math** (*amer*) matemáticas *He studied maths at university.* Estudió matemáticas en la universidad. **mathematical** *adj* matemático **mathematician** *sn* matemático

arithmetic *snn* aritmética *mental arithmetic* cálculo mental **arithmetic(al)** *adj* aritmético

algebra *snn* álgebra **algebraic** *adj* algebraico

geometry *snn* geometría

geometric(al) *adj* **1** [relacionado con la geometría] geométrico **2** [que forma ángulos o formas regulares] geométrico *the geometric(al) designs of modern architecture* los diseños geométricos de la arquitectura moderna

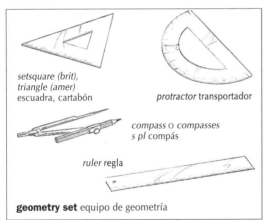

setsquare (brit), triangle (amer) escuadra, cartabón

protractor transportador

compass o *compasses s pl* compás

ruler regla

geometry set equipo de geometría

diagram *sn* (frec. + **of**) diagrama *to draw a diagram* dibujar un diagrama

graph *sn* gráfico

formula *sn*, *pl* **formulae** fórmula (+ **for**) *What is the formula for solving quadratic equations?* ¿Cuál es la fórmula para resolver ecuaciones de segundo grado?

297.1 Operaciones matemáticas

add *vti* (frec. + **to**, **up**) sumar *If you add 11 to/and 89 you get 100.* Si sumas 11 más/y 89 te da 100. *Don't forget to add VAT (to the price).* No olvides sumar el IVA (al precio). (+ **together**) *Add the two numbers together.* Suma las dos cifras. *Add up each column of figures.* Suma cada columna de cifras. *Your total order adds up to £117.* Su pedido total asciende a 117 libras esterlinas. **addition** *snn* suma *ver también* **46 Increase**

subtract *vti* (frec. + **from**) restar *Add the first two numbers together then subtract the third.* Suma los dos primeros números y luego resta el tercero. *If you subtract 11 from 89 you get 78.* Si restas 11 de 89 te da 78. **subtraction** *snn* resta

+ **(plus** o **and)** más
- **(minus)** menos
x **(times** o **multiplied by)** multiplicado por
÷ **(divided by)** dividido por
= **(equals)** igual a

Twelve plus three equals/is fifteen. (12 + 3 = 15) Doce más tres igual a quince/son quince.

Twelve minus three equals/is nine. (12 - 3 = 9) Doce menos tres igual a nueve/son nueve.

Twelve times three equals/is thirty-six. (12 x 3 = 36) Doce por tres igual a treinta y seis/son treinta y seis.

Twelve divided by three equals/is four. (12 ÷ 3 = 4) Doce dividido entre tres igual a cuatro/son cuatro.

The repairs cost £50, plus VAT. Las reparaciones costaron 50 libras esterlinas, más IVA.

a temperature of minus ten degrees Celsius (-10°C) una temperatura de menos diez grados centígrados

a plus/minus/equals sign un signo de más/menos/igual

multiply *vt* (frec. + **by**) multiplicar *27 multiplied by 89 equals 2403.* 27 multiplicado por 89 igual a 2403. (+ **together**) *Multiply these two numbers together.* Multiplique estos dos números. **multiplication** *snn* multiplicación

divide *vti* (frec. + **by**, **into**) dividir *If you divide 2403 by 89 you get 27.* Si divides 2403 por 89 te da 27. *11 doesn't divide into 100 exactly.* 11 no es un divisor exacto de 100. **division** *snn* división *ver también* **295 Separate**

297.2 Calcular

calculate *vt* calcular *How do you calculate the area of a circle?* ¿Cómo se calcula el área de un círculo? (+

that) *Scientists have calculated that the two planets will collide in about 500 years' time.* Los científicos han calculado que los dos planetas colisionarán aproximadamente dentro de 500 años.

calculation *sn/nn* cálculo *If my calculations are correct, we have about £200 left to spend.* Si mis cálculos son correctos, nos quedan aproximadamente 200 libras para gastar.

calculator *sn* calculadora *a pocket/desk calculator* una calculadora de bolsillo/de escritorio

work out sth o **work** sth **out** *vt fr.* [menos formal que **calculate**, y frec. se usa para cálculos más sencillos] calcular (+ **that**) *I worked out that we had spent about £200.* Calculé que habíamos gastado unas 200 libras.

sum *sn* **1** [cálculo aritmético simple] suma, operación aritmética *I did a quick sum in my head.* Hice un rápido cálculo mental. *a multiplication/division sum* una multiplicación/división **2** [total de una suma] suma, total *What is the sum of 43, 81 and 72?* ¿Cuánto suman 43, 81 y 72? **3** [cantidad de dinero] suma *The government spends huge sums on defence.* El gobierno gasta enormes sumas en defensa.

total *sn* total *Add up all the figures and write the total at the bottom.* Suma todas las cifras y escribe el total en la parte inferior.

total *vt,* **-ll-** (*brit*), norml. **-l-** (*amer*) ascender a, sumar *Government spending totalled £500 billion last year.* El gasto del gobierno ascendió a 500.000 millones de libras el pasado año.

answer *sn* [menos formal que **result**] solución *The correct answer is 813.* La solución correcta es 813. *ver también **352 Answer***

298 Numbers Números

number *s* **1** número *Multiply the first number by the second.* Multiplica el primer número por el segundo. *The page numbers are at the bottom.* Los números de página están en la parte inferior. *This record is number two in the charts.* Este disco es el número dos en las listas de éxitos. **2** (frec. + **of**) [cantidad de cosas, personas, etc.] *Count the number of chairs in the room.* Cuenta las sillas que hay en la sala. *I have a number of things to discuss with you.* Tengo varias cosas que discutir con usted. *People were arriving in large numbers.* La gente iba llegando en gran número.

> **USO**
>
> Al referirnos al número **0** normalmente decimos **nought**. **Zero** también es corriente, especialmente en contextos científicos y matemáticos. P.ej. *To multiply by 100, just add two noughts.* (Para multiplicar por 100, simplemente añade dos ceros.) **Nil** se usa en marcadores de fútbol, y **love** en marcadores de tenis. En los números de teléfono y los decimales, la cifra **0** se pronuncia como la letra **o**.

NÚMEROS

	Cardinal	Ordinal	Adverbio		Cardinal	Ordinal
1	one	first	once	60	sixty	sixtieth
2	two	second	twice	70	seventy	seventieth
3	three	third	three times,	80	eighty	eightieth
4	four	fourth	four times	90	ninety	ninetieth
5	five	fifth	five times	100	a/one hundred	hundredth
6	six	sixth	etc.	101	a/one hundred and one	hundred-and-first
7	seven	seventh				
8	eight	eighth		149	a/one hundred and forty-nine	hundred and forty-ninth
9	nine	ninth				
10	ten	tenth		200	two hundred	two hundredth
11	eleven	eleventh		796	seven hundred and ninety-six	seven hundred and ninety-sixth
12	twelve	twelfth				
13	thirteen	thirteenth		1,000	a/one thousand	
14	fourteen	fourteenth		1,001	a/one thousand and one	
15	fifteen	fifteenth		1,100	one thousand one hundred	
16	sixteen	sixteenth		2,000	two thousand	
17	seventeen	seventeenth		6,914	six thousand nine hundred and fourteen	
18	eighteen	eighteenth				
19	nineteen	nineteenth		10,000	ten thousand	
20	twenty	twentieth		100,000	a/one hundred thousand	
21	twenty-one	twenty-first		1,000,000	a/one million	
22	twenty-two	twenty-second		4,132,860	four million, one hundred and thirty-two thousand, eight hundred and sixty	
23	twenty-three	twenty-third				
24	twenty-four	twenty-fourth				
30	thirty	thirtieth				
31	thirty-one	thirty-first				
40	forty	fortieth				
50	fifty	fiftieth				

*1, 3, 5 and 7 are **odd numbers**.* 1, 3 5 y 7 son números impares.

*2, 4, 6, and 8 are **even numbers**.* 2, 4, 6 y ocho son números pares.

number *vt* numerar *Don't forget to number the pages.* No olvides numerar las páginas. *The hotel rooms are numbered (from) 1 to 400.* Las habitaciones del hotel están numeradas de 1 a 400.

figure *sn* **1** [número escrito] cifra, número *All I do in my job is add up rows of figures all day.* Todo lo que hago en mi trabajo es sumar hileras de números todo el día. *He earns a six-figure salary.* Gana un salario de seis cifras. **2** [cantidad representada en números] cifra *Can you give me an approximate figure for the number of guests you expect?* ¿Puede darme una cifra aproximada del número de invitados que espera? *They sold their house for a huge figure.* Vendieron su casa por una cifra astronómica.

count *vti* contar *I counted the (number of) chairs; there were 36.* Conté las sillas; había 36. *The miser was counting his money.* El avaro estaba contando su dinero. *The votes have not yet been counted.* Los votos aún no han sido escrutados. *The child is learning to count.* El niño está aprendiendo a contar. *to count from one to ten/to count up to ten* contar de uno a diez/contar hasta diez

298.1 Sustantivos que representan números especiales

pair *sn* (frec. **+ of**) **1** [dos cosas similares que van juntas] par, pareja *a pair of shoes* un par de zapatos *There's a pair of robins nesting in our garden.* Hay una pareja de petirrojos anidando en nuestro jardín. *to walk in pairs* andar de dos en dos **2** [se dice de algunos objetos que constan de dos partes similares] *a pair of trousers/scissors/binoculars* unos pantalones/unas tijeras/unos prismáticos

couple *sn* **1** [más bien informal. Dos, o tal vez unos pocos más] par *There are a couple of cans of beer in the fridge.* Hay un par de latas de cerveza en el frigorífico. *Can you wait a couple of minutes?* ¿Puedes esperar un minuto? **2** [dos personas] pareja *a married couple* un matrimonio

few *adj* **1 a few** [cantidad positiva. Más de dos, pero no muchos] unos cuantos *I invited a few friends over for dinner.* Invité a unos cuantos amigos a cenar a casa. *I waited for a few minutes, then went home.* Esperé unos minutos y luego me fui a casa. **2 few** [cantidad negativa. Más bien formal. No muchos, casi ninguno] pocos *He has few friends.* Tiene pocos amigos *Few churches can boast such fine architecture.* Pocas iglesias pueden presumir de una arquitectura tan excelente. *There are fewer buses in the evenings.* Hay menos autobuses por las tardes.

few *pron.* **1 a few** unos cuantos `Did you take any

photos?' `A few.' '¿Hizo fotos?' 'Unas cuantas.' *I invited a few of my friends over for dinner.* Invité a algunos de mis amigos a cenar a casa. **2 few** pocos *The Greeks built many fine temples, but few have survived.* Los griegos construyeron muchos templos magníficos, pero son pocos los que han sobrevivido.

dozen *sn* [doce] docena *I ordered a dozen boxes of pencils.* Pedí una docena de cajas de lápices. *half a dozen/a half-dozen eggs* media docena de huevos (**+ of**) *He's had dozens of different jobs.* Ha tenido un montón de trabajos distintos.

hundred *sn* cien, ciento, centenar *There were exactly a/one/two hundred people in the hall.* Había exactamente cien/doscientas personas en la sala. (**+ of**) *We had hundreds of applications for this job.* Tuvimos centenares de solicitudes para este trabajo.

thousand *sn* mil, millar *He earns a thousand pounds a month.* Gana mil libras al mes. (**+ of**) *Thousands of people visit the museum every day.* Miles de personas visitan el museo cada día.

million *sn* millón *Over 8 million people live in London.* Más de 8 millones de personas viven en Londres. (**+ of**) *I've got a million things/millions of things to do before we go on holiday.* Tengo un millón/millones de cosas que hacer antes de irnos de vacaciones.

billion *sn* **1** [uno seguido de nueve ceros] mil millones *Government spending totalled £40 billion last year.* El gasto del gobierno ascendió a 40.000 millones de libras el pasado año. *There are billions of stars in the galaxy.* Hay miles de millones de estrellas en la galaxia. **2** (*brit*) [anticuado. Uno seguido de doce ceros] billón

FRACCIONES

$1/2$	**a half** la mitad
$1/3$	**a/one third** un tercio
$2/3$	**two thirds** dos tercios
$1/4$	**a/one quarter** (*brit & amer*), **a/one fourth** (*amer*) un cuarto
$3/4$	**three quarters** (*brit & amer*), **three fourths** (*amer*) tres cuartos
$1/5$	**a/one fifth** un quinto
$2/5$	**two fifths** dos quintos
$1/6$	**a/one sixth** un sexto etc.

fraction *sn* fracción *Can the value of pi be expressed as a fraction?* ¿Puede expresarse el valor de pi como fracción? *ver también **45 Small quantity**

DECIMALS (DECIMALES)

21.503 **twenty one point five oh three** o **twenty one point five zero three** veintiuno coma quinientos tres

Obsérvese que el **decimal point** (la coma) se pronuncia como **point** y está representado por un punto (**.**). La coma se usa para separar los millares cuando se

escriben números elevados, p.ej. *The distance from the earth to the moon is about 381,000 kilometres.* La distancia de la tierra a la luna es aproximadamente de 381.000 kilómetros.

---

299 Correct Correcto

ver también **215 True**

correct *adj* [describe: p.ej. respuesta, método, pronunciación] correcto *Make sure you use the correct quantity of flour.* Asegúrese de que usa la cantidad adecuada de harina. **correctness** *snn* exactitud **correctly** *adv* correctamente

correct *vt* corregir, rectificar *I'd like to correct my previous statement.* Me gustaría rectificar mi anterior declaración. *The teacher corrects the children's work.* El maestro corrige el trabajo de los niños.

correction *sn/nn* corrección *The teacher makes corrections on the students' work.* El profesor hace correciones en el trabajo de los estudiantes.

right *adj* [menos formal que **correct**] correcto, exacto *to get a sum right* hacer bien un cálculo *I don't think we're on the right road.* Creo que no estamos en la carretera en que deberíamos (estar). *You said the bank would be closed and you were right.* Dijiste que el banco estaría cerrado y tenías razón. (+ **to** + INFINITIVO) *She was right to call the police.* Hizo bien en llamar a la policía. *Is that clock right?* ¿Va bien ese reloj?

right *adv* [de la manera correcta] bien *It's important to do this job right.* Es importante hacer este trabajo bien. *I hope everything goes right for you at the job interview.* Espero que todo te vaya bien en la entrevista de trabajo. *ver también **211 Fair**; **420 Suitable**

rightly *adv* correctamente, debidamente *As you rightly point out, this project will be very costly.* Tal como usted señala bien, este proyecto será muy costoso.

exact *adj* [correcto a un alto nivel de detalle] exacto *The exact time is 7:06 and 33 seconds.* La hora exacta es 7:06 y 33 segundos. *What were his exact words?* ¿Cuáles fueron sus palabras exactas? **exactness** *snn* exactitud

exactly *adv* **1** exactamente *It is exactly 11 o'clock.* Son exactamente las 11. **2** [usado como respuesta que expresa conformidad] exactamente `*So the murderer must have been known to the victim?*' `*Exactly.*' '¿Entonces el asesino tenia que ser un conocido de la víctima?' 'Exactamente.'

precise *adj* **1** [sugiere todavía un nivel más alto de detalle que **exact**. Describe: p.ej. detalles, cálculos] preciso, exacto *What were his precise words?* ¿Cuáles fueron sus palabras textuales? [frec. implica alto grado de habilidad] *a police operation that required very precise timing* una operación policial que requería una sincronización del tiempo muy precisa **2** (delante de *s*) [que se refiere a un tiempo, lugar, etc. muy específico y no a otro] preciso, exacto *This is the precise spot where he was killed.* Este el lugar exacto donde fue asesinado. *I'm not doing anything at this precise moment.* No estoy haciendo nada en este preciso momento.

precisely *adv* **1** precisamente, exactamente *It is precisely 11 o'clock.* Son exactamente las 11 en punto. **2** [usado como respuesta que expresa conformidad] exactamente, eso es `*So the murderer must have been known to the victim?*' `*Precisely.*' '¿Entonces el asesino tenía que ser un conocido de la víctima?' 'Exactamente.'

precision *snn* precisión *The holes have to be drilled with great precision.* Los agujeros deben ser perforados con gran precisión.

accurate *adj* [describe: p.ej. reloj, medida, predicción] exacto, fiel *His shot wasn't very accurate.* Su disparo no fue muy certero. **accurately** *adv* exactamente, fielmente

accuracy *snn* exactitud, precisión, fidelidad *The police doubted the accuracy of his statement.* La policía dudaba de la exactitud de su declaración.

literally *adv* **1** [tomar las palabras según su significado literal] literalmente, prácticamente *I live literally just around the corner.* Vivo justo a la vuelta de la esquina. *Hippopotamus means literally `river horse'.* Hipopótamo literalmente significa 'caballo de río'. **2** [enfatiza una expresión metafórica] *We'll literally be there in no time.* No tardaremos absolutamente nada en llegar.

literal *adj* [describe: esp. significado, traducción] literal

---

300 Incorrect Incorrecto

incorrect *adj* [más bien formal] incorrecto *She gave an incorrect answer.* Dio una respuesta incorrecta. **incorrectly** *adv* incorrectamente

wrong *adv* mal *You've sewn this dress together all wrong.* Has cosido este vestido mal. *Everything has been arranged; what could possibly go wrong?* Lo tenemos todo planeado; ¿qué podría salir mal? *The*

maths teacher showed me where I'd *gone wrong*. El profesor de matemáticas me enseñó donde me había equivocado.

wrongly *adv* erróneamente *The witness had wrongly identified an innocent man.* El testigo había identificado erróneamente a un hombre inocente.

inexact *adj* [puede sugerir un elemento de falsedad]

inexacto *He gave an inexact account of what happened.* Hizo un relato inexacto de lo sucedido.

imprecise *adj* [más bien vago] impreciso *He was imprecise about where he had been at the time of the murder.* Se mostró impreciso acerca de dónde había estado en el momento del crimen.

inaccurate *adj* inexacto, incorrecto *an inaccurate thermometer* un termómetro inexacto *He gave an inaccurate account of what happened.* Hizo un relato inexacto de lo sucedido.

---

frase

If you think that, you've got another think coming! [más bien informal. Las cosas no sucederán como se espera o como gustaría que sucedieran] Si crees eso, estás muy equivocado. *If you think I'm going to lend you my car, you've got another think coming!* ¡Si crees que te voy a prestar mi coche, estás muy equivocado!

300.1 Equivocación

mistake *sn* [algo mal hecho accidentalmente, por ignorancia, etc.] equivocación *a spelling mistake* una falta de ortografía **to make a mistake** equivocarse, cometer un error *It was a mistake to come out without an umbrella.* Fue un error salir sin paraguas. *I walked into the wrong room **by mistake**.* Entré en la habitación que no era por error.

mistake *vt, pas.* **mistook** *pp.* **mistaken** (frec. + **for**) [más bien formal] confundir *I mistook her briefcase for mine.* Confundí su maletín con el mío. *I mistook her intentions.* Malinterpreté sus intenciones.

mistaken *adj* equivocado, erróneo *If you think I'm going to lend you any money, then you're very much mistaken!* ¡Si crees que te voy a prestar algún dinero, estás muy equivocado! *a case of mistaken identity* un caso de confusión de identidad **mistakenly** *adv* equivocadamente, erróneamente

error *sn/nn* [más formal que **mistake**] error *Her translation contained a number of errors.* En su traducción había varios errores. *a typing error* un error de mecanografía

slip *sn* [ligera equivocación, p.ej. como consecuencia de hacer algo demasiado de prisa] error, equivocación *She recited the entire poem without a slip.* Recitó el poema entero sin un traspiés. **a slip of the tongue/pen** un lapsus

slip up *vi fr.* [más bien informal] meter la pata *The police slipped up and allowed the thief to escape.* La policía metió la pata y dejó que el ladrón se escapara.

blunder *sn* [equivocación grave, esp. a consecuencia de un descuido o por no pensar de forma apropiada] metedura de pata, pifia *I've made a terrible blunder; I've sent the documents to the wrong address.* He metido la pata hasta el fondo, he enviado los documentos a la dirección que no era.

blunder *vi* meter la pata, pifiarla *The government has blundered badly over this issue.* El gobierno ha metido la pata hasta el fondo en este tema. (+ **into**) *She blundered into a decision.* Tomó una decisión sin saber lo qué hacía.

fault *sn* **1** [algo mal hecho en relación a ciertas reglas] error, falta *There were a number of faults in the way the police conducted the interview.* Hubo varios errores en la manera en que la policía llevó a cabo el interrogatorio. **2** [en el carácter de una persona] defecto *Her main fault is her tendency to exaggerate.* Su principal defecto es su tendencia a exagerar. **3** [en máquina] avería *There's a fault in the car's engine.* Hay una avería en el motor del coche. *an electrical fault* una avería eléctrica

fault *vt* [encontrar defectos en algo] criticar *You can't fault his work.* No puedes criticar su trabajo.

faulty *adj* [describe: p.ej. máquina, razonamiento] defectuoso, erróneo

fallacy *sn* **1** idea falsa *It's a fallacy that the camera can never lie.* Es una idea errónea que la cámara nunca miente. **2** [razonamiento falso] sofisma, falacia *Her argument is based on a fallacy.* Su argumento está basado en una falacia. *a mathematical fallacy* una falacia matemática

---

frase

to get hold of the wrong end of the stick (*brit*) [cuando uno cree que ha entendido una cosa pero la ha entendido totalmente al revés] tomar el rábano por las hojas *I thought she was his girlfriend, but I must have got hold of the wrong end of the stick.* Creía que ella era su novia, pero he debido tomar el rábano por las hojas.

300.2 Aproximado

approximate *adj* aproximado *The approximate value of pi is 22/7.* El valor aproximado de pi es 22/7.

approximately *adv* aproximadamente *It's approximately 11:15.* Son aproximadamente las 11:15.

approximate *vi* (frec. + **to**) aproximarse *The value of pi approximates to 22/7.* El valor de pi se aproxima a 22/7. **approximation** *sn* aproximación

rough *adj* [menos formal que **approximate**. Describe: p.ej. cálculo, descripción] aproximado, a grandes rasgos

roughly *adv* aproximadamente *Can you tell me roughly what time you'll arrive?* ¿Puedes decirme más o menos a qué hora llegarás?

general *adj* [no detallado] general *Can you give me a general idea of what you plan to do?* ¿Puedes darme una idea general de lo que piensas hacer? *His recommendations were too general to be of much use.* Sus recomendaciones fueron demasiado generales para ser de mucha ayuda.

ball park *sn* [informal. Norml. se usa al referirse a un número o cantidad] *It's in the ball park of 2,500.* Son aproximadamente 2.500. (usado como *adj*) *I can give you a ball-park figure of £500.* Te puedo dar una cifra aproximada de 500 libras.

---

frase

in the region of [norml. se refiere a un número o cantidad] alrededor de *It'll cost something in the region of £100.* Costará alrededor de las 100 libras.

301 Careful Cuidadoso

careful adj cuidadoso a careful driver/worker un conductor prudente/un trabajador esmerado Be careful when you cross the road. Ten cuidado al cruzar la calle. (+ **with**) Be careful with that vase; it's very valuable. Ten cuidado con ese jarrón; es muy valioso. (+ **to** + INFINITIVO) I was careful not to mention her ex-husband. Tuve cuidado de no mencionar a su ex-marido. **carefully** adv cuidadosamente

care snn cuidado These dangerous chemicals should be handled with care. Estos productos químicos tan peligrosos deben manipularse con cuidado. She **takes** a lot of **care over** her work. Trabaja con mucho esmero. **Take care** not **to** wake the baby. Ten cuidado de no despertar al bebé. *ver también **254 Look after**

cautious adj [antes de actuar, p.ej. para evitar peligro] cauteloso, prudente a cautious driver/investor un conductor/inversor cauteloso You're too cautious; you need to act boldly if you want to succeed. Eres demasiado cauteloso, tienes que ser más resuelto si quieres triunfar. cautious optimism optimismo moderado **cautiously** adv cautelosamente, con precaución

caution snn cautela Police officers should show/exercise caution when approaching armed criminals. Los agentes de policía deben actuar con cautela al acercarse a delincuentes armados.

caution vt (frec. + **against**) [más formal que **warn**] advertir I cautioned her against over-optimism/being over-optimistic. La advertí contra el optimismo desmesurado.

guarded adj [sugiere ligeras dudas o recelos. Describe: p.ej. optimismo, bienvenida] moderado, precavido, cauteloso **guardedly** adv cautelosamente

beware vi (frec. + **of**) tener cuidado You'd better beware; there are thieves about. Más vale que tengas cuidado, hay ladrones por aquí. Beware of the dog. Cuidado con el perro.

thoughtful adj [que piensa sensatamente y con calma] sensato, prudente I admire his thoughtful approach to problem-solving. Admiro la serenidad y sensatez con que enfoca los problemas. *ver también **104 Think; 224 Kind**

patient adj [dispuesto a esperar algo con calma] paciente Be patient! The bus will be along in a minute. ¡Sé paciente! El autobús llegará enseguida. (+ **with**) The teacher is very patient with the children. La maestra es muy paciente con los niños. **patiently** adv pacientemente **patience** snn paciencia

attention snn (frec. + **to**) [concentración en una tarea, acontecimiento, etc.] atención The children weren't **paying attention** (to the teacher). Los niños no prestaban atención (al maestro). I will give the matter my full attention. Dedicaré toda mi atención al asunto. I admired the artist's attention to detail. Admiraba la preocupación del artista por los detalles. **attentive** adj atento **attentively** adv atentamente

301.1 Prestar atención a los detalles

detail sn/nn detalle Can you give me further details of your proposals? ¿Puede darme más detalles de sus propuestas? She explained **in detail** what had happened. Explicó con detalle lo sucedido. It was a perfect copy in every detail. Era una copia exacta en cada detalle.

detailed adj [describe: p.ej. descripción, análisis] detallado

check vti (frec. + **for**) revisar, comprobar Always check your tyres before starting a long journey. Revise siempre sus neumáticos antes de emprender un viaje largo. The teacher checks the children's work (for mistakes). El profesor revisa el trabajo de los niños (para ver si hay errores). (+ **that**) Check that you haven't forgotten anything. Asegúrate de que no has olvidado nada.

check sn revisión I'll give the tyres a quick check. Voy a echarles una rápida ojeada a los neumáticos.

thorough adj [que no omite ningún aspecto, detalle, etc. de un trabajo] minucioso, concienzudo The investigation was very thorough. La investigación fue muy minuciosa. **thoroughness** snn minuciosidad

thoroughly adv a fondo, minuciosamente The kitchen had been thoroughly cleaned. La cocina había sido limpiada a fondo.

meticulous adj meticuloso **meticulously** adv meticulosamente

painstaking adj [que pone mucho esfuerzo para conseguir buena calidad] laborioso, esmerado I admired the archaeologists' painstaking reconstruction of a medieval village. Admiré la laboriosa reconstrucción de los arqueólogos de un poblado medieval. **painstakingly** adv laboriosamente, con esmero

particular adj (frec. + **about**) [que sabe exactamente lo que quiere y lo que no quiere] exigente, especial He's very particular about cleanliness. Es muy exigente con la limpieza. *ver también **84 Particular**

fussy adj (frec. + **about**) [más peyorativo que **particular**] quisquilloso, delicado The children are very fussy about their food. Los niños son muy caprichosos con la comida. **fussiness** snn puntillosidad

302 Careless Descuidado

ver también **252 Danger**

careless adj descuidado, negligente a careless, untidy piece of work un trabajo descuidado y mal presentado It was careless of you to leave the door unlocked. Fue muy descuidado por tu parte dejar la puerta abierta. (+ **with**) He's very careless with his belongings. Es muy descuidado con sus efectos personales. **carelessness** snn descuido, negligencia

carelessly adv descuidadamente He had carelessly left a cigarette burning in the ashtray. Había tenido la imprudencia de dejar un cigarrillo encendido en el cenicero.

neglect vt [obj: p.ej. niño, deber] descuidar, desatender The house has been badly neglected. La casa ha estado muy descuidada. His wife feels neglected. Su mujer se siente abandonada.

neglect snn negligencia, descuido The house was suffering from neglect. La casa estaba descuidada. The soldier was charged with neglect of duty. El soldado fue acusado de incumplimiento de su deber.

negligent adj (frec. + **in**) [esp. en contextos formales. En los deberes, responsabilidades, etc.] negligente, descuidado The social workers were negligent in not making proper enquiries. Los asistentes sociales fueron negligentes al no realizar las investigaciones apropiadas.

negligence snn negligencia The accident was caused by the driver's negligence. El accidente fue causado por la negligencia del conductor.

slapdash adj [más bien peyorativo. Sugiere que algo se ha hecho demasiado deprisa. Describe: esp. trabajo] chapucero, descuidado

superficial adj [que no considera algo en suficiente profundidad o detalle. Describe: p.ej. análisis, conocimiento] superficial The report was too superficial to be of much use. El informe era demasiado superficial para ser de mucha ayuda. Many people have quite a superficial view of politics. Muchas personas tienen una opinión bastante superficial de la política. **superficially** adv superficialmente **superficiality** snn superficialidad *ver también **37 Seem**

thoughtless adj [hecho sin tomar en cuenta las consecuencias, los sentimientos de los demás, etc. Describe: p.ej. acción, observación] irreflexivo, desconsiderado It was thoughtless of you to ask her about her ex-husband. Fue muy desconsiderado por tu parte preguntarle por su ex-marido. **thoughtlessly** adv sin pensar, irreflexivamente **thoughtlessness** snn irreflexión, falta de consideración

rash adj [hecho de prisa, sin pensar adecuadamente. Describe: p.ej. promesa, decisión] precipitado, imprudente It was rash of her to accept such a difficult assignment. Se precipitó al aceptar una tarea tan difícil. **rashly** adv precipitadamente, imprudentemente

reckless adj [correr un riesgo de peligro, herida, etc.] temerario, imprudente She was charged with reckless driving. Fue acusada de conducción temeraria. **recklessly** adv temerariamente, imprudentemente

foolhardy adj [aún más enfático que **reckless**] temerario, intrépido It was utterly foolhardy of you to dive off the top of that cliff. Fue una auténtica temeridad que te tiraras al mar desde lo alto de aquel acantilado.

303 Machinery Maquinaria

ver también **296 Computers; 382 Tools**

machine snn máquina I've always been fascinated by machines. Siempre me han fascinado las máquinas. a sewing machine una máquina de coser a coffee machine una cafetera (+ **for**) a machine for punching holes in metal plates una máquina para perforar agujeros en láminas de metal

machinery snn 1 [máquinas] maquinaria the outdated machinery in this factory la maquinaria anticuada de esta fábrica 2 [piezas que funcionan en una máquina] mecanismo He got his sleeve caught in the machinery. Se le quedó la manga enganchada en el mecanismo.

mechanism snn [conjunto de piezas móviles que funcionan a la vez] mecanismo A watch is an intricate mechanism. Un reloj es un mecanismo complejo. the firing mechanism of a gun el mecanismo para disparar un arma

mechanical adj 1 [frec. se opone a **electric**] mecánico a mechanical lawnmower un cortacésped mecánico 2 [relacionado con las máquinas] mecánico The apprentices are taught mechanical skills. A los aprendices se les enseñan técnicas mecánicas. **mechanically** adv mecánicamente

mechanic sn mecánico a car mechanic un mecánico de coches

operate v 1 vt [obj: máquina] manejar, accionar The apprentice is learning to operate the lathe. El aprendiz está aprendiendo a hacer funcionar el torno. a battery-operated hairdryer un secador que funciona con pilas 2 vi [suj: máquina] funcionar She explained how a printing press operates. Explicó como funciona una prensa. **operator** snn operario

operation snn funcionamiento Visors must be worn when the machine is **in operation**. Hay que llevar víseras cuando la máquina está en funcionamiento.

operational adj en funcionamiento, listo para ser usado The new computer is fully operational. El nuevo ordenador está en pleno funcionamiento.

engineer sn 1 [profesional] ingeniero civil/electrical engineer ingeniero de caminos/eléctrico 2 [trabajador, obrero] técnico The engineer came to repair the photocopier. El técnico vino a reparar la fotocopiadora.

engineering snn ingeniería civil/electrical engineering ingeniería de caminos/eléctrica heavy/light engineering ingeniería pesada/ligera

technical adj [relacionado con conocimientos y técnicas especializados] técnico The car manual was too technical for me to understand. El manual del

bicycle pump
bomba de bicicleta

petrol pump (brit), **gas pump** (amer)
surtidor de gasolina

foot pump
bomba de pie

coche era demasiado técnico para que yo lo entendiera. *a technical term in chemistry* un término técnico de química

technician *sn* [persona que realiza un trabajo técnico, pero no un profesional] técnico *a lab/dental technician* un técnico de laboratorio/un protésico dental

technology *snn* tecnología *Technology is advancing at a rapid rate.* La tecnología está avanzando a un ritmo rápido. *The company has invested heavily in new technology.* La empresa ha invertido mucho en nueva tecnología. *computer technology* tecnología informática **technological** *adj* tecnológico

technologically *adv* tecnológicamente *a technologically advanced society* una sociedad tecnológicamente avanzada

automatic *adj* automático *an automatic drinks dispenser* un distribuidor automático de bebidas *All the doors on the train are automatic.* Todas las puertas del tren son automáticas.

automatically *adv* automáticamente *The doors open automatically.* Las puertas se abren automáticamente.

303.1 Tipos y piezas de máquinas

motor *sn* [usado para hacer funcionar una máquina o un electrodoméstico] motor *an electric motor* un motor eléctrico *The washing machine needs a new motor.* La lavadora necesita un motor nuevo.

engine *sn* [en un coche, etc.] motor *a car engine* un motor de coche *to switch on the engine* encender el motor (usado como *adj*) *The car's been having engine trouble.* El coche ha tenido problemas de motor.

switch *sn* interruptor *Where's the light switch?* ¿Dónde está el interruptor de la luz?

switch (sth) **on** o **switch on** (sth) *vti fr.* [obj: luz, electrodoméstico] encender, enchufar *Just plug the machine in and switch (it) on.* Simplemente conecte el aparato y póngalo en marcha.

switch (sth) **off** o **switch off** (sth) *vti fr.* apagar, desenchufar *Don't forget to switch off the computer when you've finished using it.* No olvides apagar el ordenador cuando hayas acabado de usarlo.

lever *sn* palanca *Just push/pull this lever to start the machine.* Simplemente agacha/tira de la palanca para poner en marcha la máquina. *I used this knife as a lever to open the door.* Usé este cuchillo como palanca para abrir la puerta.

lever *vt* (norml. + *adv* o *prep*) apalancar *I levered open/off/up the lid using a crowbar.* Levanté la tapa con una palanca. *The concrete slab was levered into*

position. El bloque de hormigón fue colocado en su sitio con una palanca. **leverage** *snn* apalancamiento

cog o **cogwheel** *sn* rueda dentada

piston *sn* pistón, émbolo

pump *sn* bomba *the pump in the central heating system* la bomba del sistema de calefacción central

pump *vti* sacar con una bomba, bombear, dar a la bomba *The oil has to be pumped to the surface.* El petróleo debe sacarse a la superficie con una bomba. (+ **up**) *You need to pump up your bicycle tyres.* Tienes que inflar los neumáticos de tu bicicleta. *Just keep pumping until the water comes out.* Sigue dándole a la bomba hasta que salga el agua.

filter *sn* **1** [para eliminar impurezas] filtro *oil filter* filtro de aceite **2** [en una cámara, etc.] filtro

filter *vt* filtrar *The water is filtered in order to remove impurities.* El agua se filtra para eliminar impurezas. (+ **out**) *The impurities are filtered out.* Las impurezas se eliminan con el filtro.

funnel *sn* embudo *I poured the oil through the funnel.* Vertí el aceite por el embudo.

funnel *vt*, -ll- (*brit*), norml. -l- (*amer*) canalizar *The water is funnelled into/through this hole.* El agua se canaliza por este agujero.

valve *sn* **1** [en una tubería, etc.] válvula **2** [en una radio anticuada, etc.] lámpara

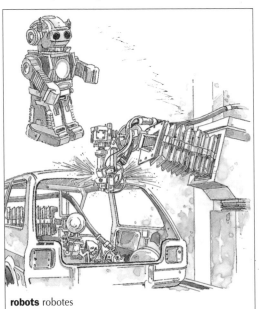

robots robotes

fuse *sn* fusible, plomo *a 13-amp fuse* un fusible de 13 amperios *to blow a fuse* fundir un fusible *The fuse for the upstairs lights has blown.* El fusible de las luces del piso de arriba se ha fundido. (usado como *adj*) *fuse wire* alambre de fusible

fuse *vti* (*brit*) [provocar un paro en el funcionamiento a causa de un fusible fundido. Obj: electrodoméstico, interruptor] fundir(se) *If the bulb is too powerful you'll fuse the lamp.* Si la bombilla es demasiado potente fundirás la lámpara. *The lamp has fused.* la lámpara se ha fundido.

fuse-box *sn* caja de fusibles

303.2 Fuentes y tipos de energía

power *snn* energía *nuclear/solar/hydroelectric power* energía nuclear/solar/hidroeléctrica *I plugged in the machine and switched on the power.* Enchufé la máquina, y la puse en marcha. (usado como *adj*) *power cuts* cortes de corriente/apagones

nuclear *adj* nuclear *a nuclear power station* una central (de energía) nuclear

atomic *adj* [en estos contextos, más anticuado que **nuclear**] atómico *the peaceful use of atomic energy* el uso pacífico de la energía atómica

solar *adj* solar *solar panels* paneles solares

steam *snn* vapor *The earliest cars used to run on steam.* Los primeros coches funcionaban con vapor. (usado como *adj*) *a steam engine* una máquina de vapor

clockwork *snn* (*esp. brit*) mecanismo de relojería *The music box is worked by clockwork.* La caja de música funciona mediante un mecanismo de relojería. (usado como *adj*) *a clockwork train set* un tren de cuerda

battery *sn* pila, batería *The battery's run out.* La pila se ha gastado. *to recharge a battery* cargar una batería *a battery-operated radio* una radio de pilas

radiation *snn* radiación *solar radiation* radiación solar *He had been exposed to dangerous radiation.* Había estado expuesto a radiaciones peligrosas.

radioactivity *snn* radiactividad **radioactive** *adj* radiactivo

303.3 Combustible

fuel *snn/n* combustible, carburante *The car has run out of fuel.* El coche se ha quedado sin combustible. *Coal is one of the cheapest fuels available.* El carbón es uno de los combustibles más baratos de que disponemos. *solid fuel* combustible sólido

gas *snn* **1** gas *There was a smell of gas in the room.* La

habitación olía a gas. (usado como *adj*) *a gas cooker/fire* una cocina/una estufa de gas **2** (*amer*) [forma abreviada informal de **gasoline**] gasolina

coal *s* **1** *snn* carbón *Put some more coal on the fire.* Echa más carbón al fuego. **2** *sn* un(a) pedazo/brasa de carbón *A burning coal had fallen onto the carpet.* Una brasa de carbón había caído en la alfombra.

oil *snn* **1** [materia prima] petróleo *crude oil* crudo *Saudi Arabia is a major producer of oil.* Arabia Saudí es un importante productor de petróleo. **2** [para lubricar motores de coche, etc.] aceite

petrol (*brit*), **gasoline** (*amer*) *snn* [esp. como combustible para coches, etc.] gasolina *The car runs on unleaded petrol.* El coche funciona con gasolina sin plomo. (usado como *adj*) *petrol tank/pump/station* depósito/surtidor de gasolina/estación de servicio

diesel *snn* diesel *Most lorries run on diesel.* La mayoría de los camiones funcionan con diesel. (usado como *adj*) *a diesel engine* un motor diesel

303.4 Electricidad

electric *adj* eléctrico *an electric fire/guitar* una estufa eléctrica/una guitarra eléctrica *an electric current/charge* una corriente/carga eléctrica

electrical *adj* [describe: p.ej. electrodoméstico, circuito, energía] eléctrico *I'm hopeless with anything electrical.* Soy inútil con cualquier cosa eléctrica.

electronic *adj* [que funciona o está relacionado con transistores o componentes similares] electrónico *an electronic listening device* un aparato de escucha electrónico *electronic components* componentes electrónicos **electronically** *adv* electrónicamente

current *snn/n* corriente *The ammeter shows how much current is flowing.* El amperímetro indica cuánta corriente está afluyendo. *an electric current* una corriente eléctrica

voltage *sn/nn* voltaje *What is the voltage of your electric razor?* ¿Cuál es el voltaje de su maquinilla de afeitar?

U S O

La energía eléctrica se mide en **volts** (voltios), la corriente eléctrica en **amps** (amperios) y la potencia o el rendimiento de un aparato eléctrico en **watts** (vatios), p.ej. *a 9-volt battery* (una pila de 9 voltios) *a 13-amp fuse* (un fusible de 13 amperios) *a 100-watt light bulb* (una bombilla de 100 vatios)

---

304 **Materials** Materiales

ver también **16 Metals**; **193 Textiles**; **382 Tools**; **293 Make**

U S O

Cuando uno desea indicar el material de que está hecha una cosa, la frase normal es **made of**, p.ej. *This chair is made of wood/plastic.* (Está silla es de madera/plástico.) *What (kind of rock) are stalagmites made of?* (¿De qué (tipo de roca) están hechas las estalagmitas?) Las frases **made out of** y **made from** ponen mucho más énfasis en el proceso de elaboración de alguna cosa, y frec. sugieren que un objeto o una sustancia se ha transformado en otro/a, p.ej. *a model of the Eiffel Tower made out of matchsticks* (una maqueta de la Torre Eiffel hecha con cerillas) *Paper is made from wood.* (El papel se elabora a partir de la madera.)

plastic *snn/n* plástico *toy soldiers made of plastic* soldados de juguete de plástico *a firm that makes plastics* una empresa que elabora plásticos (usado como *adj*) *plastic knives and forks* cuchillos y tenedores de plástico *a plastic bag* una bolsa de plástico

glass *snn* vidrio *a piece of broken glass* un trozo de vidrio roto *pane of glass* un cristal (usado como *adj*) *a glass jug* una jarra de vidrio

fibreglass *snn* fibra de vidrio (usado como *adj*) *a boat with a fibreglass hull* un barco con un casco de fibra de vidrio

clay *snn* arcilla *Bricks are made of baked clay.* Los ladrillos están hechos de arcilla cocida.

earthenware *snn* [arcilla basta cocida] objetos de barro (usado como *adj*) *earthenware pottery* cacharros de barro

asbestos *snn* asbesto, amianto

polystyrene *snn* poliestireno

304.1 Materiales para la construcción

brick *sn/nn* ladrillo *a pile of bricks* un montón de ladrillos *houses made of red brick* casas de ladrillo rojo (usado como *adj*) *a brick building/wall* un edificio/una pared de ladrillo

stone *snn* piedra *a statue made of stone* una estatua de piedra (usado como *adj*) *stone houses/walls* casas/muros de piedra *ver también **13 Geography and Geology**

concrete *snn* hormigón *skyscrapers made of concrete and glass* rascacielos de hormigón y vidrio (usado como *adj*) *a concrete block/floor/shelter* un bloque/suelo/refugio de hormigón

concrete *vt* (norml. + **over**) revestir de hormigón *They've had their lawn concreted over.* Han cubierto el césped de hormigón.

cement *snn* cemento

cement *vt* [pegar, unir] fijar con cemento, revestir de cemento *The builders are cementing the window frames in place.* Los constructores están fijando los marcos de las ventanas con cemento.

cement mixer *sn* hormigonera

slate *snn/n* pizarra *Slate is mined in this quarry.* De esta cantera se extrae pizarra. *A slate has fallen off the roof.* Se ha caido una teja del tejado. (usado como *adj*) *a slate roof* un tejado de pizarra

plaster *snn* yeso, argamasa *The plaster was peeling off the walls.* La pared se estaba desconchando.

plaster *vti* [obj: pared] enyesar, enlucir *I've spent all*

morning plastering. Me he pasado toda la mañana enyesando. **plastering** *snn* enlucido

304.2 Madera

wood *snn* madera *a plank of wood* una tabla de madera *What kind of wood is this furniture made of?* ¿De qué tipo de madera están hechos estos muebles? **wooden** *adj* de madera

timber (*brit*), **lumber** (*amer*) *snn* [madera usada para la construcción y fines industriales] madera (de construcción)

log *sn* [sección del tronco de un árbol o una rama gruesa no tratada] leño, tronco *Put another log on the fire.* Pon otro leño en el fuego.

board *s* **1** *sn* [esp. trozo rectangular de madera] tabla *a bread board* una tabla para cortar el pan *She pinned the map to a large board.* Clavó el mapa en un tablón grande. **2** *snn* [material similar a la madera fina o al cartón grueso] cartón *The two voting booths are divided by a piece of board.* Las dos cabinas para votar están separadas por una pared de cartón.

plank *sn* tabla *a platform built out of wooden planks* una plataforma construida con tablas de madera

cork *s* **1** *snn* corcho (usado como *adj*) *cork table mats* salvamanteles de corcho **2** *sn* [en botella de vino, etc.] corcho

304.3 Materiales blandos

paper *snn* papel *a sheet/piece of paper* una hoja/un trozo de papel *writing paper* papel de carta *parcels wrapped in brown paper* paquetes envueltos en papel de embalar (usado como *adj*) *a paper cup/ handkerchief/ aeroplane* una taza/pañuelo/avión de papel

cardboard *snn* cartón (usado como *adj*) *a cardboard box* una caja de cartón

card *snn* (*esp. brit*) [cartón fino] cartulina *The shirt has a piece of stiff card inside the collar.* La camisa tiene un trozo de cartulina dura dentro del cuello.

rubber *snn* caucho, goma *a smell of burning rubber* un olor a caucho quemado (usado como *adj*) *a rubber ball/spider* una pelota/una araña de goma

wax *snn* cera *The wax from the candle had dripped onto the carpet.* La cera de la vela había goteado en la moqueta.

polythene *snn* politeno, plástico *sandwiches wrapped in polythene* bocadillos envueltos en película de plástico (usado como *adj*) *a polythene bag* una bolsa de plástico

305 Thing Cosa

thing *sn* **1** cosa *What's that thing on the floor?* ¿Qué es esa cosa que hay en el suelo? *living things* seres vivos *He keeps his gardening things in this shed.* Guarda sus cosas de jardinería en este cobertizo. *Look at that dog; the poor thing is lost.* Mira ese perro, el pobrecito está perdido. *There's **no such thing as** ghosts.* Los fantasmas no existen. **2** [idea, acción, hecho, etc.] cosa *A strange*

thing happened to me the other day. Me ocurrió una cosa extraña el otro día. *The first thing I did when I arrived was telephone my mother.* Lo primero que hice al llegar fue telefonear a mi madre. *She told me all the things she disliked about him.* Me dijo todo lo que le disgustaba de él. *I didn't hear/feel a thing.* No oí/noté nada.

object *sn* [más formal que **thing**. Frec. no identificado] objeto *What's that strange object on the table?* ¿Qué es ese extraño objeto que hay en la mesa?

item *sn* [una cosa entre un número de cosas, p.ej. en una lista] artículo *He'd left the shop without paying for some of the items in his basket.* Se había ido de la tienda sin pagar algunos de los artículos que llevaba en el cesto. *an item of clothing* una prenda de vestir *the next item on the agenda* el siguiente asunto a tratar

article *sn* [esp. algo que es útil o de valor] artículo *an article of clothing* una prenda de vestir *Several valuable articles were stolen.* Fueron robados varios objetos de valor.

device *sn* [herramienta o máquina] aparato, dispositivo *This dictaphone is a handy little device.* Este dictáfono es un aparatito útil. (+ **for**) *a device for removing stones from horses' hooves* un aparato para extraer piedras de las pezuñas de los caballos *explosive/ listening device* artefacto explosivo/aparato de escucha

305.1 Cosas que existen como masa

substance *sn* [cualquier tipo de materia] sustancia *Chemists handle some very dangerous substances.* Los químicos manipulan algunas sustancias muy peligrosas.

material *sn* [a partir del cual se puede hacer una cosa] material *Plastic is an extremely cheap material.* El plástico es un material sumamente barato. *building/writing materials* materiales de construcción/objetos de escritorio *ver también **193 Textiles***

stuff *snn* **1** [más bien informal. Término genérico para cualquier sustancia] material, cosa *I can't get this stuff off my hands.* No puedo quitarme esto de las manos. *What's that red stuff in that bottle?* ¿Qué es eso rojo que hay en la botella? **2** [informal. Varias cosas] cosas, trastos *You can leave your stuff in my office.* Puedes dejar tus cosas en mi despacho. *I've got a lot of stuff to do today.* Tengo un montón de cosas que hacer hoy.

306 Sort Clase

sort *sn* (frec. + **of**) [de significado muy similar a **kind**, pero se hace más hincapié en que se trata de una categoría definida] clase, tipo *What sort(s) of food do you like best?* ¿Qué clase de comida prefiere? *I never read that sort of novel/novels of that sort.* Nunca leo esa clase de novela. *I'll make some sort of sauce to go with the fish.* Haré alguna salsa para acompañar el pescado. *She's **a sort of** private detective.* Es una especie de detective privada. *He's caused us **all sorts of** problems.* Nos ha causado todo tipo de problemas. *ver también **65 Order***

kind *sn* (frec. + **of**) [el término genérico principal y más impreciso] clase, tipo *What kind of weather can we expect in Australia?* ¿Qué tiempo podemos esperar en Australia? *We saw many different kinds of animal(s).* Vimos muchas especies diferentes de animales. *She's not the kind of person to bear a grudge.* No es el tipo de persona que guarda rencor.

type *sn* [frec. sugiere una categoría bastante precisa y determinada] tipo *What type of car have you got?* ¿Qué tipo de coche tienes? *He's a different type of person from me.* Es un tipo de persona diferente a mí. *I like all types of music.* Me gusta todo tipo de música.

breed *sn* **1** [de una especie animal, p.ej. perros, ganado] raza **2** casta *a new breed of businessman* una nueva raza de hombres de negocios

species *sn, pl* **species** [palabra técnica usada cuando se habla de plantas y animales] especie *That butterfly is an **endangered species**.* Esta mariposa es una especie en peligro de extinción.

category *sn* [esp. en contextos formales] categoría *Verbs fall into two main categories, transitive and intransitive.* Los verbos se dividen en dos categorías principales: transitivos e intransitivos.

categorize, TAMBIÉN **-ise** *vt* (*brit*) clasificar *Some of these books are difficult to categorize.* Algunos de estos libros son difíciles de clasificar. (+ **as**) *I don't wish to be categorized as disabled.* No deseo ser clasificado como minusválido.

categorization, TAMBIÉN **-isation** *snn/n* (*brit*) clasificación

variety *sn* [enfatiza la diferencia entre un objeto, etc. y otro] variedad *There are many different varieties of breakfast cereal.* Existen muchas variedades diferentes de cereales para desayuno.

version *sn* (frec. + **of**) [de un texto, canción, etc.] versión *On the B-side there is an instrumental version of the same song.* En la cara B hay una versión instrumental de la misma canción. *different versions of the Bible* diferentes versiones de la Biblia *Each witness gave a different version of what happened.* Cada testigo dio una versión diferente de lo sucedido.

manner *sn* [modo en que se hace una cosa] manera *They criticized the manner in which the police carried out the arrests.* Criticaron la manera en que la policía llevó a cabo las detenciones. *Shaking hands is a traditional manner of greeting somebody.* Darse la mano es una manera tradicional de saludar a alguien. *ver también **142 Personality***

style *sn* [modo en que está diseñado o presentado, frec. a diferencia de su contenido] estilo [de ropa, cabello] estilo [de un escritor, artista etc.] estilo *I don't like that style of building/architecture.* No me gusta ese estilo de edificio/arquitectura. *These photos show the changing styles of women's clothes.* Estas fotos muestran los estilos cambiantes de la ropa de mujer.

307 **Weights and Measures** Pesos y Medidas

measure *v* **1** *vti* [acción] medir *I measured (the length/width of) the desk.* Medí (la longitud/la anchura del) escritorio. *Electric current is measured in amps.* La corriente eléctrica se mide en amperios. *A thermometer measures temperatures.* Un termómetro mide las temperaturas. **2** *vi* [tener ciertas dimensiones] medir *The room measures 5 metres by 4 metres.* La habitación mide 5 por 4 metros.

measure *s* **1** *sn/nn* medida *The metre is a measure of length.* El metro es una medida de longitud. *a unit of measure* una unidad de medida **2** *sn* [cantidad medida] medida *The barman gave me a double measure of whisky.* El camarero me puso un whisky doble. **3** *sn* [esp. en uso técnico. Instrumento usado para medir] una medida *a two-metre/two-litre measure* una medida de dos metros/litros

measurement **1** *sn* medida *The tailor wrote down my measurements.* El sastre anotó mis medidas. **2** *snn* medición *an instrument used for the measurement of very small distances* un instrumento usado para medir distancias muy pequeñas

ruler *sn* regla

tape measure *sn* cinta métrica

metric *adj* métrico *the metric system* el sistema métrico *The metre is the approximate metric equivalent of the yard.* El metro es el equivalente métrico aproximado de la yarda.

U S O

Aunque el sistema métrico es común en todo el mundo en el uso científico y técnico, su adopción en el uso cotidiano se está empezando a producir de forma lenta en el Reino Unido, y apenas se usa en Estados Unidos. La mayoría de los británicos aún prefiere usar **the Imperial system** (el sistema imperial) que, a diferencia del sistema métrico, no sigue una pauta regular basada en el número 10. El sistema estadounidense es, en la mayoría de casos, igual al británico, pero existen algunas ligeras diferencias en lo que concierne a los equivalentes métricos.

307.1 Longitud

inch (pulgada), *abrev.* **in.,** ″
foot , *pl* **feet** (pie), *abrev.* **ft.,** ′ = 12 **inches**
yard (yarda), *abrev.* **yd.**   = 3 **feet**
mile (milla), *abrev.* **m.**   = 1,760 **yards**
Equivalentes métricos:
millimetre (*brit*), **millimeter** (*amer*), (milímetro) *abrev.* **mm**
centimetre (*brit*), **centimeter** (*amer*), (centímetro) *abrev.* **cm**
kilometre (*brit*), **kilometer** (*amer*), (kilometro) *abrev.* **km**
metre (*brit*), **meter** (*amer*), (metro) *abrev.* **m**
1 **inch**   = 2.54 **cm**
1 **yard**   = .9144 **m**
1 **mile**   = 1.609 **km**

The worm was three inches long. El gusano medía tres pulgadas.

She is five foot/feet six inches tall. (5′ 6″) Mide cinco pies y seis pulgadas. (un metro sesenta y siete)

He can run 100 yards in less than 10 seconds. Puede recorrer 100 yardas en menos de 10 segundos.

The church is about 200 yards from the post office. La iglesia está aproximadamente a 200 yardas de la oficina de correos.

Their house is about a quarter of a mile away from here. Su casa está aproximadamente a un cuarto de milla de aquí.

307.2 Area

square *adj* cuadrado *one square foot* un pie cuadrado

1 **square foot** = 144 **square inches**
1 **square yard** = 9 **square feet**
1 **acre** (acre) = 4840 **square yards**
1 **square mile** = 640 **acres**
Equivalentes métricos
1 **square inch** = 645.16 mm^2
1 **square yard** = .8361 mm^2
1 **acre**   = 4047 mm^2
1 **square mile** = 259 **hectares** (hectáreas)

They own a 50-acre farm. Tienen una granja de 50 acres.

The forest covers an area of 70 square miles. El bosque cubre una área de 70 millas cuadradas.

307.3 Medidas de capacidad líquida

1 **gill** (cuarta parte de una   = 5 **fluid ounces (fl. oz.)**
pinta, aprox ⅛ de litro)
1 **pint** (pinta)   = 4 **gills**
1 **quart** (un cuarto de galón) = 2 **pints**
1 **gallon** (galón)   = 4 **quarts**
Equivalentes métricos:
millilitre (*brit*), **milliliter** (*amer*), (mililitro) *abrev.* **ml**
litre (*brit*), **liter** (*amer*), (litro) *abrev.* **l**
1 **UK fluid ounce**   = 28.4 **ml**
1 **US fluid ounce**   = 29.6 **ml**
1 **UK pint**   = 568 **ml**
1 **US pint**   = 550.6 **ml**
1 **UK gallon**   = 4.546 **l**
1 **US gallon**   = 3.7853 **l**

Add six fluid ounces of water to the flour. Añada seis onzas de agua a la harina.

a glass of whisky containing one sixth of a gill un vaso de whisky de veintitrés centímetros cúbicos

a pint of beer una pinta de cerveza

307.4 Peso

1 El plural de **stone** es **stones** o **stone**. Si se trata de un peso que es un número de **stones** más un número de libras, entonces se debe usar **stone**, p.ej. *She· weighs ten stone eleven (pounds).* (Pesa 10 **stones** y 11 libras.) **2** Cuando los británicos hablan de su peso, dicen cuanto pesan en **stones** y **pounds**, p.ej. *He weighs twelve stone three.* (Pesa 12 **stones** y tres libras.) Cuando los americanos hablan de su peso, dicen cuanto pesan sólo en **pounds**, p.ej. *He weighs a hundred and seventy-one pounds.* (Pesa ciento setenta y una libras.)

weigh *vit* **1** *vi* [tener cierto peso] pesar *The parcel weighs two kilograms.* El paquete pesa 2 kilogramos. *How much do you weigh?* ¿Cuánto pesas? **2** *vt* [acción] pesar *The post-office clerk weighed the parcel.* El empleado de correos pesó el paquete.

weigh sb **down** o **weigh down** sb *vti fr.* sobrecargar *The postman was weighed down by the heavy sack.* El cartero iba doblado por el peso del saco.

weight *s* **1** *sn/nn* peso *two parcels of different weights* dos paquetes de pesos diferentes *The ship is 2,000 tonnes in weight.* El barco pesa 2.000 toneladas. *I'm trying to lose weight.* Estoy intentando adelgazar. **2** *sn* [objeto usado para añadir peso a algo, p.ej. para usar en balanzas] pesa *We can use these stones as weights to stop the map blowing away.* Podemos usar estas piedras como peso para que no se vuele el mapa. *a*

ounce (onza), *abrev.* **oz.**

pound (libra), *abrev.* **lb**	= 16 **ounces**
stone (*brit*), *pl* **stones** o **stone** (lit. 'piedra', 6 kilos 350 gramos)	= 14 **pounds**
US hundredweight (aprox. quintal)	= 100 **pounds**
(UK) hundredweight, *abrev.* **cwt**	= 112 **pounds**
US ton (tonelada)	= 2000 **pounds**
(UK) ton	= 20 **hundredweight(s)**

Equivalentes métricos:

gram, *abrev.* **g** o **gm** gramo
kilogram, *abrev.* **kg** o **kilo** kilogramo
tonne o **metric ton** tonelada (métrica)

1 **ounce**	= 28.35 **g**
1 **pound**	= 453.6 **g**
1 **US ton**	= 907.2 **kg**
1 **(UK) ton**	= 1016 **kg**, = 1.016 **tonnes** o **metric tons**

six ounces of flour seis onzas de harina

The baby weighed seven pound(s) four ounces. (7 **lb** 4 **oz.**) El bebé pesó siete libras y cuatro onzas.

She weighs nine stone six (pounds) (*brit*)/*a hundred and thirty-two pounds* (*amer*). Pesa cincuenta y nueve kilos setecientos gramos.

two hundredweight of coal cien kilos de carbón

The ship weighs 2,000 tons. El barco pesa 2.000 toneladas.

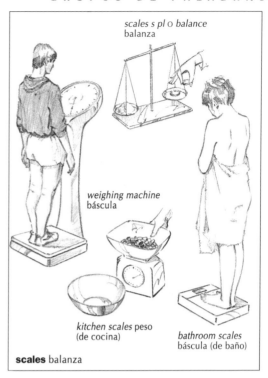

scales s pl o *balance* balanza

weighing machine báscula

scales balanza

kitchen scales peso (de cocina)

bathroom scales báscula (de baño)

250-gram lead weight un peso de plomo de 250 gramos

heavy *adj* pesado *The suitcase was too heavy for me to lift.* La maleta era demasiado pesada para mí. *I'm used to carrying heavy weights.* Estoy acostumbrado a llevar peso. *a heavy overcoat* un abrigo grueso

light *adj* ligero *The suitcase is fairly light.* La maleta es bastante ligera. *Most people wear light clothes in summer.* La mayoría de la gente lleva ropa ligera en verano. *How do you make your cakes so light?* ¿Cómo te salen los pasteles tan ligeros?

307.5 Temperatura

ver también **19 Cold; 20 Hot**

El servicio meteorológico del Reino Unido ha adoptado oficialmente **the Celsius scale** (la escala Celsius), para adaptarse al sistema de los otros países europeos. En esta escala, el agua se congela a 0 grados y hierve a 100 grados. Hasta hace pocos años, se conocía oficialmente como **the Centigrade scale** (la escala centígrada), y probablemente este término todavía es el más corriente en el uso cotidiano. Sin embargo, **the Fahrenheit scale** (la escala Fahrenheit) aún es muy usada, especialmente por la gente mayor. En esta escala, el agua se congela a 32 grados y hierve a 212 grados. La escala Fahrenheit es aún la más corriente en Estados Unidos.

Equivalentes:

$0°C = 32°F$ $30°C = 86°F$
$10°C = 50°F$ $100°C = 212°F$
$20°C = 68°F$

thermometer *sn* termómetro

308 Car Coche

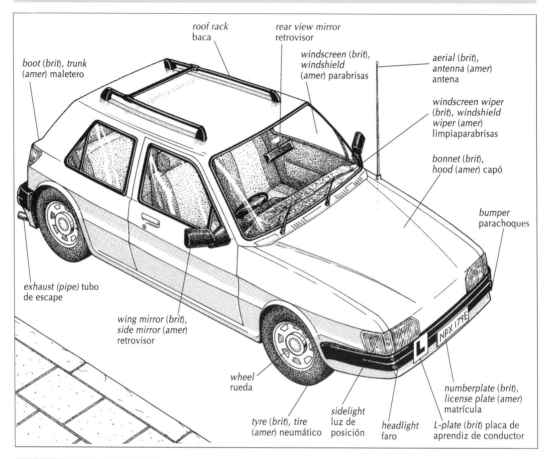

roof rack
baca

rear view mirror
retrovisor

windscreen (*brit*),
windshield
(*amer*) parabrisas

aerial (*brit*),
antenna (*amer*)
antena

windscreen wiper
(*brit*), windshield
wiper (*amer*)
limpiaparabrisas

boot (*brit*), trunk
(*amer*) maletero

bonnet (*brit*),
hood (*amer*) capó

bumper
parachoques

exhaust (*pipe*) tubo
de escape

wing mirror (*brit*),
side mirror (*amer*)
retrovisor

wheel
rueda

tyre (*brit*), tire
(*amer*) neumático

sidelight
luz de
posición

headlight
faro

numberplate (*brit*),
license plate (*amer*)
matrícula

L-plate (*brit*) placa de
aprendiz de conductor

308.1 Dentro del coche

seat *sn* asiento

seat belt *sn* cinturón de
seguridad

ignition *sn* contacto *to
turn on the ignition* darle
al contacto

choke *sn* stárter

steering wheel *sn* volante

clutch *sn* embrague

brake *sn* freno

handbrake *sn* freno de
mano

accelerator (*brit & amer*),
gas pedal (*amer*) *sn*
acelerador

gear lever (*brit*), **gear
shift** (*amer*) *sn* palanca
de cambios

speedometer *sn*
velocímetro

mileometer (*brit*),
odometer (*amer*) *sn*
cuentakilómetros

petrol gauge (*brit*), **gas
gauge** (*amer*) *sn*
indicador del nivel de
gasolina

309 Driving Conducir

drive *vit, pas.* **drove** *pp.* **driven** conducir, ir en coche
Let me drive you home. Déjame que te lleve (en
coche) a casa. *We drove to London.* Fuimos en coche
a Londres. *He drives a bus.* Conduce un autobús.

steer *vit* conducir *She steered wildly to avoid the bike.*
Maniobró como una loca para esquivar la bicicleta.

reverse *vit* dar marcha atrás *Reverse into the garage.*
Entra en el garaje marcha atrás.

give way (to sth) (*brit*), **yield** (*amer*) ceder el paso (a
algo) *Give way to the right at roundabouts.* Ceda el
paso a su derecha en las rotondas.

overtake *vit* adelantar

pull in *vi fr.* parar *Pull in at the next service station.*
Deténgase en la próxima estación de servicio.

park *vit* aparcar *There's nowhere to park.* No hay dónde
aparcar.

car park (*brit*), **parking lot** (*amer*) *sn* aparcamiento

309.1 Conducir más rápido o más lento

accelerate *vi* acelerar *He accelerated round the corner.*
Aceleró al doblar la esquina.

put one's foot down [informal] pisar a fondo *You must have put your foot down to get here so quickly!* ¡Habrás tenido que pisar a fondo para llegar aquí tan rápido!

change gear (*brit*), **shift gears** (*amer*) cambiar de marcha

> **U S O**
>
> Cuando hablamos de cambiar de marcha se utiliza frecuentemente la preposición **into**: p.ej. *to change into third (gear)* (poner la tercera). Si no se menciona el número de la marcha a la que se cambia, se pueden usar los verbos **change up** (*brit*), **shift up** (*amer*) (poner una marcha más larga) or **change down** (*brit*), **shift down** (*amer*) (poner una marcha más corta): p.ej. *I changed down as we approached the junction.* (Puso una marcha más corta al aproximarnos al cruce.) *He changed up a gear.* (Puso una marcha más larga.)

brake *vi* frenar *to brake sharply* frenar de golpe

apply the brakes poner el freno, frenar

decelerate *vi* reducir la velocidad

> **U S O**
>
> **Decelerate** es más formal y menos común que **accelerate**. Es más normal decir **slow down**. También se puede usar el término **speed up** en lugar de **accelerate**.

309.2 Al usar las luces

indicate *vi* poner el intermitente *You forgot to indicate before you turned right.* Se te olvidó poner el intermitente antes de girar a la derecha. **indicator** (*brit*) **turn signal** (*amer*) *sn* intermitente

dip the headlights poner luz de cruce

on full beam con las luces largas

309.3 Problemas al conducir

break down *vi fr.* averiarse *The car broke down miles from home.* El coche se averió a kilómetros de distancia de casa.

breakdown *sn* avería *We had a breakdown.* Tuvimos una avería.

stall *vit* calar(se) *I stalled (the car) at the traffic lights.* Se me caló el coche en el semáforo.

(to have a) flat tyre (tener) un pinchazo

puncture *sn* pinchazo

to run out of petrol quedarse sin gasolina

traffic jam *sn* atasco, embotellamiento

roadworks *s pl* (*brit*) obras en carretera

309.4 Accidentes de carretera

accident *sn* accidente *He was killed in a road/car accident.* Se mató en un accidente de carretera/de coche.

crash *sn* choque, accidente *a car crash* un accidente de coche *He had a crash when trying to overtake another car.* Chocó cuando intentaba adelantar a otro coche.

crash *vit* tener un accidente, chocar *Paul crashed his new car.* Paul ha tenido un accidente con su coche nuevo. *She crashed while driving at 70 miles an hour.* Chocó cuando iba a 110 kilómetros por hora.

pile-up *sn* [accidente de tráfico que afecta a varios automóviles] choque en cadena *Reports are coming in of a pile-up on the M4.* Nos están llegando noticias de un choque en cadena en la M4.

write sth **off** o **write off** sth *vt fr.* (*esp. brit*) [en un accidente dañar el coche de forma irreparable] destrozar *That's the third car he's written off in two years.* Este es el tercer coche que se ha cargado en dos años.

write-off *sn* (*esp. brit*) [un coche dañado en un accidente sin posibilidad de reparación] siniestro total *She was OK but the car was an absolute write-off.* Ella salió ilesa pero el coche fue declarado siniestro total.

hit-and-run driver *sn* conductor que se da a la fuga después de atropellar a una persona o chocar contra otro vehículo

run sb **over** o **run over** sb *vt fr.* [tirar al suelo y herir pero no necesariamente pasar por encima] atropellar *She was run over by a bus.* La atropelló un autobús.

knock sb **down/over** o **knock down/over** sb *vt fr.* [tirar al suelo y herir] atropellar *The old lady was knocked over as she tried to cross the road.* La anciana fue atropellada cuando intentaba cruzar la calle.

309.5 Personas que conducen

driver *sn* [término general y profesión] conductor (frec. se usa en compuestos) *a bus driver* conductor de autobús *a lorry driver* camionero

motorist *sn* [bastante normal. Se usa p.ej. en estadísticas] automovilista **motorcyclist** *sn* motorista

chauffeur *sn* chófer

310 Petrol station Estación de servicio

petrol station o **filling station** (*brit*), **gas station** (*amer*) *sn* gasolinera, estación de servicio

garage *sn* [puede efectuar reparaciones y también vender gasolina] taller, gasolinera

petrol pump (*brit*), **gas pump** (*amer*) *sn* surtidor de gasolina

nozzle *sn* boquilla del surtidor

fill up (sth) o **fill** (sth) **up** *vti fr.* llenar (el depósito) *I filled up with petrol this morning.* Esta mañana llené el depósito.

self-service *adj* autoservicio *a self-service petrol station* una gasolinera de autoservicio

311 Roads Carreteras

road *sn* [término general para cualquier tipo de carretera o calle] carretera, calle *all major roads north* todas las carreteras nacionales que van al norte *to walk down the road* ir caminando por la carretera

motorway (*brit*), **expressway, thruway** o **freeway** (*amer*) *sn* autopista *to drive on the motorway* conducir por la autopista (usado como *adj*) *motorway traffic* el tráfico en las autopistas

highway *sn* (*esp. amer*) [carretera amplia, de importancia] autopista, carretera

main road *sn* [carretera importante, transitada, no siempre amplia] carretera principal

street *sn* [norml. con edificios a cada lado] calle *She*

lives in the same street as me. Ella vive en la misma calle que yo.

avenue *sn* [calle amplia, frec. con árboles a cada lado] avenida

lane *sn* [camino estrecho, frec. con curvas] camino, sendero

track *sn* [no asfaltado. Puede ser estrecho para caminar o ancho para vehículos] camino

bypass *sn* [carretera que rodea un núcleo denso para aliviar el tráfico del centro del mismo] variante, bypass

bypass *vt* [ir o conducir alrededor de, no necesariamente por una carretera de circunvalación. Obj: p.ej. ciudad] no entrar dentro de

lamppost farola

roadsign o signpost señal de tráfico

crossroads cruce

traffic light – semáforo

speed limit límite de velocidad

zebra crossing (*brit*) paso (de) cebra

street calle

one way dirección única

layby (*brit*), rest stop (*amer*) área de descanso

(grass) verge (*brit*) arcén

junction cruce

dual carriageway (*brit*) carretera (o vía) de dos carriles (en cada sentido), autovía

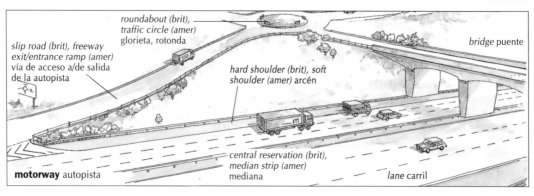

roundabout (*brit*), traffic circle (*amer*) glorieta, rotonda

bridge puente

slip road (*brit*), freeway exit/entrance ramp (*amer*) vía de acceso a/de salida de la autopista

hard shoulder (*brit*), soft shoulder (*amer*) arcén

central reservation (*brit*), median strip (*amer*) mediana

lane carril

motorway autopista

ringroad (*brit*), **beltway** (*amer*) *sn* [carretera que rodea una ciudad] (carretera de) circunvalación, ronda

square *sn* plaza

level crossing *sn* paso a nivel

311.1 Caminos

path *sn* [puede estar pavimentado o no] camino, sendero *a path through the forest* un camino a través del bosque

pavement (*brit*), **sidewalk** (*amer*) *sn* acera

kerb (*brit*), **curb** (*amer*) *sn* bordillo

footpath *sn* [estrecho, a menudo no pavimentado] sendero, camino *a public footpath* un sendero público

alley *sn* [calle estrecha o camino entre edificios] callejón, callejuela

gangway *sn* **1** [en un barco] pasarela **2** (*brit*) [entre asientos p.ej. en un cine o autobús] pasillo

subway *sn* (paso) subterráneo

312 Ships and Boats Barcos y Barcas

ship *sn* [embarcación grande, norml. de alta mar] barco

boat *sn* [más pequeño que **ship**. Puede ser abierto por arriba] barco, barca, bote

vessel *sn* [más bien formal. Barco o barca] buque

craft *sn*, *pl* **craft** [cualquier barco o barca, pero norml. se dice de barcos pequeños] embarcación

aboard *adv* a bordo *All aboard!* ¡Todos a bordo!

on board *adv* a bordo *three weeks on board the 'Queen Elizabeth'* tres semanas a bordo del `Queen Elizabeth'

312.1 Tipos de embarcación

rowing boat (*brit*), **rowboat** (*amer*) *sn* bote de remos

canoe *sn* canoa, piragua **canoeist** *sn* piragüista

yacht *sn* yate **yachtsman** *sn* balandrista, aficionado a la navegación de recreo

raft *sn* balsa

ferry *sn* [transporta pasajeros, vehículos y productos y recorre distancias cortas. Grande o pequeño] ferry

liner *sn* [de mayor importancia que un **ferry**. Barco grande que frec. navega largas distancias] transatlántico

steamboat o **steamer** *sn* [se usa esp. para trayectos fluviales o costeros] (buque de) vapor

barge *sn* barcaza, gabarra

dinghy *sn* dingui, bote

312.2 Partes de una embarcación

sail *sn* vela

mast *sn* palo, mástil

deck *sn* cubierta

cabin *sn* cabina

bridge *sn* puente

wheel *sn* [rueda] timón

rudder *sn* [en el agua] timón

oar *sn* remo

312.3 Viajes por agua

sail *vit* navegar, zarpar *We sail at three.* Zarpamos a las tres. *She sailed her yacht around the world.* Dio la vuelta al mundo en su yate.

row *vit* remar, hacer avanzar con el remo *We rowed across the lake.* Atravesamos el lago a remo.

voyage *sn* [se dice esp. de trayectos aventureros] viaje en barco, travesía

cruise *sn* crucero

embark *vi* embarcarse *We embarked at Liverpool.* Nos embarcamos en Liverpool.

disembark *vi* (frec. + **from**) desembarcar

312.4 Al detener embarcaciones

anchor *sn* ancla *to drop anchor* echar el ancla

anchor *vit* anclar *We anchored in calm waters.* Anclamos en aguas tranquilas.

moor *vit* (frec. + **to**) [atar con una cuerda] amarrar, echar las amarras

moorings *s pl* TAMBIÉN **mooring** [lugar donde se amarra una embarcación] amarradero **2** [cuerdas] amarras

port *sn* puerto

dock *sn* [donde se cargan y descargan los barcos] muelle, dársena **dock** *vit* atracar

jetty *sn* muelle, embarcadero

harbour (*brit*), **harbor** (*amer*) *sn* puerto

pier *sn* **1** [lugar para atracar o rompeolas] malecón, embarcadero **2** [en un lugar de vacaciones] estructura sobre pilares que se adentra en el mar por la que la gente puede pasear

312.5 Personas que trabajan con barcos y barcas

docker *sn* estibador

shipbuilder *sn* constructor de buques

shipbuilding *snn* construcción naval (usado como *adj*) *the shipbuilding industry* la industria naval

shipyard o **dockyard** *sn* astillero

sailor *sn* [se refiere tanto a los profesionales como a las personas que navegan por placer. Puede hacer referencia también a las personas que simplemente viajan en barcos o botes] marinero, navegante

seaman *sn*, *pl* **seamen** [se refiere sólo a hombres, norml. profesionales o marineros muy experimentados] marino, hombre de mar

crew *sn* (+ *v sing* o *pl*) tripulación

captain *sn* capitán

312.6 Accidentes e intentos de evitarlos

overboard *adv* por la borda *Man overboard!* ¡Hombre al agua! *to fall overboard* caer al agua

shipwreck *sn* naufragio

shipwreck *vt* (norml. pasivo) *They were shipwrecked off the Devon coast.* Naufragaron en la costa de Devon.

lighthouse *sn* faro

buoy *sn* boya

lifeboat *sn* bote salvavidas

lifejacket *sn* chaleco salvavidas

313 Aircraft Aviones

aircraft *sn, pl* **aircraft** avión *a light aircraft* una avioneta

aeroplane (*brit*), **airplane** (*amer*), [más informal] **plane** (*brit & amer*) *sn* avión *to fly a plane* pilotar un avión

airline *sn* línea aérea

airliner *sn* [bastante anticuado] avión de pasajeros

jet *sn* reactor

jumbo (jet) *sn* jumbo

glider *sn* planeador

helicopter *sn* helicóptero

spacecraft *sn, pl* **spacecraft** nave espacial

rocket *sn* cohete

(hot air) balloon *sn* globo (de aire caliente)

cockpit *sn* cabina del piloto

cabin *sn* cabina

wing *sn* ala

flew to Moscow with British Airways. Fui a Moscú con British Airways. *We flew into a storm.* Durante el vuelo nos adentramos en una tormenta. *They fly the jets low.* Los reactores vuelan bajo.

flight *sn* vuelo *I booked a flight to Rome.* Reservé un vuelo a Roma. *We had a smooth flight.* Tuvimos un vuelo sin incidentes.

take off *vi fr.* despegar *We took off from London an hour ago.* Despegamos de Londres hace una hora.

take-off *sn* despegue *Fasten your seat belts during take-off.* Abróchense los cinturones durante el despegue.

land *vit* aterrizar *The plane landed in a field.* El avión aterrizó en un prado. *She managed to land the plane safely.* Consiguió aterrizar sana y salva. **landing** *sn* aterrizaje

313.1 El aeropuerto

hangar *sn* hangar

runway *sn* pista

radar *sn* radar

control tower *sn* torre de control

check-in desk *sn* mostrador de facturación

departure lounge *sn* sala de embarque

313.3 Personas que trabajan con aviones

crew *sn* tripulación

pilot *sn* piloto

(air) steward (*masc*) *sn* auxiliar de vuelo **(air) stewardess** (*fem*) *sn* azafata

air hostess *sn* azafata

air traffic controller *sn* controlador aéreo **air traffic control** *s* (+ *v sing* o *pl*) control del tráfico aéreo

313.2 Al volar

fly *vit, pas.* **flew** *pp.* **flown** volar, ir en avión, pilotar *I*

314 Trains Trenes

train *sn* tren *We travelled by train.* Viajamos en tren. *to catch a train* coger un tren *passenger/goods train* tren de pasajeros/de mercancías

carriage (*brit*), **car** (*amer*) *sn* vagón

compartment *sn* [vagón o parte de un vagón] compartimento *a no smoking compartment* un compartimento de no fumadores

railway (*brit*), **railroad** (*amer*) **1** vía férrea. *Don't play on the railway.* No juegues en la vía. **2** TAMBIÉN **railways** [sistema de vías] ferrocarril *the national railway* la red nacional de ferrocarriles

rail *s* **1** *snn* ferrocarril *to travel by rail* viajar en ferrocarril (usado como *adj*) *rail travel* viaje por ferrocarril **2** *sn* [parte de la vía] raíl *Do not cross the rails.* No cruces la vía.

314.1 La estación

(railway) station *sn* estación (de ferrocarril)

terminal *sn* terminal

terminate *vi* terminar el trayecto *This train terminates at Manchester.* Este tren termina el trayecto en Manchester.

waiting room *sn* sala de espera

platform *sn* andén *the train departing from platform 7* el tren que sale del andén 7

(railway) line o **track** *sn* vía

signal *sn* señal

314.2 Personas que trabajan con trenes

porter *sn* maletero, mozo

guard *sn* jefe de tren

ticket collector *sn* revisor

(train) driver *sn* maquinista

signalman *sn* guardavía

315 Other transport Otros medios de transporte

vehicle *sn* [más bien formal o técnico] vehículo *heavy vehicles* vehículos pesados

traffic *snn* tráfico *Heavy traffic blocked the roads.* Las carreteras estaban congestionadas por el tráfico.

315.1 Vehículos para el transporte de mercancías

lorry (*brit*), **truck** (*brit & amer*) *sn* camión

articulated lorry (*brit*), *semi* (*amer*) camión articulado

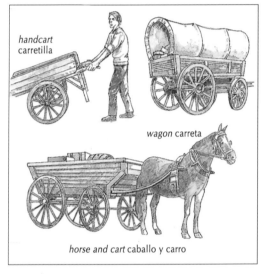

handcart carretilla

wagon carreta

horse and cart caballo y carro

van *sn* furgoneta

cart *sn* [puede tener 2 o 4 ruedas, ir tirado por animales o empujado a mano] carro, carretilla

wagon (*brit & amer*), **waggon** (*brit*) *sn* 1 [esp. tirado por caballos] carro 2 (*brit*) [vehículo ferroviario de mercancías] vagón

315.2 Vehículos para el transporte de viajeros

bus autobús

bus stop parada de autobús

bus conductor cobrador (de autobús)

minibus minibús

taxi o **cab** *sn* taxi *to call a cab* llamar a un taxi

hovercraft *sn* aerodeslizador

caravan (*brit*), **camper** (*amer*) *sn* caravana

315.3 Medios de transporte de dos ruedas

bicycle o [informal] **bike** *sn* bicicleta, bici

cycle *vi* (frec. + **to**) ir en bicicleta, ir en bici

motorbike *sn* moto, motocicleta

motorcycle *sn* [más bien anticuado] motocicleta

moped *sn* vespino, ciclomotor

scooter *sn* 1 o **motor scooter** [más bien anticuado, con ruedas pequeñas] vespa, scooter 2 [vehículo infantil que se conduce poniendo un pie encima de una tabla y empujando con el otro pie contra el suelo] patinete

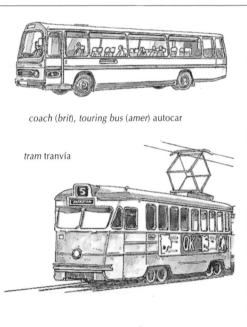

coach (*brit*), *touring bus* (*amer*) autocar

tram tranvía

316 Travel documents and Procedures
Documentos y Trámites para un viaje

ticket office *sn* ventanilla

ticket *sn* billete

fare *sn* tarifa, precio del billete *Children travel half fare.* Los niños pagan medio billete.

reserve *vt* [obj: asiento, plaza] reservar *I'd like to reserve a seat on the 12.40 train.* Quisiera reservar una plaza en el tren de las 12.40.

reservation *sn* reserva *to make a reservation* hacer una reserva

book *vit* reservar, hacer una reserva *I'd like to book a first class ticket to Seattle please.* Quisiera reservar un billete de primera clase para Seattle por favor. *Will I be able to get a ticket on the day or do you have to book in advance?* ¿Podré conseguir un billete en el mismo día o hay que hacer la reserva con antelación? *Book me on the 12.30 flight.* Hágame una reserva para el vuelo de las 12.30 por favor.

booking *sn/nn* reserva *Do you have a booking available for that flight?* ¿Tiene una plaza libre para ese vuelo?

customs officer *sn* oficial de aduanas

customs *s pl* 1 [lugar] aduana *to go through customs* pasar la aduana 2 [impuestos] derechos de aduana *to pay customs (duty) on sth* pagar los derechos de aduana de algo

declare *vt* declarar *goods to declare* artículos para declarar *nothing to declare* nada que declarar

duty-free *s* 1 *sn* o **duty free shop** (frec. + **the**) tienda libre de impuestos 2 *snn* productos libres de impuestos *Did you buy any duty-free?* ¿Ha comprado algún artículo libre de impuestos?

duty-free *adj* libre de impuestos *duty-free cigarettes* cigarrillos libres de impuestos

passport *sn* pasaporte

visa *sn* visado

boarding pass *sn* tarjeta de embarque

AL COMPRAR LOS BILLETES

Las palabras **single** (*brit*) y **return** (*brit*) se utilizan como sustantivos: *A single to Cambridge, please.* (Un billete de ida para Cambridge, por favor.) *Two returns to Manchester.* (Dos billetes de ida y vuelta para Manchester.)
Return se utiliza a veces como adjetivo: *A return ticket to London.* (Un billete de ida y vuelta para Londres.)
Single normalmente no se utiliza como adjetivo por la posible ambigüedad que conlleva el hecho de que *a single ticket* podría significar un billete sólo de ida o un solo billete.

En inglés americano el término **one-way ticket** se utiliza en lugar de **single ticket**, y **round-trip ticket** en lugar de **return ticket**.

No es normal especificar **second class** (de segunda clase) en billetes de tren, ya que los billetes de segunda clase son la norma. Si quieres viajar en primera debes pedir:
A first-class return to Liverpool, please. (Un billete de ida y vuelta en primera para Liverpool, por favor.)
En las líneas aéreas, es normal especificar la clase que se desea, p.ej. **first class** (primera), **business class** (preferente), **economy class** (turista).

---

317 Travel Viajar

travel *v* -**ll**- (*brit*), -**l**- (*amer*) 1 *vi* viajar *I travelled to London by train.* Fui a Londres en tren. *Have you travelled much?* ¿Has viajado mucho? 2 *vt* recorrer *We travelled over 300 miles a day.* Recorrimos más de 300 millas al día.

travel *snn* el viajar *My job involves a lot of travel.* En mi trabajo tengo que viajar mucho. *air travel* viajes por avión (usado como *adj*) *travel writer* autor de libros de viajes

USO

Tenga cuidado en no confundir **travel**, que es sustantivo no numerable, con **trip** y **journey**, ambos sustantivos numerables. En inglés se puede decir *I've made many interesting trips/journeys.* (He hecho muchos viajes interesantes.), pero no *many interesting travels*.

traveller (*brit*), **traveler** (*amer*) *sn* viajero

travel agent *sn* 1 [persona] agente de viajes 2 [tienda] agencia de viajes **travel agency** *sn* agencia de viajes

tourism *snn* turismo

tourist *sn* turista (usado como *adj*) *the tourist trade* el negocio del turismo *a popular tourist resort/attraction* un popular lugar de veraneo/una atracción popular para turistas

USO

No existe ningún adjetivo que corresponda al sustantivo **tourist**. En su lugar el mismo sustantivo se utilza a menudo como adjetivo, tal como se ve en los ejemplos de arriba.

hitch-hike *vi* hacer autostop **hitch-hiker** *sn* autostopista

commute *vi* (frec. + **to**) [de una forma regular, esp. para ir a trabajar] viajar diariamente al lugar de trabajo *I commute to the office from Berkshire.* Voy a diario a la oficina desde Berkshire.

commuter *sn* persona que viaja diariamente al lugar de trabajo (usado como *adj*) *commuter train* tren de cercanías

passenger *sn* pasajero *air/rail passenger* pasajero de avión/tren (usado como *adj*) *passenger seat* asiento para pasajeros

317.1 Viajes

journey *sn* [término general, cualquier distancia] viaje, trayecto *I always wear a seat belt, even on short journeys.* Siempre me pongo el cinturón de seguridad, incluso en trayectos cortos. *a journey across Africa* un viaje a través de Africa

journey *vi* [más bien literario] viajar *We journeyed through Asia.* Viajamos por Asia.

expedition *sn* expedición *an expedition to the North Pole* una expedición al Polo Norte *a mountaineering expedition* una expedición de montañismo [frec. se usa humorísticamente] *We've had an expedition to the shops.* Hemos hecho una expedición a las tiendas.

explore *vti* explorar *We explored the area on foot.* Exploramos el área a pie. **explorer** *sn* explorador
exploration *sn* exploración *space exploration* exploración del espacio

excursion *sn* [trayecto corto, norml. por placer] excursión *They arrange excursions to a local gold mine.* Organizan excursiones a una mina de oro de la comarca.

trip *sn* [norml. trayecto corto por placer o trabajo. Cuando se usa con respecto a trayectos largos, en inglés británico, da a entender que el hablante lo tiene como algo rutinario] viaje *a shopping trip* un viaje de compras *business trips* viajes de negocios

tour *sn* [un viaje que implica visitar distintos lugares] gira **tour** *vti* hacer una gira (por)

package tour o **package holiday** *sn* [vacaciones a precio fijo que incluye viaje, alojamiento y frec. las comidas] viaje organizado

317.2 Rutas y destinos

way *sn* **1** (frec. + **the**) [ruta] camino *Can you tell me the way to the station?* ¿Me podría decir cómo se va a la estación? **2** dirección *Which way is the Eiffel tower from here?* ¿Cómo se va a la torre Eiffel desde aquí?

direct *vt* [ligeramente formal] *Can you direct me to the nearest Post Office?* ¿Me puede indicar dónde está la oficina de correos más cercana?

mileage *snn* kilometraje

map *sn* mapa

foreign *adj* extranjero *foreign holidays* vacaciones en el extranjero *foreign currency* moneda extranjera *foreign policy* política exterior **foreigner** *sn* extranjero

U S O

Obsérvese que no se utiliza ninguna preposición delante de **abroad**.

abroad *adv* al extranjero, en el extranjero *Did you go abroad for your holiday?* ¿Fuiste al extranjero en las vacaciones? *I lived abroad for several years.* Viví varios años en el extranjero.

overseas *adj* extranjero *overseas customers* clientes extranjeros
overseas *adv* al extranjero *troops based overseas* tropas con base en el extranjero

317.3 Lugares para quedarse

hotel *sn* hotel

motel (*brit & amer*), **motor lodge** (*amer*) *sn* [para automovilistas, norml. para una sola noche] motel

guest house *sn* (*esp. brit*) [una casa privada que hace de pequeño hotel, y donde los visitantes pagan por la comida y el alojamiento] casa de huéspedes

bed and breakfast *sn/nn* (*brit*) [alojamiento en una casa de huéspedes, hotel o casa privada donde se paga por pernoctar y desayunar] pensión

resort *sn* lugar de vacaciones *tourist resort* centro turístico *a skiing resort* una estación de esquí

317.4 Equipaje

ver también **331 Containers**

luggage (*esp. brit*), **baggage** (*esp. amer*) *snn* equipaje *Have you got much luggage?* ¿Lleva mucho equipaje? *hand luggage* equipaje de mano (usado como *adj*) *luggage rack* rejilla para equipaje *luggage label* etiqueta para el equipaje

suitcase *sn* maleta

rucksack (*brit & amer*), **backpack** (*esp. amer*) *sn* mochila

holdall *sn* [bolsa grande o maleta pequeña] bolsa (de viaje)

pack *sn* [cualquier paquete liado y que se lleva a la espalda] fardo, bulto

pack *vit* hacer las maletas, meter en la maleta *Have you packed a warm jumper?* ¿Has metido en la maleta un jersey de abrigo? *She's still packing.* Todavía está haciendo la maleta. *He packed his bags and left.* Hizo sus maletas y se marchó.

318 **Directions** Direcciones

ver también **L20 Directions**

318.1 Puntos cardinales

northern *adj* del norte, septentrional
southern *adj* del sur, meridional

eastern *adj* del este, oriental
western *adj* del oeste, occidental

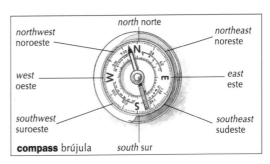

compass brújula

northerly *adj* del/hacia el norte

southerly *adj* del/hacia el sur

easterly *adj* del/hacia el este

westerly *adj* del/hacia el oeste

northward *adj* hacia el norte **northward** o **northwards** *adv* hacia el norte

southward *adj* hacia el sur **southward** o **southwards** *adv* hacia el sur

eastward *adj* hacia el este **eastward** o **eastwards** *adv* hacia el este

westward *adj* hacia el oeste **westward** o **westwards** *adv* hacia el oeste

318.2 Otras direcciones

left *adj & adv* izquierdo *turn left* gire a la izquierda *my left hand* mi mano izquierda

left *snn* izquierda *on the left of the street* en la (parte) izquierda de la calle

right *adj & adv* derecho

right *snn* derecha *the shop on the right* la tienda de la derecha *to the right of the church* a la derecha de la iglesia

inward *adj* **1** [en la mente o el espíritu] interior *inward peace* paz interior **2** hacia dentro *an inward curve* una curva hacia dentro

inward o **inwards** *adv* hacia dentro **inwardly** *adv* por dentro, para sus adentros

outward *adj* **1** [del cuerpo] exterior, externo *Her outward expression remained calm.* La expresión de su rostro permaneció serena. **2** hacia fuera

outward o **outwards** *adv* hacia fuera **outwardly** *adv* por fuera

clockwise *adj* en el sentido de las agujas del reloj

anticlockwise (*brit*), **counterclockwise** (*amer*) *adj* en sentido contrario a las agujas del reloj

sideways *adj* lateral, de reojo *She gave me a sideways glance.* Me lanzó una mirada de reojo. **sideways** *adv* de lado, hacia un lado

reverse *vti* [esp. se usa para vehículos] dar marcha atrás (a) *I reversed the car into the garage.* Metí el coche marcha atrás en el garaje.

reverse *adj* contrario, inverso *in reverse order* en orden inverso

319 Visit Visita

ver también **286 Wait; 434 Friendship**

visit *v* **1** *vt* [obj: persona] visitar *I visited (brit & amer)/visited with (amer) my parents last weekend.* Visité a mis padres el fin de semana pasado. *Are you going to visit him in hospital?/prison?* ¿Irás a visitarlo al hospital/a la cárcel? *visiting hours* horas de visita **2** *vt* [obj: país, ciudad, área etc.] ir a, visitar *They visited Italy last year.* Fueron de viaje a Italia el año pasado. **3** *vt* [obj: p.ej. museo, institución, por interés o placer] ir a ver, visitar **4** *vti* [dar o recibir consejo profesional. Obj: p.ej. doctor, dentista, abogado, etc.] ir a ver *If symptoms persist please visit your doctor.* Si los síntomas persisten consulte a su médico.

visit *sn* (+ **to, from**) visita *I might pay a visit to the British Museum.* Tal vez haga una visita al Museo Británico. *They had a visit from their son.* Recibieron una visita de su hijo. *This isn't a social visit.* No es una visita social.

visitor *sn* visitante, turista *She doesn't get many visitors.* No recibe muchas visitas. *Visitors are asked not to take photographs.* Se ruega a los visitantes que no hagan fotografías.

stay *vi* (+ **with, at**) [implica dormir en el lugar que se está visitando] quedarse, hospedarse *She's staying with friends.* Se hospeda con unos amigos. *I stayed at a lovely hotel.* Me alojé en un hotel muy bueno. *to stay the night* quedarse a pasar la noche

drop in *vi fr.* (frec. + **on**) [informal, implica visita corta e informal] entrar un momento *Why don't you drop in on your way to work?* ¿Por qué no te pasas (por aquí) un momento de camino al trabajo?

guest *sn* **1** [invitado a la casa de alguien, por poco tiempo o para quedarse] invitado, huésped *We've got* guests coming for dinner. Tenemos invitados para cenar. **2** [invitado fuera de casa] invitado *We were taken for a meal as guests of the company.* Fuimos a comer invitados por la empresa. **3** [en un hotel]

huésped *Guests are reminded that breakfast is at 8.* Se recuerda a los huéspedes que el desayuno es a las 8.

host (*masc*), **hostess** (*fem*) *sn* anfitrión/a

320 **Distance** Distancia

ver también **435 Loneliness**

320.1 Cerca

near *prep* cerca de, junto a *I live near the church.* Vivo cerca de la iglesia. *She stood near me.* Estaba de pie junto a mí.

near *adv* cerca *Do you live near (here)?* ¿Vives cerca de aquí?

near *adj* [en el espacio, el tiempo, en grado, etc.] cercano, próximo *I got into the nearest car.* Entré en el coche más cercano. *in the near future* en un futuro próximo *the near left wheel* la rueda izquierda más próxima *Where is the nearest bank from here?* ¿Dónde está el banco más cercano?

close *adj* **1** (frec. + **to**) [en el espacio, el tiempo, en grado, etc.] cercano *Is your house close to an airport?* ¿Está tu casa cerca de un aeropuerto? *It's close to my bedtime.* Es casi hora de acostarme. **2** [describe: p.ej. amigo, colega] íntimo *We were very close.* Estábamos muy unidos.

close *adv* (frec. + **to**) cerca *The lion was coming closer.* El león se estaba acercando. *We stood close to the edge of the cliff.* Estábamos cerca del borde del precipicio. *Don't go too close to that dog.* No te acerques demasiado a ese perro.

closely *adv* de cerca, estrechamente *We worked closely on the project.* Trabajamos estrechamente en el proyecto. *The sheep were packed closely into pens.* Las ovejas fueron agolpadas en rediles.

u s o

Near y **close** tienen un significado muy similar. Sin embargo, **close** nunca se usa sólo como preposición, sino que siempre va seguido de **to**: p.ej. *I stood near the tree.* (Estaba junto al árbol.) *I stood close to the tree.* (Estaba junto al árbol.)

next *adv* después, luego

next *prep* (siempre + **to**) al lado de, junto a *My house is next to the station.* Mi casa está al lado de la estación. *I sat next to her.* Me senté a su lado.

next *adj* de al lado, próximo, siguiente *I turned down the next street.* Giré en la calle siguiente.

nearby *adj* cercano *a nearby village* un pueblo cercano

nearby *adv* cerca *I hid nearby and watched them.* Me escondí cerca y los observé.

u s o

No debe usarse **nearby** como preposición. La preposición que se debe utilizar es **near**.

local *adj* local, del barrio *local shops* tiendas del barrio *local government* gobierno local

locally *adv Do you live locally?* ¿Vive usted por aquí?

local *sn* bar (del barrio)

neighbouring (*brit*), **neighboring** (*amer*) *adj* vecino *The airport is opposed by residents of neighbouring villages.* Los residentes de los pueblos vecinos se oponen a la construcción del aeropuerto.

neighbour (*brit*), **neighbor** (*amer*) *sn* vecino *my next-door-neighbour* mi vecino de al lado *What will the neighbours think?* ¿Qué pensarán los vecinos?

f r a s e s

in the vicinity (of) [formal] en las inmediaciones de, alrededor de *There are roadworks in the vicinity of Junction 13.* Hay obras en las inmediaciones del cruce 13. *The castle gets in the vicinity of 10,000 visitors a year.* El castillo recibe alrededor de 10.000 visitantes al año.

within reach cerca *London is within easy reach by train.* Londres es fácilmente accesible por tren. (frec. + **of**) *When I'm on duty, I have to stay within reach of a phone.* Cuando estoy de servicio, no me puedo alejar mucho de un teléfono.

320.2 Lejos

far *adv, compar.* **farther** o **further**, *superl.* **farthest** o **furthest** lejos *Have you travelled far?* ¿Ha viajado lejos? *Edinburgh isn't far away.* Edimburgo no está lejos. *Do you live far from the office?* ¿Vives lejos de la oficina? *I was far from satisfied.* No estaba satisfecha ni mucho menos.

far *adj, compar.* **farther** o **further**, *superl.* **farthest** o **furthest** lejano *in the far distance* a lo lejos

u s o

Far se usa normalmente en preguntas o negaciones. En oraciones afirmativas se usa frecuentemente en su lugar la expresión **a long way**, p.ej. *'Is it far to Edinburgh?' 'Yes, it's a long way.'/'No, it's not far.'* (¿Está lejos de aquí Edimburgo? Sí, está muy lejos./No, no está muy lejos.)

distant *adj* lejano, distante *distant lands* tierras lejanas *a distant memory* un lejano recuerdo *the distant sound of voices* el sonido lejano de voces *in the not-too-distant future* en un futuro no muy lejano

distance *sn/nn* distancia *I have to drive long distances to work.* Tengo que recorrer largas distancias para ir al trabajo. *What's the distance between here and Manchester?* ¿Cuánto hay de aquí a Manchester? *I could see someone in the distance.* Veía a alguien a lo lejos. *I keep my distance when she's in that mood!* ¡Me mantengo a distancia cuando está de ese humor!

distance oneself *v* (norml. + **from**) [no verse implicado] distanciarse *I tried to distance myself from their criticism of his work.* Intenté distanciarme de la crítica que ellos hacían de su trabajo.

remote adj [muy lejos y aislado] remoto a remote island una isla remota An agreement seems as remote as ever. La posibilidad de un acuerdo parece más remota que nunca. They don't have the remotest chance of success. No tienen la más remota posibilidad de éxito.

remotely adv [norml. en negaciones] en lo más mínimo I'm not remotely interested. No me interesa en lo más mínimo.

out-of-the-way adj apartado, aislado We visited all the little out-of-the-way places. Visitamos todos los lugares recónditos.

a long way muy lejos It's a long way to Athens. Atenas está muy lejos de aquí. I live a long way away. Vivo muy lejos de aquí. We walked a long way. Anduvimos mucho. It's a long way from being finished. Dista mucho de estar acabado.

321 Come Venir

ver también 373 Get

come vi, pas. **came** pp. **come** venir I've come to see Dr Smith. He venido a ver al Dr. Smith. They came to tea. Vinieron a tomar el té. Are you coming with us? ¿Vienes con nosotros?

arrive vi (frec. + **at**, **in**) llegar We arrived at his house by car. Llegamos a su casa en coche. when summer arrives cuando llegue el verano The train arrived 10 minutes late. El tren llegó con 10 minutos de retraso.

arrival snn/n llegada On arrival, we were given a glass of sherry. Al llegar, nos dieron una copa de jerez. new arrivals to the firm nuevos empleados de la empresa Fog delayed all arrivals at Heathrow. La niebla retrasó todas las llegadas a Heathrow.

> ### U S O
>
> Las preposiciones que deben usarse con **arrive** son **at** e **in**. **Arrive at** principalmente se usa para edificios o lugares pequeños, y normalmente no se usa para pueblos grandes o ciudades. **Arrive in** principalmente se usa para lugares grandes como ciudades, aunque puede usarse para ciudades pequeñas o pueblos. **Arrive in** nunca se usa para edificios. P.ej. We arrived at school at 9.30. (Llegamos a la escuela a las 9.30.) We arrived in London yesterday. (Llegamos a Londres ayer.) She arrives in Spain next week. (Llega a España la semana que viene.)

reach vt 1 [obj: lugar] llegar a We should reach Kansas before dawn. Seguramente llegaremos a Kansas antes del atardecer. 2 [lograr o alcanzar] llegar a, alcanzar when you reach my age cuando tengas mi edad to reach a target lograr una meta

attend vti [usado en contextos algo formales. Obj: p.ej. reunión, audiencia] asistir (a) I've been invited to attend the ceremony. Se me ha invitado a asistir a la ceremonia.

attendance snn/n asistencia Your attendance at the hearing is required. Se requiere su comparecencia en la vista.

show up vi fr. [informal] aparecer, presentarse Nigel showed up half an hour late. Nigel se presentó con media hora de retraso. She wouldn't dare show up after what you said to her. No se atrevería a presentarse después de lo que le dijiste.

321.1 Acercarse

approach vti acercarse (a), aproximarse (a) We approached the dogs carefully. Nos acercamos a los perros con cuidado. The evenings are dark, now winter is approaching. Por las tardes es de noche ahora que se acerca el invierno.

approach s (no tiene pl) acercamiento We heard the car's approach. Oímos cómo se acercaba el coche. the approach of death la cercanía de la muerte

advance vi (frec. + **on**, **towards**) [implica resolución] avanzar Troops advanced on the city. Las tropas avanzaron hacia la ciudad. He advanced towards me, holding a knife. Avanzó hacia mí, con un cuchillo en la mano.

advance sn (frec. + **on**) [esp. usado en contextos militares] avance

321.2 Aparecer

appear vi aparecer A light appeared in the distance. Una luz apareció a lo lejos. The plumber didn't appear until 11 o'clock. El fontanero no apareció hasta las 11.

appearance sn aparición We were startled by the appearance of a policeman. Nos sorprendió que apareciera un policía.

turn up vi [informal. Frec. se usa para apariciones inesperadas] presentarse He always turns up late. Siempre se presenta tarde. (+ **to**) Guess who turned up to my party? ¿Adivina quién se presentó en mi fiesta?

emerge vi salir, aparecer He emerged from under the bedclothes. Apareció de debajo de las sábanas. A stream emerged from underground. Del subsuelo surgía un arroyo.

322 Go Ir

ver también L4 Leave-taking

go vi, pas. **went** pp. **gone** 1 (frec. + **away**) [abandonar un lugar] irse, marcharse Don't go yet. No te vayas todavía. Where has she gone? ¿A dónde ha ido? The last bus went an hour ago. El último autobús salió hace una hora. Go away! ¡Vete! 2 [expresando dirección] ir a train going to London un tren que va a Londres

leave vit, pas. & pp. **left** salir (de), irse (de) We left at 6. Nos fuimos a las 6. I left my job in June. Dejé mi trabajo en junio. What time did you leave the party? ¿A qué hora te fuiste de la fiesta? I left the office early. Salí de la oficina temprano.

Compárense los siguientes ejemplos: *Mike's gone to Spain.* (Mike ha ido a España.) [esto significa que Mike aún está en España] *Mike's been to Spain.* (Mike ha estado en España.) [esto significa que Mike fue a España en un momento del pasado, que no se especifica, pero que ya no está allí].

depart *vi* [más formal que **leave** y **go**. Esp. usado para transporte público] salir *The train departs at four.* El tren sale a las cuatro. *when the last guests had departed* cuando los últimos invitados se hubieron ido

departure *sn* marcha, salida *Colleagues were puzzled by his sudden departure.* Los colegas se quedaron perplejos por lo repentino de su marcha. (usado como *adj*, esp. en contextos de viajes de avión) *departure lounge* sala de embarque

withdraw *v, pas.* **withdrew** *pp.* **withdrawn** (frec. + **from**) **1** *vit* [esp. después de una derrota. Suj/obj: esp. ejército] retirarse *ver también* **248 War 2** *vi* [formal] retirarse, alejarse *They withdrew from the scene in horror.* Se alejaron de la escena horrorizados. **3** *vt* [obj: p.ej. licencia, ayuda, comentaria] retirar *When he apologized, I withdrew my complaint.* Cuando se disculpó, retiré mi queja.

withdrawal *sn* retirada *the army's withdrawal from the occupied territory* la retirada del ejército del territorio ocupado

return *v* **1** *vi* (frec. + **from**, **to**) regresar, volver *I will never return to my country.* Nunca regresaré a mi país. *I returned home to find the house on fire.* Volví a casa y la encontré en llamas. *He returned to work after a long illness.* Volvió al trabajo tras una larga enfermedad. **2** *vt* (frec. + **to**) devolver *I have to return my library books today.* Tengo que devolver los libros de la biblioteca hoy. *I'm just returning your call.* Sólo quería devolverte la llamada. *She borrowed my shampoo and didn't return it.* Se llevó prestado mi champú y no me lo devolvió.

return *s* **1** *sn/nn* regreso, vuelta *They celebrated his return from the war.* Celebraron su regreso de la guerra. *On my return, I was greeted by a crowd of friends.* A mi regreso fui recibido por una multitud de amigos. (usado como *adj*) *the return voyage* el viaje de regreso **2** devolución *The government demanded the immediate return of all hostages.* El Gobierno exigió la devolución inmediata de todos los rehenes.

clear off/out! [dicho, p.ej. a intrusos] ¡lárgate!

get out (of here)! [frec. implica enojo y desprecio] ¡fuera (de aquí)!

piss off! (*brit*) [fuerte y ofensivo] ¡vete al cuerno!

On yer bike! (*esp. brit*) [no muy fuerte, puede ser ligeramente humorístico] ¡largo de aquí!, ¡andando!

get lost! [expresa enojo] ¡piérdete!

322.1 Huir

run away *vi fr.* (frec. + **from**) huir, escaparse *We ran away when we heard his voice.* Nos fuimos corriendo cuando oímos su voz. *to run away from home* escaparse de casa *It's no good running away from your problems.* No sirve de nada huir de los problemas.

flee *vit, pas. & pp.* **fled** (frec. + **from**) [literario] huir (de) *They were forced to flee from the advancing army.* Se vieron obligados a huir del ejército que avanzaba. *to flee the country* huir del país

flight *sn/nn* huida, fuga *to put sb to flight* ahuyentar a alguien *The intruders took flight when the alarm sounded.* Los intrusos se dieron a la fuga cuando sonó la alarma.

retreat *vi* (frec. + **from**) [suj: esp. ejército] retirarse *A series of explosions caused the crowd to retreat in confusion.* Una serie de explosiones hizo que la multitud se retirara en desorden.

retreat *snn/n* (frec. + **from**, **to**) retirada *When he drew a knife I beat a hasty retreat.* Cuando sacó un cuchillo salí corriendo. *We would not fire on an army in retreat.* No dispararíamos contra un ejército en retirada.

desert *vi* **1** abandonar *His friends deserted him.* Sus amigos lo abandonaron. **2** (frec. + **from**) [del ejército] desertar **desertion** *sn* deserción *ver también* **248 War**

abandon *vt* **1** [implica irresponsabilidad y crueldad] abandonar *I couldn't just abandon the children.* No podía dejar abandonados a los niños así como así. *They abandoned us to our fate.* Nos abandonaron a nuestra suerte. **2** [desistir] renunciar a *We had to abandon our plans for a big wedding.* Tuvimos que renunciar a nuestros planes de hacer una boda por todo lo alto. *We have not abandoned hope that he is alive.* No hemos abandonado la esperanza de que esté vivo.

turn tail [más bien informal. Implica temor o cobardía] poner pies en polvorosa *When the intruders saw us they turned tail and fled.* Cuando los intrusos nos vieron pusieron pies en polvorosa.

322.2 Desaparecer

disappear *vi* desaparecer *She disappeared behind a screen.* Desapareció detrás de un biombo. *Much of the rainforest is disappearing.* Gran parte de la selva tropical está desapareciendo. *All that food disappeared in minutes.* Toda esa comida desapareció en cosa de minutos. *My diary has disappeared from my drawer.* Me ha desaparecido el diario del cajón. **disappearance** *sn/nn* desaparición

vanish *vi* [más completo y permanente que **disappear**] desvanecerse, esfumarse *The image vanished from the screen.* La imagen se desvaneció de la pantalla. *He simply vanished into thin air.* Simplemente desapareció sin dejar rastro.

323 Bring Traer

ver también **336 Hold**; **337 Carry**; **375 Take**

bring *vt, pas. & pp.* **brought 1** traer *I've brought you some flowers.* Te he traído unas flores. *Will you be bringing a friend to the party?* ¿Traerás a un amigo a la fiesta? *Will you bring me back a present?* ¿Me traerás un regalo? **2** provocar, causar *The announcement brought loud applause from the audience.* La noticia provocó fuertes aplausos por parte del público.

> **u s o**
>
> Compárense **bring** (traer/llevar) y **take** (llevar). La diferencia entre ellos es similar a la diferencia que existe entre **come** (venir) y **go** (ir). **Bring** implica venir a un lugar con algo, mientras **take** implica ir a un lugar con algo. P.ej. *Shall I bring a bottle of wine to your party?* (¿Quieres que lleve una botella de vino a tu fiesta?) *I'm taking the children to the seaside.* (Me llevo a los niños a la playa.)

deliver *vti* [norml. en contextos comerciales] repartir, entregar *Our new bed was delivered last week.* Nos trajeron la cama nueva la semana pasada.

delivery *sn/nn* reparto, entrega *We **took delivery of** a large parcel.* Recibimos un gran paquete.

transport *vt* [norml. en contextos comerciales. Implica grandes cargas y largas distancias] transportar *The aircraft was adapted to transport racehorses abroad.* El avión fue adaptado para transportar caballos de carreras al extranjero. **transportation** *snn* transporte

fetch *vt* ir (a) por, ir a buscar *Would you fetch my shoes from the bedroom?* ¿Me traes los zapatos de la habitación? *I fetched him his meal.* Fui a por su comida. *Go and fetch her mother.* Ve a buscar a su madre.

> **u s o**
>
> El verbo **fetch** implica ir a coger algo de otro sitio y luego regresar con ello.

drop off sth/sb o **drop** sth/sb **off** *vt fr.* (frec. + **at**) dejar *I dropped him off outside the station.* Lo dejé delante de la estación.

324 Avoid Evitar

ver también **445 Hate and Dislike**

avoid *vt* **1** [mantener alejado de] evitar, eludir, esquivar *I think he's avoiding me.* Creo que me está evitando. *They're dangerous people - I **avoid** them **like the plague**.* Son gente peligrosa - huyo de ellos como de la peste. **2** [impedir a alguien o a uno mismo que haga algo] evitar *I avoid physical exercise when possible.* Evito el ejercicio físico siempre que puedo. *Don't get into conversation with him if you can avoid it.* No entables conversación con él si puedes evitarlo. *You can't avoid noticing it.* No puedes dejar de notarlo. **avoidance** *snn* evitación

evade *vt* **1** [esp. por medios deshonestos. Obj: p.ej. deber] evadir, evitar *He evaded conscription by feigning illness.* Eludió el servicio militar simulando enfermedad. **2** [obj: p.ej. atacante, perseguidor] escaparse de

evasion *snn* [por medios deshonestos] evasión *tax evasion* evasión de impuestos

evasive *adj* **1** [peyorativo] evasivo *evasive answers* respuestas evasivas **2** [para eludir peligro, etc.] evasivo *to take evasive action* tomar medidas evasivas

dodge *v* **1** *vti* [moverse repentinamente] esquivar *She dodged behind the screen when she saw them approach.* Se ocultó corriendo detrás del biombo cuando los vio acercarse. *We ran, dodging falling rocks.* Corrimos esquivando las piedras que caían. **2** *vt* [frec. peyorativo. Evitar, esp. mediante una artimaña] eludir *She's always trying to dodge cleaning duty.* Siempre intenta escurrir el bulto a la hora de hacer las tareas de limpieza. *I managed to dodge the question.* Logré eludir la pregunta.

duck *vit* [bajar cabeza o cuerpo] agachar(se), agachar la cabeza *He ducked as the stone flew towards him.* Se agachó según venía la piedra volando hacia él. *Duck!* ¡Agáchate!

duck out of sth *vt fr.* [informal. Frec. implica eludir responsabilidad] *You said you'd take me swimming - don't try to duck out of it now.* Dijiste que me llevarías a nadar - no intentes escurrir el bulto ahora.

shirk *vit* [peyorativo. Implica pereza] eludir *People won't respect you if you shirk your responsibilities.* La gente no te respetará si eludes tus responsabilidades.

get out of sth *vt fr.* (frec. + *-ing*) [evitar hacer algo que es responsabilidad de uno] librarse de, zafarse de *I managed to get out of going to the meeting.* Logré librarme de ir a la reunión.

> **f r a s e s**
>
> **give sth/sb a wide berth** [no acercarse] evitar algo/a alguien *I'd give that area a wide berth in the tourist season.* Yo evitaría ir a esa zona en la temporada turística.
>
> **steer clear of sth/sb** [no acercarse, no verse envuelto en] no acercarse a algo/alguien *I'd steer clear of the town centre, the traffic's awful.* Yo no me acercaría al centro de la ciudad, el tráfico es tremendo.
>
> **have nothing to do with sb/sth** no tener nada que ver con alguien/algo *Since she came out of prison, he refuses to have anything to do with her.* Desde que salió de la cárcel, se niega a tener nada que ver con ella. *She claims she has nothing to do with her son's business affairs.* Asegura que no tiene nada que ver con los negocios de su hijo.

325 Early Temprano

early *adj* **1** [antes de la hora indicada o normal] *My bus was early today.* Mi autobús llegó antes de hora hoy. (+ **for**) *I was 10 minutes early for the meeting.* Llegué con 10 minutos de antelación a la reunión. **2** [hacia el inicio de un día o período] *an early-morning meeting* una reunión a primera hora de la mañana *the early 1920's* a principios de los años 20

early *adv* **1** [antes de la hora indicada o normal] temprano *She arrived earlier than the others.* Llegó antes que los demás. *I usually get up early.* Normalmente me levanto temprano. *We left early to avoid the traffic.* Nos fuimos temprano para evitar el tráfico. **2** [hacia el inicio de un día o período] *We went to Rome earlier in the year.* Fuimos a Roma a

principios de año. *early in the morning* a primera hora de la mañana

premature *adj* **1** [antes del momento indicado o normal] prematuro *The baby was 2 months premature.* El niño nació dos meses antes de tiempo. *her premature death* su muerte prematura **2** [peyorativo. Antes de lo razonable o correcto] prematuro *The celebrations turned out to be premature.* Las celebraciones resultaron ser prematuras.

too soon demasiado pronto *Friday is too soon - I won't be ready by then.* El viernes es demasiado pronto - no estaré listo todavía.

326 Late Tarde

ver también **330 Delay**

late *adj* **1** [después de la hora indicada o normal] tarde (+ **for**) *She was late for work.* Llegó tarde al trabajo. *You're too late - all the tickets have been sold.* Llegas demasiado tarde - se han vendido todas las entradas. *We were too late to save him.* Llegamos demasiado tarde para salvarlo. *We'll have a late lunch.* Almorzaremos tarde. **2** [hacia el final del día o período] *late afternoon* última hora de la tarde *the late 1980's* los últimos años de la década de los 80 *the late-night movie* la película de la madrugada

late *adv* **1** [después de la hora indicada o normal] tarde *They arrived late for the concert.* Llegaron tarde al concierto. **2** [hacia el final del día o de un período] tarde *It happened late at night.* Sucedió ya muy entrada la noche. *late in the year* a finales de año

eventually *adv* finalmente, con el tiempo *We eventually saved enough to buy a car.* Finalmente ahorramos bastante para comprar un coche. *Eventually I hope to run my own business.* Con el tiempo espero dirigir mi propio negocio. *We got there eventually.* Al final llegamos.

eventual *adj* final *The eventual outcome of the project was successful.* El resultado final del proyecto fue satisfactorio.

overdue *adj* **1** [que llega tarde] *The baby is a week overdue.* El bebé debía haber nacido hace una semana. **2** [que debería haber sido hecho, pagado, devuelto, etc.] *This letter is long overdue.* Esta carta debería haberse enviado hace tiempo. *overdue library books* libros de la biblioteca no devueltos en el plazo *overdue payments* pagos atrasados

f r a s e s

last minute última hora *a few last-minute adjustments* unos arreglos de última hora *He always leaves it until the very last minute to do his work.* Siempre deja el trabajo para el último momento.

eleventh hour [suena más dramático que **last minute**. Se usa en intentos de cambiar o mejorar la situación] *an eleventh-hour bid to save the company* una tentativa de última hora para salvar la empresa *The government stepped in at the eleventh hour with a substantial grant.* El gobierno intervino en el último momento con una subvención sustancial.

late in the day [frec. se dice con desaprobación, implicando que la acción tiene lugar demasiado tarde para ser de alguna utilidad] demasiado tarde *It's a bit late in the day to say you're sorry now.* Es un poco tarde para decir que lo sientes ahora.

not before time/about time too [frec. se dice con enojo, resaltando que la acción, hecho, etc. debería haber tenido lugar antes] ya era hora *They're getting married, and not before time.* Ya era hora de que se casaran. *He's been promoted - about time too!* ¡Ya era hora de que lo ascendieran!

327 On time Puntual

on time puntual, a la hora *She always gets to work on time.* Siempre llega puntual al trabajo. *Are the trains running on time?* ¿Los trenes están llegando/saliendo a

su hora? (+ **for**) *We were on time for the meeting.* Llegamos puntuales a la reunión.

in time a tiempo (+ **to** + INFINITIVO) *We didn't get there* *in time to help them.* No llegamos a tiempo para ayudarles. (+ **for**) *They arrived in time for the party.* Llegaron a tiempo para la fiesta. *We'll never get this finished in time.* Nunca acabaremos esto a tiempo.

U S O

Hay que tener cuidado en no confundir **on time** con **in time**.

punctual *adj* [que llega a una hora acordada] puntual *I always try to be punctual.* Siempre intento ser puntual.
punctually *adv* puntual(mente), a la hora *Make sure*

you get there punctually. Asegúrate de que llegas puntual. **punctuality** *snn* puntualidad
prompt *adj* **1** [que actúa rápidamente o de forma immediata] rápido *her prompt acceptance of the offer* su rápida aceptación de la oferta **2** puntual *six o'clock prompt* las seis en punto
promptly *adv* rápidamente *He acted promptly to avert disaster.* Actuó rápidamente para evitar un desastre. *He promptly withdrew his offer.* Retiró su oferta de inmediato.
on the dot/sharp en punto *He arrived at three o'clock on the dot/sharp.* Llegó a las tres en punto.

328 Ready Listo

ver también **278 Eager**

ready *adj* (frec. + **to** + INFINITIVO) **1** (frec. + **for**) listo, preparado *Is dinner ready?* ¿Está lista la cena? *Are you ready to go?* ¿Estás listo para salir? *I'll get the spare room ready for her.* Voy a prepararle la habitación de invitados. *I feel ready for anything.* Me siento dispuesto para cualquier cosa. **2** [dispuesto a o ansioso por] dispuesto *He's always ready to help others.* Siempre está dispuesto a ayudar a los demás. *You're too ready to mock.* Tú siempre estás dispuesto a burlarte.
readiness *snn* **1** [situación de estar preparado] *The bags were packed in readiness for the journey.* Dejaron las bolsas preparadas para el viaje. **2** buena disposición
readily *adv* enseguida, fácilmente *They agreed readily to the plan.* Enseguida aceptaron el plan. *readily available* fácil de conseguir

prepare *v* **1** *vti* [poner en estado adecuado] preparar(se) *Before painting, I prepared the walls by filling the cracks.* Antes de pintar, preparé las paredes rellenando las grietas. *Prepare yourself for a shock.* Prepárate para un susto. *Prepare for take-off.* Prepárense para despegar. **2** *vt* [hacer. Obj: p.ej. comida, discurso] preparar *The children prepared a concert for their parents.* Los niños prepararon un concierto para sus padres. **3** *vi* [hacer planes y preparativos] prepararse *We're preparing for visitors.* Nos estamos preparando para recibir visita.

U S O

Aunque es correcto usar el verbo **prepare** al hablar de preparar alimentos o una comida, suena más bien formal y es más probable que se use en situaciones formales, como en un restaurante, p.ej. *Our food is prepared using only the finest ingredients.* (Nuestra comida se prepara sólo con los mejores ingredientes.) En situaciones más informales y cotidianas los verbos **get** y **make** son más corrientes, p.ej. *He got up and made breakfast.* (Se levantó e hizo el desayuno.) *Shall I get you some lunch?* (¿Te preparo algo para comer?)

preparation *s* (frec. + **for**) **1** *snn* preparación *No amount of preparation could have averted this disaster.* Por mucho que nos hubiéramos preparado nada podría haber evitado este desastre. *Did you do much preparation for the interview?* ¿Te preparaste mucho para la entrevista? **2** *sn* (norml. *pl*) preparativos *Preparations for the wedding are in hand.* Los preparativos para la boda están en marcha.
set *adj* (frec. + **to** + INFINITIVO; frec. precedido por **all**) listo *I was (all) set to go when James phoned.* Estaba ya listo para irme cuando James telefoneó.

329 Soon Pronto

soon *adv* **1** [en poco tiempo] pronto *I'll be thirty soon.* Pronto cumpliré treinta años. *You'll soon improve.* Pronto mejorarás. *I soon realized my mistake.* Enseguida me di cuenta de mi error. *We left soon after lunch.* Nos fuimos poco después de comer. *Don't worry, you'll find it **sooner or later**.* No te preocupes, ya lo encontrarás tarde o temprano. ***No sooner** had I finished one drink **than** another appeared.* Apenas había acabado una copa cuando me ponían otra delante. **2** [rápidamente] enseguida *Please return this form as soon as possible.* Por favor devuelva este impreso lo antes posible. *Could you type this letter for me?* ***The sooner the better***. ¿Me puede pasar esta carta a máquina? Cuanto antes mejor.

shortly *adv* [más formal que **soon**] dentro de poco *The mayor will be arriving shortly.* El alcalde llegará dentro de poco. *We will shortly be entering the high-security area.* Dentro de poco entraremos en la zona de alta seguridad. *Dr Green will be with you shortly.* El Dr. Green estará con usted dentro de poco.
presently *adv* **1** (*brit*) enseguida *I'll be back presently.* Volveré enseguida. **2** (*esp. amer*) ahora, en este momento *The President is presently visiting Argentina.* En este momento el presidente está de visita en Argentina.

uso

La utilización de **presently** en inglés americano con el sentido de 'ahora' es cada vez más frecuente en inglés británico.

next *adj* próximo *I won't ask her next time.* La próxima vez no la invitaré. *When's our next meeting?* ¿Cuándo es nuestra próxima reunión? **next** *adv* después

frases

in a minute/moment/second [ligeramente informal] dentro de un momento, en un segundo *I'll do it in a moment.* Lo haré dentro de un momento.

any minute/moment/second/time now de un momento a otro *We're expecting him any minute now.* Esperamos que llegue de un momento a otro.

330 Delay Retraso

ver también **245 Hinder; 326 Late**

delay *v* **1** *vt* [hacer que algo o alguien se retrase] retrasar *We were delayed at customs.* Nos retrasamos en la aduana. *Production was delayed by strikes.* Las huelgas retrasaron la producción. *The plane was delayed by an hour.* El avión se retrasó una hora. **2** *vt* aplazar *We've delayed the wedding until my mother is out of hospital.* Hemos aplazado la boda hasta que mi madre salga del hospital. **3** *vi* [actuar lentamente] entretenerse, demorarse *If you delay, you'll miss the offer.* Si te entretienes, te perderás la oferta.

delay *sn/nn* retraso, demora *Fog caused delays on the roads.* La niebla causó retenciones en las carreteras. *What's the delay?* ¿A qué se debe el retraso? *A month's delay in production could bankrupt us.* Un mes de retraso en la producción podría llevarnos a la bancarrota. *There will be a delay of two hours on all flights out of Heathrow.* Todos los vuelos desde Heathrow saldrán con dos horas de retraso.

postpone *vt* (frec. + **to**, **until**) [obj: p.ej. encuentros

deportivos, visita] aplazar *We've postponed the trip until after the New Year.* Hemos aplazado el viaje hasta después de Año Nuevo. **postponement** *snn/n* aplazamiento

put sth **off** o **put off** sth *vt fr.* (frec. + **until**) aplazar *I've put off the meeting until we have all the figures.* He aplazado la reunión hasta que tengamos todas las cifras.

frases

on ice/on the back burner/on hold [no rechazado, pero no puesto en práctica en ese momento] parado, congelado *The project is on ice at the moment.* El proyecto se ha congelado de momento. *We've had to put our plans for the extension on the back burner until we've saved more money.* Hemos tenido que postergar nuestros planes para la ampliación hasta que hayamos ahorrado más dinero.

331 Containers Recipientes

ver también **192.3 Accessories; 317.4 Travel**

container *sn* [término general para describir cualquier objeto de esta sección] recipiente, caja *We need to find a suitable container for your coin collection.* Tenemos que encontrar un estuche adecuado para tu colección de monedas.

receptacle *sn* [más formal que **container**] receptáculo, recipiente

331.1 Envasado

box *sn* caja *a box of matches* una caja de cerillas
box *vt* [poner en cajas] embalar
packet *sn* [puede ser bolsa, envoltorio o cartón] paquete, bolsa
pack (*brit & amer*), **packet** (*esp. amer*) *sn* paquete

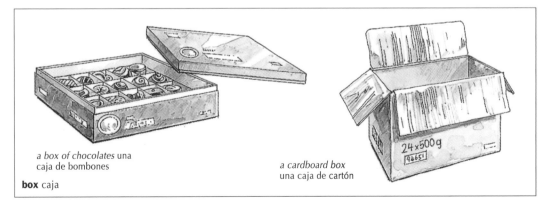

a box of chocolates una caja de bombones
box caja

a cardboard box una caja de cartón

24×500g

a bag/packet of crisps (brit), a bag of potato chips (amer) una bolsa de patatas fritas

a packet of cigarettes (brit), pack of cigarettes (amer) un paquete de cigarrillos

a packet of biscuits (brit), package of cookies (amer) un paquete de galletas

packet paquete, bolsa

carton sn **1** [para líquidos o sustancias que se pueden derramar] cartón **2** [una caja de cartón grande que frec. se utiliza para empaquetar cosas] caja (de cartón)

a carton of milk un cartón de leche

a carton of yogurt (brit & amer), a pot of yogurt (brit) un tarro de yogur

carton cartón

tube sn tubo a tube of toothpaste un tubo de pasta dentífrica a tube of ointment un tubo de pomada

can sn **1** [recipiente metálico hermético para comida y bebida] lata **2** [contenedor metálico, norml. redondo y con tapa] bidón an oil can un bidón de aceite

a can/tin of peas una lata de guisantes

a can of beer una lata de cerveza

a watering can una regadera

can lata

tin (brit), **can** (esp. amer) sn **1** [recipiente para comida en conserva] lata a tin of tomatoes una lata de tomates **2** [recipiente metálico con tapa] caja, bote a biscuit tin una caja de galletas

tin can sn [el recipiente mismo cuando está vacío] lata

331.2 Recipientes redondos (normalmente para sustancias blandas o líquidas)

jar sn [recipiente cilíndrico de cristal o cerámica de cuello ancho y con tapa] tarro, bote

a jar of jam (brit & amer), a pot of jam (brit) un tarro de mermelada

a jar of sweets un bote de caramelos

jar tarro, bote

pot sn **1** tarro, bote a pot of jam un tarro de mermelada a pot of yogurt un tarro de yogur **2** [usado para cocinar] olla, puchero **pots and pans** batería (de cocina) **3** o **flowerpot** tiesto, maceta

a pot of paint un bote de pintura

a pot of face cream un tarro de crema para el cutis

a flowerpot un tiesto

pot tarro, bote

tub sn [recipiente redondo, norml. con tapa, más grande que un **pot** pero bastante ancho y no muy profundo] tarrina a tub of ice cream una tarrina de helado a tub of margarine una tarrina de margarina

bottle sn botella, frasco a bottle of wine una botella de vino a bottle of perfume un frasco de perfume a hot water bottle [hecho de goma] una bolsa de agua caliente

bottle vt 1 [poner en botellas] embotellar 2 (brit) **can** (amer) [conservar la fruta en botellas] envasar, hacer conserva de

a wine bottle una botella de vino

a baby's bottle un biberón

a bottle of perfume un frasco de perfume

a milk bottle una botella de leche

a hot water bottle una bolsa de agua caliente

bottle botella, frasco

flask sn 1 o **thermos flask** termo 2 o **hip flask** [botella pequeña y plana para llevar alcohol] petaca

331.3 Para almacenar y transportar

crate sn [caja rígida, norml. hecha de madera, que se utiliza para transportar mercancías y a veces ganado] cajón, caja Crates of medical supplies were sent. Se enviaron cajones de suministros médicos.

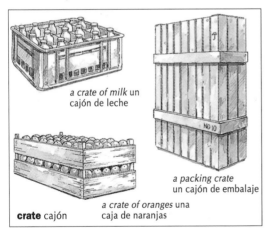

a crate of milk un cajón de leche

a packing crate un cajón de embalaje

a crate of oranges una caja de naranjas

crate cajón

chest sn [caja grande, resistente, norml. hecha de madera que frec. se utiliza para transportar efectos personales] baúl, cofre

trunk sn [caja grande y rígida que se utiliza para transportar o guardar ropa u objetos personales] baúl

case sn 1 [caja grande o recipiente para almacenar o transportar mercancía] caja, cajón 2 [recipiente para almacenar o proteger algo] estuche, funda a glasses case funda de gafas a jewellery case estuche de joyas

331.4 Recipientes grandes para almacenar o transportar líquidos

barrel sn [recipiente redondo, norml. hecho de madera] barril, tonel a barrel of beer un barril de cerveza wine matured in oak barrels vino añejado en toneles de roble

drum sn [recipiente metálico redondo para líquidos, esp. combustible] bidón an oil drum un bidón de petróleo

tank sn [recipiente, norml. hecho de metal o vidrio, para líquidos o gases] depósito, tanque a petrol tank un depósito de gasolina a hot water tank un depósito de agua caliente

bin sn 1 [recipiente redondo grande, norml. con tapa, para almacenar cosas como harina, grano, etc.] cubo, cubeta 2 (brit) [recipiente redondo, norml. con tapa, para tirar la basura] cubo de la basura a wastepaper bin una papelera I might as well throw it in the bin. Voy a tirarlo a la basura, ¡total!

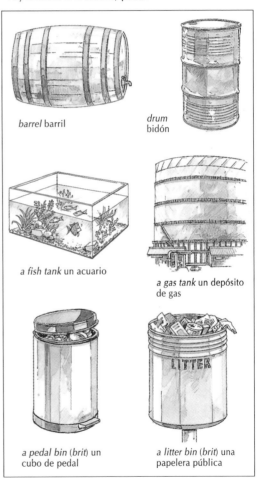

barrel barril

drum bidón

a fish tank un acuario

a gas tank un depósito de gas

a pedal bin (brit) un cubo de pedal

a litter bin (brit) una papelera pública

331.5 Para transportar cosas

bag sn [recipiente norml. cuadrado o alargado, frec. con asas y fabricado con materiales blandos como plástico, papel, tela etc.] bolsa a carrier bag (brit) una bolsa (de plástico) *a paper bag* una bolsa de papel *a bag of crisps* una bolsa de patatas fritas

bag *vt* [poner cosas en bolsas] empaquetar

basket *sn* [recipiente, norml. con asas, hecho de mimbre o algo similar] cesta, cesto *a shopping basket* cesta de la compra *a sewing basket* cesto de costura

bucket *sn* [recipiente redondo rígido, abierto por arriba y con asa. Frec. para transportar líquidos] cubo *a bucket of water* un cubo de agua

sack *sn* [una bolsa grande fabricada de tela basta como la arpillera, que se usa para transportar productos como la harina] saco

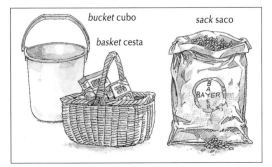

bucket cubo · *sack* saco · *basket* cesta

USO

Todas las palabras que han aparecido hasta ahora, excepto **receptacle**, se pueden utilizar para indicar la cantidad contenida en un recipiente, así como para referirse al recipiente en sí mismo. (En otras palabras, se pueden utilizar para responder a una pregunta que empiece con 'How much...?'.) P.ej. *We drank a bottle of wine.* (Nos bebimos una botella de vino.) significa que nos bebimos todo el vino contenido en una botella. Lo mismo ocurre con frases como: *We ate half a packet of biscuits.* (Nos comimos medio paquete de galletas.) *I've used a whole tank of petrol.* (He gastado el depósito entero de gasolina.) *She smokes a packet of cigarettes a day.* (Se fuma un paquete de cigarrillos al día.) La terminación **-ful** a veces se añade al final de estas palabras cuando se usan para describir cantidades enteras, p.ej. **boxful**, **bottleful**, **jarful**, **sackful**, etc. Estas últimas, asimismo, se pueden utilizar en frases, p.ej. *I've used a whole tankful of petrol.* (He gastado el depósito entero de gasolina.) Sin embargo, no se puede utilizar **-ful** cuando nos referimos a fracciones de un todo (es incorrecto decir 'half a packetful of biscuits').

331.6 Para aguantar o sostener cosas

ver también **337 Carry**

rack *sn* [una estructura para sostener cosas, frec. hecha de barras o rejillas] rejilla *Put your bag on the luggage rack.* Pon tu bolsa en la rejilla.

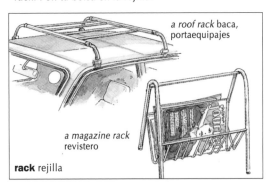

a roof rack baca, portaequipajes

a magazine rack revistero

rack rejilla

stand *sn* [estructura vertical para sostener cosas] perchero

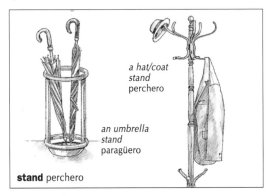

a hat/coat stand perchero

an umbrella stand paragüero

stand perchero

holder *sn* [algo que sirve para sostener o poner dentro una cosa en concreto] *a plant pot holder* un soporte para macetas *a cigarette holder* una boquilla *a pen holder* un portaplumas

331.7 Al describir recipientes

airtight *adj* hermético (que no deja entrar aire) *an airtight box* una caja hermética

watertight *adj* hermético (que no deja entrar agua)

sealed *adj* precintado *a sealed container* un recipiente precintado

332 Full Lleno

ver también **43 Large quantity; 207 Group**

fill *vti* (frec. + **with**) llenar(se) *Please fill your glasses.* Por favor, llénense las copas. *Books filled the shelves.* Las estanterías estaban llenas de libros. *Her eyes filled with tears.* Se le inundaron los ojos de lágrimas. *They were filled with hope.* Estaban llenos de esperanza. *Shoppers filled the streets.* Las calles estaban llenas de gente que iba de compras. *You've filled my cup too full.* Me has llenado demasiado la taza.

fill up (sth) o **fill** (sth) **up** *vit fr.* (frec. + **with**) llenar(se), llenar hasta arriba *The ballroom began to fill up with people.* La sala de baile empezó a llenarse de gente. *She managed to fill up the time reading magazines.* Se las arregló para matar el tiempo leyendo revistas. *Don't forget to fill up with petrol.* No te olvides de poner gasolina.

full up *adj* (brit) (después de s) lleno, completo *The hotel's full up till Friday.* El hotel está completo hasta el viernes.

full adj **1** (frec. + **of**, + **with**) [que contiene todo lo que puede] lleno *The room was full of people.* La habitación estaba llena de gente. *He was carrying a box full of toys.* Llevaba una caja llena de juguetes. *The car park's full.* El aparcamiento está completo. *The bottle was only half full.* La botella estaba sólo medio llena. *We'll have a full house with the children home.* Tendremos la casa al completo cuando vuelvan los niños. *My diary's full for next week.* La semana que viene tengo la agenda completa. *Don't talk with your mouth full!* ¡No hables con la boca llena! **2** (norml. + **of**; delante de s) [que contiene mucho de algo] lleno *The garden was full of flowers.* El jardín estaba repleto de flores. *You're full of energy today!* ¡Hoy estás lleno de energía! **3** [de comida] lleno *I'm full.* Estoy lleno. *Don't swim on a full stomach.* No te bañes con el estómago lleno.

refill vt [norml. se refiere a algo líquido] volver a llenar, rellenar *Can I refill your glass?* ¿Te sirvo otra copa?

refill sn **1** [norml. algo de beber] otra (copa/taza, etc.) *Would you like a refill?* ¿Le apetece otro/otra? **2** [repuesto para algo que ya ha sido usado] recambio *a refill for a lighter/ballpoint pen* un recambio para un encendedor/un bolígrafo

load sn **1** [algo que se transporta, esp. algo pesado que se transporta mediante un vehículo] cargamento *a lorry carrying a load of bricks* un camión con un cargamento de ladrillos *She was struggling under the weight of a load of books.* Iba doblada por el peso de los libros. *The minister bears the full load of responsibility.* El ministro carga con todo el peso de la responsabilidad. **2** [cantidad que puede ser transportada por una persona, vehículo, etc. Se usa esp. en compuestos] carga *a bus-load of schoolchildren* todo un autobús de colegiales *a lorry-load of medical supplies* todo un camión de suministros médicos **3** [cantidad de peso que algo puede transportar o soportar] carga *maximum load 4 people* carga máxima 4 personas **4** [cantidad de trabajo a realizar por una persona o una máquina] carga *It was hard work but we **spread the load** between the 3 of us.* Era un trabajo difícil pero repartimos la carga entre los tres. *I've got a heavy **work load** at the moment.* Ahora voy muy cargado de trabajo.

load vit (frec. + **up**, + **with**) cargar *We'd better load up the car.* Es mejor que carguemos el coche. *They loaded their suitcases into the car.* Cargaron sus maletas en el coche. *She loaded the van with her belongings.* Cargó la furgoneta con sus pertenencias.

load sb/sth **down** o **load down** sb/sth vt fr.(+ **with**) cargar *Mark was loaded down with bags of shopping.* Mark iba cargado de bolsas de la compra. *ver también* **337 Carry**

pack v **1** vit [obj: esp. maleta] hacer las maletas, meter en la maleta *Pack your bags and go!* ¡Haz tus maletas y vete! *I haven't got time to pack.* No tengo tiempo de hacer el equipaje. *Don't forget to pack your swimming costume.* No te olvides de meter el bañador en la maleta. *He packed his books into boxes.* Empaquetó sus libros en cajas. **2** vit (frec. + **into**) [cuando hay demasiadas personas, etc. en un espacio concreto] apretujar(se), abarrotar *We all packed into the back of*

the car. Todos nos apretujamos en la parte trasera del coche. *More than ten thousand fans packed the stadium.* Más de diez mil fans abarrotaban el estadio. **3** vt [proteger algo frágil] envolver *Pack the glasses in tissue paper.* Envuelve los vasos en papel de seda.

packed adj abarrotado, llenísimo *The cinema was packed last night.* Anoche el cine estaba de bote en bote. *a book packed full of new ideas* un libro lleno de nuevas ideas

jam-packed adj (frec. + **with**) [más bien informal y enfático] abarrotado, atiborrado *The shops were jam-packed the week before Christmas.* Las tiendas estaban abarrotadas la semana antes de las Navidades. *Our September issue is jam-packed with exciting features.* Nuestro número de septiembre está lleno de artículos apasionantes.

chock-a-block adj & adv (brit) [informal] abarrotado, atiborrado (frec. + **with**) *The streets were absolutely chock-a-block with cars.* Las calles estaban atiborradas de coches.

stuff v **1** vt (+ **with**, + **into**) [llenar con algo, frec. de una forma rápida y desordenada o utilizando la fuerza] meter, atiborrar *She stuffed the money into her purse.* Se metió el dinero de cualquier manera en su monedero. *a suitcase stuffed full of clothes* una maleta atiborrada de ropa *She stuffed the cushions with foam.* Rellenó los cojines de espuma. *stuffed toys* muñecos de peluche **2** vt [obj: animal muerto] disecar *a stuffed tiger* un tigre disecado **3** vt (frec. + **with**) [obj: comida] rellenar *to stuff a chicken* rellenar un pollo *tomatoes stuffed with beef* tomates rellenos de ternera **4** vit [informal. Comer mucho de algo o comer hasta que uno está lleno] atracarse, atiborrarse *I've been stuffing myself with chocolate all afternoon.* Me he estado atiborrando de chocolate toda la tarde. *I'm absolutely stuffed!* ¡Estoy llenísimo!

cram vt, -mm- **1** (+ **into**) [meter a la fuerza a alguien o algo en un espacio o período de tiempo pequeño] *You can't possibly cram all that work into just three days.* No vas a poder condensar todo este trabajo en tan sólo tres días. *He crammed an enormous piece of cake into his mouth.* Se embutió un trozo enorme de pastel en la boca. **2** (frec. + **with**) [llenar algo demasiado o mucho] abarrotar, atiborrar *The fridge was crammed with food.* La nevera estaba a tope de comida. *Shoppers crammed the buses.* Los autobuses iban abarrotados de gente que iba de compras.

overflow vi [obj: río, bañera, etc. Norml. no se refiere a algo pequeño como un vaso de agua] desbordar(se) *The river overflowed its banks.* El río se desbordó. *Her eyes overflowed with tears.* Los ojos se le inundaron de lágrimas. *The bath was overflowing.* Estaba saliendo el agua de la bañera. (+ **into**) *The party overflowed into the adjoining room.* La fiesta se extendió a la habitación contigua. *ver también* **132 Damage**

333 Empty Vacío

ver también **134 Hole**

empty adj vacío My glass is empty. Tengo el vaso vacío. There were no empty seats in the theatre. No había ningún asiento libre en el teatro.

empty vti (frec. + **out**) vaciar(se) She emptied the bottle in a few gulps. Vació la botella en un par de tragos. I emptied out the contents of the bag. Vacié el contenido de la bolsa. **emptiness** snn vacío, vaciedad

hollow adj hueco a hollow chocolate egg un huevo de chocolate vacío (por dentro)

hollow sn hueco a hollow in the ground una hondonada

hollow sth **out** o **hollow out** sth vt fr. vaciar, excavar We hollowed out a shelter in the rock. Excavando, nos hicimos un refugio en la roca.

blank adj **1** [describe: p.ej. página, espacio, pantalla] en blanco **2** [describe: p.ej. expresión] vacío He gave me a blank look. Me dirigió una mirada inexpresiva. **blank** sn espacio en blanco

bare adj [describe: p.ej. habitación, pared] sin adornos, desnudo *ver también **190 Clothes**

deserted adj desierto a deserted island una isla desierta The streets were deserted. Las calles estaban desiertas.

vacant adj **1** [describe el espacio que se pretende llenar] vacante, libre Is this seat vacant? ¿Está libre este asiento? Do you have any vacant rooms? ¿Tiene alguna habitación libre? The job's vacant now. Ahora el puesto está vacante. **2** [que muestra falta de concentración] vacío a vacant stare una mirada perdida **vacantly** adv distraídamente **vacancy** sn/nn vacante, habitación libre

vacuum sn vacío

drain vti (frec. + **away**, **off**, **out**) escurrir, colar I've drained the pasta. He escurrido la pasta. Leave the dishes to drain. Deja que escurran los platos. The blood drained from her face. Se le fue todo el color de la cara.

unload vti descargar They unload their trucks outside the warehouse. Descargan sus camiones delante del almacén.

334 Cover Cubrir

ver también **339 Hide**

cover vt **1** [poner algo encima de] tapar, cubrir He covered my legs with a blanket. Me tapó las piernas con una manta. I covered my face with my hands. Me tapé la cara con las manos. **2** [estar por toda la superficie. Frec. usado para enfatizar la cantidad] cubrir Her body was covered with bruises. Tenía el cuerpo cubierto de moratones. Snow covered the mountains. La nieve cubría las montañas. The park covers a large area. El parque cubre un amplia área.

coat vt cubrir, bañar, rebozar The fish was coated in batter and fried. Rebozaron el pescado y lo frieron.

coat sn [de pintura, barniz, etc.] capa, mano a coat of paint una mano de pintura

coating sn [puede ser más grueso que **coat**, y puede referirse a muchas substancias] baño, capa biscuits with a chocolate coating galletas con un baño de chocolate

wrap vt, -pp- **1** (frec. + **up** cuando el objeto es un paquete) envolver Have you wrapped (up) his present? ¿Has envuelto su regalo? The tomatoes are wrapped in plastic. Los tomates están envueltos en papel de celofán. **2** [poner alrededor] I wrapped a bandage round the wound. Le vendé la herida.

wrapper sn [norml. trozo pequeño de papel o plástico] envoltorio sweet wrappers papeles de caramelo

wrapping snn [embalaje] envoltura, envoltorio

overlap vti, -pp- (frec. + **with**) **1** sobreponer(se) overlapping panels paneles sobrepuestos **2** My research overlaps with work she is doing. Mi trabajo de investigación coincide en parte con el trabajo que ella está haciendo.

overlap snn/n (frec. + **between**) superposición, coincidencia

smother vt **1** (frec. + **in**, **with**) [cubrir con una capa gruesa] cubrir The food was smothered with flies. La

comida estaba toda llena de moscas. **2** [impedir el desarrollo de. Obj: p.ej. progreso, oposición] ahogar, suprimir **3** asfixiar, sofocar

334.1 Cubiertas

cover sn [esp. para proteger. Puede ser rígida o flexible] cubierta, tapa The tennis court has covers which are pulled over when it rains. La pista de tenis tiene unas lonas protectoras que se extienden cuando llueve. cushion covers fundas de cojines

lid sn [rígido. Cubierta de un recipiente] tapa, tapadera a saucepan lid la tapadera de una sartén I can't get the lid off the jam. No puedo quitarle la tapa al tarro de la mermelada.

top sn [redondo, norml. se enrosca o se ajusta. Para recipientes estrechos o anchos] tapón, tapa Who left

lid tapa

top/cap tapón

lid/top tapa

milk bottle top tapón de botella de leche

petrol cap (brit), gas cap (amer) tapón de la gasolina

the top off the toothpaste? ¿Quién se ha dejado destapada la pasta de dientes?

cap *sn* [pequeño y redondo, para recipientes pequeños] tapón, capuchón

layer *sn* capa *a dessert made from layers of cream and fruit* un postre hecho con capas de nata y fruta *several layers of clothing* varias capas de ropa **layer** *vt* poner en capas

335 Uncover Destapar

uncover *vt* **1** [quitar la cubierta] destapar, dejar al descubierto *We uncover the seedlings when the sun comes out.* Dejamos al descubierto los plantones cuando sale el sol. **2** descubrir *Police have uncovered an international drugs ring.* La policía ha descubierto una red internacional de drogas.

reveal *vt* **1** [mostrar] dejar a la vista *The mist rose to reveal stunning mountain scenery.* Al levantarse la niebla quedó al descubierto un impresionante paisaje de montaña. **2** [dar a conocer] revelar *The press revealed the identity of her mystery companion.* La prensa reveló la identidad de su misterioso compañero. *The investigation revealed corruption at the highest levels.* La investigación reveló la existencia de corrupción a los más altos niveles. **revealing** *adj* revelador

expose *vt* **1** (frec. + **to**) exponer(se) *They received burns on any exposed skin.* Sufrieron quemaduras en todas las partes expuestas al sol. *We have been exposed to extremes of temperature.* Hemos estado expuestos a temperaturas extremas. **2** [dar a conocer] desenmascarar *Her illegal dealings were exposed by journalists.* Sus tejemanejes fueron desenmascarados por los periodistas.

exposed *adj* desprotegido, expuesto *an exposed piece of land* un terreno poco protegido

strip *v*, **-pp- 1** *vt* [retirar la cubierta o la capa] quitar, arrancar *We stripped the wallpaper off.* Arrancamos el papel de la pared. *Insects stripped the trees of leaves.* Los insectos despojaron los árboles de hojas. **2** *vit* [desvestirse] desnudarse *Strip to the waist, please.* Desnúdese hasta la cintura, por favor.

336 Hold Sostener

ver también **323 Bring; 373 Get; 375.1 Take**

hold *vt, pas. & pp.* **held 1** [con las manos o brazos] coger, agarrar *He holds his racket in his left hand.* Coge la raqueta con la mano izquierda. *I held him in my arms.* Le cogí en mis brazos. *to hold hands with someone* ir cogido de la mano de alguien *Hold on tight to the rail.* Agárrate fuerte a la barandilla. **2** (frec. + *adv* o *prep*) [mantener en su sitio] sujetar *My hat was held on by a piece of elastic.* Llevaba el sombrero sujeto por un elástico. *I held the door open for them.* Les mantuve la puerta abierta.

reach *vti* **1** [ser capaz de tocar] llegar (a), alcanzar *The rope did not reach to the ground.* La cuerda no llegaba al suelo. **2** [estirar la mano] *I reached for the phone.* Intenté coger el teléfono.

reach *snn* alcance *Medicines should be kept out of reach of children.* Las medicinas deben mantenerse fuera del alcance de los niños.

grip *vti*, **-pp- 1** [sujetar con fuerza] agarrar(se) *I gripped the steering wheel.* Agarré el volante. *Those shoes grip the ground.* Esos zapatos se agarran al suelo. **2** (norml. pasivo) *gripped by terror* atenazado por el terror

grip *sn* **1** apretón *He held her hand in a vice-like grip.* Le apretó la mano con fuerza. **2** dominio, control *She keeps a firm grip on the company's finances.* Lleva con mano firme las finanzas de la empresa.

grasp *vt* [agarrarse a algo. Recalca la acción más que **grip**] asir, agarrar *I grasped the rope with both hands.* Así la cuerda con las dos manos.

grasp at *sth vt fr.* [intentar alcanzar o sujetarse a] tratar de asir *He grasped at branches as he fell.* Al caer intentó sujetarse a las ramas.

He stood on a chair to reach the top shelf. Se subió a una silla porque no llegaba al estante de arriba.

She came in clutching armfuls of books. Entró con un montón de libros en los brazos.

clutch *vt* [coger con fuerza, frec. sin elegancia o desesperadamente] sujetar, agarrar

clutch at *sth vt fr.* [intentar alcanzar o sujetar, frec. desesperadamente] intentar agarrar *He clutched wildly at the rope.* Intentó desesperadamente agarrarse de la cuerda.

cling *vi, pas & pp.* **clung** (norml. + **to**) **1** [con las manos y los brazos. Frec. implica sensación de desesperación] abrazarse, agarrarse a *They clung to one another, sobbing.* Se abrazaron fuertemente sollozando. **2** [pegarse] adherirse, pegarse *Water clung to the petals.* El agua se pegaba a los pétalos.

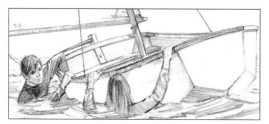

We managed to cling to the side of the boat. Conseguimos agarrarnos a la parte lateral del barco.

The three children squeezed into one bed. Los tres niños se apretujaron en una sola cama.

hang on *vi fr.* (frec. + **to**) agarrarse *I caught hold of his coat and hung on tight.* Me agarré a su abrigo y no lo solté.

squeeze *v* **1** *vt* [presionar] apretar, estrujar **2** *vt* [sacar a la fuerza] escurrir, exprimir, sacar **3** *vit* [intentar meter(se)] meter(se), apretujar(se)

336.1 Abrazar

embrace *vti* [más bien formal] abrazar(se)
embrace *sn* abrazo *They hugged each other in a warm embrace.* Se estrecharon en un tierno abrazo.

hug *vti*, **-gg-** abrazar(se) *They hugged each other in delight.* Se abrazaron con alegría.

hug *sn* abrazo *I gave him a big hug.* Le di un fuerte abrazo.

cuddle *vti* [acción más extendida que **hug**] abrazar(se) cariñosamente

cuddle (*esp. brit*) *sn* abrazo (tierno y cariñoso) *She went to her mother for a cuddle.* Se acercó a su madre para que la acurrucase.

He squeezed some toothpaste onto the brush. Puso un poco de pasta de dientes en el cepillo.

She squeezed water out of the sponge. Escurrió el agua de la esponja.

clasp *vt* [coger y sostener firmemente. Frec. describe la acción de los brazos además de las manos] estrechar, apretar *He clasped my hand warmly.* Me dió un cálido apretón de manos.

337 Carry Llevar

ver también **331 Container; 413 Rise**

carry *vt* **1** [en los brazos o a cuestas] llevar *I carried the baby upstairs.* Llevé al niño arriba. *I carried his suitcase.* Le llevé la maleta. *I don't carry much cash with me.* No suelo llevar mucho dinero encima. **2** [trasladar] transportar *Which airline carries most passengers?* ¿Qué línea aérea transporta más pasajeros? *The wood was carried along by the water.* La madera era arrastrada por el agua. *I ran* **as fast as my legs would carry me**. Corrí todo lo deprisa que me permitieron las piernas. **3** propagar(se), ser portador de *Germs are carried in people's clothing.* Los gérmenes se transmiten a través de la ropa de la gente. **4** aguantar, soportar *These shelves won't carry much weight.* Estas estanterías no aguantan mucho peso.

U S O

No confundir el verbo **carry** (llevar, transportar) con el verbo **wear** (llevar puesto, vestir). Fijarse en el siguiente ejemplo: *She was wearing a blue suit and carrying a briefcase.* (Vestía un traje azul y llevaba un maletín.) *ver también **190 Clothes**

contain *vt* contener *a bag containing a few personal belongings* una bolsa que contenía algunos efectos personales *This book contains the results of years of research.* En este libro están los resultados de años de investigación.

bear *vt, pas.* **bore** *pp.* **borne 1** [formal o literario] llevar, portar *Roast swans were borne in on silver platters.* Portaron cisnes asados en bandejas de plata. *They arrived bearing gifts and messages.* Llegaron portando regalos y mensajes. **2** soportar

hold *vt, pas & pp.* **held 1** tener capacidad/cabida para *This jug holds 1 pint.* Esta jarra es de 1 pinta. *The table was too small to hold all the books.* La mesa era demasiado pequeña para que cupiesen todos los libros. **2** soportar, aguantar *Will this rope hold me?*

pillar pilar, columna

base basa

The fence was propped up by a pole. La verja esta apuntalada con una estaca.

Marble pillars supported the porch. El porche descansaba sobre pilares de mármol.

¿Aguantará mi peso esta cuerda? *ver también **336**

Hold

hold sth **up** o **hold up** sth *vt fr.* sostener *The roof was held up by a pole in each corner.* Dos estacas, una en cada esquina, sostenían el techo.

support *vt* sostener, soportar *a supporting wall* una pared maestra *A wider base supports more weight.* Una base más amplia soporta mayor peso.

prop *vt, -pp-* **1** (norml. + *adv* o *prep*) [sostener, norml. en posición inclinada] mantener *We propped the door open.* Mantuvimos la puerta abierta. **2** [colocar en posición inclinada] apoyar *I propped the chair against the wall.* Apoyé la silla contra la pared. **prop** *sn* puntal

prop up sth o **prop** sth **up** *vt fr.* (frec. + **with**) [norml. como una medida temporal porque algo estaba cayéndose] apuntalar

338 Pull and Push Tirar y Empujar

ver también **98 Touch; 411 Movement**

pull *vti* **1** [hacer avanzar] arrastrar *I pulled the trolley.* Arrastré el carrito. **2** [con las manos] tirar (de) *pull the rope* tirar de la cuerda **3** (+ *adv* o *prep*) [quitar] arrancar *Pull the plaster off quickly.* Arranca el esparadrapo de un tirón. *The dentist pulled my teeth out.* El dentista me sacó las muelas.

pull *sn* tirón *I felt a pull of the rope.* Sentí un tirón en la cuerda.

She pulled the door shut. Tiró de la puerta para cerrarla.

He pulled her hair. Le estiró del pelo.

I pulled the trigger. Apreté el gatillo.

They pulled her from the sea. La sacaron del mar.

push *vti* empujar, apretar *I pushed my chair under the table.* Empujé la silla debajo de la mesa. *Just push this button.* Simplemente pulse este botón. *I can't push the pram over these stones.* No puedo empujar el cochecito por estas piedras. *We had to push the car.* Tuvimos que empujar el coche.

push *sn* empujón *He gave me a push.* Me dio un empujón.

drag *v, -gg-* [siempre por el suelo o por una superficie. Implica esfuerzo] **1** *vt* arrastrar *He dragged the body down the steps.* Arrastró el cadáver escaleras abajo. **2** *vi* arrastrarse *Your hem is dragging on the ground.* Vas arrastrando el dobladillo por el suelo.

She pushed him into the pond. Le tiró al estanque de un empujón.

He pushed the door open. Abrió la puerta empujando.

haul *vti* (frec. + **at, on**) [implica un gran esfuerzo] arrastrar, tirar *They hauled in the ropes.* Jalaron los cabos. *I hauled her off to the doctor's.* [humorístico] La llevé a rastras al médico.

heave *vti* [puede ser levantar, tirar o empujar con gran esfuerzo. Frec. implica una acción más corta y concentrada que **haul**] levantar, tirar, empujar *We managed to heave the pillar upright.* Empujando todos a una conseguimos poner el pilar derecho. **heave** *sn* tirón, empujón

shove *vti* **1** [empujar bruscamente] empujar *They just shoved us aside.* Nos apartaron de un empujón, así sin más. *She shoved a pie in my face.* Me estrelló un pastel en la cara. **2** [informal. Poner descuidadamente] meter *She shoved all the clothes in the cupboard.* Metió toda la ropa en el armario de cualquier manera. *Just shove those papers on the table.* Deja esos papeles por ahí encima de la mesa.

tug *vt, -gg-* (frec. + **at**) tirar de *He tugged anxiously at my sleeve.* Él me tiraba ansiosamente de la manga. *We tugged (at) the handle, but the door was jammed.* Tiramos del pomo pero la puerta estaba atrancada. **tug** *sn* tirón, estirón

tow *vt* [obj: esp. vehículo] remolcar *The tractor towed our car out of the mud.* El tractor sacó nuestro coche del barrizal a remolque.

tow *sn/nn* remolque *on tow* a remolque

wrench *vt* **1** [estirar violentamente, frec. con un movimiento giratorio] arrancar de un tirón *She wrenched the handle off.* Arrancó el mango de un tirón. *I wrenched the pole out of his hands.* Le arrebaté el palo de las manos. **2** [torcer(se) y hacer(se) daño. Obj: p.ej. rodilla, codo] dar un tirón en

wrench *sn* **1** tirón **2** [herida] torcedura

339 Hide Esconder

ver también **334 Cover**

hide v, pas. **hid** pp. **hidden 1** vt esconder, ocultar I hid the letter in a drawer. Escondí la carta en un cajón. filmed with a hidden camera filmado con una cámara oculta I couldn't hide my disappointment. No pude ocultar mi decepción. **2** vi esconderse, ocultarse He's hiding from the police. Se está ocultando de la policía. We'll hide behind the fence. Nos esconderemos detrás de la valla.

to be in hiding estar escondido She's hiding from the police. Se esconde de la policía. to go into hiding pasar a la clandestinidad

conceal vt (frec.+ **from**) [más formal] ocultar We entered through a concealed doorway. Entramos por una puerta disimulada. You deliberately concealed the facts. Usted ocultó los hechos adrede.

disguise vt (frec. + **as**) disfrazar He escaped, disguised as a nun. Escapó disfrazado de monja. a thinly-disguised threat una amenaza muy poco disimulada

disguise sn/nn disfraz She was wearing a clever disguise. Iba hábilmente disfrazada. three men **in disguise** tres hombres disfrazados

camouflage vt camuflar We camouflaged our tent with branches. Camuflamos nuestra tienda con ramas.

camouflage snn/n camuflaje We used orange sheets as camouflage in the desert. Utilizamos lonas de color naranja a modo de camuflaje en el desierto.

screen vt tapar, ocultar trees to screen the house from view árboles para ocultar la casa de la vista (+ **off**) They screened off the scene of the accident. Acordonaron el lugar del accidente. **screen** sn biombo, pantalla (protectora)

339.1 Secreto

secret sn **1** secreto to keep sth secret mantener algo en secreto to tell sb a secret decirle un secreto a alguien **2** [método de alcanzar algo] secreto the secret of a beautiful complexion el secreto de un bonito cutis

secret adj secreto a secret trap door una trampilla secreta my secret diary mi diario secreto I'm afraid that information's **top secret**. Me temo que esa información es ultrasecreta. You've got a secret admirer. Tienes un admirador secreto. He kept his illness secret for months. Mantuvo su enfermedad en secreto durante meses. **secretly** adv en secreto, secretamente **secrecy** snn secreto, reserva

confidential adj [se usa en contextos más formales que **secret**. Describe situaciones en que la información se debe mantener en secreto] confidencial confidential documents documentos confidenciales I attended a confidential government meeting. Asistí a una reunión gubernamental confidencial. This information is strictly confidential. Esta información es estrictamente confidencial. **confidentially** adv confidencialmente

confidence snn confidencia I'm telling you this in the strictest confidence. Le cuento esto en la más estricta confidencia.

hush-hush adj (siempre después de v) [informal, frec. humorístico] super secreto He does something for the foreign office - all very hush-hush. Trabaja en algo para el Ministerio de Asuntos Exteriores, todo muy secreto.

private adj **1** [personal y secreto] privado, íntimo I keep my home life private. Mantengo mi vida familiar en privado. They wrote lies about my private life. Escribieron mentiras sobre mi vida privada. I'm not telling you how much I earn - it's private. No voy a decirle cuánto gano, es privado. He's a very private person. Es una persona muy reservada. **2** [no relacionado con el trabajo] particular I never make private phone calls from work. Jamás hago llamadas particulares desde el trabajo. **3** [que no es para todo el mundo] privado, particular This is a private party. Esta es una fiesta privada. I have a private chauffeur. Tengo chófer particular. private yachts yates particulares **4** [aislado] privado Can we go somewhere private? ¿Hay algún sitio donde podamos estar solos?

privately adv en privado, personalmente Privately, I agree with you. Personalmente, estoy de acuerdo contigo. Can we talk privately? ¿Podemos hablar en privado? **privacy** snn intimidad

in private en privado We met in private. Nos encontramos en privado.

personal adj **1** [que tiene que ver con asuntos privados] personal Stop asking personal questions. Deja de hacerme preguntas personales. My boss discourages personal phone calls. Mi jefe no quiere que hagamos llamadas particulares. **2** [que pertenece a o es para una persona en particular] personal a personal secretary una secretaria personal My personal opinion is that he's mad. Por mi parte opino que está loco. **3** [hecho por una persona en particular] personal He made a personal appeal for the release of his son. Hizo un llamamiento personal para la liberación de su hijo. **4** [que critican el carácter o la apariencia de alguien] personal personal remarks alusiones personales **5** [del cuerpo] personal personal cleanliness aseo personal

personally adv **1** personalmente I sent the letter personally. Envié la carta personalmente. **2** [que describe la opinión de uno] personalmente Personally, I quite like loud music. Personalmente, no me disgusta la música alta. **3** [como crítica a uno mismo] como algo personal He took the criticism very personally. Se tomó la crítica como algo personal.

f r a s e s

behind sb's back [implica deshonestamente] a espaldas de alguien He went behind my back and told our boss. Se lo contó a nuestro jefe a mis espaldas. She took the decision behind my back. Tomó la decisión a mis espaldas.

under cover of al amparo de The army advanced under cover of darkness. El ejército avanzó al amparo de la oscuridad.

340 Communications Comunicaciones

ver también **L43 Problems of communication; L44 Written communications**

communicate v **1** vi (frec. + **with**) comunicarse *You will need an ability to communicate.* Necesitarás capacidad de comunicación. *to communicate by telex* comunicarse por télex *The computer can communicate with one in head office.* El ordenador puede comunicarse con otro que hay en la oficina central. **2** vt (frec. + **to**) [hacer entender] comunicar *They communicated their fear to the children.* Contagiaron sus temores a los niños.

contact vt ponerse en contacto con *You can contact me on this number.* Puede ponerse en contacto conmigo en este número. (usado como *adj*) *a contact address* dirección de contacto

contact s **1** snn [relación] contacto *We need better contact with our branches.* Necesitamos mantener mejor contacto con nuestras sucursales. *I've **made** contact with her.* Me he puesto en contacto con ella. *Stay **in contact**.* Manténgase en contacto. **2** sn [persona] contacto *She has good contacts in the media.* Tiene buenos contactos en los medios de comunicación.

touch snn contacto **get in touch with sb** ponerse en contacto con alguien **keep in touch with sb** mantenerse en contacto con alguien **lose touch with sb** perder el contacto con alguien *I'll be in touch!* ¡Estaré en contacto!

340.1 Cosas enviadas

letter sn [a veces incluye el sobre] carta *I wrote her a long letter.* Le escribí una larga carta.

package sn [frec. incluye varios objetos empaquetados juntos] paquete *There's a package to sign for.* Hay un paquete para firmar.

parcel (*esp. brit*), **package** (*esp. amer*) sn [norml. envuelto en papel] paquete

postcard sn postal *a picture postcard* una tarjeta postal

card sn tarjeta, felicitación *a birthday card* tarjeta de cumpleaños *a Christmas card* tarjeta de navidad

telegram o **cable** (*brit & amer*), **wire** (*amer*) sn [ya no se envían en el interior de Gran Bretaña] telegrama *to send sb a telegram* enviar un telegrama a alguien

cable (*brit& amer*), **wire** (*amer*) vt telegrafiar *to cable sb* telegrafiar a alguien

telex snn/n [el sistema y el mensaje] télex **telex** vt enviar un télex

fax snn/n [el sistema y el mensaje] fax **fax** vt enviar un fax

fax machine sn fax

E-mail TAMBIÉN **electronic mail** snn correo electrónico

340.2 Al utilizar el servicio de correos

ver también **L46 Using the postal service**

address sn dirección *my home address* mi dirección particular

address vt [obj: p.ej. sobre] dirigir *a letter addressed to my wife* una carta dirigida a mi mujer *incorrectly addressed* con las señas incorrectas

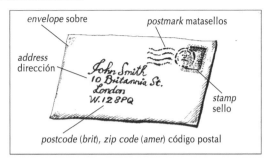

envelope sobre *postmark* matasellos *address* dirección *stamp* sello *postcode* (*brit*), *zip code* (*amer*) código postal

send vt, pas. & pp. **sent** enviar, mandar *to send sb a letter* enviar una carta a alguien *The bills are sent out on the first.* Las facturas salen el día uno.

post s (*esp. brit*) **1** snn (frec. + **the**) [sistema de distribución] correos *The post is perfectly reliable.* El servicio de correos es muy fiable. *Your cheque is **in the post**.* Su cheque ya ha sido enviado. *We send a receipt **by return of post**.* Enviamos un recibo a vuelta de correo. (usado como *adj*) *a post van* una furgoneta de correos **2** snn [lo que se envía y recibe] correo *The post is delivered by a woman on a motorbike.* El correo lo reparte una mujer en moto. **3** sn (no hay *pl*) [recogida individual] recogida *I just caught the last post.* Llegué justo a tiempo para la última recogida. [entrega individual] reparto *It might come in the second post.* Puede que llegue en el segundo reparto.

post vt (*esp. brit*) echar (al correo) *to post a letter* echar una carta *to post sth to sb* mandarle algo por correo a alguien

postal adj (delante de s) de correos *postal workers* empleados de correos

postage snn [cargo] franqueo *Add £2.95 for postage and packing.* Incluya 2,95 libras para gastos de envío. (usado como *adj*) *postage rates* tarifas de franqueo

mail snn **1** (frec. + **the**) [sistema de distribución] correo *Half goes by mail and half by courier.* La mitad va por correo y la otra mitad por mensajero. (*esp. amer*) *She blamed the delay on the mail.* Culpó del retraso al servicio de correos. (usado como *adj*) *mail deliveries* entregas por correo **2** [lo que se envía y recibe] correo, correspondencia *Have you opened your mail yet?* ¿Ya has abierto tu correo? **3** [entrega individual] correo *It came in the morning mail.* Llegó en el correo de la mañana.

mail vt (*esp. amer*) echar (al correo) *The report will be mailed to you immediately.* El informe le será enviado por correo inmediatamente.

airmail snn [servicio] correo aéreo *by airmail* por avión (usado como *adj*) *airmail letters* correo aéreo

U S O

En Gran Bretaña hay dos modalidades de franqueo: el **first class mail** es algo más caro y llega antes que el **second class**.

postman (*masc*) **postwoman** (*fem*) (*brit*), **mailman** (*masc*) **mailwoman** (*fem*) (*amer*) sn cartero

mailbox
buzón

letter box
buzón

mailbox
buzón

pillar box o
letter box o
postbox
buzón

340.3 Al usar el teléfono

ver también **L47 Telephoning**

telephone *sn, abrev.* **phone** teléfono *He's **on the phone** at the moment.* En este momento está al teléfono.

telephone [ligeramente formal] o **phone** *vti* (**phone** a veces va seguido de **up**, pero **telephone** no) telefonear, llamar por teléfono *I phoned her to invite her to the party.* La telefoneé para invitarla a la fiesta. *I'll phone back later.* Volveré a·llamar más tarde.

(telephone/phone) number *sn* número (de teléfono) *What's your phone number?* ¿Cúal es tu número de teléfono?

wrong number *sn* número equivocado *to dial the wrong number* marcar un número equivocado

call *vt* llamar *Call me on my private line.* Llámame por mi línea privada.

phone/telephone call *sn* llamada telefónica *Who took the call?* ¿Quién atendió la llamada?

ring *vt, pas.* **rang** *pp.* **rung** (a veces + **up**) (*esp. brit*) llamar por teléfono *I rang you this morning.* Te he llamado por teléfono esta mañana. *Ring her up and ask.* Llámala por teléfono y pregúntaselo. *Ring for a doctor.* Llamen a un médico. (usado como *s*, más bien informalmente) *to give someone a ring* llamar a alguien

dial *sn* [en los teléfonos antiguos] disco

dial *vti, -ll-* [con o sin disco] marcar *to dial a number* marcar un número *You can dial direct.* Puede marcar directamente.

receiver (*brit & amer*) o **handset** (*brit*) *sn* auricular

telephone/phone box (*brit*), **phone booth** (*amer*) *sn* cabina telefónica

telephone/phone directory *sn* guía telefónica

telegraph pole *sn* poste de telégrafos

(telephone) exchange *sn* central telefónica

operator *sn* [en la central telefónica] operador/a [en la centralita] telefonista

switchboard *sn* centralita

area code *sn* prefijo

The Yellow Pages (marca comercial) las páginas amarillas

341 Speak Hablar

ver también **359 Talkative; L5 Opening a conversation**

speak *v, pas.* **spoke** *pp.* **spoken** 1 *vi* (frec. + *adv* o *prep*) hablar *Can you speak a bit louder, please?* ¿Puede hablar un poco más fuerte por favor? *Did you speak to anybody?* ¿Hablaste con alguien? *They wouldn't let me speak.* No me dejaban hablar. *I want to speak to you* (*brit & amer*)/*with you* (*esp. amer*) *about your results.* Quiero hablar contigo sobre tus resultados. *I tried speaking in Spanish.* Intenté hablar en español. 2 *vt* [obj: lengua] hablar *He speaks fluent Greek.* Habla el griego con fluidez. 3 *vt* [formal] pronunciar, decir *He spoke a few words of encouragement to us.* Nos dirigió unas palabras de aliento. *I try to speak the truth.* Procuro decir la verdad. 4 *vi* [en público] dar un discurso *I'm speaking at the wine society tonight.* Esta noche doy un discurso en la sociedad vinícola.

talk *v* 1 *vi* (frec. + *adv* o *prep*) [pone énfasis en la conversación entre dos o más personas] hablar, conversar *We talked on the phone.* Hablamos por teléfono. *I wish they didn't talk so quickly.* Ojalá no hablaran tan deprisa. *The leaders talked about the situation.* Los líderes hablaron sobre la situación. 2 *vt* [en algunas expresiones] *She's talking nonsense.* Está diciendo tonterías.

talk *s* 1 *snn* [conversación o rumor] conversación,

habladurías *silly talk about mass resignations* habladurías ridículas sobre una dimisión en masa 2 *sn* [ante un público] charla *a talk on the British cinema* una charla sobre el cine británico

> **U S O**
>
> En muchas frases se puede usar tanto **speak** como **talk**, pero puede existir una diferencia de significado, p.ej. *We couldn't speak.* (No podíamos hablar) puede sugerir que existía algún peligro o dificultad para emitir sonidos, mientras que *We couldn't talk.* sugiere que el problema era la falta de tiempo o privacidad para sostener una conversación normal. **Speak** frecuentemente implica mayor seriedad que **talk**. *We spoke about the wedding.* (Hablamos acerca de la boda.) puede significar que hubo una cuidadosa discusión sobre los planes; *We talked about the wedding.* (Charlamos sobre la boda.) sugiere un enfoque más casual. **Speak** puede hacer referencia a un discurso formal: *She is speaking on censorship.* (Va a hablar sobre la censura.)

say *vt, pas. & pp.* **said** (frec.+ **that**) [norml. transmitiendo las palabras de alguien directa o indirectamente] decir *Say thank you.* Dí gracias. *It's getting late, she said.* Se está haciendo tarde, dijo. *She said she'd come back tomorrow.* Dijo que volvería mañana. *Did she say who she was?* ¿Dijo quién era? *I hope I didn't say anything silly.* Espero no haber dicho ninguna tontería. *ver también USO en **342 Tell**

utter *vt* [acentúa la acción de pronunciar las palabras] pronunciar *He wanted to tell her he loved her, but couldn't utter the words.* Quería decirle que la quería, pero no consiguió pronunciar las palabras.

341.1 Conversaciones

speech *s* 1 *snn* [habilidad para hablar] habla *to lose one's powers of speech* perder el habla 2 *sn* [p.ej. por un político] discurso *her speech to the party conference* su discurso ante el congreso del partido

interrupt *vt* interrumpir *Don't interrupt your father.* No interrumpas a tu padre. **interruption** *sn/nn* interrupción

341.2 Dar la opinión personal

state *vt* [implica dar información de forma explícita] exponer, declarar, afirmar *Just state the facts.* Limítese a exponer los hechos. *At the risk of **stating the obvious**, it's raining.* Ya sé que está de más decirlo, pero está lloviendo.

statement *sn* declaración, afirmación *It's a plain statement of fact.* Estoy simplemente diciendo la verdad. *a statement to the press* una declaración a la prensa

speak out *vi fr.* (frec. + **against**) hablar claro *Nobody dared speak out against the proposal.* Nadie se atrevió a decir nada en contra de la propuesta. *The chairman spoke out in favour of the plan.* El presidente habló claramente a favor del plan.

express *vt* [escoger las palabra adecuadas, etc., para decir algo] expresar *to express an opinion on sth* expresar una opinión sobre algo *a tone that expressed his anger* un tono que expresaba su enfado *He expressed himself very clearly.* Se expresó muy claramente.

expression *s* 1 *sn/nn* expresión *an expression of regret* una expresión de remordimiento 2 *sn* [palabra o grupo de palabras] expresión *a vivid northern expression* una pintoresca expresión del norte *Her exact expression was 'Why bother?'.* Su expresión exacta fue '¿Para qué molestarse?' 3 *sn* [p.ej. en la voz o en el rostro] expresión *a dazed expression* una expresión aturdida

exclaim *vt* [p.ej. con sorpresa] exclamar *'They're here,' she exclaimed.* 'Están aquí,' exclamó. *They all exclaimed how clever I was.* Todos se admiraron de lo listo que era.

exclamation *sn* exclamación *exclamations of delight* exclamaciones de gozo

341.3 Hablar con brevedad

comment *sn/nn* (frec. + **on**) [al expresar una opinión] comentario, opinión *Could I have your comments on the idea?* ¿Me podría dar su opinión sobre la idea? *Did he make any comments on the building?* ¿Ha hecho

algún comentario acerca del edificio? *The move is sure to arouse comment.* Esta decisión seguro que suscitará comentarios.

comment *vi* (frec. + **that**, **on**, **about**) comentar *I commented that they seemed tired.* Comenté que parecían cansados. *Nobody commented on the changes.* Nadie hizo ningún comentario sobre los cambios.

remark *sn* [puede ser serio, pero no lo esencial] comentario, observación *I'd like to make a few remarks about the situation.* Me gustaría hacer alguna observación sobre esta situación. *a casual remark about the weather* un comentario intrascendente sobre el tiempo

remark *v* 1 *vt* (frec. + **that**, **on**) hacer un comentario sobre *She remarked in passing that she'd been there herself.* Comentó de pasada que ella había estado allí. *She remarked on how clean everything was.* Hizo un comentario sobre lo limpio que estaba todo.

observe *vt* (frec. + **that**) [implica percepción] observar *He observed that everybody was in too much of a hurry.* Observó que todo el mundo tenía demasiada prisa.

observation *sn* observación, comentario *It was just a casual observation, I've never really thought about it.* Fue sólo un comentario intrascendente, nunca he pensado realmente en ello.

mention *vt* (frec. + **that**) mencionar, aludir a *What was that book you mentioned?* ¿Cuál era aquel libro que mencionaste? *Did I mention she was getting married?* ¿Te dije que se iba a casar? *Don't even mention that name to her.* Ese nombre ni se lo menciones.

mention *sn/nn* mención *an earlier mention of the game* una mención anterior del juego *The report made no mention of the role of the police.* El informe no hacía mención alguna al papel de la policía.

refer to sth *vt fr.* **-rr-** [hablar de algo especifico] referirse a, aludir a *She never referred to her husband.* Nunca hacía referencia a su marido. *the problems referred to in your report* los problemas a los que se refiere su informe

reference *sn* referencia *the references to my own book* las referencias a mi propio libro

341.4 Hablar en público

commentator *sn* [esp. sobre deportes o política, p.ej. en los medios de comunicación] comentarista *a football commentator* un comentarista de fútbol *Informed commentators are predicting a June election.* Comentaristas bien informados predicen que habrá elecciones en junio.

commentary *sn* [p.ej. en un acontecimiento deportivo o para un documental] reportaje, comentario *a running commentary* un reportaje en directo

spokesperson, *(masc)* **spokesman,** *(fem)* **spokeswoman** *sn* [p.ej. para un gobierno o una empresa] portavoz *a White House spokeswoman* una portavoz de la Casa Blanca

announce *vt* 1 anunciar *The major banks have announced a cut in interest rates.* Los grandes bancos han anunciado un recorte de los tipos de interés. *Both families are pleased to announce the engagement of Mark and Angela.* Ambas familias se complacen en anunciar el enlace entre Mark y Angela. **2** [decir en voz alta] comunicar, dar a conocer *Silence, please, while I announce the results.* Por favor guarden silencio mientras doy a conocer los resultados. **3** [en radio, televisión, etc.] anunciar

announcement *sn/nn* anuncio *a wedding announcement* el anuncio de una boda *The announcement of the election date was welcomed by all parties.* El anuncio de la fecha de las elecciones fue celebrado por todos los partidos. **announcer** *sn* locutor

address *vt* [hablar de manera formal a muchas personas] dirigirse a *He addressed the crowd from the balcony.* Se dirigió a la multitud desde el balcón.

address *sn* [discurso formal ante muchas personas] discurso *the President's address to the nation* el discurso del Presidente a la nación

341.5 Hablar a partir de un texto ya existente

narrate *vt* [cuidadosamente. Obj: p.ej. historia, aventuras] narrar **narration** *sn/nn* narración **narrator** *sn* narrador

recite *vt* [obj: algo aprendido de memoria, p.ej. un poema] recitar *the prayers she recited each night* las oraciones que recitaba cada noche **recitation** *sn/nn* recitación

read *vt, pas. & pp.* **read** (frec. + **out**) leer *The priest read the gospel.* El sacerdote leyó el evangelio. *I read the letter out (loud).* Leí la carta en voz alta.

quote *vt* (frec. + **from**) citar *to quote Shakespeare* citar a Shakespeare *He quoted those lines from the fourth act.* Citó aquel fragmento del cuarto acto. *The statistics you quoted me are wrong.* Las estadísticas que me citó son incorrectas. **quotation** *sn/nn* cita

reel off sth O **reel** sth **off** *vt fr.* [rápidamente y con seguridad] recitar de un tirón *He can reel off the names of the whole team.* Es capaz de recitar de un tirón los nombres de todo el equipo.

dictate *vt* dictar *She dictated a full confession to the sergeant.* Hizo una confesión completa al sargento.

dictation *snn* dictado *to take dictation* tomar un dictado

341.6 Formas individuales de hablar

voice *sn* voz *I thought I heard Dad's voice.* Creí haber oído la voz de papá. *She has a nice speaking voice.* Tiene un tono de voz bonito. *in a loud voice* en voz alta *Don't speak to me in that **tone of voice**.* No me hable en ese tono de voz. ***at the top of one's voice*** a voz en grito

oral *adj* oral

dialect *sn/nn* dialecto *northern dialects* dialectos del norte *written in dialect* escrito en dialecto (usado como *adj*) *dialect words* palabras dialectales

accent *sn* acento *He speaks with a Scots accent.* Habla con acento escocés.

pronounce *vt* pronunciar *How do you pronounce your name?* ¿Cómo se pronuncia su nombre? *The final b in lamb isn't pronounced.* La b final de 'lamb' no se pronuncia.

pronunciation *snn/n* pronunciación *the American pronunciation of the word* la pronunciación americana de la palabra *upper-class pronunciation* un acento de clase alta

intonation *snn/n* entonación *A different intonation can entirely change the sense of the lines.* Una entonación distinta puede cambiar totalmente el sentido de estos versos.

341.7 Formas confusas de hablar

whisper *vit* susurrar, hablar/decir en voz baja *We had to whisper to each other.* Teníamos que hablarnos susurrando. *I heard somebody whisper the answer.* Oí como alguien susurraba la respuesta.

whisper *sn* susurro *He lowered his voice to a whisper.* Bajó el tono de voz hasta que se convirtió en un susurro.

mutter *vit* [implica en voz baja, p.ej. cuando uno se queja o está avergonzado] murmurar, refunfuñar *I heard her muttering about incompetent translators.* La oí refunfuñar sobre los traductores incompetentes. *I muttered an apology and left.* Murmuré una disculpa y me fui.

mumble *vit* [implica en voz baja, frec. por falta de confianza] hablar entre dientes, mascullar *Don't mumble your answers.* No contestes entre dientes.

stutter *vit* [repetir sonidos] tartamudear, decir tartamudeando *She went red and started stuttering.* Se puso roja y empezó a tartamudear.

stutter *sn* tartamudeo *a slight stutter* un ligero tartamudeo

stammer *vit* [implica dificultad en producir sonidos] tartamudear *Halfway through the story he began to stammer.* A mitad de la historia empezó a tartamudear.

stammer *sn* tartamudeo *to overcome a stammer* superar un balbuceo

lisp *sn* (no tiene *pl*) ceceo *to speak with a lisp* cecear **lisp** *vit* cecear

inarticulate *adj* [incapaz de expresarse bien, p.ej. debido a la falta de educación o a un susto] *a rather inarticulate attempt at a speech* un intento bastante torpe de hacer un discurso *Embarrassment made her uncharacteristically inarticulate.* La vergüenza la dejó sin habla, cosa que no era normal en ella.

frases

it's like talking to a brick wall [no hay reacción o razonabilidad alguna] es como hablarle a una pared *He won't change his mind, it's like talking to a brick wall.* No cambiará de opinión, es como hablarle a una pared.

you can talk till you are blue in the face [se dice cuando no vale la pena discutir] no vale la pena que insistas *You can talk till you're blue in the face, I'm not letting you go.* No vale la pena que insistas, no te voy a dejar ir.

342 Tell Decir

tell *vt, pas. & pp.* **told 1** [dar información] decir, contar *to tell sb sth* decir algo a alguien *I told her my name.* Le dije mi nombre. *Tell me about your day.* Cuéntame qué has hecho hoy. *I'm told you're leaving us.* Me han dicho que nos dejas. *They've been told what to do.* Se les ha dicho lo que tienen que hacer. **2** [decir. Obj: p.ej. historia, chiste, mentira] contar **3** [ordenar] decir *I told you not to touch it.* Te dije que no lo tocaras.

U S O

Comparar **tell** y **say**. **Tell** puede tener como objeto a una persona. Se puede utilizar en las siguientes construcciones: *tell sb, tell sth*, o *tell sb sth*, p.ej. *Don't be shy - you can tell me.* (No seas tímido - a mí me lo puedes contar.) *She tells wonderful stories.* (Cuenta historias maravillosas.) *Could you tell me your name, please?* (¿Me podría decir su nombre, por favor?) **Say** no puede tener como objeto a una persona. Se puede utilizar con la construcción *say sth*, p.ej. *She said her name was Mary.* (Dijo que se llamaba Mary.) *He said 'Wait for me!'* (Dijo: '¡Espérame!')

inform *vt* (frec. + **of**) [implica una comunicación más bien formal. Obj: esp. persona] informar *He hasn't informed me of his intentions.* No me ha informado de sus intenciones. *Her parents have been informed.* Sus padres han sido informados. *our duty to inform the public* nuestro deber de informar al público *I'm reliably informed there'll be an election.* Me ha llegado una información fiable de que habrá elecciones.

information *snn* información *We need more information about the product.* Necesitamos más información acerca del producto. *a useful **piece of information*** una información muy útil

message *sn* mensaje *I got your message.* Recibí su mensaje *a clear message to the public* un mensaje claro para el público

messenger *sn* mensajero *a motor cycle messenger* un mensajero motorizado

announce *vt* **1** [hacer público. Obj: p.ej. decisión, fecha] anunciar, dar a conocer *Her appointment was announced this morning.* Su nombramiento fue dado a conocer esta mañana. **2** [decir de forma segura o agresiva] declarar *He suddenly announced that he was bored.* De repente declaró que estaba aburrido.

announcer *sn* [p.ej. en televisión] locutor

announcement *sn/nn* anuncio *the surprise announcement of his retirement* el anuncio sorpresa de su jubilación

342.1 Referirle a alguien un acontecimiento o una situación

report *v* **1** *vt* (frec. + **that**, **-ing**) informar de, dar parte de *The hospital has reported no change in her condition.* El hospital no ha dado parte de ningún cambio en su estado. *A number of minor incidents have been reported.* Se han denunciado una serie de pequeños incidentes. *They reported that many refugees were dying.* Informaron de que muchos refugiados estaban falleciendo. *Members of the public have reported seeing the vehicle travelling towards London.* Algunas personas han informado haber visto el vehículo dirigiéndose hacia Londres. **2** *vi* (norml. + **on**) [implica un relato formal de la situación] presentar un informe *The committee is due to report next month.* La comisión tiene que presentar su informe el próximo mes. *Our job is to report on recent developments in the country.* Nuestro trabajo consiste en informar sobre los cambios más recientes que están teniendo lugar en el país.

report *sn* [hecho p.ej. por los espectadores] relato [hecho p.ej. por una comisión] informe [por un periodista] reportaje *There are reports of unrest in the cities.* Hay rumores de agitación en las ciudades. *The report criticized police methods.* El informe criticaba los métodos policiales. *recent press reports* recientes informes periodísticos

reporter *sn* [norml. periodista] reportero

relate *vt* [ligeramente formal. Obj: norml. historia o relato similar] relatar, narrar *The chapter relates how he had come to live on the island.* El capítulo narra cómo había llegado a vivir en la isla.

recount *vt* [más bien formal. Obj: norml. algo que le ha ocurrido personalmente al narrador] narrar, contar *She began to recount her misadventures.* Empezó a narrarnos sus desventuras.

342.2 Decir algo a alguien enérgicamente

declare *vt* (frec. + **that**) declarar *She declared that she would never eat meat again.* Declaró que nunca más volvería a comer carne. *The government has declared its opposition to the proposals.* El Gobierno ha declarado su oposición a las propuestas. *He has declared himself ready to go to Washington.* Ha declarado que está dispuesto a ir a Washington.

declaration *sn* declaración *a declaration that nobody believed* una declaración que nadie creyó *a declaration of intent* una declaración de intenciones

pronounce *v* **1** *vi* [más bien formal. Implica una opinión personal firme] declarar *He pronounced that the tap needed replacing.* Dijo que había que cambiar el grifo. *'It's the wrong colour,' she pronounced.* 'Este color no es el adecuado,' sentenció. **2** *vt* [afirmar oficialmente] declarar *The compromise was pronounced acceptable.* El compromiso fue declarado aceptable.

pronouncement *sn* declaración *a pronouncement no one dared challenge* una declaración que nadie osó retar

preach 1 *vit* [en la iglesia] predicar *He preached on the Epistle to the Romans.* Predicó sobre la Epístola a los romanos. **2** *vi* [peyorativo. Dar lecciones morales] sermonear *Don't preach to me about fairness.* No me sermonees sobre la justicia.

lecture *v* (frec. + **on**) **1** *vi* [p.ej. en la universidad] dar clases *She lectures on medieval philosophy.* Da clases de filosofía medieval. **2** *vt* [frec. peyorativo. Implica criticar a alguien] echar un sermón a *I had to lecture him on punctuality.* Tuve que darle una lección de puntualidad.

lecture *sn* [académica] clase, conferencia [moral] lección, sermón *a lecture on the value of hard work* una lección sobre el valor del trabajo en serio

342.3 Historias

account *sn* [implica una versión particular de algo que ha ocurrido] versión, relato *the police account of events* la versión de la policía sobre los hechos *I want a full account of the incident.* Quiero que se me informe detalladamente sobre el incidente.

story *sn* [real o inventada] historia *the story of my life* la historia de mi vida *some story about the car breaking down* no sé qué historia de que se había averiado el coche

tale *sn* **1** [norml. inventado y tradicional] cuento, fábula *the tale of the three bears* el cuento de los tres ositos *tales of ghosts and goblins* cuentos de fantasmas y duendes **2** [peyorativo. Mentira] cuento

anecdote *sn* [corta, norml. real y divertida] anécdota *He's got lots of anecdotes about political figures.* Tiene muchas anécdotas sobre personalidades políticas.

343 Explain Explicar

explain *vti* (frec. + **to**) explicar(se) *to explain sth to sb* explicar algo a alguien *I explained the system to her.* Le expliqué el sistema. *That explains the misunderstanding.* Esto explica el malentendido. *Explain why you're so late.* Explícame por qué has llegado tan tarde.

explanation *sn* explicación *I'm sure there's a simple explanation.* Estoy seguro que hay una explicación muy simple.

clarify *vt* [más bien formal. Poner en claro] aclarar, clarificar *I'd just like to clarify the position.* Sólo quiero clarificar mi posición.

get sth **across** o **get across** sth *vt fr.* [asegurarse de que algo es comprendido] transmitir, hacer llegar *He has difficulty getting his ideas across.* Tiene dificultades para transmitir sus ideas. *We use videos to get our message across to the public.* Utilizamos vídeos para hacer llegar nuestro mensaje al público.

describe *vt* describir *The book describes life in nineteenth-century Australia.* El libro describe la vida en la Australia del siglo diecinueve. *She described the bird in detail.* Describió el pájaro detalladamente. *I just can't describe my feelings.* Simplemente no puedo describir mis sentimientos.

description *sn/nn* (frec. + **of**) descripción *a description of the thief* una descripción del ladrón *a vivid description of the atmosphere on board* una vívida descripción del ambiente a bordo

define *vt* [decir lo que es algo] definir *How do you define blackmail?* ¿Cómo defines el chantaje? *A fruit is defined as the part bearing the seed.* Un fruto se define como la parte que lleva la semilla.

definition *sn/nn* definición *the definition of a word* la

definición de una palabra *my definition of a friend* mi definición de un amigo

instructions *s pl* [para hacer algo] instrucciones *I followed your instructions, but the machine won't go.* Seguí sus instrucciones, pero la máquina no funciona. *I left strict instructions not to be disturbed.* Dejé instrucciones precisas de que no se me molestase.

343.1 Traducir

translate *vt* (frec. + **into**) [obj: norml. un texto escrito] traducir *the problems of translating Shakespeare* los problemas de traducir a Shakespeare *The book has been translated into several languages.* El libro ha sido traducido a varias lenguas. **translator** *sn* traductor

translation *sn/nn* traducción *a new translation of the Bible* una nueva traducción de la Biblia *The poem loses something in translation.* El poema pierde algo en la traducción.

interpret *v* **1** *vti* [obj: norml. lenguaje hablado] interpretar, hacer de intérprete *I waited for her to interpret his answer.* Esperé a que ella interpretase su respuesta. *Can you interpret for us?* ¿Puede hacernos de intérprete? **2** *vt* [explicar el significado de algo complejo] interpretar *The article interprets all these statistics.* El artículo interpreta todas estas estadísticas.

interpreter *sn* intérprete *a conference interpreter* un intérprete de congresos

interpretation *sn/nn* **1** [entre lenguas] interpretación *We need a simultaneous interpretation.* Necesitamos interpretación simultánea. **2** [p.ej. de pruebas] interpretación *careful analysis and interpretation of the results* un cuidadoso análisis e interpretación de los resultados

344 Shout Gritar

Cuando **shout**, **yell**, **scream** y **screech** van seguidos de **at** implican que la persona que grita se dirige a alguien.

shout *vit* gritar *I shouted for help.* Grité pidiendo ayuda. *They shouted insults.* Vociferaban insultos. *I shouted at the children.* Grité a los niños. **shout** *sn* grito

yell *vit* [un sonido más fuerte que **shout**] gritar, dar voces *I had to yell to make myself heard.* Tuve que gritar para hacerme oír. *He was yelling at the children.* Estaba dándoles gritos a los niños. **yell** *sn* grito

scream *vit* [en tono alto. P.ej. de dolor o rabia] chillar *If you don't let me go I'll scream.* Si no me dejas ir, chillaré. *They screamed in terror.* Chillaron de terror. **scream** *sn* chillido

screech *vit* [en tono alto y desagradable. P.ej. de miedo o por diversión] chillar *'There's something at the window!' she screeched.* 'Hay algo en la ventana!' chilló. *They screeched with laughter.* Se reían con risa chillona. **screech** *sn* chillido

call *vit* [no siempre muy fuerte. Para llamar la atención] llamar *Is that your father calling?* ¿Es tu padre el que está llamando? *'Come down,' we called.* '¡Baja!' le gritamos. **call** *sn* llamada

cry *vit* (a veces + **out**) [más bien literario. P.ej. de entusiasmo o en una emergencia] gritar *'Watch out,' she cried.* '¡Cuidado!' gritó. *They cried out in delight.* Dieron un grito de gozo. **cry** *sn* grito

cheer *v* [implica celebración o dar ánimos] **1** *vi* gritar con entusiasmo *They clapped and cheered like mad.* Aplaudían y gritaban como locos. **2** *vt* (frec. + **on**) aclamar, animar *Everybody was cheering us.* Todo el mundo nos aclamaba. *We were cheering our horse on.* Animábamos a nuestro caballo.

cheer *sn* hurra *Three cheers for Simon!* ¡Tres hurras por Simon!

344.1 Grito fuerte y fiero

roar *vit* [usu. implica enfado o aprobación] vociferar, rugir, gritar *She roared insults down the phone.* Vociferaba insultos por el teléfono. *'Go away!' he roared.* '¡Fuera!' gritó. *to roar with laughter* reírse a carcajadas *The crowd was roaring with excitement.* La multitud gritaba de entusiasmo. **roar** *sn* rugido, clamor

rant *vi* (often + **on**) [peyorativo. Implica una ira excesiva, irrazonable e incoherente] despotricar *She's still ranting on about her husband.* Todavía sigue echando pestes de su marido.

bellow *vit* [implica la mayor intensidad de sonido posible y norml. ira] bramar, vociferar *Don't bellow at me.* A mí no me chilles así. *He was bellowing orders at the players.* Iba vociferando órdenes a los jugadores.

f r a s e

raise one's voice [implica una actitud de enfado] levantar la voz *I've never known him raise his voice to his wife before.* Jamás le había oído antes levantar la voz a su mujer.

345 Complain Quejarse

ver también **L37 Complaints**

complain *vi* quejarse *They complained about the noise.* Se quejaron del ruido. *I complained to the manager.* Me quejé al director.

complaint *sn/nn* queja, reclamación *I wish to make a complaint.* Quiero hacer una reclamación. *Voices were raised in complaint.* Se levantaron voces de protesta.

grumble *vi* [implica una actitud de mal humor] quejarse, refunfuñar *He's always grumbling about the weather.* Siempre está quejándose del tiempo. **grumble** *sn* gruñido

criticize *vt* criticar *Police methods were strongly criticized.* Los métodos policiales fueron muy criticados.

criticism *snn/n* crítica *press criticism of the government* crítica del gobierno en la prensa *I have a few minor criticisms of the plan.* Tengo algunas pequeñas objeciones sobre el plan.

critical *adj* (frec. + **of**) crítico *a highly critical report* un informe muy crítico *They've been extremely critical of the government's policy.* Han criticado duramente la política del Gobierno.

moan *vi* [bastante informal, frec. peyorativo. Implica un tono de voz triste] quejarse, gemir *Stop moaning, other people have problems too.* Deja de protestar, no eres el único que tiene problemas. *Don't go moaning on* about the traffic. Deja de quejarte del tráfico de una vez. [no es peyorativo cuando se aplica a los sonidos causados por el dolor] *Injured people lay moaning on the ground.* Los heridos yacían en el suelo gimiendo de dolor.

moan *sn* queja, gemido *We had a good moan about the boss.* Nos hemos despachado a gusto quejándonos del jefe. *old people's moans and groans* las quejas y suspiros de los ancianos

groan *vi* [implica actitud de desaliento. Norml. es un ruido, no palabras] gemir (con desaliento) *I groaned at the thought of a 16-hour flight.* Gemí con desaliento ante la idea de un vuelo de 16 horas. **groan** *sn* gemido

whine *vi* [peyorativo. Implica quejas constantes con las que uno no simpatiza] quejarse *She's always whining about how poor she is.* Siempre está quejándose de lo pobre que es.

wail *vi* [en voz alta y quejumbrosa] lamentarse, gemir *'She splashed me,' he wailed.* 'Me ha salpicado,' lloriqueó.

wail *sn* lamento, quejido *the wails of six disappointed children* el llanto de seis niños decepcionados.

whimper *vi* [en voz baja, como llorando y asustado] lloriquear, gimotear

whimper *sn* gimoteo *I don't want to hear another whimper out of you.* No quiero oírte lloriquear más.

346 Disagree Discrepar

ver también **L29 Disagreeing**; opuesto **348 Agree**

disagree *vi* (frec. + **with**, **about**, **over**) no estar de acuerdo, discrepar *I'm afraid I have to disagree with you about the colour.* Me temo que no estoy de acuerdo con usted con respecto al color. *They disagreed over artistic matters.* Discreparon en cuestiones de índole artística.

disagreement *sn/nn* desacuerdo, discrepancia *I had a disagreement with the landlord.* Tuve un altercado con el casero. *There's some disagreement over what time this took place.* Existen discrepancias sobre el momento en que esto tuvo lugar.

argue *vi* (frec. + **over**, **about**, **with**) [frec. implica cólera] discutir, pelearse *He was sent off for arguing with the referee.* Lo expulsaron por discutir con el árbitro. *All couples argue.* Todas las parejas discuten. *Let's not argue about money.* No discutamos por dinero

argument *sn/nn* discusión *a heated argument* una acalorada discusión *to have an argument* tener una discusión.

difference of opinion [frec. eufemístico] diferencia de opiniones *There's a small difference of opinion over who should pay.* Hay una pequeña diferencia de opiniones sobre quién debería pagar.

346.1 Considerar algo incorrecto

contradict *vt* [obj: p.ej. persona, declaración] contradecir, desmentir *He flatly contradicted everything she said.* Él la contradecía categóricamente en todo lo que ella decía. *The evidence contradicts this claim.* Las pruebas desmienten esta alegación.

contradiction *sn/nn* contradicción *That is a contradiction in terms.* Eso es una contradicción de términos.

deny *vt* negar *Do you deny these charges?* ¿Niega estos cargos? *I deny ever having been there.* Niego haber estado alguna vez allí.

denial *sn/nn* negativa *a strong denial of the claim* una firme negativa de la alegación

dispute *sn/nn* [implica puntos de vista totalmente opuestos] disputa, conflicto *to settle a dispute* resolver un conflicto *marital disputes* disputas matrimoniales *a border dispute* un conflicto fronterizo *The facts are not in dispute.* Los hechos son indiscutibles.

dispute *vt* **1** [obj: p.ej. alegación] poner en duda *We strongly dispute this allegation.* Estamos en total desacuerdo con esta acusación. **2** [obj: p.ej. territorio] disputar(se) *the disputed area* la zona en litigio

dissent *vi* (frec. + **from**) [más bien formal. Implica no estar de acuerdo con la mayoría] disentir *I have to dissent from my colleagues' opinion.* Tengo que disentir de la opinión de mis colegas. *the only dissenting voice* la única voz discrepante

dissent *snn* disentimiento, disidencia *to register dissent* mostrar disentimiento *political dissent* disidencia política

346.2 Protestar

protest *vi* (frec. + **against**, **about**) [implica una queja

fuerte, frec. ante la autoridad] protestar *They're protesting against the planned motorway.* Están manifestándose en contra de la proyectada autopista. *I will protest to the minister about this.* Me quejaré al ministro de esto.

protest *sn* protesta *My protests were useless.* Mis protestas fueron inútiles. *a mass protest outside Parliament* una protesta en masa delante del parlamento (usado como *adj*) *a protest march* una marcha de protesta

object *vi* (frec. + **to**) [implica intentar detener algo] oponerse *I'll go now if nobody objects.* Iré ahora si nadie se opone. *I object most strongly to that question.* Protesto enérgicamente por esa pregunta. *They object to my staying out at night.* Se oponen a que me quede fuera por la noche.

objection *sn* objeción *objections from local residents* objeciones de los vecinos *They raised a number of objections to the plan.* Plantearon una serie de objeciones al plan. *I'll phone from here, if you've no objection.* Telefonearé desde aquí si no le importa.

challenge *vt* [implica cuestionarse algo] desafiar, poner en duda *I would challenge that remark.* Yo cuestionaría ese comentario. *We shall challenge the decision in the Court of Appeal.* Vamos a recurrir el fallo en el Tribunal de Apelación. *They challenged the document's validity.* Pusieron en duda la validez del documento.

challenge *sn* desafío, reto *a challenge to the government's authority* un desafío a la autoridad del gobierno

be against [bastante neutro] estar en contra de *The government is against any change in the law on drugs.* El gobierno está en contra de cualquier cambio en la ley de drogadicción.

be dead against [más bien informal] oponerse rotundamente *I'm dead against any further cutbacks.* Me opongo rotundamente a mayores recortes.

346.3 Desacuerdos personales

quarrel *sn* [implica enfado y pérdida de la amistad] riña, pelea *a silly quarrel over who should be in goal* una estúpida riña sobre quién debería estar en la portería *a quarrel between neighbours* una discusión entre vecinos

quarrel *vi* -**ll**- (*brit*), norml. -**l**- (*amer*) pelearse, discutir *Stop quarrelling and get in the car.* Dejad de pelearos y subid al coche. *I don't want to quarrel with you.* No quiero discutir contigo. [oponerse a] *I can't quarrel with her decision.* No puedo discutirle su decisión.

row *sn* (*esp. brit*) [informal] bronca, pelea *He got drunk and started a row.* Se emborrachó y armó una bronca. *We had a blazing row.* Tuvimos una violenta discusión. **row** *vi* pelearse, reñir

squabble *vti* [implica una discusión poco digna e

insignificante] reñir, discutir *They're always squabbling over whose turn it is to wash up.* Siempre están discutiendo sobre a quién le toca lavar los platos.
squabble *sn* riña, pelea

tiff *sn* [discusión pequeña, normalmente entre amigos íntimos, enamorados, etc.] riña, pelea *They've had a bit of a tiff.* Se han peleado. *a lovers' tiff* una pelea de enamorados

bicker *vi* [implica detalles insignificantes] discutir, reñir *We always end up bickering about where to go on holiday.* Siempre acabamos discutiendo sobre dónde ir a pasar las vacaciones.

fall out *vi fr.* (frec. + **with**) [dejar de ser amigos] reñir, pelearse *We fell out when I refused to lend him some money.* Nos enfadamos cuando me negué a prestarle dinero.

friction *snn* [sentimiento no amistoso] fricción, roce *There's bound to be friction if it's not clear who's in charge.* Seguro que habrá roces si no queda claro quién está al cargo.

346.4 Inclinado a discrepar

quibble *vi* hacer objeciones de poca importancia *You probably think I'm quibbling, but we did say eight fifteen.* A lo mejor te parece que soy un quisquilloso, pero dijimos a las ocho y cuarto.

split hairs [hacer distinciones demasiado sutiles] hilar muy fino

argumentative *adj* [implica disposición a provocar] discutidor *She gets very argumentative if you dare to criticize her.* Se pone muy discutidora si osas criticarla.

controversial *adj* [que causa o disfruta de las discusiones] polémico, controvertido *the President's controversial comments at the summit* los controvertidos comentarios del Presidente durante la cumbre.

controversy *snn/n* polémica, controversia *The new law has caused a lot of controversy.* La nueva ley ha suscitado una fuerte polémica.

347 Refuse Negarse

ver también **285 Unwilling**

refuse *vti* (frec. + **to** + INFINITIVO) rechazar, negarse (a) *We offered our help but she refused it.* Le ofrecimos nuestra ayuda pero la rechazó. *I refuse to listen to this nonsense.* Me niego a escuchar estas tonterías. *We suggested Tuesday, but she refused.* Sugerimos el martes pero dijo que no.
refusal *sn* negativa *his refusal to cooperate* su negativa a cooperar

shake one's head [gesto de rechazo] negar con la cabeza *I mentioned a lift, but he shook his head and said he'd walk.* Me ofrecí a llevarlo en coche, pero lo rechazo con la cabeza y dijo que iría a pie.

over my dead body [se dice para expresar una fuerte oposición] por encima de mi cadáver *You'll sell this house over my dead body.* Si quieres vender esta casa vas a tener que pasar por encima de mi cadáver.

348 Agree Estar de acuerdo

ver también **L28 Agreeing**; opuesto **346 Disagree**

agree *vi* (frec. + **with**, **to**, **about**, **on**, **over**, + **to** + INFINITIVO) estar/ponerse de acuerdo, consentir *I agree with you that some changes are necessary.* Estoy de acuerdo contigo en que son necesarios algunos cambios. *I would never agree to such a plan.* Nunca daría mi consentimiento a semejante plan.

agreement *s* **1** *snn* acuerdo *to reach agreement* llegar a un acuerdo *Is everybody **in agreement with** that?* ¿Todo el mundo está de acuerdo con eso? **2** *sn* acuerdo, contrato *our agreement to buy the shares* nuestro acuerdo de comprar las acciones *That's not in the agreement.* Esto no figura en el contrato.

consent *vti* (norml. + **to** + INFINITIVO, **to**) [más bien formal. Implica permiso] consentir en *She has consented to visit the city.* Ha consentido en visitar la ciudad.
consent *snn* consentimiento *I need my wife's consent.* Necesito el consentimiento de mi mujer.

assent *vi* (frec. + **to**) [formal. Cuando se sugiere algo] asentir *This seemed to solve the problem and everyone assented.* Esto parecía resolver el problema y todo el mundo asintió. *They assented to the proposal.* Aprobaron la propuesta.
assent *snn* asentimiento, aprobación *It would require*

the formal assent of Parliament. Esto requiriría la aprobación formal del Parlamento.

concur *vi*, -**rr**- (frec. + **with**) [formal. Implica compartir opiniones] coincidir, estar de acuerdo *She said more research was needed and we all concurred.* Ella dijo que hacía falta más investigación y todos estuvimos de acuerdo. *sentiments with which we would all concur* sentimientos que estoy seguro todos nosotros compartimos

go along with sth *vt fr.* [informal. Implica aceptar el punto de vista o los planes de otro] estar de acuerdo con, aceptar *I go along with what James said.* Yo estoy de acuerdo con lo que dijo James. *Are you prepared to go along with the arrangements?* ¿Estás dispuesto a aceptar lo que hemos acordado?

confirm *vt* (frec. + **that**) confirmar *I want to confirm our arrangements.* Quisiera confirmar lo que acordamos. *That date has not yet been confirmed.* Esa fecha todavía no ha sido confirmada.

confirmation *snn* confirmación *The reports are surprising and we are waiting for confirmation.* Los informes son sorprendentes y estamos esperando confirmación. *confirmation of these terms* la confirmación de estas condiciones

uphold *vt* [implica resistir el reto] apoyar, sostener *The Court of Appeal upheld the verdict.* El Tribunal de Apelación confirmó el veredicto. *I firmly uphold the view of my colleague.* Apoyo firmemente el punto de vista de mi colega.

348.1 Estar de acuerdo

in accord [más bien formal. Tener la misma actitud] de acuerdo *The leaders are in complete accord on this issue.* Los líderes coinciden totalmente en este tema.

in unison [más bien formal. Implica utilizar los mismos términos] al unísono *The council members spoke in unison when condemning the plans.* Los miembros del consejo se expresaron unánimemente a la hora de condenar los planes.

harmony *snn* [puntos de vista, objetivos comunes, etc.] armonía *Nothing disturbed the new harmony within the party.* Nada perturbó la nueva armonía dentro del partido.

349 Persuade Persuadir

ver también *L26 Persuading*

persuade *vt* (frec. + **that**, + **to** + INFINITIVO) [mediante razonamiento o argumentos emocionales] persuadir *Nobody could persuade her.* Nadie pudo persuadirla. *I've persuaded him that I can do the job.* Le he convencido de que yo puedo hacer el trabajo. *We can't persuade him to sell the house.* No podemos persuadirlo para que venda la casa.

persuasion *snn* persuasión *gentle persuasion* persuasión suave *We have to use persuasion rather than force.* Tenemos que usar la persuasión en lugar de la fuerza.

> **U S O**
>
> Hay que procurar no confundir **persuade** y **convince**. **Persuade** implica hacer que alguien haga algo. **Convince**, por otra parte, es hacer pensar a alguien en algo.

convince *vt* (frec. + **that**, **of**, + **to** + INFINITIVO) [mediante razonamiento] convencer *You've convinced me.* Me has convencido. *We shall convince him of your innocence.* Le convenceremos de tu inocencia. *I can't convince her to speak to you.* No logro convencerla para que hable contigo.

influence *vt* [implica presión psicológica] influir (en) *I don't want to influence your decision.* No quiero influir en tu decisión. *I've been influenced by seeing*

the conditions they are living in. Me ha influido ver las condiciones en las que viven.

influence *snn* influencia *to exert influence over* ejercer influencia sobre

convert *vt* (a veces + **to**) [implica un cambio total de postura, frec. en contextos religiosos] convertir, hacer cambiar de idea *He's always been against alternative medicine, but I've managed to convert him.* Siempre ha estado en contra de la medicina alternativa, pero me las he arreglado para hacerle cambiar de idea. *She's been converted to Buddhism.* Se ha convertido al budismo.

talk sb **round** *vt fr.* [implica superar la oposición paulatinamente] convencer *Mum doesn't like the idea, do you think you can talk her round?* A mamá no le gusta la idea, ¿tú crees que podrás convencerla?

talk sb **into** sth *vt fr.* (frec. + -ing) [implica persistencia, a veces en contra de la opinión más acertada de otro] convencer *How did I let you talk me into a canal holiday?* ¿Cómo dejé que me convencieras para pasar las vacaciones viajando por los canales? *I can talk her into coming.* Puedo convencerla para que venga.

get sb **to do** sth *vt fr.* conseguir que alguien haga algo *I can get Mike to walk the dog.* Puedo convencer a Mike para que saque a pasear al perro. *He always tries to get somebody else to do his dirty work.* Siempre intenta conseguir que alguien le haga el trabajo sucio.

350 Admit Admitir

admit *vti*, -tt- (frec. + **that**, **to**, -ing) [implica aceptar que algo es verdad, frec. algo desagradable acerca de uno mismo] reconocer, admitir *He has admitted responsibility for the incident.* Ha admitido su responsabilidad en el incidente. *I admit I was speeding.* Reconozco que llevaba exceso de velocidad. *She admitted taking drugs.* Reconoció que consumía drogas. *It is rather unlikely, I must admit.* Debo admitir que es bastante improbable.

admission *snn* [p.ej. de culpa] reconocimiento *a clear admission of her involvement in the plot* un claro reconocimiento de su implicación en la conspiración

reveal *vt* (frec. + **that**) [implica permitir que alguien se

entere de algo, frec. de un secreto] revelar *I wasn't going to reveal my age.* No iba a revelar mi edad. *Journalists have revealed that her phone had been tapped.* Los periodistas han revelado que su teléfono había sido pinchado.

revelation *sn/nn* [frec. implica un hecho sorprendente] revelación *astonishing revelations about political corruption* revelaciones sorprendentes sobre corrupción política

confess *vti* (frec. + **that**, **to** -ing) [implica sentimiento de culpabilidad o arrepentimiento] confesar *He has confessed his own part in the crime.* Ha confesado su participación en el delito. *I confessed that I had* *forgotten his name.* Confesé que había olvidado su nombre. *She confessed to taking the necklace.* Confesó haber robado la gargantilla.

confession sn/nn confesión *She dictated a full confession to the sergeant.* Le dictó una confesión completa al sargento.

own up to sth vt fr. confesar, admitir *Tom finally owned up to breaking the window.* Tom por fin confesó haber roto la ventana.

concede vt (frec. + **that**) [implica aceptar los argumentos de otro] admitir *I concede that point.* Admito ese punto. *I concede that I was wrong to say that.* Reconozco que estaba equivocado al decir eso.

350.1 Dejar de esconder algo

blurt sth **out** o **blurt out** sth vt fr. [decir espontáneamente algo que no se espera que uno diga] *I wanted to surprise you, but the children blurted the news straight out.* Quería darte una sorpresa, pero los niños no pudieron contenerse y adelantaron la noticia.

[puede implicar una gran emoción] *She suddenly blurted out that she was pregnant.* No pudo más y de repente soltó que estaba embarazada.

let on vi fr. (norml. + **about**, **that**) [en lugar de mantener algo en secreto] decir, contar *I knew who he was but I didn't let on.* Yo sabía quién era él pero no lo dije. *Don't let on to her about the baby.* Que ella no se entere de lo del niño.

give sth **away** o **give away** sth vt fr. [revelar lo que debería haber sido un secreto] descubrir, revelar *You've gone and given everything away, haven't you?* Has ido a contarlo todo, ¿verdad?

f r a s e

let the cat out of the bag [informal. Proporcionar información secreta, norml. accidentalmente] descubrir el pastel *She showed me some photos with the two of them together and that let the cat out of the bag.* Me enseñó unas fotos de los dos juntos y eso descubrió el pastel.

351 Ask Preguntar

ver también **L18 Information**

ask v **1** vt [información] preguntar *If you have any problems, ask me.* Si tienes algún problema consúltame. *I'd like to ask a question.* Me gustaría hacer una pregunta. *I asked him the time.* Le pregunté la hora. *She asked me how old I was.* Me preguntó qué edad tenía. **2** vti (usu. + **to** + INFINITIVO, **for**) [para objetos o servicios] pedir *If you need advice, ask your doctor.* Si necesita consejo, consulte con su médico. *She asked me to sit down.* Me pidió que tomara asiento. *She asked me for a loan.* Me pidió un préstamo. *I asked for some water.* Pedí un poco de agua.

question sn pregunta *to ask sb a question* hacer una pregunta a alguien *to put a question to sb* plantear una pregunta a alguien

question vt [implica hacer varias preguntas, frec. en contextos oficiales] interrogar *A man is being questioned by the police.* Un hombre está siendo interrogado por la policía. *The survey questioned a sample of 1200 voters.* En la encuesta se interrogó a una muestra de 1200 votantes.

query sn [norml. asegurarse de un punto específico] pregunta, duda *Most of the calls are timetable queries.* La mayoría de las llamadas son consultas acerca del horario. *I have a query about the cost.* Tengo una duda acerca del coste.

query vt **1** [implica que la persona cree que algo es incorrecta] dudar de *He queried the repair bill.* Puso en duda la factura de reparación. *I'd query the need for a second car.* Dudo de la necesidad de tener un segundo coche. **2** (amer) preguntar *'Is it ready?' I queried.* '¿Está listo?' pregunté.

enquire TAMBIÉN **inquire** v [más formal que **ask**. Implica informarse] **1** vt preguntar *'Are you a member?' she enquired.* '¿Es usted socio?' preguntó. *I'll enquire if there's a hotel near here.* Preguntaré si hay algún hotel

cerca de aquí. **2** vi (usu. + **about**) pedir información *She was enquiring about our language courses.* Estaba pidiendo información sobre nuestros cursos de idiomas. **3** vi (siempre + **into**) [implica investigación policial o algo similar] investigar *They're enquiring into the cause of the accident.* Están investigando la causa del accidente. **4** vi (siempre + **after**) [esp. saber cómo está alguien o qué está haciendo] preguntar *She was enquiring after the boy in the crash.* Preguntaba por el chico del accidente.

enquiry TAMBIÉN **inquiry** (esp. amer) s **1** sn [p.ej. sobre fechas, algo en venta] pregunta *We haven't had a single enquiry about the house.* No ha habido ni una sola persona que se haya interesado por la casa. *My secretary can handle most of these enquiries.* Mi secretaria puede atender la mayoría de estas consultas. **2** sn investigación *a police enquiry* una investigación policial *an official inquiry into the causes of the riots* una investigación oficial de las causas de los disturbios **3** snn [haciendo preguntas] indagación *By careful enquiry I established her movements on that day.* Tras una cuidadosa indagación averigüé lo que había hecho aquel día.

interview vt [p.ej. para una revista o para un trabajo] entrevistar *the journalist who interviewed her* el periodista que la entrevistó *They took references but didn't interview me.* Tomaron informes pero no me entrevistaron.

interview sn entrevista *the first interview he's given since he became president* la primera entrevista que ha concedido desde que es presidente *a job interview* una entrevista de trabajo

consult vt (frec. + **on**, **over**) consultar *to consult an expert* consultar a un experto *Can I consult you on a gardening problem?* ¿Puedo consultarte sobre una cuestión de jardinería?

351.1 Interrogatorio

cross-examine *vt* **1** [en el tribunal, para comprobar lo declarado anteriormente] interrogar *to cross-examine a witness* interrogar a un testigo **2** [formular preguntas sobre pormenores] interrogar *I refuse to be cross-examined about my motives.* Me niego a que se me interrogue de esta forma sobre mis motivos.

cross-examination *sn/nn* interrogatorio *She was under cross-examination.* La estaban interrogando.

interrogate *vt* [obj: p.ej. espía, sospechoso] interrogar *They were tortured and interrogated by the secret police.* Fueron torturados e interrogados por la policía secreta. **interrogation** *sn/nn* interrogatorio

grill *vt* [informal. Interrogar o formular preguntas difíciles] hacer todo tipo de preguntas sobre *the detective grilled me about the money.* El detective me hizo todo tipo de preguntas sobre el dinero. *I was grilled on irregular verbs.* Me preguntaron de todo sobre los verbos irregulares.

grilling *sn to give sb a grilling* acribillar a alguien a preguntas

pry *vi* (frec. + **into**) [peyorativo. Implica interferir] entrometerse, husmear *I don't want to pry, but are you pregnant?* No es que quiera husmear, pero ¿estás embarazada? *Do you have to pry into my affairs?* ¿Tienes que entrometerte en mis asuntos?

351.2 Peticiones

request *vt* [más formal que **ask for**. Implica educación] **1** [obj: cosa] solicitar *I requested a room with a view.* Solicité una habitación con vistas. **2** (siempre + **to** + INFINITIVO) [obj: persona] rogar *I requested them to leave.* Les rogué que se fueran. *We were requested to wait.* Nos rogaron que esperásemos.

request *s* **1** *sn* petición, solicitud *I made a request to see the manager.* Solicité hablar con el director. **2** *snn* (sólo en frases hechas) *He came at my request.* Vino a petición mía. *The forms are available on request.* Los formularios están a disposición de los interesados.

beg *vti*, **-gg-** (frec. + **for**) **1** (frec. + **to** + INFINITIVO) [pedir desesperadamente] suplicar, rogar *'Leave me alone,' he begged.* 'Déjeme en paz,' suplicó. *I begged her to reconsider.* Le supliqué que reconsiderase. *I beg you, don't do this.* Se lo suplico, no haga eso. **2** [pedir sin orgullo] pedir, mendigar *He had to beg for the job.* Tuvo que mendigar para conseguir el trabajo. *They were begging for food.* Estaban mendigando comida.

plead *vit* (frec. + **with**, **for**) [implica pedir con insistencia y desesperación] suplicar, implorar *I pleaded with her for more time.* Le supliqué que me diera más tiempo. *She pleaded with me to stay.* Me suplicó que me quedase.

plea *sn* petición, súplica *a plea for mercy* una petición de gracia *All my pleas were ignored.* Mis súplicas no fueron escuchadas.

appeal *vi* (frec. + **to**, **for**) [implica la petición de una reacción responsable] rogar, suplicar *He appealed for calm.* Hizo un llamamiento a la calma. *She appealed to us for more information.* Nos rogó que le diéramos más información. *I appealed to him to show a little patience.* Le supliqué que tuviera un poco de paciencia.

appeal *sn* apelación, llamamiento *an appeal for witnesses* una llamada a posibles testigos presenciales *an appeal to his better nature* un llamamiento a su lado más humano

beseech *vt* (usu. + **to** + INFINITIVO) [más bien formal. Implica necesidad intensa] suplicar, implorar *I beseeched her not to marry him.* Le supliqué que no se casase con él. *'You must believe me,' he beseeched her.* 'Tiene que creerme,' le imploró.

invite *vt* (frec. + **to**, + **to** + INFINITIVO) invitar *We've been invited to dinner.* Nos han invitado a cenar. *I invited him to sit down.* Le rogué que se sentara.

invitation *s* **1** *sn/nn* [ofrecimiento] invitación *an invitation to speak to the society* una invitación para dar una charla a la asociación **2** *sn* [tarjeta] invitación *I*

---

352 Answer Responder

answer *vti* **1** (frec. + **that**) [obj: p.ej. persona, pregunta, carta] contestar *Does that answer your question?* ¿Contesta eso a tu pregunta? *She spends a lot of time answering complaints.* Pasa mucho tiempo atendiendo quejas. *She refused to answer.* Se negó a contestar. *She answered that her husband was away.* Respondió que su marido estaba fuera. **2** *vt* [obj: p.ej. timbre, anuncio] contestar *Will you answer the phone?* ¿Contestas tú al teléfono? *I knocked loudly but no one answered.* Llamé fuerte a la puerta pero nadie contestó.

answer *s* **1** *sn* contestación *We're still waiting for their answer.* Todavía estamos esperando su respuesta. *I kept ringing but there was no answer.* Seguí llamando pero no contestaron. **2** *snn* contestación *I wrote back in answer that ...* Les respondí por escrito que... *in answer to your question* en contestación a su pregunta

reply *vit* (usu. + **to**, **that**) [ligeramente más formal que **answer**] responder *Did they ever reply to that letter?* ¿Llegaron a responder a esa carta? *She replied that she was too afraid.* Respondió que estaba demasiado asustada.

reply *s* **1** *sn* respuesta *an evasive reply* una respuesta evasiva *your reply to our advertisement* su respuesta a nuestro anuncio **2** *snn* (siempre en una frase hecha) *'Mmm,' he said in reply.* 'Mmm,' respondió. *in reply to your question* en respuesta a su pregunta

respond *vit* (frec. + **to**, **that**) [formal. Implica una respuesta y una reacción] responder *I waited for her to respond to the question.* Esperé a que respondiese a la pregunta. *He responded to their threats by buying a gun.* Respondió a sus amenazas comprándose una pistola.

response *s* **1** *sn* contestación, respuesta *a considered response* una respuesta ponderada **2** *snn* (siempre en una frase hecha) *what he said in response* lo que respondió *in response to their appeal* en respuesta a su llamamiento

353 **Suggest** Sugerir

ver también **L17 Advice; L27 Suggesting**

suggest *vt* (frec. + **that**) sugerir *to suggest an idea to sb* sugerir una idea a alguien *Can you suggest an alternative?* ¿Puedes sugerir una alternativa? *I suggested to her that we kept the letter.* Le sugerí que guardásemos la carta. *'I could borrow your bike,' she suggested.* 'Podría tomar prestada tu bicicleta,' sugirió.

suggestion *sn/nn* sugerencia *Have you any better suggestions?* ¿Puedes sugerir algo mejor? *It was just a suggestion.* Sólo era una sugerencia.

propose *vt* **1** (frec. + **that**) [implica una sugerencia considerada con cuidado, y una gran convicción de que lo que se propone es sensato] proponer *He is proposing radical reforms.* Está proponiendo reformas radicales. *I shall propose the scheme to them.* Les propondré el plan. *Are you proposing that we cancel the contract?* ¿Estás proponiendo que cancelemos el contrato? **2** (+ **to** + INFINITIVO) [indica una intención firme] proponerse, tener la intención de *We propose to build a school.* Nos proponemos construir una escuela.

proposal *sn* **1** [sugerencia] propuesta *The proposals will be discussed at the next meeting.* Las propuestas se discutirán en la próxima reunión. **2** [de matrimonio] proposición (matrimonial)

---

f r a s e

put it to somebody (that) plantear a alguien (que) *He put it to me that I should resign.* Me planteó que debería dimitir.

353.1 Dar consejo

advise *vt* (frec. + **to** + INFINITIVO, **that**) aconsejar *We must advise caution.* Debemos aconsejar prudencia. *I advised her to see you first.* Le aconsejé que te viera primero. *'Call an ambulance,' she advised.* 'Llamen a una ambulancia,' aconsejó.

advice *snn* consejo *to seek expert advice* pedir consejo a un experto *a good piece of advice* un buen consejo *My advice would be to go to the police.* Mi consejo sería que fueras a la policía.

recommend *vt* (frec. + **that**) [implica sugerir lo que es mejor de entre una serie de opciones] recomendar *Can you recommend a good plumber?* ¿Me podrías recomendar un buen fontanero? *I'd recommend (that) you see an eye specialist.* Te recomendaría que fueras a ver a un oftalmólogo.

recommendation *sn/nn* recomendación *The government has accepted the enquiry's recommendations.* El gobierno ha aceptado las recomendaciones de la investigación. *I bought the car on your recommendation.* Compré el coche siguiendo tus recomendaciones.

guidance *snn* [implica un conocimiento o experiencia superior] orientación *a parent's help and guidance* la ayuda y la orientación de los padres **under the guidance of** your instructor bajo la dirección de tu instructor

tip *sn* [p.ej. sobre cómo hacer que algo resulte más fácil] truco *useful gardening tips* unos trucos útiles de jardinería

---

354 **Discuss** Discutir

discuss *vt* [implica hablar con bastante seriedad, pero no una disputa o riña] hablar sobre, discutir *Did you discuss the wedding?* ¿Habéis hablado sobre la boda? *They discussed who might replace her.* Hablaron sobre quién podría reemplazarla. *We discussed the proposed changes.* Discutimos los cambios propuestos.

discussion *sn/nn* discusión *our preliminary discussions* nuestras discusiones preliminares *This needs further discussion.* Esto necesita ser discutido con más detenimiento. *The idea is under discussion.* La idea está discutiéndose ahora.

debate *vt* [implica discutir sobre ideas contrapuestas] debatir, discutir *to debate a motion* debatir una moción *The proposals have not been properly debated.* Las propuestas no se han discutido como debieran. (+ *-ing*) *We debated extending the deadline.* Consideramos el aplazamiento de la fecha límite.

debate *s* **1** *sn* debate, discusión *a debate in Congress* un debate en el Congreso *heated debates about who should pay* acaloradas discusiones sobre quién debería pagar **2** *snn* debate *The tax has been the subject of much debate.* El impuesto ha sido objeto de mucho debate. *Her views are open to debate.* Sus ideas son

discutibles.

converse *vi* (frec. + **with**) [formal. Hablar de una forma normal] conversar *I saw them conversing idly in the corridor.* Les vi conversando tranquilamente en el pasillo.

conversation *sn/nn* conversación *We had a long conversation about her family.* Tuvimos una larga conversación sobre su familia. *I found him deep in conversation with my father.* Lo encontré enfrascado en una conversación con mi padre.

talk sth **over** o **talk over** sth *vt fr.* [discutir algo, frec. para resolver un problema] hablar sobre algo *Come into my office and we'll talk things over.* Ven a mi despacho y hablaremos de todo esto. *We can talk over what to buy them at lunch.* Podemos hablar sobre lo que les compramos durante la comida.

have a word with sb [más bien informal. Implica hablar con alguien de manera informal] hablar un momento con alguien *Can I have a word with you about this bill?* ¿Podemos hablar un momento sobre esta factura?

355 Emphasize Subrayar

emphasize, TAMBIÉN **-ise** (*brit*) *vt* (frec. + **that**) subrayar, hacer hincapié en *I want to emphasize the need for economy.* Quiero destacar la necesidad de economizar. *I cannot emphasize too much that there will be no second chances.* No me cansaré de insistir en que no habrá una segunda oportunidad.

emphasis *snn/n* (frec. + **on**) énfasis, importancia *The emphasis is on speed.* Se pone énfasis en la rapidez. *We should put/lay/place more emphasis on grammar.* Deberíamos dar más importancia a la gramática.

stress *vt* (frec. + **that**) [frec. para lograr una mejor comprensión] recalcar, hacer hincapié en *I stressed our willingness to compromise.* Hice hincapié en nuestra buena voluntad de llegar a un acuerdo *She stressed that there could be a long wait.* Insistió en que la espera podría ser larga. *I want to stress how little time we have left.* Quiero llamar la atención sobre el poco tiempo que nos queda.

stress *snn* (frec. + **on**) énfasis, importancia *a justifiable stress on security* un énfasis justificable en el tema de la seguridad. *She lays great stress on punctuality.* Concede mucha importancia a la puntualidad.

underline *vt* [dejar muy claro] subrayar *The accident underlines the need for higher safety standards.* El accidente subraya la necesidad de mejorar el nivel de seguridad. *I want to underline my opposition to these measures.* Quiero subrayar mi oposición a estas medidas.

insist *vit* (frec. + **on** + **-ing**, + **that**) [implica afirmar o pedir algo firmemente] insistir *I insist, they must be stopped.* Insisto, hay que detenerles. *Insist on seeing the ambassador.* Insiste en ver al embajador. *She insisted (that) she was nowhere near there that night.* Insistió en que se encontraba lejos de allí aquella noche.

insistence *snn* insistencia *She stuck to this story with great insistence.* Se aferró a esa historia con gran insistencia.

insistent *adj* insistente *an insistent tone* un tono insistente *Her pleas became more insistent.* Sus súplicas se volvieron más insistentes.

exaggerate *vt* [obj: p.ej. afirmación, problema] exagerar *We mustn't exaggerate the danger.* No debemos exagerar el peligro. *He tends to exaggerate his achievements.* Tiende a exagerar sus logros. *She's exaggerating when she says there were eighty people there.* Exagera al decir que había ochenta personas allí.

exaggeration *snn/n* exageración *Salesmen can be rather prone to exaggeration.* Los vendedores pueden ser bastante propensos a exagerar. *It's a bit of an exaggeration to say she saved my life.* Es un poco exagerado decir que me salvó la vida.

rub sth **in** O **rub in** sth *vt fr.* [informal. Hacer hincapié en algo desagradable con más insistencia de la que es necesaria para hacer que alguien se sienta peor] restregar por las narices *I know I should have got there earlier, there's no need to rub it in.* Sé que tendría que haber llegado antes, no hace falta que me lo restriegues por las narices.

f r a s e

to get/blow something out of proportion [exagerar la importancia o la seriedad de algo, especialmente algo que preocupa] sacar algo de quicio *It was only a small disagreement, you're blowing it out of proportion.* Sólo fue un pequeño desacuerdo, estás sacando las cosas de quicio.

356 Repeat Repetir

repeat *vt* (frec. + **to**) repetir *Can you repeat that?* ¿Puedes repetir eso? *Don't repeat this to anybody.* No repitas esto a nadie. *The team are hoping to repeat last Saturday's performance.* El equipo espera repetir la actuación del sábado pasado.

repeat *sn* 1 repetición *Make sure you've got your passport - we don't want a repeat of what happened last time!* ¡Asegúrate de que llevas tu pasaporte - no queremos que se vuelva a repetir lo que ocurrió la última vez! *I played the piece with all the repeats.* Toqué la pieza con todas las repeticiones. (usado como *adj*) *a repeat performance* una repetición 2 [programa] repetición

repetition *snn/n* repetición *to learn sth by repetition* aprender algo a fuerza de repetirlo *a repetition of earlier mistakes* una repetición de errores anteriores

encore *sn* [pieza de música extra interpretada a petición del público] bis, repetición *They gave us three encores.* Dieron tres bises. *She sang a Schubert song as an encore.* Cantó una canción de Schubert a modo de bis.

encore *vt* [obj: músico] pedir una repetición a [obj: música] repetir, bisar *The aria was encored.* El público pidió la repetición del aria.

echo *sn, pl* **echoes** 1 [p.ej. en una cueva] eco *a ghostly echo* un eco fantasmagórico 2 [p.ej. de un acontecimiento] repetición *The protests are an echo of the mass demonstrations of 1968.* Las protestas son una repetición de las manifestaciones masivas de 1968.

echo *v* 1 *vi* (a veces + **with**) [suj: p.ej. cueva] *The room echoed with laughter.* Las risas resonaban en la habitación. 2 *vi* [suj: p.ej. ruido] *Her voice echoed round the church.* Su voz resonó por toda la iglesia. 3 *vt* [obj: p.ej. opinión] hacerse eco de *In saying this I am only echoing the president's own statement.* Al decir esto sólo estoy repitiendo el propio comentario del presidente. 4 *vt* [obj: p.ej. un acontecimiento] repetir *Her career strangely echoed her mother's experience.* Su carrera repetía de forma extraña la experiencia de su madre.

357 Swear Decir tacos

swear *vi, pas.* **swore** *pp.* **sworn** (frec. + **at**) decir palabrotas, soltar tacos *Don't swear in front of the children.* No sueltes tacos delante de los niños. *He swore loudly at the referee.* Maldijo en voz alta al árbitro. (usado como *adj*) *a swear word* una palabrota, un taco

curse *vti* [esp. expresando enfado ante alguien/algo] maldecir *I found her cursing into the engine.* Me la encontré maldiciendo mientras miraba el motor. *I could hear him cursing computers and whoever invented them.* Le oí maldecir a los ordenadores y a quien los inventó. **curse** *sn* maldición, palabrota

oath *sn* [más bien literario] juramento, blasfemia *a strange oath he'd heard his father use* un extraño juramento que había oído utilizar a su padre

blaspheme *vi* (frec. + **against**) blasfemar *to blaspheme against God* blasfemar contra Dios **blasphemy** *snn* blasfemia

eff and blind *vi* (*brit*) [informal y humorístico. Eufemismo basado en **fuck** y **bloody**] soltar tacos, despotricar *He was dead drunk and effing and blinding like mad.* Estaba borracho como una cuba e iba lanzando maldiciones como un loco.

358 Promise Prometer

ver también **82.1 Certain**

promise *vt* (frec. + **to** + INFINITIVO, + **that**) prometer *I can promise nothing.* No puedo prometer nada. *But you promised me a pony!* ¡Pero me prometiste un pony! *I was promised my own office.* Me prometieron un despacho propio. *I promised to be there on time.* Les prometí que llegaría a tiempo. *I promised my daughter I'd pick her up.* Prometí a mi hija que iría a recogerla.

promise *sn* promesa *empty promises* falsas promesas *the promise of a job* la promesa de un trabajo *to keep/break a promise* mantener/romper una promesa

> *frase*
>
> **to give sb one's word** [más enfático que **promise**] dar su palabra a alguien *I give you my word that I'll have the money for you by Friday.* Le doy mi palabra de que tendré el dinero para el viernes.

guarantee *sn/nn* [norml. se usa en contextos formales o legales] garantía *a guarantee that no trees would be cut down* una garantía de que no se talaría ningún árbol *The oven is still **under guarantee**.* El horno todavía tiene garantía.

guarantee *vt* (frec. + **to** + INFINITIVO, + **that**) garantizar, asegurar *We cannot guarantee your safety.* No podemos garantizarle su seguridad. *They have guaranteed to provide a replacement.* Han asegurado que pondrán a nuestra disposición un sustituto. *Can you guarantee that the car will be ready?* ¿Puede asegurarme que el coche estará listo? *a guaranteed seat* una plaza/localidad garantizada

assure *vt* (frec. + **that**) [cuando algo no es seguro. Se utiliza para tranquilizar a alguien] asegurar *Let me assure you that there will be no problems.* Le puedo asegurar que no habrá ningún problema. *We were assured that we would not miss our plane.* Nos aseguraron que no perderíamos el avión.

assurance *sn* garantía *an assurance that her complaint would be examined* una garantía de que se iba a investigar su reclamación *government assurances that there was no health risk* garantías gubernamentales de que no había riesgos para la salud

claim *vt* (norml. + **to** + INFINITIVO, + **that**) [implica una afirmación no comprobada] afirmar, pretender *He claims to be his descendent.* Pretende ser un descendiente suyo. *She claims that inflation is coming down.* Afirma que la inflación está bajando.

claim *sn* afirmación, pretensión *a fully justified claim* una afirmación totalmente justificada *exaggerated claims of success* exageradas pretensiones de éxito

swear *v, pas.* **swore**, *pp.* **sworn** 1 *vt* (norml. + **that**) [implica afirmar algo solemne y enfáticamente] jurar *She swore she'd never seen me.* Juró que nunca me había visto. [informal] *He **swore blind** he'd locked the door.* Juró y perjuró que había cerrado la puerta con llave. [expresando certeza] *I could have sworn I had another pen.* Juraría que tenía otro bolígrafo. 2 *vi* (siempre + **to**) jurar *I think he's from Lincoln, but I couldn't swear to it.* Creo que es de Lincoln, pero no podría jurarlo.

oath *sn* [solemne promesa de hacer algo o de que algo es verdad] juramento *I **took an oath** not to tell anyone.* Presté el juramento de no decírselo a nadie. *Will you say that **on oath**?* [en el tribunal] ¿Afirmaría eso bajo juramento?

pledge *sn* [solemne promesa de hacer algo] compromiso, promesa *our pledge to reduce unemployment* nuestro compromiso de reducir el desempleo

pledge *vt* (frec. + **to** + INFINITIVO) prometer *to pledge one's support for a cause* prometer el apoyo a una causa *I pledged another ten pounds.* Prometí pagar otras diez libras.

359 Talkative Hablador

ver también **341 Speak**

chatty *adj* [bien dispuesto a hablar] hablador, parlanchín *The boss was in one of her chatty moods.* La jefa tenía uno de sus días parlanchines. *a chatty*

letter una carta llena de pequeñas noticias

chatterbox *sn* [informal. Más bien humorístico y tolerante] parlanchín *He can only say a few words, but* you can tell he's going to be a real little chatterbox. Sólo sabe cuatro palabras pero ya se le ve que será todo un parlanchín.

windbag *sn* [peyorativo. Que habla demasiado o de forma pomposa] charlatán *How did all these windbags get elected?* ¿Cómo salieron elegidos todos estos charlatanes?

359.1 Que habla con facilidad

fluent *adj* [implica que se expresa bien, frec. en otra lengua] fluido, que habla con soltura *a fluent style which makes the subject interesting* un estilo fluido que hace que la tema resulte interesante *I speak German, but I'm not fluent in it.* Hablo alemán pero no con soltura. *She speaks fluent Arabic.* Habla con soltura el árabe. **fluently** *adv* con fluidez, con soltura **fluency** *snn* fluidez, soltura

articulate *adj* [implica facilidad de expresión y claridad de pensamiento. Describe: persona] que se expresa bien [describe: artículo, libro] bien escrito *She gets her way because she's so articulate.* Se sale con la suya porque sabe expresarse con facilidad. **articulately** *adv* bien, con facilidad

eloquent *adj* [implica que se expresa bien y con persuasión] elocuente *The wine made me more eloquent.* El vino me volvió más elocuente. *an eloquent defence of their policies* una elocuente defensa de su política **eloquence** *snn* elocuencia

a way with words [implica estilo y persuasión] el don de la palabra *You could listen to him for hours, he has such a way with words.* No te cansarías de escucharlo, tiene el don de la palabra.

have the gift of the gab [informal. Habilidad para hablar con fluidez, frec. en situaciones apuradas. A veces implica incluso persuasión deshonesta] tener un pico de oro, tener mucha labia *She has the gift of the gab, so don't let her talk you into anything.* Tiene mucha labia, así que no te dejes convencer para hacer nada.

you can't get a word in edgeways [informal. Se dice cuando alguien no deja de hablar] no dejar meter baza *She's got it all wrong, but she won't let you get a word in edgeways.* Lo ha entendido todo al revés pero no te deja meter baza.

talk nineteen to the dozen (*brit*) [informal. Hablar deprisa y sin detenerse] hablar por los codos *Everybody was talking nineteen to the dozen and the meeting was getting nowhere.* Todos hablaban como cotorras y la reunión no iba a ninguna parte.

he/she can talk the hind legs off a donkey [informal. Se dice de alguien que habla sin parar, y norml. sobre cosas que el oyente piensa que no son muy importantes o interesantes] no para de darle a la sin hueso

360 Gossip Cotillear

gossip *vt* [frec. peyorativo. Implica hablar sobre la vida privada de las personas] cotillear, chismorrear *I shouldn't gossip, but I think she's left him.* No debería contar chismes, pero creo que le ha dejado. *Have you been gossiping again?* ¿Habéis estado cotilleando otra vez?

gossip *s* **1** *snn* cotilleo, chismorreo *office gossip* chismorreo de oficina **2** *sn* [peyorativo. Persona] cotilla, chismoso *He's a terrible gossip.* Es muy cotilla.

gossipy *adj* cotilla, chismoso *a gossipy letter* una carta llena de cotilleos

chat *vt*, -tt- [implica una conversación amistosa e informal] charlar *We were chatting about the match.* Estábamos hablando del partido.

chat *s* **1** *sn* charla *We were having a chat about my operation.* Estábamos hablando de mi operación. **2** *snn* comentarios *There's a lot of chat about TV.* Se habla mucho de la televisión.

chitchat *snn* [conversación social poco profunda sobre cosas triviales] cháchara, charla

chatter *vi* [implica hablar mucho sobre cosas sin importancia] charlar, estar de palique *We were chattering together on the phone.* Estábamos de

palique en el teléfono. *I could hear them chattering away.* Les oía charla que te charla.

chatter *snn* charla, cháchara *Could we have less chatter and more work please?* A ver si charlamos menos y trabajamos más.

natter *vi* (*brit*) (frec. + *adv*) [implica una charla larga sobre cosas triviales] charlar *Well, we can't go on nattering all night.* Bueno, no podemos pasarnos toda la noche de palique.

natter *sn* (*brit*) charla *I called you up to have a good natter.* Te he llamado porque tenía ganas de charlar contigo.

rabbit *vi*, -tt- o -t- (*brit*) (frec. + *on*) [peyorativo. Implica hablar demasiado] cascar, cotorrear *She was rabbiting on about her arthritis.* Estaba dale que te pego con su artritis.

small talk *snn* [charla de poca importancia, p.ej. en una fiesta] charla trivial *I'm not much good at small talk.* No sirvo para las conversaciones triviales.

rumour (*brit*), **rumor** (*amer*) *sn/nn* rumor *There's a rumour going round that you're leaving.* Corre el rumor de que te vas. *Don't listen to rumour.* No hagas caso de los rumores.

361 Language Lenguaje

language *s* **1** *sn* lengua, idioma *a foreign language* una lengua extranjera *I'm doing languages.* Estoy estudiando idiomas. **2** *snn* lenguaje *literary language*

lenguaje literario (usado como *adj*) *language courses* cursos de idiomas

speaker *sn* hablante *English speakers* angloparlantes *a native speaker of English* un hablante nativo de inglés

bilingual *adj* bilingüe *She's bilingual in French and German.* Es bilingüe en francés y alemán.

multilingual *adj* multilingüe *a multilingual class* una clase multilingüe

361.1 Lenguas europeas

Bulgarian búlgaro

Czech checo

Danish danés

Dutch holandés

English inglés

Finnish finlandés

French francés

German alemán

Greek griego

Hungarian húngaro

Italian italiano

Norwegian noruego

Polish polaco

Portuguese portugués

Romanian rumano

Russian ruso

Serbo-Croat o **Serbo-Croatian** serbocroata

Spanish español

Swedish sueco

Turkish turco

361.2 Otras lenguas muy habladas

Arabic árabe

Bengali bengalí

Chinese chino

Hindi hindi

Japanese japonés

Korean coreano

Persian persa

Punjabi punjabí

Urdu urdú

U S O

Comparar los ejemplos siguientes: *I like Spanish.* [se refiere a la lengua] (Me gusta el español.) y *I like the Spanish.* [se refiere a las personas que viven en España] (Me gustan los españoles.)

362 Words Palabras

362.1 Palabras usadas con fines específicos

vocabulary *snn/n* [implica número global de palabras] vocabulario *to have a large vocabulary* tener un amplio vocabulario *French vocabulary* vocabulario francés

term *sn* [palabra o grupo de palabras, norml. usado en un campo determinado] término *a technical term* un término técnico

terminology *snn/n* [implica palabras de un campo determinado] terminología *scientific terminology* terminología científica

jargon *snn/n* [frec. peyorativo. Implica palabras usadas por un grupo determinado, que son incomprensibles para los demás] jerga *sales jargon* jerga de los vendedores

slang *snn* [palabras muy informales, esp. usadas por un grupo determinado] argot *drug slang* argot de las drogas (usado como *adj*) *slang expressions* expresiones argóticas

362.2 Grupos de palabras

phrase *sn* **1** [pocas palabras] locución **2** [expresión estereotipada] frase hecha

sentence *sn* oración, frase

clause *sn* [palabra técnica usada en gramática] cláusula

paragraph *sn* párrafo *the paragraph dealing with burns* el párrafo que trata sobre las quemaduras

slogan *sn* eslogan *A catchy slogan like 'development without destruction'.* Un eslogan pegadizo como 'desarrollo sin destrucción'.

idiom *sn* [expresión algo estereotipada cuyo significado es diferente al de las palabras individuales que la forman] modismo

proverb *sn* [expresa moraleja convencional] proverbio

cliche TAMBIÉN **cliché** *sn* [implica expresión demasiado usada] cliché, tópico *It's a bit of a cliche to call the situation a tragedy, but that's what it is.* Es un poco tópico calificar la situación de tragedia, pero eso es lo que es.

362.3 Los sonidos de las palabras

vowel *sn* vocal (usado como *adj*) *vowel sounds* sonidos vocálicos

consonant *sn* consonante

syllable *sn* sílaba

362.4 Términos gramaticales

grammar *s* **1** *snn* gramática *English grammar* gramática inglesa (usado como *adj*) *grammar problems* problemas de gramática **2** *sn* [libro] gramática

grammatical *adj* **1** [relacionado con la gramática] gramatical *grammatical inflections* inflexiones gramaticales **2** gramaticalmente correcto *a grammatical sentence* una frase gramaticalmente correcta

noun *sn* nombre, sustantivo

verb *sn* verbo *a transitive verb* un verbo transitivo (usado como *adj*) *verb endings* desinencias verbales

tense *sn/nn* tiempo *the past/present/future tense* el tiempo pasado/presente/futuro

adjective *sn* adjetivo

adverb *sn* adverbio

pronoun *sn* pronombre *a personal pronoun* un pronombre personal

preposition *sn* preposición

conjunction *sn* conjunción

362.5 Ortografía de las palabras

alphabet *sn* alfabeto, abecedario *the Greek alphabet* el alfabeto griego

alphabetical *adj* alfabético *in alphabetical order* por orden alfabético

letter *sn* letra *the letter 'a'* la letra 'a'

capital TAMBIÉN **capital letter** *sn* mayúscula *block capitals* letras de imprenta

upper case *adj* [esp. en términos de impresión] mayúsculo *an upper case Y* una Y mayúscula

lower case *adj* [esp. en términos de impresión] minúsculo *a lower case p* una p minúscula

small *adj* [término no técnico usado corrientemente] minúsculo *Do I write that with a small 'a' or a capital*

'a'? ¿Lo escribo con una 'a' minúscula o una 'a' mayúscula?

abbreviation *sn/nn* abreviatura

363 Punctuation Puntuación

punctuate *vt* puntuar *incorrectly punctuated* puntuado incorrectamente

punctuation mark *sn* signo de puntuación

full stop (*brit*), **period** (*amer*) *sn* [.] [usado al final de frases y en abreviaturas, como en *He's in New York.*] punto

comma *sn* [,] coma

semicolon *sn* [;] punto y coma

colon *sn* [:] dos puntos

exclamation mark (*brit*), **exclamation point** (*amer*) *sn* [!] signo de exclamación

question mark *sn* [?] signo de interrogación

dash *sn* guión

hyphen *sn* guión

hyphenate *vt* escribir con guión *a hyphenated name* un nombre compuesto

> **U S O**
> Al escribir en inglés, no se deja espacio adicional entre palabras y signos de puntuación, a excepción del guión, que requiere un espacio antes y otro después.

inverted commas (*brit*) TAMBIÉN **quotation marks** (*brit* & *amer*) *s pl* [" " o ' '] comillas

brackets (*brit*), **parenthesis** (*amer*) *s pl* [( )] paréntesis

apostrophe *sn* ['] apóstrofe

asterisk *sn* [*] asterisco

> **U S O**
> En inglés, no se utilizan los signos ¡ y ¿.

364 Meaning Significado

mean *vt* 1 [suj: persona] querer decir *I didn't mean that he was lazy.* No quise decir que fuera perezoso. *Say what you mean.* Di lo que piensas. *What do you mean by 'inconvenient'?* ¿Qué quieres decir con 'inoportuno'? 2 [representar] significar *The orange light means we need more petrol.* La luz naranja significa que necesitamos más gasolina. *What does 'inconvenient' mean?* ¿Qué significa 'inoportuno'?

sense *s* 1 *snn* [significado general] sentido *the general sense of the document* el sentido general del documento *Does this letter **make sense** to you?* ¿Entiendes lo que quiere decir esta carta? 2 *sn* [significado concreto de una palabra] acepción *I'm using the word in its scientific sense.* Estoy usando la palabra en su acepción científica.

gist *s* (no tiene *pl*; + **the**) [implica significado esencial sin detalles] idea general *I haven't got time to read the report so just give me the gist of it.* No tengo tiempo para leer el informe, así que hágame un resumen de lo esencial.

essence *sn* (no tiene *pl*) [implica significado real o más importante] esencia *Here we come to the essence of the debate.* Ahora llegamos al tema esencial del debate.

364.1 Signos y símbolos

sign *sn* 1 signo *an equals sign* un signo de igual *a dollar sign* el símbolo del dólar 2 [gesto] seña *She started making signs to get us to quieten down.* Empezó a hacer señas para que nos callásemos. 3 [p.ej. en carreteras, en un comercio] señal, letrero *a stop sign* una señal de stop *There was a sign giving the opening hours.* Había un letrero que indicaba las horas de apertura. 4 [pista] señal, indicio *There were signs of a break-in.* Había indicios de que la entrada había sido forzada. *He gave no sign that he was angry.* No dio muestras de estar enojado.

signal *sn* 1 [signo para indicar que hay que hacer algo o que va a pasar algo] señal, seña *He gave the signal to fire.* Dio la señal para disparar. *a railway signal* una señal de ferrocarril *A long look at her watch was the signal for us to leave.* Una detenida mirada a su reloj nos indicó que debíamos irnos. 2 [p.ej. onda de radio] señal *Astronomers are picking up very faint signals from the star.* Los astrónomos están captando señales muy débiles de la estrella.

signal *vt* -ll- (*brit*), norml. -l- (*amer*) (frec. + **to** + INFINITIVO) 1 [p.ej. para hacer algo] hacer señas *He signalled me to come over.* Me hizo una seña para que me acercara. 2 [transmitir una idea] indicar *The measures signalled a change of policy by the government.* Las medidas indicaban un cambio de política por parte del gobierno.

symbol *sn* 1 [signo convencional] símbolo *mathematical symbols* símbolos matemáticos *The open book became the symbol of the movement.* El libro abierto se convirtió en el símbolo del movimiento. 2 [algo que expresa una idea por asociación] símbolo *drivers who regard the car as the symbol of their virility* conductores que consideran el coche como el símbolo de su virilidad

symbolic *adj* simbólico *a symbolic representation of sth* una representación simbólica de algo **symbolically** *adv* simbólicamente

symbolize, TAMBIÉN **-ise** (*brit*) *vt* simbolizar

code *sn/nn* clave *an easy code to break* una clave fácil de descifrar *It's written in code.* Está escrito en clave.

code *vt* cifrar, poner en clave *coded warnings to the president* advertencias en clave al presidente

364.2 Expresar y deducir el significado de algo

signify *vt* [más bien formal] 1 [implica mostrar de qué se trata algo] significar *What did this sudden departure* *signify?* ¿Qué significaba esta partida repentina? *A further reduction in interest rates could signify an early election.* Una nueva reducción de los tipos de interés podría significar unas elecciones anticipadas. **2** (a veces + **that**) [anunciar] dar a conocer *She has signified her intention to leave.* Ha dado a conocer su intención de irse.

represent *vt* representar *This chart represents average rainfall.* Este gráfico representa la pluviosidad media.

representation *sn/n* representación

indicate *vt* **1** [señalar o hacer un gesto hacia] señalar *She indicated a parked car and told me to get in it.* Señaló un coche aparcado y me dijo que subiera. **2** [mostrar mediante un signo] indicar *A red light indicates that the room is occupied.* Una luz roja indica que la sala está ocupada. *He indicated that he would stand for the post if invited.* Dio a entender que se presentaría como candidato si se lo proponían.

indication *sn/nn* muestra, indicio *These flattened crops are an indication of the storm's severity.* Estos cultivos aplastados son una muestra del rigor de la tormenta.

imply *vt* (frec. + **that**) **1** [dar a entender indirectamente lo que uno quiere decir] insinuar, dar a entender *Are you implying I'm drunk?* ¿Insinúas que estoy bebido? *No criticism was implied.* No se insinuaba ninguna crítica. **2** [tener como consecuencia lógica] implicar

More responsibility should imply higher wages. A mayor responsabilidad debería corresponder mayor salario.

implication *sn/nn* consecuencia *the implications of the proposed law* las consecuencias de la ley propuesta

infer *vt* -**rr**- (frec. + **from**, + **that**) deducir, inferir *What do you infer from these facts?* ¿Qué deduce de estos hechos? *I inferred from this that she was unlikely to change her mind.* De esto deduje que era poco probable que ella cambiara de opinión. **inference** *snn* deducción, inferencia

---

U S O

Infer se usa corrientemente con el mismo significado que la acepción 1 de **imply**, pero algunas personas desaprueban este uso.

---

hint *sn* [consejo sutil] insinuación, indirecta *a hint that there would be changes* una insinuación de que habría cambios *Did he **get the hint**?* ¿Captó la indirecta? *Why don't you **take the hint** and invite her?* ¿Por qué no te das por aludido y la invitas? *He's been **dropping hints** about what he'd like for Christmas.* Ha estado insinuando lo que le gustaría para Navidad.

hint *vt* (frec. + **that**) insinuar *She hinted that we should go.* Insinuó que deberíamos ir.

365 Gesture Gesticular

ver también **196 Greet**

gesture *sn* gesto, ademán *a gesture of annoyance* un gesto de disgusto

gesture *vit* gesticular, hacer gestos *She gestured towards the window.* Hizo un gesto hacia la ventana. *He gestured them to be quiet.* Hizo un ademán para que se callaran.

shrug *vit* encogerse de hombros *to shrug one's shoulders* encogerse de hombros **shrug** *sn* encogimiento de hombros

nod *vit*, -**dd**- asentir con la cabeza *They nodded in agreement.* Asintieron con la cabeza. **nod** *sn* inclinación de cabeza

shake one's head negar con la cabeza *She shook her head thoughtfully.* Negó con la cabeza de forma pensativa.

point *vi* (frec. + **at**, **to**) señalar *If he is in this room, please point to him.* Si está en esta sala, le ruego que lo señale con el dedo.

wave *vi* (frec. + **to**, **at**) saludar con la mano *to wave goodbye* decir adiós con la mano **wave** *sn* saludo con la mano

beckon *vti* (frec. + **to**) hacer señas (a), llamar con la mano *The waiter beckoned me over.* El camarero me hizo señas para que me acercara.

366 Document Documento

text *s* **1** *snn/n* [serie de palabras escritas] texto *a text in ancient Greek* un texto en griego antiguo **2** *sn* (no tiene *pl*; norml. + **the**) [parte principal escrita de un documento, esp. un libro, más que dibujos, índice, etc.] texto *She made cuts in the original text.* Suprimió fragmentos del texto original.

textual *adj* textual, en el texto *textual changes* cambios en el texto

margin *sn* [a ambos lados del texto] margen *the left-hand margin* el margen izquierdo *a note in the margin* una nota al margen

heading *sn* [p.ej. de capítulo o párrafo] encabezamiento, título *It comes under the heading 'Accidents and emergencies'.* Está bajo el encabezamiento 'Accidents y emergencies'.

list *sn* [p.ej. de nombres, números de teléfono] lista *a mailing list* una lista de envío

list *vt* hacer una lista de, enumerar *A number of recommendations were listed.* Se enumeraron varias recomendaciones.

register *sn* [p.ej. de miembros, huéspedes] registro, lista *I signed the hotel register.* Firmé en el registro del hotel.

chart *sn* [p.ej. que da estadísticas] gráfico

366.1 Documentos cortos impresos

certificate *sn* [p.ej. de matrimonio, estudios] certificado *They give you a certificate for completing* *the course.* Te dan un certificado por haber acabado el curso.

form *sn* [p.ej. para una solicitud de trabajo, pasaporte] impreso, formulario *to fill in a form* rellenar un impreso *tax forms* impresos de declaración de la renta

leaflet *sn* [puede ser de una página o varias, esp. con publicidad o información] folleto, prospecto

booklet *sn* [norml. informativo] folleto *an instruction booklet* un folleto de instrucciones

pamphlet *sn* [norml. más de una página pero bastante corto, frec. sobre temas religiosos o políticos] octavilla, panfleto

brochure *sn* [norml. ilustrado y puede ser algo largo, esp. para publicidad] folleto *holiday brochures* catálogos de viajes

catalogue *sn* [p.ej. de productos para la venta] catálogo *a mail order catalogue* un catálogo de ventas por correo

programme *sn* [p.ej. folleto que contiene detalles sobre una obra, concierto, etc. o información sobre una serie de acontecimientos programados] programa

Programmes for the film festival are available from the box office. Los programas del festival de cine se pueden adquirir en la taquilla.

366.2 Documentos académicos o de investigación

essay *sn* [relativamente corto, realizado p.ej. por un universitario o alumno de escuela] trabajo *my history essay* mi trabajo de historia

dissertation *sn* [bastante larga, realizada esp. por estudiante postgraduado] tesina

thesis *sn, pl* **theses** [largo, esp. para doctorado, implica investigación original] tesis *a thesis on molecular theory* una tesis sobre la teoría molecular

report *sn* [p.ej. de un comité o de un oficial de policía] informe *a sales report* un informe de ventas

survey *sn* [que examina la situación a través de gran cantidad de casos] encuesta, estudio *a yearly survey of population trends* una encuesta anual sobre las tendencias demográficas

367 Book Libro

367.1 Relatos

novel *sn* novela *a spy novel* una novela de espías

fiction *snn* novela, narrativa

fictional *adj* novelesco, de ficción *fictional characters* personajes de ficción

science-fiction *sn* ciencia ficción

plot *sn/nn* argumento, trama *a summary of the plot* un resumen del argumento

character *sn/nn* personaje *the principal characters* los personajes principales

367.2 Libros sobre las vidas de personas

biography *sn/nn* biografía *an authorized biography* una biografía autorizada **biographical** *adj* biográfico **biographer** *sn* biógrafo

autobiography *sn/nn* autobiografía **autobiographical** *adj* autobiográfico

diary *sn* diario

367.3 Libros de referencia y otros

dictionary *sn* diccionario *a bilingual dictionary* un diccionario bilingüe

encyclopedia *sn* enciclopedia

non-fiction *snn* no ficción (usado como *adj*) *non-fiction books* libros de literatura no novelesca

album *sn* 1 [para las fotografías de una persona] álbum (de fotos) *the family album* el álbum de familia 2 [publicado] álbum *an album of the Royal Family* un álbum de la familia real

annual *sn* [publicado una vez al año, esp. basado en revistas para niños] compilación anual, anuario

367.4 Obras literarias

literature *snn* literatura

literary *adj* literario *literary criticism* crítica literaria *literary language* lenguaje literario

prose *snn* prosa (usado como *adj*) *her prose style* su estilo

poetry *snn* poesía (usado como *adj*) *a poetry reading* una lectura de poesía **poet** *sn* poeta

poem *snn* poema, poesía

poetic o **poetical** *adj* poético *a poetic description* una descripción poética

verse *s* 1 *snn* versos, poesía *blank verse* verso blanco 2 *sn* [de poema, canción, etc.] estrofa

rhyme *snn/n* rima

367.5 Partes de un libro

volume *sn* volumen, tomo *the second volume of her autobiography* el segundo volumen de su autobiografía (usado como *adj*) *a two-volume history of art* una historia del arte en dos volúmenes

contents *s pl* [norml. en la parte delantera de los libros en inglés] índice (de materias) (usado como *adj*) *the contents page* el índice

introduction *sn* [término genérico] introducción

preface *sn* [más formal que **introduction**] prólogo, prefacio

chapter *sn* capítulo

index *sn, pl* norml. **indexes** índice *I looked her name up in the index.* Busqué su nombre en el índice.

appendix *sn, pl* **appendices** o **appendixes** apéndice

footnote *sn* nota a pie de página

367.6 Formato de un libro

page *sn* página *the title page* la portada *See the note on page 23.* Véase la nota de la página 23.

leaf *sn, pl* **leaves** [más literario o técnico que **page**] hoja, página

spine *sn* lomo

jacket TAMBIÉN **dust jacket** *sn* sobrecubierta

cover *sn* forro, cubierta

hardback *sn* libro de tapas duras *published* **in hardback** publicado en tapas duras (usado como *adj*) *hardback price* precio de la edición de tapas duras

paperback *sn* libro en rústica *It's available* **in paperback**. Se puede adquirir la edición en rústica. (usado como *adj*) *a paperback novel* una novela en rústica

367.7 Producción de libros

author *sn* autor *a best-selling author* un autor de éxito popular

publish *vt* publicar, editar *My novel's been published.* Mi novela ha sido publicada. *They publish mainly illustrated books.* Publican principalmente libros ilustrados.

publisher *sn* [persona o empresa] editor, editorial *I'm having lunch with my publisher.* Voy a comer con mi editor.

publication *s* **1** *snn* [proceso o acontecimiento] publicación *We're getting the book ready for publication.* Estamos preparando el libro para su publicación. **2** *sn* [p.ej. revista] publicación *one of our more serious publications* una de nuestras publicaciones más serias

print *vt* imprimir *How many copies were printed?* ¿Cuántos ejemplares se imprimieron? **print** *snn* impresión

printer *sn* imprenta *The book's at the printer's.* El libro está en la imprenta.

edition *sn* edición *a revised edition* una edición revisada [libro] *a first edition* una primera edición

367.8 Usar libros

read *vt, pas. & pp.* **read** leer *I've read all your books.* He leído todos sus libros.

reader *sn* lector *books for younger readers* libros para los lectores más jóvenes

readership *sn* lectores *She has a wide readership.* Tiene muchos lectores.

literate *adj* que sabe leer y escribir, culto

illiterate *adj* analfabeto, inculto

library *sn* biblioteca *a lending library* una biblioteca con servicio de préstamo

librarian *sn* bibliotecario

bookseller *sn* librero *your local bookseller's* su librería local

368 Journalism Periodismo

press *sn* (no tiene *pl*; norml. + **the**; + *v sing* o *pl*) prensa *the daily press* la prensa diaria *allegations in the press* declaraciones en la prensa *The press have given him a hard time.* La prensa le ha hecho pasar un mal trago. *the quality press* la prensa de calidad *the tabloid press* la prensa amarilla/sensacionalista (usado como *adj*) *press comment* comentario de prensa

newspaper TAMBIÉN **paper** *sn* periódico, diario *a quality newspaper* un periódico de calidad *a Sunday paper* un periódico dominical *She had her picture in the paper.* Su fotografía salió en el periódico.

news *snn* noticias *What's in the news?* ¿Qué dicen las noticias? *He's headline news.* Sale en los titulares.

magazine *sn* revista *a computer magazine* una revista de informática *our house magazine* la revista de nuestra empresa

tabloid *sn* periódico sensacionalista *There were photos in all the tabloids.* Había fotos en toda la prensa amarilla. (usado como *adj*) *tabloid journalism* periodismo sensacionalista

U S O

La palabra **tabloid** al principio era un término técnico para el tipo de periódico de páginas pequeñas y hacía referencia al formato más que al contenido. Sin embargo, ahora se usa para describir un estilo de información que se basa más en fotografías e historias sensacionalistas que en reportajes serios, ya que este tipo de periódicos suele tener páginas más pequeñas.

journal *sn* [norml. para tema profesional o académico] revista, boletín *a trade journal* una revista especializada

issue *sn* número *in this month's issue* en el número de este mes

368.1 Personas que trabajan en periodismo

journalist *sn* [cualquier persona que escribe para la prensa] periodista *a freelance journalist* un periodista independiente

reporter *sn* [que envía noticias] reportero *She refused to speak to reporters.* Se negó a hablar con los reporteros.

correspondent *sn* [especializado] corresponsal *a foreign correspondent* un corresponsal en el extranjero

columnist *sn* [norml. expresa opiniones] columnista *a political columnist* un columnista político

editor *sn* [encargado de un periódico o departamento] director, redactor *letters to the editor* cartas al director *our home affairs editor* nuestro redactor-jefe de nacional

critic *sn* crítico

368.2 Facetas de un periódico o revista

headline *sn* titular *banner headlines* grandes titulares *We don't want this to* **hit the headlines**. No queremos que esto salte a los titulares.

article *sn* artículo *the leading article* el artículo de fondo

page *sn* página *the front page* la primera página *the sports pages* las páginas de deportes (usado como *adj*) *a back page article* un artículo de última página

feature *sn* [p.ej. como fondo a la noticia] reportaje especial, crónica especial *We're running a feature on Third World debt.* Estamos haciendo un reportaje especial sobre la deuda del Tercer Mundo.

column *sn* 1 [unidad de texto] columna 2 [por columnista] columna *a gossip column* gacetilla

editorial *sn* [da el punto de vista del periódico] editorial

review *sn* crítica, reseña *a rave review of the film* una crítica muy favorable de la película

obituary *sn* necrología (usado como *adj*) *an obituary notice* una nota necrológica

369 Write Escribir

write *vti, pas.* **wrote** *pp.* **written** escribir *I wrote her a note.* Le escribí una nota. *I'm not very good at writing letters.* No se me da muy bien escribir cartas. *Don't forget to write.* No te olvides de escribir. *Write your name on the box.* Escribe tu nombre en la caja. *I want to write.* Quiero ser escritor.

writer *sn* [p.ej. de libro, carta] escritor, autor

writing *snn* letra, escritura, escrito *I can't read her writing.* No entiendo su letra. *He has done some creative writing.* Ha escrito cosas creativas.

handwriting *snn* letra *a sample of her handwriting* una muestra de su letra (usado como *adj*) *handwriting analysis* análisis grafológico

legible *adj* legible *Try to make the notice more legible.* Procura que el aviso sea más legible. **legibly** *adv* de manera legible

illegible *adj* ilegible *The next word is illegible.* La siguiente palabra es ilegible. **illegibly** *adv* a manera ilegible

spell *vti, pas. & pp.* **spelled** o (*brit*) **spelt** escribir, deletrear *He can't spell.* No sabe escribir correctamente. *How do you spell your name?* ¿Cómo se escribe su nombre?

spelling *s* 1 *snn* [cómo escribir] ortografía *I'm hopeless at spelling.* Soy un caso perdido con la ortografía. (usado como *adj*) *a spelling checker* un corrector ortográfico 2 [de una palabra] ortografía *He uses American spellings.* Usa la ortografía americana.

left-handed *adj* zurdo *left-handed scissors* unas tijeras para zurdos

right-handed *adj* diestro

369.1 Maneras de escribir

scrawl *vti* [implica escritura mal hecha y frec. de gran tamaño] garabatear, hacer garabatos *Vandals had scrawled graffiti all over the wall.* Unos gamberros habían llenado toda la pared de sus garabatos.

scrawl *snn* garabatos *a five-year old's scrawl* garabatos de un niño de cinco años

scribble *vti* 1 [implica escritura mal hecha y frec. rápida] garabatear, hacer garabatos *I scribbled her number on an old envelope.* Garabateé su número en un sobre viejo. 2 [hacer dibujos o trazos sin sentido, de manera incontrolada] garabatear *My little girl has scribbled all over this library book.* Mi hija ha llenado de garabatos este libro de la biblioteca.

note *vt* (frec. + **down**) apuntar, anotar *I've got the name of the book noted here.* Tengo el título del libro

apuntado aquí. *I've noted all the names down.* He anotado todos los nombres.

note *sn* 1 [mensaje] recado *I got your note.* Recibí su recado. 2 [que contiene información] nota, apunte *I've lost my notes.* He perdido mis apuntes. *Somebody should take notes.* Alguien debería tomar notas. *I made a note of the date.* Tomé nota de la fecha.

jot down sth o **jot** sth **down** *vt fr.,* -**tt**- [implica apuntar de manera rápida] apuntar *I'll jot down your phone number.* Apuntaré tu número de teléfono.

enter *vt* [p.ej. en impreso u ordenador] anotar, escribir *Enter your name on the top line.* Escriba su nombre en la primera línea. *The amount was wrongly entered.* La cantidad fue anotada de forma incorrecta.

record *vt* [para futuras referencias. Obj: p.ej. nacimiento, opinión] inscribir, hacer constar *The incident is recorded in Evelyn's diary.* En el diario de Evelyn queda constancia de este incidente. *Her objections were recorded in the minutes.* Sus objeciones se hicieron constar en el acta.

record *sn* (frec. + **of**) relación *a careful record of events* una relación detallada de los acontecimientos *There's no record of who was present.* No hay constancia de quién estuvo presente.

copy *vt* (frec. + **out**, **down**) [cuando algo ya se ha apuntado o dicho] copiar *a phrase he'd copied from a book* una frase que había copiado de un libro *I've copied out the list of members for you.* Te he copiado la lista de socios. *I copied down the number in the advertisement.* He copiado el número del anuncio.

copy *sn* (frec. + **of**) copia *a copy of your birth certificate* una copia de tu partida de nacimiento *I made a copy of the recipe.* Hice una copia de la receta.

369.2 Escribir el nombre de uno

sign *vt* [obj: p.ej. cheque, carta] firmar *The petition was signed by all the members.* La petición fue firmada por todos los miembros. **signature** *sn* firma

autograph *sn* [norml. de persona famosa] autógrafo *to collect autographs* coleccionar autógrafos **autograph** *vt* firmar, dedicar

369.3 Textos escritos

script *s* 1 *sn* [p.ej de obra de teatro] guión 2 *sn/nn* [manera de escribir] letra, escritura *a neat clerical script* una letra clara de oficinista *written in Gothic script* escrito en letra gótica

manuscript *sn* [escrito a mano, mecanografiado, etc., más que impreso] manuscrito, original *The publishers have accepted the manuscript.* Los editores han aceptado el manuscrito. *The book's still in manuscript.* El libro aún está en manuscrito.

typescript *sn* texto mecanografiado *I sent the typescript off to the publishers.* Envié el texto mecanografiado a los editores.

braille *snn* [para los ciegos] braille *to read braille* leer braille (usado como *adj*) *a braille typewriter* una máquina de escribir braille

put pen to paper [escribir, esp. una carta] escribir *He only ever puts pen to paper to ask for money.* Siempre que escribe es para pedir dinero.

in black and white [de forma escrita o mecanografiada] por escrito *I won't believe it till I see it in black and white.* No me lo creeré hasta que lo vea por escrito. *I'd like to get the proposal in black and white before I agree to anything.* Me gustaría recibir la propuesta por escrito antes de acceder a nada.

370 Writing materials Materiales para escribir

pad TAMBIÉN **notepad** *sn* bloc de notas, taco

notepaper *snn* papel de cartas *a sheet of headed notepaper* una hoja de papel con membrete

notebook *sn* cuaderno, libreta *I've got the address in my notebook.* Tengo la dirección en mi cuaderno.

typist mecanógrafo
typewriter máquina de escribir
keys teclas

He typed a letter. Escribió una carta a máquina.

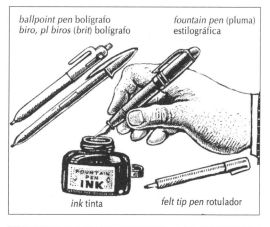

ballpoint pen bolígrafo
biro, pl biros (*brit*) bolígrafo
fountain pen (pluma) estilográfica
ink tinta
felt tip pen rotulador

pencil lápiz
crayon lápiz de cera

371 Erase Borrar

erase *vt* [formal en inglés británico] borrar *His name was erased from the list.* Su nombre fue borrado de la lista.

eraser *sn* [algo formal en inglés brit., palabra normal en inglés amer.] goma de borrar

rubber *sn* (*esp. brit*) goma de borrar

cross sth **out** o **cross out** sth *vt fr.* [tachar con una línea] tachar *She crossed out 'annoyed' and put 'furious.'* Tachó 'enfadada' y puso 'furiosa'.

delete *vt* [más formal o técnico que **cross out**. También en contextos de imprenta e informática] suprimir *The reference to children was deleted in the final version.* La referencia a los niños fue suprimida en la versión final. **deletion** *sn/nn* supresión

372 Give Dar

give *vt, pas.* **gave** *pp.* **given** (puede llevar dos objetos) [término genérico] dar *I gave her a clean towel.* Le di una toalla limpia. *I gave the money to my wife.* Le di el dinero a mi mujer. (se usa en pasiva) *We were given a form to fill in.* Nos dieron un impreso para que lo rellenáramos. *The house was given to us by my parents.* Mis padres nos regalaron la casa. *Please give as much as you can.* Por favor, da todo lo que puedas.

hand *vt* [usar la mano para dar] dar, entregar *Hand me that screwdriver.* Pásame ese destornillador. *I was handed a letter.* Me entregaron una carta.

hand over sth o **hand** sth **over** *vt fr.* [implica transferir propiedad] entregar *They handed over the keys and we moved in.* Nos entregaron las llaves y nos mudamos. *See a lawyer before you hand over any money.* Consulta a un abogado antes de pagar nada.

pass *vt* (frec. + *adv*) [dar cuando media una distancia corta] pasar *Could you pass me the butter?* ¿Podrías pasarme la mantequilla? *A message has been passed across to me.* Me han pasado un mensaje.

yield *vt* (a veces + **up**) [más bien formal] proporcionar, dar *Their search yielded several clues.* Su investigación les proporcionó varias pistas. **yield** *sn* resultado

372.1 Dar generosamente
ver también **224.1 Kind**

give away sth, **give** sth **away** *vt fr.* [implica no querer nada a cambio] regalar, dar *I've given some of your old clothes away.* He regalado alguna ropa vieja tuya. *They're giving away free watches with their petrol.* Regalan relojes con la compra de gasolina.

present *sn* [término corriente] regalo *a birthday present* un regalo de cumpleaños *She brought presents for all the children.* Trajo regalos para todos los niños.

present *vt* (frec. + **with**) [implica ceremonia] obsequiar *She was presented with a silver bowl.* La obsequiaron con una fuente de plata.

gift *sn* [más formal que **present**] obsequio, regalo *You get a free gift if you take out an insurance policy.* Te hacen un obsequio si suscribes una póliza de seguros. *The painting was a gift to the principal on her retirement.* El cuadro fue un obsequio para la directora con motivo de su jubilación.

tip *sn* [p.ej. a camarero] propina

tip *vti*, -**pp**- dar propina (a) *She tipped me five dollars.* Me dio cinco dólares de propina.

offer *vt* **1** [sugerir dar] ofrecer *She offered me a cup of coffee.* Me ofreció una taza de café. *I offered her my ticket, but she said no.* Le ofrecí mi entrada, pero no quiso aceptarla. *It's kind of you to offer, but I can manage.* Eres muy amable al ofrecerte, pero puedo arreglármelas sólo. **2** [en un contexto comercial] ofrecer *They're offering three films for the price of two.* Ofrecen tres películas por el precio de dos.

offer *sn* **1** [p.ej. de dinero] oferta, ofrecimiento *a generous offer* una oferta generosa *to take up an offer* aceptar una oferta *an offer of help* un ofrecimiento de ayuda **2** [p.ej. hecha por una tienda] oferta *a limited offer* una oferta limitada *a special offer* una oferta especial

offering *sn* [norml. en contextos religiosos] ofrenda *They took the offerings up to the altar.* Llevaron las ofrendas al altar.

charity *s* **1** *sn/nn* [organización que ayuda a la gente] institución benéfica *a Third World charity* una sociedad benéfica para el Tercer Mundo *All profits go to charity.* Todos los beneficios se destinan a obras benéficas. (usado como *adj*) *a charity performance* una función benéfica **2** *snn* [generosidad] caridad *an appeal to your charity* un llamamiento a su caridad

charitable *adj* **1** [implica caridad] caritativo *charitable giving* donación caritativa **2** [que muestra solidaridad y compasión] caritativo *a charitable soul* un alma caritativa

donate *vt* [p.ej. a sociedad benéfica o museo] donar *Britain has donated five million pounds towards the relief operation.* Gran Bretaña ha donado cinco millones de libras para la operación de ayuda humanitaria. *The statue was donated by a private collector.* La estatua fue donada por un coleccionista particular.

donation *sn* donación *Donations have reached the three million mark.* Las donaciones han alcanzado la cota de tres millones.

donor *sn* donante *a blood donor* un donante de sangre *charitable donors* donantes caritativos

372.2 Asegurarse de que las cosas se dan

provide *vt* (frec. **for**, **with**) [implica atender a una necesidad] suministrar, proveer *The army is providing tents and blankets for the refugees.* El ejército está suministrando tiendas y mantas para los refugiados. *Somebody provided me with pen and paper.* Alguien me proporcionó bolígrafo y papel. *We were provided with maps.* Nos proveyeron de mapas.

provision *snn* (frec. + **of**) [más bien formal] provisión, suministro *The rules allow for the provision of loans to suitable candidates.* El reglamento permite la concesión de préstamos a los candidatos idóneos.

supply *vt* (frec. + **with**) [implica ocuparse de una necesidad o un requisito comercial] suministrar, abastecer *Full instructions are supplied.* Se dan todo tipo de instrucciones. *the firm that supplies our components* la empresa que suministra nuestros componentes

supply *s* **1** *snn* [acción] suministro, abastecimiento *Who is responsible for the supply of ammunition?* ¿Quién es responsable del suministro de municiones? *Money is **in short supply**.* Hay escasez de dinero. **2** (frec. *pl*) [cosa suministrada o disponible] provisión *relief supplies* ayuda humanitaria *a small supply of paper* un pequeño suministro de papel

issue *vt* (frec. + **with**) [implica dar en un contexto administrativo. Obj: p.ej. documento, equipamiento] expedir, facilitar *A main post office can issue you with a visitor's passport.* Una oficina de correos central puede expedirle un pasaporte de turista. *Everybody was issued with gas masks.* A todo el mundo se le entregaron máscaras anti-gas.

372.3 Dar a una serie de personas o el uno al otro

share *vti* [implica dar parte de un todo a varias personas] compartir, repartir *Relief workers attempted to share the blankets among the refugees.* Los portadores de ayuda humanitaria intentaron repartir las mantas entre los refugiados. (+ **out**) (*brit*) *She shared out paintboxes and brushes and set them to work.* Repartió cajas de pintura y pinceles y los puso a trabajar. *Children must learn to share.* [implica generosidad] Los niños deben aprender a compartir.

distribute *vt* (frec. + **among**) [implica dar algo a un número de personas de manera apropiada] distribuir *We're distributing collection boxes among our volunteers.* Estamos distribuyendo huchas entre nuestros voluntarios. *Census forms have been distributed to every household.* Los impresos del censo han sido distribuidos en todos los hogares. [enviar a las tiendas, etc.] *That model is not distributed in Britain.* Ese modelo no se comercializa en Gran Bretaña.

distributor *sn* [comercial] distribuidor *a wholesale stationery distributor* un distribuidor mayorista de artículos de papelería

distribution *snn* distribución *the efficient distribution of food and clothing* la distribución eficaz de alimentos y ropa

exchange *vt* (frec. + **for**) (inter)cambiar *They exchanged shirts at the end of the game.* Intercambiaron camisetas al final del partido. *Will you exchange this if my wife doesn't like it?* ¿Me lo cambiará si a mi mujer no le gusta?

exchange *sn/nn* intercambio *the usual exchange of pens after the treaty was signed* el intercambio habitual de plumas después de la firma del tratado *We encourage the exchange of ideas.* Propiciamos el intercambio de ideas. *I was given a new tape in*

exchange for *the old one.* Me dieron una cinta nueva a cambio de la vieja.

swap TAMBIÉN **swop** (*brit*) *vt* -pp- (frec. + **for**) [más bien informal] intercambiar *We swapped watches.* Nos intercambiamos los relojes. *I'll swap you my coffee maker for your toaster.* Te cambiaré mi cafetera por tu tostadora. **swap** *sn* intercambio

372.4 Dar cuando uno muere

bequeath *vt* (norml. + **to**) [más bien formal. Dar en un testamento] legar *She bequeathed her library to the college.* Legó su biblioteca al colegio.

leave (norml. + **to**) [término corriente] dejar *She's left everything to her son.* Le ha dejado todo a su hijo. *He left us the house in his will.* Nos dejó la casa en su testamento.

373 Get Obtener

ver también **220 Steal; 375 Take**

get *vt* - tt-, *pas.* **got** *pp.* **got** (*brit*), **gotten** (*amer*) [norml. no se usa en contextos formales. Puede implicar o no esfuerzo] conseguir, recibir *I got a letter from the bank.* Recibí una carta del banco. *Did you get my message?* ¿Recibiste mi mensaje? *I'll get you some tea.* Te prepararé un té.

receive *vt* [más formal que **get**. No implica esfuerzo] recibir *I only received the parcel yesterday.* Recibí el paquete justo ayer. *She couldn't be there to receive the award.* No pudo ir a recibir el premio.

obtain *vt* [más bien formal. Implica esfuerzo] obtener *How did you obtain this information?* ¿Cómo obtuviste esta información? *The pills can only be obtained from a chemist.* Estas pastillas sólo pueden adquirirse en farmacias.

acquire *vt* [más bien formal. Puede ser ligeramente eufemístico, para evitar revelar cómo se obtuvieron las cosas] adquirir *He acquired the painting at auction.* Adquirió el cuadro en una subasta. *all these books I've acquired over the years* todos estos libros que he adquirido a lo largo de los años

acquisition *sn/nn* adquisición *The computer is her latest acquisition.* El ordenador es su última adquisición. *the legal acquisition of the documents* la obtención legal de los documentos

come by *sth vt fr.* [lograr obtener] conseguir *I sometimes wonder how these people come by their fortunes.* A veces me pregunto cómo consigue sus fortunas esta gente. *Good translators are **hard to come by**.* Es difícil conseguir buenos traductores.

lay one's hands on *sth/sb* [informal] encontrar algo/a alguien, conseguir algo/a alguien *Where can I lay my hands on a German dictionary?* ¿Dónde puedo conseguir un diccionario de alemán?

get hold of *sth/sb* [informal. A veces implica que algo es difícil de obtener] conseguir algo/alguien *Can you get hold of a copy of that report?* ¿Puedes conseguir una copia de ese informe?

source *sn* (frec. + **of**) fuente *He has no other source of income.* No tiene otra fuente de ingresos. *a constant source of pleasure* una fuente constante de placer

available *adj* disponible *the best model available* el mejor modelo que ha salido al mercado *This is our only available copy.* Este es el único ejemplar de que disponemos. *Tickets are still available.* Aún quedan entradas.

availability *snn* disponibilidad *the limited availability of seats* la disponibilidad limitada de asientos

373.1 Recibir algo

gain *vti* [implica recibir algo bueno] ganar, conseguir *Nobody gains by cheating.* No se consigue nada haciendo trampas. *The theatre gains extra income and the sponsor gains publicity.* El teatro obtiene ingresos adicionales y el patrocinador consigue publicidad.

gain *sn* ganancia, beneficio *There was a net gain on the deal.* Se obtuvieron netos beneficios en el trato. *the tax on capital gains* el impuesto sobre la plusvalía

inherit *vt* (frec. + **from**) heredar *We stand to inherit the house.* Seguramente heredaremos la casa. *She inherited her brains from her mother.* Heredó la inteligencia de su madre.

inheritance *sn/nn* herencia *There's not much left of his inheritance.* No queda mucho de su herencia. *the roles played by inheritance and conditioning* los papeles desempeñados por la herencia y los condicionamientos ambientales

windfall *sn* [algo que se obtiene repentina e inesperadamente] *The tax rebate came as a nice little windfall.* El descuento fiscal vino como llovido del cielo.

heir *sn* heredero *his daughter and only heir* su hija y única heredera

hereditary *adj* [describe: p.ej. título, característica, enfermedad] hereditario

374 Have Tener

HAVE

'have' y contracciones

La forma *have* a menudo se abrevia en *'ve*, como en *they've*; *has* se puede abreviar en *'s* como en *she's*; y *had* se puede abreviar en *'d*, como en *I'd*. No obstante, cuando el énfasis de la frase está en el verbo, es mejor usar las formas completas. Así pues, la forma abreviada es posible en *I've a better idea.* (Tengo una idea mejor), porque lo que se recalca aquí es *better*, pero normalmente se diría *I think you have my pen.* (Creo que tienes mi bolígrafo.) porque lo que se recalca es *have*.

'have' en preguntas

Para averiguar si alguien tiene un bolígrafo, la pregunta se puede plantear de tres maneras:

Have you a pen? (posible, aunque más bien formal en inglés británico. No se usa en inglés americano.)

Have you got a pen? (corriente en inglés británico y americano hablados)

Do you have a pen? (forma normal en inglés americano y posible en inglés británico). En inglés americano la respuesta sería *Yes, I do./No, I don't.*, mientras que en inglés británico la respuesta sería *Yes, I have./No, I haven't.*

'have' en negaciones

Para decir que no se tiene un bolígrafo, existen tres maneras de expresarlo. *Not* se abrevia normalmente en *n't* en inglés hablado.

I haven't a pen. (no se usa en inglés americano y es más bien formal en inglés británico)

I haven't got a pen. (corriente en inglés británico y americano)

I don't have a pen. (forma normal en inglés americano y posible en inglés británico)

'have' en frases

Además de los usos genéricos que aparecen aquí, *have* se usa en muchas frases para reforzar nombres, más que con un significado propio determinado. Algunos ejemplos que pueden encontrarse en otras partes de este libro son *to have a party, to have a word with sb, to have an accident.*

have *vt, 3 pers. sing.* **has** *pas. & pp.* **had** [término genérico] tener *We have a house in the country.* Tenemos una casa en el campo. *Do you have any hobbies?* ¿Tiene alguna afición? *I've got a ruler if you need one.* Tengo una regla si necesitas una. *He has three daughters.* Tiene tres hijas.

own *vt* [esp. porque uno ha pagado] tener, ser propietario de *He owns a racehorse.* Tiene un caballo de carreras. *Do you own a car?* ¿Tienes coche propio?

owner *sn* dueño, propietario *We asked the owners' permission to camp on the land.* Pedimos permiso a los propietarios para acampar en el terreno. *loans to home owners* préstamos a los propietarios de viviendas

ownership *snn* propiedad *The business is now in private ownership.* El negocio ahora es propiedad privada.

proprietor *sn* [p.ej. de un restaurante, hotel] propietario

possess *vt* [más formal que **own**. Pone énfasis en tener o usar más que en un derecho legal] poseer, tener *All she possessed was in that tiny room.* Todo cuanto poseía estaba en aquella diminuta habitación. *She possesses a keen sense of humour.* Tiene un agudo sentido del humor.

possession *s* 1 *sn* [cosa que uno posee] posesión *to insure one's possessions* asegurar los bienes de uno 2 *snn* tenencia, posesión *The law forbids possession of the drug.* La ley prohíbe la tenencia de la droga. *She was found to be **in possession of** a gun.* Se comprobó que estaba en posesión de una pistola.

374.1 Cosas que uno tiene

property *s* 1 *snn* [algo que se posee, esp. tierra] propiedad *This building is private property.* Este edificio es propiedad privada. *The computer is my own property.* El ordenador es de mi propiedad. 2 *sn* [edificio, norml. casa] casa *We bought a property in France.* Compramos una casa en Francia.

belongings *s pl* [hace referencia a artículos pequeños, p.ej. ropa, libros, más que edificios, tierras, etc.] pertenencias *I cleared a few belongings out of my desk and never went back to the office again.* Retiré algunas pertenencias de mi escritorio y nunca más volví a la oficina.

belong *vi* (norml. + **to**) [ser propiedad de] pertenecer *The clock belonged to my father.* El reloj pertenecía a mi padre.

374.2 Tener para el futuro

keep *vt, pas. & pp.* **kept** [p.ej. en vez de regalar o devolver, destruir, etc.] guardar, quedarse con *Keep the receipt.* Guarda el recibo. *She's kept that book I lent her.* Se ha quedado con el libro que le presté. *She's kept all her old school reports.* Ha guardado todos sus viejos informes escolares.

hang on to sth *vt fr.* guardar *I'd hang on to that dress, it might come back into fashion.* Yo no me desharía de ese vestido, podría volver a ponerse de moda.

save *vt* [para que algo se pueda usar más tarde] guardar *I've saved an article for you to read.* Te he guardado un artículo para que lo leas. *I'm saving some of the chicken for tomorrow's lunch.* Voy a guardar un poco de pollo para el almuerzo de mañana.

reserve *vt* [guardar para un uso específico] reservar *the wine I reserve for special occasions* el vino que reservo para ocasiones especiales *I've reserved seats on the train.* He reservado plazas en el tren.

375 Take Tomar

ver también **220 Steal**; **323 Bring**; **337 Carry**; **373 Get**

take *vt, pas.* **took** *pp.* **taken** (frec. + *adv* o *prep*) **1** [a otro sitio] llevar *I took the plates back to the kitchen.* Volví a llevar los platos a la cocina. *Take her to the hospital.* Llévala al hospital. *She took the plates away.* Se llevó los platos. **2** [para quedarse con algo] tomar, coger *I took the money and gave her a receipt.* Cogí el dinero y le di un recibo. *Take that knife off him.* Quítale ese cuchillo. **ver también* USO *en* **323 Bring**

USO

Además de los usos genéricos que aparecen aquí, **take** se usa en muchas frases para reforzar el significado del nombre, más que con un significado propio determinado, p.ej. *to take place* (ver **31 Happen**).

375.1 Agarrar algo

ver también **336 Hold**

catch *vt, pas. & pp.* **caught** [cuando alguien/algo se está cayendo o lo han tirado] coger, agarrar *I just caught her before her head hit the floor.* La agarré justo antes de que diera con la cabeza en el suelo. *Try catching the ball with one hand.* Intenta coger la pelota con una mano.

seize *vt* **1** [con firmeza y frec. brutalmente] agarrar, asir *I seized the letter and tore it open.* Agarré la carta y rasgué el sobre. **2** [obj: p.ej. territorio] tomar, apoderarse de [suj: policía] arrestar, detener *Loyalist forces have seized the airport.* Las fuerzas leales se han apoderado del aeropuerto. *Officials have seized her passport.* Los agentes le han retenido el pasaporte.

grab *vt* **-bb-** (frec. + *adv* o *prep*) [con firmeza, rapidez y frec. de manera descortés] agarrar, coger *She keeps grabbing my toys!* ¡No para de cogerme los juguetes! *I grabbed the photos back and put them away.* Le quité las fotos de un tirón y las volví a guardar.

grab at sth *vt fr.* intentar coger *Toddlers grab at everything.* Los niños pequeños intentan cogerlo todo.

grab *sn He made a grab for the gun.* Intentó agarrar la pistola.

grasp *vt* agarrar, asir *She grasped hold of my hand.* Me agarró la mano.

snatch *vt* (frec. + *adv* o *prep*) [repentina, rápidamente y frec. de manera descortés] arrebatar *She snatched the paper off me.* Me arrebató el papel.

375.2 Tomar algo que uno quiere

accept *vt* [aceptar cuando se ofrece algo] aceptar *He wouldn't accept any money.* No quiso aceptar dinero. *Please accept my thanks.* Le quedo muy agradecido. *This compromise was accepted.* Este acuerdo fue aceptado.

acceptable *adj* [describe: p.ej. planes] aceptable *a time and place acceptable to all parties* una hora y un lugar aceptables para todas las partes **acceptably** *adv* aceptablemente

acceptance *snn/n* aceptación [norml. de planes] aprobación *the widespread acceptance of the plan* la amplia aprobación del plan

scrounge *vt* (frec. + **from**, **off**) [informal y frec. peyorativo. Implica persuadir a alguien para que dé algo que uno no se merece] gorronear *I scrounged the money off my father.* Le gorroneé el dinero a mi padre. **scrounger** *sn* gorrón, sablista

intake *sn* (no tiene *pl*) [p.ej. de alimentos en el cuerpo] consumo *to reduce one's fat and sugar intake* reducir el consumo de grasa y azúcar **2** [de personas] numero de admitidos *a higher intake of black students* un mayor cupo de estudiantes negros

375.3 Llevarse algo

remove *vt* [para que algo/alguien deje de estar en un sitio] quitar, llevarse *He removed his glasses.* Se quitó las gafas. *the cost of removing graffiti* el coste de quitar las pintadas *The minister was quickly removed.* El ministro fue rápidamente destituido.

removal *snn* (norml. + **of**) *They ordered the removal of the statue.* Ordenaron el traslado de la estatua. *the director's removal and replacement* la destitución y sustitución del director

collect *vt* [cuando algo está listo o alguien está esperando] recoger *to collect the children after school* recoger a los niños después del colegio *I'm collecting the car on Friday.* Recogeré el coche el viernes. **2** reunir, recoger *We're collecting money for the refugees.* Estamos reuniendo dinero para los refugiados. *Collect the leaves together.* Recoja las hojas.

collection *s* **1** *snn* [p.ej. de mercancías o pasajeros] recogida *The shoes are ready for collection.* Los zapatos ya están listos. **2** *sn/nn* colecta *to organize the collection of blankets* organizar la colecta de mantas *They're having a collection for her leaving present.* Están haciendo una colecta para su regalo de despedida.

375.4 Llevar algo a un sitio

lead *vt, pas. & pp.* **led** (frec. + *adv* o *prep*) [implica guiar a alguien, a veces cogiéndolo] conducir, llevar *She led me into her office.* Me condujo hasta su despacho. *The police led them away.* La policía se los llevó. *the little boy who leads the team out onto the field* el niño pequeño que conduce al equipo al campo *the path leading to the house* el camino que conduce a la casa

376 Entertainment Entretenimiento

entertain v **1** vt (frec. + **with**) [p.ej. con canciones o bromas] divertir *We were entertained with folksongs.* Nos divirtieron con canciones populares. **2** vit [para comer o cenar] tener invitados, invitar (a gente a casa) *We do a lot of entertaining.* Invitamos a gente a casa con mucha frecuencia.

entertainer sn animador *They had a party with a children's entertainer.* Dieron una fiesta con un animador infantil.

perform vt [obj: p.ej. baile, obra] representar, interpretar *the first time the work has been performed in this country* la primera vez que se interpreta esta obra en este país *We had to perform without scenery or props.* Tuvimos que actuar sin escenario ni accesorios.

performance sn **1** [p.ej. una obra] función *a matinee performance* una función matinal **2** [por un actor o actores] actuación *one of the best performances she's ever given* una de sus mejores actuaciones

performer sn [cualquiera que aparezca en público] actor, artista *the director and performers* el director y los actores

376.1 Tipos de espectáculo

show sn [frec. teatro no serio, y frec. acompañado de canto y baile] espectáculo

cabaret sn/nn (espectáculo de) cabaret

play sn obra (de teatro) *to put on a play* representar una obra

playwright sn dramaturgo

drama s **1** snn [género] teatro, drama *television drama* teatro para televisión **2** sn [implica un trabajo serio] drama *a drama of intrigue and suspicion* un drama de intriga y sospecha

dramatic adj **1** (delante de s) [describe: p.ej. escritor, texto] dramático **2** [absorbente] emocionante

dramatist sn [implica un trabajo serio] dramaturgo *the Elizabethan dramatists* los dramaturgos isabelinos

comedy s **1** sn [obra, etc.] comedia **2** snn [género] comedia

comedian sn comediante *music hall comedians* comediantes de music hall

comic sn [frec. implica humor poco sofisticado] cómico *a stand-up comic* un cómico (que cuenta chistes ante el público)

tragedy s **1** sn [obra, etc.] tragedia **2** snn [género] tragedia

376.2 Ir al teatro

box office [para las entradas] taquilla (usado como *adj*) *a box-office success* un éxito de taquilla

book vt reservar *I want to book two seats in the circle.* Quiero reservar dos localidades en el anfiteatro.

programme (*brit*), **program** (*amer*) sn programa

interval sn intermedio, descanso

audience sn público *Audiences love her.* El público la adora.

clap vi, **-pp-** aplaudir *People clapped politely.* La gente aplaudió sin entusiasmo. *The clapping died down.* El aplauso se apagó.

applaud vit [bastante más formal que **clap**, norml. sólo

scenery escenario
stage estrado
box taquilla
balcony o *upper circle* segundo piso, anfiteatro
circle anfiteatro
stalls (*brit*), *orchestra* (*amer*) platea
theatre (*brit*), **theater** (*amer*) teatro

se utiliza para grupos de personas] aplaudir *Everybody applauded.* Todo el mundo aplaudió.

applause *snn* aplauso *spontaneous applause* un aplauso espontáneo

376.3 Al actuar

act *vit* actuar *He can't act.* No sabe actuar. *She's acting in Romeo and Juliet.* Está actuando en Romeo y Julieta. *I was acting the part of Ophelia.* Yo representaba el papel de Ofelia.

actor (*masc o fem*), **actress** (*fem*) *sn* actor, actriz *a character actor* un actor de carácter

role *sn* papel *the leading role* el papel principal

part *sn* [suena menos importante que **role**] papel

cast *sn* (+ *v sing* o *pl*) reparto *The members of the cast are in rehearsal.* Los miembros del reparto estan ensayando.

rehearse *vit* ensayar *They rehearse in an old warehouse.* Ensayan en un viejo almacén. *to rehearse a play* ensayar una obra

rehearsal *s* 1 *sn* ensayo 2 *snn* ensayo *They hadn't had enough rehearsal.* No habían ensayado lo suficiente.

dress rehearsal *sn* ensayo general

mime *vit* hacer mímica, imitar, remedar

mime *s* 1 *snn* [arte] mímica 2 *sn* [obra] pantomima 3 *sn* [persona] mimo

376.4 Cine

cinema *snn/n* (*esp. brit*) cine *to go to the cinema* ir al cine *British cinema* el cine británico (usado como *adj*) *cinema artists* artistas de cine

pictures *s pl* (*brit*) (siempre + **the**) [más bien anticuado] cine

movies *s pl* (*amer*) (siempre + **the**) cine

screen *sn* pantalla

film *s* 1 *sn* (*esp. brit*) película (usado como *adj*) *film star* estrella de cine 2 *snn* cine *the art of film* el arte cinematográfico

movie *sn* (*esp. amer*) película *She works in the movies.* Se dedica al cine. (usado como *adj*) *movie star* estrella de cine

376.5 Tipos de películas

horror film *sn* película de terror

western *sn* película del oeste

comedy *sn* comedia

376.6 Bailar

dance *vit* bailar *Will you dance with me?* ¿Quieres bailar conmigo? *They danced a waltz.* Bailaron un vals. **dancer** *sn* bailarín

dance *sn* baile

disco *sn, pl* **discos** discoteca

ballet *snn/n* ballet *to go to the ballet* ir al ballet

ballet dancer *sn* [hombre o mujer] bailarín/a **ballerina** *sn* bailarina

ballroom dancing *snn* bailes de salón

ball *sn* baile (de etiqueta)

tap (dancing) *snn* claqué, zapateado

377 Circus Circo

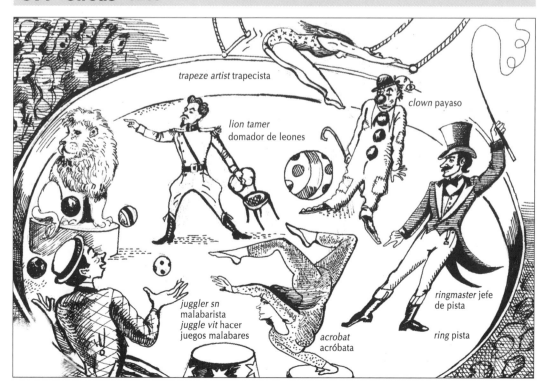

trapeze artist trapecista

lion tamer domador de leones

clown payaso

ringmaster jefe de pista

juggler *sn* malabarista
juggle *vit* hacer juegos malabares

acrobat acróbata

ring pista

378 Broadcasting Retransmisión

television s 1 sn [aparato] televisor, televisión to watch (the) television ver la televisión 2 snn [medio] televisión Is there anything good on television tonight? ¿Echan algo bueno por la televisión esta noche? cable and satellite television televisión por cable/vía satélite

TV s [menos formal que **television**] 1 sn [aparato] tele 2 snn [medio] tele, televisión What's on TV? ¿Qué están echando por la tele? (usado como adj) TV stars estrellas de televisión

telly s (brit) [informal] 1 sn [aparato] tele a colour telly una tele en color 2 snn [medio] tele (usado como adj) a telly addict teleadicto What's on telly? ¿Qué están echando por la tele?

radio s 1 sn [aparato] radio 2 snn [medio] radio (usado como adj) radio coverage of the events cobertura radiofónica de los acontecimientos

> **U S O**
>
> **Media** se utiliza normalmente en singular y acompañado de un verbo en singular: p.ej.: The media is interested in the story. (Los medios de comunicación están interesados en la historia.) Sin embargo algunas personas se oponen a este uso porque **media** es plural en latín. Por este motivo prefieren utilizar el verbo en plural como p.ej.: The media are sensationalizing the affair. (Los medios de comunicación están rodeando de sensacionalismo el asunto.)

video sn, pl **videos** 1 [grabación] vídeo We hired a video. Alquilamos un vídeo. 2 TAMBIÉN **video recorder** vídeo 3 snn [medio] vídeo now available on video ahora en vídeo

media n (frec. + **the**) [incluye la prensa] los medios de comunicación

378.1 Programas emitidos

programme (brit), **program** (amer) sn programa

series sn, pl **series** serie a new six-part series una nueva serie de seis capítulos

serial sn serie a long-running television serial una serie televisiva de larga duración

episode sn capítulo I missed the first episode. Me perdí el primer capítulo.

broadcast sn [frec. de un acontecimiento, discurso, etc., más que un programa hecho expresamente] retransmisión, emisión the live broadcast of the concert la retransmisión en directo del concierto Millions listened to his war broadcasts. Millones de personas escuchaban sus emisiones de guerra.

broadcaster sn [implica presentar hechos o dar puntos de vista más que divertir] locutor

chat show (brit), **talk show** (amer) sn programa de radio o TV de entrevistas informales

documentary sn documental a wildlife documentary un documental sobre los animales

soap TAMBIÉN **soap opera** sn culebrón, tele/radionovela forced to miss an episode of her favourite soap obligada a perderse uno de los episodios de su telenovela favorita

quiz show (brit) TAMBIÉN **game show** (esp. amer) sn programa-concurso

379 Music Música

musical adj 1 [describe: p.ej. educación, sonido] musical 2 [bueno para la música] con talento para la música a musical family una familia con talento para la música **musician** sn músico

379.1 Tipos de música

pop TAMBIÉN **pop music** snn música pop (usado como adj) pop star estrella pop

folk music TAMBIÉN **folk** snn música folk

folk song sn canción folk

rock snn rock

reggae snn reggae

classical adj clásico the classical repertoire el repertorio clásico

jazz snn jazz (usado como adj) jazz players músicos de jazz

country and western snn música country

chamber music snn música de cámara

379.2 Aspectos de la música

tune sn [implica música popular] melodía **tuneful** adj armonioso, melodioso

melody sn/nn [más formal que **tune**. Frec. implica que se habla de música clásica] melodía **melodic** adj melodioso

air sn [literario o implica que se habla de música clásica] tonada, aire

rhythm sn/nn ritmo
rhythmic adj rítmico

beat sn ritmo, compás to mark the beat llevar el

compás four beats to a bar cuatro tiempos en cada compás

harmony snn/n armonía

lyrics s pl letra (de una canción)

> **U S O**
>
> Se puede hablar de **lyrics** o **words** de una canción, pero no del **text** de una canción.

379.3 Agrupaciones musicales

orchestra sn orquesta

conductor sn director
conduct vt dirigir

baton sn batuta

group sn [norml. pop] conjunto

band sn 1 [pop o jazz] banda 2 o **brass band** charanga, banda de

música (popular)

accompany vt acompañar
accompaniment sn acompañamiento the harpsichord accompaniment el acompañamiento de clavicordio **accompanist** sn acompañante

solo *sn, pl* **solos** solo *a violin solo* un solo para violín (usado como *adj*) *the solo piano* el piano solo

soloist *sn* solista *the piano soloist* el solista de piano

duet *sn* [para dos voces o instrumentos] dúo

duo *sn, pl* **duos** [dos músicos] dúo *a piano duo* un dúo de piano

trio *sn, pl* **trios** [obra o músicos] trío

quartet *sn* [obra o músicos] cuarteto *a string quartet* un cuarteto de cuerda *a piano quartet* un cuarteto de piano

379.4 Instrumentos musicales

play *vti* [obj: instrumento musical] tocar *I play the piano.* Yo toco el piano. *He played Brahms.* Tocó una pieza de Brahms.

player *sn* músico *orchestral players* músicos de orquesta

instrument TAMBIÉN **musical instrument** *sn* instrumento (musical) **instrumental** *adj* instrumental

Stringed instruments Instrumentos de cuerda

violin *sn* violín **violinist** *sn* violinista

viola *sn* viola **viola player** *sn* viola

cello *sn* violonchelo **cellist** *sn* violonchelista

double bass *sn* contrabajo **double**

bassist *sn* contrabajo

guitar *sn* guitarra **guitarist** *sn* guitarrista

harp *sn* arpa **harpist** *sn* arpista

bow *sn* arco

string *sn* cuerda

Woodwind instruments Instrumentos de viento de madera

oboe *sn* oboe **oboist** *sn* oboe

clarinet *sn* clarinete **clarinettist** *sn* clarinetista

flute *sn* flauta **flautist**

(*brit*), **flutist** (*amer*) *sn* flautista

bassoon *sn* fagot

bassoonist *sn* fagotista

recorder *sn* flauta dulce

recorder player *sn* flautista dulce

saxophone *sn* saxofón

saxophonist *sn* saxofonista

Brass instruments Instrumentos de metal

trumpet *sn* trompeta

trumpeter *sn* trompetista

trombone *sn* trombón

trombone player *sn* trombón

French horn *sn* trompa

French horn player *sn* trompa

tuba *sn* tuba **tuba player** *sn* el/la que toca la tuba

Percussion instruments Instrumentos de percusión

percussionist *sn* percusionista

timpani *s pl, abrev.* **timps** timbales **timpanist** *sn* timbalero

drum *sn* tambor **drummer** *sn* el/la que toca el

tambor

cymbals *s pl* platillos, címbalo **cymbalist** *sn* cimbalero/a

xylophone *sn* xilófono **xylophone player** *sn* xilofonista

Keyboard instruments Instrumentos de teclado

piano *sn* piano *a grand piano* piano de cola

pianist *sn* pianista

organ *sn* órgano **organist**

sn organista

key *sn* tecla **keyboard** *sn* teclado

pedals *sn* pedales

379.5 Música vocal

sing *vit, pas.* **sang** *pp.* **sung** cantar *to sing unaccompanied* cantar sin acompañamiento **singer** *sn* cantante

whistle *vit* silbar

choir *sn* coro **choral** *adj* coral **chorister** *sn* corista

soprano *sn, pl* **sopranos** soprano (usado como *adj*) *the soprano part* la parte de la soprano

tenor *sn* tenor (usado como *adj*) *a tenor role* el papel del tenor

baritone *sn* barítono (usado como *adj*) *the baritone soloist* barítono solista

bass *sn* bajo (usado como *adj*) *a bass voice* una voz de bajo

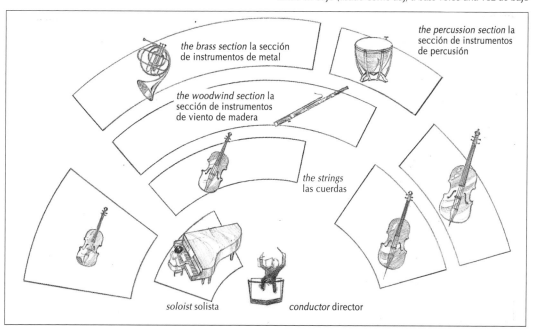

the brass section la sección de instrumentos de metal

the percussion section la sección de instrumentos de percusión

the woodwind section la sección de instrumentos de viento de madera

the strings las cuerdas

soloist solista

conductor director

alto *sn, pl* **altos** contralto

countertenor *sn* contralto

opera *sn/nn* ópera (usado como *adj*) *an opera singer* un cantante de ópera

operatic *adj* (norml. delante de *s*) de ópera, operístico *an operatic career* una carrera en la ópera

379.6 Acontecimientos musicales

concert *sn* concierto

musical *sn* comedia musical

gig *sn* [informal. Para

música pop] actuación

recital *sn* [de música clásica, norml. por un solista] recital

379.7 Obras de música

compose *vt* componer

composer *sn* compositor *an opera composer* un compositor de ópera

composition *sn* composición *one of his late compositions* una de sus últimas composiciones

symphony *sn* sinfonía

concerto *sn, pl*

concertos o **concerti** concierto *a violin concerto* un concierto para violín

overture *sn* obertura

song *sn* canción

piece *sn* [término general para cualquier composición musical] pieza

379.8 Música escrita

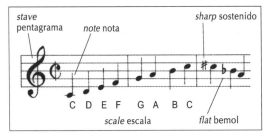

stave pentagrama

note nota

sharp sostenido

C D E F G A B C

scale escala

flat bemol

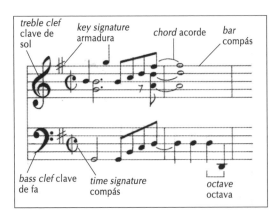

treble clef clave de sol

key signature armadura

chord acorde

bar compás

bass clef clave de fa

time signature compás

octave octava

379.9 Música grabada

recording *sn* [versión grabada] grabación *the 1985 recording of the opera* la grabación de la ópera de 1985

record *sn* disco

LP *sn* elepé, disco de larga duración

single *sn* single, sencillo

CD TAMBIÉN **compact disc** *sn* disco compacto

album *sn* [norml. implica música popular. Puede ser un disco o un cassette] álbum

cassette *sn* cinta, cassette

tape *sn/nn* cinta

stereo *s* **1** *sn* TAMBIÉN **stereo system** estéreo **2** *snn* estéreo *recorded in stereo* grabado en estéreo (usado como *adj*) *stereo sound* sonido estereofónico

hifi *s* (*esp. brit*) **1** *snn* [reproducción de alta calidad] alta fidelidad *hifi equipment* equipo de alta fidelidad **2** *sn* equipo de alta fidelidad, hifi

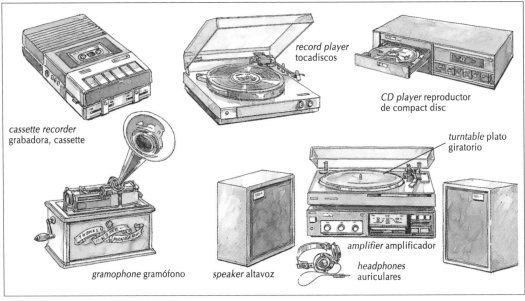

cassette recorder grabadora, cassette

record player tocadiscos

CD player reproductor de compact disc

turntable plato giratorio

amplifier amplificador

gramophone gramófono

speaker altavoz

headphones auriculares

380 Leisure activities Actividades de ocio

ver también **381 Arts and Crafts**; **386 Games**; **388 Sport**

hobby *sn* [término muy general que abarca todo tipo de actividades desde los pasatiempos artísticos o intelectuales hasta los deportes] hobby, afición

pastime *sn* [más formal que **hobby**. Norml. implica una actividad tranquila] pasatiempo *an artistic pastime like pottery* un pasatiempo artístico como la alfarería

stamp collecting coleccionar sellos

album *sn* álbum

380.1 Actividades al aire libre

fishing TAMBIÉN [más formal o técnico] **angling** *snn* pesca

(fishing) rod *sn* caña (de pescar)

(fishing) line *sn* sedal

bait *snn* anzuelo

catch *vt, pas. & pp.* **caught** pescar **catch** *sn* pesca

net *sn* red

camping *snn* camping (usado como *adj*) *camping equipment* equipo de camping

camp *vi* acampar

tent *sn* tienda

sleeping bag *sn* saco de dormir

381 Arts and Crafts Artes y oficios

ver también **382 Tools**

381.1 Pintar y dibujar

artist *sn* artista **artistic** *adj* artístico **artistically** *adv* artísticamente

painter *sn* pintor **paint** *vti* pintar

illustrator *sn* [de libros, etc.] ilustrador **illustrate** *vt* ilustrar

draw *vt, pas.* **drew** *pp.* **drawn** dibujar

381.2 Materiales del artista

ver también **370 Writing materials**

paint *snn/n* pintura

paintbrush *sn* pincel

watercolours (*brit*), **watercolors** (*amer*) *s pl* acuarelas

oils o **oil paints** *s pl* óleos, pinturas al óleo *to paint sb in oils* pintar a alguien al óleo

palette *sn* paleta

canvas *s* 1 *snn* [material] lienzo 2 *sn* [obra] lienzo

easel *sn* caballete

pencil *sn* lápiz

381.3 La obra de un artista

painting *s* 1 *sn* [p.ej. retrato] pintura, cuadro 2 *snn* [arte] pintura

picture *sn* cuadro

drawing *s* 1 *sn* [p.ej. retrato] dibujo *a line drawing* un dibujo lineal 2 *snn* [arte] dibujo

sketch *sn* boceto, bosquejo

cartoon *sn* chiste, caricatura

illustration *s* 1 *sn* [p.ej. diagrama] ilustración 2 *snn* [arte] ilustración

foreground *sn* primer plano

background *sn* fondo, último plano

masterpiece *sn* obra maestra

381.4 Fotografía

photography *snn* fotografía **photographic** *adj* fotográfico **photographer** *sn* fotógrafo

photograph *sn, abrev.* **photo** fotografía, foto

slide *sn* diapositiva   **camera** *sn* cámara

lens *sn* objetivo   **flash** *sn* flash

film *sn/nn* película *a roll of film* un carrete

develop *vt* [obj: carrete, fotografía] revelar

negative *sn* negativo

darkroom *sn* cuarto oscuro

381.5 Modelar

sculpture *s* 1 *snn* [arte] escultura 2 *sn* [obra] escultura

sculptor *sn* escultor

statue *sn* estatua

model *sn* [de p.ej. un barco] maqueta **model** *vt*, -ll- (*brit*), -l- (*amer*) hacer una maqueta de

pottery *snn* alfarería

potter *sn* ceramista

wheel *sn* torno

clay *snn* arcilla (usado como *adj*) *a clay bowl* un bol de arcilla

381.6 Labor de aguja

ver también **193 Textiles**

sew *vti, pas.* **sewed** *pp.* **sewn** o **sewed** (*esp. amer*) (frec. + **up**) coser *I sewed up the hole in my trousers.* Me cosí el agujero de los pantalones. *to sew on a button* coser un botón **sewing** *snn* costura

cotton (*brit*), **thread** (*amer*) *snn* hilo (de coser)

thread *snn* [suena más técnico que **cotton** en inglés británico] hilo (de coser)

thread *vt* enhebrar *to thread a needle* enhebrar una aguja

stitch *sn* 1 puntada *I sewed the hem with small stitches.* Cosí el dobladillo con puntadas pequeñas. 2 [forma de utilizar la aguja al coser o tejer] punto

stitch *vt* (frec. + **up**) coser *to stitch up a tear* coser un desgarrón

crochet *snn* ganchillo **crochet** *vti* hacer (a) ganchillo

dressmaking *snn* costura **dressmaker** *sn* modista

pattern *sn* patrón

knit *vt*, -tt- tejer, hacer punto

knitting *snn* **1** [actividad] hacer punto **2** [algo que se ha tricotado] labor de punto

wool (*brit*), **yarn** (*amer*) *snn* lana

yarn *snn* **1** (*brit*) [suena más técnico que **wool**] hilado, hilo **2** o **wool** (*amer*) lana

seam *sn* costura

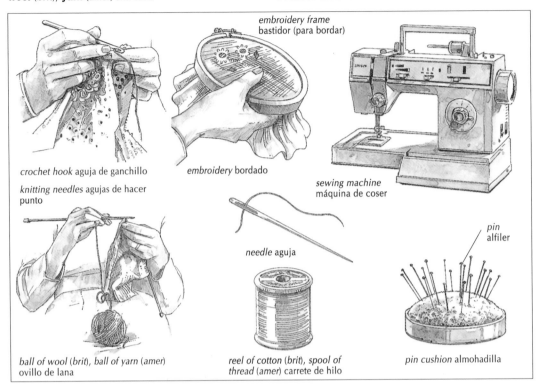

crochet hook aguja de ganchillo

knitting needles agujas de hacer punto

embroidery frame bastidor (para bordar)

embroidery bordado

sewing machine máquina de coser

needle aguja

pin alfiler

ball of wool (*brit*), ball of yarn (*amer*) ovillo de lana

reel of cotton (*brit*), spool of thread (*amer*) carrete de hilo

pin cushion almohadilla

382 **Tools** Herramientas

ver también **304 Materials**

382.1 Equipo

tool *sn* herramienta *a bag of tools* una caja de herramientas

equipment *snn* equipo

apparatus *sn/nn* [más bien formal. Implica un equipo complejo] aparato, equipo *all the apparatus they need for unblocking the drain* todos los utensilios que necesitan para desatascar el desagüe

gear *snn* [informal] equipo, bártulos *I'll need my soldering gear.* Necesitaré mis bártulos de soldar.

utensil *sn* [más bien formal. Implica herramienta pequeña para un uso específico] utensilio *a handy utensil for stripping wire* un utensilio muy práctico para pelar cables

kit *sn* [un juego completo de herramientas] juego de herramientas *a screwdriver kit* un juego de destornilladores

gadget *sn* artilugio

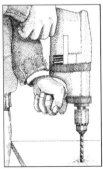

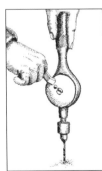

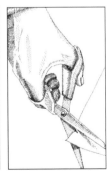

electric drill taladradora eléctrica

hand drill taladradora manual

saw sierra

chisel cincel

scissors tijeras

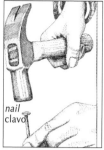

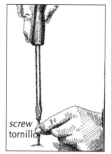

nail clavo

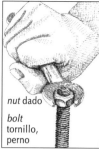

screw tornillo

nut dado

bolt tornillo, perno

pliers alicates

hammer martillo

screwdriver destornillador

spanner (*brit*), wrench (*amer*) llave de tuercas

wrench (*brit*) llave inglesa

blade hoja

handle mango

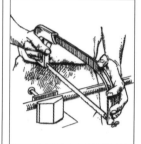

axe (*brit*), ax (*amer*) hacha

hacksaw sierra para metales

382.2 Decoración

DIY TAMBIÉN **do-it-yourself** *snn* (*esp. brit*) [abarca todas las actividades que implican reparaciones o mejoras hechas en una casa por una persona que no es un profesional, etc.] bricolaje

paint *vt* pintar

paint *snn* pintura *to give sth a coat of paint* dar una mano de pintura a algo **painter** *sn* pintor

paintbrush *sn* brocha

whitewash *snn* cal, lechada **whitewash** *vt* encalar, blanquear

creosote *snn* creosota **creosote** *vt* pintar con creosota

wallpaper *snn* papel pintado *a roll of wallpaper* un rollo de papel pintado **wallpaper** o **paper** *vt* empapelar

wallpaper paste *snn* engrudo para papel de empapelar

ladder *sn* escalera

382.3 Agua y electricidad

plumbing *snn* 1 [negocio] fontanería 2 [sistema de tuberías] tuberías, cañerías **plumber** *sn* fontanero

pipe *sn/nn* tubería, cañería *a length of copper pipe* un tramo de tubería de cobre

plug *sn* enchufe *to wire a plug* instalar un enchufe

socket *sn* toma, enchufe (hembra)

flex (*brit*), **cord** (*amer*) *snn/n* cable

lead (*brit*), **cord** (*amer*) *sn* cable

cable *sn/nn* [cable eléctrico para cargas pesadas] cable *an extension cable* cable de extensión

adaptor *sn* adaptador

382.4 Materiales para atar y enlazar

ver también **294 Join**

rope *sn/nn* cuerda, soga *a length of rope* un trozo de cuerda

wire *snn/n* 1 alambre 2 [eléctrico] cable

string *snn* cuerda, cordel *a piece of string* un trozo de cuerda

thread *snn/n* hilo

chain *sn/nn* cadena

383 Repair Reparar

repair *vt* [término general] arreglar, reparar *They're still repairing the roof.* Todavía están reparando el tejado.

repair *sn/nn* arreglo, reparación *It needs minor repairs.* Necesita unas pequeñas reparaciones. *a simple repair job* un simple trabajo de reparación *The car's **in for repair**.* Me están reparando el coche.

mend *vt* (*esp. brit*) [norml. implica una reparación de menor complejidad] arreglar *Can you mend a fuse?* ¿Sabes arreglar un fusible?

fix *vt* [para que algo funcione adecuadamente] arreglar *I've fixed that tap.* He arreglado el grifo.

restore *vt* [devolver a su estado anterior. Obj: p.ej. casa, cuadro, mobiliario] restaurar **restoration** *snn/n* restauración

renovate *vt* [mejorar algo o devolverlo a su estado anterior. Obj: esp. edificio] renovar, restaurar *The interior has been completely renovated.* El interior ha

sido renovado completamente. **renovation** *snn* renovación, restauración

do sth **up** o **do up** sth *vt fr.* [para que esté en mejor estado. Obj: esp. casa] renovar, arreglar

patch *vt* (frec. + **up**) [más bien informal. Se refiere a una solución temporal, no a un trabajo completo] arreglar, remendar *I've patched it up but you really need a new machine.* Te lo he arreglado como he podido pero la verdad es que necesitas una máquina nueva.

maintain *vt* conservar en buen estado *a poorly maintained house* una casa mal conservada/en mal estado

maintenance *snn* mantenimiento *Central heating needs regular maintenance.* Hay que mantener la calefacción central en buen estado comprobando su funcionamiento con regularidad.

384 Gardening Jardinería

ver también **11 Plants**

flowerbed parterre

greenhouse invernadero

compost heap montón de abono

lawnmower cortacésped

lawn césped
grass hierba

cane caña

garden (*brit*), **yard** (*amer*) jardín

384.1 Utiles de jardinería

spade *sn* pala
fork *sn* horca, horquilla
trowel *sn* desplantador
pick *sn* pico
shears *s pl* tijeras de jardín

secateurs *s pl* podadera
hoe *sn* azada
rake *sn* rastrillo
roller *sn* rodillo

384.2 Actividades relacionadas con la jardinería

garden *vi* [más bien formal] trabajar en el jardín

gardener *sn* jardinero *I'm not much of a gardener.* La jardinería no se me da muy bien.

dig *vti, pas. & pp.* **dug** [obj: p.ej. hoyo, zanja, tierra] excavar, cavar

mow *vt, pas.* **mowed** *pp.* **mowed** o **mown** cortar, segar

weed *vt* quitar las malas hierbas de **weed** *sn* mala hierba

sow *vt, pas.* **sowed** *pp.* **sowed** o **sown** sembrar

plant *vt* plantar

prune *vt* (frec. + **back**, **away**) [para potenciar el crecimiento. Obj: p.ej. rosas, árboles] podar

trim *vt*, **-mm-** [para que esté bien cuidado. Obj: p.ej. un seto] podar

thin *vt*, **-nn-** (frec. + **out**) entresacar *The seedlings can be thinned out in March.* Las plántulas se pueden entresacar en Marzo.

384.3 El suelo

soil (*brit*) *snn* [es el término más común, esp. cuando se considera su potencial para el cultivo] suelo, tierra *clay soil* suelo arcilloso *The compost enriches the soil.* El abono enriquece el suelo. (usado como *adj*) *soil erosion* erosión del suelo

earth *snn* [más formal que **soil**] tierra *a handful of earth* un puñado de tierra

mud *snn* barro, lodo

ground *snn* [pone el énfasis en la superficie del suelo] suelo *The ground is frozen.* El suelo está helado.

land *snn* [implica una extensión de tierra o su potencial para el cultivo] tierra, suelo *a house with ten acres of land* una finca de diez acres

plot *sn* [norml. un terreno pequeño, esp. cuando se va a construir en él] parcela *a building plot* una parcela de construcción *She has a small plot for growing vegetables.* Tiene una pequeña parcela para cultivar hortalizas.

f r a s e

have green fingers (*brit*) **have a green thumb** (*amer*) [ser bueno en jardinería] tener habilidad para la jardinería

385 Park and Funfair Parque y atracciones

roundabout (*brit*) O **merry-go-round** (*brit & amer*), O **carousel** (*amer*) *sn* [en un parque de atracciones, feria] tiovivo *to go on a roundabout* montar en los caballitos

big wheel (*brit*), **ferris wheel** (*amer*) *sn* noria

roller coaster *sn* montaña rusa

ice cream van *sn* camioneta de los helados

candy floss (*brit*), **cotton candy** (*amer*) *snn* algodón dulce

fortune teller *sn* adivina

(park) bench banco

swing columpio

sandpit (brit), sandbox (amer) cajón de arena

see-saw (brit & amer), teeter-totter (amer) subibaja

roundabout (brit), merry-go-round (brit & amer) tiovivo

slide tobogán

climbing frame (brit), monkey bars (amer) puente

386 Games Juegos

play *vit* jugar *The children were playing outside.* Los niños estaban jugando fuera. *Shall we play chess?* ¿Jugamos al ajedrez?

386.1 Juegos infantiles

toy *sn* juguete (usado como *adj*) *a toy kitchen* una cocinita (de juguete)

doll *sn* muñeca

doll's house *sn* casita de muñecas

marbles *snn* O *s pl* canicas *to play marbles* jugar a las canicas **marble** *sn* canica

386.2 Juegos de solución de problemas

jigsaw (puzzle) *sn* puzzle

crossword TAMBIÉN **crossword puzzle** *sn* crucigrama *to do crosswords* hacer crucigramas

quiz *sn* concurso de conocimientos generales

386.3 Juegos de cartas

card TAMBIÉN **playing card** *sn* carta, naipe

cards *snn* O *s pl* cartas *to play cards* jugar a las cartas *a game of cards* una partida (de cartas)

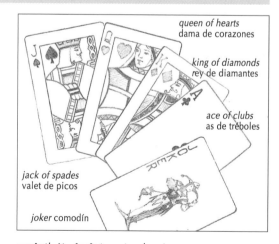

queen of hearts dama de corazones

king of diamonds rey de diamantes

ace of clubs as de tréboles

jack of spades valet de picos

joker comodín

pack (*brit*), **deck** (*amer*) *sn* baraja

suit *sn* palo *to follow suit* jugar del mismo palo

shuffle *vti* barajar

deal *vt* repartir, dar **dealer** *sn* el que reparte

hand *sn* mano

386.4 Juegos de tablero

board *sn* tablero
board game *sn* juego de tablero
dice *s* 1 *sn, pl* **dice** [cubo] dado *to roll the dice* tirar los dados 2 *snn* o *s pl* [juego] dados
Scrabble *snn* [marca comercial] scrabble
draughts (*brit*), **checkers** (*amer*) *snn* damas
draughtboard (*brit*), **checkerboard** (*amer*) *sn* tablero de damas
chess *snn* ajedrez (usado como *adj*) *chess pieces* piezas del ajedrez
check *snn* jaque *to put sb in check* dar jaque a alguien '*Check!*' '¡Jaque!' **check** *vt* dar jaque a

check mate *snn* jaque mate **checkmate** *vt* dar a alguien jaque mate
move *sn* movimiento *It's your move.* Te toca a ti.

386.5 Juegos de azar

gamble *vi* (a veces + **on**) jugar, apostar **gambler** *sn* jugador
bet *vti*, -tt- *pas. & pp.* **bet** (frec. + **on**) apostar *to bet money on a horse* apostar dinero a un caballo *I bet you a fiver he'll win.* Te apuesto cinco libras a que gana él. *to bet on a race* apostar en una carrera
betting *snn* apuesta (usado como *adj*) *a betting shop* local de apuestas
casino *sn, pl* **casinos** casino
lottery *sn* lotería   **bingo** *snn* bingo

pawn peón — *king* rey — *bishop* alfil — *castle* o *rook* torre — *knight* o [informal] *horse* caballo — *queen* reina

387 Luck Suerte

Se utilizan tres frases para desear buena suerte.
touch wood [se dice norml. cuando la realidad puede contradecir lo que uno acaba de decir] toca madera *I don't think it will rain, touch wood.* No creo que llueva, toquemos madera.
keep one's fingers crossed (frec. + **for**) esperar que todo salga bien *I'm keeping my fingers crossed that she'll get here on time.* Rezo para que llegue a tiempo. *The operation's tomorrow, so keep your fingers crossed!* La operación es mañana, así que ¡reza!
break a leg! [se utiliza en el teatro cuando se quiere desear suerte a alguien antes de que suba al escenario] ¡buena suerte!

luck *snn* 1 [buena o mala] suerte *Have you had any luck?* ¿Has tenido suerte? *That's just my luck!* ¡Qué mala suerte la mía! *Better luck next time!* ¡La próxima vez será! *What terrible luck!* ¡Qué mala suerte! 2 [éxito o algo bueno] suerte *I had a stroke/piece/bit of luck.* He tenido un golpe de suerte.
pot luck *snn* [uno puede ser afortunado o no] lo que haya *I don't know what we're having for dinner - you'll have to take pot luck.* No sé qué hay para cenar, tendrás que conformarte con lo que haya.
fortune *n* [más formal que **luck**] 1 *snn* [buena o mala suerte] fortuna *We all shared in his good fortune.* Todos participamos de su buena fortuna. 2 *snn* o

fortunes *s pl* [lo que le ocurre a uno] destino, suerte *Our fortunes began to improve.* Nuestra suerte empezó a mejorar. 3 [buena suerte. Más bien literario] fortuna, suerte *Fortune was against us from the start.* Desde el principio tuvimos la fortuna en contra nuestra. *Fortune smiled on us.* La fortuna nos sonrió.
chance *snn* [implica curso arbitrario de los acontecimientos] casualidad *It was simply chance that I was passing.* Fue pura casualidad que yo pasase por allí. *I saw her quite by chance.* La vi por pura casualidad. (usado como *adj*) *a chance meeting* un encuentro casual *ver también **78 Possible**
chance *vt* arriesgarse a *I'll chance going out.* Me arriesgaré a salir. *I wouldn't chance it myself.* Yo no me arriesgaría.

387.1 Buena suerte

lucky *adj* 1 [describe: p.ej. persona, coincidencia] afortunado *You lucky thing!* ¡Qué suerte tienes! *I was lucky to find her in.* Tuve suerte de encontrarla allí. *I wasn't lucky enough to meet her.* No tuve la suerte de conocerla. 2 [que se supone que da buena suerte] de la suerte *a lucky horseshoe* una herradura de la suerte
fortunate *adj* [más formal que **lucky**] afortunado *You were fortunate to meet them.* Fuiste afortunado al conocerles. *a fortunate occurrence* un suceso afortunado *those less fortunate than ourselves* aquéllos menos afortunados que nosotros *I was fortunate in my choice.* Fui afortunada en mi elección.

387.2 Mala suerte

bad/terrible, etc. luck mala/muy mala suerte *We've been having terrible luck lately.* Ultimamente tenemos muy mala suerte. *Of all the rotten luck!* ¡Qué mala pata!

hard luck [puede implicar que la mala suerte es merecida] mala suerte, mala pata *If you miss your train that's your hard luck.* Si pierdes el tren, allá tú.

unlucky *adj* desgraciado, desafortunado *She was terribly unlucky not to get that job.* Tuvo muy mala suerte al no conseguir ese trabajo. *an unlucky fall* una caída desafortunada

unfortunate *adj* [implica pesar] desafortunado *It is most unfortunate they were hurt.* Es una gran desgracia que resultasen heridos. *an unfortunate accident* un desafortunado accidente

misfortune *sn/nn* [más bien formal] infortunio *They are bearing up under misfortune.* Están resistiendo al infortunio.

accident *sn* [algo imprevisto, no implica necesariamente daño] accidente, casualidad *They must have been delayed by some accident.* Algún imprevisto debe haberles retrasado. *I found out about the book by accident.* Me enteré de que existía el libro por pura casualidad. *a road accident* un accidente de carretera

accidental *adj* fortuito, imprevisto *an accidental encounter* un encuentro fortuito

388 Sport Deporte

388.1 Hacer deporte

play *vt* jugar *I play football.* Juego al fútbol. *Do you play squash?* ¿Juegas al squash?

exercise *vit* hacer ejercicio *I exercise by cycling to work.* Hago ejercicio yendo a trabajar en bicicleta.

exercise *snn* ejercicio *I don't get much exercise.* No hago mucho ejercicio.

exercises *s pl* [ejercicios de rutina] ejercicios, gimnasia *I'm doing my exercises.* Estoy haciendo mis ejercicios.

score *vti* marcar *He scored the winning goal.* Marcó el gol de la victoria. **score** *sn* resultado, puntos *What's the score?* ¿Cómo van?

foul *sn* falta (usado como *adj*) *a foul shot* un lanzamiento de falta **foul** *vt* cometer una falta contra

tackle *vt* entrar, placar **tackle** *sn* entrada, placaje

goal *sn* gol *to score a goal* marcar un gol

388.2 Deportistas

sportsman (*masc*), **sportswoman** (*fem*) *sn* [término genérico] deportista

competitor *sn* [esp. en atletismo] competidor *overseas competitors* competidores extranjeros

contestant *sn* [menos corriente que **competitor**. Frec. se usa en concursos] concursante, competidor

team *sn* equipo (usado como *adj*) *team games* juegos de equipo

referee *sn* [p.ej. en fútbol y rugby] árbitro

umpire *sn* [p.ej. en cricket y tenis] árbitro

388.3 Competiciones

competition *sn/nn* [término genérico para cualquier deporte o juego] competición *ver también* **249 Fight**

contest *sn* [se usa especialmente cuando los jueces deciden quién es el ganador] concurso *a beauty contest* (*brit*) un concurso de belleza *a talent contest* una pugna de talentos

tournament *sn* [suena más técnico que **competition**. Se usa esp. cuando hay más de un partido] torneo *the Wimbledon tournament* el torneo de Wimbledon

match *sn* [suena un poco más serio que **game**] partido, encuentro *a football match* un encuentro de fútbol

game *sn* partido *a game of tennis* un partido de tenis

388.4 Lugares en que se practica deporte

stadium *sn, pl* **stadiums** o **stadia** estadio

track *sn* pista (usado como *adj*) *track events* pruebas atléticas en pista

racetrack *sn* [para carreras de coches o caballos] circuito, hipódromo

lane *sn* [en pista o piscina] calle

pitch (*brit*), **field** (*amer*) *sn* [área amplia, p.ej. para fútbol, cricket] campo, terreno de juego *a cricket pitch* un campo de cricket

field *sn* [menos técnico que **pitch**] campo *There are thirteen players on the field.* Hay trece jugadores en el campo.

ground *sn* (norml. en palabras compuestas) [abarca tanto el área de juego como la parte donde están los espectadores. Se usa para deportes que se practican en un **field** o **pitch**] campo *a football/cricket/baseball ground* un campo de fútbol/cricket/béisbol

court *sn* [más pequeño que **pitch**. Se usa para deportes de raqueta y baloncesto femenino, voleibol, etc.] pista, cancha

golf course *sn* campo de golf

389 Ball sports Deportes de pelota

389.1 Fútbol y rugby

football s **1** snn (*brit*) TAMBIÉN (*brit & amer*) [más informal] **soccer** fútbol (usado como *adj*) *a football match* un partido de fútbol **2** snn (*amer*) O **American football** fútbol americano (usado como *adj*) *a football game* un partido de fútbol americano **3** sn [balón] balón **footballer** (*brit*), **football player** (*amer*) sn futbolista

rugby snn rugby

goal sn **1** [lugar] portería, meta **2** [marcado por jugador] gol *to score a goal* marcar un gol

penalty sn penalti   **foul** sn falta

offside adj [describe: jugador] fuera de juego   **referee** sn árbitro

goalposts postes de la portería

He scored a try. Marcó un ensayo.

ball balón, pelota

goal portería, meta

goalkeeper O [informal] *goalie* portero, guardameta

The goalkeeper makes a save. El portero realiza una parada.

scrum melée

389.2 Béisbol

baseball snn béisbol   **pitcher** sn lanzador

bat sn bate **batter** sn bateador

catcher sn receptor (de pelota), catcher

diamond sn (usu. + **the**) campo de béisbol

base sn base *to reach first base* alcanzar la primera base

home run sn carrera completa

strike sn golpe

inning sn turno, entrada *the first inning* el primer turno

389.3 Cricket

cricket snn cricket **cricketer** sn jugador de cricket

bat vi, -tt- batear *to go in to bat* batear

bowl vit lanzar (la pelota) *some tough bowling from the Australians* algunos lanzamientos fuertes de los australianos

run sn carrera (de los bateadores a la portería contraria)

over sn lanzamiento (de seis bolas)

innings sn, pl **innings** turno, entrada

fielder sn jugador del equipo que defiende **field** vi parar, recoger, devolver (la pelota)

bowler lanzador

bat bate

wicket keeper guardameta

batsman bateador

bails palitos cortos

stumps estacas

wicket portería

389.4 Hockey

hockey (*brit*), **field hockey** (*amer*) *snn* hockey sobre hierba

hockey stick *sn* palo de hockey

hockey (*amer*), **ice hockey** (*brit*) *snn* hockey (sobre hielo)

puck *sn* disco

389.5 Deportes de raqueta

tennis *snn* tenis

set *sn* set

game *sn* juego

serve *vi* sacar, servir

service *snn* saque, servicio

volley *sn* volea

love *snn* cero *thirty love* treinta a cero

deuce *snn* deuce, cuarenta iguales

table tennis *snn* tenis de mesa

ping-pong *snn* [más bien informal, no se usa para tenis de mesa a nivel de competición] ping-pong

bat (*brit*), **paddle** (*amer*) *sn* [sólo se usa para tenis de mesa, *no* tenis, bádminton, etc.] pala

badminton *snn* bádminton

shuttlecock (*brit*) *sn* volante, rehilete

squash *snn* squash (usado como *adj*) *a squash court* una pista de squash

389.6 Golf

golf *snn* golf (usado como *adj*) *a golf championship* un campeonato de golf **golfer** *snn* golfista, jugador de golf

(golf) club *sn* **1** (para lanzar la pelota) palo (de golf) **2** (asociación) club de golf

tee *sn* tee, soporte (donde se pone la pelota)

hole *sn* hoyo *a hole in one* un hoyo en uno

bunker *sn* búnker

fairway *sn* calle, fairway

green *sn* green

rough *sn* hierba alta, rough

caddy *sn* cadi

389.7 Otros juegos de pelota

netball *snn* baloncesto femenino

basketball *snn* baloncesto

volleyball *snn* voleibol

softball *snn* variedad de

béisbol (sobre terreno más pequeño y con pelota grande y blanda)

rounders *snn* juego británico similar al béisbol

umpire árbitro

net red   *ball* pelota

ball girl recogepelotas

ball boy recogepelotas

service line línea de saque

racket o *racquet* raqueta

(tennis) court pista (de tenis)

390 Athletics Atletismo

athletics *snn* atletismo (usado como *adj*) *an athletics meeting* un concurso de atletismo **athlete** *sn* atleta

390.1 Pruebas de atletismo en pista

run *v*, **-nn-** *pas.* **ran** *pp.* **run 1** *vi* correr *She's running in the New York marathon.* Corre en el maratón de Nueva York. **2** *vt* correr *She ran a great 200 metres.* Corrió unos 200 metros muy buenos.

runner corredor *a cross-country runner* un corredor de campo a través

sprint *vi* esprintar, correr a toda velocidad **sprinter** *sn* esprínter

hurdle *sn* valla [carrera] *the 100 metres hurdles* los 100 metros vallas **hurdler** *sn* corredor de vallas

jog *vi*, **-gg-** correr (para ejercicio físico), hacer 'footing' *to go jogging* ir a correr (usado como *s*) *a jog round the park* una carrera alrededor del parque **jogging** *snn* el correr **jogger** *sn* corredor, persona que hace 'footing'

race *sn* carrera

lap *sn* vuelta

marathon *sn* maratón

390.2 Pruebas de atletismo

high jump *snn* salto de altura **high jumper** *snn* saltador de altura

long jump *snn* salto de longitud **long jumper** *sn* saltador de longitud

pole vault *snn* salto con pértiga **pole vaulter** *sn* saltador con pértiga

javelin *sn* jabalina *to throw the javelin* lanzar la jabalina *She lost points on the javelin.* Perdió puntos en el lanzamiento de jabalina.

shot (*brit*), **shot put** (*amer*) *sn* (no tiene *pl*; siempre + **the**) lanzamiento de peso *putting the shot* lanzar el peso (usado como *adj*) *a shot putter* un lanzador de peso

hammer (*brit*), **hammer throw** (*amer*) *sn* (no tiene *pl*; siempre + **the**) lanzamiento de martillo *throwing the hammer* lanzar el martillo

391 Water sports Deportes acuáticos

water polo *snn* water-polo

surfing TAMBIÉN **surfboarding** *snn* surf **surfer** O **surfboarder** *sn* surfista

windsurfing TAMBIÉN **sailboarding** *snn* windsurf **windsurfer** *sn* windsurfista

wetsuit traje de neopreno

scuba diver submarinista

waterskiing *snn* esquí acuático **waterskier** *sn* esquiador acuático

scuba diving *snn* submarinismo (con botella de oxígeno)

snorkeling *snn* nadar respirando por un tubo **snorkel** *sn* tubo de respiración **snorkeler** *sn* nadador que respira por un tubo

canoeing *snn* piragüismo **canoeist** *sn* piragüista

rowing *snn* remo

391.1 Natación

swimming *snn* natación

swim *vit*, -mm- *pas.* **swam** *pp.* **swum** nadar *I swam 50 lengths.* Me hice 50 largos. **swimmer** *sn* nadador

swimming pool *sn* piscina

length *sn* largo

breaststroke *snn* braza *to do/swim (the) breaststroke* nadar a braza

crawl *snn* crol

butterfly *snn* mariposa

backstroke *snn* espaldas

dive *vi*, *pas.* **dived** *pp.* **dived** O (*amer*) **dove** saltar **diver** *sn* saltador **diving** *snn* salto

diving board *sn* trampolín

float *vi* flotar

392 Gymnasium sports Deportes de gimnasio

gym [término normal] O **gymnasium** [formal] *sn* gimnasio

gymnastics *snn* gimnasia **gymnast** *sn* gimnasta

weightlifting *snn* levantamiento de pesas, halterofilia **weightlifter** *sn* levantador de pesas

weight training *snn* entrenamiento con pesas

aerobics *snn* aerobic

keep-fit (*brit*) *snn* ejercicios de gimnasia de mantenimiento (usado como *adj*) *keep-fit classes* clases de gimnasia de mantenimiento

yoga *snn* yoga

exercise *snn/n* ejercicio

392.1 Deportes en que se combate

hit *vt*, -tt- *pas. & pp.* **hit** golpear *to hit sb on the jaw* golpear a alguien en la mandíbula

wrestling *snn* lucha **wrestler** *sn* luchador

sumo TAMBIÉN **sumo wrestling** *snn* sumo **sumo wrestler** *sn* luchador de sumo

martial arts *s pl* artes marciales

judo *snn* judo, yudo *a black belt at judo* un cinturón negro de judo

karate *snn* kárate

fencing *snn* esgrima

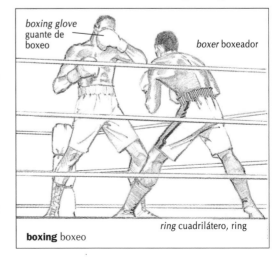

boxing glove guante de boxeo

boxer boxeador

ring cuadrilátero, ring

boxing boxeo

393 Outdoor sports Deportes al aire libre

cycling *snn* ciclismo **cyclist** ciclista

skateboard monopatín

rollerskates patines

393.1 Excursionismo y alpinismo

climbing *snn* escalada, alpinismo *rock climbing* escalada de rocas **climb** *vi* escalar, hacer alpinismo **climber** *snn* escalador, alpinista

mountaineering *snn* montañismo **mountaineer** *sn* montañero

walking *snn* excursionismo **walking boots** *s pl* botas (para caminar)

hiking *snn* excursionismo **hiker** *snn* excursionista

393.2 Deportes de invierno

skiing *snn* esquí
ski *vi* esquiar **skier** *sn* esquiador
ski *sn* esquí (usado como *adj*) *ski resort* estación de esquí
pole *sn* palo

downhill TAMBIÉN **downhill skiing** *snn* esquí alpino
cross-country skiing *snn* esquí nórdico

skating *snn* patinaje *figure skating* patinaje artístico
skate *vi* patinar **skate** *sn* patín **skater** *sn* patinador/a

rink TAMBIÉN **ice rink** *sn* pista (de patinaje sobre hielo)

sledge (*brit*), **sled** (*amer*) *sn* trineo **sledge** (*brit*), **go sledding** (*amer*) *vi* ir en trineo

toboggan *sn* trineo **tobogganing** *snn* deslizarse en trineo

bobsleigh (*brit*), **bobsled** (*amer*) *sn* bob, bobsleigh, trineo (cubierto) **bobsleighing** (*brit*), **bobsledding** (*amer*) *snn* deslizarse en bobsledding

393.3 Deportes aéreos

parachuting *snn* paracaidismo
parachute *sn* paracaídas *The parachute opened safely.* El paracaídas se abrió sin problemas. (usado como *adj*) *a parachute jump* un salto en paracaídas
parachute *vi* (frec. + *adv* o *prep*) lanzarse en paracaídas *We parachuted down into a clearing.* Aterrizamos (con el paracaídas) en un claro. **parachutist** *snn* paracaidista

hanggliding *snn* vuelo libre, ala delta **hang glider** *sn* ala delta

microlight *sn* ala delta con motor

394 Target sports Deportes con blanco

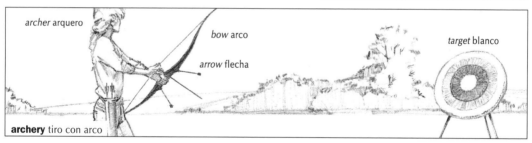

archer arquero

bow arco

arrow flecha

target blanco

archery tiro con arco

shooting *snn* deporte del tiro al blanco

target *sn* blanco

darts *snn* dardos **dart** *sn* dardo

dartboard *sn* blanco
bowls (*esp. brit*) *snn* bolos, bochas **bowl** *sn* bolo, bocha **bowl** *vt* jugar a los bolos

bowling green *sn* campo de bolos
snooker *snn* snooker, billar ruso

billiards *snn* billar
pool *snn* [juego americano] billar
cue *sn* taco

395 Equestrian sports Hípica

ride *vit, pas.* **rode** *pp.* **ridden** (frec. + *adv* o *prep*) montar *She rode off on her pony.* Se fue montada en su pony. *I rode my father's horse.* Monté el caballo de mi padre. **rider** *sn* jinete **riding** o (*esp. amer*) **horseback riding** *snn* equitación, montar a caballo
mount *vt* montar **mount** *sn* [más bien formal] montura

on horseback a caballo *an expedition on horseback* una expedición a caballo

walk *v* 1 *vi* andar 2 *vt* [obj: norml. un perro o caballo] sacar a pasear, llevar al paso

trot *vi* trotar (usado como *s*) *at a trot* al trote

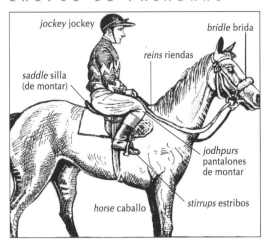

jockey jockey

bridle brida

reins riendas

saddle silla
(de montar)

jodhpurs
pantalones
de montar

horse caballo

stirrups estribos

canter *vi* ir a medio galope (usado como *s*) *at a canter* a medio galope

gallop *vi* ir al galope (usado como *s*) *at a gallop* al galope

395.1 Pruebas hípicas

showjumping *snn* concurso hípico **showjumper** *sn* jinete

jump *sn* salto *to clear a jump* salvar un obstáculo

gymkhana *sn* gincana

(fox) hunting *snn* caza (del zorro)

hound *sn* perro de caza

polo *snn* polo

(horse)racing *snn* carreras de caballos

races *s pl* (siempre + **the**) carreras *a day at the races* un día en las carreras

396 Success Éxito

ver también **107.3 Intend**

success *s* 1 *snn* éxito 2 *sn* triunfo *The idea was a brilliant success.* La idea fue todo un éxito. (usado como *adj*) *a success story* la historia de un éxito

successful *adj* [describe: p.ej. persona, intento, negocio] de éxito, logrado, próspero *The plan was successful.* El plan tuvo éxito. *the secret of successful cooking* el secreto de cocinar con éxito

successfully *adv* con éxito, satisfactoriamente *The picture has now been successfully restored.* El cuadro ahora ha sido restaurado con éxito.

victory *sn/nn* [después de una pelea] victoria *The decision was a victory for the ecologists.* La decisión fue una victoria para los ecologistas.

victorious *adj* victorioso *a struggle from which the right wing emerged victorious* una lucha de la que la derecha salió victoriosa **victoriously** *adv* victoriosamente

triumph *sn/nn* [más fuerte que **success**] triunfo, éxito *a triumph for common sense* un triunfo del sentido común *The film was a triumph.* La película fue un éxito. *He held the cup aloft in triumph.* Sostuvo la copa en alto triunfalmente.

triumphant *adj* triunfante, triunfal *the triumphant smile on her face* la sonrisa triunfal de su cara **triumphantly** *adv* triunfalmente

fruitful *adj* [implica buenos resultados] fructuoso, provechoso *fruitful discussions* negociaciones fructuosas

396.1 Triunfar en una competición

win *v*, -nn- *pas. & pp.* **won** *vti* [obj: p.ej. competición, premio] ganar *the first American to win the title* el primer americano en ganar el título *Who won?* ¿Quién ganó?

win *sn* [esp. en deporte o juego] victoria *an away win* una victoria fuera de casa

winner *sn* [esp. en un concurso] ganador

beat *vt*, *pas.* **beat** *pp.* **beaten** (a veces + **at**) [p.ej. en juego, partido o elecciones] vencer, ganar *to beat sb at*

chess ganar a alguien al ajedrez *She was beaten into second place.* Fue derrotada y quedó en segundo lugar.

champion *sn* [norml. en deporte] campeón *the world heavyweight champion* el campeón mundial del peso pesado (usado como *adj*) *last year's champion jockey* el jockey campeón del año pasado

victor *sn* [más bien formal. Norml. en batalla o deporte] vencedor

outdo *v*, *pas.* **outdid** *pp.* **outdone** [implica rendimiento superior] vencer, superar *attempts by Glasgow and Edinburgh to outdo each other in cultural matters* tentativas de Glasgow y Edimburgo para superarse el uno al otro en asuntos de cultura

overcome *vt*, *pas.* **overcame** *pp.* **overcome** [obj: p.ej. dificultad, adversario] superar, vencer *advertising aimed at overcoming consumer resistance* publicidad dirigida a superar la resistencia del consumidor

396.2 Lograr hacer algo

succeed *vi* (frec. + **in**, **at**) tener éxito, triunfar, lograr (+ **in** + -ing) *We've succeeded in contacting her.* Hemos conseguido contactar con ella. *the few that succeed at acting* los pocos que triunfan como actores

accomplish *vt* [pone énfasis en que se ha realizado una tarea] lograr concluir, llevar a cabo *We have accomplished what we set out to do.* Hemos logrado concluir lo que nos propusimos hacer. **accomplishment** *sn/nn* realización, logro

achieve *vt* [pone énfasis en el resultado del trabajo] conseguir, alcanzar *They have achieved a high degree of precision.* Han alcanzado un elevado grado de precisión. *We have achieved our main objectives.* Hemos alcanzado nuestros principales objetivos.

achievement *sn/nn* éxito(s), logro(s) *The agreement was a remarkable diplomatic achievement.* El acuerdo fue un éxito diplomático notable. *an award for outstanding achievement in the arts* un premio por su destacada labor en el mundo de las letras

attain *vt* [más bien formal. Implica lograr y esfuerzo] alcanzar, lograr *Nothing can prevent us from attaining our goal.* Nada puede impedirnos alcanzar nuestro objetivo. **attainment** *sn/nn* logro, consecución

manage *vti* (frec. + **to** + INFINITIVO) [implica hacer frente a dificultades] lograr, arreglárselas *I managed the first part fairly easily.* Me las arreglé bastante bien con la primera parte. *She managed to rescue the painting.* Logró rescatar el cuadro.

pass *vti* [obj: esp. examen, prueba] aprobar *She managed to pass her driving test at the third attempt.* Logró aprobar el examen de conducir al tercer intento. **pass** *sn* aprobado

come top (*brit*), **be top** (*amer*) [en examen] sacar la mejor nota

397 Failure Fracaso

fail *v* 1 *vi* (frec. + **to** + INFINITIVO) [término genérico] fracasar *The plan failed miserably.* El plan fracasó miserablemente. *He failed in the attempt.* Fracasó en el intento. *He failed to get enough votes.* No consiguió obtener suficientes votos. 2 *vt* [obj: esp. examen, prueba] suspender

failure *s* 1 *snn* fracaso *The plan was doomed to failure.* El plan estaba llamado a ser un fracaso. *We were facing failure.* Nos enfrentábamos al fracaso. 2 *sn* [tentativa] fracaso [persona] fracasado/a *Despite previous failures, I still believe in the idea.* A pesar de los fracasos anteriores, aún confío en la idea.

unsuccessful *adj* [describe: p.ej. intento, negocio, persona] fallido, fracasado *an unsuccessful novelist* un novelista fracasado *We were unsuccessful in finding her.* No logramos encontrarla.

lose *v, pas. & pp.* **lost** 1 *vi* [en concurso] perder *They lost again to Liverpool.* Perdieron de nuevo ante el Liverpool. 2 *vt* [obj: p.ej. partido, batalla, discusión] perder *If I lose the case I'm ruined.* Si pierdo el caso estoy arruinado.

lose out *vi fr.* (frec. + **on**) [implica no obtener un beneficio que uno debería obtener] salir perdiendo, perder *Middle children lose out in many families.* Los hijos medianos salen perdiendo en muchas familias. *Make a claim soon or we'll lose out on tax advantages.* Haz una reclamación pronto o no podremos aplicarnos las ventajas fiscales.

miss *vt* [obj: p.ej. plazo] errar, dejar pasar *She missed the target.* No dio en el blanco. *That penalty means they'll miss a place in the final.* Ese penalti significa que perderán una plaza en la final.

give up *vi fr.* [más bien informal] darse por vencido, rendirse *They got discouraged and gave up.* Se desanimaron y se dieron por vencidos.

flop *sn* [informal. P.ej. película, idea] fracaso *The outing turned out to be a total flop.* La excursión resultó ser un fracaso total.

flop *vi,* -pp- fracasar *The membership drive flopped.* Los intentos de conseguir nuevos socios fracasaron.

398 Reward Recompensa

reward *sn* recompensa *They're offering a reward for information.* Ofrecen una recompensa por la información.

reward *vt* recompensar *We were rewarded with a delicious meal.* Nos recompensaron con una deliciosa comida.

award *sn* [implica reconocimiento oficial] premio, galardón *an award for outstanding achievement in the arts* un premio por su destacada labor en el mundo de las letras *award-winning scientists* científicos premiados/galardonados [puede ser monetario] *a*

government award to study in America una beca del gobierno para estudiar en Estados Unidos

award *vt* conceder, otorgar *to award a grant to sb* conceder una beca a alguien *She was awarded an Oscar for her performance.* Le concedieron un Oscar por su interpretación.

prize *sn* premio *a cash prize* un premio en metálico *the prize-winners* los premiados

medal *sn* medalla *the bronze medal* la medalla de bronce

trophy *sn* trofeo

399 Agile Agil

agility *snn* agilidad

grace *snn* [implica belleza en los movimientos más que velocidad] gracia, elegancia *She held out her hand with simple grace.* Tendió la mano con sencilla elegancia.

graceful *adj* elegante *a graceful bow* una reverencia elegante **gracefully** *adv* con gracia, con elegancia

lithe *adj* [implica buena forma física y flexibilidad] ágil

lithe young swimmers ágiles nadadores jóvenes **lithely** *adv* ágilmente

supple *adj* [implica que los músculos están en forma] flexible *supple limbs* miembros flexibles **suppleness** *snn* flexibilidad

nimble *adj* [implica ligereza y velocidad] ágil, rápido *nimble fingers* dedos ágiles **nimbleness** *snn* agilidad **nimbly** *adv* ágilmente

400 Clumsy Torpe

clumsy *adj* [en los movimientos o al manejar las cosas. Describe: p.ej. persona, movimiento] torpe, patoso *a clumsy fall* una caída tonta *a clumsy excuse* una excusa torpe

clumsily *adv* torpemente *a clumsily wrapped parcel* un paquete envuelto con torpeza **clumsiness** *snn* torpeza

awkward *adj* [describe: p.ej. movimiento, posición] torpe, desmañado *She held the pen in an awkward way.* Sujetaba el bolígrafo de forma desmañada.

awkwardly *adv* torpemente *She fell awkwardly and broke her ankle.* Se cayó torpemente y se rompió el tobillo. **awkwardness** *snn* torpeza

gauche *adj* [implica inmadurez y no sentirse a gusto en el trato con los demás] torpe *a gauche attempt at conversation* un torpe intento de conversación

butterfingers *sn* [informal. Persona a la que se le caen las cosas. Frec. se usa como exclamación cuando a

otra persona se le ha caído algo] torpe, patoso con las manos *I'm a real butterfingers.* Se me cae todo.

frases

like a bull in a china shop [implica torpeza e impaciencia] como un elefante en una cacharrería *She's like a bull in a china shop when she decides to clean the flat.* Es como un elefante en una cacharrería de porcelana cuando decide limpiar el piso.

all fingers and thumbs (*brit*), **all thumbs** (*amer*) [no hábil con sus propias manos] manazas, desmanotado *I was all fingers and thumbs when I first tried changing nappies.* La primera vez que intenté cambiar unos pañales fui un desmanotado.

have two left feet [ser torpe y desmañado al bailar] ser un patoso

401 Strength Fuerza

ver también **100 Hard**; **228 Control**

strength *snn* fuerza *She uses weights to build up her strength.* Usa pesas para fortalecerse. *A holiday will help you regain your strength.* Unas vacaciones te ayudarán a recobrar las fuerzas. *I was surprised by the strength of her anger.* Me sorprendió la intensidad de su ira. *I haven't got the strength of will to give up smoking.* No tengo la fuerza de voluntad para dejar de fumar.

force *snn* [puede implicar violencia] fuerza *We held him down by brute force.* Lo sujetamos por la fuerza. *the sheer force of the impact* la intensidad misma del impacto

power *snn* [acentúa los efectos de algo fuerte] poder, fuerza *electricity produced by the power of the waves* electricidad producida por la fuerza de las olas *the power a dancer needs to lift his partner* la fuerza que un bailarín necesita para levantar a su pareja

energy *snn* energía *Have you got the energy left to mow the lawn?* ¿Te queda energía para cortar el césped?

muscle *snn* [más bien informal. Acentúa la fuerza corporal] músculos, musculatura *You've got the speed but you lack the muscle.* Tienes velocidad pero te falta fuerza.

might *snn* [literario excepto en la siguiente frase. Implica fuerza física] fuerza *I pulled **with all** my **might**.* Tiré con todas mis fuerzas.

401.1 Tener fuerza

strong *adj* fuerte *strong arms* brazos fuertes *a strong current* una fuerte corriente

strongly *adv* sólidamente, enérgicamente, contundentemente *I am strongly opposed to the scheme.* Me opongo enérgicamente al plan.

muscular *adj* musculoso *a muscular physique* un físico musculoso

sturdy *adj* [robusto o de construcción sólida] robusto *Look at those sturdy little legs!* ¡Mira qué piernecitas más robustas! *good sturdy timber* buena madera recia **sturdily** *adv* fuertemente

robust *adj* [implica fuerza y con salud o solidez] robusto, sólido *She's always been a fairly robust child.* Siempre ha sido una niña bastante fuerte. *robust shelving* estantería sólida

tough *adj* 1 resistente, fuerte *The sacks need to be made of a tough fabric.* Los sacos tienen que ser de una tela resistente. *tough shoes for walking* zapatos resistentes para caminar 2 [peyorativo. Describe: p.ej. carne] duro 3 [de personalidad fuerte] duro *Having to struggle against adversity made her tough.* El tener que luchar contra la adversidad la endureció.

athletic *adj* atlético *My sister's the athletic one, always skiing or horse-riding.* Mi hermana es la atlética, siempre está esquiando o montando a caballo.

hardy *adj* [implica aguante] fuerte *I don't think I'm hardy enough to face camping in October.* No creo que tenga la resistencia suficiente para acampar en octubre. **hardily** *adv* con fuerza **hardiness** *snn* resistencia, aguante

powerful *adj* potente, poderoso, fuerte *a powerful blow* un fuerte soplo *a powerful build* una construcción sólida **powerfully** *adv* poderosamente, fuertemente

mighty *adj* [más bien literario] fuerte, poderoso *a mighty tug* un fuerte tirón *a mighty crash* un estruendo terrible

intense *adj* 1 [extremado] intenso *the intense cold* el intenso frío *intense loudness* ruido intenso 2 [muy serio y con fuertes convicciones. Frec. bastante peyorativo] muy serio *He's very intense.* Es muy serio. **intensely** *adv* intensamente, sumamente

intensity *snn* intensidad *Despite the intensity of the campaign, little was achieved.* A pesar de la intensidad de la campaña, se consiguió poco.

401.2 Usar la propia fuerza

energetic *adj* enérgico, activo *If you're feeling energetic we could go swimming.* Si te sientes con fuerzas podríamos ir a nadar. **energetically** *adv* enérgicamente

dynamic *adj* [implica la consecución de objetivos] dinámico *their dynamic leader* su dinámico líder

forceful *adj* [norml. se refiere a fuerza mental y autoridad más que fuerza física] enérgico, vigoroso *a forceful attack on socialism* un enérgico ataque contra el socialismo

forcefully *adv* enérgicamente, vigorosamente *He insisted forcefully on talking to me.* Insistió enérgicamente en hablar conmigo.

lively *adj* [acentúa movimiento y energía] vivo, animado *a lively dance* un baile alegre

full of beans [informal. Implica energía y actividad] lleno de vida, lleno de energía *It's his bedtime but he's still full of beans.* Es su hora de acostarse, pero todavía está con ganas de jugar.

401.3 Hacer más fuerte

strengthen *vt* [norml. estructuralmente, pero puede ser psicológicamente] reforzar, fortalecer *That joint needs strengthening.* Esa junta necesita un refuerzo. *This will only strengthen me in my determination.* Esto sólo hará que me reafirme en mi decisión.

reinforce *vt* reforzar, reafirmar *a reinforced door* una puerta blindada *reports that reinforced our suspicions* informes que reafirmaban nuestras sospechas

fortify *vt* [más bien formal] 1 [contra un ataque] fortificar *a fortified city* una ciudad fortificada 2 [esp. física o moralmente] fortalecer *We fortified ourselves against the cold with a stiff whisky.* Hicimos frente al frío con un buen whisky.

comparación

as strong as a horse/an ox fuerte como un toro

402 Weak Débil

weakness s 1 snn debilidad *You took advantage of my weakness.* Te aprovechaste de mi debilidad. 2 sn punto debil, debilidad *The survey revealed weaknesses in the foundations.* El informe del ingeniero reveló que los cimientos no eran lo suficientemente sólidos. *another weakness in your argument* otro punto débil en su argumento

weaken vti [obj:suj: p.ej. persona, autoridad, cimientos] debilitar(se) *This weakens our negotiating position.* Esto debilita nuestra posición en las negociaciones. *The foundations were weakened by erosion.* La erosión ha socavado los cimientos.

feeble adj [frec. implica edad o enfermedad] débil *her feeble old hands* sus débiles y viejas manos *a feeble cough* una tos débil [peyorativo] *their feeble response to our appeal* su débil respuesta a nuestro llamamiento

puny adj [peyorativo. Pequeño y débil] canijo, enclenque *He was too puny for the big boys to play with.* Era demasiado endeble para jugar con los chicos mayores.

frail adj [norml. implica vejez] frágil *Mother was getting frail.* Mamá se hacía cada vez más frágil.

vulnerable adj (frec. + to) vulnerable *We were vulnerable to attack.* Eramos vulnerables al ataque. *emotionally vulnerable* vulnerable emocionalmente

powerless adj (norml. después de v; frec. + to + INFINITIVO) [incapaz de alcanzar algo] impotente *The police are powerless to arrest them.* La policía no puede hacer nada para arrestarlos.

helpless adj [incapaz de defenderse a sí mismo] indefenso *a helpless baby* un bebé indefenso

402.1 De estructura o consitución débil

delicate adj 1 [implica belleza que podría ser destruida] delicado *delicate fabrics* telas delicadas 2 [implica mala salud] enfermizo *She was a delicate child.* Era una niña de salud delicada.

fragile adj [que se puede romper] frágil, delicado *fragile china* porcelana frágil *She's eighty and rather fragile.* Tiene ochenta años y está bastante frágil. **fragility** snn fragilidad, falta de solidez, debilidad

flimsy adj [peyorativo. Implica falta de solidez] endeble *flimsy walls* paredes muy delgadas

402.2 Personas débiles

wimp sn [informal y peyorativo. Persona sin fuerza física ni moral] blandengue *You're a wimp if you don't try.* Eres un gallina si no lo pruebas.

weakling sn [peyorativo] alfeñique *Aren't you ashamed to be seen with a weakling like me?* ¿No te avergüenzas de que te vean con un alfeñique como yo?

baby sn [informal. Persona sin valor] miedicas *I'm such a baby when it comes to injections.* Soy un miedicas cuando se trata de inyecciones.

403 Quick Rápido

ver también **408 Run**

quick adj [implica velocidad relativamente alta y ahorro de tiempo] rápido *a quick wash* un lavado rápido (usado como adv) *Come quick!* ¡Venga deprisa!

quickly adv rápido, deprisa *I quickly ironed a shirt.* Planché deprisa una camisa. **quickness** snn rapidez

fast adj [implica velocidad extraordinariamente alta] rápido, veloz *The journey's much faster now.* El viaje es mucho más rápido ahora.

fast adv rápido, deprisa *I can't run as fast as you can.* No puedo correr tan deprisa como tú.

> **U S O**
>
> **Quick** y **fast** son muy similares, pero hay algunas situaciones en que no son intercambiables. Al hablar de acciones realizadas deprisa, normalmente se usa **quick**: p.ej. *a quick look round* (una rápida mirada alrededor) *a quick meal* (una cómida rápida). Al hablar de cosas capaces de moverse a gran velocidad, normalmente se usa **fast**: p.ej. *fast cars* (coches veloces) *a fast runner* (un corredor veloz).

speedy adj [implica hacer algo lo más rápido posible] veloz, rápido *With best wishes for your speedy recovery.* Con los mejores deseos para tu pronta recuperación. *They took speedy action to end the strike.* Actuaron pronto para poner fin a la huelga. **speedily** adv rápidamente

swift adj [más bien formal. Implica velocidad, comodidad, y frec. decisión. Describe: p.ej. evolución, reacción, movimiento] rápido *a swift return to normality* una rápida vuelta a la normalidad *a swift advance by the infantry* un rápido avance por parte de la infantería **swiftly** adv rápidamente **swiftness** snn rapidez

rapid adj [implica velocidad y que algo sucede de repente] rápido *a rapid response to the proposals* una pronta respuesta a las propuestas *a rapid withdrawal from the border area* una retirada rápida del área fronteriza **rapidly** adv rápidamente **rapidity** snn rapidez, prontitud

brisk adj [implica velocidad y eficiencia] enérgico, rápido *a brisk walk* un paseo a buen paso *a brisk refusal to compromise* un enérgico rechazo al compromiso **briskly** adv enérgicamente, a buen paso **briskness** snn carácter enérgico

high-speed adj [implica velocidad a través de tecnología] alta velocidad *a high-speed dubbing process* un proceso de doblaje a alta velocidad

403.1 Intentar ser rápido

hurry v (frec. + up) 1 vi darse prisa, apresurarse *I hurried back to the house.* Volví a casa a toda prisa. *Hurry up!* ¡Date prisa! *Don't hurry over your choice.* No se precipite en la elección. 2 vt [obj: p.ej. persona, acción] meter prisa, acelerar *I'll try to hurry him along a bit.* Intentaré hacer que se dé un poco de prisa. *It's* *not a process you can hurry.* No es un proceso que pueda acelerarse.

hurry *s* **1** *sn* (no tiene *pl*) prisa *I'm in a hurry.* Tengo prisa. *What's the hurry?* ¿A qué viene tanta prisa? *They're in no hurry to move in.* No tienen prisa por instalarse. **2** *snn* prisa

hurried *adj* [frec. peyorativo. Describe: p.ej. acción, decisión] precipitado *We had a hurried lunch.* Comimos a toda prisa. *hurried preparations for the talks* preparativos para las negociaciones hechos a toda prisa

hurriedly *adv* a toda prisa, apresuradamente *a hurriedly arranged press conference* una conferencia de prensa organizada a toda prisa

rush *v* (frec. + *adv*) [implica más actividad o velocidad que **hurry**] **1** *vi* precipitarse, darse prisa *I rushed round to the doctor's.* Corrí a ver al médico. *We rushed to get the house ready.* Arreglamos la casa a toda prisa. **2** *vt* [obj: p.ej. persona, trabajo] meter prisa, hacer con prisas *Don't rush me!* ¡No me metas prisa! *I don't want this report rushed.* No quiero que este informe se haga con prisas. *I'll rush the papers over to you.* Me daré prisa en traerte los documentos.

rush *sn* (no tiene *pl*) prisa, precipitación *It was all done in a terrible rush.* Todo se hizo con muchísima precipitación. *I forgot something in the rush.* Con las prisas se me olvidó una cosa.

haste *snn* [implica frec. prisa excesiva] prisa, precipitación *She agreed with almost indecent haste.* Aceptó con una precipitación casi indecorosa. *They fled in haste.* Huyeron precipitadamente. *In my haste to get here I took the wrong train.* Con las prisas por llegar aquí me equivoqué de tren.

hasty *adj* [norml. peyorativo, implica cuidado o reflexión insuficientes] precipitado *a rather hasty conclusion* una conclusión más bien precipitada **hastily** *adv* deprisa, precipitadamente

flat out (norml. después de verbos como **run**, **work**) [informal] a todo gas *We went flat out to finish the job.* Fuimos a marchas forzadas para acabar el trabajo.

accelerate *v* **1** *vi* acelerar *to accelerate round a bend* acelerar en una curva **2** *vt* [más bien formal] acelerar *growth accelerated by artificial sunshine* crecimiento acelerado por luz solar artificial **acceleration** *snn* aceleración

hurtle *vi* (norml. + *adv* o *prep*) [implica velocidad alta y descontrolada como la que lleva algo que ha sido lanzado] ir como un rayo *Rockets hurtled overhead.* Los cohetes nos pasaban silbando por encima de la cabeza. *She came hurtling towards us on her bike.* Vino disparada hacia nosotros en su bicicleta.

frases

put one's best foot forward [más bien anticuado. Implica determinación para no perder tiempo] darse prisa, no perder el tiempo

get a move on [informal] moverse, darse prisa *Get a move on in there, you lot!* ¡Daos prisa, chicos!

have no time to lose no tener tiempo que perder

I/We haven't got all day! [informal. Frec. se dice con impaciencia o irritación, cuando alguien le hace esperar a uno] ¡Que es para hoy! *Hurry up and drink your tea - we haven't got all day!* ¡Date prisa y bébete el té, que es para hoy!

403.2 Que sucede o actúa con rapidez

sudden *adj* [no esperado] repentino, súbito *a sudden improvement* una mejora repentina *His death was sudden and painless.* Su muerte fue repentina y sin dolor. **suddenness** *snn* lo repentino

suddenly *adv* de repente *Suddenly I realized what had happened.* De repente me di cuenta de lo sucedido.

instant *adj* (norml. delante de *s*) [implica que no hay tiempo para que ocurra otra cosa] inmediato *an instant decision* una decisión inmediata *instant relief* alivio instantáneo

instantly *adv* inmediatamente, enseguida *She died instantly.* Su muerte fue instantánea.

immediate *adj* inmediato *my immediate reaction* mi reacción inmediata *We felt an immediate liking for each other.* Nos caímos bien en seguida.

immediately *adv* inmediatamente, enseguida *I rang you immediately.* Le llamé inmediatamente.

immediately *conj* (*brit*) en cuanto *I came immediately you called.* Vine en cuanto me llamó.

directly *adv* [más bien formal] directamente *I shall write to him directly.* Le escribiré a él directamente.

directly *conj* (*brit*) en cuanto *Directly he realized his mistake, he apologized.* En cuanto se dio cuenta de su error, se disculpó.

frases

straight away enseguida, inmediatamente *We sent off for the brochure straight away.* Enseguida escribimos para que nos mandaran el folleto.

in no time [más bien informal. Muy rápido] en un instante *It was all over in no time.* Fue visto y no visto.

on the spot [más bien informal. En ese preciso momento] en el acto *They offered me the job on the spot.* Me ofrecieron el trabajo en el acto.

there and then [más bien informal. En ese preciso momento] en el acto, enseguida *They wanted me to give an answer there and then.* Querían que diera una respuesta enseguida.

as quick as a flash [informal. Cuando alguien es muy rápido al reaccionar ante algo] como un relámpago *She gave the answer as quick as a flash.* Dio la respuesta sin haber tenido siquiera tiempo para pensársela.

on the spur of the moment [más bien informal. Implica acción repentina y espontánea] sin pensarlo *People often buy them on the spur of the moment.* La gente a menudo los compra sin pensarlo.

like a shot [informal] disparado *She was off like a shot.* Salió disparada.

like greased lightning [informal] como un relámpago *She was in and out of the house like greased lightning.* Entró y salió de la casa como un relámpago.

like wildfire [informal] como la pólvora *The rumour spread through the school like wildfire.* El rumor se propagó en el colegio como la pólvora.

403.3 Rapidez relativa

speed *snn/n* velocidad *at high speed* a alta velocidad *wind speeds of up to 100 kilometres an hour* vientos con velocidades de hasta 100 kilómetros por hora

rate *sn* [norml. se dice de la velocidad a que sucede una cosa, más que la velocidad a que algo se mueve] ritmo *the rate of production* el ritmo de producción

pace *sn* (norml. no tiene *pl*) paso, ritmo *They set off at a brisk pace.* Se pusieron en camino a buen paso. *The pace of change was too slow for her.* El ritmo de cambio era demasiado lento para ella.

404 Slow Lento

ver también **284 Inaction; 407 Walk**

slow *adj* lento *slow traffic* circulación lenta *We're making slow progress.* Estamos progresando lentamente. **slowness** *snn* lentitud

slowly *adv* lentamente *Things here change very slowly.* Las cosas aquí cambian muy lentamente. *He slowly backed away.* Retrocedió lentamente.

slow (sth) **down** o **slow down** (sth) *v fr.* [movimiento, actividad] **1** *vi* *I slowed down to see what was going on.* Aminoré el paso para ver qué pasaba. *Slow down and think carefully.* No te precipites y reflexiona. **2** *vt* retrasar *The snow slowed us down.* La nieve nos retrasó.

slow *v* [más formal que **slow down**] **1** *vi* reducir la velocidad *The train slowed but did not stop.* El tren redujo la velocidad pero no paró. **2** *vt* reducir la marcha de *Just slow the engine slightly.* Modere la marcha del motor ligeramente.

gradual *adj* paulatino *a gradual improvement in sales* una mejora paulatina de las ventas

gradually *adv* paulatinamente *The anaesthetic gradually*

wore off. El efecto del anestésico desapareció poco a poco.

sluggish *adj* [más bien peyorativo. Implica reacciones lentas] lento, flojo *The pills make me terribly sluggish.* Las píldoras me dejan muy flojo. *The engine's rather sluggish.* El motor tarda en arrancar. **sluggishly** *adv* lentamente

decelerate *vi* [técnico] desacelerar **deceleration** *snn* desaceleración

f r a s e s

at a snail's pace [más bien informal y peyorativo] a paso de tortuga *He read the article at a snail's pace.* Leyó el artículo a paso de tortuga.

drag one's feet [peyorativo. Implica negarse a cooperar] *The government has promised legislation but is dragging its feet.* El gobierno ha prometido nuevas leyes pero está dando largas al asunto.

405 Throw Tirar

ver también **70 Throw away**

throw *vt, pas.* **threw** *pp.* **thrown 1** (frec. + *adv* o *prep*) [término general] tirar, lanzar *She threw a snowball at me.* Me lanzó una bola de nieve. *I threw him a book.* Le tiré un libro. *She threw the newspaper down angrily.* Tiró el periódico al suelo con rabia. *Throw that pen over, will you?* ¿Me tiras ese bolígrafo?

throw *sn* tiro *That was a good throw.* Ese sí que ha sido un buen tiro.

chuck *vt* (*esp. brit*) (frec. + *adv* o *prep*) [informal. Implica un movimiento despreocupado] tirar, dejar *Just chuck your coat on the bed.* Deja el abrigo ahí mismo en la cama. *Chuck me a tea towel down, please.* Tírame un paño de cocina, por favor.

hurl *vt* [implica esfuerzo y distancia, y frec. agresión] arrojar *Stones were hurled at the police.* Arrojaron piedras a la policía.

toss *vt* [implica poco esfuerzo o atención con respecto al objetivo] lanzar, tirar *She just tossed some clothes into a case and walked out.* Echó algo de ropa en una maleta y se marchó. *I tossed him a coin.* Le lancé una moneda. *to toss a coin* jugarse algo a cara o cruz

fling *vt, pas. & pp.* **flung** [implica un esfuerzo pero poca atención al objetivo] arrojar, lanzar *She flung the plate against the wall.* Lanzó el plato contra la pared.

aim *vti* (frec. + *at*) apuntar *I aimed the ball at the goal.* Lancé la pelota hacia la portería. *I was aiming at his head.* Le apuntaba a la cabeza.

scatter *vt* esparcir, desparramar *I had scattered some sawdust on the floor.* Había esparcido un poco de serrín por el suelo.

406 Catch Coger

catch *vt, pas. & pp.* **caught 1** [obj: p.ej. pelota] coger *I caught the plate before it hit the ground.* Cogí el plato antes de que cayera al suelo. (usado como *s*) *He missed the catch.* Se le escapó el balón. **2** [obj: p.ej. ratón, delincuente] coger *a good place to catch trout* un buen sitio para pescar truchas

trap *vt, -pp-* **1** [p.ej. en caza o en trabajo de detectives] coger, atrapar *a humane way of trapping rabbits* un

modo poco cruel de cazar conejos **2** (norml. en la voz pasiva) [en un espacio cerrado] estar/quedarse atrapado *I was trapped in the bathroom for over an hour.* Me quedé atrapado en el baño durante más de una hora.

trap *sn* trampa *to set a trap* poner una trampa

capture *vt* [implica esfuerzo. Obj: p.ej. soldado] capturar *captured prisoners* prisioneros capturados

407 Walk Andar

walk v **1** vi andar, caminar I walked to the shops. Fui a pie hasta las tiendas. **2** vt andar, recorrer a pie They walked the streets all night. Estuvieron toda la noche callejeando. We walked six miles. Anduvimos seis millas. **3** vt [llevar a dar un paseo] sacar a pasear to walk the dog sacar el perro a pasear

walk sn **1** paseo, caminata Shall we go for a walk? ¿Vamos a pasear? **2** [manera de andar] He has a funny walk. Tiene una manera de andar curiosa.

walker sn persona a la que le gusta hacer caminatas

pedestrian sn peatón (usado como adj) pedestrian crossing paso de peatones

407.1 Movimientos al andar

step sn **1** paso a baby's first steps los primeros pasos de un niño **2** (no tiene pl) [ritmo de cada persona al caminar] paso her usual jaunty step su habitual paso airoso

step vi, -pp- (frec. con adv o prep) dar un paso I stepped over the puddle. Pasé por encima del charco. [más bien formal] Step this way please. Haga el favor de pasar por aquí. to step aside hacerse a un lado

pace sn [un sólo paso] paso Take two paces forward. Dé dos pasos hacia adelante.

pace vit [caminar lentamente con pasos regulares, norml. recorriendo una zona de arriba a abajo. Frec. implica aburrimiento o ansiedad] ir de un lado para otro (de) I paced up and down outside while the judges made their decision. Mientras los jueces tomaban una decisión, yo esperé fuera yendo de un lado para otro.

stride sn **1** [un sólo movimiento norml. bastante largo y vigoroso] zancada In a few strides he had caught up with me. En un par de zancadas me dió alcance. **2** (no hay pl) [ritmo personal rápido y firme] paso firme She walked out of the room with a confident stride. Salió de la habitación con paso firme. *ver también **407.3**

gait sn (no tiene pl) [más bien formal. Movimiento corporal que se hace al caminar] andares, manera de andar her duck-like gait sus andares de pato

footstep sn [sonido o marca hecha al caminar] pisada their heavy footsteps on the stairs sus fuertes pisadas en las escaleras

tread sn (no tiene pl) [sonido y presión que se produce al caminar] paso, pisadas Even the nurse's gentle tread would wake me. Hasta las leves pisadas de la enfermera me despertaban.

tread vi, pas. **trod** pp. **trodden** (+ adv o prep) pisar He trod on my toe. Me pisó el dedo.

407.2 Caminar sin prisa

wander vi (norml. + adv o prep) [implica sin un destino concreto] vagar, deambular I've been wandering around these corridors for hours. Llevo horas vagando por estos pasillos. You can't just wander in here, you know. No se puede deambular por aquí, ¿sabe?.

roam vit (norml. + adv o prep) [más bien literario. Implica largas distancias pero sin destino concreto] vagar (por), ir errante (por) We roamed around the old city without a guidebook. Estuvimos vagando por el casco antiguo sin guía. I've been roaming the country, looking for a job. He ido errante por todo el país buscando trabajo.

stroll vi (usu. + adv o prep) [implica un paseo lento, corto y placentero] pasear, dar una vuelta We strolled down to the post office. Fuimos dando una vuelta hasta la oficina de correos.

stroll sn paseo, vuelta to go for a stroll dar un paseo

saunter vi (norml. + adv o prep) [implica paso lento, descuidado, y frec. arrogante] paseo lento y tranquilo He said hello as he sauntered past. Saludó al pasar por mi lado paseando tranquilamente.

ramble vi [implica un paseo largo por el campo] caminar por el campo to go rambling ir a caminar por el campo We spent a week rambling round the Peak District. Estuvimos una semana recorriendo a pie el Peak District.

ramble sn caminata to go for a ramble ir a hacer una caminata **rambler** sn excursionista

amble vi [implica paseo lento y sosegado] andar sin prisas At twelve he ambles across to the pub for lunch. A las doce se dirige pausadamente al bar para comer.

dawdle vi [implica perder el tiempo] entretenerse They tend to dawdle in front of shop windows. Suelen entretenerse mirando escaparates.

407.3 Caminar de forma enérgica

march vi (frec. + adv o prep) [implica paso regular como el de los soldados] marchar, caminar We marched back to camp. Caminamos de vuelta al campamento. The protesters marched on Downing Street. Los manifestantes se dirigieron hacia Downing Street. [frec. implica enfado] She marched in and demanded to see the manager. Entró resueltamente y exigió ver al director.

march sn marcha, manifestación a protest march una marcha de protesta

stride vi, pas. **strode** pp. [poco frecuente] **stridden** (frec. con adv o prep) andar a zancadas He strode off after her. Fue tras ella a grandes zancadas. *ver también **407.1**

process vi [formal. Suj: p.ej. clero, coro] desfilar We processed solemnly round the cloister. Desfilamos con solemnidad alrededor del claustro.

procession sn procesión to walk **in procession** ir en procesión

hike vi (frec. + adv o prep) [implica un largo paseo por el campo] ir de excursión, hacer una excursión (a pie) to go hiking ir de excursión We spent a week hiking through Yorkshire. Estuvimos una semana recorriendo Yorkshire a pie.

swagger vi (frec. + adv o prep) [implica una forma arrogante de caminar] pavonearse, contonearse He swaggered up to the bar and ordered a bottle of champagne. Se acercó a la barra pavoneándose y pidió una botella de champán.

swagger sn contoneo, pavoneo to walk with a swagger caminar contoneándose

stamp v (frec. + adv o prep) **1** vi [implica una forma de caminar pesada y a veces agresiva] pisar fuerte *She swore at me and stamped out.* Me insultó y salió pisando con fuerza. *He flung the papers to the floor and stamped on them.* Arrojó los papeles al suelo y los pisoteó. **2** *vt* to stamp one's foot golpear el suelo con el pie

tramp *vi* (norml. + *adv* o *prep*) [implica caminar laborioso] andar pesadamente *We had to tramp over there through the mud and rain.* Tuvimos que abrirnos paso hasta allí con el barro y la lluvia.

407.4 Andar procurando pasar desapercibido

creep *vi, pas. & pp.* **crept** (frec. + *adv* o *prep*) [muy silenciosamente] andar sigilosamente *I crept upstairs and went to bed.* Subí sigilosamente por la escalera y me fui a la cama.

crawl *vi* (norml. + *adv* o *prep*) [implica una inclinación del cuerpo] andar a gatas, arrastrarse *I crawled under the bed.* Me arrastré debajo de la cama.

prowl *vi* (norml. + *adv* o *prep*) [implica esperar algo o a alguien como haría un delincuente o un animal de caza] merodear, rondar *What's the idea of prowling round outside the house?* ¿Qué haces merodeando fuera de la casa?

tiptoe *vi* [norml. para no molestar a alguien, esp. si están durmiendo] ir de puntillas *She tiptoed out of the room.* Salió de la habitación de puntillas.

on tiptoe de puntillas *We were walking around on tiptoe so as not to wake the children.* Ibamos de puntillas para no despertar a los niños.

407.5 Caminar hacia arriba

climb *v* [obj: p.ej. montaña, escaleras] **1** *vi* (norml. + *adv* o *prep*) subir, trepar *I had to climb up the drainpipe.* Tuve que subir por la tubería del desagüe. *We could climb in through the window.* Podríamos entrar por la ventana. **2** *vt* subir, trepar *She climbed the ladder very slowly.* Subió la escalera muy lentamente.

clamber *vi* (norml. + *adv* o *prep*) [implica con dificultad y utilizando las manos] trepar *He clambered into the top bunk.* Se metió en la litera de arriba.

scramble *vi* (norml. + *adv* o *prep*) [implica una superficie difícil o rapidez] trepar, ir corriendo *Everybody scrambled back on to the coach.* Todos volvieron a subir precipitadamente al autocar.

407.6 Caminar de forma incómoda

stagger *vi* (frec. + *adv* o *prep*) [como si se fuese a caer] tambalearse *I staggered out of bed to open the door.* Me tambaleé al salir de la cama para ir a abrir la puerta.

limp *vi* cojear

limp *sn* cojera to walk with a limp caminar cojeando

hobble *vi* (norml. + *adv* o *prep*) [p.ej. a causa de la edad o por una herida] cojear, andar con dificultad *She was hobbling along on crutches.* Iba cojeando con las muletas.

waddle *vi* (frec. + *adv* or *prep*) [el cuerpo se mueve de un lado a otro, frec. debido a la gordura] andar como un pato

shuffle *vi* (frec. + *adv* o *prep*) [implica no levantar los pies] caminar arrastrando los pies *The queue shuffled forward slowly.* La cola avanzaba lentamente.

traipse *vi* (frec. + *adv* o *prep*) [implica andar una distancia grande sin desearlo] andar *I had to traipse back to the shops again to pick it up.* Tuve que hacer de nuevo todo el camino de vuelta a la tienda para recogerlo.

407.7 Caminar por el agua

paddle *vi* [en aguas poco profundas, esp. en la playa] chapotear, mojarse los pies *to go paddling* ir a mojarse los pies *I'll just paddle at the water's edge.* Sólo chapotearé un poquito en la orilla. (usado como *s*) *to go for a paddle* ir a mojarse los pies

wade *vi* (frec. + *adv* o *prep*) [implica en aguas bastante profundas] caminar por el agua *We waded in up to our waists.* Nos metimos en el agua hasta la cintura. *to wade through a river* vadear un río

408 Run Correr

ver también **388 Sport**; **395 Equestrian Sports**; **403 Quick**

run *v, pas.* **ran** *pp.* **run 1** *vi* (norml. + *adv* o *prep*) correr *She ran to the gate.* Corrió hacia la puerta. *I ran down the stairs.* Bajé corriendo las escaleras. *He ran into a lamppost.* Chocó contra una farola. (usado como *s*) *to go for a run* ir a correr **2** *vt* [obj: p.ej. carrera, maratón] correr en, participar en

trot *vi, -tt-* (norml. + *adv* o *prep*) ir al trote *She got out of the car and trotted down the path.* Salió del coche y echó a correr por el camino.

trot *sn* to break into a trot echar a correr

gallop *vi* (norml. + *adv* o *prep*) [como un caballo a paso rápido] ir/correr a toda prisa *I don't want you galloping down the corridors.* No quiero que vayas corriendo de esa manera por los pasillos. **gallop** *sn* galope

race *vi* (norml. + *adv* or *prep*) [implica que el tiempo es escaso] correr *Everybody raced for the door.* Todo el mundo se precipitó hacia la puerta.

dash *vi* (norml. + *adv* o *prep*) [implica mucha prisa] correr *I dashed over to the phone.* Fui corriendo a coger el teléfono.

dash *sn* carrera *a mad dash for bargains* una loca carrera para conseguir gangas

bolt *vi* [norml. significa huir] fugarse, largarse *He bolted for the door.* Se precipitó hacia la puerta.

sprint *vi* (norml. + *adv* o *prep*) [como un atleta en una distancia corta] ir a todo correr, esprintar *She sprinted across the road.* Cruzó la calle a todo correr. **sprint** *sn* carrera corta, esprint

scamper *vi* (norml. + *adv* o *prep*) [implica que se está jugando] corretear *The twins were scampering round the garden.* Los gemelos correteaban por el jardín.

409 Follow Seguir

409.1 Seguir para atrapar

chase vt [implica velocidad. Puede implicar atrapar u obligar a alejarse] perseguir, dar caza a *Stop chasing that poor cat.* Deja de perseguir a ese pobre gato. *The police chased him on to the roof.* La policía le persiguió hasta el tejado. *He was chasing a dog out of the garden.* Estaba ahuyentando a un perro para que saliera del jardín. *I chased after him to give him his paper back.* Corrí tras él para devolverle su periódico.

pursue vt [más bien formal] perseguir *The aggressors will be pursued and punished.* Los agresores serán perseguidos y castigados.

pursuer sn perseguidor *They fled in fear from their pursuers.* Huyeron por temor a sus perseguidores.

pursuit sn (no tiene pl) persecución, búsqueda *We set off **in pursuit of** the thieves.* Partimos en busca de los ladrones.

hunt vt [obj: p.ej. zorro, delincuente] cazar, perseguir *a hunted animal* un animal perseguido (+ **down**) *We will hunt down the murderer.* Lograremos cazar al asesino.

409.2 Seguir a alguien sin ser visto

trail vt **1** [implica en secreto] seguir la pista de, rastrear *We trailed him back to the hotel.* Lo seguimos hasta el hotel. **2** [no estar al mismo nivel] ir a la zaga de *He trailed the leaders till the last 100 metres.* Iba a la zaga de los líderes hasta los últimos 100 metros.

shadow vt [de cerca y en secreto] seguir (la pista a) *Foreign journalists are shadowed by members of the secret police.* Los periodistas extranjeros son controlados por la policía secreta.

> **U S O**
>
> Un **follower** norml. no es una persona que camina detrás de alguien, sino una persona que cree o que apoya a alguien o algo: p.ej. *the followers of Freud* (los seguidores de Freud). En inglés se puede hacer referencia a las personas que siguen a otras de formas diversas: p.ej.: *the people following us on foot* (los que nos seguían a pie) *The cars behind me kept hooting.* (Los coches de detrás no dejaban de tocar la bocina.) *the woman after me in the queue* (la mujer que estaba detrás de mí en la cola).

410 Jump Saltar

jump vit (frec. + adv o prep) saltar *See how high you can jump.* A ver hasta dónde puedes saltar. *I jumped over the log.* Salté por encima del tronco. *They jumped the fence.* Saltaron la valla. *He jumped up and ran out of the room.* Dio un brinco y salió corriendo de la habitación. **jump** sn salto

spring vi, pas. **sprang** pp. **sprung** (norml. + adv o prep) [implica de manera repentina y enérgica] saltar *I sprang out of bed and ran downstairs.* Me levanté de la cama de un salto y corrí escaleras abajo. **spring** sn brinco, salto

leap vi, pas. & pp. **leapt** o **leaped** (norml. + adv o prep) [implica energía y distancia, o a veces que algo se hace de manera repentina] saltar *People were leaping out of the blazing building.* La gente saltaba del edificio en llamas. *She leaped out from behind a tree.* Saltó de detrás de un árbol.

leap sn salto, brinco *She took a flying leap at the burglar.* Se lanzó de un salto contra el ladrón.

hop vi, -pp- [pequeños saltos, norml. sobre una pierna] dar saltitos, ir a la pata coja *She came hopping in with a sprained ankle.* Entró a la pata coja con un tobillo torcido. [implica espontaneidad] *Hop in a taxi and come over.* Métete en un taxi y vente para acá. **hop** sn saltito, brinco

skip vi, -pp- **1** ir dando saltos, brincar *They skipped off happily down the road.* Se pusieron a brincar alegremente calle abajo. **2** [con una cuerda] saltar a la cuerda

bounce v **1** vi saltar, botar *Stop bouncing on my bed!* ¡Deja de saltar encima de mi cama! *The ball bounced several times.* La pelota rebotó varias veces. **2** vt [obj: pelota] hacer botar **bounce** sn bote, rebote

411 Movement Movimiento

ver también **338 Pull and Push**

move vit **1** [hacer un movimiento] mover(se) *I thought I saw him move.* Me pareció verle moverse. *Don't move!* ¡No se mueva! *I've moved the medicines out of reach.* He guardado los medicamentos. *They moved their warehouse to Leicester.* Han trasladado el almacén a Leicester. **2** [a otra casa] mudarse *We're moving house tomorrow.* Mañana nos mudamos. *I moved here two years ago.* Me mudé aquí hace dos años.

movement s **1** snn movimiento(s) *The overalls are designed for ease of movement.* Los monos están diseñados para facilitar los movimientos. **2** sn movimiento *Watch out for any sudden movements.* Vigila cualquier movimiento repentino.

motion s [más formal o técnico que **movement**] **1** snn [continuo] movimiento *motion caused by magnetic attraction* movimiento causado por atracción magnética *to **set** wheels **in motion*** poner las ruedas en marcha *in slow motion* a cámara lenta **2** sn [esp. como señal] ademán, señal *She beckoned me with a confident motion of her arm.* Me llamó haciendo un resuelto ademán con el brazo.

mobile *adj* móvil [acentúa la capacidad de movimiento] móvil, movible *a mobile workforce* una fuerza laboral móvil *a mobile library* un bibliobús **mobility** *snn* movilidad

411.1 Pequeños movimientos corporales

shift *v* 1 *vi* [cambiar de posición] moverse, desplazarse *She shifted forward in her seat.* Se echó hacia delante en su asiento. 2 *vt* [ligeramente informal] cambiar de sitio *I want to shift this fridge.* Quiero cambiar de sitio esta nevera.

stir *vi*, -rr- [más bien literario. P.ej. después de dormir o de estar inmóvil] rebullirse, moverse *A hedgehog stirred in the grass.* Un erizo se rebulló en la hierba.

stir *sn* agitación, murmullo *There was a stir amongst the audience.* Hubo un murmullo entre el público.

wriggle *vi* [p.ej. con impaciencia o resistiéndose. Norml. implica todo el cuerpo] menearse, moverse *He wriggles so much it takes two of us to change his nappy.* Se mueve tanto que tenemos que cambiarle el pañal entre los dos.

fidget *vi* [norml. por impaciencia o aburrimiento] moverse, no poder estarse quieto *Those hard benches would make anybody fidget.* Esos bancos son tan duros que no hay quien pare quieto.

jerk *vti* [con un tirón repentino] dar una sacudida (a) *She jerked her hand away.* Soltó su mano de un tirón.

jerk *sn* sacudida, tirón *a sudden jerk of the head* una repentina sacudida de cabeza

twitch *vit* [norml. no es algo que uno haga conscientemente o sobre lo que tenga algún control] contraer nerviosamente, crispar(se) *Her lips twitched as she tried not to smile.* Se le crisparon los labios al intentar reprimir la sonrisa.

twitch *sn* tic nervioso *He's got a nervous twitch.* Tiene un tic nervioso.

411.2 Movimientos que implican deslizamiento

slide *v*, *pas. & pp.* **slid** (norml. + *adv* o *prep*) [por una superficie suave] 1 *vi* deslizarse *to slide down the banister* bajar deslizándose por la barandilla [haciendo hincapié en la facilidad del movimiento] *We slid through a gap in the fence.* Nos escurrimos por un agujero de la valla. 2 *vt* deslizar *I slid the letter into his pocket.* Le deslicé la carta en el bolsillo.

glide *vi* (norml. + *adv* o *prep*) [implica un movimiento silencioso] deslizarse *The dishwasher glides in and out on castors.* El lavaplatos se desliza sobre unas ruedecillas. *The bus just glided past without stopping.* El autobús siguió su camino sin detenerse.

slip *vi*, -pp- 1 [perder el equilibrio] resbalar *I slipped on the wet floor.* Patiné sobre el suelo mojado. 2 (norml. + *adv* o *prep*) [implica moverse rápidamente] *I'd just slipped round the corner.* Había ido un momento aquí a la vuelta. *He slipped out for a minute.* Salió un instante.

slippery *adj* resbaladizo *slippery mountain tracks* resbaladizas pistas de montaña

skid *vi*, -dd- [suj: esp. vehículo] patinar *The van skidded on the ice.* La furgoneta patinó en el hielo.

slither *vi* 1 (*esp. brit*) [implica resbalar repetidamente sobre una superficie húmeda o pulida] resbalar *My feet kept slithering on the slimy rocks.* Los pies me resbalaban constantemente en las rocas fangosas. 2 (*brit & amer*) [se dice de serpientes] deslizarse

drift *vi* (norml. + *adv* o *prep*) [implica movimiento incontrolado sobre el agua o como si algo estuviera flotando] ir a la deriva *The smoke drifted upwards.* El humo se elevaba lentamente flotando en el aire. *Our boat drifted towards land.* Nuestro barco iba a la deriva hacia tierra firme.

411.3 Movimiento hacia delante y hacia atrás

roll *v* (norml. + *adv* o *prep*) 1 *vi* [suj: p.ej. piedra, barril] rodar *A coin rolled under the counter.* Una moneda rodó debajo del mostrador. 2 *vt* (norml. + **up**) enrollar *She rolled up the map.* Enrolló el mapa.

flow *vi* (norml. + *adv* o *prep*) [como una corriente] fluir *the blood that flows through your veins* la sangre que corre por tus venas

flow *sn* caudal, corriente *They cut off the oil flow.* Recortaron el suministro de petróleo.

rock *vit* [hacia delante y hacia atrás en el mismo sitio] balancearse, mecer(se) *I found her rocking gently in a hammock.* Me la encontré meciéndose suavemente en una hamaca. *The wind was rocking the branches.* El viento hacía balancearse las ramas.

swing *v*, *pas. & pp.* **swung** [indica movimiento en forma de arco] 1 *vi* balancearse, oscilar *His fist swung up at me.* Intentó darme un puñetazo. *The window swung shut.* La ventana se cerró de golpe. 2 *vt* blandir *They were swinging chains around their heads.* Hacían girar cadenas sobre sus cabezas.

wag *v*, -gg- [suj/obj: esp. dedo, cola] 1 *vt* menear *She kept wagging the paper under my nose.* No dejaba de menear el papel debajo de mis narices. 2 *vi* menearse *Her tail was wagging happily up and down.* Meneaba la cola alegremente arriba y abajo.

412 Fall Caer

ver también **47 Decrease**

412.1 Caer accidentalmente

fall *vi*, *pas.* **fell** *pp.* **fallen** (norml. + *adv* o *prep*, esp. **down**) caer(se) *She stumbled and fell.* Tropezó y se cayó. *You could fall down and hurt yourself.* Podrías caerte y lastimarte. *A tile's fallen off the roof.* Se ha desprendido una teja del tejado.

fall *sn* caída *She had a bad fall.* Tuvo una mala caída.

trip *vi*, -pp- (frec. + **up** o **over**) [implica pillarse el pie en algo] tropezar *I've just tripped over one of your toys* *again.* Acabo de tropezar otra vez con uno de tus juguetes.

stumble *vi* 1 (frec. + **on** o **over**) tropezar *I stumbled on a shoe that someone had left lying around.*Tropecé con un zapato que alguien se había dejado tirado por ahí. 2 [caminar de manera torpe o inestable] dar un traspié *She stumbled about in the dark trying to find the light switch.* Iba dando traspiés en la oscuridad tratando de encontrar el interruptor de la luz.

tumble *vi* (norml. + *adv* o *prep*) [implica volcar o dar volteretas] caerse (dando volteretas/vueltas) *The car tumbled over the cliff.* El coche cayó dando vueltas por el precipicio.

collapse *vi* 1 [a causa de un fallo estructural] hundirse, desplomarse *The roof collapsed, killing 5 people.* El tejado se desplomó matando a 5 personas. 2 [suj: persona, p.ej. cuando se desmaya] sufrir un colapso *She collapsed in a heap.* Se cayó redonda. *to collapse in tears* romper a llorar 3 [fracasar] venirse abajo, derrumbarse *The business collapsed.* El negocio se vino abajo.

collapse *sn/nn* hundimiento, desplome *the collapse of communism* el derrumbamiento del comunismo

spill *vti, pas. & pp.* **spilled** o (*esp. brit*) **spilt** [obj/suj: p.ej. vino, harina] derramar(se) *Don't spill tea all over me!* ¡No me eches el té por encima! *The milk spilt all over the floor.* La leche se derramó por todo el suelo. **spill** *sn* derramamiento

tip *v*, -**pp**- (usu. + *adv* o *prep*) [implica pérdida de equilibrio a causa de cierta presión] 1 *vt* [norml. intencionadamente] inclinar *We tipped the car over the cliff's edge.* Tiramos el coche por el acantilado. *I tipped the contents out onto the table.* Vacié el contenido encima de la mesa. 2 (norml. + **over**) [norml. accidentalmente] volcarse *The jolt made the bottle tip over.* La sacudida hizo que volcase la botella.

412.2 Caerse derecho al suelo

plummet *vi* [implica caer desde una gran distancia y muy rápido] caer en picado *A shot rang out and the bird plummeted to the ground.* Se oyó un disparo y el pájaro cayó en picado.

drop *v*, -**pp**- (norml. + *adv* o *prep*) [accidentalmente o no] 1 *vt* dejar caer *You've dropped a glove.* Se le ha caído un guante. *Just drop your cases anywhere.* Deja tus maletas por ahí. *They're dropping leaflets over enemy lines.* Están lanzando panfletos sobre las líneas enemigas. 2 *vi* caerse *The letter dropped from her hand.* Se le cayó la carta de las manos. *The handle's dropped off.* El mango se ha desprendido. *I dropped to my knees.* Me dejé caer de rodillas.

sink *v, pas.* **sank** *pp.* **sunk** 1 *vi* [p.ej. en el mar] hundirse *the year the Cambridge boat sank* el año en que se hundió el bote de Cambridge 2 *vt* [p.ej. en el mar] hundir 3 *vi* [p.ej. a causa del cansancio] dejarse caer, arrellanarse *to sink into an armchair* dejarse caer en un sillón *She sank to the ground in exhaustion.* Cayó desplomada de agotamiento. *I sank to my knees.* Caí postrado.

412.3 Bajar de una forma controlada

swoop *vi* (frec. + **down**) [con movimientos rápidos y ágiles como un ave de rapiña] abalanzarse, bajar en picado *A helicopter swooped down to photograph the crowd.* Un helicóptero bajó en picado para fotografiar a la multitud.

dive *vi, pas.* **dived** o (*amer*) **dove** *pp.* **dived** (norml. + *adv* o *prep*) tirarse de cabeza, sumergirse, saltar *The whale suddenly dived.* La ballena se sumergió de repente.

dive *sn* zambullida, salto *an athletic dive* un salto atlético

descend *vit* [más bien formal. Implica moverse con cuidado] descender (por) *We descended through the clouds.* Descendimos a través de las nubes. *They descended the cliff face.* Descendieron por el acantilado.

descent *sn* descenso *our descent into Heathrow* nuestro descenso a Heathrow

413 Rise Levantar

ver también **46 Increase; 337 Carry**

rise *vi, pas.* **rose** *pp.* **risen** (frec. + **up**) [implica una falta aparente de esfuerzo] elevarse *The balloon began to rise up into the sky.* El globo empezó a elevarse hacia el cielo.

raise *vt* [deliberadamente] levantar *He raised the cup above his head.* Alzó la copa por encima de su cabeza.

lift *vt* [implica más un esfuerzo que una altura considerable] levantar *I could hardly lift the box.* Casi no podía levantar la caja. *I lifted her onto my shoulders.* Me la subí a los hombros.

ascend *vit* [más bien formal. Implica moverse hacia arriba con gracia o cuidado] ascender (por) *the view as we ascended* el panorama a medida que ascendíamos *She ascended the steps to the main door.* Ascendió por los escalones hasta la puerta principal.

ascent *sn* ascenso *a balloon ascent* un ascenso en globo

climb *vi* subir *The plane climbed steadily as it left the runway.* Después de despegar, el avión fue subiendo a velocidad constante.

414 Turn Girar

turn v [implica movimiento a través de un círculo completo o parcial] **1** vi (norml. + adv o prep) girar, dar vueltas *The gate turned slowly on its hinges*. La puerta giró lentamente sobre sus goznes. *He turned round and stared at me*. Se dio la vuelta y me miró fijamente. *Turn left here*. Gira a la izquierda aquí. **2** vt girar, hacer girar *Turn the valve clockwise*. Gira la válvula en la dirección de las agujas del reloj. *I turned the car round*. Le di la vuelta al coche.

turn sn vuelta *Give the wheel a quarter turn*. Dale un cuarto de vuelta a la rueda.

414.1 Girar en un círculo

spin v, **-nn-** pas. & pp. **spun** (frec. + **round** o **around**) [norml. implica velocidad y movimiento continuo] **1** vi dar vueltas *I watched the clothes spinning round in the machine*. Miré como daba vueltas la ropa en la lavadora. **2** vt hacer girar *The croupier spun the wheel*. El croupier hizo girar la ruleta.

revolve vi (frec. + **round** o **around**) [más técnico que **spin**. Norml. implica movimiento continuo en relación a un eje] girar, dar vueltas *Each planet revolves slowly around the sun*. Todos los planetas giran lentamente alrededor del sol. **revolution** snn/n revolución, rotación

rotate v [más bien técnico. Implica estar fijo a un eje] **1** vi girar, dar vueltas *The chamber rotates each time a*

bullet is fired. La cámara rota cada vez que se dispara una bala. **2** vt hacer girar, hacer dar vueltas a *Each cog rotates the next*. Cada diente de la rueda hace rotar al siguiente. **rotation** snn/n rotación

414.2 Cambiar la dirección

twist v (frec. + adv o prep) [implica que una parte va en distinta dirección que la otra] **1** vi torcerse, retorcerse *a stretch where the river twists and turns* un tramo donde el río va serpenteando *The cap twists off*. La tapa se desenrosca. *He twisted round to look at them*. Se dio la vuelta para mirarlos. **2** vt torcer, retorcer *I twisted the cord round my wrist*. Me enrollé la cuerda alrededor de la muñeca. *I twisted the handle round*. Giré el pomo.

twist sn vuelta *with a twist of her wrist* con un giro de la muñeca

swerve vi [implica un movimiento violento y repentino, norml. para evitar algo] dar un viraje brusco *I swerved and hit a tree*. Viré bruscamente y choqué contra un árbol.

veer vi [implica una cambio pronunciado de dirección, a veces debido a una pérdida de control] desviarse, torcer *The road veers off to the left*. La carretera tuerce a la izquierda. *You keep veering towards the kerb*. Continúas desviándote hacia el bordillo.

415 Wave Agitar

wave v [implica un movimiento bastante amplio] **1** vti [en forma de saludo, señal. Obj: un brazo, una bandera] agitar, saludar con la mano *He waved an umbrella at the taxi*. Le hizo una señal al taxi con el paraguas. *He waved cheerfully at me*. Me saludó alegremente con la mano. **2** vi [suj: p.ej. una bandera] ondear *The barley waved in the sun*. La cebada ondeaba al sol.

flutter vi [implica movimientos pequeños y repetidos] revolotear *He couldn't stop the pages fluttering in the*

wind. No podía impedir que las hojas revoloteasen con el viento.

flap v, **-pp-** [implica movimientos vigorosos y ruidosos] **1** vi agitarse *The washing flapped on the line*. La colada se agitaba en la cuerda. **2** vt sacudir, batir *She was flapping her programme like a fan*. Sacudía su programa como si fuese un abanico. *The bird flapped its wings*. El pájaro batía sus alas.

416 Magic Magia

magic snn magia *black magic* magia negra *to make sth disappear by magic* hacer desaparecer algo por arte de magia

magic adj [término más genérico que **magical**] mágico *magic tricks* trucos de magia *a magic mirror* un espejo mágico

magical adj mágico *a magical kingdom* un reino mágico

magician sn [para entretener o en un cuento de hadas] mago

wand sn varita *a magic wand* varita mágica

spell sn hechizo *to cast a spell (on sb)* hechizar (a alguien)

trick sn truco *a disappearing trick* un truco en el que se hace desaparecer algo

416.1 Seres mágicos

fairy sn hada (usado como adj) *a fairy princess* una princesa encantada

gnome sn gnomo

elf sn, pl **elves** duende

wizard sn mago, hechicero

witch sn bruja

416.2 Lo sobrenatural

ghost *sn* [la palabra de uso más general y común] fantasma *Do you believe in ghosts?* ¿Crees en los fantasmas?

phantom *sn* [más bien literario] fantasma

haunt *vt* [suj: p.ej. fantasma. Obj: p.ej. un castillo] aparecer en, rondar

occult *adj* [describe: p.ej. poderes] oculto (usado como *s*) *the occult* lo oculto

417 Good Bueno

ver también **59 Beautiful**; opuesto **438 Bad**

good *adj, compar.* **better** *superl.* **best** bueno *a very good idea* una idea muy buena *a good book* un buen libro *a good tennis player* un buen tenista *Let's hope the weather is better tomorrow.* Confiemos en que haga mejor tiempo mañana.

well *adv, compar.* **better** *superl.* **best** [el adverbio de **good**] bien *They played very well.* Jugaron muy bien. (en palabras compuestas) *well-dressed* bien vestido *better-educated* más culto

417.1 Bueno pero que no inspira gran entusiasmo

okay o **OK** *adj* [más bien informal. Norml. significa satisfactorio pero puede significar bueno o bastante bueno según el tono de voz del que habla] bien *The food wasn't great but it was okay.* La comida no era magnífica pero no estaba mal.

decent *adj* **1** [implica satisfacción] decente *We can at last afford a decent car.* Al fin podemos permitirnos un coche decente. *a decent meal* una comida decente **2** [describe: persona, comportamiento] decente, amable **decently** *adv* decentemente

nice *adj* [mejor usarlo sólo en conversación] agradable, amable, simpático *They're a nice couple.* Son una pareja agradable. *What a nice little house!* ¡Qué casita tan agradable! *a nice cup of tea* una buena taza de té *Have a nice day!* ¡Que tenga un buen día!

nicely *adv* [implica mayor entusiasmo que **nice**] bien *You sang that very nicely.* Lo cantaste muy bien.

pleasant *adj* [agradable de modo grato] agradable *It's a pleasant place, I suppose, but I wouldn't want to live there.* Supongo que es un lugar agradable, pero no me gustaría vivir ahí. *Thank you for a very pleasant evening.* Gracias por una velada tan agradable. *All the neighbours seem very pleasant.* Todos los vecinos parecen muy agradables.

favourable *adj* [implica aprobación. Describe: p.ej. opinión, juicio] favorable, propicio *The reviews were favourable.* Las críticas eran favorables. *I'm hoping for a favourable decision.* Espero una decisión favorable.

417.2 Bueno y que inspira admiración

ver también **77 Great**

lovely *adj* (*esp. brit*) [implica admiración o placer] encantador, precioso *What lovely hair!* ¡Qué cabello tan hermoso! *I hope you have a lovely time.* Espero que lo paséis muy bien. *Thank you for that lovely meal.* Gracias por la comida, estaba deliciosa. (delante de otro *adj*) *a lovely cold beer* una cervecita fresquita

fine *adj* **1** (norml. delante de *s*) [más bien formal. Pone énfasis en la habilidad y la calidad] excelente, bello *some fine medieval carvings* unas bellas tallas medievales *a fine essay on humour* un magnífico ensayo sobre el humor *fine wines* excelentes vinos **2** (norml. después de *v*) [implica un estado de cosas satisfactorio pero poco entusiasmo] bueno, bien *The eggs were just fine, darling.* Los huevos estaban muy bien, cariño. *If you move the chair a little to the right, that'll be fine.* Si mueve la silla un poco hacia la derecha será suficiente. (frec. se usa para tranquilizar) *Your work is fine.* Su trabajo está bien. **3** [describe: tiempo] bueno *The weather was fine.* Hacía buen tiempo. **4** (después de *v*) [sano] bien *I'm fine now.* Ahora me encuentro bien.

splendid *adj* **1** [ligeramente anticuado. Implica disfrute] estupendo, espléndido *That'll be a splendid present for an eight-year-old.* Ese será un regalo estupendo para un niño de ocho años. [expresando agradecimiento o satisfacción] *Eight o'clock will be splendid.* A las ocho me parece perfecto. **2** [magnífico] espléndido *a splendid oriental carpet* una espléndida alfombra oriental

splendidly *adv* estupendamente, espléndidamente *The plan worked splendidly.* El plan funcionó a las mil maravillas.

superb *adj* [implica calidad impresionante] magnífico, excelente *a superb banquet* un espléndido banquete

superbly *adv* magníficamente *She arranged everything superbly.* Lo organizó todo de maravilla.

magnificent *adj* [implica efecto impresionante]

magnífico *What a magnificent rainbow!* ¡Qué arco iris tan maravilloso! *The acoustics are magnificent.* La acústica es magnífica.

magnificence *snn* magnificencia *the magnificence of the setting* la magnificencia del escenario

magnificently *adv* magníficamente *a magnificently tiled hallway* un vestíbulo con magníficas baldosas

masterpiece *snn* obra maestra *a Venetian masterpiece* una obra maestra veneciana

417.3 Sumamente bueno y que inspira gran entusiasmo

u s o

Las palabras que aparecen a continuación se usan para expresar una buena opinión personal sobre algo o alguien. Existen pocas diferencias entre ellas en cuanto al sentido, y su elección es puramente personal. Todas pueden reforzarse añadiendo **absolutely**, y normalmente no se usan con **very**. En inglés también se pueden utilizar algunas palabras que significan "sorprendente" de este mismo modo, por ejemplo **amazing**, **stunning** o **incredible**: p.ej.: *She has this amazing camera.* (Tiene una cámara fabulosa.)

excellent *adj* [entre los mejores] excelente *an excellent recording* una grabación excelente *an excellent violinist* un violinista excelente *The wine was excellent.* El vino era excelente. *The method gives excellent results.* El método da resultados excelentes. **excellently** *adv* de maravilla

excellence *snn* excelencia *the excellence of its wines* la excelencia de sus vinos

outstanding *adj* destacado, excepcional *an outstanding interpreter of Chopin* un excepcional intérprete de Chopin

marvellous (*brit*), **marvelous** (*amer*) *adj* maravilloso *She has a marvellous memory.* Tiene una memoria magnífica.

marvellously (*brit*), **marvelously** (*amer*) *adv* maravillosamente *It's so marvellously simple.* Es de lo más sencillo.

wonderful *adj* maravilloso *It's a wonderful place to live.* Es un lugar maravilloso para vivir.

wonderfully *adv* maravillosamente *a wonderfully relaxing holiday* unas vacaciones de lo más relajantes

tremendous *adj* [más bien informal] increíble, fabuloso *She makes tremendous pasta.* Hace una pasta fabulosa.

tremendously *adv* [usado como intensificador] *They're tremendously helpful people.* Son unas personas extremadamente atentas.

super *adj* [informal] genial, bárbaro *We had super weather.* Tuvimos un tiempo fabuloso.

terrific *adj* [informal] fabuloso, genial *I think your sister's terrific.* Creo que tu hermana es fabulosa.

fantastic *adj* [informal] fantástico *Their latest album's absolutely fantastic.* Su último álbum es realmente fantástico.

fabulous *adj* [informal] fabuloso *Their house is really fabulous.* Su casa es realmente fabulosa.

brilliant *adj* (*brit*) [informal] genial, fantástico *The disco was just brilliant.* La discoteca estuvo realmente fantástica.

great *adj* [informal] magnífico, genial *We had a great time.* Nos lo pasamos en grande.

f r a s e s

out of this world [informal. Implica gran entusiasmo por algo] de ensueño *The costumes were out of this world.* Los trajes eran una maravilla.

to be worth one's/its weight in gold [implica entusiasmo en razón de provecho, utilidad, etc.] valer su peso en oro *My dishwasher is worth its weight in gold.* Mi lavaplatos vale su peso en oro.

417.4 Perfecto

perfect *adj* perfecto *the perfect opportunity* la oportunidad perfecta **perfectly** *adv* perfectamente **perfection** *snn* perfección

faultless *adj* [libre de posibles errores, defectos, etc.] intachable *a faultless performance* una actuación intachable **faultlessly** *adv* intachablemente

impeccable *adj* impecable *She has impeccable manners.* Tiene unos modales impecables. **impeccably** *adv* impecablemente

ideal *adj* [lo mejor que uno se pueda imaginar] ideal *the ideal car* el coche ideal *The weather is ideal for walking.* Hace un día ideal para caminar.

ideally *adv* idealmente, perfectamente *He is ideally suited for the job.* Está hecho para ese trabajo.

first-rate *adj* [ligeramente informal. Implica una escala de calidad] excelente, de primera clase *a first-rate actor* un actor de primera categoría

f r a s e s

be just the job (*brit*), **do just the job** (*amer*) [informal. Apropiado para circunstancias concretas] ser justo lo que hace falta *Thanks, a cup of coffee would be just the job.* Gracias, una taza de café es justo lo que necesitaba.

to be second to none [implica alto nivel] no tener nada que envidiar a nadie *Our medical staff are second to none.* Nuestro personal médico no tiene nada que envidiar a nadie.

last word in sth [ligeramente informal. Lo mejor de lo mejor] el último grito *We bring you the last word in stereo sound.* Te traemos el último grito en sonido estéreo.

417.5 Medir lo bueno que es algo

ver también **268 Value**

quality *snn* [norml. bueno si no se especifica lo contrario] calidad *You'll be amazed by the quality of the work.* Te quedarás asombrado por la calidad del trabajo. *a very poor quality fabric* una tela de muy mala calidad (usado como *adj*) *quality materials* materiales de calidad *a high-quality finish* un acabado de alta calidad

merit s 1 snn [más bien formal. Implica que merece estima] mérito The proposals have considerable merit. Las propuestas tienen un mérito considerable. 2 sn ventaja What are the merits of this approach? ¿Cuáles son las ventajas de este planteamiento? We judge each case **on its merits**. Juzgamos cada caso según sus méritos.

virtue s 1 sn/nn [implica moralidad] virtud Punctuality is a rather underrated virtue. La puntualidad es una virtud más bien subestimada. the military virtues of speed and surprise las virtudes militares de la velocidad y la sorpresa 2 sn ventaja the virtues of the present system las ventajas del sistema actual

418 Improve Mejorar

improve v 1 vt mejorar I've improved my time in the 800 metres this year. He mejorado mi marca en los 800 metros este año. A little more salt would improve this sauce. Un poco más de sal mejoraría esta salsa. improved working conditions mejores condiciones laborales 2 vi mejorar(se) The weather seems to be improving. Parece que el tiempo está mejorando. My cooking isn't improving. No adelanto en el arte de cocinar.

improve on/upon vt [hacerlo mejor que] mejorar I'm trying to improve on my previous record. Estoy intentando mejorar mi anterior marca.

improvement sn/nn (frec. + **on**, **in**) mejora There has been a marked improvement in his work. Su trabajo ha mejorado notablemente. The champagne was an improvement on the warm beer they served last time. El champán estuvo mejor que la cerveza caliente que nos sirvieron la última vez. Your work isn't bad, but there's **room for improvement**. Su trabajo no está mal, pero se puede mejorar todavía.

refine o **refine on/upon** vt [mejorar cambiando detalles] refinar, perfeccionar We have refined our drilling techniques. Hemos perfeccionado nuestras técnicas de perforación. They need to refine their working methods. Tienen que perfeccionar sus métodos de trabajo.

refinement s 1 snn perfeccionamiento 2 sn [pequeño detalle añadido] mejora The anti-jamming device is an added refinement on the new machines. El dispositivo anti-interferencias es una mejora añadida a las nuevas máquinas.

polish o **polish up** vt [mejorar, esp. mediante la práctica] refinar, pulir I need an hour to polish tomorrow's speech. Necesito una hora para darle los últimos toques al discurso de mañana. A week in Paris will polish up my French. Una semana en París refrescará mi francés.

better vt [formal] 1 mejorar measures to better the economy medidas para mejorar la economía 2 [hacerlo mejor que] superar She bettered her previous record by

3 seconds. Superó su anterior marca en 3 segundos.

progress snn progreso(s) We've made some progress with the plans. Hemos progresado algo con los planes. I'm not making much progress with my studies. No adelanto mucho en mis estudios.

progress vi progresar, avanzar We've been negotiating all day, but we don't seem to be progressing. Llevamos todo el día negociando, pero no parece que progresemos. The patient is progressing well. El paciente está evolucionando favorablemente.

advance sn avance, progreso This is a major new advance in space research. Esto es un nuevo avance importante en la investigación espacial. Scientific advances have rendered this equipment obsolete. Los avances científicos han hecho que este equipo se quede obsoleto.

advance vit progresar, contribuir a, ayudar a Our understanding of the disease has advanced considerably. Nuestro conocimiento de la enfermedad ha progresado considerablemente. Research has advanced treatment of the disease. La investigación ha contribuido al tratamiento de la enfermedad.

frases

make (great) strides hacer grandes progresos We've made great strides in the treatment of disaster victims. Hemos hecho grandes progresos en el tratamiento de las víctimas de los desastres.

get better mejorar(se) Your driving is getting better. Tu forma de conducir está mejorando. Leo was quite ill, but now he's getting better. Leo estaba bastante enfermo, pero ahora está mejorando.

come along TAMBIÉN **come on** vi fr. progresar, hacer progresos My typing's really coming on now. Ahora estoy empezando a progresar de verdad en mecanografía. Your Spanish is coming along nicely. Está progresando mucho con su español.

brush up (on) refrescar I'll have to brush up on my maths. Tendré que poner al día mis matemáticas.

419 Superior Superior

opuesto **439 Inferior**

superior adj 1 (frec. + **to**) [en calidad, rango, etc.] superior my superior officer mi superior It definitely gives superior sound quality. Sin duda, proporciona una calidad de sonido superior. The new bike is much superior to the one I had before. La nueva bicicleta es mucho mejor que la que tenía antes. 2 [más bien formal. Muy bueno] de primer orden superior brandies coñacs de primera clase 3 [peyorativo] suficiente, altanero in a superior tone en un tono arrogante

superiority snn suficiencia, altanería

advanced adj [implica progreso] avanzado advanced space technology tecnología espacial avanzada The engine is the most advanced of its kind. El motor es el más avanzado de su clase. an advanced language course un curso de idiomas avanzado

senior adj [implica edad o jerarquía] our senior accountant nuestro contable más veterano **seniority** snn antigüedad

frases

have/give sb the edge on/over [implica ventaja pequeña pero importante] tener/dar a alguien ventaja sobre *A better delivery network would give you the edge over your competitors.* Una mejor red de distribución le daría una ventaja competitiva.

head and shoulders above [mucho mejor] *She's head and shoulders above all the other students.* Está muy por encima de todos los demás estudiantes.

have the upper hand [implica tener más poder que

alguien] dominar la situación *We had the upper hand throughout the game.* Dominamos la situación durante todo el partido.

(to be) one step ahead [implica ventaja mediante esfuerzo, iniciativa, astucia, etc.] llevar la delantera *Our research department keeps us one step ahead of other manufacturers.* Nuestro departamento de investigación hace que nos mantengamos por delante de otros fabricantes.

420 Suitable Conveniente

suitable *adj* (frec. + **for**) conveniente, apropiado *the most suitable candidate* el candidato más idóneo *The film is not suitable for children.* La película no es apta para menores. *a suitable place to eat* un lugar idóneo para comer **suitably** *adv* como corresponde, de manera adecuada **suitability** *snn* conveniencia, idoneidad

suit *vt* **1** ser apropiado para *The music didn't suit the occasion.* La música no era la apropiada para la ocasión. **2** venir bien, ir bien *Would Friday suit you?* ¿Le iría bien el viernes? **3** sentar bien a, favorecer *Red suits you.* El rojo te sienta bien.

420.1 Conveniente en un contexto concreto

right *adj* [que se adapta bien a alguien/algo] apropiado, indicado *It was just the right thing to say.* Era exactamente lo que había que decir. *The time seems right.* Parece el momento oportuno. *It's only right that he should pay for his mistake.* Es justo que pague por su error. **rightness** *snn* justicia

appropriate *adj* **1** apropiado, adecuado, oportuno *I need the appropriate word.* Necesito la palabra adecuada. *It seemed appropriate to invite them.* Parecía oportuno invitarlos. *How appropriate that it should happen at Christmas.* Qué oportuno que pasara en Navidad. **2** (no tiene *compar.* ni *superl.*; siempre + **the**) [el necesario, escogido, etc.] apropiado, oportuno *I found the appropriate document.* Encontré el documento indicado. *At the appropriate moment, he called for silence.* En el momento oportuno, pidió silencio.

appropriately *adv* como corresponde, de manera adecuada *appropriately sombre music* música solemne, acorde con las circunstancias

apt *adj* [describe: p.ej. expresión, cita] apropiado *The proverb seemed very apt in the situation.* El proverbio parecía muy acertado para la situación. **aptly** *adv* acertadamente

fitting *adj* [más bien formal. Esp. desde el punto de vista moral o estético] justo, oportuno *a fitting conclusion to a distinguished career* un digno final de una carrera distinguida *It seems fitting to let a younger person have the job.* Parece justo dejar que una persona más joven ocupe el puesto. **fittingly** *adv* como corresponde

proper *adj* [más bien formal y pomposo. Implica principios sociales tradicionales] correcto *Is it proper for students of different sexes to be sharing a house?* ¿Es correcto que estudiantes de diferente sexo compartan una casa?

seemly *adj* [más bien literario. Implica principios morales y sociales] decoroso, decente *It would have been more seemly to wait longer before remarrying.* Habría sido más decoroso esperar un poco más antes de volverse a casar.

420.2 Pertinente

relevant *adj* **1** (frec. + **to**) pertinente *The advice is more relevant to disabled people.* El consejo tiene que ver más con las personas disminuidas. *Her remarks strike me as extremely relevant.* Sus observaciones me parecen sumamente pertinentes. **2** (no tiene *compar.* ni *superl.*; siempre + **the**) [lo que se necesita, se implica, etc.] pertinente *I think we now have all the relevant details.* Creo que ahora tenemos todos los detalles pertinentes. **relevance** *snn* pertinencia

apply *vi* (norml. + **to**) aplicarse a, concernir *This only applies if you earn over £25,000.* Esto sólo concierne a las personas que ganan más de 25.000 libras esterlinas. *People say the Welsh are good singers, but that certainly doesn't apply to Paul!* La gente dice que los galeses son buenos cantantes ¡pero no cabe duda de que no se puede decir eso de Paul!

applicable *adj* (después de *v*; frec. + **to**) aplicable *This law is not applicable to foreign residents.* Esta ley no se aplica a los residentes extranjeros.

421 Comfortable Cómodo

opuesto **440 Uncomfortable**

comfortable *adj* cómodo *a comfortable chair* una silla cómoda *Are you comfortable sitting there?* ¿Estás cómoda sentada ahí? **comfortably** *adv* cómodamente

comfort *s* **1** *snn* [sensación de comodidad o circunstancias en que uno se encuentra cómodo] comodidad *in the comfort of your own home* en el

confort de su propio hogar **2** *sn* [algo agradable] placer *little comforts like wine and good music* pequeños placeres como el vino y la buena música **3** *snn* [persona, cosa o hecho que ayuda en una situación difícil, dolorosa, etc.] consuelo *It's some comfort that he didn't suffer.* Es un consuelo que él no sufriera.

cosy (*brit*), **cozy** (*amer*) *adj* [implica calor y satisfacción] acogedor *a cosy scene of hot chocolate in front of the fire* una acogedora escena de gente tomando chocolate caliente delante de la chimenea **cosily** *adv* cómodamente

snug *adj* [ligeramente informal. Implica calor y entorno protegido] cómodo, abrigado *I was snug in bed until you rang.* Estaba todo cómodo y calentito en la cama hasta que llamaste. **snugly** *adv* cómodamente

luxury *s* **1** *snn* [sentimiento o circunstancias] lujo *to live in luxury* vivir en el lujo *This is the **lap of luxury**.* Esto es la abundancia. **2** *sn* [cosa agradable y cara] lujo *A dishwasher isn't a luxury, you know.* Un lavaplatos no es un lujo, ¿sabes?

luxurious *adj* lujoso [describe: p.ej. hotel, cocina] lujoso *I had a long, luxurious shower.* Gocé de una larga y placentera ducha.

luxuriously *adv* lujosamente *luxuriously upholstered* lujosamente tapizado

422 Happy Feliz

opuesto **447 Sad**

happy *adj* **1** feliz, contento *I feel happy.* Estoy contenta. *I'm happy to let you try.* Tengo mucho gusto en dejar que lo intentes. **2** contento, satisfecho *I'm not happy with her work.* No estoy satisfecho con su trabajo.

happily *adv* alegremente, felizmente *They were playing happily together.* Estaban jugando juntos alegremente. *a happily married man* un hombre felizmente casado

happiness *snn* felicidad *Money doesn't guarantee happiness.* El dinero no garantiza la felicidad.

joy *s* **1** *snn* [más intenso que **happiness**] alegría, júbilo *Children give you a lot of joy.* Los niños le dan a uno mucha alegría. **2** *sn* deleite, placer *the joys of family life* los placeres de la vida familiar

joyful *adj* [más literario que **happy**] al describir a personas] jubiloso, de júbilo *joyful cries* gritos de júbilo *A joyful crowd was celebrating New Year.* Una multitud jubilosa celebraba el Año Nuevo. **joyfully** *adv* alegremente, con júbilo

pleasure *s* **1** *snn* placer, satisfacción *the pleasure you get from your garden* la satisfacción que le proporciona a uno el jardín **2** *sn* placer *little pleasures like staying in bed late* pequeños placeres como quedarse en la cama hasta tarde

pleasurable *adj* [ligeramente formal] agradable, grato *I found meeting her a very pleasurable experience.* El conocerla fue una experiencia muy agradable.

pleasing *adj* [ligeramente formal. Atractivo o satisfactorio] agradable, grato *a pleasing golden colour* un agradable color dorado **pleasingly** *adv* agradablemente

422.1 Contento con causa

pleased *adj* (frec. + **about**, **at**, **with**) [satisfecho y bastante contento] contento *The result made us feel rather pleased.* El resultado nos puso bastante contentos. *I'm so pleased for you!* ¡Me alegro tanto por ti! *I'm pleased with the general effect.* Estoy contenta con el efecto general.

glad *adj* (frec. + **about**, **at**) [satisfecho pero no realmente entusiasmado] contento, alegre *He'll be glad to see you again.* Se alegrará de volver a verte. [expresando buena disposición] *I'd be glad to come.* Tendría mucho gusto en venir. [expresando alivio] *I'll be glad when it's over.* Me alegraré cuando todo haya terminado.

gladness *snn* [ligeramente formal] alegría *You could sense the gladness and relief in his voice.* Se podían percibir la alegría y el alivio en su voz.

gladden *vt* [ligeramente formal o literario] alegrar *a victory that gladdened the hearts of the party managers* una victoria que alegró los corazones de los directivos del partido

grateful *adj* (frec. + **to**, **for**, **that**) agradecido *I can't tell you how grateful I am.* No puedo decirle lo agradecido que le estoy. *We're very grateful to you for coming today.* Le agradecemos mucho que haya venido hoy. *I'm just grateful I still have a job.* Doy gracias por tener todavía un trabajo. **gratefully** *adv* con gratitud

thankful *adj* (norml. + **for**, **that**) [p.ej. porque se ha evitado un problema, accidente, etc.] agradecido *Let's be thankful there weren't more casualties.* Demos gracias a Dios que no haya habido más víctimas. **thankfully** *adv* afortunadamente

relief *s* **1** *snn* (frec. + **at**) [al evitar algo indeseable] alivio *a sigh of relief* un suspiro de alivio *our relief at the decision* nuestro alivio ante la decisión **2** *sn* (no tiene *pl*) [p.ej. buenas noticias] alivio, consuelo *That's a relief, I thought you weren't coming.* Eso sí que es un alivio, pensaba que no vendrías. *It's such a relief to be home.* Es un alivio tan grande estar en casa.

relieved *adj* aliviado *We are very relieved she's safe.* Nos tranquiliza saber que está a salvo.

422.2 Sumamente contento

delighted *adj* (norml. después de *v*) encantado *I'm delighted to see you all here.* Estoy encantada de verlos a todos aquí. *They're delighted with the new house.* Están encantados con la nueva casa. *I'd be delighted to be your best man.* Estaría encantado de ser tu padrino.

overjoyed *adj* (después de *v*; frec. + **about**, **at**, + **to** + INFINITIVO) [muy contento y emocionado] rebosante de alegría *Everybody's overjoyed about the award.* No caben en sí de gozo por el premio.

elated *adj* (después de *v*; frec. + **about**, **at**) [sumamente contento y alborozado] eufórico, alborozado *You're supposed to feel elated on your wedding day.* Se supone que te has de sentir eufórico el día de tu boda. **elation** *snn* euforia, alborozo

ecstatic *adj* [tan contento que no se es consciente de otras cosas] extasiado, embelesado *She was ecstatic when I told her she had won.* Se quedó embelesada cuando le dije que había ganado.

ecstatically *adv* con éxtasis *She listened ecstatically.* Escuchaba extasiada. **ecstasy** *snn/n* éxtasis

rapture *s* [implica sensación irresistible de placer] **1** *snn* embeleso, éxtasis *The music was sheer rapture.* La música extasiaba. **2** *sn* (siempre *pl*) estar extasiado *The scenery* **sent** him **into raptures**. El paisaje lo dejó embelesado.

rapturous *adj* entusiasta *rapturous enthusiasm* enorme entusiasmo **rapturously** *adv* con entusiasmo

rejoice *vi* (frec. + **over**, **in**) [más bien formal. Implica mostrar felicidad] alegrarse, regocijarse *There was much rejoicing over the news of a ceasefire.* La noticia de un alto el fuego causó gran alborozo.

422.3 Comportamiento o carácter feliz

merry *adj* [feliz de una manera animada, y frec. juguetona] alegre *We all had a merry time at the reunion dinner.* Todos nos divertimos en la cena-reunión. **merrily** *adv* alegremente **merriness** *snn* alegría

cheerful *adj* [implica mostrar un carácter agradable] animado, alegre *She's ill, but managing to keep cheerful.* Está enferma, pero logra mantenerse animada.

cheerfully *adv* alegremente *They cheerfully agreed to help us.* Aceptaron ayudarnos de buen grado. **cheerfulness** *snn* alegría

jolly *adj* [contento de un modo extrovertido] jovial

optimistic *adj* optimista *I'm quite optimistic about my prospects.* Estoy bastante optimista con respecto a mis

perspectivas. **optimistically** *adv* con optimismo **optimism** *snn* optimismo **optimist** *sn* optimista

frases

in high spirits [implica felicidad y entusiasmo ante la vida] de buen humor, muy animado *It was the last day of term and everybody was in high spirits.* Era el último día del trimestre y se vivía un humor festivo.

to be full of the joys of spring [frec. irónico. Mucho más contento de lo normal] no caber en sí de gozo *My book had just been published and I was full of the joys of spring.* Mi libro acababa de publicarse y yo no cabía en mí de gozo.

over the moon [informal. Muy contento y entusiasmado por algo] loco de contento *If she wins the championship we'll all be over the moon.* Si gana el campeonato todos estaremos locos de contento. *He was over the moon about his success.* Estaba loco de contento por su éxito.

in seventh heaven [más bien anticuado e informal] en el séptimo cielo *Your father would be in seventh heaven if he had a garden like that.* Tu padre se estaría en el séptimo cielo si tuviera un jardín como éste.

on cloud nine [informal. Totalmente feliz y que no percibe nada más] en la gloria *He's been on cloud nine since his granddaughter was born.* Está en la gloria desde que nació su nieta.

423 Laugh Reír

laughter *snn* risa(s) *the sound of children's laughter* el sonido de risas de niños *I could hear gales of laughter coming from the bedroom.* Oía carcajadas procedentes de la habitación. *a series of jokes that made us howl with laughter* una serie de chistes que nos hicieron reír a carcajadas

laugh *sn* **1** risa *a quiet laugh* una risa tímida **2** [más bien informal] *It was a real laugh.* ¡Fue muy divertido! *We threw him in the swimming pool for a laugh.* Lo tiramos a la piscina para divertirnos un rato.

chuckle *vi* [de manera alegre pero no ruidosa] reírse entre dientes *I chuckled at the thought of the surprise they'd get.* Me reí para mis adentros al pensar en la sorpresa que se llevarían. **chuckle** *sn* risita

giggle *vi* [intentando controlar la risa] reírse tontamente *She saw a rude word in the dictionary and started giggling.* Vio una palabrota en el diccionario y empezó a reír tontamente.

giggle *sn* **1** risita **2** [más bien informal] *We only did it for a giggle.* Sólo lo hicimos para reírnos.

guffaw *vi* [ruidosamente y de manera tonta] reírse a carcajadas *He guffawed at his own joke and slapped me on the back.* Se rió a carcajadas de su propio chiste y me dio una palmada en la espalda. **guffaw** *sn* risotada, carcajada

grin *vi*, **-nn-** [con una sonrisa muy abierta, enseñando los dientes] sonreír abiertamente

grin *sn* sonrisa abierta *Take that stupid grin off your face!* ¡Deja de sonreír de oreja a oreja como un estúpido!

423.1 Reír de manera desagradable

snigger (*brit*) TAMBIÉN (*amer*) **snicker** *vi* (frec. + **at**) [peyorativo. Implica actitud descortés] reírse disimuladamente *They sniggered at her clothes.* Se rieron disimuladamente de su ropa. **snigger** *sn* risita (disimulada)

frases

split one's sides [informal. Implica reír descontroladamente] partirse de risa *I really split my sides when the tent fell in on us.* Me partí de risa cuando la tienda se nos cayó encima.

be in stitches [informal] troncharse de risa *His impressions had us all in stitches.* Sus imitaciones nos hicieron partirnos de risa.

to have a fit of the giggles *I had a fit of the giggles just as he was finishing his speech.* Me dio un ataque de risa justo cuando estaba acabando su discurso.

die laughing [informal] morirse de risa *You'd have died laughing if you'd seen him fall off the ladder.* Te habrías muerto de risa si lo hubieras visto caerse de la escalera.

crack up (laughing) [informal] partirse de risa *I just cracked up when she told me what had happened.* Me partí de risa cuando me explicó lo que había sucedido.

laugh one's head off [informal. Implica encontrar algo divertido, a veces por su malicia] reírse a mandíbula batiente.

smirk *vi* [con una sonrisa insolente y frec. autosuficiente] sonreír de manera engreída *Stop smirking, anyone can make a mistake.* No sonrías con tanta suficiencia, cualquiera puede cometer un error.

smirk *sn* sonrisa engreída *a self-satisfied smirk* una sonrisa de suficiencia

424 Funny Divertido

ver también **444 Unusual**

424.1 Cualidades divertidas

humour (*brit*), **humor** (*amer*) *snn* humor *her dry humour* su humor seco *a keen **sense of humour*** un agudo sentido del humor

humorous *adj* [divertido de manera alegre. Describe: p.ej. persona, observación, situación] humorístico, divertido *a humorous letter to the 'Times'* una divertida carta al 'Times'

amusing *adj* [frec. implica que algo es moderadamente divertido] divertido, entretenido *an amusing coincidence* una casualidad divertida *He's a very amusing companion.* Es un compañero muy divertido.

amusement *snn* diversión, entretenimiento *The mix-up caused a certain amount of amusement.* La confusión causó cierta diversión. *He lost his glasses, **to the** great **amusement of** the children.* Perdió sus gafas ante el regocijo de los niños.

amuse *vt* divertir, hacer reír *The pun failed to amuse her.* El juego de palabras no la hizo reír.

wit *snn* [implica humor inteligente] ingenio *a ready wit* un ingenio agudo

witty *adj* [describe: p.ej. persona, observación] ingenioso *a witty retort* una réplica ingeniosa

424.2 Que causa risa

funny *adj* divertido, gracioso *It's a very funny book.* Es un libro muy divertido. *Give me my clothes back - it's not funny!* ¡Devuélveme mi ropa - esto no tiene ninguna gracia! *It was so funny - she didn't know the mouse was on her hat!* ¡Fue tan gracioso - no sabía que el ratón estaba encima de su sombrero!

comic *adj* [ridículo o deliberadamente divertido. Describe: p.ej. expresión, vestido] cómico *her comic impressions of the teachers* sus cómicas imitaciones de los profesores

comical *adj* [frec. implica estupidez] cómico *The hat gave him a comical air.* El sombrero le daba un aire cómico.

comically *adv* cómicamente *a comically exaggerated accent* un acento cómicamente exagerado

comedy *snn* comedia *slapstick comedy* comedia de bufonadas *the unintended comedy of the incident* la fortuita comicidad del incidente

hilarious *adj* [sumamente divertido, a veces de manera absurda] hilarante, graciosísimo *I was furious but she found the idea hilarious.* Yo estaba furioso pero ella encontró la idea divertidísima.

hilarity *snn* regocijo *This rather dampened the hilarity of the occasion.* Esto atenuó bastante el regocijo de la ocasión.

droll *adj* [más bien anticuado. Norml. implica humor calmado] gracioso, divertido [frec. se dice sarcásticamente a alguien que ha hecho una broma] *Oh, very droll!* ¡Muy gracioso!

425 Tease Gastar bromas

joke *sn* **1** broma *I pretended to be angry for a joke.* Simulé estar enfadado en broma. *to **play a joke on** sb* gastarle una broma a alguien **2** chiste *to tell jokes* contar chistes

joke *vi* bromear *I was only joking.* Sólo estaba bromeando. *He joked that he would soon be too fat to see his feet.* Dijo bromeando que pronto estaría demasiado gordo para verse los pies.

practical joke *sn* broma

kid *v*, -**dd**- [hacer afirmaciones falsas por diversión] **1** *vi* bromear *You're kidding!* ¡No puedes estar hablando en serio! **2** *vt* (*brit*) (frec. + **on**) decir un bulo a, tomar el pelo a *We kidded them on that it was a real fire.* Les metimos la trola de que era un incendio de verdad.

425.1 Bromas agresivas

mock *vt* [deliberadamente cruel] burlarse de, mofarse de *They openly mocked my beliefs.* Se burlaron abiertamente de mis creencias. *a mocking glance* una mirada burlona **mockery** *snn* burla, mofa

ridicule *vt* [de forma hiriente y con aires de superioridad] ridiculizar, poner en ridículo *My parents ridiculed my ambitions.* Mis padres ridiculizaron mis ambiciones. **ridicule** *snn* ridículo

frases

take the mickey (*esp. brit*) (frec. + **out of**) [informal. Implica una falta de respeto no grave, pero puede resultar dolorosa] guasearse *They used to take the mickey because of my stammer.* Solían guasearse porque tartamudeaba.

pull sb's leg [informal. P.ej. aparentando decir algo muy en serio o aparentando que algo es cierto] tomar el pelo a alguien *You're pulling my leg, you've never been to Japan.* Me estás tomando el pelo, tú nunca has estado en Japón.

have sb on [informal. Norml. aparentando que algo es cierto] quedarse con uno *I think he's having me on, he's no architect.* Creo que quiere quedarse conmigo, él no es arquitecto.

deride vt [más bien formal] mofarse de, ridiculizar *The president is sometimes derided as ineffectual.* A veces se mofan del presidente tachándolo de ineficaz.
derision snn mofa

torment vt [pone énfasis en el sufrimiento de la persona atormentada. Implica insistencia] atormentar *Will you stop tormenting your brother!* ¡Deja de atormentar a tu hermano!

pester vt [p.ej. con repetidas preguntas y peticiones] dar la lata a *The kids have been pestering me since breakfast.* Los niños no han parado de darme la lata desde el desayuno.

pick on sb vt fr. [más bien informal. Hacer rabiar o criticar repetidamente] hacer rabiar a, meterse con *Stop picking on me!* ¡Deja de meterte conmigo! *John is always picking on his younger brother.* John siempre está haciendo rabiar a su hermano pequeño.

f r a s e

make fun of o **poke fun at** reírse de *It's easy to poke fun at politicians, but somebody has to run the country.* Es fácil reírse de los políticos, pero alguien tiene que gobernar el país.

426 Like Gustar

ver también **427 Love; 428 Enjoy**

like vt **1** *I like your new hairstyle.* Me gusta tu nuevo peinado. *I don't like cheese.* No me gusta el queso. (+ -ing) *Do you like swimming?* ¿Te gusta nadar? *I don't like getting up early.* No me gusta levantarme temprano. **2** (después de **would** o, menos frecuentemente, **should**; frec. + INFINITIVO) *I'd like to go to Australia.* Me gustaría ir a Australia. *Would you like a drink?* ¿Te apetece una copa?

u s o

La construcción **like** + -ing se utiliza para expresar la idea de disfrutar de una determinada actividad, p.ej.: *I like dancing.* (Me gusta bailar.) Cuando se habla acerca de una preferencia o una costumbre se utiliza a menudo la construcción **like** + INFINITIVE, p.ej.: *I like to have a nap after lunch.* (Me gusta echarme una siesta después de comer.)

affection snn [implica sentimiento de ternura] afecto *I feel great affection for her.* Siento un gran afecto por ella.

be fond of sb/sth [implica disfrutar con algo o sentir ternura hacia una persona] tenerle cariño a alguien/ser aficionado a algo *I'm very fond of olives.* Me gustan mucho las aceitunas. *She's especially fond of her youngest grandson.* Siente predilección por su nieto más pequeño.
fondness snn cariño, afición *a fondness for Mozart* una afición a (la música de) Mozart

be partial to sth [más formal que **fond of**] ser aficionado a algo *She's always been partial to Chinese food.* Siempre ha sentido un gusto especial por la comida china.
partiality snn inclinación, afición *her partiality to sherry* su inclinación por el jerez

fan sn [p.ej. de un equipo, grupo] aficionado, fan *soccer fans* hinchas del fútbol

fancy (brit) vt **1** [obj: p.ej. bebida, vacaciones] *I fancy going to the theatre tonight.* Me apetece ir al teatro esta noche. **2** [informal. Sentir una atracción sexual hacia] *Lots of kids fancy their teachers.* Muchos niños se sienten atraídos por sus profesoras. *She fancies your brother.* Le gusta tu hermano.

approve vti fr. (frec. + **of**) aprobar, estar de acuerdo con *I don't approve of their business methods.* No me gustan los métodos que usan en los negocios. *I will invite him to join us if you approve.* Le invitaré a que se una a nosotros si a ti te parece bien.

approval snn aprobación, visto bueno *I hope the wine meets with your approval.* Espero que el vino sea de su agrado.

f r a s e

to take a fancy to sb [informal. Frec. implica un interés romántico, pero no necesariamente] tomarle cariño a alguien *I can see she's taken rather a fancy to you.* Veo que se ha encaprichado bastante contigo.

426.1 Gozar del favor a alguien

popular adj (frec. + **with**) [que gusta a muchos] popular *a very popular figure* un personaje muy popular *The programme's particularly popular with older viewers.* El programa tiene mucha aceptación entre los televidentes de más edad.
popularity snn popularidad *the government's popularity in the opinion polls* la popularidad del gobierno en las encuestas de opinión

favour (brit), **favor** (amer) snn favor *His ideas are gaining favour with the board.* Sus ideas se están ganando el favor de la junta. **favour** vt favorecer

favourite (brit), **favorite** (amer) adj favorito *our favourite restaurant* nuestro restaurante favorito
favourite sn favorito *You've always been Mum's favourite.* Tú siempre has sido el favorito de mamá.

catch on vi fr. (frec. + **with**) [suj: p.ej. estilo, producto] hacerse popular *The show never caught on in the States.* El programa nunca alcanzó popularidad en los Estados Unidos. *The car soon caught on with motorists.* El coche enseguida ganó popularidad entre los automovilistas.

f r a s e s

to sb's liking (después de v) del gusto de alguien, del agrado de alguien *Is it cooked to your liking?* ¿Le gusta cómo está cocinado? *The climate here is very much to our liking.* El clima de aquí es muy de nuestro agrado.

to sb's taste (después de v) del gusto de alguien, del agrado de alguien *I expect Mozart would be more to your taste.* Supongo que Mozart sería más de su agrado.

a man/woman/girl, etc. after my own heart un hombre/mujer/chica como los que a mí me gustan *He's a man after my own heart.* Es un hombre como los que a mí me gustan.

427 Love Amar

love *snn* amor *to be in love with sb* estar enamorado de alguien *to fall in love with sb* enamorarse de alguien *unrequited love* amor no correspondido (usado como *adj*) *a love affair* una aventura amorosa
love *vt* amar, querer *to love sb to distraction* querer a alguien con locura (+ -ing) *I love singing.* Me encanta cantar.
loving *adj* cariñoso, afectuoso *a loving family environment* un entorno familiar de cariño **lovingly** *adv* con cariño

427.1 Amor sexual

romance *s* 1 *snn* [implica entusiasmo sentimental] romanticismo *The romance had gone out of their relationship.* Ya no había romanticismo en su relación.
2 *sn* [relación] romance, idilio *a whirlwind romance* un romance tormentoso
romantic *adj* romántico *a romantic dinner* una cena romántica
passion *snn/n* [implica una emoción intensa] pasión *his passion for an older woman* su pasión por una mujer mayor 2 *sn* [cuando algo gusta mucho] pasión *She has a passion for cats.* Siente pasión por los gatos.
passionate *adj* apasionado *a passionate kiss* un beso apasionado **passionately** *adv* apasionadamente
lust *snn* lujuria

427.2 Amor profundo, con frecuencia no sexual

devotion *snn* (frec. + **to**) [implica cariño] dedicación, lealtad *maternal devotion* dedicación maternal *the dog's devotion to its master* la lealtad del perro hacia su amo
devoted *adj* dedicado, leal *a devoted husband and father* un marido y padre amante de su familia **devotedly** *adv* con amor, lealmente
adore *vt* [implica sentimientos más fuertes y menos racionalidad que **love**] adorar *She absolutely adores him.* Ella le adora. *He adores those cats.* Adora a esos gatos. [usado para dar énfasis] *I adore Italian food.* Me encanta la comida italiana.
adoration *snn* adoración *her blind adoration of her father* su ciega adoración por su padre
adoring *adj* de adoración *an adoring gaze* una mirada de adoración **adoringly** *adv* con adoración
worship *vt*, -**pp**- [muy enfático. Implica una actitud humilde] adorar, idolatrar *He worships that woman.* Idolatra a esa mujer.

427.3 Amor inmaduro

infatuation *sn/nn* [implica amor intenso e irracional] enamoramiento, encaprichamiento
infatuated *adj* (frec. + **with**) chiflado *He's totally infatuated with her.* Está totalmente chiflado por ella.
crush *sn* [implica amor adolescente que no dura mucho] enamoramiento *to have a crush on a teacher* perder la cabeza por un profesor
puppy love *snn* [esp. de un joven hacia un adulto] amor de adolescentes
cupboard love *snn* (*brit*) [demostración poco sincera de afecto para intentar conseguir algo] amor interesado

hero-worship *snn* culto al héroe

427.4 Personas amadas

girlfriend *sn* novia
boyfriend *sn* novio

u s o

Los términos **girlfriend** y **boyfriend** son de uso común para hacer referencia a adolescentes o adultos jóvenes. Pueden usarse para adultos de más edad, pero se suelen evitar, especialmente cuando la relación es de naturaleza duradera, porque pueden dar una sensación de trivialidad o inmadurez. En su lugar se suele utilizar el término **partner**.

lover *sn* amante *a live-in lover* compañero
mistress *sn* [término más bien anticuado que frec. expresa cierta desaprobación por parte del que lo utiliza] querida, amante

f r a s e

the apple of his/her, etc. eye [implica orgullo y amor] la niña de sus (etc.) ojos *his only grandchild is the apple of his eye* su única nieta es la niña de sus ojos

427.5 Apelativos cariñosos

love *sn* cariño *Come on love, we're late.* Vamos, cariño, que llegamos tarde.
darling *sn* cariño *You look lovely, darling.* Estás guapísima, cariño. *Did you hurt yourself, darling?* ¿Te has hecho daño, cariño? [implica sólo afecto cuando no se utiliza como una forma de dirigirse a alguien] *My boss is a real darling.* Mi jefe es un auténtico encanto.
dear *sn* querido *Come on, dear, we're late.* Vamos, querida, que llegamos tarde.
sweetheart *sn* cariño, amor mío *Thank you, sweetheart, I knew you'd remember.* Gracias, amor mío, sabía que te acordarías. *Daddy will be back soon, sweetheart.* Papi volverá pronto, cariño.
honey *sn* (*amer*) cariño *What's wrong, honey?* ¿Qué te pasa, cariño?

u s o

1 Estos términos son bastante comunes entre personas que se quieren de una forma romántica, también entre amigos íntimos o miembros de una familia, especialmente entre adultos al dirigirse a niños. En ciertos casos también se pueden utilizar como una forma cariñosa de dirigirse a amigos o incluso a perfectos desconocidos, pero normalmente los hombres no lo utilizan para dirigirse a otros hombres. **Love** y **dear** son los más usados, sobre todo por parte de mujeres o por parte de hombres cuando se dirigen a mujeres: p.ej.: *Don't forget your change, dear.* (No te olvides del cambio, guapa.)
2 Cuando van precedidos por **my**, estos términos son siempre más fuertes, y a menudo se utilizan en contextos románticos, p.ej. *I love you, my darling.* (Te quiero, amor mío.)

428 Enjoy Disfrutar

ver también **426 Like**

enjoy vt disfrutar de, gozar de (frec. + -ing) *Do you enjoy driving?* ¿Te gusta conducir? *I've enjoyed this evening very much.* He disfrutado mucho de la velada. *I'd like to enjoy my retirement in comfort.* Me gustaría disfrutar cómodamente de mi jubilación. *to enjoy oneself* pasárselo bien, divertirse *They're all out enjoying themselves at the pictures.* Se han ido todos al cine a divertirse.

enjoyable adj [describe: p.ej. comida, velada] agradable, divertido *a very enjoyable film* una película muy divertida

appreciate vt [reconocer la calidad de algo] apreciar *She taught me to appreciate good wine.* Me enseñó a apreciar el buen vino.

appreciation snn apreciación *a deep appreciation of English poetry* una profunda admiración por la poesía inglesa

relish vt [ligeramente formal. Palabra enfática que implica satisfacción. Obj: frec. algo difícil o peligroso] disfrutar con *He relished the opportunity to criticize his superiors.* Disfrutó con la oportunidad de criticar a sus superiores.

relish snn deleite [implica disfrutar de algo con entusiasmo] deleite, fruición *He described the incident with relish.* Describió el incidente con deleite.

savour (brit), **savor** (amer) vt [ligeramente formal. Implica tomarse el tiempo de disfrutar algo] saborear *She savoured each spoonful.* Gozó de cada cucharada. *Savour the calm of the countryside.* Saborear la tranquilidad del campo.

delight in sth vt fr. [implica placer en una actividad cotidiana] deleitarse (en) *She delights in terrible puns.* Se deleita haciendo juegos de palabras malísimos.

indulge v 1 vi (frec. + **in**) [implica una ligera culpabilidad o sentirse reacio a disfrutar de un placer] darse el gusto, darse el lujo *I decided to indulge in a taxi home.* Decidí darme el lujo de volver a casa en taxi. **2** vt satisfacer, complacer *I indulged my craving for chocolate.* Satisfice mi ansia de chocolate. *Go on - indulge yourself!* ¡Venga, date el gusto!

428.1 Cosas para disfrutar

enjoyment snn [sensación] placer *I get a lot of enjoyment from the garden.* La jardinería me proporciona un gran placer.

fun snn [implica entusiasmo. Sensación o actividad] *We had lots of fun putting up the tents.* Nos divertimos muchísimo montando las tiendas. *Cooking can be fun.* Cocinar puede ser divertido.

treat sn [frec. organizado por alguien para que otra persona lo disfrute] lujo, placer *I thought of giving her a birthday treat by taking her to the theatre.* Pensé en darle el gusto por su cumpleaños de llevarla al teatro. *A day off would be a real treat.* Un día libre sería un auténtico lujo.

treat vt (frec. + **to**) dar el gusto a *I'm going to treat myself to a new pair of shoes.* Me voy a dar el gusto de comprarme un par de zapatos nuevos. *They treated us to dinner.* Nos invitaron a cenar.

indulgence sn [placer lujoso] lujo *Expensive shoes are my great indulgence.* Los zapatos caros son mi gran vicio.

kick sn [informal. Emoción que se obtiene al hacer algo] emoción, placer *to get a kick out of sth* disfrutar con algo *We just started the group for kicks.* Empezamos con el grupo sólo por diversión.

frases

have a good/nice time [divertirse. Se pueden utilizar otros adjetivos para dar énfasis a esta frase, incluyendo: **great**, **wonderful**, **fantastic**, etc.] pasar un buen rato/divertirse *Is everybody having a good time?* ¿Se está divirtiendo todo el mundo?

have a whale of a time [informal, implica frec. una diversión bulliciosa] disfrutar como locos, pasarlo en grande *We had a whale of a time splashing in the pool.* Nos lo pasamos en grande chapoteando en la piscina.

let one's hair down [ser menos serio de lo normal] soltarse el pelo, lanzarse *Once a year some of the teachers let their hair down and join in the school play.* Una vez al año algunos profesores se sueltan el pelo y toman parte en la obra de teatro del colegio.

have a field day [implica diversión y actividad] disfrutar de lo lindo *The children had a field day trying on our old clothes.* Los niños se divirtieron de lo lindo probándose nuestra ropa vieja.

be in one's element estar en su salsa, estar en su elemento *The men were in their element analysing the match.* Los hombres estaban en su salsa analizando el partido.

to one's heart's content tanto como uno quiera *Go out in the garden and you can yell to your heart's content.* Sal fuera al jardín y grita todo lo que te dé la gana.

429 Satisfy Satisfacer

satisfy vt satisfacer *Our shop can't satisfy the demand for the new product.* Nuestra tienda no puede satisfacer la demanda del nuevo producto. *I was well satisfied with the standard of their work.* Estaba muy satisfecho con el nivel de su trabajo. [frec. se utiliza con enojo] *You've made him cry. I hope you're satisfied now!* Le has hecho llorar. ¡Supongo que ahora estarás satisfecho!

satisfaction *snn* **1** satisfacción *the quiet satisfaction you get from being proved right* la secreta satisfacción que uno siente cuando los hechos le dan la razón **2** [formal] cumplimiento *the satisfaction of young people's aspirations* el cumplimiento de las aspiraciones de los jóvenes

satisfactory *adj* satisfactorio *a very satisfactory result* un resultado muy satisfactorio *the present arrangements are perfectly satisfactory* los acuerdos actuales son plenamente satisfactorios

satisfying *adj* [más apreciativo que **satisfactory**. Describe cosas que hacen que la gente se sienta bien física o mentalmente] gratificante *a satisfying meal* una comida sustanciosa *I find my job very satisfying.* Encuentro mi trabajo muy gratificante.

content o **contented** *adj* (frec. + **with**) contento, satisfecho *They would probably be contented with*

minor concessions. Probablemente se contentarían con pequeñas concesiones.

content *vt* **1** [formal] contentar **2** [arreglárselas con] *to content oneself* contentarse *I was bursting with anger, but contented myself with a few sarcastic comments.* Estaba que explotaba de rabia, pero me contenté con unos pocos comentarios sarcásticos. **contentment** *snn* contento, satisfacción

fulfil (*brit*), **-ll-**, **fulfill** (*amer*) *vt* **1** [implica cumplir con el estándar requerido] cumplir con *Only one system fulfils all these requirements.* Solamente un sistema cumple con todos estos requisitos. **2** [implica desarrollo personal] *I want a job that will fulfil me.* Quiero un trabajo con el que me sienta realizada.

fulfilment (*brit*), **fulfillment** (*amer*) *snn* [p.ej. condiciones] cumplimiento [de una persona] realización

430 Praise Elogiar

ver también *L38 Praising*

praise *vt* (frec + **for**) [obj: p.ej. una persona, trabajo] elogiar, alabar *Her style has often been praised for its clarity.* Su estilo ha sido elogiado a menudo por su claridad.

praise *snn* elogios *fulsome praise* elogios exagerados

congratulate *vt* (frec. + **on**) [p.ej. por un éxito o acontecimieno agradable. Frec. en contextos públicos] felicitar, dar la enhorabuena a *Let me congratulate the minister on her frankness.* Permítame felicitar a la ministra por su franqueza.

congratulations *s pl* felicidades, enhorabuena *Congratulations on your promotion!* ¡Enhorabuena por tu ascenso! *I want to be the first to offer my congratulations.* Quiero ser el primero en felicitarle.

compliment *vt* (frec.+ **on**) [norml. por algo bien hecho. Frec. en contextos personales] felicitar *I complimented her on her choice of wine.* La felicité por su elección

del vino. We would like to compliment your team on the efficiency of their action. Desearíamos felicitar a su equipo por su eficiente actuación.

compliment *sn* cumplido *to pay sb a compliment* hacerle un cumplido a alguien

flatter *vt* [implica exageración o falta de sinceridad] halagar, adular *It never hurts to flatter a customer.* Nunca está de más halagar a un cliente. *to flatter sb's self-esteem* halagar el amor propio de alguien **flattery** *snn* adulación, halagos

> *f r a s e*
>
> **give sb a pat on the back** o **pat sb on the back** [informal. Implica elogio y ánimos] felicitar a alguien *a piece of initiative that deserves a pat on the back* una iniciativa que merece una felicitación

431 Admire Admirar

admire *vt* (frec. + **for**) [sentimiento más cálido que **respect**, frec. implica un deseo de emulación] admirar *I admire her for her honesty.* La admiro por su honestidad. **admiration** *snn* admiración

respect *vt* **1** [considerar que el otro es merecedor de estima. Denota una emoción más distanciada que **admire**. Se puede respetar a una persona que no nos guste] respetar *The patients here are respected and cared for.* Aquí los pacientes son respetados y cuidados. **2** [obj: p.ej. costumbres, tradiciones] respetar *We try to respect local traditions.* Nosotros intentamos respetar las tradiciones locales.

respect *snn* respeto *to treat sb with respect* tratar a alguien con respeto *his respect for authority* su respeto por la autoridad

self-respect *snn* amor propio, dignidad *Poverty had destroyed their self-respect.* La pobreza había destruido su auto-estima.

esteem *snn* [formal] estima, consideración *I hold the prime minister in the highest esteem.* El primer ministro merece mi mayor consideración.

regard *snn* [más bien formal] estima, respeto *my considerable regard for the police* mi gran estima por la policía

431.1 Admiración extrema

wonder *snn* [implica asombro] admiración, asombro *We looked on in wonder as she stroked the lion.* Contemplamos llenos de admiración cómo acariciaba el león.

awe *snn* [implica asombro o a menudo una mezcla de temor y respeto] temor, asombro *Her skill left us in awe.* Su habilidad nos dejó a todos admirados. *I stood in awe of the examiners.* Me sentía intimidada por los examinadores.

431.2 Que requiere admiración

glory *snn* gloria

honour (*brit*), **honor** (*amer*) *s* **1** *snn* honor, honra *The honour of the party was at stake.* El honor del partido estaba en juego. *Tonight we have the honour of welcoming two guests from India.* Esta noche tenemos el honor de dar la bienvenida a dos invitados de la India. **2** *sn* honor *It's an honour to work here.* Es un honor trabajar aquí. **honourable** *adj* honorable **honourably** *adv* honorablemente

impress *vt* impresionar *I'm impressed.* Estoy impresionado.

impressive *adj* impresionante, imponente *an impressive achievement* un logro impresionante

432 Attract Atraer

attract *vt* **1** (frec.+ **to**) atraer *You're immediately attracted to this vibrant personality.* Uno se siente atraído de inmediato por esta vibrante personalidad. **2** [hacer venir] atraer *The course attracts hundreds of students every year.* El curso atrae a cientos de estudiantes cada año.

attraction *snn/n* atracción *the attraction of country life* la atracción de la vida campestre *The higher interest rates are a considerable attraction for investors.* Los tipos de interés más altos son una atracción considerable para los inversores *tourist attractions* puntos de interés turístico

attractive *adj* atractivo, atrayente *attractive eyes* ojos atrayentes *an attractive offer* una oferta atractiva

charm *snn* encanto *He convinced me by sheer charm.* Me convenció sólo con su encanto.

charm *vt* encantar *All the teachers were charmed by her.* Tenía encantados a todos los profesores. *He charmed me into buying the house.* Con su encanto me convenció para que comprara la casa.

charming *adj* encantador *Their manners were charming.* Sus modales eran encantadores. *a charming village* un pueblo encantador

bewitch *vt* [implica un efecto parecido a la magia] embrujar, hechizar *They were soon bewitched by the romance of India.* Pronto se sintieron hechizados por el embrujo de la India.

bewitching *adj* hechicero *a bewitching charm* un encanto hechicero

entice *vt* (frec. + *adv* o *prep*) [implica promesa de recompensa] tentar, incitar *She's been enticed away from teaching.* La han persuadido a dejar la enseñanza.

enticing *adj* tentador *an enticing offer* una oferta tentadora

tempt *vt* (frec. + **to** + INFINITIVO) [implica persuasión, frec. para algo malo, o deseo de hacerlo] incitar, tentar *He tempted me out for a drink.* Me incitó a salir a tomar un trago. *I was tempted to confess the truth.* Estuve tentado a confesar la verdad.

tempting *adj* [no sugiere nada malo] tentador *a tempting menu* un menú tentador

temptation *snn/n* tentación *to resist temptation* resistir la tentación

seduce *vt* **1** [persuadir para hacer el amor sexual] seducir *She was seduced in her first term at college.* La sedujeron en el primer trimestre en la facultad. **2** [persuadir para hacer algo, frec. desaconsejable] seducir *Don't be seduced by the idea of travelling abroad.* No te dejes seducir por la idea de viajar al extranjero.

seductive *adj* seductor *seductive photos of holiday beaches* seductoras fotos de playas turísticas

lure *vt* [frec. implica engaño. Norml. entraña tentación de ir a alguna parte] atraer con engaños *Teenagers are being lured to the capital by the prospect of higher wages.* Los jóvenes se marchan a la capital tras el señuelo de salarios más altos. *Can you lure her out of her office?* ¿Puedes hacer que salga de la oficina?

lure *snn* señuelo, atractivo *the lure of wealth* el señuelo de la riqueza

allure *snn* [cualidad atrayente] atractivo, fascinación *Modelling still has a definite allure.* La profesión de modelo todavía tiene un claro atractivo.

alluring *adj* atractivo, seductor *the car's alluring design* el llamativo diseño del coche

432.1 Cosas que atraen

bait *snn* **1** [p.ej. para peces] cebo, carnada **2** [usado para tentar a alguien] cebo, señuelo *They're running another competition as bait for new readers.* Han organizado otro concurso como señuelo para captar nuevos lectores.

magnet *sn* **1** [para atraer el hierro] imán **2** [que crea interés] imán *The coast was becoming a magnet for tourists.* La costa se estaba convirtiendo en un imán para los turistas.

magnetic *adj* **1** [describe: substancia] magnético **2** [describe: p.ej. personalidad] magnético

magnetism *snn* **1** [del hierro] magnetismo **2** [p.ej. de la personalidad] magnetismo

433 Endure Aguantar

endure *vt* [más bien formal. Frec. implica larga duración] aguantar, soportar *They endured great hardship.* Soportaron grandes penalidades. *He endured their teasing with good humour.* Soportó sus bromas con buen humor. (+ -ing) *I can't endure seeing them together.* No puedo soportar verles juntos.

endurance *snn* [implica determinación] aguante, resistencia *an ordeal that tested her physical endurance* una dura experiencia que puso a prueba su resistencia física *The noise was **beyond endurance**.* El ruido era insoportable. (usado como *adj*) *endurance test* prueba de resistencia

bear *vt, pas.* **bore** *pp.* **borne** (muy frec. en contextos negativos) soportar, aguantar *after a long illness, bravely borne* tras una larga enfermedad, valientemente soportada *I can't bear his constant air of superiority.* No puedo soportar su constante aire de superioridad. (+ **to** + INFINITIVO) *She can't bear to speak to him.* No puede soportar hablar con él.

stand *vt, pas. & pp.* **stood** (muy frec. en contextos negativos) [menos formal que **bear**] aguantar, soportar *He stood the job for four years before leaving.* Aguantó el trabajo durante cuatro años antes de dejarlo. *I can't stand the pressure any more.* No puedo soportar más la presión. (+ -ing) *I can't stand doing the housework.* Me revienta hacer las tareas domésticas.

U S O

Bear va normalmente seguido de infinitivo, a diferencia de **endure y stand.**

---

take *vt* [más bien informal] aguantar, soportar *I resigned because I just couldn't take any more.* Dimití porque

no podía aguantar más. *I couldn't take his constant complaining.* No podía soportar sus continuas quejas.

put up with sth/sb *vt fr.* soportar, pechar con *Why should I put up with inefficiency from employees?* ¿Por qué tengo yo que pechar con la incompetencia de los empleados? *Parents of teenagers have a lot to put up with.* Los padres de adolescentes tienen mucho con lo que pechar.

tolerate *vt* [más formal que **put up with**. Implica permiso pese a la desaprobación] tolerar *a regime that tolerates dissent* un régimen que tolera la disidencia *Lateness was just not tolerated.* El llegar tarde sencillamente no se toleraba.

tolerant *adj* [implica comprensión] tolerante *My grandparents were older but more tolerant.* Mis abuelos eran mayores pero más tolerantes.

tolerance *snn* tolerancia *British tolerance of eccentric behaviour* la tolerancia británica hacia el comportamiento excéntrico

suffer *v* **1** *vi* (frec. + **from**) [implica dolor físico o mental] sufrir *Did he suffer?* ¿Sufrió? *I hate to see children suffer.* Odio ver sufrir a los niños. *She suffers terribly from migraine.* Sufre muchísimo de jaqueca. **2** *vt* [obj: p.ej. dolor, insulto] soportar, aguantar *the misery I've suffered in this job* lo que he tenido que aguantar en este trabajo

victim *sn* víctima *victims of torture* víctimas de la tortura *the intended victims of the fraud* las víctimas a quienes iba destinado el fraude *stroke victims* víctimas de derrame cerebral

434 Friendship Amistad

ver también **319 Visit**; opuesto **250 Enmity**

434.1 Amistades personales

friend *sn* amigo *an old school friend* un antiguo amigo de colegio *The Mackays are friends of ours.* Los Mackay son amigos nuestros. [tras una pelea] *We're friends again.* Somos amigos otra vez. *We soon **made friends with** our new neighbours.* Pronto nos hicimos amigos de nuestros nuevos vecinos.

pal *sn* [informal. Usado esp. por y referido a hombres] amigo, colega *Are you bringing any of your little pals home tonight?* ¿Vas a traer a alguno de tus amiguitos a casa esta noche? [al dar las gracias a alguien] *Thanks, Jim, you're a pal.* Gracias, Jim, eres un amigo.

mate *sn* (*brit*) [informal. Se dice más frec. de hombres que de mujeres] amigo, colega *I got it second-hand from a mate of mine.* Lo conseguí de segunda mano de un amigo mío.

buddy *sn* (*amer*) [informal. Se usa más frec. con referencia a hombres que a mujeres] colega, compadre

relationship *sn* [cercana o distante] relación *a loving relationship* una relación amorosa *Our relationship is purely professional.* Nuestra relación es estrictamente profesional.

434.2 Amistades sociales

companion *sn* **1** [implica experiencia compartida, esp. un viaje] compañero *Scott and his companions* Scott y sus compañeros **2** [esposa o amante] compañera *his lifelong companion* la compañera de su vida

partner *sn* **1** [p.ej. en un delito o juego] socio, pareja, compinche *She betrayed her former partners to the police.* Denunció a sus antiguos compinches a la policía. *partners in government* socios en el gobierno *my tennis partner* mi pareja de tenis **2** [en una relación sentimental] compañero *marriage partners* cónyuges, consortes

partnership *sn/nn* asociación *We try to have an equal partnership at home.* En casa procuramos compartirlo todo por igual.

associate *sn* [esp. en los negocios] socio *Two of my former associates are setting up their own company.* Dos de mis antiguos socios están montando su propia empresa.

association *sn* (no tiene *pl*) asociación *a long and happy association with her publishers* una larga y feliz asociación con su editorial

associate with sb *vt fr.* [peyorativo a veces. Implica encuentros frecuentes] relacionarse con, tratar con *You've been associating with some very dubious characters, haven't you?* Has estado tratando con unos tipos muy sospechosos, ¿no?

ally *sn* [en un conflicto] aliado *our allies in the fight against pornography* nuestros aliados en la lucha contra la pornografía *our NATO allies* nuestros aliados de la OTAN

crony *sn* [frec. peyorativo, implicando camarillas y a veces abuso de poder] amigote *The head and his cronies stopped me getting the job.* El director y su camarilla impidieron que consiguiera el puesto.

acquaintance 1 *sn* conocido *She's got a lot of acquaintances.* Conoce a mucha gente **2** *snn* [implica conocer a alguien superficialmente] *I made her acquaintance on the train.* La conocí en el tren.

434.3 Comportamiento amistoso

friendly *adj* simpático, amistoso *a very friendly couple* una pareja muy simpática *a friendly chat* una charla amistosa **friendliness** *snn* amistad

befriend *vt* [norml. entraña también cuidar de alguien que necesita ayuda o amistad] ofrecer amistad a *She befriended me on my first day at work.* Me ofreció su amistad en mi primer día de trabajo.

warm *adj* [que muestra amistad] cálido, cordial *a warm greeting* un saludo cordial **warmly** *adv* calurosamente, cordialmente **warmth** *snn* cordialidad

hospitable *adj* [hacia huéspedes o extranjeros] hospitalario *It would be more hospitable to invite them in.* Sería más hospitalario invitarles a entrar.

hospitality *snn* hospitalidad *lavish Texan hospitality* pródiga hospitalidad tejana

welcoming *adj* [a la llegada de alguien] acogedor, cordial *a welcoming smile* una sonrisa cordial *The couriers were welcoming and efficient.* Los guías eran cordiales y eficientes.

company *snn* compañía *I enjoyed her company.* Disfruté mucho de su compañía. *I kept her company while she was waiting.* Le hice compañía mientras esperaba. *The company was most agreeable.* La compañía era de lo más agradable.

accompany *vt* acompañar [más formal que **go with**] acompañar *I accompanied her home after the party.* La acompañé a casa después de la fiesta.

frases

get on (*brit*)/**along** (*amer*) **well with sb** [implica relación fácil] llevarse bien con alguien *A good doctor needs to get on well with people.* Un buen médico tiene que congeniar con la gente.

hit it off (with sb) [llevarse bien con alguien desde el primer momento] caer bien (a alguien) *Lucy and Harry hit it off right away.* Lucy y Harry se cayeron bien al instante. *We didn't really hit it off.* No nos caímos muy bien.

get on like a house on fire [informal y enfático] llevarse de maravilla *Everybody was getting on like a house on fire until we got on to politics.* Todos nos entendíamos a las mil maravillas hasta que nos pusimos a hablar de política.

break the ice romper el hielo *It was a terrible joke but it broke the ice.* Fue un chiste malísimo pero rompió el hielo.

the more the merrier [se dice para animar a alguien a unirse al grupo] cuantos más mejor *Of course there's room in the car, the more the merrier.* Claro que hay sitio en el coche, cuantos más mejor.

435 Loneliness Soledad

ver también **320.2 Distance**

lonely (*brit & amer*) TAMBIÉN **lonesome** (*amer*) *adj* [sensación desagradable de añorar la compañía de los demás] solo, solitario *He feels so lonely now his wife's gone.* Se siente muy solo ahora que no está su esposa. *a lonely weekend* un fin de semana en soledad

alone *adj* (después de *v*) [probablemente por elección propia] solo *I'm all alone in the house tonight.* Esta noche estoy sola en casa. *I need to be alone for a while.* Necesito estar solo durante un tiempo.

on one's own [probablemente por elección propia] solo *Don't sit there on your own, come and join us.* No te quedes sentado ahí solo, ven con nosotros. *We're on our own now our daughter's married.* Nos hemos quedado solos ahora que se ha casado nuestra hija.

solitary *adj* (antes de *s*) **1** [habitualmente solo, tal vez por propia elección] solitario *a solitary existence* una existencia solitaria **2** [único. Palabra enfática] único, solo *I've had one solitary phone call all week.* He tenido una sola llamada en toda la semana.

isolated *adj* [pone énfasis en una distancia física o mental desagradable con respecto a otras personas o cosas] aislado *You feel so isolated not knowing the language.* Te sientes tan aislado al no saber el idioma. *Aren't you rather isolated out in the suburbs?* ¿No estás demasiado aislado ahí en las afueras?

435.1 Personas que están solas

loner *sn* [que prefiere vivir o trabajar solo o que tiene dificultad para relacionarse con otras personas] solitario

recluse *sn* [más bien peyorativo. Evita a los demás] recluso, solitario *A widower doesn't need to be a recluse, you know.* Un viudo no tiene por qué ser un recluso, ya sabes. **reclusive** *adj* solitario

hermit *sn* [abandona la sociedad, esp. antiguamente, por razones religiosas] ermitaño, eremita

435.2 Al describir una sola persona o cosa

single *adj* **1** (delante de *s*) [implica que se pueden esperar más] solo, único *If I find a/one single mistake, there'll be trouble.* Si encuentro un solo error, habrá problemas. *We haven't had a/one single customer all day.* No hemos tenido ni un solo cliente en todo el día. **2** [no casado] soltero *a single woman* una mujer soltera *when I was single* cuando era soltero

individual *adj* (delante de *s*) [uno y separado] individual *each child's individual needs* las necesidades individuales de cada niño *an individual portion* una ración individual *the individual care given to each patient* la atención individual que se presta a cada paciente

individual *sn* individuo *We treat you as an individual,*

not a number. Le tratamos como a una persona, no como a un número más.

independent *adj* (frec. + **of**) independiente *an independent investigation* una investigación independiente *We are totally independent of the insurance companies.* Somos totalmente independientes de las compañías de seguros *an independent wine merchant* [que no forma parte de una cadena] un comerciante en vinos independiente

independence *snn* independencia

singular *adj* [en gramática] singular *a singular noun* un sustantivo en singular *the first person singular* la primera persona del singular (usado como *s*) *The noun is in the singular.* El sustantivo está en singular.

lone *adj* (delante de *s*) [implica una ausencia inusitada de otras personas o cosas] solitario *a lone cyclist* un ciclista solitario

436 Include Incluir

include *vt* **1** [tener como parte] incluir, contener *These costs include fuel.* Estos costes incluyen la gasolina. **2** [poner dentro] incluir *I included a section on opera in the book.* Incluí una sección sobre ópera en el libro.

including *prep* incluido *£22 a night including breakfast* 22 libras la noche, desayuno incluido *all of us including the dog* todos nosotros incluido el perro

inclusive *adj* (*esp. brit*) (frec. + **of**) inclusive *from the sixth to the tenth inclusive* del seis al diez, ambos inclusive *£46 a week inclusive of heating* 46 libras a la semana, calefacción incluida

involve *vt* [implica que alguien o algo se hace necesario o se ve afectado por algo] implicar, involucrar *They don't want to involve the police in this.* No quieren mezclar a la policía en esto. *It would involve a long wait.* Supondría una larga espera. *a process involving computers* un proceso que implica el uso de ordenadores. *I don't want to get involved with their arguments.* No quiero meterme en sus discusiones.

involvement *sn* (no tiene *pl*) participación *his involvement in the crime* su implicación en el delito *We encourage the involvement of the local community.* Propiciamos la participación de los vecinos.

count sb/sth **in** *vt fr.* [considerar como incluido] incluir *If the others are going, count me in too.* Si los otros van, yo también me apunto.

consist of sth *vt fr.* [implica estar formado por varios materiales, elementos o personas juntos] consistir en, constar de *The alloy consists mainly of steel and copper.* La aleación se compone de acero y cobre principalmente. *The meal consisted of soup, fish and cheese.* La comida consistía en sopa, pescado y queso.

comprise *vt* **1** [estar formado de. Más formal que **consist of**] constar de *The book comprises ten chapters and an index.* El libro consta de diez capítulos y un índice. **2** [formar] constar de *The building is comprised of three adjoining rooms.* La construcción consta de tres habitaciones adyacentes.

u s o
Aunque el sentido 2 es de uso común, algunos hablantes lo consideran incorrecto.

f r a s e
be made up of sb/sth estar integrado por alguien/algo, estar compuesto de alguien/algo *The class is made up of Cubans and Puerto Ricans.* La clase está formada por cubanos y portorriqueños *The course is made up of three parts.* El curso se compone de tres partes.

437 Exclude Excluir

exclude *vt* (frec. + **from**) [norml. deliberadamente] excluir *I felt deliberately excluded from the group.* Me sentí deliberadamente excluido del grupo. *The programme excluded all mention of government interference.* El programa excluía toda mención de injerencia gubernamental.

exclusion *snn/n* exclusión *the exclusion of immigrants* la exclusión de inmigrantes *the usual exclusions like war and acts of God* [en pólizas de seguros] las exclusiones normales tales como la guerra y las catástrofes naturales

excluding *prep* [no teniendo en cuenta] con exclusión de, excepto *£234, excluding VAT* 234 libras, sin IVA *Excluding Friday, we've had good weather so far.* Aparte del viernes, hemos tenido buen tiempo hasta ahora.

omit *vt*, -**tt**- [accidental o intencionadamente] omitir *The soloist omitted the repeats.* El solista omitió las repeticiones. *Unfortunately your name has been omitted.* Por desgracia su nombre ha sido omitido.

omission *snn/n* omisión *We must apologize for the*

omission of certain facts. Tenemos que disculparnos por la omisión de ciertos hechos .

leave sth/sb **out** o **leave out** sth/sb *vt fr.* (frec. + **of**, **from**) [menos formal que **exclude** u **omit**] excluir, saltarse *You've left a word out.* Te has saltado una palabra. *She was left out of the team because of an injured ankle.* Quedó excluida del equipo por una lesión en el tobillo.

shun *vt*, -nn- [evitar, frec. de forma poco educada] evitar, rehuir *The banks tend to shun my kind of company.* Los bancos suelen rehuir empresas como la mía. *I used to shun any idea of working in an office.* Yo antes excluía cualquier posibilidad de trabajar en una oficina.

ignore *vt* no hacer caso de, hacer caso omiso de *She's been ignoring me all evening.* Me ha ignorado durante toda la noche. *They tend to ignore inconvenient facts.* Suelen pasar por alto los hechos que no les conviene mencionar.

except *prep* excepto, salvo *everyone except my father* todos salvo mi padre

except for *prep* excepto, salvo *We were all over 18, except for Edward.* Todos teníamos más de 18 años, menos Edward.

apart from *prep* aparte de *Apart from Dora, nobody could speak French.* Aparte de Dora, nadie hablaba francés.

438 Bad Malo

ver también **60 Ugly**; **219 Wicked**; **446 Horror and Disgust**; opuesto **417 Good**

bad *adj, compar.* **worse** *superl.* **worst 1** [desagradable] malo *I had a bad dream.* Tuve una pesadilla. **2** [de baja calidad] malo *My exam results were very bad.* Los resultados de mis exámenes fueron muy malos. **3** (frec. delante de *s*) [enfermo] *I've got a bad knee.* Tengo una rodilla mal. **4** (frec. + **for**) [perjudicial] malo *Too much sun is bad for your skin.* El exceso de sol es malo para la piel. **5** grave *a bad cold* un fuerte resfriado

badly *adv* mal, gravemente *She performed badly.* Actuó mal. *badly injured* gravemente herido *to behave badly* portarse mal

unpleasant *adj* [que a uno no le gusta] desagradable *an unpleasant taste* un sabor desagradable *The tone of the letter was extremely unpleasant.* El tono de la carta era sumamente desagradable. **unpleasantly** *adv* de manera desagradable

unsatisfactory *adj* [describe: p.ej. trabajo, condiciones] poco satisfactorio *Their performance has been thoroughly unsatisfactory.* Su actuación no ha sido satisfactoria en absoluto. **unsatisfactorily** *adv* de manera poco satisfactoria

horrible *adj* [acentúa la reacción personal de la persona que usa la palabra] horrible *a horrible piece of modern architecture* una horrible muestra de arquitectura moderna *That was a horrible thing to say.* Lo que dijo fue horrible.

nasty *adj* [más bien informal. Más fuerte que **unpleasant**. Cuando describe personas o acciones, implica mala voluntad deliberada. Describe: persona, acción] malicioso, malévolo [describe: olor, sabor] asqueroso *a nasty habit* una mala costumbre *a nasty cold* un resfriado horrible *a nasty trick* una mala jugada

shoddy *adj* [implica mala calidad o comportamiento vil] de pacotilla *shoddy goods* artículos de bajísima calidad *The way they treated me was incredibly shoddy.* Me trataron de una forma increíblemente ruin. **shoddily** *adv* de manera ruin, de manera vil

hopeless *adj* [informal. Implica actitud de rechazo hacia la incompetencia] inútil, malo *My spelling's hopeless.* Mi ortografía no tiene remedio. *a hopeless team* un equipo inútil

438.1 Muy malo

dreadful *adj* espantoso *The acoustics are dreadful.* La acústica es espantosa. *I had a dreadful journey.* Tuve un viaje espantoso. *a dreadful mistake* un error espantoso

appalling *adj* **1** pésimo *Her taste is simply appalling.* Tiene un gusto realmente pésimo. *What appalling weather we've been having.* Qué tiempo más espantoso ha hecho. **2** [que conmociona] espantoso *an appalling crime* un crimen espantoso

awful *adj* [puede implicar conmoción] horrible, espantoso *This soup is awful!* ¡Esta sopa está malísima! *that awful dog they have* ese perro tan horrible que tienen [usado como intensificador] *an awful mess* un lío tremendo

terrible *adj* [más bien informal] horrible, fatal *The weather's been terrible.* Ha hecho un tiempo horrible. *I'm a terrible singer.* Canto muy mal.

ghastly *adj* [implica horror] horroroso, espantoso *a ghastly accident* un accidente espantoso *They have such ghastly taste.* Tienen un gusto de lo más horroroso.

frightful *adj* [más bien formal. Grave y que produce conmoción] espantoso *We saw some frightful injuries.* Vimos algunas heridas espantosas. [puede sonar afectado] *a frightful colour* un color espantoso

foul *adj* [sumamente desagradable] asqueroso, repugnante *a foul stench* un hedor repugnante *The weather was absolutely foul.* Hizo un tiempo realmente asqueroso.

vile *adj* **1** [informal] malísimo, horrible *The food was positively vile.* La comida estaba asquerosa de verdad. **2** [más bien formal. Despreciable] vil *a vile threat* una vil amenaza

obnoxious *adj* [implica malos modales o crueldad. Describe: personas, comportamiento, etc., no tiempo, sabor, etc.] odioso, detestable *a particularly obnoxious remark* una observación realmente odiosa *The immigration officials were being deliberately obnoxious.* Los funcionarios de inmigración estaban actuando deliberadamente de forma desagradable.

crap *snn* [argot bastante vulgar. Implica fuerte desaprobación] mierda *His book is a load of crap.* Su libro es una verdadera mierda. (usado como *adj*) *a crap firm to work for* una empresa horrible para trabajar

crappy *adj* de mierda, asqueroso *They're crappy little cars.* Son unos cochecitos de mierda.

lousy *adj* [informal. Frec. implica actitud enojada] fatal, malísimo *The food was lousy.* La comida estaba malísima. *that lousy stereo I had* aquel estéreo tan malo que tenía

grim *adj*, **-mm-** [malo y difícil de soportar] duro, terrible *the grim prospects for manufacturing industry* las poco halagüeñas perspectivas para la industria manufacturera *The exam was pretty grim.* El examen fue bastante duro.

---

f r a s e

a dead loss [informal. Implica decepción] un desastre, una calamidad *The match was a dead loss.* El partido fue un desastre.

438.2 Gente desagradable

ver también **1 Wild animals**

bastard *sn* [argot] **1** [hombre odiado o despreciado. Bastante ofensivo] cabrón, mal nacido *The bastards wouldn't listen.* Los cabrones no quisieron escuchar. **2** [cosa desagradable o difícil] *This winter's been a real bastard.* Este invierno ha sido asqueroso.

pig *sn* [argot. Implica comportamiento desagradable, p.ej. crueldad, codicia, etc. No es muy fuerte, y frec. se le dice a alguien a la cara; no se usa para describir a alguien delante de los demás] asqueroso *Give it back, you pig!* ¡Devuélvemelo, asqueroso!

worm [expresa desprecio] gusano, canalla *Only a worm like you would print lies like that.* ¡Sólo un gusano como tú publicaría ese tipo de mentiras!

bitch *sn* [argot. Mujer desagradable. Bastante ofensivo] lagarta, zorra *That bitch swore at me.* Esa zorra me insultó.

---

439 Inferior Inferior

opuesto **419 Superior**

worse 1 *adj* (*compar.* de **bad**) peor *His cough is worse than ever.* Su tos está peor que nunca. *Things are likely to get worse.* Es probable que las cosas empeoren. **2** *adv* (*compar.* de **badly**) peor *I'm sleeping even worse lately.* Ultimamente, duermo aún peor.

worst *adj* (*superl.* de **bad**) peor *the worst book I've ever read* el peor libro que he leído jamás (usado como *s*) *I've seen some bad cases but this is the worst.* He visto algunos casos graves, pero éste es el peor.

439.1 Inferior en rango

subordinate *sn* [implica estructura de grados] subordinado *You need the respect of your subordinates.* Necesitas el respeto de tus subordinados.

subordinate *adj* (frec. + **to**) subordinado *a subordinate civil servant* un funcionario subordinado

junior *adj* (frec. + **to**) [relativo a otro u otros] de menor antigüedad, junior *a junior executive* un mando intermedio

junior *sn* junior *the office junior* el chico de los recados

---

440 Uncomfortable Incómodo

opuesto **421 Comfortable**

uncomfortable *adj* **1** incómodo *an uncomfortable bed* una cama incómoda *I feel uncomfortable wearing a tie.* Me siento incómodo con corbata. **2** incómodo, molesto *Churches make me uncomfortable.* Las iglesias hacen que me sienta incómodo. **uncomfortably** *adv* incómodamente

discomfort *snn* [más bien formal] malestar *The heat was causing me some discomfort.* El calor me causaba cierto malestar.

tight *adj* [describe: p.ej. ropa] apretado, ajustado *My belt's too tight.* Llevo demasiado apretado el cinturón.

tighten *v* **1** *vt* apretar *Don't tighten the strap too much.* No apriete la correa demasiado. **2** *vi* apretarse, estrecharse *The collar seemed to be tightening around my neck.* Parecía que el cuello de la camisa se estuviera estrechando alrededor de mi cuello.

pinch *vt* [suj: p.ej. zapatos] apretar *The boots pinch my toes.* Las botas me aprietan en los dedos.

cramped *adj* [obj: esp. condiciones de vida] *Many families live under very cramped conditions.* Muchas familias viven en condiciones de hacinamiento. *a cramped bedsit* un estudio muy estrecho

---

f r a s e

like a fish out of water [p.ej. en ambientes desconocidos] como pez fuera del agua *On his first visit abroad he felt like a fish out of water.* En su primera visita al extranjero se sintió como pez fuera del agua.

---

441 Worsen Empeorar

ver también **132 Damage**

deteriorate *vi* [más bien formal. Suj: p.ej. situación, salud] deteriorarse *The standard of your work has deteriorated considerably.* La calidad de su trabajo ha empeorado considerablemente.

deterioration *snn* deterioro *a marked deterioration in diplomatic relations between the two countries* un marcado deterioro de las relaciones diplomáticas entre ambos países

aggravate *vt* [obj: p.ej. problema] agravar, empeorar *The humidity could aggravate your asthma.* La humedad podría agravarte el asma. *tensions aggravated by foolish press comment* tensiones agravadas por necios comentarios de prensa **aggravation** *snn* agravamiento

exacerbate *vt* [obj: p.ej. problema, situación] exacerbar *Any intervention by the West will only exacerbate the political situation.* Una intervención de los países occidentales sólo exacerbará la situación política.

go downhill [informal. Empeorar gradualmente] ir cuesta abajo *The team went downhill after you left.* El equipo empezó a decaer cuando te fuiste.

go to pot [informal. Implica pérdida total de calidad] echarse a perder, arruinarse *those who feared that the hotel would go to pot* aquellos que temían que el hotel se arruinara

go to the dogs [informal. Implica pérdida vergonzosa de calidad] caminar hacia la ruina, echarse a perder *Ever since I was a boy people have been claiming the country was going to the dogs.* Desde que era niño la gente afirmaba que el país caminaba hacia la ruina.

go to seed [informal. Implica que alguien estaba antes en buenas condiciones físicas o mentales] echarse a perder, descuidarse *He really went to seed after he started drinking.* Desde que empezó a beber, su vida fué de mal en peor.

442 Normal Normal

ver también **288 Habitual**; opuesto **444 Unusual**

normal *adj* normal *It took us a long time to get back to normal after the fire.* Tardamos mucho tiempo en volver a la normalidad tras el incendio. *How long is your normal working day?* ¿Cuántas horas trabajas en un día laborable normal? [puede implicar juicio bastante fuerte por parte del que habla sobre cómo deberían ser las cosas] *It's not normal to want to be alone all the time.* No es normal querer estar solo todo el tiempo. *Anger is a normal reaction to the death of a loved one.* La furia es una reacción normal ante la muerte de un ser querido.

normally *adv* normalmente *Try to act normally.* Intenta actuar con normalidad. *I don't drink this much normally.* No bebo tanto normalmente. *Normally we visit my family at Christmas.* Normalmente visitamos a mi familia en Navidad.

natural *adj* [acorde con la naturaleza. No artificial] natural *a natural reaction* una reacción natural *the natural accompaniment to cheese* el acompañamiento natural del queso *The acting is very natural.* La interpretación es muy natural.

ordinary *adj* [sin rasgos especiales] corriente, común *a perfectly ordinary day* un día de lo más corriente [puede ser más bien peyorativo] *Her husband's very ordinary.* Su marido es muy normalito.

everyday *adj* (delante de *s*) [implica rutina] cotidiano, de todos los días *your everyday problems* tus problemas de todos los días *simple everyday jobs* simples trabajos cotidianos

standard *adj* [implica aprobación o aceptación general] normal, corriente *It's standard procedure.* Es la manera en que se suele proceder.

conventional *adj* [implica normas tradicionales o sociales] convencional *a conventional way of dressing* una forma de vestir convencional [más bien peyorativo] *Her family is terribly conventional.* Su familia es de lo más convencional.

conventionally *adv* convencionalmente *a conventionally designed engine* un motor de diseño convencional

conform *vi* (frec. + **to**) [implica comportamiento aceptado] ajustarse, someterse *the social pressures to conform* las presiones sociales a las que hay que ajustarse *They're unlikely to conform to their parents' wishes.* Es poco probable que se sometan a los deseos de sus padres.

442.1 Que ocurre o existe comúnmente

usual *adj* [término general] corriente, normal *He came at the usual time.* Vino a la hora habitual. *My usual doctor was away.* El médico que me atiende normalmente estaba fuera. *It's more usual for the mother to come.* Es más normal que venga la madre. *She's busy as usual.* Está atareada como de costumbre. (usado como *s*) *'Anything in the post?' 'Just the usual, bills and circulars.'* '¿Algo interesante en el correo?' 'Sólo lo de siempre, facturas y propaganda.'

usually *adv* normalmente *I usually wear a tie.* Normalmente llevo corbata.

typical *adj* (frec. + **of**) **1** [representativo] típico *a typical London street* una típica calle de Londres *This is typical of the problems facing young families.* Esto es típico de los problemas con que se enfrentan las familias jóvenes. **2** [característico. Norml. en contextos peyorativos] típico *The remark was typical of her.* Era una observación típica de ella.

typically *adv* típicamente *a typically stupid suggestion* una típica sugerencia estúpida *Candidates are typically female and unmarried.* Los candidatos suelen ser mujeres solteras.

No hay que confundir **typical** (típico) con **traditional** (tradicional) *ver también **195 Social customs**

widespread *adj* [que se han dado muchos casos] muy extendido, generalizado *a widespread misunderstanding* un error muy generalizado *The practice is widespread in Scotland.* Esta costumbre está muy extendida en Escocia.

widely adv [con frecuencia y en muchos sitios] *The changes have been widely publicized.* Los cambios se han dado a conocer ampliamente.

commonplace adj [sucede tan frecuentemente que se considera corriente. Frec. se dice de algo que solía considerarse raro o poco habitual] corriente, normal *Satellite launches are now commonplace.* Los lanzamientos de satélites se han convertido en algo normal. *Muggings are commonplace in the area.* Los atracos son moneda corriente en la zona.

442.2 Entre dos extremos

average adj [más o menos como los demás] medio *average house prices* precios de vivienda medios *It's more versatile than the average computer.* Es más versátil que el ordenador medio.

average sn/nn promedio *Her performance was above average.* Sus resultados fueron superiores al promedio.

medium adj mediano, medio *a house of medium size* una casa de tamaño mediano

intermediate adj **1** [que se hace o sucede entre dos cosas] intermedio *an intermediate solution* una solución intermedia **2** [entre principiante y avanzado]

intermedio *intermediate students* estudiantes de nivel intermedio

442.3 Términos más bien peyorativos

mediocre adj [el más peyorativo de este grupo] mediocre *Your marks are pretty mediocre.* Tus notas son bastante mediocres. *a mediocre hotel* un hotel mediocre

middling adj [menos peyorativo que **mediocre**, pero de ningún modo excepcional] regular *His health's been fair to middling.* Su salud ha sido medianamente buena.

run-of-the-mill adj [más bien peyorativo. Implica algo corriente sin cualidades especiales] corriente y moliente *a run-of-the-mill TV comedy* una comedia televisiva del montón *All the applicants have been pretty run-of-the-mill.* Todos los solicitantes han sido bastante mediocres.

middle-of-the-road adj [frec. peyorativo. Implica suavidad o falta de convicción] moderado *My artistic tastes are fairly middle-of-the-road.* Mis gustos artísticos son bastante moderados.

443 Often A menudo

often adv a menudo *How often do you go there?* ¿Con qué frecuencia vas allí? *It's often possible to buy tickets at the door.* A menudo es posible comprar entradas en la taquilla.

frequent adj frecuente *He's a frequent guest of the president.* Es un invitado habitual del presidente. *frequent arguments* argumentos frecuentes

frequently adv [más formal que **often**] frecuentemente, con frecuencia *She frequently travels abroad.* Viaja al extranjero con frecuencia. **frequency** snn frecuencia

common adj común *Accidents are common on this road.* Los accidentes son frecuentes en esta carretera. *It's a common problem.* Es un problema frecuente.

regular adj regular *to take regular exercise* hacer ejercicio regularmente *They have lunch on a regular basis.* Comen juntos regularmente. **regularity** snn regularidad

regularly adv regularmente, con regularidad *We meet regularly.* Nos reunimos con regularidad.

444 Unusual Inhabitual

ver también **118 Surprise**; opuesto **442 Normal**

unusual adj desacostumbrado, poco común *Ethelred is an unusual name these days.* Ethelred es un nombre poco común hoy en día. *It's unusual for you to be so early.* No es normal en ti llegar tan pronto. **unusually** adv excepcionalmente

444.1 No lo que a uno le gustaría o lo que se esperaría

strange adj [que inquieta ligeramente] extraño, raro *a strange coincidence* una extraña casualidad *Her behaviour's been rather strange lately.* Su comportamiento ha sido un poco raro últimamente. *That's strange, I thought I'd packed another sweater.* Qué raro, pensaba que había puesto otro jersey en la maleta.

strangely adv de manera extraña, de manera rara *to behave strangely* comportarse de modo extraño *It was strangely quiet.* Reinaba un extraño silencio. *Strangely, we never met.* Por extraño que parezca, nunca nos conocimos. **strangeness** snn extrañeza, rareza

odd adj [ligeramente más enfático que **strange**] raro, extraño *That's odd, they're not answering the phone.* Qué raro, no contestan. *That sounds a rather odd arrangement.* Parece un acuerdo bastante extraño.

oddly adv de manera rara, de manera extraña *He looked at me very oddly.* Me miró de manera muy rara. *Oddly enough, she was here yesterday.* Aunque parezca extraño, ayer estuvo aquí.

oddity s **1** sn bicho raro, cosa rara *Why do people look on tricycles and their riders as oddities?* ¿Por qué la gente considera los triciclos y las personas que van en ellos como cosas raras? **2** snn [más bien formal] rareza

peculiar adj [ligeramente más peyorativo y crítico que **strange** y **odd**] extraño, raro *The house had a peculiar smell.* En la casa había un olor extraño. *My mother thinks I'm a bit peculiar, not eating meat.* Mi madre piensa que soy un poco rara porque no como carne.

peculiarity s **1** sn [costumbre o rasgo especial] peculiaridad *The bow tie is one of his little peculiarities.* La pajarita es una de sus peculiaridades. **2** snn [más bien formal] lo peculiar, rareza

curious adj [más bien formal] curioso *He served up a curious mixture of meat and fruit.* Sirvió una curiosa mezcla de carne y fruta. **curiously** adv curiosamente

funny adj [más bien informal] raro, extraño *I heard a funny noise.* Oí un ruido raro. *It seemed funny not to invite his parents.* Parecía raro que no invitara a sus padres.

weird adj muy extraño, muy raro *He's a weird guy.* Es un tipo muy extraño. *I've had such a weird day.* He tenido un día muy raro.

bizarre adj [muy extraño y poco natural] extraño, raro *His behaviour is absolutely bizarre.* Se comporta de forma extrañísima.

queer adj [anticuado, esp. por su connotación peyorativa de 'homosexual'. Implica sensación de perplejidad o malestar] extraño, raro *a queer feeling I'd been there before* una extraña sensación de que había estado allí antes

abnormal adj [frec. en contextos médicos o técnicos, en otros contextos suena muy crítico] anormal *an abnormal heartbeat* un latido de corazón anormal *Her behaviour is completely abnormal.* Su comportamiento es totalmente anormal. **abnormality** sn/nn anormalidad

freak adj [muy inesperado] imprevisto, inesperado *freak weather conditions* condiciones metereológicas extremadamente anormales

444.2 Que no hay mucho o que no sucede a menudo

rare adj [no existen muchos] raro, poco común *a rare example of international cooperation* un ejemplo raro de cooperación internacional *rare birds* pájaros raros **rareness** snn rareza

rarely adv rara vez, raramente *I'm rarely at home these days.* Ahora rara vez estoy en casa.

scarce adj [no hay suficiente] escaso *Money was scarce.* El dinero era escaso. *our scarce resources* nuestros escasos recursos

scarcely adv apenas *There's scarcely any tea left.* Apenas queda té.

scarcity snn/n escasez *this scarcity of raw materials* esta escasez de materias primas

occasional adj [que sucede a veces] *We get the occasional enquiry.* Nos piden información alguna que otra vez. *They make occasional visits to the seaside.* Viajan de vez en cuando a la costa. **occasionally** adv de vez en cuando

uncommon adj [sorprendente cuando se encuentra] poco común *an uncommon name* un nombre poco común

exception sn excepción *I'm usually in bed by ten but yesterday was an exception.* Normalmente a las diez estoy en la cama pero ayer fue una excepción. *The regulations require students to be over eighteen, but we made an exception for her.* Las normas exigen que los estudiantes tengan más de dieciocho años, pero con ella hicimos una excepción.

seldom adv [ligeramente formal] rara vez *I seldom if ever go abroad.* Rara vez, por no decir jamás, voy al extranjero. *Seldom had we seen such poverty.* Rara vez habíamos visto tanta pobreza.

hardly adv apenas *I hardly ever eat meat.* Casi nunca como carne.

atypical adj [formal] atípico *My own case is somewhat atypical.* Mi propio caso es algo atípico.

f r a s e s

few and far between [no muchos, norml. implica que más sería mejor] contados *My uncle's visits were few and far between.* Las visitas de mi tío eran contadas.

once in a blue moon [muy raramente] de uvas a peras *Once in a blue moon we go out to a restaurant.* De uvas a peras vamos a un restaurante.

444.3 Poco corriente pero norml. apreciado

special adj especial *They needed special permission to get married.* Necesitaban un permiso especial para casarse. *Mum's making a special cake for your birthday.* Mamá está haciendo un pastel especial para tu cumpleaños. *You're a very special person to me.* Eres una persona muy especial para mí.

unique adj [que no existe otro igual] único *a unique privilege* un privilegio extraordinario *The picture is quite unique.* El cuadro es excepcional.

extraordinary adj [sorprendente, esp. por la calidad] extraordinario *The result was extraordinary.* El resultado fue extraordinario. *her extraordinary talents* sus extraordinarias dotes

extraordinarily adv extraordinariamente *an extraordinarily brilliant contralto* un contralto extraordinariamente brillante

remarkable adj (frec. + **for**) [sorprendente, esp. por algo bueno] extraordinario *a remarkable recovery* una extraordinaria recuperación *The film was remarkable for its use of amateurs.* La película era admirable por el uso de actores amateurs.

remarkably adj extraordinariamente *The letter was remarkably short.* La carta era extraordinariamente corta.

exceptional adj **1** [implica de muy alta calidad] excepcional *It has been an exceptional year for Burgundy.* Ha sido un año excepcional para el borgoña. *Her technique is really exceptional.* Su técnica es realmente excepcional. **2** [que constituye una excepción] excepcional *It's quite exceptional for me to go to London these days.* Ahora rara vez voy a Londres.

exceptionally adv excepcionalmente *exceptionally gifted* excepcionalmente dotado

444.4 En contra de las convenciones

unconventional adj poco convencional *their unconventional home life* su vida familiar poco convencional **unconventionally** adv de manera poco convencional

eccentric adj [curioso y frec. considerado divertido] excéntrico *an eccentric millionaire* un millonario excéntrico *It was considered rather eccentric to walk in Los Angeles.* Se consideraba bastante excéntrico ir a pie en Los Angeles. **eccentric** sn excéntrico

eccentricity *snn/n* excentricidad *He was respected as a scientist despite his eccentricity.* Era respetado como científico a pesar de su excentricidad.

alien *adj* [difícil de comprender y aceptar, esp. por diferencias culturales] ajeno *Their enthusiasm for hunting was quite alien to us.* Su entusiasmo por la caza nos era bastante ajeno.

444.5 Gente poco común

eccentric *sn* [no necesariamente peyorativo, frec. considerado más bien entrañable] excéntrico *She's a bit of an eccentric.* Es un poco excéntrica.

odd ball *sn* [informal. Más peyorativo que **eccentric**] estrafalario, bicho raro

weirdo *sn, pl* **wierdos** [informal. Muy peyorativo] tipo raro, bicho raro *He's a real weirdo.* Es un tipo rarísimo.

445 Hate and Dislike Odio y Aversión

ver también **324 Avoid**

hate *vt* **1** (frec. + -ing) odiar *I hated sport at school.* Odiaba el deporte en la escuela. *I hate flying.* Odio ir en avión. **2** [lamentar] (+ **to** + INFINITIVO) lamentar *We hate to stop you enjoying yourselves, but it's getting late.* Lamentamos tener que privaros de vuestra diversión, pero se está haciendo tarde.

hate *snn* odio *a look of pure hate* una mirada de puro odio

hatred *snn* odio *her hatred of hypocrisy* su odio a la hipocresía

u s o

Hate y **hatred** tienen unos significados muy similares, y frecuentemente se usan en los mismos contextos. Sin embargo, **hate** acentúa la emoción de la persona que odia, mientras que **hatred** acentúa una actitud frente a algo.

detest *vt* (frec. + -ing) [más fuerte que **hate**. Frec. implica fastidio] odiar, detestar *He detests Wagner.* Detesta a Wagner. *I simply detest ironing.* Planchar es algo que detesto.

loathe *vt* (frec. + -ing) [más fuerte que **hate**. Frec. implica repugnancia] aborrecer, odiar *I loathe hamburgers.* Aborrezco las hamburguesas. *I loathe driving on motorways.* Odio conducir en autopista.

loathing *snn* odio, aversión *She regarded her with deep loathing.* Sentía un profundo odio por ella.

loathsome *adj* [más bien formal] odioso, aborrecible *that loathsome science teacher we had* ese odioso profesor de ciencias que teníamos

dislike *vt* tener aversión a, tener antipatía a *I dislike the taste of fish.* No me gusta el sabor del pescado.

dislike *snn* aversión, antipatía *my dislike of heights* mi aversión a las alturas

u s o

El verbo **dislike** es ligeramente formal y su significado es más fuerte que la negación del verbo **like**. En inglés hablado informal, es más probable que la gente diga '**I don't like** sth' antes de decir '**I dislike** sth'.

disapprove *vi* (frec. + **of**) desaprobar *They made it clear they disapproved of my promotion.* Dejaron claro que estaban en contra de mi ascenso. *They may disapprove but they can't stop us.* Puede que no estén de acuerdo pero no nos pueden detener.

disapproval *snn* (a veces + **of**) desaprobación *widespread disapproval of the changes* desaprobación general de los cambios

scorn *vt* desdeñar, despreciar *They scorn our attempts to achieve peace.* Menosprecian nuestros intentos de conseguir la paz.

scorn *snn* desprecio, desdén *her open scorn for my beliefs* su evidente desdén por mis creencias *Don't pour scorn on their ambitions.* No menosprecies sus ambiciones.

scornful *adj* desdeñoso, despreciativo *He rejected the compromise in a scornful letter.* Rechazó el acuerdo con una carta despreciativa. **scornfully** *adv* con desdén

despise *vt* [sentimiento de odio y desprecio muy fuerte] despreciar *She despises people who support apartheid.* Desprecia a la gente que apoya el apartheid.

f r a s e s

not be to one's taste [frec. se usa en insinuaciones irónicas, frec. cuando se ha rechazado algo] no ser del gusto de uno *So office work is not to your taste, young man.* Así que el trabajo de oficina no es de tu gusto, joven.

not be one's cup of tea [implica algo no atractivo] no ser del agrado de uno *Camping is not at all my cup of tea.* Ir de acampada no es santo de mi devoción.

I wouldn't be seen dead with/in etc. [informal. Otros pronombres personales posibles. Norml. se refiere a un sitio, una persona o ropa que no le gusta al hablante. Implica repugnancia y desagrado] ni aunque me maten *I thought you wouldn't be seen dead without a tie.* Creía que no dejarías de llevar corbata ni aunque te mataran.

I wouldn't touch sb/sth with a barge pole *(brit)*/**a ten-foot pole** *(amer)* [informal. Otros pronombres personales posibles. Frec. se usa para dar consejos. Implica desconfianza o mala opinión] no tendría nada que ver con alguien/algo *Of course the business will fail, I wouldn't touch it with a barge pole.* Está claro que el negocio fracasará, yo de ti no tendría nada que ver con él. *I wouldn't touch that car with a bargepole.* Ese coche no lo quiero ni regalado.

I can't stand/bear sb/sth [informal. Expresa fuerte desagrado] no puedo soportar a alguien/algo *I can't stand his mother.* No puedo soportar a su madre. *She can't bear horror films.* No puede soportar las películas de terror.

446 Horror and Disgust Horror y Repugnancia

ver también **60 Ugly; 118 Surprise; 438 Bad**

horror *snn/n* horror *We stared in horror as the car exploded.* Miramos horrorizados cómo explotaba el coche. *the horrors of war* los horrores de la guerra

disgust *snn* asco, repugnancia *I walked out in disgust at his remarks.* Me marché indignado por sus observaciones.

distaste *snn* [implica considerar algo/a alguien ofensivo] aversión *my natural distaste for sensational journalism* mi aversión natural por el periodismo sensacionalista

446.1 Que causa repugnancia

disgusting *adj* [menos fuerte y más usado que los equivalentes españoles] asqueroso, repugnante *Their manners are disgusting.* Sus modales son intolerables. *a disgusting lack of concern* una indignante falta de interés

horrifying *adj* horripilante *a horrifying experience* una experiencia espeluznante

appalling *adj* [implica conmoción] espantoso *Hygiene in the camp was appalling.* La higiene del campamento era espantosa.

revolting *adj* [esp. para el gusto o los sentidos] asqueroso, repugnante *a revolting brown mess on the carpet* una repugnante mancha marrón en la alfombra

repulsive *adj* [ligeramente más fuerte que **revolting**] repulsivo *that repulsive wart on his nose* esa repulsiva verruga que tiene en la nariz *I find him utterly repulsive.* Lo encuentro totalmente repulsivo.

off-putting *adj* [desalentador o que quita las ganas de hacer algo] *I'd like to taste it but the smell is very off-putting.* Me gustaría probarlo, pero el olor hace que se me vayan las ganas.

repugnant *adj* (frec. + **to**) [formal. Esp. moralmente] repugnante *I found the amount of waste quite repugnant.* Me repugnó tanto despilfarro.

repellent *adj* (frec. + **to**) [formal] repelente, repugnante *The idea would be repellent to most of us.* Esta idea nos repelería a la mayoría. *a repellent sight* un panorama repugnante

446.2 Causar repugnancia

disgust *vt* repugnar, asquear *Your meanness disgusts me.* Tu mezquindad me repugna.

horrify *vt* [implica conmoción] horrorizar *The idea of leaving horrified me.* La idea de irme me horrorizaba. *I was horrified by her indifference.* Su indiferencia me dejó horrorizada.

appal (*brit*), **-ll-**, **appall** (*amer*) *vt* [implica conmoción, frec. emocional] horrorizar *They were appalled by the cramped conditions.* Las condiciones de hacinamiento les dejaron horrorizados.

revolt *vt* [implica repugnancia instintiva] asquear, repugnar *War revolted her.* A ella le repugnaba la guerra.

repel *vt*, **-ll-** [implica deseo instintivo para evitar algo/a alguien] repeler, repugnar *I was repelled by their callousness.* Me repelió su crueldad.

put sb **off** o **put off** sb *vt fr.* [de manera que uno no quiere comprar, hacer tratos, etc.] disuadir *It was the dirt that put me off sleeping there.* Fue la suciedad lo que hizo que se me fueran las ganas de dormir allí.

make sb **sick** [a veces físicamente, pero norml. moralmente] poner enfermo a alguien *The way he sucks up to the boss makes me sick.* La forma en que le hace la pelota al jefe me pone enferma.

447 Sad Triste

opuesto **422 Happy**

sad *adj* triste *I was very sad to see him go.* Me puse muy triste al verlo partir. *It's sad that she never knew her father.* Es triste que nunca conociera a su padre. **sadly** *adv* tristemente

sadness *snn* tristeza *You can hear his sadness in the music.* Puedes percibir su tristeza en la música.

sadden *vt* [más bien formal] entristecer *We were all saddened to hear of your recent loss.* Todos nos entristecimos al enterarnos de tu reciente pérdida.

unhappy *adj* [implica que algo va mal] desgraciado, infeliz *Their quarrels make them both very unhappy.* Sus peleas les hacen sentirse muy desgraciados a ambos. *I was unhappy in the job.* No era feliz en el trabajo. *I'm unhappy with the car's performance.* No estoy satisfecho con el rendimiento del coche.

unhappily *adv They were unhappily married for years.* Fue un matrimonio infeliz durante muchos años.

unhappiness *snn* desdicha, desgracia *Do you realize the unhappiness you're causing your family?* ¿Te das cuenta de la desdicha que estás causando a tu familia?

sorrow *snn* [más bien formal o literario] pesar *We share in your sorrow.* Compartimos su dolor.

sorrowful *adj* afligido *the sorrowful expression on his face* la afligida expresión de su rostro **sorrowfully** *adv* con aflicción

distress *snn* [implica tristeza e inquietud] aflicción, angustia *The uncertainty is causing great distress.* La incertidumbre está creando una gran angustia.

distress *vt* afligir, angustiar *The hostility of his family distressed her greatly.* La hostilidad de su familia la afligía mucho.

distressing *adj* angustioso, preocupante *a distressing lack of understanding* una preocupante falta de comprensión

hopeless *adj* [implica desesperación sin resolución posible] desesperado *I felt hopeless and friendless.* Me sentí desesperado y sin amigos.

suffer *vti* sufrir *It's the children who suffer in a divorce.* Son los hijos los que sufren en un divorcio.

suffering snn sufrimiento *She's out of her suffering now.* Ya no va a padecer más.

upset adj [implica emoción menos profunda y menos permanente que **sad**. Frec. implica enojo o/y ganas de llorar] disgustado *Many people are very upset about the changes.* Muchas personas están muy disgustadas por los cambios.

upset vt, -tt- pas. & pp. **upset** disgustar, poner triste *I hope I didn't upset you by mentioning the subject.* Espero no haberte molestado al mencionar el tema.

depressed adj [frecuentemente describe estado bajo de ánimo, pero en contextos médicos describe un trastorno psicológico grave] deprimido *I'm a bit depressed about missing the final.* Estoy un poco deprimido por perderme la final.

depression snn [norml. sólo en contextos médicos] depresión *He suffers from bouts of depression.* Sufre ataques depresivos.

fed up (frec. + **with**) [implica frustración ante alguna cosa] harto *The weather is making us all rather fed up.* Estamos todos un poco hartos del tiempo. *ver también **119 Boring**

447.1 Suma tristeza

despair snn desesperación *Their obstinacy filled me with despair.* Su obstinación me llenó de desesperación.

despair vi (a veces + **of**) desesperarse, perder la esperanza *Without your help I might have despaired.* Sin tu ayuda tal vez me habría desesperado. *He despaired of ever working again.* Perdió la esperanza de volver a trabajar nunca más.

desperate adj [implica desesperación y urgencia] desesperado *a desperate mother* una madre desesperada *Don't do anything desperate.* No hagas nada en un acto de desesperación. *The situation is desperate.* La situación es desesperada. **desperation** snn desesperación

grief snn [ante muerte o sufrimiento] aflicción, dolor *She never got over her grief.* Nunca se sobrepuso a su dolor.

grief-stricken adj [muy enfático, implica pérdida completa de control] desconsolado, inconsolable

grieve vi (frec. + **for**) [norml. a causa de muerte u otra pérdida] afligirse *I'm grieving for my lost youth.* Lloro la pérdida de mi juventud.

heartbroken adj [muy fuerte, pero también se usa en

contextos menos serios que **grief-stricken**] *The cat's lost and the children are heartbroken.* El gato ha desaparecido y los niños están muy tristes.

misery s **1** snn [norml. emoción bastante duradera] desdicha, desgracia **2** sn [algo que causa dicha emoción] desdicha *the miseries of old age* las desdichas de la vejez *Debt has **made my life a misery**.* Las deudas me han amargado la vida.

misery sn [informal, peyorativo. Persona norml. desgraciada] deprimido *He's a real misery.* Siempre está deprimido.

miserable adj [implica autocompasión] triste, desgraciado *a miserable frown* un ceño de tristeza *The children will be so miserable if they can't go to the disco.* Los chicos se pondrán muy tristes si no pueden ir a la discoteca. **miserably** adv tristemente

wretched adj horrible, malísimo *Migraine makes you feel so wretched.* La jaqueca te hace sentir horrible. **wretchedly** adv muy mal

447.2 Que no es alegre

serious adj [implica ausencia de humor] serio *She was looking serious and slightly angry.* Parecía seria y ligeramente enfadada. **seriously** adv seriamente

solemn adj [implica sentimiento de importancia] solemne *a solemn voice that meant bad news* una voz solemne que era sinónima de malas noticias **solemnly** adv solemnemente

wet blanket sn [informal y peyorativo. Persona que estropea la diversión de los demás, norml. a causa de su personalidad desgraciada] aguafiestas

killjoy sn [peyorativo. Persona que estropea la diversión intencionadamente] aguafiestas

447.3 Llorar

cry vi llorar *I always cry at weddings.* Siempre lloro en las bodas.

sob vi, -bb- [pone énfasis en el ruido que se hace al llorar] sollozar *She was sobbing her heart out.* Lloraba a lágrima viva. **sob** sn sollozo

weep vit, pas. & pp. **wept** [más liter. que **cry**. Pone énfasis en las lágrimas derramadas, y norml. en el silencio de la acción] llorar *She wept from remorse.* Lloraba de remordimientos.

tear sn lágrima *The tears streamed down his cheeks.* Las lágrimas le corrían por las mejillas.

448 Disappointment Decepción

disappointed adj (frec. + **that**) [cuando algo no ha sucedido como se esperaba] decepcionado *a disappointed look* una mirada de decepción *I'm disappointed so few people came.* Me decepciona que haya venido tan poca gente.

disillusion vt [al revelar la verdad] desilusionar *I hate to disillusion you, but the Danube just isn't blue.* Siento desilusionarte pero es que el Danubio en realidad no es azul. **disillusionment** TAMBIÉN **disillusion** snn desilusión

sorry adj (después de v; frec. + **that**) [cuando uno desea que las cosas fueran distintas] apenado *I'm sorry we can't see Siena as well.* Siento que no podamos ver Siena también.

blow sn [p.ej. malas noticias] golpe, revés *That's a blow, I'd been counting on the royalties for my tax bill.* Es un golpe, había contado con los derechos de autor para pagar los impuestos.

let sb **down** O **let down** sb v fr. [p.ej. al no cumplir una promesa] defraudar *I hope the post doesn't let us* promesa] defraudar *I hope the post doesn't let us down, we need the photos tomorrow.* Espero que el correo no nos falle, necesitamos las fotos mañana. *We felt badly let down by the organizers.* Nos sentimos muy defraudados por los organizadores.

449 Shame Vergüenza

ver también *L23 Apologies*; opuesto **148 Proud**

449.1 Lamentar

sorry *adj* (después de *v*; frec. + **for** o + **that**) *I said I'm sorry.* Dije que lo sentía. *Sorry, I didn't see you.* Lo siento, no le vi. *I'm sorry for disturbing you.* Siento molestarle.

apology *sn/nn* disculpa *You deserve an apology.* Merece una disculpa. *My apologies for arriving late.* Mis disculpas por llegar tarde. *a brief letter of apology* una breve carta de disculpa

apologize *vi* disculparse *Don't apologize, it's not serious.* No te disculpes, no es grave.

apologetic *adj* [que muestra vergüenza y arrepentimiento] *She was very apologetic.* Me ofreció toda clase de disculpas. *an apologetic note* una nota de disculpa **apologetically** *adv* disculpándose, pidiendo disculpas

ashamed *adj* (norml. después de *v*; frec. + **of**) [porque se ha hecho algo malo] avergonzado *too ashamed to come back* demasiado avergonzado para volver *I'm ashamed of what I did.* Me avergüenzo de lo que hice. *You should be ashamed of yourself!* ¡Debería darte vergüenza!

repent *vi* (frec. + **of**) [esp. en contextos religiosos] arrepentirse *She confessed and repented.* Se confesó y se arrepintió. *to repent of one's sins* arrepentirse de sus pecados **repentance** *snn* arrepentimiento

remorse *snn* [implica culpabilidad y falta de felicidad] remordimiento *seized by remorse* llena de remordimiento *He gave himself up in a fit of remorse.* Se entregó impulsado por el remordimiento.

remorseful *adj* lleno de remordimiento *a remorseful letter* una carta de arrepentimiento

regret *vt, -tt-* lamentar, arrepentirse de *The holiday cost a lot, but I don't regret it.* Las vacaciones nos salieron muy caras, pero no me arrepiento. *I instantly regretted what I had said.* Me arrepentí al instante de lo que había dicho.

guilt *snn* **1** [por haber hecho algo malo] culpa, culpabilidad *to prove sb's guilt* demostrar la culpabilidad de alguien **2** [sentimiento] culpabilidad *I can't stand the guilt.* No soporto el sentimiento de culpabilidad.

guilty *adj* **1** [de un delito] culpable *to be found guilty* ser declarado culpable **2** [juzgarse mal a uno mismo] culpable *I feel so guilty about not being there.* ¡Me siento tan culpable por no haber estado allí! *to have a guilty conscience* remorderle la conciencia a alguien **guiltily** *adv* con cara de culpabilidad

449.2 Pérdida del orgullo

humiliate *vt* [implica atacar la dignidad de alguien] humillar *The idea is to improve children's behaviour,* *not to humiliate them.* La idea es mejorar el comportamiento de los niños, no humillarlos.

humiliation *snn/n* humillación *We faced defeat and humiliation.* Nos enfrentamos a la derrota y la humillación. *She wanted revenge for past humiliations.* Quería vengarse de humillaciones pasadas.

humility *snn* [apreciativo. No ser orgulloso] humildad *I have enough humility to accept my limitations.* Soy lo suficientemente humilde como para aceptar mis limitaciones.

embarrass *vt* [implica malestar social pero no culpabilidad moral como **shame**] azorar, hacer avergonzar *It would embarrass me if they asked why I wasn't there.* Me encontraría en un aprieto si me preguntaran por qué no estaba allí. *He's embarrassed about his acne.* Se siente avergonzado de su acné. *Don't ask such embarrassing questions.* No hagas preguntas tan embarazosas.

embarrassment *snn* [lo que se siente cuando se ha hecho algo ridículo o estúpido, no cuando se ha hecho algo malo] vergüenza, turbación *You can imagine my embarrassment when I realised my mistake.* Ya puedes imaginarte mi turbación cuando me di cuenta de mi error.

blush *vi* ruborizarse *She blushed when I mentioned the missing money.* Se ruborizó cuando mencioné lo del dinero desaparecido. **blush** *sn* rubor

Embarrassment y **shame** son similares, pero no significan lo mismo. Una persona se siente **embarrassed** cuando hace algo ridículo, comete un error o se encuentra en una situación socialmente violenta. Se siente así porque está rodeada de más gente o porque la gente sabe lo que ha hecho. Una persona se siente **ashamed** cuando ha hecho algo malo en el sentido moral y desearía no haberlo hecho. Puede sentirse de este modo incluso aunque nadie sepa lo sucedido.

450 Angry Enfadado

angry adj [emoción bastante fuerte] enfadado *I'm not angry with you.* No estoy enfadada contigo. *They exchanged angry letters.* Intercambiaron cartas de indignación. **angrily** adv airadamente, furiosamente

anger snn cólera, ira *hurtful words said in anger* palabras hirientes provocadas por la cólera

anger vt [más formal y menos corriente que **make angry**] enojar *He was careful to say nothing that would anger the local authorities.* Tuvo cuidado en no decir nada que enojara a las autoridades locales.

annoy vt [implica reacción impaciente, menos fuerte que **anger**] molestar *What annoys me most is her complacency.* Lo que más me molesta es su conformidad.

annoying adj molesto *an annoying cough* una tos molesta *Your stupid questions can be very annoying.* Tus estúpidas preguntas pueden resultar muy molestas.

annoyed adj (norml. después de *v*) molesto, enfadado *She was thoroughly annoyed about the delay.* Estaba muy molesta por el retraso.

annoyance snn/n enfado, enojo *She made no secret of her annoyance.* No disimuló su contrariedad.

cross adj (*esp. brit*) (norml. después de *v*) [implica enfado, esp. con un niño. Norml. emoción a corto plazo y menos seria que **angry**] enfadado *I was afraid Dad would be cross.* Tenía miedo de que papá se enfadara.

irritate vt [implica reacción impaciente y frustrada, frec. ante algo bastante trivial] poner nervioso a, irritar *Her sniffing was beginning to irritate me.* El ruido que hacía al aspirar por la nariz estaba empezando a ponerme nervioso.

irritating adj irritante, enojoso *an irritating laugh* una risa irritante

irritated adj (norml. después de *v*) irritado *She seemed irritated by any request for leave.* Parecía irritarle cualquier petición de permiso para salir.

irritation snn/n irritación *My apologies did nothing to calm her irritation.* Mis disculpas no sirvieron para calmar su irritación. *Late payers are a major irritation.* Los morosos crean muchos problemas.

aggravate vt [implica irritación continua] exasperar *Just stop aggravating me, will you?* Deja de molestarme ¿quieres?

Aggravate se usa comúnmente en este sentido, pero algunas personas lo consideran incorrecto y creen que sólo debería usarse con el sentido de agravar o empeorar.

450.1 Cólera intensa

fury snn/n furor, furia *the fury aroused by these plans* el furor suscitado por estos planes *He wrote back in a fury.* Le escribió furioso.

furious adj furioso *We were furious about the lack of progress.* Estábamos furiosos por la falta de progresos. **furiously** adv furiosamente

infuriate vt poner furioso *Pointing out the mistake would simply infuriate her.* Indicar el error no haría más que ponerla furiosa.

infuriating adj exasperante *Her stubbornness is quite infuriating.* Su tozudez es para sacarle a uno de quicio.

infuriated adj (norml. después de *v*) enfurecido *I was so infuriated I kicked him.* Estaba tan enfurecido que le di una patada.

rage snn/n [implica cólera incontrolada] rabia *She was seething with rage.* Hervía de rabia. *If he can't get what he wants, he **flies into a rage**.* Si no puede conseguir lo que quiere, monta en cólera.

enrage vt [más bien formal] enfurecer *I was enraged by his criticism.* Sus críticas me enfurecieron.

temper snn/n [tendencia a enfadarse] genio *She has a terrible temper.* Tiene un genio terrible. *a fit of temper* un ataque de furia *Don't **lose your temper**.* No pierdas los estribos.

mad adj, **-dd-** (frec. + **at**) [informal] furioso *Are you still mad at me?* ¿Aún estás furioso conmigo? *He gets mad when anything goes wrong.* Se pone furioso cuando algo va mal.

irate adj [pone énfasis en el mal humor] airado, furioso *The irate customers had been queuing for hours.* Los enfurecidos clientes habían estado haciendo cola durante horas.

livid adj [informal. Muy enfático] furioso *I've lost the keys and Dad'll be livid.* He perdido las llaves y papá se pondrá furioso.

outrage s **1** snn [implica cólera y conmoción] indignación, ultraje *public outrage over tax increases* indignación del público ante la subida de los impuestos **2** sn escándalo *This bill is an outrage!* ¡Esta factura es un escándalo!

outrage vt agraviar, indignar, ultrajar *The cuts outraged the unions.* Los recortes supusieron un agravio para los sindicatos.

outraged adj agraviado, indignado, ultrajado *We felt outraged and powerless to protest.* Nos sentimos ultrajados y sin fuerzas para protestar.

outrageous adj ultrajante, escandaloso *an outrageous insult* un insulto ultrajante

outrageously *adv* terriblemente *It's outrageously expensive.* Es un escándalo lo caro que es.

frases

like a bear with a sore head [implica agresividad no provocada] de un humor de perros *If he can't get out to play golf he's like a bear with a sore head.* Si no puede ir a jugar a golf se pone de un humor de perros.

make sb's blood boil [implica cólera y aversión] hacer que le hierva la sangre a uno *The way they treat these animals makes my blood boil.* La manera en que tratan a esos animales hace que me hierva la sangre.

get on sb's nerves [informal. Implica irritación persistente] poner los nervios de punta *If you're together all day you're bound to get on each other's nerves.* Si estáis juntos todo el día seguramente os pondréis nerviosos el uno al otro.

drive sb up the wall/round the bend [informal. Implica irritación insoportable] volver loco a alguien *Her snoring drives me up the wall.* Sus ronquidos me vuelven loco.

a pain in the neck [informal. Causa de irritación y problemas] pelmazo, incordio *I expect my in-laws find me a pain in the neck too.* Supongo que la familia de mi mujer también me considera un pesado. *These forms are a pain in the neck.* Estos formularios son un plomo.

be in sb's bad books *(brit)* estar en la lista negra de alguien *I'll be in her bad books if I miss the deadline.* Me pondrá en su lista negra si no lo termino antes de la fecha señalada.

see red [informal. Implica cólera repentina e intensa y frec. pérdida del autocontrol] ponerse furioso

get hot under the collar [informal. Enojarse y excitarse, frec. de manera estúpida] sulfurarse *It's no good getting hot under the collar with officials, you just have to wait.* No vale la pena sulfurarse con los funcionarios, lo que hay que hacer es esperar.

450.2 Que habla con enojo

snarl *vi* (frec. + **at**) [de modo hostil] gruñir *He snarled at me from behind his paper.* Me gruñó algo desde detrás de su periódico.

snap *vi*, -**pp**- (frec. + **at**) [implica una observación airada y corta] hablar/contestar bruscamente *She kept snapping at the assistant.* No dejaba de hablarle al ayudante con brusquedad.

fuss *snn/n* [implica nerviosismo] escándalo, alboroto *All this fuss about a missing pen!* ¡Todo este escándalo porque se ha perdido un bolígrafo! *Must you* **make a fuss about** *a simple accident?* ¿Tienes que armar un escándalo por un simple accidente?

scold *vt* [más bien formal] regañar *Teenagers do not react well to being scolded.* Los adolescentes no reaccionan bien cuando se les regaña.

tell off sb o **tell** sb **off** *vt fr.* [más bien informal] reñir *I got told off for not knowing my lines.* Me riñeron por no saberme mi papel.

rebuke *vt* [más bien formal] reprender *He rebuked us gently for our rudeness.* Nos reprendió suavemente por nuestra descortesía. **rebuke** *sn* reprimenda

frases

bite sb's head off [reprender agresiva e irracionalmente] echarle un rapapolvo a alguien *I was going to explain until you started biting my head off.* Iba a explicarlo cuando empezaste a echarme la bronca.

give sb a piece of one's mind [implica crítica muy directa] cantarle a alguien las cuarenta

give sb a flea in their ear *(brit)* [informal. Reprender bruscamente] mandar a alguien con viento fresco *Anyone who tried to stop him got a flea in their ear.* Todo aquél que intentó detenerle salió con viento fresco.

450.3 Que parece enfadado

glare *vi* (frec. + **at**) [implica mirada furiosa] lanzar una mirada furiosa *The policeman glared at me and asked for my licence.* El policía me miró airadamente y me pidió el permiso de conducir. **glare** *sn* mirada feroz

frown *vi* (frec. + **at**) [esp. expresando desaprobación] fruncir el ceño *She frowned and asked for an apology.* Frunció el ceño y me exigió una disculpa. **frown** *sn* ceño

scowl *vi* (frec. + **at**) [expresar desaprobación agresiva] fruncir el entrecejo *I found her scowling at a blank screen.* La encontré frunciendo el ceño frente a una pantalla en blanco. **scowl** *sn* ceño

frases

give sb a black look [implica cólera silenciosa] mirar mal a alguien *You get black looks from the waiters when you bring a child into some restaurants.* En algunos restaurantes los camareros te miran mal cuando entras con un niño.

if looks could kill [dicho cuando alguien reacciona con una mirada hostil] si las miradas mataran *She said nothing, but if looks could kill...* No dijo nada, pero si las miradas mataran...

Lenguaje y comunicación

Contenidos

L1 Introductions *Presentaciones*

L1.1 *Para presentarse uno mismo*

ver también **196 Greet**

Hello, my name is ... Hola, me llamo ...

Hello, I'm ... Hola, soy ...

[informal] Hi, I'm ... ¿Qué tal? soy ...

[más bien formal] How d'you do, I'm ... Mucho gusto. Yo soy ...

[más bien formal, p.ej. en recepción] Good morning/afternoon, I'm ... Buenos días/tardes, soy ...

L1.2 *Para presentar a otros*

Do you two know each other? ¿Os conocéis?

Have you met before? ¿Os conocíais ya?

Mary, this is Tom, Tom, this is Mary. Mary, te presento a Tom. Tom, Mary.

Hello (Tom), nice to meet you. Hola (Tom), encantada de conocerte.

Hello (Mary), how are you? Hola (Mary), ¿qué tal, cómo estás?

Let me introduce you to Mary. Permítame que le presente a Mary.

Come and meet Mary. Ven que te presente a Mary.

[más bien formal] Mary, may I introduce someone to you? This is Tom. Mary, permítame que le presente a una persona. Este es Tom.

(Mary) How d'you do. (Mary) Mucho gusto.

(Tom) How d'you do. (Tom) Encantado de conocerla.

DARSE LA MANO

Cuando dos personas están siendo presentadas pueden darse la mano. Que lo hagan o no depende de factores tales como el contexto, la edad de las personas y de si son hombre o mujer. En general, dar la mano se contempla como un gesto ligeramente formal y se utiliza con mayor frecuencia en reuniones de negocios, etc. que en reuniones sociales de carácter informal. Los hombres son más proclives a dar la mano que las mujeres, y los jóvenes no se dan la mano a menos que se les esté presentando a una persona de más edad en circunstancias bastante formales. Todo ello significa que, por ejemplo, en una situación formal en la que dos hombres están siendo presentados, lo más seguro es que se den la mano, pero un hombre y una mujer o dos mujeres en esa misma situación puede que se saluden sólo verbalmente.

L2 Forms of address *Fórmulas de tratamiento*

En Gran Bretaña, en el lenguaje hablado, las formas de tratamiento son rara vez obligatorias, y los tratamientos especiales, como los títulos nobiliarios o académicos, se usan poco. **Sir** y **Madam** son algo formales y los utiliza una persona que ofrece un servicio al dirigirse a la persona que está siendo atendida, p.ej. en una tienda o un restaurante.

Can I help you, Sir/Madam? ¿Puedo servirle/la en algo, Señor/Señora?

Would you like to order now, Madam/Sir? ¿Quiere pedir ya el señor/la señora?

El tratamiento de **Doctor** puede utilizarse sin ir acompañado del apellido al dirigirse a un médico, pero aplicado a doctores académicos debe ir siempre seguido del apellido.

[médico] Excuse me Doctor, can I have a word with you? Disculpe doctor, ¿podría hablar un momento con usted?

[académico] Doctor Smith, can I come and see you today? Doctor Smith, ¿puedo venir a verle esta tarde?

Otras formas de tratamiento tales como **Professor, Captain** etc. en el habla corriente se utilizan normalmente seguidas del apellido.

Mr, Ms, Mrs y **Miss** se utilizan casi siempre acompañados del apellido.

Hello Mrs Brown, nice of you to come. Bienvenida Sra. Brown, ha sido muy amable al venir.

La fórmula **Ms** se usa cada vez más para evitar la distinción que supone **Mrs** (casada) o **Miss** (soltera).

Cuando uno se dirige a un público (p.ej. en una conferencia) lo acostumbrado es comenzar con un **Ladies and Gentlemen** (Señoras y Caballeros), si bien en situaciones informales se suele comenzar con frases tales como **Good morning/afternoon everybody** (Buenos días, buenas tardes a todos).

L3 Greetings *Saludos*

ver también **196 Greet**

Hello, how are you? Hola, ¿cómo está?

[informal] Hello, how are things? Hola, ¿qué tal?/¿qué es de tu vida?

[más informal] Hi, how's it going? Qué hay, ¿cómo va eso?

Respuesta cuando todo va bien, o para ser cortés:

Fine, thank you, and you? Muy bien, gracias, ¿y usted?

[informal] Okay, thanks, and you? Bien, gracias, ¿y tú?

[bastante informal] Great, thanks, and you? Genial, gracias, ¿y tú?

Cuando las cosas no van ni bien ni mal, normalmente en situaciones informales:

Not so bad, thanks. Voy tirando.
Well, mustn't grumble. Bueno, no me puedo quejar.
Cuando las cosas no van bien:
Not so good, really. No muy bien, a decir verdad.
Oh, up and down. Así así.

BESOS

Los amigos íntimos o los miembros de una familia pueden saludarse con un beso en la mejilla (pero no uno en cada mejilla), en especial si no se han visto desde hace algún tiempo. No obstante, esta forma de saludo no se utiliza normalmente con simples conocidos. Es muy infrecuente entre hombres, incluso si son parientes.

L3.1 *Para dar la bienvenida*

Welcome to Spain/France! ¡Bienvenido a España/Francia!
Welcome home/back! ¡Bienvenido a casa/Bienvenido otra vez (a casa, al trabajo, etc.)!
Cuando uno recibe a alguien en casa no es costumbre decir **welcome**. Es más probable que se diga algo así como **Come in and make yourself at home.** (Pasa y ponte cómodo.) o **Glad you could come.** (Me alegro de que hayas podido venir.)

L3.2 *Saludos tras una ausencia*

(It's) nice to see you again. Me alegro de volver a verte.
(It's) good to see you again. Me alegro de volver a verte.
It's been a long time! ¡Cuánto tiempo sin verte!
[informal] Long time no see! ¡Hace siglos que no te veo!

L4 Leave-taking *Despedidas*

ver también **322 Go**

Well, I have to go now. Bueno, ahora tengo que irme.
Anyway, (I) must rush, ... Bueno, he de darme prisa ...
(It's) been nice talking to you. Ha sido un placer hablar con usted.
[algo informal] I think I'd better be making a move. Será mejor que me ponga en marcha.
[bastante formal] It's been a pleasure. Ha sido un placer.
Goodbye. Adiós.
[informal] Bye. Adiós.
[comúnmente usado por niños o para hablar con niños, pero también entre adultos] Bye-bye. Adiós.
[cuando uno sabe que va a volver a ver a alguien] (I'll) see you soon/tomorrow/next week. Hasta pronto/mañana/la semana que viene.
[cuando uno sabe que volverá a ver a alguien, no necesariamente el mismo día] See you later. Hasta pronto/hasta la vista.

[algo informal] See you. Hasta luego.

Expresiones informales/coloquiales para decir adiós:
Bye!/So long!/See you!/Be seeing you!
Cheerio! (*brit*)
Ta-ta! [normalmente se pronuncia /tə'rɑː/] (*brit*)

L4.1 *Para despedir a alguien que se va de viaje*

Have a good trip! ¡Que tengas buen viaje!
Safe journey! ¡Buen viaje!
[bastante informal, p.ej. a un amigo] Look after yourself! ¡Cuídate!
[bastante informal, p.ej. a un amigo] Take care! ¡Cuídate!
[se le dice a alguien a quien se acaba de conocer] (I) hope to see you again! Espero volver a verle.

L5 Opening a conversation *Al entablar conversación*

L5.1 *Para atraer la atención*

En la calle o en un lugar público:
Excuse me! ¡Disculpe!/¡Perdone!
Hello! ¡Oiga!
Could you help me ? ¿Podría ayudarme?
[si se está enfadado, o si se ve a alguien cometiendo un acto delictivo] Hey you! ¡Eh, usted!
Excuse me se utiliza también corrientemente para atraer la atención del camarero, barman, dependiente, etc.

L5.2 *Para entablar conversación con alguien*

Excuse me, ... Disculpe ...

Could I have a word with you? ¿Podría hablar un momento con usted?
Can I speak to you for a moment? ¿Puedo hablar un momento con usted?
There's something I wanted to talk to you about. Hay una cosa sobre la que quiero hablarte.
Do you have a minute? ¿Tienes un minuto?
[normalmente a extraños] (I'm) sorry to bother you, but ... Siento molestarle, pero ...

L5.3 *Para empezar a hablar de un tema*

It's about x, ... Se trata de X, ...
I was wondering about x ... Estaba pensando en X ...
I wanted to talk to you/ask you about x, ... Quería hablarte/preguntarte sobre X, ...
[bastante informal] About x, ... Hablando de X, ...

L6 During a conversation En el transcurso de una conversación

L6.1 Para desarrollar un tema/cambiar de tema

By the way, ... A propósito, ...
Talking of x, ... Hablando de X, ...
(While) we're on the subject of x, ... Y ya que estamos hablando de X, ...
(I'm) sorry to change the subject, but ... Siento cambiar de tema, pero ...
Just to change the subject for a moment, ... Cambiando un momento de tema, ...
That reminds me, ... Eso me recuerda que ...

L6.2 Para hacer referencia a un punto anterior de la conversación

As I was/you were saying, ... Tal como decía/decías
As I/you/someone said earlier, ... Como dije/dijiste/alguien dijo antes ...
As I mentioned before, ... Tal como dije antes, ...
To come back to x, ... Volviendo a X, ...
Going back to what x was saying, ... Volviendo a lo que X estaba diciendo, ...
Getting back to x, ... Volviendo a X, ...
[cuando se está de acuerdo con alguien o para reforzar el comentario de alguien] As I/you say ... Como digo/dices ...

L6.3 Para interrumpir

Estas formas se usan a menudo cuando, desde fuera, se interrumpe a un grupo de personas que sostienen una conversación.

Do you mind if I interrupt? ¿Les importa que interrumpa?
Can I just interrupt for a minute? ¿Me permiten que interrumpa un momento?
[más bien informal] Sorry to butt in, ... Siento meterme (en la conversación), ...
[más bien formal] May I interrupt you for a moment? ¿Me permiten interrumpirles un momento?

Para interrumpir a personas con las que uno está conversando:

Sorry, ... Perdón, ...
[cuando uno tiene la sensación de que no le dejan meter baza, o alguien domina la conversación, o cuando uno no está de acuerdo] Hang on a minute! ¡Un momento!
[si dos personas comienzan a hablar a la vez] Sorry, after you. Perdone, usted primero.

L6.4 Para expresar indecisión

It was ... let me see ... 1985. Eso fue en ... déjame pensar ... 1985.
I think it was ... wait a moment ... last Tuesday. Creo que fue ... espera un momento ... el jueves pasado.
[algo informal] His name was ... hang on a minute ... Andrew. Se llamaba ... cómo se llamaba ... Andrew.

L7 Closing a conversation Para terminar una conversación

So, ... Bueno, ...
Well, anyway, ... Bueno, ...
Well, that's it. Bueno, pues ya está.
So, there we are. Así que eso es lo que hay.
[en situaciones bastante más formales, reuniones, etc.] That was all I wanted to say. Es todo cuanto quería decir.

[cuando uno piensa que lo que quería resolver/arreglar se ha solucionado] Well, that's that then. Bien, entonces, ya está.
[cuando uno piensa que las cosas pueden dejarse para otra ocasión] Let's leave it at that, shall we? ¿Qué os parece si lo dejamos aquí?

L8 Asking to see someone Para preguntar por alguien

ver también **L47 Telephoning**

Hello, is Mike at home, please? Hola, ¿está Mike, por favor?
Hello, is Mary there, please? Hola, ¿está Mary, por favor?
Hi, is Joe in, please? Hola, ¿está Joe, por favor?
Hi, is Sally around? Hola, ¿está Sally por ahí?
Have you seen Adrian anywhere? ¿Has visto a Adrian por alguna parte?

L8.1 En la recepción

I wonder if I can speak to/see Ms Smith? ¿Podría hablar/ver a la Sra/Srta Smith, por favor?
Is Mr Jones/the manager available? ¿Está ocupado en

estos momentos el Sr. Jones/el gerente?
I've come to see Mr Black. He venido a ver al Sr. Black.
I've got an appointment with Mrs Reed. Tengo una cita con la Sra. Reed.
Ms Carr is expecting me. Me espera la Sra/Srta Carr

En las frases que vienen a continuación, obsérvese el uso del artículo indefinido, que pone énfasis en el hecho de que uno no conoce a la persona a la que viene a ver:

Is there a Mr Brown here please? ¿Hay aquí un tal Sr. Brown?
Hello, I'm looking for a Miss Scott. Hola, estoy buscando a una tal Srta. Scott.

L9 Expressing good wishes *Al desear suerte*

L9.1 *Para el futuro*

[formal, p.ej. al pronunciar un discurso, en una boda, con motivo de una jubilación, etc.] **I/We'd like to offer you my/our best wishes for the future.** Mis/ Nuestros mejores deseos para el futuro.

[informal] **All the best for the future!** ¡Que le vaya todo muy bien!

L9.2 *Antes de un examen, entrevista, etc.*

Good luck with your exam/driving test! ¡Que tengas suerte en el examen/en el examen de conducir!

I hope it goes well tomorrow/this afternoon. Espero que todo vaya bien mañana/esta tarde.

Best of luck for next Tuesday! ¡Que haya suerte el próximo martes!

I'll keep my fingers crossed for you for your interview. Espero que todo te vaya bien en la entrevista.

L9.3 *A alguien que se enfrenta a una situación o experiencia difícil*

I hope everything turns out well for you. Espero que todo salga bien.

I hope it all goes smoothly for you. Espero que todo te vaya bien.

L9.4 *A alguien que está enfermo*

I hope you get well soon. Espero que te recuperes pronto.

I hope you're feeling better soon. Espero que te encuentres mejor muy pronto.

[informal] **Get well soon!** ¡Que te mejores!

L9.5 *Antes de comer y beber*

En inglés no existe en realidad un equivalente de **¡Que aproveche!** La frase '**Enjoy your meal**' es el equivalente más cercano, pero es más propio de camarero a cliente que entre amigos. En inglés americano, los camareros dicen sólo '**Enjoy!**'.

[antes de beber, bebidas alcohólicas en especial] **Cheers!** ¡Salud!

L10 Seasonal greetings *Felicitaciones propias de la estación*

Merry Christmas (*brit*)/**Happy Christmas** (*brit & amer*) Feliz Navidad

U S O

Es posible decir **Happy Easter.** (¡Que pases bien la semana Santa!) en inglés americano, pero por regla general no se usa en inglés británico. Justo antes de las vacaciones de Semana Santa, es aceptable decir **Have a good Easter.** De manera similar, se acepta comúnmente **Have a good summer/holiday/vacation, etc.** (Que pases un buen verano/unas buenas vacaciones, etc.).

Se puede responder a las felicitaciones anteriores con un **Thanks, you too!** o **Thanks, the same to you!** (¡Gracias, igualmente!)

Por escrito, en postales, etc., **Christmas** se contrae de manera informal en **Xmas**.

[justo antes de Navidad/Año Nuevo] **I hope you have a nice Christmas!** ¡Que pases unas Felices Pascuas!

[ligeramente informal] **Have a good Christmas!** ¡Felices Navidades!

[ligeramente informal] **All the best for the New Year!** ¡Que el Año Nuevo te traiga muchas cosas buenas!

Happy New Year. Feliz Año Nuevo.

L10.1 *Cumpleaños y aniversarios*

Happy birthday. Feliz cumpleaños.

Many happy returns. Que cumplas muchos más.

Happy (wedding) anniversary. Feliz aniversario (de boda).

L11 Expressing sympathy *Para expresar compasión o condolencia*

ver también **222 Sympathy**

Cuando alguien ha sufrido un fracaso o recibido malas noticias:

A: I didn't get that job, after all. Al final no me dieron el trabajo.

B: Oh, I'm sorry, I hope it wasn't too much of a disappointment for you. Vaya, lo siento, espero que no te representara un gran disgusto.

Sorry to hear about your exam result/driving test, etc. Siento lo de tu examen/examen de conducir, etc.

A: I didn't pass the exam. No he aprobado el examen.

B: Oh, what a shame! ¡Qué lástima!

Cuando se ha producido una muerte o alguien ha sufrido una tragedia:

I was terribly sorry to hear about your father. Sentí muchísimo enterarme de lo de tu padre.

I was so sorry to hear the sad news. Lo sentí mucho al enterarme de la triste noticia.

[más informal] **Sorry to hear about your grandfather.** Siento lo de tu abuelo.

Cuando alguien se encuentra mal:

A: I've got a terrible headache. Me duele muchísimo la cabeza.

B: Oh, you poor thing! ¡Pobrecito!

L12 Shopping *De compras*

ver también **273 Shops**; **L37 Complaints**; **L46 Using the postal service**; **L47 Telephoning**

L12.1 Al iniciar un encuentro

Los recepcionistas, dependientes y otras personas que atienden al público suelen empezar preguntando *Can I help you?* (¿Qué desea?), añadiendo *Sir/Madam* para una mayor cortesía o formalidad, aunque en algunas tiendas en Gran Bretaña depende del cliente el solicitar ayuda.

[cliente] Can you help me? ¿Puede atenderme ...?

[más formal] I wonder if you could help me? ¿Me haría usted el favor?

L12.2 Para solicitar artículos/servicios

Do you sell (film/note-paper, etc.)? ¿Venden ustedes (carretes de foto/ papel de cartas, etc.)?

Do you have any(calendars/shoelaces, etc.)? ¿Tienen ustedes (calendarios/cordones de zapatos, etc.)

I'm looking for (a clothes brush/a map of Spain). Estoy buscando (un cepillo de ropa/un mapa de España).

Do you repair (cameras/shoes, etc.)? ¿Reparan/ arreglan ustedes (cámaras/zapatos, etc.)?

Do you have one in blue/green? ¿Lo tienen en azul/verde?

Do they come in a larger/smaller size? ¿Está en una talla más grande/más pequeña?

Do you have anything cheaper? ¿No tienen algo más barato?

L12.3 Para declinar la oferta de servicio

I'm just looking, thank you. Sólo estoy mirando, gracias.

I'm being served, thanks. Ya me atienden, gracias.

No, I don't need any help, thank you. No gracias, estoy mirando.

L12.4 Cuando no se dispone de un artículo/servicio

I'm sorry, we're out of (computer paper/vinegar) at the moment. Lo siento, nos hemos quedado sin (papel de impresora/vinagre).

I'm sorry, we don't stock them. Lo siento, no lo tenemos en almacén.

Sorry, I can't help you there, I'm afraid. Lo siento, me temo que no voy a poder ayudarle.

Sorry, we don't have them; you could try ... Lo siento, no los tenemos; ¿por qué no prueba en ...?

L12.5 Al decidir lo que uno desea

I'll take this one, please. Me quedo con éste, por favor.

This is what I'm looking for. Esto es lo que estoy buscando.

I think I'll leave it, thanks. Creo que lo voy a dejar, gracias.

L12.6 Al pagar

ver también **263 Buying and Selling**

How much is (this)? ¿Cuánto es?

[para artículos de mayor tamaño o en contextos más formales, p.ej. al comprar obras de arte/antigüedades] What's the price of this chair/print? ¿Qué precio tiene esta silla/este grabado?

[esp. por servicios] How much do I owe you? ¿Cuánto le debo?

How would you like to pay? ¿Cómo desea pagarlo?

Can I pay by cheque/credit card? ¿Puedo pagar con talón/tarjeta de crédito?

Do you accept Visa/Mastercard? ¿Aceptan Visa/ Mastercard?

I'll pay cash. Pagaré en metálico.

Put it on my account/room account, please. Cárguelo en mi cuenta/la cuenta de mi habitación, por favor.

Can I arrange to have the tax refunded? ¿Puedo hacer que me reembolsen los impuestos?

Who do I make the cheque out to? ¿A nombre de quién extiendo el cheque?

Can I leave a deposit? ¿Puedo dejar una señal?

Do you have anything smaller (than a £50 note)? ¿No tiene nada más pequeño (que un billete de 50 libras)?

Sorry, I've no change. Lo siento, no tengo cambio.

L12.7 Al recoger y transportar artículos

I've come to collect (my tape-recorder/dress, etc). Vengo a recoger (mi grabadora/vestido, etc.)

When will it be ready? ¿Para cuando estará?

Will you wrap it for me please? ¿Le importaría envolvérmelo?

Could you gift-wrap it please? ¿Puede envolvérmelo para regalo, por favor? *[muchas tiendas en Inglatera no envuelven las cosas para regalo]*

Do you deliver? ¿Tienen reparto a domicilio?

Can I pick it up later? ¿Puedo recogerlo más tarde?

Could you deliver it to this address? ¿Podrían entregarlo en esta dirección?

Do you have a mail-order service? ¿Tienen servicio de venta por correo?

L12.8 Al terminar el encuentro

Thanks for your help. Gracias por su ayuda.

[más formal, o cuando alguien ha sido de especial ayuda] Thank you, you've been most helpful. Le agradezco muchísimo su ayuda.

L13 Thanking *Para dar las gracias*

Thank you resulta aceptable en la mayoría de ocasiones, y en situaciones menos formales, **Thanks**. La frase **Thank you very much** es algo más enfática.

Otras variantes enfáticas e informales:

Thanks a lot. Muchas gracias.

Thanks ever so much. Muchísimas gracias.

Thanks a million. Un millón de gracias.

Ta! *(brit) [muy informal y no muy enfático. Se utiliza normalmente para las pequeñas cortesías de la vida cotidiana, tales como pasar la mantequilla o sostener una puerta abierta].*

En situaciones más formales:

I'd like to thank you for everything. Quisiera darle las gracias por todo.

I'm very/extremely grateful to you for helping me. Le estoy muy/profundamente agradecido por haberme ayudado.

I can't thank you enough for everything you've done. No sé cómo agradecerle todo lo que ha hecho por mí.

En inglés británico no es necesario contestar cuando alguien da las gracias, en especial cuando se trata de pequeñas cortesías de la vida diaria (tales como sostener una puerta abierta), en cuyo caso basta con una sonrisa o una inclinación de cabeza. Para actos de mayor significación (p.ej. si se ha ayudado a alguien en una situación difícil), se puede contestar **That's okay.** (De nada.) o, más formalmente, **Not at all.** (No hay de qué.), o (p.ej. cuando alguien da las gracias por la hospitalidad) **It was a pleasure.** (Ha sido un placer.) En inglés americano, es más frecuente dar una respuesta, en especial **You're welcome.** (De nada.) que también se usa en inglés británico.

L14 Permission *Permiso*

ver también **230 Allow**

L14.1 *Para pedir permiso*

Por lo general, el permiso se solicita diciendo **Can I/Could I/May I ...?** (¿Puedo/podría ...?) en orden creciente de formalidad:

Can I park here? ¿Puedo aparcar aquí?

Could I take a photograph of you? ¿Podría hacerle una fotografía?

May I use your office this afternoon? ¿Me permitiría utilizar su despacho esta tarde?

En situaciones públicas:

Is smoking allowed here? ¿Se puede fumar aquí?

Am I allowed to take two bags on to the plane? ¿Puedo subir al avión con dos bolsas?

[para algo que se solicita con carácter más delicado] **Do you mind if I (smoke/bring a friend, etc.)?** ¿Le importa que fume/traiga a un amigo, etc.)?

[más formal/con reservas. Obsérvese el verbo en pasado] **Would you mind if I brought a friend next time?** ¿Te importaría que trajera a un amigo la próxima vez?

[menos formal] **Is it okay/all right if I (don't come tomorrow/leave early, etc.)?** ¿No pasa nada si (no vengo mañana/me marcho antes, etc.)?

L14.2 *Para dar permiso*

Al contestar a **Do you mind?** (¿Le importa?) se concede permiso diciendo **No**.

A: Do you mind if I sit here? ¿Le importa que me siente aquí?

B: No, go ahead! No, ¡siéntese!

[informal] **A: Is it okay if I use this?** ¿Puedo usar esto?

B: Yes, by all means. Sí, claro que sí.

A: Is it all right if I leave early? ¿Pasa algo si me voy antes?

B: Yes, no problem. Sí, no hay problema.

[informal] **A: Is it okay if Joe comes along?** ¿Puede venir Joe?

B: Yes, that's fine by me. Si, por mí no hay problema.

[informal] **A: Is it okay if I drink my coffee here?** ¿Puedo tomarme aquí el café?

B: Yes, fine! Feel free! ¡Claro que sí! ¡Ponte cómoda!

[informal] **A: Can I borrow your pen a minute?** ¿Me prestas tu bolígrafo un momento?

B: Sure. Be my guest. Faltaría más.

L14.3 *Para denegar permiso*

ver también **231 Forbid**

A: Can I park here? ¿Puedo aparcar aquí?

B: No, I'm afraid it's not allowed. No, me temo que está prohibido.

[cortés] **A: Do you mind if I smoke?** ¿Le importa que fume?

B: I'd rather you didn't. Preferiría que no lo hiciera.

[directo y con mucha firmeza] **A: Do you mind if I smoke?** ¿Le importa que fume?

B: Yes, I <u>do</u> mind, actually. Sí, la verdad es que sí.

L15 Offers *Ofrecimientos*

L15.1 *Para ofrecerse a hacer algo*

[ofrecimiento de carácter general] **Can I help out in any way?/Can I do anything to help?** ¿Puedo ayudar en algo?/¿Puedo hacer algo para ayudar?

[más formal] **May I carry that bag for you?** ¿Me permite que le lleve la bolsa?

[menos formal] **Let me do that for you.** Deja que te lo haga yo.

If you like, I'll bring the coffee. Si quieres, traigo el café.

You can leave it to me to lock up. No te preocupes, ya cerraré yo.

[en contextos específicos, como reuniones, p.ej., donde la gente se ofrece a hacer cosas] I volunteer to take the tickets at the door. Ya recogeré yo las entradas en la puerta.

L15.2 Para ofrecerse a pagar

[más bien formal] Please allow me to pay for the meal. Por favor, permítame invitarle.

[menos formal] Let me pay for/get the coffee. Deja, ya pago yo (el café).

This is on me. Esto corre de mi cuenta.

L15.3 Para aceptar ofrecimientos

Thank you, it's good of you to offer. Gracias, es muy amable al ofrecerse.

[menos formal] Thanks, that's kind of you. Gracias, es muy amable de tu parte.

[aceptación cortés o indecisa] Oh, you really don't have to. Por favor, no se moleste.

[cuando una persona se ofrece a tomarse alguna molestia, p.ej. por acompañarnos en coche] Thanks,

I hope it's not putting you out in any way. Gracias, espero que no le sea demasiada molestia.

[cuando alguien ha ofrecido algo y ha transcurrido tiempo desde el ofrecimiento, sin que éste haya sido aceptado] I wonder if I could take you up on your offer of a lift next Saturday. ¿Todavía está en pie su ofrecimiento a llevarme en coche el próximo sábado?

L15.4 Para declinar ofrecimientos

Thanks for the offer, but it's okay. Gracias por el ofrecimiento, pero no es necesario.

[en respuesta a una oferta de ayuda en un trabajo, etc.]
It's okay, I can manage, thanks. No es necesario, gracias, puedo arreglármelas solo.

[no aceptar cuando alguien se ofrece a llevarle a uno en coche, etc.] Thanks anyway, but (someone is coming to pick me up/I have my bicycle) Gracias de todos modos, pero (vienen a recogerme/he traído la bicicleta).

[más bien formal, cuando se hace un ofrecimiento de cierta magnitud, p.ej. el préstamo de una considerable suma de dinero] Thank you, but I couldn't possibly accept. Gracias, pero no puedo aceptar de ninguna de las maneras.

L16 Invitations Invitaciones

L16.1 Para invitar a alguien

Would you like to come to dinner/come round one evening? ¿Te gustaría venir a cenar/venir a casa una tarde?

[invitar a alguien p.ej. a una reunión o celebración que ya ha sido fijada] Would you like to join us for our end-of-term lunch? ¿Te gustaría sumarte a la comida de fin de trimestre?

[formal] I/We'd like to invite you to join our committee/give a lecture. Desearía/Desearíamos invitarle a formar parte de nuestro comité/dar una conferencia.

[algo informal] Why don't you come round and have a drink some time? ¿Por qué no vienes a casa a tomar una copa un día de estos?

L16.2 Para aceptar invitaciones

Thank you, I'd love to. Muchas gracias, acepto encantada.

[formal] Thank you, I'd be delighted to. Gracias, será un placer.

[menos formal] Thanks, that sounds nice. Gracias, parece una buena idea.

L16.3 Para declinar invitaciones

I'd love to, but I'm afraid I'm booked up that night/busy all day Thursday. Me encantaría, pero me temo que ya estoy comprometido para esa noche/ocupado todo el jueves.

[más formal] Thank you for the invitation, but I'm afraid I have to say no. Gracias por la invitación, pero me temo que no puedo aceptar.

[en situaciones en las que es apropiado negociar una alternativa] Sorry, I'm booked up on Monday. Some other time, perhaps? Lo siento, ya estoy comprometida para el lunes. ¿Qué tal otro día?

L17 Advice Consejos

ver también **353 Suggest**

L17.1 Para pedir consejo

I need some advice about renting a flat; can you help me? Necesito asesoramiento sobre el alquiler de pisos, ¿puede echarme una mano?

Can you advise me as to what I should do about ...? ¿Puede orientarme sobre lo que debería hacer respecto a ...?

I want to take a language course in France. Can you give me any advice? Quiero hacer un curso de idiomas en Francia. ¿Puede darme alguna idea?

[informal] Do you have any tips about car hire in Spain? ¿Me podrías aconsejar sobre el alquiler de coches en España?

L17.2 Para dar consejo

The best thing to do is to ring the police/book in advance. Lo mejor es llamar a la policía/reservar con antelación.

[menos formal] If I were you, I'd sell it. Yo de ti, lo vendería.

[informal] If I was in your shoes, I'd resign right away. Si yo estuviera en tu pellejo, dimitiría en el acto.

[formal] My advice would be to accept the offer. Mi consejo sería aceptar la oferta.

You could try ... (+ -ing) Podrías intentar...

It might be an idea to ... (+ INFINITIVO) Sería buena idea ...

Why not (sell it/move nearer town)? ¿Por qué no (venderlo/trasladarse a vivir más cerca de la ciudad)?

[muy fuerte, casi amenazador en determinadas circunstancias] If you take my advice, you should stop seeing her. Si quieres saber mi opinión, deberías dejar de verla.

L17.3 Advertencias

You'd better not park there, they use wheel clamps. Será mejor que no aparques ahí, suelen poner el cepo.

He's efficient, but be warned, he has a short temper. Es eficiente, pero te advierto que tiene mal genio.

I'm warning you, she's not going to like it. Te lo advierto, a ella no le va a gustar.

[más indirecto] If I were you I wouldn't cause any trouble. Yo que tú, no causaría ningún problema.

[más formal] I should warn you that there are pickpockets about. Debo advertirle que hay carteristas por aquí.

[amenazante] I'm warning you – if you do that again there'll be trouble! ¡Te lo advierto ... si vuelves a hacer eso vas a tener problemas!

[se dice norml. en tono amenazador y de enfado] If you've got any sense you'll stay away from that girl! Si tienes un poco de sentido común dejarás de ver a esa chica.

[algo formal] Take care when you leave the building; the steps are slippery. Tenga cuidado al salir del edificio, las escaleras resbalan.

Advertencias a alguien que está en peligro inminente:

Mind your head/the door/that car! (*brit*) ¡Cuidado con la cabeza/la puerta/ese coche!

Be careful! ¡Ten cuidado!

Watch out!/Look out! ¡Cuidado!/¡Atención!

L18 Information *Información*

L18.1 Para solicitar información

ver también **351 Ask**

Can you help me? ¿Puede ayudarme?

Where can I find (a phone/bank/typewriter, etc.)? ¿Dónde puedo encontrar (un teléfono/banco/una máquina de escribir, etc.)?

Where's the nearest (station/baker's, etc.)? ¿Dónde está la (estación/panadería, etc.) más cercana?

What shall I do with (this key/these papers, etc.)? ¿Qué hago con (esta llave/estos papeles, etc.)?

What's the matter with (this machine/your friend, etc.)? ¿Qué le pasa a (esta máquina/tu amigo, etc.)?

What's the reason for (this extra charge/the delay, etc.)? ¿A qué se debe (este suplemento/el retraso, etc.)?

Who is in charge of (refunds/room-bookings, etc.)? ¿Quién está a cargo de (las devoluciones/reservas de habitación, etc.?

Can you explain (this machine/this list, etc.) for me, please? ¿Puede explicarme (cómo funciona esta máquina/qué significa esta lista, etc.), por favor?

How can I get to (the basement/the street, etc.)? ¿Cómo se va (al sótano/a la calle, etc.)?

How do I go about (changing my booking/getting my shoe repaired, etc.)? ¿Qué tengo que hacer para (cambiar la reserva/que me arreglen el zapato, etc.)?

Can you tell me where the bus goes from? ¿Puede indicarme de dónde sale el autobús?

Can you give me some information about (hotels/bus times?) ¿Puede darme información sobre (hoteles/el horario de autobuses?)

Do you have any information on (language courses/Turkey?) ¿Tienen información sobre (cursos de idiomas/Turquía?)

Where can I get information about (travel insurance?) ¿Dónde me pueden dar información sobre (seguros de viaje?)

L18.2 Cuando no se dispone de información

I'm sorry, I can't help you. Lo siento, no puedo serle de ayuda.

I'm sorry, you've come to the wrong place. Ask at the ticket office. Lo siento, se ha equivocado usted de sitio. Pregunte en la taquilla.

Sorry, we've nothing on Brazil at the moment. Lo siento, no tenemos nada sobre Brasil en este momento.

[informal] Sorry, I haven't a clue/haven't the foggiest. Lo siento, no tengo ni idea/no tengo ni la más mínima idea.

U S O

En la mayoría de las situaciones, se le puede agradecer a alguien una información diciendo **Thanks for the information**. (Gracias por la información.) o **Thanks for your help**. (Gracias por su ayuda.), expresiones que no son necesarias cuando la ayuda prestada es de carácter menor (p.ej. cuando alguien le dice dónde están los servicios), en cuyo caso basta con un simple **Thanks**.

L19 Instructions Instrucciones

L19.1 Para pedir instrucciones

Could you tell me/show me how to work this machine?
¿Podría explicarme/enseñarme cómo manejar esta
máquina?

Are there any instructions for the photocopier? ¿Hay
instrucciones para el manejo de la fotocopiadora?

What do I do if I want to change the film? ¿Qué tengo
que hacer si quiero cambiar la película?

How do I go about setting up this projector? ¿Cómo se
hace para montar el proyector?

What do I do next? ¿Qué hago a continuación?

How does x work? ¿Cómo funciona x?

How do you work this (machine/copier)? ¿Cómo se
maneja esta (máquina/fotocopiadora)?

L19.2 Para dar instrucciones

This is what you do, just press this button, and ... Lo
que tienes que hacer es pulsar este botón y ...

All you have to do is ... Lo único que tienes que hacer
es ...

You must always remember to close this door first.
No tienes que olvidarte de cerrar esta puerta primero.

You just flick that switch and that's it. Le das a ese
interruptor y ya está.

Would you please follow the instructions on the handout.
Sigan las instrucciones de la hoja que les he dado.

L20 Directions Direcciones

ver también **318 Directions**

L20.1 Para preguntar direcciones

Could you tell me the way to ...? ¿Podría indicarme
cómo se va a ...?

Excuse me, I'm lost, I wonder if you could help me?
Disculpe, me he perdido, ¿podría usted ayudarme?

How do I get to the station from here? ¿Cómo se va a
la estación desde aquí?

Excuse me, I'm looking for Mill Street. Perdone, estoy
buscando Mill Street.

[más formal] Could you direct me to Boston Road?
¿Podría indicarme cómo llegar a Boston Road?

L20.2 Para indicar direcciones

How are you travelling? ¿Cómo va a ir?

Turn left, then right, then go straight on/straight

ahead. Gire a la izquierda, luego a la derecha y
después siga recto.

Take the first left and the second right. Tome la
primera a la izquierda y la segunda a la derecha.

You'll see it in front of you/on your left, etc. Lo verá
frente a usted/a su izquierda, etc.

You can take a short-cut across the park. Puede tomar
un atajo por el parque.

If you see a church, you've gone too far. Si ve una
iglesia es que se ha pasado.

Look out for the sweet shop on your right. Esté atento
a una tienda de golosinas a su derecha.

You can't miss it. No tiene pérdida.

When you come/get to the lights, branch off to the
right. Cuando llegue al semáforo, desvíese hacia la
derecha.

L21 Making arrangements Al hacer planes

L21.1 Al fijar horas, fechas, citas, etc.

Could we arrange to meet some time? ¿Sería posible
que nos reuniéramos algún día?

[una versión más informal del ejemplo anterior] Can
we get together some time soon? ¿Podemos
reunirnos un día de éstos?

Are you free on Thursday/Monday? ¿Está libre el
jueves/lunes?

What about Friday? Are you free then? ¿Qué tal el
viernes? ¿Está libre?

Could you make a meeting on the 25th? ¿Le iría bien
una reunión el día 25?

Could we meet soon to discuss the future/the
conference? ¿Podríamos reunirnos pronto para hablar
del futuro/del congreso?

Are you available on the 15th? ¿Está libre el día 15?

Let's say 5p.m. on Tuesday, shall we? Digamos el
martes a las 5, ¿de acuerdo?

Monday suits me fine. El lunes me va muy bien.

2 o'clock would be best for me. A las 2 me vendría
mejor.

I'll pencil in the 23rd, and we can confirm it later.
Apunto el día 23, y podemos confirmarlo más
adelante.

Let's say the 18th, provisionally, and I'll come back to
you. Digamos el 18, provisionalmente, y ya me
volveré a poner en contacto con usted.

L21.2 Problemas con las horas, fechas etc.

I'm afraid the 3rd is out for me. Me temo que el día 3
me es imposible.

I'm afraid I'm busy tomorrow. Me temo que mañana
estaré ocupada.

[informal] I'm afraid I'm chock-a-block this week.
(brit) Me temo que esta semana estoy a tope.

Could we make it Thursday instead? ¿Podríamos
dejarlo para el jueves?

I'm afraid I'm double-booked on Friday. Could we re-arrange things? Me temo que tengo dos citas a la misma hora para el viernes. ¿Sería posible reorganizar las cosas?

A: 5.30 is a bit of a problem. A las 5.30 va a ser un poco difícil.

B: Would 6 o'clock be any better? ¿Le vendría mejor a las 6?

Could we postpone Friday's meeting? ¿Podríamos aplazar la reunión del viernes?

Sorry, but we're going to have to cancel tomorrow's meeting. Lo siento, pero vamos a tener que cancelar la reunión de mañana.

Could we bring the time forward to 3.30 instead of 4? ¿Podríamos adelantar la hora a las 3.30 en vez de a las 4?

L21.3 *Para decir la fecha*

U S O

En inglés británico la fecha se escribe y se dice de forma diferente. P.ej. se puede escribir *Monday 21st June* o *Monday, June 21st*, pero se lee *'Monday the twenty-first of June'*. He aquí algunos ejemplos más: *October 27th* se lee *'the twenty-seventh of October'* o *'October the twenty-seventh'*, y *August 1st* se dice *'August the first'* o *'the first of August'*. En inglés americano el mes siempre figura antes que el día tanto en el lenguaje escrito como hablado y la fecha puede enunciarse de la misma forma en que se escribe, p.ej. *September 4th* se lee *'September fourth'* y *April 30th* se lee *'April thirtieth'*.

L22 Asking favours *Para pedir favores*

I wonder if you could do me a favour. ¿Podría hacerme un favor?

[algo formal] I need to ask a favour of you. Necesito pedirle un favor.

[menos formal] Could you do me a favour? ¿Puedes hacerme un favor?

Una respuesta cortés y amistosa cuando alguien pide un favor podría ser *Yes, of course, what is it?* (No faltaba más, ¿de qué se trata?) y *Yes, no problem.* (Claro, no hay problema.).

L22.1 *Pequeños favores, más bien rutinarios*

Have you got a light please? ¿Tiene fuego, por favor?

Could you keep an eye on my seat for me please? ¿Por favor, le importaría guardarme el asiento?

Do you have a pen I could borrow for a moment? ¿Podría prestarme un bolígrafo un momento?

Could you change this £10 note by any chance? ¿Tendría por casualidad cambio de un billete de 10 libras?

Do you have any small change for the parking meter/the phone? ¿Tiene cambio en monedas para el parquímetro/teléfono?

I wonder if you'd mind if I jumped the queue? I'm in a terrible hurry! ¿Le importaría dejarme pasar delante en la cola? ¡Tengo muchísima prisa!

Is this seat free/taken? Do you mind if I sit here? ¿Está libre/ocupado este asiento? ¿Puedo sentarme aquí?

L23 Apologies *Disculpas*

ver también **221 Mercy**; **449 Shame**

L23.1 *Para presentar excusas*

I'm sorry I'm late. Siento llegar tarde.

[más formal y enfático] I'm terribly sorry I've kept you waiting. Siento muchísimo haberles hecho esperar.

[menos formal] Sorry I wasn't here when you arrived. Siento no haber estado aquí cuando llegaste.

[más bien formal, frec. se usa en el lenguaje escrito] I apologize for not contacting you earlier. Pido disculpas por no haberme puesto antes en contacto con usted.

[muy formal, frec. se usa en el lenguaje escrito] My sincere apologies for the inconvenience we caused

you. Mis más sinceras disculpas por las molestias que le hemos ocasionado.

[más bien formal, frec. se usa en el lenguaje escrito] Please accept my/our apologies for not replying earlier. Por favor acepte mis/nuestras disculpas por no haber contestado antes.

L23.2 *Al aceptar disculpas*

La fórmula es *That's all right.* (No tiene importancia.). Las frases *That's okay.* (No pasa nada.), y *Forget it!* (¡Olvídalo!) son menos formales. *That's quite all right* es un poco más formal. También se puede usar *It doesn't matter.* (No importa.) *Don't worry about it.* (No te preocupes.) o *Never mind.* (No importa.).

L24 Reminding *Para recordar algo a alguien*

Don't forget to post that letter, will you? No te olvides de echar esa carta al correo, ¿vale?

[más formal] Please remember to bring your passport. Por favor recuerde traer el pasaporte.

[discreto, pero puede interpretarse como un ligero reproche] You haven't forgotten it's Sally's birthday tomorrow, have you? ¿No te habrás olvidado de que mañana es el cumpleaños de Sally, verdad?

[más bien formal] **May I remind you that there will not be a meeting next week?** Permítanme recordarles que la semana próxima no habrá reunión.

[más bien formal y discreto, cuando se tiene la sospecha de que alguien ha olvidado algo] **Can I jog your memory about the talk you promised to give**

us? ¿Me permite que le recuerde que prometió darnos una charla?

Si hay que contestar, se puede decir **Thanks for reminding me.** (Gracias por recordármelo.). Si uno quiere disculparse por haber olvidado algo, se puede decir **I'm sorry, it just slipped my mind.** (Lo siento, se me fue de la cabeza.).

L25 Reassuring *Para tranquilizar*

Don't worry, we'll be there by six. No te preocupes, estaremos allí para las seis.

There's nothing to worry about. No hay de qué preocuparse.

You'll be all right. No tendrás problemas.

It'll be fine. Todo irá/saldrá bien.

[más bien formal] **I assure you there'll be no problem**

with it. Le aseguro que no habrá ningún problema con eso.

[más bien formal, típico del estilo escrito] **I would like to reassure you that we will keep costs to the minimum.** Puedo garantizarle que mantendremos los costes al mínimo.

L26 Persuading *Para persuadir*

ver también **349 Persuade**

Why don't you come with us next week? ¿Por qué no te vienes con nosotros la próxima semana?

Why not come hang-gliding with us? You'd love it, I'm sure. ¿Por qué no te vienes con nosotros a practicar el ala delta? Estoy seguro de que te encantaría.

Do come and stay at Christmas, we'd love to have you. Ven a pasar las Navidades con nosotros, nos encantaría tenerte en casa.

I really think you ought to take a few days off, you know. Creo que deberías tomarte unos días de

descanso, hablo en serio.

[más formal] **Can I persuade you to join us tonight?** ¿Puedo convencerle para que venga con nosotros esta noche?

[informal] **Go on! Have a dessert; I'm having one.** ¡Vamos! Toma algo de postre; yo sí que voy a tomar.

[informal] **Can I twist your arm and ask you to sponsor me for a charity walk on Saturday?** ¿Puedo persuadirte para que me patrocines en una marcha benéfica el sábado?

L27 Suggesting *Para sugerir algo*

ver también **353 Suggest**

Let's take a taxi, shall we? ¿Por qué no tomamos un taxi?

Why don't we leave it till next week? ¿Por qué no lo dejamos para la semana que viene?

What about changing the date? ¿Qué tal si cambiamos la fecha?

I have a suggestion: let's hold a meeting. Quiero sugerir algo: ¿por qué no celebramos una reunión?

[más formal] **Can/May I suggest we meet again tomorrow?** Puedo/Podría sugerir que nos reunamos/reuniéramos de nuevo mañana?

U S O

Obsérvese el esquema sintáctico después de **suggest**: no se usa el infinitivo, como p.ej. **I suggest (that) you cancel it.** (Le sugiero que lo cancele).

L27.1 *Para pedir sugerencias*

We have to do something; what do you suggest? Tenemos que hacer algo. ¿Qué sugieres?

We must raise £3,000; are there any suggestions? Tenemos que conseguir 3.000 libras: ¿alguna sugerencia?

Can you think of a way of stopping this tap from leaking? ¿Se te ocurre algo para hacer que este grifo deje de gotear?

[informal] **Any suggestions as to how we can fix this door?** ¿Alguien tiene idea de cómo arreglar esta puerta?

[informal] **We need £2,000 immediately; any bright ideas?** Necesitamos 2.000 libras urgentemente. ¿A alguien se le ocurre alguna idea brillante?

L28 Agreeing *Para expresar acuerdo*

ver también **348 Agree**

A: This is crazy. Esto es una locura.
B: I agree. Estoy de acuerdo.

I agree with everything you say. Estoy de acuerdo con todo lo que dices.

[más formal] I am in complete agreement with you. Estoy completamente de acuerdo con usted.

[informal] A: We'll have to do something about it soon. Tendremos que hacer pronto algo al respecto.
B: Right. De acuerdo.

Formas enfáticas de mostrar acuerdo:

I couldn't agree more! ¡Estoy totalmente de acuerdo!

[informal y enfático] You can say that again! ¡Y que lo digas!

Entre las interjecciones enfáticas que se utilizan para mostrarse de acuerdo con alguien se incluyen *Absolutely!* (Estoy totalmente de acuerdo.) *Quite.* (En

efecto.) y *Exactly!* (¡Exactamente/precisamente!).

A: I think she'll be perfect for the job. Creo que será perfecta para el trabajo.
B: Absolutely! ¡Seguro!

A: If he was still in London at 6 o'clock then he can't have committed the murder. Si estaba todavía en Londres a las 6 entonces no puede haber cometido el asesinato.
B: Exactly! ¡Precisamente!

A: It seems like a ridiculous idea. Parece una idea ridícula.
B: Quite. En efecto.

L29 Disagreeing *Para expresar desacuerdo*

ver también **346 Disagree**

I disagree (no estoy de acuerdo) es una manera algo fuerte de expresar desacuerdo en inglés. En su lugar, y para no dar la impresión de ser descortés, se suele mostrar un acuerdo parcial antes de mostrarse en desacuerdo; p.ej.: *I see what you mean, but ...* (Entiendo lo que quiere decir, pero ...) o *That's right, but ...* (De acuerdo, pero ...)

Otras maneras de mostrar desacuerdo:

I have to disagree with you about that. No estoy de acuerdo con usted en eso.

You say she's clever, but I don't see that at all. Dices que es lista, pero a mí no me lo parece en absoluto.

[más formal] I'm afraid I can't agree with you. Me temo que no estoy de acuerdo con usted.

L30 Opinions *Opiniones*

ver también **105 Believe; 106 Opinion**

L30.1 Para pedirle a alguien su opinión

How do you see the situation? ¿Cómo ve la situación?

What are your views on capital punishment? ¿Qué opina de la pena de muerte?

What do you think of x? ¿Qué opina de x?

[más formal] What's your view of x? ¿Qué opinión le merece x?

[más formal] What's your opinion of x? ¿Qué opinión le merece x?

[informal] Do you reckon he'll come/she'll win, etc? ¿Crees que vendrá/ganará, etc?

L30.2 Para expresar una opinión

I think ... Yo creo...

[más formal] My view is that this is wrong. Yo opino que esto está mal hecho.

[más formal] In my view/opinion, we've waited long enough. Yo opino que ya hemos esperado bastante.

[informal] To my mind, his taste in clothes is appalling. A mí me parece que su forma de vestir es de un mal gusto increíble.

[informal] I reckon they'll be getting married soon. (*esp. brit*) Calculo que se casarán pronto.

[muy formal, en discusiones, debates, etc.] If I may express an opinion, I think that ... Si me permiten expresar mi opinión, creo que ...

U S O

Obsérvese que *point of view* (punto de vista) se usa en inglés para referirse a cómo afecta algo a los hablantes, más que simplemente a su opinión. Si alguien dice *From my point of view, these new farming regulations are a disaster.* (Por lo que a mí respecta, estas nuevas normas agrícolas son un desastre.), es probable que esté de alguna forma relacionado con la agricultura, o que las reglamentaciones le afecten de forma directa.

L31 Preferences *Preferencias*

ver también **73 Choose**

L31.1 Para preguntarle a alguien por sus preferencias

Which would you prefer, a twin or double room? ¿Preferiría una habitación con dos camas o con cama de matrimonio?

[más informal] What would you rather have, tea or coffee? ¿Qué prefieres, té o café?

[algo formal] Do you have any preference with regard to which flight we take? ¿Tiene interés por algún vuelo en concreto?

[algo informal] We can go on Friday or Saturday, it's up to you. Podemos ir el viernes o el sábado, como prefieras.

[informal] You can have red, green or blue; take your pick. Lo tienes en rojo, verde o azul. Escoge el que más te apetezca.

L31.2 *Para expresar una preferencia*

I think I'd rather go on Monday, if you don't mind. Preferiría ir el lunes, si no te importa.

I'd prefer a window-seat, if possible. Preferiría un asiento al lado de la ventana, a ser posible.

[muy formal, en especial cuando no se le ha preguntado a uno qué prefiere] If I may express a preference, I would rather not have to meet on a Friday. Si se me permite expresar mi opinión, preferiría no tener una reunión en viernes.

[informal, especialmente referido a comida] I think I'll go for the chicken. Creo que tomaré el pollo.

L32 Degrees of certainty *Grados de certeza*

ver también **82 Certain**; **83 Uncertain**

L32.1 *Certeza*

I'm sure we've met before. Estoy seguro de que nos hemos visto antes.

He's definitely the tallest person I've ever met. Él es, sin duda, la persona más alta que he conocido en mi vida.

She's without doubt/undoubtedly the best captain we've ever had. Ella es sin duda/indudablemente el mejor capitán que hemos tenido.

[algo formal] There is no doubt that something must be done soon. No cabe duda de hay que hacer algo lo antes posible.

[expresando una profunda sensación de certeza] I'm absolutely certain I left it on the table. Estoy completamente segura de que lo dejé en la mesa.

L32.2 *Duda e incertidumbre*

I'm not sure I can do this for you. No estoy seguro de podérselo hacer.

We're a bit uncertain about the future at the moment. No estamos muy seguros con respecto al futuro en este momento.

I doubt she'll come before Tuesday. Dudo de que venga antes del martes.

Everyone thinks George is wonderful, but I have my doubts. Todo el mundo cree que George es estupendo, pero yo tengo mis dudas.

It's doubtful whether he will succeed. No se sabe con seguridad que vaya a tener éxito.

I think he said his number was 205, but I can't be sure. Creo que dijo que su número era el 205, pero no estoy seguro.

[expresando una sensación de incertidumbre mayor que en el ejemplo anterior] I'm not at all sure that this is his number. No estoy nada seguro de que éste sea su número.

Obsérvese que *no doubt* y *[más formal] doubtless* se usan cuando uno está bastante seguro de algo, pero desea confirmación de que está en lo cierto: *You've doubtless/no doubt all heard of William Shakespeare.* (Todos habréis oído hablar, sin duda, de Shakespeare.)

L32.3 *Vaguedad*

She's sort of average-looking. Es más bien normalita.

They need boxes and things like that. Necesitan cajas y cosas por el estilo.

I don't understand videos and that sort of thing. No entiendo de vídeos y ese tipo de cosas.

He said he was going to Paris or something. Dijo que se iba a París o algo así.

U S O

Cuando no se quiere ser preciso acerca de un color, en inglés británico se puede utilizar el sufijo *-y*, si bien no es frecuente en inglés americano. No es corriente usarlo con *white* o *black*: *It was a yellowy/greeny/browny sort of colour.* (Era un color amarillento/verdoso/como marrón.)

El sufijo *-ish* puede usarse con muchos adjetivos, colores, horas y edades cuando no se desea ser preciso:

She has reddish/blackish hair. Tiene el cabello rojizo/tirando a negro.

I'd say she's thirtyish. Yo diría que tiene como unos treinta años.

Come about half-past sevenish. Ven sobre las siete y media poco más o menos.

It was a dullish day. Fue un día más bien gris.

Obsérvese que *-y* y *-ish* son ambos bastante informales.

L32.4 *Adivinar y conjeturar*

I'd say she was about fifty. Yo diría que tiene unos cincuenta años.

[informal] I would reckon there are about 3,000 words here. (*brit*) Yo diría que aquí hay unas 3.000 palabras.

[algo formal] I would speculate that we would need round £5,000. Calculo que necesitaríamos alrededor de 5.000 libras.

[formal, y cuando uno basa sus conjeturas en cálculo, en la experiencia, etc.] We estimate that the project will take 3 years. Calculamos que el proyecto requerirá 3 años.

[algo informal] I don't know, but I would hazard a guess that there were about 10,000 people there. No lo sé, pero me atrevería a decir que allí había unas 10.000 personas.

[informal] Guess who I met today? I bet you can't! ¿A que no sabes a quién me he encontrado hoy? ¡Te apuesto a que no lo adivinas!

[informal] I'll give you three guesses who I'm having dinner with tonight. Te doy tres oportunidades para acertar con quién ceno esta noche.

[informal] She'll be here again tomorrow, I'll bet. Te apuesto a que mañana vuelve a estar aquí.

L33 Obligation Obligación

La obligación externa, impuesta, p.ej. por el gobierno u otra autoridad, puede expresarse con **have to: I have to renew my passport next month.** (Tengo que renovar mi pasaporte el mes que viene.)

Must expresa la obligación como una orden o instrucción, bien de uno a sí mismo, porque siente que debe hacer algo, o por parte de una fuerza exterior (p. ej. una ley o regulación): **I must wash my hair, it's filthy!** (Tengo que lavarme el pelo, ¡está asqueroso!) **All students must register between 9a.m. and 11a.m. on the first day of term.** (Todos los estudiantes deben matricularse entre las 9 y las 11 horas el primer día de clase.) Pero no se debe olvidar que **must** carece de tiempo pasado, y se usa **had to** en su lugar: **The students had to register yesterday, so we were very busy.** (Los estudiantes tenían que matricularse ayer, así que estuvimos muy ocupados.)

Should es menos fuerte que **must: I should really get my hair cut this weekend.** (Tendría que ir a cortarme el pelo este fin de semana.)

You should post that soon, or it won't get there in time. (Deberías echarlo al correo cuanto antes, o no llegará a tiempo.)

Ought to implica a menudo una obligación moral, lo que se debe hacer: **You really ought to say thanks to your aunt for that present she sent you.** (Deberías darle las gracias a tu tía por el regalo que te ha mandado.)

Obliged to es muy fuerte y bastante formal, pone énfasis en que el hablante no tiene elección en el asunto: **I am obliged to ask you if you have a criminal record.** (Me veo obligado a preguntarle si tiene usted antecedentes penales.)

Forced to sugiere influencias externas muy fuertes: **In the face of so much evidence, I was forced to admit I had been wrong.** (Ante la abrumadora evidencia me vi obligado a admitir que me había equivocado.) **We were forced to leave the building at gunpoint.** (Nos vimos obligados a abandonar el edificio a punta de pistola.)

Obligation es muy formal: **I have an obligation to warn you that you do this at your own risk.** (Debo advertirle que lo hace por su cuenta y riesgo.) **I'm sorry; I'm not under any obligation to reveal that information to you.** (Lo siento, no tengo ninguna obligación de revelarle a usted esta información.)

L34 Expressing surprise Para expresar sorpresa

ver también **118 Surprise**

I'm surprised that you didn't recognise her. Me sorprende que no la reconocieras.

[expresando una sensación de sorpresa mayor que la del ejemplo previo] **I'm amazed that you've got here so quickly.** Estoy asombrado de que hayas llegado aquí tan rápido.

Well! What a surprise! ¡Vaya! ¡Qué sorpresa!

Well! This is a surprise! ¡Vaya! ¡Esto sí que es una sorpresa!

Good heavens! ¡Por Dios!

Good Lord! ¡Dios mío!

Sally! I don't believe it! What are you doing here? ¡Sally! ¡No puedo creérmelo! ¿Qué haces tú aquí?

[informal] **Well I never! I didn't expect to meet you today!** ¡Caramba! ¡No esperaba encontrarte a ti hoy!

[informal] **You could have knocked me down with a feather when I realised who it was!** Casi me caigo de espaldas cuando me di cuenta de quién era.

[se le dice a alguien a quien se le da una sorpresa o un regalo sorpresa que se le ha preparado] **Surprise, surprise!** ¡Sorpresa!

L35 Expressing pleasure Para expresar placer

ver también **422 Happy**

How nice to have this beach all to ourselves! ¡Qué bien tener toda esta playa para nosotros solos!

This is wonderful/marvellous/great! ¡Es maravilloso/genial!

What a pleasure to be home again! ¡Qué agradable es volver a estar en casa!

What fun! I haven't rowed a boat for years! ¡Qué divertido! Hacía años que no remaba.

I'm pleased to hear you solved your problem. Me alegra saber que resolviste tu problema.

I'm delighted to hear you're getting married. Me alegro muchísimo de saber que os casáis.

I'm very happy that we've been able to meet again. Me alegra mucho que hayamos podido encontrarnos de nuevo.

[algo formal, p.ej., a una anfitriona] **It's a real pleasure to be here.** Es un auténtico placer estar aquí.

[muy formal, en discursos, etc.] **It gives me great pleasure to welcome you all tonight.** Es un gran placer para mí poder estar con todos ustedes esta noche.

L36 **Expressing displeasure** *Para expresar desagrado*

ver también **450 Angry**

How awful! ¡Qué horror!

What a terrible/dreadful place/person! ¡Qué persona/ lugar tan horrible/espantoso!

I'm not very happy with the way things have turned out. No me gusta el cariz que han tomado las cosas.

I'm unhappy with the situation at work these days. No me gusta cómo están las cosas en el trabajo estos días.

I wasn't at all pleased to hear that the prices are

going up. No me gustó nada oír que los precios están subiendo.

[expresando seria desaprobación e indignación] I'm appalled at what has happened. Estoy horrorizado por lo ocurrido.

[informal. Se dice de un acontecimiento o situación enojosa] What a pain! ¡Qué lata!

[formal y bastante severo] I'm extremely displeased with your behaviour. No me agrada nada tu conducta.

L37 **Complaints** *Quejas*

ver también **345 Complain**

L37.1 *Para presentar una queja*

Can I see the manager/the person in charge, please? ¿Puedo ver al gerente/encargado, por favor?

Can you do something about this noise/the slow service, please? ¿Puede hacer algo con respecto a este ruido/la lentitud del servicio, por favor?

I'm sorry but these goods are unsatisfactory. Lo siento, pero estos artículos no son satisfactorios.

[algo formal] I'd like to make a complaint about my room/the delay, etc. Quisiera presentar una queja sobre mi habitación/el retraso, etc.

[bastante formal, típico del lenguaje escrito] I wish to complain in the strongest possible terms about the

poor service I received. Deseo expresar mi más enérgica protesta por el pésimo servicio recibido.

[si las quejas no surten efecto] It's just not good enough. Es inadmisible.

L37.2 *Al recibir una queja*

I'm sorry, I'll see what I can do. Lo siento, veré qué puedo hacer.

Leave it with me and I'll make sure something is done. Déjelo de mi cuenta y me aseguraré de que se haga algo al respecto.

I'll pass your complaint on to the manager/the person in charge. Transmitiré su queja al gerente/encargado.

L38 **Praising** *Para elogiar*

ver también **430 Praise**

Well done! ¡Bien hecho!

[una versión más formal del ejemplo anterior] You've done extremely well. Lo ha hecho sumamente bien.

I admire your skill/your patience. Admiro tu habilidad/tu paciencia.

[a una persona de categoría inferior o, de manera humorística, a alguien de la misma categoría] I couldn't have done better myself! ¡Ni yo mismo lo habría hecho mejor!

[ligeramente informal] You deserve a pat on the back. Te mereces que te felicite.

L38.1 *Cumplidos*

What a lovely house/dress/garden! (*esp. brit*) ¡Qué casa/vestido/jardín tan bonito!

You look very nice in that jacket. Te sienta muy bien esa chaqueta.

I envy you your garden; it's wonderful. Te envidio el jardín, es maravilloso.

I don't know how you manage to be so efficient. No sé cómo te las arreglas para ser tan eficiente.

[más formal] I must compliment you on your latest book. Tengo que darle la enhorabuena por su último libro.

L38.2 *Felicitaciones*

A: I've just been promoted in my job. Acaban de ascenderme en mi trabajo.

B: Oh, congratulations! ¡Vaya, enhorabuena!

Congratulations on your new job! ¡Enhorabuena por tu nuevo trabajo!

[formal, p.ej. al pronunciar un discurso] I/We'd like to congratulate you on 25 years of service to the company. Me/Nos gustaría felicitarle por sus 25 años de servicio a la compañía.

L39 **Announcements** *Anuncios*

Los avisos públicos frec. se ven precedidos por las siguientes frases y expresiones:

Can I have your attention please? Atención, por favor.

I'd like to make an announcement. Quisiera

anunciarles algo.

I'd like to announce the winner of the first prize, ... Tengo el placer de anunciarles el ganador del primer premio ...

Ladies and Gentlemen, ... Señoras y señores ...
[ligeramente más formal] I have an announcement to make. Tengo algo que anunciarles.

[después de anunciar algo] Thank you for your attention. Muchas gracias por su atención.

L40 Reacting to news *Al reaccionar ante una noticia*

ver también **L34 Expressing surprise**

How wonderful! ¡Fantástico!
How awful! ¡Qué horror!
[informal] Great! ¡Genial!
[informal] Oh, no! ¡Oh, no!
[cuando la noticia no es buena y era de esperar] I might have guessed! ¡Tenía que habérmelo imaginado!

[cuando la noticia es sorpendente] Well, I never thought I would hear that! ¡Vaya, nunca me lo habría imaginado!
[cuando la información es realmente nueva para uno] Well, that's news to me! ¡Vaya, ahora me entero!
[informal, expresando sorpresa] Well I never! ¡Qué sorpresa!

L41 Talking about the time *Al hablar de la hora*

ver también **26 Time**

What time is it? ¿Qué hora es?
Have you got the time, please? ¿Tiene hora, por favor?
[cuando no se está seguro de llevar bien la hora] What time do you make it? ¿Qué hora tiene usted?
It's five o'clock exactly. Son exactamente las cinco.
It's dead on five o'clock. (*brit*) Son las cinco en punto.
It's just gone half past three. (*brit*) Acaban de dar las tres y media.

It's coming up to six o'clock. Son casi las seis.
My watch must be slow/fast. Mi reloj debe ir atrasado/adelantado.
[una versión más informal del ejemplo anterior] I'm a bit slow/fast. Mi reloj va un poco atrasado/adelantado.
My watch has stopped. Se me ha parado el reloj.

L42 Narrating and reporting *Al narrar y relatar algo*

L42.1 *Al relatar sucesos y anécdotas*

Have you heard about ...? ¿Has oído hablar de ...?
Did I tell you about ...? ¿Te conté lo de ...?
I must tell you about ... Tengo que contarte lo de ...
[más informal] You'll never guess what's happened! ¡No adivinarías nunca lo que ha pasado!
[muy informal] Guess what? We're getting a new boss! ¿Sabes qué? ¡Vamos a tener un nuevo jefe!
[algo que ocurrió hace mucho tiempo] I'll always remember the time ... /I'll never forget when ... Siempre me acordaré de aquella vez que .../ Nunca olvidaré cuando ...

L42.2 *Chistes*

Have you heard the one about ...? ¿Sabes aquél que dice ...?
I heard a good joke the other day, ... El otro día me contaron un chiste muy bueno, ...
I heard a good one the other day, ... El otro día me contaron uno muy bueno ...
Do you want to hear a joke? It's quite clean./It's a bit rude. ¿Quieres que te cuente un chiste? No es verde./Es un poco verde.
[cuando no le ves la gracia a un chiste] I'm sorry, I don't get it. Lo siento, no lo cojo.

L43 Problems of communication *Problemas de comunicación*

ver también **114 Understand**

L43.1 *Malentendidos*

I'm sorry, I don't understand. Lo siento, no entiendo.
I think I've misunderstood you. Creo que le he entendido mal.
I think we're talking at cross-purposes. (*esp. brit*) Creo que hay un malentendido.
I don't think we're understanding each other properly. Creo que no nos estamos entendiendo.
I don't seem to be able to get through to him. No logro comunicarme con él.
[más formal o impersonal] I think there's been a

misunderstanding. Creo que ha habido un malentendido.
[informal] I think I/you've got the wrong end of the stick. Creo que he/has tomado el rábano por las hojas.

L43.2 *Problemas con el volumen/la velocidad*

Could you speak more slowly, please? ¿Podría hablar más despacio, por favor?
Could you slow down a bit, please? I find it difficult

to follow you. ¿Podría ir un poco más despacio, por favor? Me resulta difícil seguirle.

I didn't catch what you said. Could you repeat it, please? No entendí lo que dijo. ¿Podría repetirlo, por favor?

U S O

En inglés británico, la respuesta cortés cuando uno no oye lo que se ha dicho es decir simplemente **Sorry?** en lugar de **What? What?** resulta aceptable en situaciones informales o entre amigos. **Pardon?** es también de uso frecuente, si bien algunas personas lo consideran excesivamente refinado.

L43.3 *Para solicitar ayuda*

Can you help me? I'm having trouble understanding this notice. ¿Puede ayudarme? No logro entender este letrero.

What does 'liable' mean? ¿Qué significa 'liable'?

[cuando se quiere saber el sentido exacto que alguien le quiere dar a una palabra] What do you mean by 'elderly'? ¿Qué quiere decir con 'elderly'?

How do you spell 'yogurt'? ¿Cómo se escribe 'yogurt'?

How do you pronounce this word here? ¿Cómo se pronuncia esta palabra de aquí?

How do you stress this word? ¿Dónde lleva el acento esta palabra?

Can you explain this phrase for me? ¿Puede explicarme esta frase?

Is there another word for 'amiable'? ¿Hay otra palabra que significa lo mismo que 'amiable'?

Could you check my English in this letter, please? ¿Podría corregirme el inglés de esta carta?

[informal] Oh dear, help me! It's on the tip of my tongue! ¡Ayúdame, por favor! Lo tengo en la punta de la lengua.

L43.4 *Para autocorregirse*

'Quickly' is an adjective ... sorry, I mean an adverb. 'Rápidamente' es un adjetivo ... perdón, quiero decir un adverbio.

Sorry, I meant to say 'tempting', not 'tentative'. Lo siento, quise decir 'tempting', no 'tentative'.

Bill ... sorry, Jim rather, is the one you should talk to. Bill ... perdón, mejor dicho Jim, es la persona con la que deberías hablar.

[informal] Tuesday ... no, hang on a minute, I'm getting mixed up ... Wednesday is the day they collect them. El martes ... no, espera, me estoy confundiendo ... el miércoles es el día que los recogen.

[informal] Oxbridge ... Camford ... sorry, I'll get it right in a minute ... Cambridge is well worth a visit. Oxbridge ... Camford ... perdón, a ver si lo digo bien ... Cambridge bien merece una visita.

[al corregir un error en un texto] Where it says '5 p.m.' it should say '5.30 p.m.'. Donde dice las 5.00 debería decir las 5.30.

[más formal, frec. en lenguaje escrito] 'Southampton' should have read 'Southport' in the third paragraph. En el tercer párrafo debería decir 'Southport' en lugar de 'Southampton'.

[al corregir textos] Where it says 'cheque card', cross out 'cheque' and put 'credit'. Donde dice 'cheque card', táchese 'cheque' y póngase 'credit'.

L44 **Written communications** *Comunicación por escrito*

ver también **340 Communications**

L44.1 *Cartas personales: para empezar una carta*

Dear Michael, Querido Michael:

Thanks for your (last) letter. Gracias por tu (última) carta.

I'm sorry I've been slow in replying. Siento haber tardado tanto en contestarte.

[informal] Just a few lines to let you know that ... Sólo unas líneas para decirte que ...

[más informal] Just a quick line to say hello. Sólo unas letras para saludarte.

L44.2 *Cartas personales: para terminar*

Give my regards to Mary. Dale recuerdos a Mary.

I hope to hear from you soon. Espero tener noticias tuyas pronto.

[informal] Well, that's all for now. Bueno, eso es todo por ahora.

[informal] Write soon. Escribe pronto.

[para uso general. Suena amistoso pero bastante formal] Best wishes, June. Un cordial saludo, June.

[informal, a un amigo] All the best, Nick. ¡Que te vaya bien! Nick.

[a alguien a quien se va a ver pronto] Look forward to seeing you soon, David. Esperamos verte muy pronto, David.

[frec. se usa con personas a quienes se quiere mucho, pero se usa también de modo amistoso con alguien por quien se siente una cierta amistad, p.ej. en una postal de felicitación de cumpleaños a un colega] Love, Terry. Con cariño, Terry.

[entre esposos, amantes, novios] All my love, Ron. Con todo mi amor, Ron.

P.S. [abrev. de post-scriptum *(postdata)]* p.d.

L44.3 *Cartas de negocios: para empezar*

[al dirigirse a una firma u otra institución] Dear Sir/Madam, Muy señores míos:

[al dirigirse a un periódico o revista] Dear Editor, Señor Director:

U S O

Mucha gente opina que el uso de **Dear Sirs** al dirigirse a una firma, o **Sir** al dirigirse al director de un periódico, son parciales desde el punto de vista del género y deberían, por lo tanto, evitarse, pese a la frecuencia con que se usan.

Dear Ms Bool Estimada Sra/Srta Bool:
I am writing in connection with ... Le escribo con respecto a ...
Thank you for your letter of (date). He recibido su atenta carta del (fecha).
In reply to your recent letter, ... En respuesta a su reciente carta, ...
Following your letter of (date), I am now writing to ... Con referencia a su carta del (fecha), le escribo para ...
[en una carta en la que uno debe presentarse primero] First allow me to introduce myself. I am ... Ante todo permítame que me presente. Soy ...

L44.4 Cartas de negocios: para terminar

I look forward to your reply. Quedo a la espera de su respuesta.
Thank you for your attention to this matter. Le agradezco la atención prestada a este asunto.
I enclose a stamped, addressed envelope. Adjunto un sobre franqueado y con la dirección.
I attach the receipt. Adjunto recibo.
Yours sincerely, Anthony O'Donnell (Mr) Le saluda atentamente, Anthony O'Donnell (Mr.)
[más formal o impersonal] Yours faithfully, G. Sweeney (Dr) Suyo atentamente, G. Sweeney (Dr.)

U S O
Yours sincerely se usa cuando uno ha usado el nombre del destinatario al comienzo de la carta, y **Yours faithfully** cuando se desconocía el nombre y se ha usado un encabezamiento general del tipo **Dear Sir/Madam.**

L44.5 Solicitudes

In reply to your advertisement in (name of source), I should like to apply for ... En contestación a su anuncio de (nombre de la fuente), desearía solicitar el puesto de ...
Please send me further details and application forms for ... Ruego me envíen más información junto con los impresos necesarios para ...
I hope you will give my application full consideration. Espero que mi solicitud merezca toda su atención.
I enclose a curriculum vitae. Adjunto curriculum vitae.
[formal] Please find enclosed our latest brochure. Sírvase encontrar adjunto nuestro folleto más reciente.

L44.6 Al rellenar formularios

Encabezamientos y frases de uso común en formularios:
Please use block capitals. Escribir en letras mayúsculas.
Please use a ballpoint pen. Usar sólo bolígrafo.
Please attach a recent photograph. Adjuntar fotografía reciente.
Please tick the appropriate box. Marcar el recuadro indicado.
Put a cross in the box. Hacer una cruz en el recuadro.
n/a [abrev. de 'not applicable'] (no pertinente)
First name(s)/Forename(s)/Christian name(s) Nombre (de pila)
Surname (esp. brit), **Last name** (esp. amer) Apellido
Maiden name Nombre de soltera
Address Dirección
Tel. (daytime/evening) (home/work) Tel. (día/noche) (particular/trabajo)
Occupation/Profession Ocupación/Profesión
Nationality/Ethnicity Nacionalidad/Etnia
Age/Date of birth /D.O.B. [abrev. de 'Date of Birth'] Edad/Fecha de nacimiento
Place of birth/Birthplace Lugar de nacimiento
Marital status (single/married/divorced/widowed) Estado civil (soltero/casado/divorciado/viudo)
Educational background Estudios
Qualifications and experience Títulos y experiencia
Proposed duration/length of stay Duración de la estancia
Arrival/departure date Fecha de llegada/salida
Signature/date Firma/fecha

L44.7 Postales

Las postales suelen escribirse en un estilo abreviado, omitiéndose con frecuencia sujeto y verbo. He aquí algunas de las frases y expresiones que aparecen en las postales.
Greetings from Edinburgh. Saludos desde Edimburgo.
Having a lovely time. Lo estamos pasando muy bien.
Weather excellent/lousy. El tiempo excelente/fatal.
This is where we're staying. Este es el sitio donde estamos.
Wish you were here. Ojalá estuvieras aquí.
Regards to everybody. Recuerdos a todos.

L45 Signs and notices Letreros

Frases hechas y expresiones de uso frecuente en letreros:
No parking. Prohibido aparcar.
No entry except for access. (brit) Calle particular.
Diversion (brit), **Detour** (amer) Desviación
Max. headroom 16'3' (5m). Altura máxima 5 mt.
No smoking. No fumar.
Caution. Precaución.
Danger. Peligro.
Trespassers will be prosecuted. Prohibido el paso, propiedad privada.
The management does not accept liability for loss or damage. La dirección no se hace responsable de posibles pérdidas o daños causados.
Cars may be parked here at their owners' risk. Zona de parking no vigilada.
Admission £2.50. Senior Citizens £1.50. Entrada 2,50 libras. Ciudadanos de la tercera edad 1,5 libras

Closing down sale. Liquidación por cierre.
Please ring for attention. Por favor, llame al timbre.
Bed and Breakfast o **B & B** Alojamiento y desayuno.

Camping prohibited. Prohibido acampar.
[en el Reino Unido. 'Pub' que no pertenece a una fábrica de cerveza] Free House Pub, taberna

L46 Using the postal service Al utilizar el servicio de correos

ver también **340.2 Communications**

L46.1 Al echar cartas al correo

How much is a letter/postcard to Spain? ¿Cuánto cuesta enviar una carta/postal a España?
Can this go airmail/express, please? ¿Puedo enviarlo por avión/urgente, por favor?
What's the cheapest way to send this parcel, please? ¿Cuál es la forma más barata de enviar este paquete, por favor?
How soon will it get there? ¿Cuánto tardará en llegar?
Where's the nearest postbox/letter-box? ¿Dónde está el buzón más cercano?
Do you have an airmail sticker? ¿Tiene una etiqueta adhesiva que indique 'por avión'?
En Gran Bretaña el correo interno puede ofrecer dos modalidades: '**first class**' o '**second class**'. Este último es más barato, pero tarda uno o dos días más.

L46.2 En los sobres

For the attention of o **F.A.O.** A la atención de
[se usa cuando el destinatario está viviendo en la dirección de otra persona] c/o [abrev. de care of] (en casa de)
Urgent. Urgente.
Sender. Remitente.
Air mail. Vía aérea.
Surface mail. Vía terrestre/marítima.
Printed matter. Impresos.
Handle with care. Frágil.
Do not bend. No doblar.
[cuando no se está seguro de que el destinatario resida todavía en la dirección escrita en el sobre] Or please forward. O remítase al destinatario.
Not known at this address. Desconocido en esta dirección.
Return to sender. Devolver al remitente.

L47 Telephoning Al hablar por teléfono

ver también **340.3 Communications**

Hello, can I speak to Clare? Hola, ¿puedo hablar con Clare?
Is John there, please? ¿Está John, por favor?
Who's calling, please? ¿De parte de quién, por favor?
Can you put me through to Mr Pemberton, please? ¿Podría ponerme con Mr. Pemberton, por favor?
A: Can I speak to Lindsay? ¿Puedo hablar con Lindsay?
B: Speaking. Al aparato.
Hold the line, please. No cuelgue, por favor.
Could you speak up a little, the line's terrible. ¿Podría hablar un poco más alto, por favor? La línea está muy mal.
We seem to have got a crossed line. Shall I ring you back? Parece que hay un cruce de líneas. ¿Le vuelvo a llamar?
She's not here at the moment. Can you ring back later? En este momento no está. ¿Puede llamar un poco más tarde?

Can I leave/take a message? ¿Puedo dejar un mensaje?/¿Quiere dejar algún mensaje?
My number is 263459, extension 2857, and the code is 0226. Mi número es el 263459, extensión 2857, y el código es 0226.
Do you have a carphone or a mobile phone? ¿Tiene un inalámbrico?
Jill, there's a call for you! Jill, ¡tienes una llamada!
Martin, you're wanted on the telephone. Martin, te llaman por teléfono.
[informal] Norma! Phone! ¡Norma! ¡Al teléfono!
[informal] Hang on a minute. Espera un momento.
[restablecer la comunicación tras una interrupción de carácter técnico] I'm sorry, we seem to have been cut off. Lo siento, parece que se ha cortado.
Could you re-connect me please? ¿Podría ponerme otra vez, por favor?

L48 Other communications Otros tipos de comunicación

Can you fax me please? Our fax number is 2536475. ¿Puede enviarme un fax? Nuestro número de fax es el 2536475.
Is there somewhere I can send a fax from? ¿Desde dónde puedo poner un fax?
I'd like to send a telegram. Quisiera enviar un telegrama.

I'll leave a note in your pigeon-hole. Te dejaré una nota en el casillero.
Do you use electronic mail? ¿Utilizan el correo electrónico?
[menos formal] Are you on E-mail? What's your address/ID? ¿Estás en el correo electrónico? ¿Cuál es tu dirección?

Indice de palabras en inglés

Cada palabra del índice viene acompañada por el número de la categoría o subcategoría en la que aparece.
☆ significa que la palabra se encuentra en una ilustración, y □ que se encuentra en un panel.

Indice de palabras en español

Cada palabra del índice viene acompañada por el número de la categoría o subcategoría en la que aparece.
☆ significa que la palabra se encuentra en una ilustración, y ☐ que se encuentra en un panel.

abadía **232.5**
abajo
  posición **66** ☆
  dentro del edificio **177.2**
abalanzarse
  aves **9.1**
  caer **412.3**
abandonar
  fin **34**
  ir **322.1**
abanico **192.4**
abarrotado **332**
abarrotar **332**
abastecer **372.2**
abastecerse **262.6**
abastecimiento **372.2**
abecedario **362.5**
abedul **12.1**
abeja **5**
abertura **134**
abeto **12.1**
abierto **213.2**
ablandar **99**
ablandarse **221.1**
abogado **209.3, 209.4** ☆
abolir **34.1**
abollar **132.3**
abono
  agricultura **173.6**
  jardinería **384** ☆
a bordo **312**
aborrecer **445**
aborrecible **445**
aborto **136.2**
abotonar **190.11**
abrazar(se) **336, 336.1**
abrazo **336.1**
abrelatas **169** ☆
abreviar **47**
abreviatura **362.5**
abrigado **421**
abrigar **254.1**
abrigo
  ropa **190.10**
  cuidar de **254.1**
abril **25.2**
abrir
  abrir **179**
  hacer **293.2**
abrochar
  ropa **190.11**
  unir **294.1**
absceso **124.5**
absoluto **198.4**
absorbente
  difícil **243.1**
  excitación **257.2**
abstemio **166.8**
abstención **284**
abstenerse **284**
abstracto **85**

absurdo **241.2, 241.3**
abuelito/a **138.3**
abuelo/a **138.3**
abundancia **43**
abundante **43**
aburrido **119**
aburrimiento **119**
aburrir **119**
abusos sexuales **199.4**
acabar **34**
académico **233**
acalorado
  fiero **2**
  tensión **256.1**
acampar **380.1**
acantilado **13.5**
acariciar
  tocar **98.1**
  golpear **131.4**
acaudalado **269**
acceder **230**
acceso
  enfermedad **124.12**
  partes del edificio **176.1**
accesorio **294**
accidente
  conducir **309.4**
  suerte **387.2**
acción
  finanzas **264.3**
  hacer **287**
accionar **303**
acebo **11**
aceite **158.2**
aceituna **161.2**
acelerador **308.1**
acelerar
  conducir **309.1**
  rápido **403.1**
acento **341.6**
acepción **364**
aceptable **375.2**
aceptación **375.2**
aceptar
  estar de acuerdo **348**
  tomar **375.2**
acequia **173.1**
acera **311.1**
acerado **16**
acercamiento **321.1**
acercarse **321.1**
acero **16**
acertado **236**
achicoria **155.4**
achispado **166.7**
ácido
  sabores **157.5**
  drogas **172.2**
aclamar **344**
aclarar
  luz **24.1**
  limpiar **187.2**
  explicar **343**
acobardarse **255.3**
acogedor
  cómodo **421**
  amistad **434.3**
acoger
  niños **136.3**
  saludar **196**
acomodado **269.1**
acompañamiento **379.3**
acompañar

música **379.3**
  amistad **434.3**
acondicionador **184.2**
aconsejar **353.1**
acontecimiento **31.1**
acoplarse
  sexo **199.2**
  unir **294**
acorazado **248.4**
acorde **379.8** ☆
acordonar **178**
acortar **47**
acosar **207.1**
acostarse
  posiciones del cuerpo **97.2**
  sexo **199.2**
acostumbrado
  costumbres sociales **195**
  habitual **288**
acostumbrar(se)
  saber, conocer **110.2**
  vivir **175.1**
acreedor **261.1**
acróbata **377** ☆
actitud **106, 106.1**
actividad **287**
activo
  hacer **287**
  fuerza **401.2**
acto **287**
actor **376, 376.3**
actriz **376.3**
actuación
  entretenimiento **376**
  música **379.6**
actual
  hora **26.3**
  moderno **202**
actualizado **202**
actualizar **202**
actuar
  hacer **287**
  entretenimiento **376.3**
acuarelas **381.2**
Acuario **28** ☐
acuario **331.4** ☆
acuchillar **133.2**
acuerdo
  controlar
  hacer negocios **262.2**
  estar de acuerdo **348**
acumularse **207.2**
acusación **209.2, 209.4**
acusado **209.4** ☆
acusar **209.2**
acusar **209.4**
adaptador **382.3**
adaptar(se)
  cambio **58.1**
  vivir **175.1**
adecuado
  real **35**
  conveniente **420.1**
adefesio **91.6**
adelantar **309**
adelgazar **49.1**
ademán
  gesticular **365**
  movimiento **411**
adeudar **260.1**

adherirse **336**
adicción **67**
adición **46.1**
adicional **46.1**
adicto
  necesario **67**
  drogas **172.1**
adinerado **269, 269.1**
adivina **385**
adivinar **109**
adjetivo **362.4**
adjudicar **233.5**
administración **228.2**
administración pública **227.2**
administrar
  controlar **228.2**
  empleo **271.4**
admiración **431.1**
admirar **431**
admisible **105.4**
admitir **350**
adolescencia **139.3**
adolescente **139.3**
adoptar **136.3**
adoración **427.2**
adorar
  religión **232.6**
  amar **427.2**
adornar **59.1**
adorno **59.1**
adquirir
  comprar y vender **263**
  obtener **373**
adquisición
  comprar y vender **263**
  obtener **373**
aduana **316**
adular **430**
adulto **139.4**
adverbio **362.4**
adversario **249.1**
advertencia **252.2**
advertir
  peligro **252.2**
  cuidadoso **301**
aerobic **392**
aerodeslizador **315.2**
afable **143.1**
afán **255.4**
afectar
  cambio **58**
  interferir **246**
afecto **426**
afectuoso **427**
afeitarse **184.4**
afianzar **253**
afición
  interesante **120**
  actividades de ocio **380**
  gustar **426**
aficionado
  no cualificado **242**
  deseoso **278**
  gustar **426**
afilado **133.5**
afilar **133.5**
afincarse **175.1**
afirmación
  hablar **341.2**
  prometer **358**
afirmar
  hablar **341.2**

prometer **358**
aflicción **447, 447.1**
afligido **447**
afligir **447**
afligirse **447.1**
aflojar(se)
  comprar y vender **263.1**
  separar **295.1**
afortunado **387.1**
afueras **14.3**
agachar(se)
  posiciones del cuerpo **97.3, 97.4**
  evitar **324**
agalla **10.1** ☆
agallas **258**
agarrado **226**
agarrar **375.1**
agarrar(se) **336**
agazaparse **97.3**
agencia de viajes **317**
agente de viajes **317**
ágil
  blando **99.1**
  ágil **399**
agilidad **399**
agitación **411.1**
agitado **61**
agitar(se) **415**
aglomeración **207**
agnóstico **232.10**
agolpar(se) **207.1**
agosto **25.2**
agotado
  dormir **182.3**
  morir **197.1**
agotamiento **182.3**
agotar **182.3**
agradable
  bueno **417.1**
  feliz **422**
  disfrutar **428**
agradecido **422.1**
agravar **441**
agraviado **450.1**
agraviar **450.1**
agredir **248.1**
agresión
  fiero **2**
  guerra **248.1**
agresivo **2**
agrícola **173**
agricultor **173**
agricultura **173**
agrietar(se) **132.2**
agrio **157.5**
agrupar(se) **207**
agua **166.2**
aguacate **152.4**
aguacero **18.2**
aguafiestas **447.2**
aguanieve **18.4**
aguantar
  llevar **337**
  aguantar **433**
aguante **433**
aguardar **286**
agudo
  ruidoso **88**
  inteligente **236**
águila **9.3** ☆
aguja
  curas **126.3**
  religión **232.5** ☆
  artes y oficios **381.6** ☆

moldear **39**
moler **132.4**
molestar(se)
  importante **74.1**
  problema **244.1**
  interferir **246**
  enemistad **250**
molestia
  síntomas **125.1**
  problema **244.1**
  intentar **276**
  inútil **282**
molesto
  problema **244.1**
  incómodo **440**
  enfadado **450**
molino **271.2** □
molusco **10.2**
momento **26.1**
monarca **205**
monasterio **232.5**
mondadura **152.6**
moneda **265.1,**
  265.2
monedero **192.3**
monitor
  controlar **228.1**
  enseñar **234.1**
  ordenadores **296** □
monja **232.4**
monje **232.4**
mono
  animales salvajes
  1.1 ☆
  bello **59**
  ropa **190.3, 190.5**
monopatín **393** ☆
monótono **119**
monstruo **1.1** □
monstruosidad **60**
montaje **207.1**
montaña **13.1**
montaña rusa **385**
montañismo **393.1**
montar
  grupo **207.2**
  hacer **293.1, 293.2**
  hípica **395**
montón
  gran cantidad **43.1**
  grupo **207**
montura
  borde **53**
  hípica **395**
monumento **174.4**
monzón **18.2**
moqueta **180** ☆
mora **152.3**
morada **175**
morado **194.3**
moral **217**
moraleja **217**
morar **175**
moratón **124.13**
morder **164.2**
mordisco **164.2**
mordisquear **164.5**
moreno **86.3**
morir
  enfermedad
  124.13 □
  morir **197**
mormonismo **232.2**
morsa **10.3**
mortal
  ser **29.2**
  matar **198.4**

mortalmente **198.4**
mortífero **198.4**
mosca **5**
mostaza **157.2**
mostrador **273** ☆
mostrador de
  facturación **313.1**
mostrar **92**
mota **189.1**
mote **137.3**
motel **317.3**
motivación **279**
motivar **279**
motivo **291.1**
moto **315.3**
motocicleta **315.3**
motor **303.1**
motorista **309.5**
mover(se) **411,**
  411.1
movible **411**
móvil **411**
movimiento
  hacer **287**
  juegos **386.4**
  movimiento **411**
mozo **314.2**
muchacho/a **139.2**
muchedumbre **207.1**
mucho
  grande **42**
  gran cantidad **43.2**
mudarse
  vivir **175.1**
  movimiento **411**
mudo
  tranquilo **89**
  sorpresa **118.1**
  enfermedad **124.4**
mueble **177.5**
muelas del juicio **123**
muelle **312.4**
muerte **197.1**
muerto **197.1**
muesli **156.5**
muestra
  mostrar **92.4**
  palabras **364.2**
mugir **8.1**
mugre **189**
mugriento **189**
mujer
  familias y parientes
  138.4
  personas **139.4**
  hembra **141**
muletas **126.6**
mulo **6**
multa **209.5**
multar **209.5**
multilingüe **361**
multiplicado **297.1** □
multiplicar(se)
  aumentar **46.1**
  matemáticas **297.1**
multitud **207.1**
muñeca
  cuerpo humano **86**
  niños **136.4**
  juegos **386.1**
municiones **248.4**
murciélago **4** ☆
murmullo **411.1**
murmurar **341.7**
musculatura **401**
músculo **101.2**
músculos **401**

musculoso **401.1**
museo **92.3**
música
  educación **233.2**
  música **379**
música country **379.1**
música de cámara
  379.1
musical **379**
muslo **86** ☆
musulmán **232.2**
mutilar **132**

naba **155.2**
nabo **155.2**
nacer **136.1**
nacimiento **136.1**
nación **14.1**
nacionalidad **14.1**
nadar **391.1**
nadería **76**
naipe **386.3**
nalgas **86**
naranja
  frutas **152.2**
  colores **194.3**
naranjada **166.2**
narciso **11**
nariz **86** ☆
narrar
  hablar **341.5**
  decir **342.1**
narrativa **367.1**
nata **158.1**
natación **391.1**
natillas
  alimentos dulces
  160.2
  comidas **162.2**
natural
  informal **147**
  nuevo **201**
  normal **442**
naturaleza **142**
naufragio **312.6**
náuseas **124.7**
naval **248.2**
nave espacial **313**
navegante **312.5**
navegar **312.3**
Navidad **25.3**
neblina **18.2**
necesario **67**
necesidad
  necesario **67**
  querer **72**
necesitado
  problema **244.2**
  pobre **270**
necesitar **67**
necrología **368.2**
nectarina **152.1**
negado **282**
negar **346.1**
negar con la cabeza
  347
negarse **347**
negativa
  grosero **144.2**
  discrepar **346.1**
  negarse **347**
negativo
  no dispuesto **285**
  artes y oficios **381.4**
negligencia **302**
negligente **302**

negociante **262.2,**
  262.3
negociar **262.2**
negocios **262**
negro
  oscuro **23**
  cuerpo humano
  86.3
  colores **194.3**
Neptuno **27** ☆
nervio **101.2**
nerviosismo **255.4**
nervioso
  emoción **151.3**
  miedo **255.4**
  tensión **256.1**
  excitación **257.1**
neto **262.9**
neumático **308** ☆
neurosis **129.2**
neurótico **129.2**
nevar **18.4**
nevera **169** ☆
nido **9**
niebla **18.2**
nieto/a **138.3**
nilón **193.1**
nimio **76**
niño **136**
niño/a **139.2**
nitrógeno **17**
nivel **74.2**
nivelado **62.1**
nivelar(se)
  semejante **54.1**
  liso **62.1**
noble
  realeza **205.1**
  bueno **217**
nobleza **205.1**
Nochebuena **25.3**
Nochevieja **25.3**
noción **108**
nocivo **132**
nombramiento **271.7**
nombrar
  nombrar **137.1**
  empleo **271.7**
nombre
  nombrar **137.1,**
  137.2
  palabras **362.4**
noreste **318.1**
noria **385**
norma **208**
normal **442, 442.1**
normalmente **442,**
  442.1
noroeste **318.1**
norte **318.1**
noruego **361.1**
nostalgia **116.2**
nostálgico **116.2**
nota
  importante **74.2**
  escribir **369.1**
  música **379**
notar **91.4**
noticias **368**
notorio **111**
novato
  comenzar **32.1**
  nuevo **201.3**
novedad **201.1**
novedoso
  nuevo **201.1**
  moderno **202**

novela **367.1**
novelesco **367.1**
novia
  costumbres sociales
  195.3 ☆
  amar **427.4**
noviazgo **195.3**
noviembre **25.2**
novillos **30**
novio
  costumbres sociales
  195.3 ☆
  amar **427.4**
nube **18.2**
nublado **18.2**
nuclear **303.2**
núcleo **101.2**
nudillo **86** ☆
nudo **294.2**
nuera **138.4**
nuevo **201**
Nuevo Testamento
  232.7
nuez **154**
nuez del Brasil **154**
nulo **282**
numerar **298**
número
  números **298**
  comunicación **340.3**
  periodismo **368**
nutria **4** ☆
nutritivo **164.1**

oasis **13.2**
obedecer **217.1**
obediencia **217.1**
obediente **217.1**
obertura **379.7**
obeso **48**
obispo **232.4**
objeción
  no dispuesto **285**
  discrepar **346.2**
objetivo
  tener la intención de
  107.2
  verdadero **215**
  separar **295**
  artes y oficios **381.4**
objeto **305**
obligación **274.4**
obligado **274.4**
oboe **379.4**
obra **376.1**
obrar **287**
obras en carretera
  309.3
obrero
  hacer negocios
  262.3
  empleo **271.3**
obsequiar **372.1**
obsequio **372.1**
observación
  ver y mirar **91.3**
  hablar **341.3**
observar
  ver y mirar **91, 91.3**
  hablar **341.3**
obsesión **129.2**
obsoleto **203**
obstaculizar **245,**
  245.1
obstáculo
  problema **244**